森川方達

原子爆弾テロ概言

憂悶の反核文学者宣言から七〇年

現代書館

原子爆彈テロ概言
―憂悶の反核文學者宣言から七〇年―

【目次】

海底のやうな光　大田洋子　昭和20・8・30

海底のやうな光

原子爆弾の空襲に遭つて

大田洋子

家のまはりの叢のなかで、鈴虫や松虫が鳴いてゐる。うすみどりの蚊帳のうちでは、妹の赤ん坊が可愛い寝息でよく眠つてゐる。赤ん坊の頬と足の傷は、打撲傷で、うす紫のあざになつてのこつてゐたが誰の傷よりも早くなほつた。背中に二十五ヶ所になる私の妹が、赤ん坊の方を向いて軽いいびきを立ててゐる。顔中の傷と左腕のかさぶたがのこつていたましい。妹の傷はくさい。普通の怪我の血と膿のせゐだけでなく、毒素の匂ひを感じる。私はさきごろまで病院の外科に入院してゐて、[illegible]を流せてもらつたけれど、あの悪性の傷痕を、今度はおびただしく死んで行く人々の間で嗅覚を麻痺すほどにかいだ。

妹の隣りに母が眠つてゐる。母は仕合せにも血の出る創傷はしなかつた。ペン先もインクもない。[illegible]の中で、夜ふけ[illegible]のこの詩を書いてゐると、右耳から口の下にかけて切り裂いた傷が痛む。窓をあけると蛍火が[illegible]のなくなつた村のあちこちに[illegible]える。この家々には今、私の[illegible]のやうな状態に皆つて怪我をした人たちが横たはつてゐるのであらう。

廣島市が一瞬の間にかき消えされて無に落ちた時から私は好戦的になつた。かならずしも好きではなかつた戦争を、六日のあの日から、どうしても続けなくてはならないと思つた。やめてはならぬと思つた。[illegible]の惨禍を、父の友人の[illegible]の家で、傷の手当をうけながら聞いた。私は両手でお腹を抑へ床にしやがみ込んで、ほろほろと涙を流した。あの強烈な原子爆弾からうけた衝動にくらべくもないほどの激しい驚きであつた。

☆腰をねぢつた家☆

六日の朝の八時すぎ、廣島市で朝をむかへたほどのひとびとは、あの夏の朝の思ひがけぬ無気味な光線の色を未来永劫に忘れることはないにちがひない。私は母や妹の住んでゐる白島九軒町の家にゐた。今年の一月、東京から、からだ一つでかへつて来て、やつと田舎へ入るつもりが入院などでおくれてゐた。退院して十二日目であつた。前の夜、山口県の宇部が一晩中空襲された。朝になつて警戒警報もとれたので、寝床にもぐりこんだ。

疲れ切つてゐて、とてもよく眠つたやうだつた。見馴れない珍しくふしぎな夢を見たと思ふと瞬間、緑青色の海の底みたいな光線に[illegible]ともなく流れた。へんな夢を見るのねと思つた瞬間、名状し難い強烈な音が起つて、私はからだが粉々に砕け飛び散つたやうな衝動をうけた。爆弾の地に落ちこむダダンといふ音でもなくザザッと雨のやうだといふ焼夷弾の音ともちがひ、カチインといふ金属的な、抵抗しがたい音響だつた。一瞬といふ言葉がこの朝ほど身をもつて痛切に感じられたことはかつてない。それでも私は二十個も三十個もの焼夷弾が寝床のうへに降りかかつたのだと思ひ、きよろきよろとそれを探した。

それにしても火が見えない。私は木の葉のやうに吹きとばされたやうだつたけれど、前夜から寝てゐた十畳の座敷に、蚊帳の着物を着て立つてゐた。つむぎの絣のゑんじの色がはつきり見えたが、そのほかの一切のもの、寝床も蚊帳も、枕元にあつた防空服も頭巾も、帽も手紙も何も見えない。もうもうと立ちこめた壁土の煙で耳も眼も口もおほはれて、私は咳をしきりにした。家は屋根も柱も壁もふきとび、腰をねぢつた形でやつと骨がらみのまゝ立つてゐるだけである。野つ原に私はただ一人立つてゐる感じで、見えるはずのない遠い近所がまる見えだつた。見えないはずの前のお宅の門だけが残り、ペシヤンコの家の前から若いお嫁さんが、私を見てアッといつたのを聞いた。やつと倒壊をまぬがれてゐる家はいつ倒れるかわからない。

☆一物もない部屋☆

私は二階を早く降りなくてはならない。表と裏両方についてゐる階段はのこつてゐるけれど私の身丈よりも高く木や土や瓦や板でふさがつて降りることは出来さうになかつた。門の見えるお宅のお嫁さんに叫んで梯子を呼んでもらふと妹があがつて来た。階段をあがつて来た妹は顔から全身血まみれになり白い洋服にはたはたと血の滴が流れ落ちてゐた。「お母さんは生きてるの」「ええ生きてるわ。あら、お母さんがあんなに呼んでるのに聞えないの。お姉さんは私より傷が軽いわ。どうかして降りてちやうだい」左の耳から頬に流れる血がなまあたたかく首の上に落ちて来る。やつとのがれ出る穴をつくつて這ふやうに縁側から出るとき、別れの一瞥を一度部屋に向けた。

私どもは[illegible]生きてゐる[illegible]を合はせた。見渡す限りの家が、ぺちやんこに倒れてゐる。青い光と[illegible]のやうな爆風とは全山をおほひ、アッといつた間に殆どすべては崩れ倒れてゐたのである。美しかつた森の裏地には近所の方の誰彼が顔や手足に血をしたたらせて集つて来た。そしてペシヤンコにこはれた右隣りの二人のお嬢さんがひつきりなしに呼びつづける。「お母さん、お母さん早く逃げませう、火事ですよ、[illegible]って物を探してゐるうちに焼け死ぬんですよ。早く、早く」

☆静かな死の河原☆

朝や夕など、特に風景の美しかつた大田川の下流、私どもの住んでゐた町の土手から降りて行く河原に火事をさけてすごした六日、そして七日と八日、この河原に見た現実は、この世のほかの情景であつた。私はそれを夢だつたとは思ひたくない。[illegible]

[illegible]たない日、私たちはどんな[illegible]よりも[illegible]のなかに浮かしてゐた。死体と並んで寝ることも[illegible]を見た。おびただしい人の何のたれも泣かない。誰も自分の感情を語らない。日本人は臆病ではないが、[illegible]といふことを、死んで行く人の多い河原の三日間でまざまざと見た。

河原は引潮で細い清らかな水の流れの外は白い砂地であつた。そのうへに点々と人が[illegible]んでゐた。六日は一日ぢゆう爆発の音がとどろき火のついた大きい角材切れや板つけしが頭上に吹きあげられて[illegible]のうへにふりかかつた。空は[illegible]く、黒い煙のなかを[illegible]の太陽の火玉がどんどん落ちて来た。

河原でも一つ所に長く止まることはできなかつた。けれども阿鼻叫喚の[illegible]はどこにもないのだ。だまつて静かに死んで行く人達、[illegible]して、ひりひりする[illegible]ないといふ[illegible]れど、それにしても[illegible]として静かな、一応心をもつのである。水をのみ、[illegible]

☆この胸苦しさよ☆

七日になつて[illegible]

[illegible]はただ倒れた。七日の夜は朝まで美しい東京の言葉で「お父さまアお母さまアーいいのよウーいいのよウ。おかへりあそばせエー」と絶叫しつづける若い娘の声が聞えた。「気がちがつたのね」私たちは涙を流しとほした。

新兵器の残虐性を否定することは出来ない。だが私は[illegible]兵器によつて[illegible]ないと思つた。あの爆弾は戦争を早く止めたい故に、[illegible]である。ドイツが[illegible]イツを[illegible]できなかつたと同じに、あの新爆弾といふ[illegible]殲滅することはできない。[illegible]市の被害は結果的に深く大きいけれど、もしこの[illegible]だつたならば、それは[illegible]である。[illegible]ではなかつた。むしろ[illegible]で、戦争の終局を[illegible]と思ひたい。

[illegible]を見つめてゐる。（廣島にて）

朝日・昭20・8・30

はら〳〵になつた河川の舟　廣島にて・宮武特派員撮影

深化した核の脅威——すこし長めの「まえがき」にかえて

●隠された二つの大震災

そこは閃光〝ピカ〟の一瞬にして焦熱地獄と化した。上昇気流に巻きあがった〈死の灰〉が宙空を埋め尽くす。立ち込める暗雲から降りそそぐ〈黒い雨〉は原子核爆発後、目に見えない放射能禍をより拡散して、地球上と人類に惨害を及ぼす恐怖の代名詞となる。ヒロシマ凄惨の晩夏に余命を削り、堪えがたい悲憤と憂悶を燃えさしの紙礫に紡いだ〝反核文學者宣言〟——一九四五年八月三〇日付『朝日新聞』（東京本社版、6頁参照）が掲載した報告記「海底のやうな光——原子爆弾の空襲に遭って（廣島にて）」——のちに単行本化された大田洋子『屍の街』草稿の初出が、それである。

こう、そのあさ当初の「まえがき」原稿を書き起こした二〇一一年三月一一日。かたわらの歳時記カレンダーに〈桃始笑《ももはじめてわらう》（桃の花のつぼみが開きかける）春暖の候〉とある。うす曇りの、金曜日。

おなじ日の午後、突如として東日本を大地震が襲った。直後に襲来して岩手、宮城、福島各県の太平洋沿海を総嘗めにした大津波は、茨城・千葉二県の関東沿海にも波及する。

宮城県牡鹿半島の東北東一三〇キロメートル余り沖を震源とする本邦最大級のマグニチュード（M）9・0——直後に気象庁が算出した推定M8・2から三度目の訂正値だ。二〇〇七年の新潟県中越沖地震から震源附近で四年ぶりの震度7を観測した激震に追い討ちをかけ、圧倒的破壊力の大津波が押しよせて、沿海の街なみと住民たちを根こそぎさらう。ニッポン列島創世いらい、人的物的〈被災規模〉において最大級の惨害をもたらす。近年では、二〇〇四年一二月二六日の最大四〇メートルに達する大津波が襲来した〈スマトラ島沖地震〉M9・1。二〇万人を超える死者・行方不明が伝えられる。

日本の〈地震史〉上、西暦八六九（貞観《じょうがん》一一）年〈陸奥國地震津波〉から一千年来との説。あるいはまた、秀吉天下の朝鮮出兵を首府近畿圏の足もとから揺さぶった一五九六（慶長元）年夏〈慶長の大地震〉。ときは〈應仁の亂〉後に世情混沌とした五〇〇年余の先祖返りをして一四九八（明應七）年夏の〈明應地震〉。大津波は相州・由比ガ濱の黒松林を乗り越え、約一キロメートル内陸の鎌倉・大佛殿が押し流されたと語り継がれる。建屋を倒壊して露座にした津波襲来から四二五年後、再来の大震災では裏山が地割れして大崩落。露座する國寶〈長谷の大佛〉は地表一尺強＝約三五センチメートル余りが陥没した（鎌倉町役場編『鎌倉震災史』一九三〇刊）。

スワッ、大震災の再再来か。そうであれば、波消しブロックを砕いた津波が滑川《なめりかわ》を激しく波立つ海嘯《かいしょう》となって、いっきにさかのぼってゆくありさまは、想像しただけでも身の毛がよだつ。

一九二三（大正一二）年九月一日の午前一一時五八分四四秒、帝都一円にM7・9大激震が走ったのは、いまから九二年余りまえのことである。火災随所に発生、津浪襲来。通信・交通機關、瓦斯（ガス）、水道、電燈すべてが停止し、流言飛びかい、人心動揺（朝鮮人や無政府主義者による暴動が起こるとの官製デマに踊らされて町内會・地區青年團・在郷軍人會はいうに及ばず帝都臣民あげての自警團を組織するなど市中はパニックに陥る）。死者九万一三四四人、全壊燒失四六万四九〇九棟。旧内務省社會局［編］『大正震災史』は記録している（一九二七刊[1]）。

一方で、對米英蘭戰爭末期の発生当時は伝えられることついぞなく〈知られざる震災〉が一九四四（昭和一九）年一二月七日に起こる。三重縣沖を震源に東海地方を襲った昭和東南海地震である（M7・9）。伊豆から紀伊半島にかけての広域に押し寄せた大津波による被害とを合せた死者・行方不明は一二二三人（行政手続き上の死者九九八人、現在なおも正確な数字は明らかになっていない）。全半壊・流失家屋は七万六一三九戸にのぼる。

ところが、被害状況を伝えることで〈國民の戰意を低下させる〉〈敵への被害情報の漏洩が作戰に影響を及ぼす〉とした軍部からの通達によって日本の新聞各紙は身動きのとれない報道管制下におかれた。軍施設や軍需工場などの被災状況ばかりでない被災者の消息すらいっさいこれを報じることが〈まかりならぬ〉との理不尽なるメディア・コントロール下にも、ちょうど地震発生の翌一二月八日は眞珠灣攻擊〈對米開戰〉三周年の大詔奉戴日にあたることから暗に〈いっそう愼重なる配慮〉がもとめられて抗する手立てなく、あたら不戰敗の沈黙に暮れた。

かたや、敵方米軍は東海地方を津波が襲った当日、ただちに偵察機を飛ばし、津波被災現場の航空写真を撮影している。この提供をうけての、現地時間翌一二月八日付の米『ニューヨーク・タイムズ』紙はヘッドラインで〈日本の中央部で大地震〉――〈〈この日本を震源とした地震で〉地球が六時間にわたって揺れ、世界じゅうの観測所が「破壊的」と表現した〉と大々的に伝えた。なかには地域・地名まで特定して報じた新聞も含め全米各紙とラジオ・TV放送がこぞってトップ扱いで、この特ダネを共有した。

ところがどっこい日本の新聞はといえば、各紙とも横ならびで〝お定まり〟大詔奉戴日[2]にさいしての〈ご眞影〉を一面トップに押し戴く。震災情報どこよ？と探せば、およそ大本營発表〝創作〟戰況うり二つの

〈地震被害は軽微／たちまちの復旧〉

と、ウソ偽りを書き飛ばした――まんまと仕儀に乗せられたヨタ記事が紙面の片すみに埋もれている。以降も被災者が待ち望むような〈もとより、誰も期待はしていなかったが〉続報は皆無にひとしい。國力払底の折から増産態勢の復旧が最優先され、軍と直接かかわりあいがない民間人・行方不明者たちの捜索は〈後回し〉ならばまだしも、〈人的資源〉を救援にまわすのは〈復旧の妨げ〉になると冷たくあしらわれ、早々に打ち切られた。

被災地の写真撮影や地震学者の調査にも軍部〈憲兵隊〉の許可がいる。面倒な手続きを必要とした。

そのあげくに中央氣象臺がまとめた公式〈官製〉の

被災記録『東南海大地震調査概報』表紙には厳重に〈極秘〉と刷り込まれた当時、東京帝大地震研究所の紀要『研究速報』などの類いにも漏れなく〈○《マル》秘〉の押印が見られる。

遺体収容すら依然、捗らないままにすぎた三七日後の翌一九四五（昭和二〇）年一月一三日、こんどは愛知縣寶飯《ほい》郡蒲郡町（現・蒲郡市）附近を震源とした三河地震（M6・8）が、ふたたび東海地方を襲う。この大地震と津波による死者・行方不明は二三〇六人（愛知県公式記録では一九六一人）、全半壊一万七〇〇〇戸。当時、日本の各都市を標的として無差別にくり返される敵機の空襲にも匹敵して余りある規模の大災害が、この時期、たてつづけに起きた。それが戦時報道管制下に〈隠蔽〉された発生当時の事情を引きずったまま、戦後、ながいときを経ても〈記録〉が乏しいことから、よほど近・現代〈地震史〉とその背景を掘り起こさないと到達できない真相を秘めている。

そんなこんなを寓居の書庫とネット検索では到底こと足りず、寒川《さんが》旭『揺れる大地――日本列島の地震史』（同朋舎出版、一九九七刊）にまなぶ。さらには取材過程で読み込んだなかでも特筆にあたいする一冊の本が、古書店に見つけた市川一雄・宮坂五郎の共著『戦争が消した諏訪〝震度6〟――昭和19年東南海地震を追って』（信濃毎日新聞社、一九九二刊）である。

誰がそう呼んだか〈東北関東大震災〉という当初の命名に接して、まっ先に想い浮かんだのが、じつは一九四四年の〈東南海地震〉であった。その〝大風呂敷〟との異名で知られた後藤新平〈復興計畫〉に余人の関心が集中してそそがれる〈大正の帝都〉を壊滅させた關東大震災ではなかった。それは、なぜか。一つに、日本じゅうが〝焼け野が原〟となる直前の、もはや日本の国力が底をつきかけたころに起きたこと。

ひとにぎりの特異な例外を別に、ひとしく日一日の糧にも事欠いて窮する〈銃後の暮らし〉を見わたせば、いったん震災を生き延びたあげくの傷病死、餓死、自殺を含めると直接の震災犠牲者数を遙かにうわまわる（あるいは数倍にのぼる）との指摘が絵空事ではないという隠された真相。長野縣央の信州諏訪で〈震度6〉を観測した数値を〈戦争が消した〉というのは、まさに象徴的である。そうした〈隠蔽〉工作に起因する〈被災棄民〉増殖のカラクリが、にわかに世論を喚起したのは、じつに戦後も三八年間の空白を経た一九八三年のことであった。

発行エリア内で戦時下に起きた〈知られざる大震災〉をめぐるメディアの調査報道（『中日新聞』連載）によって、現代史に埋没した〝真相の解明〟は、遅まきながらも緒に就く（中日新聞社会部［編］『恐怖のM8――東南海、三河大地震の真相』中日新聞社、一九八三刊）[3]。

その被害・体験談を集めた歴史地震研究会の山下文男[4]『戦時報道管制下――隠された大地震・津波』（新日本出版社、一九八六刊）は、なかでもひときわ醜悪な当時の「救援よりも国民監視」実態や「軍機保護法下の新聞報道と学術調査」のじっさいを聞き書きによって集成した著者五九歳のときの労作である。八五歳になった同じ著者の『隠された大震災――太平洋戦争秘録・付〈略年表〉戦争と日本地震学辛酸の軌跡』（東北大学出版会、二〇〇九刊）では一九四四年暮れの東南海地震と、その三七日後の三河直下型地震での「勤労学徒や疎開児童の圧死をはじめ惨澹たる被害情況」が大本營（軍部）による情報統制によって、ことごとく隠され、また「地震学者は邪魔者扱い」されるなど信じがたい震災の二次的〈人災〉の側面を実証的に告発した。すべからく震災の恐ろしさとは、それが避け難い〈天災〉であるばかりではない。

前掲〈貞觀〉だとか〈慶長〉といった年号を冠する命名は数あるが、冠して〈昭和一九年〉という年次まで呼称に付けた例は特筆にあたいする。震災とは異なるが死者一〇万人余が出たという〈江戸大火〉は一六五七年のこと。別名を〈明暦三年の大火〉。たんに〈明暦大火〉。またの名を〈振り袖大火〉とも呼ばれる。近世の大火にさかのぼるまでもなく、〈マッチ一本、火事のもと〉が象徴する日本の家並みは（いたって周知のことだが）、すこぶる火事に弱い。

このことは、宮城（皇居）を取り巻いてひろがる〈帝都〉東京が七〇年まえ、米軍の二度にわたる大空襲によって焼きつくされたことにもあきらかだ。最大七氏三〇〇〇度の高温で燃焼する化學兵器・エレクトロン焼夷彈をはじめ、原油や重油・揮発油などに少量の爆藥を混ぜた焼夷彈（剤）が、雨あられと降りそそいだ戦略爆撃〝火の雨〟一過の帝都は、いちめん廃墟の焼け野が原と化した。一九四五（昭和二〇）年三月一〇日未明の空襲に限っても、焼失家屋約二三万戸（四〇〇万坪超）、死傷一二万人以上にのぼる。早乙女勝元・責任編集『日本の空襲──三、東京』第三巻（三省堂、一九八〇刊）所収「三月一〇日の日本側公式記録」に拠る。〈終戦〉までに東京だけでＢ29延べ一万五〇〇〇機余りが襲来して降らせた火の雨に、木造家屋が軒を寄せ合う日本の都会は、ひとたまりもなかった。焼夷剤による掃討〈燼滅〉効果は後のヴェトナム戦争での脅威の一つとなるナパーム弾攻撃にも受け継がれてゆく。それは焼燼作戦であるから人為的に惹き起こされた惨状だが、そうした起因とはかかわりなく、いったん可燃物に乗り移った火焰の勢いというのは、これが震災であっても容赦はない。次つぎと火柱を立ちのぼらせ、おそるべき火事嵐となる。地上を焼きつくすまで、そこに火の海がうねる。

こうして震災が火事嵐の猛威をふるうのは、かつての関東大震災がまさにそうであった。

そしてまた、こんどの震災では、発生当日夜から翌早朝にかけて陸前高田や気仙沼など沿海地区一帯を総嘗め状態に、いきおい余る火の海が荒れ狂うようすを暗闇天空の眼下にとらえた中継映像によって、日本じゅうの誰もがＴＶ桟敷から目撃した周知の事実でもある。

一九四四（昭和一九）年の師走七日、翌年あけの正月一三日に日本列島中央部に甚大な被害をもたらした二つの震災。とくに、昭和一九年東南海地震という呼称に込められた、こだわりは、にんげん（及び人間社会）が〈天災〉被害者にたいし、さらに二重、三重の苦しみを強いて惹き起こす〈人災〉の危うさに警鐘を鳴らす。死者にたいする扱いも同様で、一家全滅して肉親縁者のない屍体は〈処理〉されても役所への死亡届がなされない限り、行政（当局）は死者として数えない。死亡届にさいして添付の死亡診断書・死体検案書に記載された〈死因〉を根拠に、じつは震災による〈被災死〉と認められていないケースが、すくなからず存在するのである。語られざる被災地で長年にわたり取り組んだ困難をともなう追跡調査によって『戦争が消した諏訪〝震度６〟』の著者たちは、そのことを実証した。

自身が現地取材をしたことのない過去の震災をめぐる謎について、これほど踏み込んでふれた理由は、ただ一つ。こうも死者を国家や地域社会（行政）の都合で恣意的、もしくは意図的に平然と切り捨てることが〈常態化〉していたのは、はたして戰時下だからがゆえであったのか。あの〈負け戰《いくさ》〉終結まで数カ月余りをのこした真冬に生き残るも〈食・住〉絶たれ、いままさに滅びゆく帝國の知られざる被災地に見捨てられて棄民と化し、東海の野辺に〝送りびと〟もなくさまよう幾多、犠牲者のあふれ返るさまをおもい浮かべる。そして、いまだかつて見棄てられた存在のままに、震災犠牲者の一人としてかぞえられてすらいないのが実情なのである。これを黙殺して通りすぎることができようか。

話と場面を元い――。あさ六時に始めた液晶画面（原稿）との〝にらめっこ〟で眼が疲れたので窓の障子を開け、裏庭の草むらに咲きこぼれる山吹の花どもを、ぼんやりと見ていた。

にわかに木立ちが、ざわめく。ん？　咄嗟に身構える。揺れている。地震だ――。

ときをおかず東北の震源から激震が波打ち、地つづきに伝播してきた神奈川県鎌倉市浄明寺一丁目の寓居縁側で遭遇した自身の体感では木造二階屋を軋ませる横揺れが二分四〇秒余り。家人が二階から一階廊下へと足ばやに降りてきた襖越しの気配に声をかけたとたん、使用中のパソコン画面はプツリと消え、カラーCOPY・ファクシミリ複合機待機電源の落ちる作動音が聞こえる。これまでにない、ながく大きな揺れだとは感じたが、となりの書庫にまたがって、うずたかく積みあげた新聞や雑誌、古書などの山は一つとして崩れず、ダイニングキッチンの食器棚をはじめ、室内で落下したり散乱した家財はない。直後に気象庁が発表した鎌倉附近〈震度4〉というのが、地震発生時の寓居にいる限りでは、ことほどさような大地震との実感をともなわなかった。

がしかし、六時間ちかくに及ぶ停電中の日没せまるころ、約八時間ほど灯明が持続するロウソク二本と自家製の吸水スポンジを台座に敷いた燭台を携え、寓居近くのマンションに暮らす親しい独居老人を訪ねる。あたりはふだんならば、いたって閑静な住宅街なのだが、なにか底知れぬ不安をかきたてる異様なざわめきにつつまれている。どこか浮き足だったような人びとの尋常でない〝異変〟を感じる。年間をつうじて最大の人出となる快晴五月のゴールデン・ウィークでも、ここまでの鎌倉・金沢街道〈岐れ道〉三叉路附近の道路渋滞は見たことがない。

神奈川方面への首都圏ＪＲ・私鉄各線が不通で復旧の見込み立たずという。各社携帯電話は極端につながりにくい。メール送信は可能だが相手先に届いているのかどうかは不明である。ふだん折り返し届く横浜駅西口附近の会社に勤務する長女からは、まるきり音沙汰がない。

ダイニング卓上にロウソクとｍａｘｅｌｌ蛍光灯９Ｗを灯し、携帯ラジオに耳をそば立てていた二〇時三〇分すぎ、ひとまず寓居での停電は復旧する。

ようやく電源が復したＴＶとインターネット放送をつうじて首都圏被災にともなう七〇万人超とも伝えられる帰宅難民をはじめ、まれに見る大混乱の状況が次つぎに断片情報として入ってくる。

●フクシマの水素爆発禍

地上波と衛星各デジタルＴＶの全チャンネルが震災関連情報〝限定〟の特別編成で終夜放送をつづけるなかでも、東京電力・福島第一原発での、全電源喪失に始まる切迫した事態への認識の〝甘さ〟には首を傾げる。その後も東電をはじめとした当事者たちが平然と二転三転をするそれは、さながら〝ウソつきごっこ〟に聞こえる。

〝甘い認識〟を裏返せば、ために為る専門用語の羅列によって煙に巻く不実な当事者対応は、それが組織ぐるみであることを暗に物語る。

虚偽の発表は、ときが経つにつれて次つぎとあばかれる。反面で発生直後は、たびたびＴＶ出演して現状の危険性を指摘した〈脱原発〉を提唱する原子力の専門家たちが、次つぎと画面から消えてゆく。たとえば、原子力資料情報室の西尾漠・共同代表もそのひとりではなかったか。この期に及んで、なおも懲りない国策としての原発をめぐる情報隠し（隠蔽）がすすむ。

ＴＶ各局が日々伝える会見の要旨でなく、かつてはないインターネット放送が深夜から未明・早朝を問わず二四時間ほぼ絶え間なく会見の模様を流しつづけたことから、みえみえの隠蔽工作が浮き彫りとなる。

〈人知を超えた天災〉とうそぶく。〈想定外〉と弁明する国策企業による〈重過失〉の疑い濃い〈福島原発人災〉の本質が微細な好転の兆しをも示すことができない〝小出し情報〟の端ばしに見え隠れする。ひたすら〈事実隠し〉に血道をあげる。事実上、制御不能となった原子炉からの放射性物質(放射能)漏出にかんしては、いっこうに〈収束のメド〉すら立たない。

東電・福島第一原発は、起こり得る重大なリスクにたいする想定を怠って備えなく、もろくも緊急用電源を含む全電源喪失に陥る。原子核燃料炉の自動運転が停止して以来、一昼夜の不気味な沈黙を破って翌一二日午後三時ころ、原子炉一号機が白煙をもくもくと吹きあげる一回目の水素爆発を引き起こす。さらに三日後の一四日には、おなじく三号機で一時的に核燃料棒が露出した(東京電力の発表)。じつは〈カラ炊き〉状態となるなど風雲急を告げる。最悪の事態をにらんだ炉心溶融＝メルトダウンへの「秒読み段階に入った」「それはない」「いや、すでにメルトダウンしている」……との観測をはじめとする〈情報が錯綜〉して飛びかう。

原子炉三号機建屋隔壁を吹き飛ばした水爆の火炎と灰煙が立ちのぼる光景を日テレ系のFCT福島中央テレビ中継(一四日の午前一一時すぎ)映像で、まのあたりにした筆者は、にんげんの目には見えない広範囲への放射能汚染の拡散を直感し、いても立ってもいられなくなる戦慄を覚える。

ながらく原発推進利権に群らがる面々が、ふりまく欺瞞に満ちた虚構の原発安全〈神話〉は、ついに抜き差しならない事態をまねいた。これまでに在野の科学者たちが危険性を指摘しつづけた警告と提言〈脱原発〉にたいして、さんざん〈安全神話〉を騙った当事者らは、いったいなんと、こたえるのだろうか。ために為る想定外との弁明は、まったく論外であった。

こころなき経済優先の論理にもとづく世論操作を弄したあげくの〝奢れる国策〟がもたらした最悪の人災にたいして民心の憤りは、うっ積に鬱積をかさねる。

震災発生から、ちょうど三〇日後の四月一一日月曜の夕一七時一六分ごろ、広域にわたって頻発するなかでも本震の規模から三番目に大きい余震が襲う。震源は福島県浜通り地方。同県いわき市や茨城県鉾田市などで震度6弱、規模はマグニチュード〔M〕7・0と推定される。この一分後には福島県会津地方の岩瀬郡天《てん》栄《えい》村で震度5弱の大きな揺れを観測（M6・0）。さらに一〇分後にも浜通り内陸部の東白川郡古殿《ふるどの》町で震度5弱（M5・6）の揺れが相次ぐ。〈いわき市田人《たびと》町石住《いしずみ》で土砂崩れによる犠牲者が出ているもよう〉と伝える4WD車載ラジオのニュースを聞きながら、ルート変更を余儀なくされた夜更けの陸羽街道四号線を北上する。（その翌日にかけて捜索の結果、四月一一日の余震による福島・茨城両県での死者は四人）。

まだ薄暗い午前六時すぎ、壊滅状態と聞く新田川《にいだがわ》の河口附近から一面にひろがる大津波の被災地域に近づくことを断念し、旧・陸前浜街道の宿駅名〈原ノ町〉にちなむ旧・原町市（現在の南相馬市原町区）市街地まで引き返す。静まり返った南相馬市役所てまえの本町二丁目交差点から旧街道（県道一二〇号線）を南下する。旧相馬の伝統祭事が国の重要無形民俗文化財ともなっている相馬野馬追《そうまのまおい》開催の馬場を車窓にのぞむ。街道沿い本陣山すそ野にひろがる雲雀ケ岡《ひばりがおか》〈野馬追祭場地〉を携行の詳細地図[5]にたしかめたころ、車窓から見わたすあたりは徐々に白みはじめる。

ほどなくして旧相馬郡小高町（南相馬市小高区）境界附近。パトカー一台を止めて設けられた福島県警察の検問に一旦停止をうながされる。ここから先が日本国政府によって線引きされた福島第一原発〈半径二〇キロ圏〉半円周内となる。同市小高区に南隣する双葉郡浪江町からふたたび、陸前浜街道は国道六号線に復して一路、その先、双葉郡の双葉町、同じく大熊町、富岡町、楢葉町、広野町を経て、いわき市へと通じる。

第一原発本体、及びコントロール機能が集中する免震中央棟、さらに周辺に附帯施設が建ちならぶ福島第一原子力発電所の正面ゲート（大熊町大字《おおあざ》夫沢《おっとざわ》、字《あざ》北原二二番地）へと国道六号線の三叉路から一路、海岸手前まで延びる、幹線国道と比べても引けを取らない往復四車線の県道が延びている（はずである）。その一帯は、人里離れて関連施設が、それぞれ要塞のように点在する〈原発村〉のはずだが、これより先へは〈立入り禁止〉となっている。

以南、三キロ圏内〈関係者以外、立入り禁止〉非常線の張られた向こう、低丘陵の木かげが邪魔をしているが×三〇倍望遠レンズを覗いた視界には、わずかに原発施設の一部が見える。

車中、あらかじめインターネット検索で拾った東電・福島第一原発の公式サイトによれば、

〈原発本体（原子炉建屋ほか附帯施設）は、段丘地帯の断崖を削った堅牢な岩盤地層に立地している〉

とある。たしかに〈立地条件〉は、そうなのであろう。

いまから半世紀近くまえの一九六〇年代、大熊町と南隣する双葉町とにまたがる長者原《ちょうじゃはら》の旧〈磐城《いわき》海軍飛行場〉跡地、さらにはその周辺三二〇ヘクタール（約九七万坪）にのぼる広大な海岸丘陵地帯を東電が用地買収して建設された。戦後、第二復員省（旧海軍省）から大蔵省に移管されて（国から）民間へ払い下げられた土地である。そして買収用地の大半を元衆院議長で自由民主党の古株代議士・堤康次郎《やすじろう》（一八八九—一九六四）の所有する遊休地が占めた。

それは、その次男義明が率いる西武グループ中核企業・コクドの前身〈国土計画興業〉創業者でもあった康次郎代議士が、対日占領下〈公職追放〉中に専売制〈塩田事業〉での大儲けを目論むも計画段階で頓挫した。塩田と製塩所建設予定地が以降、なんら転用の目算も立たないまま広漠たる遊休地化。〝渡りに舟〟の転売。まもなく代議士自身は七五歳で死してなお広大な自社管理する神奈川県にある私設墓地・鎌倉霊園に眠る。一九二四（大正一三）年、民政党代議士初当選から約四〇年間にわたる波乱万丈の政商人生をモデルに描いた梶山季之の小説『悪人志願』上下巻（講談社ロマンブックス、一九六七刊）を彷彿とさせる相双地区〈原発集中誘致〉利権に巣喰う〈政・財・官〉相塗れた〈構造汚職〉典型の、うす汚れた裏面史を秘めている。

かたやフィクションによらず、〝時流に棹さす〟わけでもなく震災前年、震災で自身もまた〈原発との共生〉を余儀なくされた南相馬在住の詩人・若松丈太郎が、あしで稼ぐ丹念な取材にもとづいて描く叙事詩的ルポルタージュ『北緯37°25′の風とカナリア』（弦書房、二〇一〇刊）は、浜通り相双地方に集中した原発立地の背景を、その前史にさかのぼって描きだす。

同書を携えて筆者は、相双地方の避難指定地域となった半径二〇キロメートル圏内をゆく。四駆の車窓を濡らす小ぬか雨に、おもわず目を凝らす。雨つぶは目視

では無色透明であった。ウクライナ製の携帯用デジタル式ガイガー・カウンターTERRA-P型で大気中の放射線数値を表示窓にチェックしながらの四輪駆動車での移動を半日余りつづける。

ゆき場をうしなって請《うけ》戸《ど》川《がわ》河原をさまよう数頭の牛の群れを車窓に見やる。

うなだれた雑種犬（と、おぼしき）が道路中央に立ち止まって動こうとしない。

よろける足取りの家畜たちは一様に痩せこけ、まぶたに溜まった目脂《ヤニ》が干涸び、渇いた汚泥まみれの胴にはハエがたかっている。その全身から発散する異臭が鼻をつく。

土ぼこりに混ざって漂う悪臭は、うしろ髪を引かれるおもいで飼い主が置き去りにせざるを得なかった哀れ、家畜主従の口惜しい悲しみを増幅して物語る。

さまよう牛の群れの去った足あとが残る地表を、米国VICTOREEN社製アナログ放射能測定器（電離箱式サーベイメーター）で嘗めるように測ってみる。放射線量を示すメーターの針は振り切れるほどではないが、たちまちにして反応し、せわしく揺れた。

●黒い雨の記憶

わたしは戦後二〇年を経過するころの広島市街地で、放射線測定器〈ガイガー・ミュラー・カウンター〉を用い、広島大学教育学部東雲《しののめ》分校（旧・縣立師範學校）校庭一帯の残留放射能をたしかめる計測のようすを見学したことがある。被爆時の縣師は一九四一年九月、比《ひ》治《じ》山《やま》下の皆《みな》実《み》町《まち》から東雲町（旧・東新開町）の猿猴川畔、周囲をハス田が取り巻く田園地帯へと移転。爆心地の東南東、約三五〇〇メートルに位置した。まだ築四年余りにして石造りの階段と正面玄関エントランスに車寄せがある和洋折衷の木造二階建て校舎は、火災はまぬがれるも一部半壊。爆風で全棟の窓ガラスは砕け散る。

戦後に増設された附属小学校の木造校舎二階でまなんでいた当時、わたしがうまれてはじめて手に取って見た放射線量測定器は、計器メーターボックス本体と感知器からなるセパレーツ方式。一九四四年に原爆開発〈マンハッタン計画〉進行中の米国がガイガー・ミュラー計数管〔GMチューブ〕を応用して実用化した。GM線条計数管じたいは一九二八年、原子核物理学の先駆者であるドイツ人ハンス・ガイガー（一八八二―一九四五）と、ヴァルター・ミュラー（一九〇五―一九七九）によって開発された。いずれにせよ、非常に高価な機器らしい広大教育学部（理系研究室）備品のそれを管理する担当教官から、放射線量の計測にかんするレクチャーをうけた学生ら学生自治会活動の一環としてこころみたもの――と、そこまでは四五年まえの当事者を一人だけ訪ねあて、話を聞く。ところが、自治会機関紙（ビラ）に援用したといわれる測定データのゆくえは、すでに、おぼろげな記憶の彼方へと消えていた。

　たずねあてたビラに該当するデータの記載はなかった。それでも、こうした残留放射能汚染の実態にたいする取り組みが、忘れかけていた四五年をさかのぼる身近にあったことだけは、これで裏づけられた。なにしろ小学五年のみぎりにさかのぼる記憶のみを手がかりに、わたしのてもとにメモはおろか、なんら記録は残っていない。測定のこころみに誘ってくれた学生というのは当時、わが附小五年二組に派遣された教育実習生（児童は教生のセンセイと呼んだ）たちだった。ほぼ一二歳前後年上の教生のセンセイを四五年後に探し出すことよりも、たずねあてた相手が忘れている記憶を、そう簡単に呼び覚ましたり、引き出せるものではないことを痛感する。いかんともしがたい現実が立ちはだかる。けっきょく、傍証となる手がかりは得たが、確たる時日や測定データの特定につながる証拠は、いまのところ得られずじまいのまま。

　いまでも記憶に鮮やかなのは旧校庭から移築されたという校庭片すみの猿猴川《えんこうがわ》堰堤を背景にした忠魂碑や、中庭にたたずむ二宮尊徳像のまぢかなど、二時間余りかけてめぐった東雲分校敷地内の数カ所で測定器の針が、たちまち反応し、居合せた学生たちのあいだから「おー！」という驚嘆の声があがる。測定数値の記憶はないが、もっとも計測針が振れたのは、大学新館の竣工時日を刻んだ〈自然石の碑〉まぢかに感知器を差し出したときのことであったことを、いまでもハッキリと覚えている。

　原爆炸裂直後に被爆地とその周辺地域に降った黒い雨は、のちに知られることになる〈恐怖の黒い雫〉の正体を、それに濡れた誰ひとりとして知るよしもなかった。がしかし、こんにちでは、高濃度の放射能汚染された焼け跡の被爆地に生き残った人びとはいうまでもなく、被爆直後から二週間以内に入域して長時間、屍体の後片付けであったり、家族の消息や遺体の探索などに歩きまわったりして、目には見えないが大量の放射線をあびた結果、体内に取り込まれて蓄積した放射性物質〈放射線〉が急性原爆症の死因ばかりでない、さまざまな〈後傷害〉を引き起こす〝放射線の恐怖〟をひきずる。

おそきに失したとはいえ一九九五年に法制化された現在の被爆者援護法が示す〈二週間以内に入域したことを証明する証人〉などの審査基準を定めた厳格な条件付き〈被爆者認定〉基準ともなっている。年間一〇〇ミリシーベルト〈mSv〉以上の被曝線量に〈発ガン性〉のリスクを認めるという現行の国際基準――ICRP〈国際放射線防護委員会〉発出の数値というのがじっさいに福島第一原発の拡散した放射線量と、廣島・長崎での被爆〈または核汚染地域での被曝〉実態と比較して、どこがどう、ちがうというのか。〈皆殺し兵器〉と原子力エネルギー産業とは、たしかに目的はちがう。

とはいっても、水素爆発を軍事に転用すれば、それは水爆となる。水素爆発によって放射能汚染を拡散したあげく、なおも放射線〈放射性物質〉を漏出をさせつづける原発の現状と、地上に放射能を拡散させたことによる人体への影響がいまだに尾を引く大量殺戮兵器〈原子核爆弾〉の、とり返しのきかない惨状が、いずれも進化する人類〝二〇世紀の所産〟であることだけは、まぎれもない現実である。

被爆体験者の脳裏には、あの過ぎし日、〈死の灰〉漂う広域の天空から断続的に降りそそいで頬を濡らした〈黒い雨〉の記憶がよみがえる。

その当日は着替えることができずに翌七日午後、井戸端で脱いで手洗いした麻地のブラウスに付着していたのは〈うす黒い染み〉だった。麻の繊維に食い込んだ細かく黒い煤は洗っても取れなかった。被爆時に一九歳だった筆者の母〈八九歳〉は語る。

まん丸メガネの分厚いレンズ〈〝度〟が進んだ近眼用〉を曇らせた〈薄い墨汁のような汚い大つぶの雨〉をあびた亡父〈二〇〇一年に八〇歳で没した〉のばあい、当日夜、高熱にうなされたのが、そのころ町中に患者が続出していた伝染病〈赤痢〉に罹患したため……? と当時は掛かりつけの医師が首を捻りながら〈診たてた〉というのである。それを問わず語りに聞かせてくれたのは最晩年のことであった。また、父の顔見知りだった新聞記者(中村敏[6]・同盟通信廣島支社編輯部長)は市西郊・樂々園＝現・佐伯区＝から被爆直後の烈風すさぶ驟雨のなかを市内をめがけ自転車で疾走した。全身にあびたのは〈ドス黒い大粒の雨〉だったと一九五三年に発表した被爆体験記「曼珠沙華――原子雲の下の広島」で表現している(『秘録大東亜戦史・原爆国内篇』所収)。

小説家・大田洋子のばあい、その雨つぶが〈うす黒かった〉と作品『屍の街』のなかにしるす(第二章215ページ)。あるいはまた、それをズバリ小説の表題にした「黒い雨」作中で井伏鱒二は〈原爆が投下された直後、万年筆大の大きな黒い雨が降った〉と書く。これは、創作のモデルとなった主人公・重松静馬が発表を前提とせずに戦後、個人的な記録として書いた「まぼろしの被爆日記」に拠っている(公刊『重松日記』については第一章155〜158ページ)。

旧制廣島一中四年(一六歳)在学中に爆心から南西へ二五〇〇メートル余りの勤労動員先、南観音町にあった旭兵器製造所でピカをあびた後年の作家は〈あの眩めく光線と熱風、重油のような雨、それを自らの肌で経験した〉と語る。桂芳久(一九二九―二〇〇五)ら〈核戦争の危機を訴える文学者の声明〉を編んだ岩波ブックレットNo.1『反核――私たちは読み訴える』(一九八二刊)に所収の発言から。それらのように〈八月六日の雨〉にはふれていないが、そのときの〈色〉を見つめたひとの短歌を読む。作者は筆者が若いころ広島で知りあったひとの亡父である。

〈もろもろと　色をふくみて　立ちのぼる　煙の下に
廣島は燃ゆ〉

中國文化聯盟機関誌『中國文化』原子爆彈特輯・創刊號(一九四六年三月一〇日発行)所載――作者の奥田實三は爆心から五キロメートル余り離れた市東郊の向《むかい》洋《なだ》(安芸郡府中町)でピカの凄まじさに戦慄した。肺結核の療養中にもかかわらず無我夢中、友人の安否を気遣い市中へと自転車で入った。敗戰後、同誌の発刊を準備から手伝う。しかし創刊七カ月余り後の同年一〇月二八日、乳飲み子の男児ら家族を遺して實三は先立つ（行年三三歳）。元広島テレビ放送キャスター奥田胤暢が〈生前の記憶を持たない〉遺影の父は生前、こうも詠んだ。

〈原子爆彈と　知るよしもなく　その時は　たゞおの〻きて　火柱を見ぬ〉

〈至近彈と　ひたに思いて　頭あぐれば　火柱あがる　五キロ先なる〉

〈収容者名簿　五度くれり　今日もまだ　友の名見えず　何處《いずこ》さがさん〉

おなじ『中國文化』原子爆彈特輯號に短編「創作／三日間（惡夢）」を発表した大久保澤子（当時三五歳）は、その冒頭一行目をこう書き起こす。わざわざ〈創作〉とはうたってるが、まぎれもなくこれは、小説化した作者の体験記にほかならない。

〈汽車が廣島に近づくにつれて何とも云へぬ惡臭が漂ってきた〉……。

疎開先の加茂郡豊榮町（現・東広島市）から被爆四日後の廣島へ、學徒動員で応召した実弟を探しにゆく。この作品のなかで〝におい〟については、もう一カ所、

〈山の方から二日間、嗅ぎ慣れた腐肉の臭気と、それに雑《まざ》って消毒薬の匂が鼻を突く〉と綴る。

のちに『原爆に夫を奪われて――広島の農婦たちの証言』（岩波新書、一九八二刊）を編む民俗学者の神田三亀男[7]が二三歳のとき、被爆直後に詠んだ短歌「苦闘―郊外の収容所にて―」全七首にも作者の臭覚がとらえた二首を見つける（同号『中國文化』所載）。

〈言いがたき臭氣の中に　累々と　苦悶を告ぐる　人の聲《こえ》ごえ〉

〈し〻むら（肉叢）[8]は　ことごとく焼け　高聲《こうせい》に　うめきゐし人　今朝は死にたり〉

いま現在でも、じっさいに降りそそいだ黒い雨の雫が唯一、民家の白い板壁に数条の痕跡をとどめているのが、広島平和記念資料館所蔵の「白壁に残る黒い雨」（撮影・土田ヒロミ）である。これは広島市西区高須（旧・古田町高須＝爆心から三・七キロ）に戦前から住んでいる八木秋次郎というひとが一九八六年に寄贈した。この家主によれば、一九六七年にさかのぼる改築のさいに、新しい壁材で被爆時の壁は覆い隠されていたが、のちにNHK広島放送局「黒い雨――広島・長崎原爆の謎」

取材班が外壁の内側隙間にファイバースコープ・カメラを挿入して見ると、くっきりと黒い雨の跡が残っていることがわかる。一九八六年のことだった。

家主了解のもと、さっそく外壁を剝して元の白壁一部が切り取られた。すぐさま埼玉県和光市にある理化学研究所（現・独立行政法人）での、白い板壁に付着した放射性物質（残留放射能）にかんする線量検査の結果は、待ち受けたひとたちに衝撃をあたえた。皆が一様に息をのむ。

被爆から四〇年以上のあいだ後年には上板壁に覆われ、なかば密閉状態で保たれていた黒い雨の条痕から、よもやとおもわれた半減期三〇年とされる〈セシウム137〉が検出されたのである。

そのことを聞きつけた全米屈指の核エネルギー研究機関であるテネシー州のオークリッジ国立研究所から届いた一通の手紙は、なんといってきたか、〈都市被爆によってできた粒子の、世界でただ一つの資料」だと無条件に評価。ついては板壁の一部を借り受けたいと懇請する。同研究所は、これをさらに科学的に解析するための予算として米国政府に一一万US＄（当時の換算レートで約二七五〇万円）を申請し、未知の被爆実態研究への意欲を見せた。戦後四〇年余りを経て遭遇した出来事に広島の被爆者は心中、穏やかならざる複雑なおもいであった。

もっとも世界で核開発競争に先んじて実戦使用を成功させた米国のばあい、〈ネバダ砂漠で数多くの核実験が行われたが、砂漠の実験場では、火災も、黒い雨も降ることはなかった〉のである。オークリッジ国立研究所長は書簡の文面にハッキリと、こう指摘した。

〈黒い雨は、広島、長崎だけに降っている〉——と。NHK出版編『ヒロシマはどう記録されたか』の第五章「幻の原爆第一報」の「黒い雨」節（二〇〇三刊）が、その〈特番〉取材をつうじてめぐりあった証言である。

●原爆の色

いまでは積極的にボランティアの〈語り部〉となって広島を訪れる中・高校修学旅行生などに自身の被爆体験を話して聞かせる老人たちのすがたはめずらしくない。とはいっても被爆者の高齢化にともない、話に聞き入る修学旅行生が曾孫と同い年だったり、ということもまためずらしくない。さもあろう。鬼籍に入った語り部のかわりを見つけるといっても、たとえば一九四五（昭和二〇）年三月一三日うまれの女優・吉永小百合が仮に被爆者であるとすれば、ぜひにと本業かたわらの参加をよびかけて〝補充〟も可能だろう。いちばん若い被爆者が現下、すでに七〇歳に達している（なぜこの女優を例に引いたかといえば、彼女が劇場用映画の大作に取り組む女優業と併行して近年、静かなる〈反核・反戦〉メッセージの語り部〝表現者〟としての新境地を切り開いたことに共感を覚える、ただそれだけの理由から個人情報を借用した）。

♬〈ふるさとの街やかれ、身よりの骨うめし焼け土に……ああ許すまじ原爆を〉。

そのとし三月一日、南太平洋で操業中のマグロ漁船・第五福龍丸は、ビキニ環礁での米国の水爆実験によって〈死の灰〉をあびた（第八章493～494ページ）。乗組員二三人が被爆。その半年後、焼津港でおこなわれた無線長・久保山愛吉（行年四〇歳）静岡県民葬には、

♬〈黒き雨喜びの日はなく、いまは船に人もなし…三度許すまじ原爆を、われらの海に〉

と葬送する合唱曲がながれた――一九五四年、東京・大井の町工場で働く青年・浅田石二の詞に、都立日比谷高校社会科教師の木下航二が曲をつけた反戦歌「原爆許すまじ」は、ソ連の大衆歌「カチューシャ」[9]訳詞で知られる関鑑子[10]が主唱指導した〈うたごえ運動〉と原水爆禁止の国民的運動とが結合してうまれた。

それを広島の街かどで歌い被爆者援護法の制定を終生、つよくもとめつづけた〈原爆一号〉こと吉川清というひとが、ヒロシマの語り部としては草分け的存在である。まぢかに聞く口角泡を飛ばす広島弁が切せつと語りかける（第四章320～327ページ）。

爆心から北へ約九キロメール離れた安佐郡緑井村（現・安佐南区緑井）の、祖父母のもとに縁故疎開していた堀場清子（当時一五歳）は廣島うまれだが東京育ち。母と弟、母の妹・叔母の三人の男児らとともに祖父が院長をつとめる今井病院に隣接する医師用住宅に身を寄せた。

ちょうどその日は、肺浸潤との診断をうけて女學校（勤労動員）を休む。朝食の卓を囲んだままでいた〈茶

の間は北向きだったから、廣島の人たちが「ピカドン」という、その「ピカ」も、間接的にしか見なかった。それでも経験にない、不思議な閃光だった〉と回想する。

原爆をテーマにした詩集『空』（一九六二刊）がある堀場清子(11)は、その後年の著書『原爆・表現と検閲─日本人はどう対応したか』朝日選書（朝日新聞社、一九九五刊）第一章〈「原爆」体験〉で次のように自身が目撃した情景を描く。

──〈南向きの縁側に走り出てみると、広島市上空にあたる南の空いっぱいに、ピンク、紅、空色、紫、濃淡の五色の雲が、激しい勢いで湧きかえっていた。地獄とは、来迎図《らいごうず》(12)の外貌で訪れるものだろうか。あの雲の下にいた人々を思えば痛ましくもそれは巨大な雲の花が、際限もなく地から湧き、咲き誇る美しさだった〉。

そのとき後年の詩人には、南の天空を染めた〈色彩〉が記憶に焼きついた。

祇園救護所から続々と送られてくる手の施しようがない重傷を負った被災者たち。外科的処置に追われる祖父は、疲労のあまり昏倒しては注射〔リンゲル〕を打って起きあがる。それでも〈処置し尽くせなかった〉のである。

──〈この絶望的情況にあって、誰ひとり苦情を言わなかった。あまりに負傷者たちのおとなしかったことが、あの人々の悼《いた》みを、限りなく深くする〉。

祖父の病院に収容された〈水……、水……〉とうったえる人びとのあいだをただ、ヤカンと湯呑を持って走り廻っているだけで、朝が夜になり、夜が朝になった〉。こうして病院が事実上の収容所を兼ねた三日間で、少女もまた、結果的に〈たっぷりの二次放射能〉をあびる。

三日目（八月八日）の夜、ようやく家にもどって食事を摂る。そのとき少女は〈はじめて、自分の手が異臭を放っているのに気がついた。ただの死体の匂いとも違う。核分裂によって、生きながら内部崩壊させられた生物の、独特の腐臭だった。原子爆弾が、地球上に新しく生み出した、耐えがたい悪の匂いだった〉。

はるか半世紀を経てもなお薄らぐでなく、消えることのない臭覚の記憶。じっさいに〈どう工夫してみても、箸を口に近づければ、手が鼻に近づき、反射的にグッと咽喉（ノド）が詰まった〉。当時は自覚がなかった。しかし〈手だけではなく全身が、さぞかしすさまじい悪臭を放っていたことだろう〉と少女期の自身に取り憑いていらいの、おぞましい記憶に絶句する。

それまで求められても応じなかった戦後六〇年の沈黙を破って、世界的ファッション・デザイナー三宅一生は原爆について、こう語る。

〈原爆の色、いまでもイメージが浮かんでくる。イヤな色だ――〉。

自身が七歳のときに遭遇した廣島の被爆体験をはじめて明かしたのは二〇〇九年、アメリカ滞在中の七月一四日付『ニューヨーク・タイムズ』紙上でのことだった（寄稿）。日本では翌七月一五日付『讀賣新聞』がそれを伝えた。同日付『毎日新聞』『朝日新聞』各夕刊があとを追う。寄稿掲載紙の一四日付『ニューヨーク・タイムズ』電子版によれば、一九三八年うまれの三宅は当時七一歳。ともに廣島で被爆した実母は三年後に原爆死をとげる。原爆病（のち原爆症と呼ばれる）で苦しんだあげくの悶死は一生少年の心を閉ざす。長じては〈原爆を生き延びたデザイナー〉というレッテルを貼られたくなかった。

のちに一九九〇年、五二歳のとき〈平和を願うヒロシマの心を現代美術をとおして表現し〉つづける巨匠を広島市が主催して顕彰する第一回〈ヒロシマ賞〉を受賞した。同年一一月三日から翌一九九一年一月一五日にかけて広島市現代美術館（同市南区比治山公園）で開催された同受賞記念の三宅一生展のタイトルは「TEN SEN MEN」（点・線・面）。だがしかし、ことばによるメッセージは残していない。

いよいよ老境に達し、オバマ米大統領が二〇〇九年四月にチェコ共和国の首都・プラハでおこなった演説を聞いたことで自身の内なる〈なにか〉……が呼び覚まされる。そしてオバマ大統領にたいしてヒロシマへの訪問を呼びかける書簡を米紙に寄稿した。みずからの被爆体験を語ることに〈個人的かつ倫理的責務を感じ始め〉て公表をするにいたったと、その署名稿はむすばれている。筆者にとっては面識こそないが、母校東雲附中同窓の大先輩（一九五三年卒業）でもある。

こんにち、七〇年の時空をさかのぼる〝被爆直後の情景〟が、はるか遠くかけ離れた現代を生きる人びとにとっては、あの忌まわしい黒い雫が頬をつたい、首すじから胸もとを濡らした〈ぞっ、とする〉皮膚感覚ではない。悪夢の死地に一身をさらした記憶は、齢をかさねるごとに、うすれてゆく。ときのながれが忘却の彼方へと拉し去った記憶は、日増しに霞んでゆく。

それでも——いや、だからこそ、語ることを〈責務〉であると、みずから晩年に自覚して、いのち果てるまでを誓い、消すことのできない〈内なる記憶〉をたどり始めた、ひとがいる。

広島型原爆〈ウラン235〉の半減期は約七億年。〈ウラン238〉になると約四五億年というから、およそ人知の及ぶようなサイクルではない。すでに欧米では軍産〈核兵器〉に限定して使用され、電力供給用〈原発〉原子炉での燃料には用いられていない〈プルトニウム239〉の半減期は約二万四〇〇〇年。おそるべき核武装の企みを含み持った〈核燃料サイクル〉政策の続行を、なおも目論むどこかの島国では、二万四〇〇〇年という値がウランよりも短いからプルトニウムのほうが〈比較的安全〉だといった〝噴飯もの〟のロジック、いや屁理屈を真顔で吹聴する場面に出くわして唖然とする。

原子核爆弾の〈炸裂〉と原子力発電施設の〈制御不能〉がもたらす共通の脅威とは、爆発にともなう直接の犠牲者ばかりでない、目に見えない放射能による〈汚染の拡散と堆積〉にあることは、もはや論を俟たない。人類初の原爆投下〈ヒロシマ虐殺〉惨澹の夏から七〇年の歳月がながれるあいだ、いかに政治的な意図にもとづく狡猾な原爆隠し＝〈被爆（被曝）実態をめぐる言論封じ〉がはかられ、ひいては原発〈安全神話〉を振りかざした恫喝が、くり返されてきたか——知られざる謀略的な抑圧〈原爆隠し〉の実相はフクシマ原発震災によって破綻をきたしたエネルギー政策〈原発問題〉の前史であるばかりでなく、こんにちにいたる戦後〈反核思想つぶし〉の潮流と根を一つに、連続して渦巻く〈言論封じ込め〉の最たる一コマでもある。

そしていま、まさしく五里（二〇キロ圏内）霧中に霞んで立入禁止の圏外から呆然と見つめる放射能禍〝福島原発震災〟情景の現出に震撼する、あらたなる憂悶をわたしは禁じ得ない。

このあと本書は、次の序章をはさんで第一章以降は

——その日、その現場に居合わせた当事者たちによる〝証言〟と体験記録にくわえ、のちに公表された（逐次、修正がくり返された）重層的なデータを探索し、わたくし自身の体験とをかさねあわせた、こんにちまで四〇年余りの考察にもとづく〝再現ドキュメント〟のこころみである。

著者識す

（1） 参考文献に、姜徳相の新版『関東大震災・虐殺の記憶』（青丘文化叢書、二〇〇三刊）。山田昭次『関東大震災時の朝鮮人虐殺——その国家責任と民衆責任』（創史社、二〇〇三刊）。山岸秀『関東大震災と朝鮮人虐殺——八〇年後の徹底検証』（早稲田出版、二〇〇二刊）。今井清一・仁木ふみ子［編］『資料集・関東大震災下の中国人虐殺事件』（明石書店、二〇〇八刊）。大震災当時にさかのぼる〝忌まわしい禍根〟として語り継がれる。

（2） 日中戰争下の毎月一日〈興亜奉公日〉を日米開戰の翌一九四二年一月八日から毎月八日〈大詔奉戴日〉と呼び改めて制定。〈詔＝みことのり（天皇のことば）を押し戴く日〉とされた。〈戰争完遂〉目的を国民のあいだに浸透させる〈国民精神総動員運動〉の一環。

（3） 三重県北牟礼郡海山《みやま》町（現・紀北町海山区）郷土資料館と同じく郷土史研究会が編んだ体験談と記録集『昭和19年12月7日東南海地震津波』（一九九四刊）をはじめ各地の郷土史「防災の教訓」を語り継ぐ取り組みも一九八三年以降、旧被災地域の一部に見られる。

（4） 山下文男は一九二四年、岩手県三陸海岸の気仙郡綾里＝りょうり＝村（現・大船渡市綾里地区）にうまれた。明治の三陸津波では一族八人が溺死。自身も九歳のときに、大津波と火災による死者三〇〇八人が出た一九三三年三月三日の三陸沖地震を体験した。日本共産党機関紙『赤旗』の元記者（中央委員会文化部長）。勇退後は〈津波史〉研究に取り組んで著書に『津波の恐怖——三陸津波伝承録』（東北大出版会、二〇〇五刊）。『津波てんでんこ——近代日本の津波史』（新日本出版社、二〇〇八刊）ほか。こんどの東北大震災では入院中だった岩手県陸前高田市の県立病院四階で津波を観察していて逃げ遅れるが、九死に一生を得た。震災後、盛岡市の転院先に殺到するマスコミ取材にこたえて大津波の脅威にたいして警鐘を鳴らしつづけた。二〇一一年一二月一三日、肺炎のため死去。八七歳（翌二〇一二年一月一四日付『朝日新聞』夕刊七面「惜別」欄から）。

（5） 『スーパーマップル——東北道路地図』第三版（昭文社、二〇一一刊）。

（6） 中村敏「曼珠沙華」は田村吉雄［編］『秘録大東亞戦

史——原爆国内篇』（富士書苑、一九五三刊）所収。のちに「原爆下48時間の恐怖——その時私は広島にいた」（一九七三年一二月一日発行『新聞通信調査会報』第一三二号に所載）などをのこした。

（7）　神田三亀男は一九二〇年、廣島縣比婆郡東城町（現・庄原市東城町）にうまれた。本文中の短歌は現在『原爆歌集・句集』解説・栗原貞子、吉波曽死《よしなみそし》（日本図書センター、一九九一刊）所収。同じく「原爆に夫を奪われて」は『日本農業新聞』連載。名著『広島農人伝』（広島農村文化会議事務局、一九六二刊）がある。ほかに『咲け！　山ユリの心——山村児童と広島原爆病院の交流』（日本経済評論社、一九八八刊）。同『女人天耕——瀬戸内の段段畑』常民叢書（同社、一九八七刊）など。第三回長塚節文学賞・短歌部門を受賞の一首に〈戦争の悲哀語らず亡びゆく農を語らず兄は老いたり〉。広島県府中市在住。

（8）　ししむら〔肉叢〕とは一片の肉のかたまり、肉体。このばあいは、ひとの身体を指す。

（9）　第二次大戦中の一九三九年、ソ連の作曲家ブラーンテル（一九〇三—一九九〇）曲。

（10）　関鑑子＝せき・あきこ（一八九九—一九七三）。声楽家・ソプラノ歌手。一九二六年、プロレタリア音楽家同盟の設立に参画して初代委員長。戦後は一九四八年、共青中央合唱隊（のち中央合唱団）設立に参加。一九五一年に東京で創設の音楽センターを活動拠点とした。没後、伝記叢書『大きなバラ——関鑑子追想集』（大空社、一九九六刊）がある。夫は一九三二年の日本プロレタリア文化聯盟（コップ）大弾圧で舞台公演中に検挙され、獄中での発病がもとで保釈後に死去した新劇俳優の小野宮吉（一九〇〇—一九三六）。

（11）　本名・鹿野清子は一九三〇年、広島市にうまれた。共同通信社勤務を経て著書に『イナグヤナナバチ——沖縄女性史を探る』（ドメス出版、一九九〇刊）。『高群逸枝の生涯——年譜と著作』（ドメス出版、二〇〇九刊）。夫・鹿野政直との共著で『高群逸枝語録』（岩波現代文庫、二〇〇一刊）ほか女性史研究家。〈反核〉詩集『空』（冬至書房、一九六二刊）。一九八二年創刊の詩誌『いしゅたる』を主宰している。『堀場清子詩集』日本現代詩文庫（土曜美術社、一九九二刊）などがある。

（12）　平安中期からの浄土信仰にもとづく仏画「阿弥陀来迎図＝あみだらいごうず」、または「弥勒＝みろく＝来迎図」などのこと。西方浄土の阿弥陀如来が聖衆＝しょうじゅ（浄土往生を願う人の臨終に阿弥陀仏とともに来迎する諸菩薩）を従えて人間世界へと下降するさまが描かれている（『広辞苑』第六版）。

序章　こころなき日米合作〈核の傘〉安全保障神話

●報復テロの連鎖

世界に冠たりやアメリカ〈核の傘〉の下、戦後日本の歴代保守政権が堅持（固執）しつづける〝暴力装置〟としての日米安保体制は、いまや半世紀をゆうに超えて、継続的に配備される総員五万人規模（第七艦隊の洋上兵員を含む）の在日米軍をのさばらせている。日本の国費を投入した永続的な手厚い防衛省装備施設本部（旧・防衛施設庁）の思いやり予算が原子力空母や原潜の母港化をはかるなど主力補給基地としての〈後方支援〉担保に余念がない。

同時にまた、一九七二年五月一五日の本土復帰〈施政権返還〉後も、こんにちにいたるまで四〇年余りのあいだ――そして現状がつづく限りは、〈国内軍用占有地〉全体の七割超が集中して同盟国アメリカの軍隊が駐留・展開する沖縄への、いちじるしく過重な負担を強いる。

さかのぼって二〇〇一年秋、アフガニスタン北部バルフ地区の山あいに降りそそぐクラスター爆弾が無数に咲かせる〈黒煙の徒花〉を、目測およそ一五キロメートル先の上空に臨む車窓から、わたしは見つめた。その山中に逃げ込んだとされる首魁・ビンラディン(1)（当時四七歳）とイスラム原理主義急進派（国際テロ組織）アルカイダ掃討を〈大義〉として侵攻した米空軍の無差別戦略爆撃に、まるきり逃げ場なくさらされているのは、なんら巻きぞえになるいわれなき現地アフガンに暮らす〝丸腰〟の住民たちであった。

9・11マンハッタン・ツインタワーを崩落させた〈聖戦――ジハード〉自爆攻撃が象徴する〈同時多発テロ〉への憎悪の反攻は、はたして〈ムスリム皆殺し〉の攻防に火をつける。

それは凄惨な殺戮をくり返す、はてしない報復テロの連鎖となる。

さらには、かつて米国ＣＩＡが斡旋提供したことを根拠とする大量破壊兵器の保有を口実にフセイン政権の倒壊を仕掛けた侵攻〈イラクの自由〉作戦にさいして、事前に国際世論を二分した戦端を開く〈大義〉じたいが、のちに〈虚偽の報告〉にもとづいていたと暴かれる。虚偽の大義に相乗り同調した英国労働党ブレア政権は、この事実誤認によって辞任へと追い込まれた。日本の小泉自民党政権もまた米英の対イラク作戦遂行にあたっては、それが〈国連決議にもとづくもの〉と強弁して積極的に〈戦争支持〉を表明する。あまつさえ、ときの小泉首相は非戦闘地域の拡大解釈をしてまで戦禍のつづくイラクへと自衛隊〈派兵〉に及んだ。にもかかわらず土木建築・水道敷設といった工兵部隊の派遣が、もとより派兵にはあたらないと、ために為る欺瞞の論理によって明々白々たる、みずからの〝侵略戦争への荷担〟を煙に巻いた。

●実効性なき非核三原則

ふるくは一九六〇年代にさかのぼるヴェトナム戦争当時、米施政権下の沖縄は公然と〈戦術核〉を配備した極東軍事戦略の要衝であった。対米〈沖縄返還〉交渉にさいして〈核抜き本土なみ〉が強調されるなか、本土への核持ち込みは〈あり得ざること〉との外交上タテマエだけが、ひとり歩きをする。以降も終始、ウソ偽りの塗りかさねによって日米〈密約〉は〈遵守〉をされてゆく。そこに隠蔽されつづけた日本本土米軍基地への核兵器〈配備・貯蔵〉実態は、およそ日本の国是〈非核三原則〉を実効性なき〝お題目〟と化してひさしい。

わたし自身が直接取材した例でいえば、かつて帝國海軍に接収される以前というから、いささか話は古めかしいが、そこはハス田（蓮根畑）の点在する広漠たる三角州と干潟だった。この山口県岩国市尾津（東岩国）臨海部一帯が現在にいたる戦後の在日米軍岩国基地である。

一九七二年当時の取材メモによれば、――混乱した占領下での聯合國軍による〈戦後処理〉がすすむさなか、旧帝國海軍岩國飛行場はイギリス連邦軍から米軍が引き継ぐ。やがて、日米安保条約にもとづき、米海軍（ネービー）第六艦隊航空団――のち海兵隊（マリーン）が管理する航空基地となる。

やがて一九五七年には、米海兵隊と海上自衛隊との共用が始まる。のちに一時は民間航空機（本社広島市の東亞航空）が乗入れ、官民共用で航空自衛隊の主力戦闘機も配備されるという経緯をたどる。軍用輸送機や戦闘機の発着時に耳をつんざく音が響きわたる以外、なんの変哲もない滑走路周辺に低湿地の原野が漠とひろがる。

そこは一九三六年（昭和一一）年に国の天然記念物指定をうけた白鷺《はくろ》渡来地でもあった。しかし、戦後高度経済成長期に飛来する個体数は激減する。この夏鳥に特有の集団営巣作りにかまびすしい賑わいは消えた。干潟に餌を啄む一、二羽を見かけることすら、めずらしくなった。石油化学コンビナートやパルプ・製紙工場群が取り巻く環境の変化は、自然の生態系に赤信号がともる明らかな影響を及ぼす。げんに、大量の工業用水を消費し、鼻をつく汚水ばかりでない有害化学物質に汚染された〝産廃水〟が止めどなく垂れ流される上空には、もくもくと排煙口が吐き出す白煙がたなびく。白い煙を35ミリカメラ300ミリ望遠レンズで凝視すると、くすんで灰色がかった乳白色であった。

フェンス越しに見る岩国基地内。周囲に草むした弾薬庫のならぶ附近に、これまでは見かけなかった山羊《ヤギ》が数頭、それぞれ距離をおいてつながれている。いったい、なぜか——。

一九七一（昭和四六）年の初夏いらい、国鉄（現・JR）廿日市駅から列車で片道三〇分余りの岩国へと通いつづけて五カ月余り。現地で出会った米軍基地監視行動をつづける人びとへの取材からまなんだことを含め、じっさいに自身が現場で察知をした〈核兵器の存在〉に確信をいだく。所在なげにつながれた山羊が日がな一日、ときおり自動小銃を携えた歩哨が見回りに来る気配にも一向に動じることなく、ぽつねんと雑草を食《は》む光景が印象にのこっている。

まもなく〝舞台〟は国会へと移る。一九七一年一一月一六日の衆議院〈沖縄返還協定〉特別委員会で質問に立った〝元祖・国会の爆弾男〟こと社会党代議士・楢崎弥之助[2]委員は、

〈在日米軍岩国基地に核兵器が貯蔵されている疑いがある〉

と舌鋒するどく指摘した。同党の軍事プロジェクト・チームが一年がかりでつきとめた調査資料を、いよいよ国会での暴露・公表に踏み切って波紋を呼ぶ。これは、改訂安保条約の自動延長と沖縄返還協定の成立を推し進める自民党政権（第三次佐藤内閣）を根底から揺さぶる。

一、岩国基地内に「核貯蔵庫」と「核点検室」は存

在する。

一、そして、核兵器（及び、生物化学兵器）は、まちがいなく搬入されたと見られる。

長期間にわたる監視・観察の積みかさねによって、そうした疑惑がもたれる最大の理由は、その貯蔵庫に見られる態様がアメリカ第五空軍「事故防止点検表」に明記された「核兵器貯蔵施設の管理にかんする基準マニュアル」と完全に一致にしていたからである。

なかでも、核兵器の貯蔵をはじめとする核関連施設の特徴とされる〈赤い表示プレート〉が岩国基地内〝疑惑のゾーン〟に見られる。さらに監視グループの報告によれば、一九七一年の一月から五月にかけて岩国基地へ飛来した特定の輸送機によって核兵器が搬入された疑いが、きわめて濃厚との見解につながる。雑誌『技術と人間』一九八七年五月号が掲載した湯浅一郎の論考「岩国、呉の核疑惑を追って」が、その解析記録を克明にとどめている。――湯浅の著書『〝平和都市ヒロシマ〟を問う――ヒロシマと核・基地・戦争』（技術と人間、一九九五刊）所収。

貯蔵庫内から生命体に影響を及ぼす毒性のつよい物質が漏洩したばあいの検知に山羊などの動物を配置していたことで疑われるのは、一般的に化学兵器の貯蔵である。当時の米軍が秘密裏に配備していた最も強力なVX（青酸ガス）やGB（サリン）といった即効致死性の毒ガス（弾）を含む、あらゆる化学兵器は、もとより国際法がその使用を認めていない。さあ、困ったことになった。がしかし核兵器持ち込みをあくまでも否定するため、化学兵器については隠匿の事実を認める水面下での真相、その改ざんのリークがはたらく。

というのも一九六九年の七月、沖縄本島に常駐するアメリカ陸軍第二六七化学中隊の隊員二四人が貯蔵庫内での作業中に中毒症状を起こした毒ガス漏洩事故が米紙『ウォール・ストリート・ジャーナル』のスッパ抜きによって全米に向け報じられたことで露呈した。

沖縄への毒ガス配備を認めないわけにはゆかなくなった。本島住民たちを震撼させた。だが一九六二年以降に相次ぐ砂糖キビやパパイヤが広域にわたって立ち枯れる（当時は原因不明の現象とされた）などの事故によって、じつは前々から米軍が沖縄に大量の化学兵器を隠匿していることは、本島住民のあいだで〝公然の秘密〟としてささやかれていた。しかし、問題化してアメリカ本土に持ち帰ることを表明した米政府が、こんどは米国内〈世論〉の激しい抵抗にあって紆余曲折。その処置に苦慮したすえ、ハワイ・オアフ島の南西へ約一〇〇〇キロメートルを隔てた絶海の孤島ジョンストン・リーフ（総延長三四キロ余りの環礁）を占有する米海軍基地・弾道核ミサイル実験場へと移送する通称〈レッドハット〔赤い帽子〕作戦〉に帰結した。移送中の沿道と在日米海軍の港湾施設周辺は、緊迫した戒厳令下さながらの恐怖に閉ざされる。

　あれから四〇年余りのときがながれた二〇一一年春――原子核エネルギーの〈平和利用〉という名のもと国策として推進した、虚構の原発〈安全神話〉は破綻をきたす。制御不能に陥る危険性をはらんだその脅威にたいして安全神話を作りあげてきた当事者らが、なんら根拠なく〈日本の原発で終末的な事態に陥る事故は起こらない〉と錯覚して高をくくったあげくのことである。シロウト目にも判断がつく。〈危機管理能力の決定的欠落〉が最悪の事態を招来した。

　福島相双の沿海に止めどなく放射線（放射性物質）が漏洩・拡散しつづける現下、とり返しのきかない悪夢のような現実をまえにして、抑えがたい怒りと悲しみがこみあげてくる。

　遠い過去にさかのぼる廣島での被爆から現在にいたるまで〈甲状腺異常〉に蝕まれた老母のイビツに折れ曲がった肢体と、TVに映る放射線防御服を身にまとって免震棟内外で立ちはたらく若い原発作業員たちのすがたとが、なみだに濡れたまぶたにダブって浮かぶのである。

　両親ともに廣島の被爆者である還暦目前のわたし自身についていえば、みずからが齢をかさねるにつれて、それは好むと好まざるにかかわらず自身の存在が事実上、まごうことなき被爆二世としての〝臨床被検体の一つ〟にほかならないとの自覚は、打ち消しようがない。

　米軍による無差別戦略爆撃〈ヒロシマの虐殺〉を引き起こしたウラニウム二三五型・原子核爆弾の〈後傷害〉をひきずる被爆者（及び被爆地での目に見えない想像だにしなかった二次的な高濃度の残留汚染にさらされた被曝者）たちの憂悶はしかし、あろうことか戦後の焼け跡に根を張った〈ヒバクシャ差別〉をうむ。露骨な村八分の口実に悪用される事態に見舞われた。苦しみもだえる死地を生き延びたヒバクシャたちを、なおさらに貶めることにつながった憤懣やる方ない変遷を経ている。

そしてまた、未曽有の惨害をもたらした米国の原爆使用への抗議の紙礫（申し立て）に込めた〈反核文学者宣言〉の意図はスリかえられ、原爆被害調査と医学的臨床研究の被検体としてのモルモットでしかない。

人格否定の存在理由を暗に押しつけられ虐げられた悲惨にあえぐ。

こうした戦後史の水面下に痕跡をとどめる語られざる〝謀略の実相〟は、タケノコの地下茎のように表出しない脈絡が〝藪の中〟に忘れ去られたままとなっている。もとより、アメリカ対日占領下に始まるGHQ（SCAP＝スキャップ）主導による〈原爆隠し〉は徹底して執拗であった（堀場清子『禁じられた原爆体験』一九九五刊＝後掲・第二章231ページ）。

やがて対日占領が解除されると、あらたに日米安保体制（のち改訂条約）堅持をはかる日本国の戦後歴代保守政権が、東西冷戦下の東側を牽制する目的での〈反核思想〉封じ込めを継承してゆく構図が浮かびあがる。

もとより望まざる〈原爆の洗礼〉をうけて、おもい知ったはずの〈歴史の教訓〉は生かされなかった。

●第三の原発大国ニッポン

核によって滅ぼされた唯一の被爆国が、ついには米・仏に次ぐ〈第三の原発大国〉となる。

しかし、その当初から核燃料サイクル政策の行きづまりは見えていた。すくなくとも、運転操業をつづける以上、そこに際限なく増えつづけてゆく核廃棄物の〈捨て場〉――最終処分場が日本の国内にはない。誇って世界一をうたう根拠なき安全神話の来るべき崩壊は、〈放射能拡散の脅威〉を甘く見た報いにほかならない。

ヒロシマでの実戦使用で証明された原子核爆弾が圧倒的破壊力を誇る大量破壊兵器であることは、むしろ積極的に肯定する米政府当局も、それが目を覆うばかりに凄惨な〈大量殺戮〉兵器であり――いわんや放射線が人体に与える影響と将来にわたる〈後傷害〉のじっさいについては、それをことさらに〈隠蔽の対象〉としてきたのである（高橋博子『封印されたヒロシマ・ナガサキ』二〇〇八刊＝後掲・第七章451ページ）。

日本本土への正面〈上陸作戦〉で想定される聯合國将兵の犠牲者一〇〇万の生命及び対峙する多くの日本人の生命をもまもった（第二章264ページ）と、こんにちなおも原爆投下の正当性を一貫して主張する米側による〈原爆隠し〉の主眼は、まさしくそこにあった。そして、核被害にまつわる一言一句にクレームを差しはさむ、そうした言論抑圧の延長線上に、ながらく原発事故が拡散する放射線（放射性物質）のもたらす恐るべき惨害への、踏み込んだ知見にもとづく論争が〈虚妄の安全神話〉に席巻されて、いっこうに深められることなく封じられてきた経緯が横たわる。

一夜明けてなおも東電は〈想定外の事態〉との見解を盾に開きなおる。もとはといえば、歴代日本政府が推進してきた国策としての〈虚構の安全神話〉担保をはかるため、ことの深刻さを過誤（姑息に隠蔽）して、一刻をあらそう〈廃炉〉選択を躊躇する。そもそも初動対応に信じがたい遅れをもたらした〈対処マニュアル〉の不備は、より高い〈安全性確保〉にかかる建設コストにかんして経済効率を優先することで、いたずらに低く抑え、事故対策に万全を尽くす科学技術者としての、高邁なる思想の欠落が透けて見える。こうして、早くも震災発災の翌一二日、福島第一の原子炉一号機は起こるべくして〝自爆〟にいたる。原子炉建屋の隔壁は、見たことか、次つぎに水素爆発の火炎と灰煙を立ちのぼらせ、あえなく吹き飛んだ。

福島第一原発の〈発災〉後、次から次へと爆発が相次ぐありさまをよそに〈チェルノブイリ級といえるほどの惨事ではない〉との予断にもとづき、当初の暫定事故評価〈レベル4〉から最高〈レベル7〉への訂正にブレーキをかけたのは、ほかならぬ国際原子力機関IAEA事務局長の天野之弥だった。緊急来日した前・IAEA議長の天野といえば、知る人ぞ知る日本の原発政策を推進するにあたって、欠かせない重要な役割をになった外務官僚（総合外交政策局原子力課長、官房審議官〈軍備管理・科学〉担当などを歴任した）OB。

そしてまた、それをいつ処分したかはともかく、まぎれもない東京電力の株主でもあった。にもまして、事務局長就任時のホワイトハウス表敬訪問では、公然と自身が米政府のイエスマンたることを強調してはばからないような元外務官僚の〈政治的手腕〉よりも組織としてのIAEA自体、そもそもが〝原発大国〟――いずれも核保有国の〈米・英・仏〉が推進する原子力政策を側面から支える立場にある。

議論が分かれる数値設定など重要な局面の打開にさいして、かならずや持ち出される国際基準というのが今回のばあいもIAEA採用の国際基準値にならう（もしくは準ずる）となる。

がしかし、その数値の成り立ちこそが、いかがわしい。むろん、IAEAの介在と影響力というのは、あくまでも原子力利権を護持しようとする百鬼夜行が、くり返される氷山の一角にすぎない。原発安全神話の完全なる崩壊に瀕して、それでもなお、その、ほころび隠していどにしかとらえていない〈危機意識の希薄さ〉を象徴していることだけは、たしかであった。

全電源喪失や原子炉冷却用水確保をはじめとする一連の不備と不手ぎわに、事業主体の東電がジタバタと慌てふためき右往左往と、いたずらに悪化の一途をたどる。

震災発生三日後の一四日午前一一時ころ〈2号機も炉心溶融／燃料棒、すべて露出〉〈3号機は水素爆発〉と日本の新聞は伝えた（三月一五日付『朝日新聞』一面）。『讀賣』『中日』『毎日』『産経』など各紙とも第一面に掲載の写真は『朝日』と同様、FCT福島中央テレビ（日テレ系）が原発三〇キロメートル圏外から撮影したデジタル中継映像を転載している。

さらに翌一五日には〈福島第一制御困難／四号機でも爆発、建屋に穴／周辺、高濃度の放射能〉（一六日付）と予断をゆるさない事態に緊迫する渦中、三月一八日におっとり刀で来日した天野IAEA事務局長が指し示した〈見解〉を鵜呑みに引きづられる恰好で、菅政権は当初の暫定事故評価尺度レベル4から、チェルノブイリ級の最悪レベル7ではなく結果的に二ランク抑えたレベル5と、ひかえめの評価を公表する。これは、いったい誰が、どのような意図をもって、仕組んだのか。あからさまに〈作為〉が疑われる評価の引きあげにとどめたのである。

だがしかし、三月一五日夜の時点までに福島第一原発事故の大気への放射線（放射性物質）放出量は、国際的事故評価尺度（INES）に照らし合せると、放射性ヨウ素換算で約一九万テラベクレル（テラとは一兆倍を示す単位）という、すでに最悪のレベル7に達していたことが約一カ月余りを経たのちに露見する。枝野幸男官房長官（当時四六歳）が四月二四日、その後の原子力安全委員会の試算で判明したと修正発表する。事実上の事故データ隠し発覚が、そうでなくても四面楚歌となって大震災と原発事故への〈二重対応〉で苦慮する菅政権への不信をいっそう深めることになった。

旧通産（現・経済産業）省をはじめ官僚機構と歴代保守政権が、財界の強力な後押しによって推進してきた原子力政策の行きづまりは、歴代自民党政権の〝ここ ろなき失政〟を継承した民主党政権の恥部をさらけだした。こと原発にかんしては優先課題〈財政再建〉促進をはかる目ダマ政策の一つに〈世界一安全な原発〉を売り文句にした輸出すら目論んだ。ヴェトナムへの軽水炉型原子炉二基にかんする商談が政権交代後の民主党政権によって、すでに〈成立〉をしていたというのであるから、そらおそろしい。それがウソ偽りであったことを露呈した安全神話が日本国内での自爆で打ち破られたことは、あえて誤解をおそれずにいえば唯一、不幸中のさいわいといえる〝せめてもの救い〟かも知れない。いずれにせよ遠からず、この悲惨をこの島国の一角に封じ込めて、放射能（放射性物質）の拡散に歯止めをかけることこそが、最後にのこされた一抹の救いを見いだす不可欠の条件となるのは、いうまでもない。

おもい起こせば、一九八六年のチェルノブイリ原発事故後、旧ソ連やヨーロッパだけでなく日本でも汚染はひろがっていると指摘したひとりで京都大学の原子炉実験所助教・小出裕章が一八年前に書いた名著『放射能汚染の現実を超えて』（河出書房新社、一九九二刊）がある。とおに版元では〈品切れ〉となっていたが、原発震災直後の同年五月二〇日付で復刊された。

小出による同年一月の新刊『隠される原子力・核の真実――原子力専門家が原発に反対するわけ』（創史社、発売・八月書館）は、最悪ケースとしての炉心溶融〈メルトダウン〉を予見した類書は数あるが、いみじくも同書は最終版〈警告の書〉となってしまう。原発事故数週間まえという時点での出版もまた、まるきり無視をされたことは、いまさらながらではあるが、これら類書に共通している。

小出裕章は一九四九年、東京うまれの当時六二歳。二七歳で現職に就いていらい、一科学者の立場から、一九八八年に発覚した人形峠のウラン残土問題[3]（撤去をもとめた訴訟[4]）をはじめJOC臨界事故[5]、伊方原発裁判[6]（「運転停止」をもとめた原告側証人）など放射線被害をうける住民の側に立って活動つづけてきたひとである。

〝原子力礼賛〟の学界で〈異端〉扱いされながらも〈原発の危険性を訴え続けて四〇年〉。そう銘打つ、福島人災後で最初の書き下ろし『原発のウソ』（扶桑社新書、二〇一一年六月一日に刊行）。同書に述べられているのと同様の主旨である大阪・MBS毎日が五月三〇日（月曜21時53分〜）に放送したラジオ番組「たね蒔きジャーナル」出演時の発言をふり返る。

小出助教による「解説」をネット・ブログ上（要約）に読む。

番組では、しきりと東電や政府が、記者会見でくり返す〈ただちに影響は出ない、という言い方〉をめぐって、インタビュー形式の問い（カッコ内）に答えている。

――（Q、飯舘村で積算放射線量が二ミリを超えた。これはどういう値か?）

A、日本の普通の人は年間一ミリシーベルト（mSv）と決まっている。ごく特殊な職業についているわたしのような人（放射線業務従事者）は二〇ミリ（シーベルト）までは我慢するというのが日本の法律。福島事故が起こり、普通の人も年間一ミリでは済まない状況。そこで日本の国は、普通の人も二〇ミリまで我慢させると言い出している。飯舘村のような〝猛烈な汚染地域〟の人は、それすら超える被曝をしているということ。

（チェルノブイリと比較すると?）

チェルノブイリ事故で四〇万人が避難した強制避難地区を上回る汚染だ。

（二か月半で、この積算数値。この地域での生活は無理か?）

家に戻りたいという人がいるのは理解できるが、そういう人がいるのであれば支援しなければいけない。ところが、あまりにもひどい汚染であり、被曝を避けるためには避難するしかないと思う。

（東電作業員二人が数百ミリシーベルトの放射線をあびた恐れがあるとの発表があった。どういう数字?）

普通は年間一ミリという決まり。わたしのような特殊な人でも年間二〇ミリ。福島の事故を収束させるために二〇ミリの基準は守れないということで、この作業に限っては二五〇ミリまで許すことに決めた。これじたいが〝途方もない基準〟だが、それを超えるほどの被曝だ。

（癌発症のリスクは一〇〇ミリを超えると、少し高まると言っているが？）

一〇〇ミリを超えると、「少し」ではなく、確実に高まることは既に証明されている。それ以下の被曝だと疫学的には証明できないが、一〇〇ミリ以下でも癌が出るというのが、現在までの学問の知識を総合して考えたときの到達点。一〇ミリでも一ミリでも癌は増えると、考えないといけない。

（ただちに健康に影響はないと東電はいうが？）

事態が過酷だということは三月一一日の時点で気づいており、すべての従業員にマスクをさせるべきだった。または、させていなかったのであれば、すぐに内部被曝を調べるべきだった。すぐには影響がでないのは当たりまえのこと。心配なのは何年、何十年かして癌の発生率が増えること。枝野さん〔官房長官〕は、ただちに影響はないというが、被曝というのは、そういうものではない。

（内部被曝のほうが外部被曝よりも多い可能性が高いというが、内部被曝はすぐにはわからない？）

内部の評価は難しい。きょう〔五月三〇日〕の発表は、ホールボディカウンターで計測した結果だ。あとは、身体の中に取り込んだ放射線からどれだけ被曝するかを計算するしかない。外部被曝はすぐに測定できるが、内部被曝は測定じたいに時間がかかるし、計算で評価しないといけない。〔中略〕

放射線業務従事者は五年間で一〇〇ミリという基準。一年に限れば五〇ミリまでという基準。五年で一〇〇ミリはこの状況ではまもれないから、二五〇ミリにするとなった。だから厚労省は既に変えている。それをさらに緩めるのではないかと、わたしは危惧していた。

（ある程度の歯止めさえなくそうということ？）

そうだ。

（それはどういうリスクを引き起こす？）

作業員が癌で死ぬ可能性がどんどん増えてしまう。（厚労省は本来それを食い止めるところであるはずだが？・）

そんなことを言ってはいられないほど、ひどい現場になっている。事故の進行が酷いものになるということを、東電と国は、はっきりと言わないといけない。〔後略〕――

村の全域が〈計画的避難地区〉に指定された福島県飯舘村。政府は、すべての村民にたいし、五月下旬をメドに避難するよう求めていて、村役場によると村民のおよそ六五〇〇人のうち、四四〇〇人がすでに村外へ避難している。しばらくは村にとどまることを決めた住民も……と始まった番組きょうのテーマは「計画的避難の期限迫る――ある畜産農家の苦悩」。現地で収録したナマの声を録音構成で伝えたあと、解説（Q＆A）のコーナーで放送されたものだ。

ほかにも、事故後に相次いだ原発問題をめぐる新刊本に、こんな拾い読みをした。

〈……二〇一一年五月五日現在、日本の子どもたちが通う福島県の幼稚園、小・中学校で暫定基準とされた放射線の年間被曝許容量は、ウクライナで強制避難地域とされた土地で年間に被曝する放射線量の四倍です〉。

これは、けっして見すごすことがあってはならない警告といえるだろう。広河隆一『暴走する原発・チェルノブイリから福島へ――これから起こる本当のこと／戦慄の明日』巻末付録に広瀬隆の特別寄稿一〇ページ（小学館、二〇一一年五月二〇日に刊行）からの引用である。

このほかにも震災後の書き下ろしで広瀬隆『ＦＵＫＵＳＨＩＭＡ――福島原発メルトダウン』（朝日新聞出版・朝日選書、二〇一一・五・一三刊）が、さらに同様の警鐘を鳴らしている。

さらにまた事故後に相次いだ〝原発関連本〟の重版に、広河隆一の〔編・著〕による〈消えた村〉民の証言と被害の実態を伝える写真記録『チェルノブイリ――消えた458の村』（日本図書センター、二〇〇五刊）。

堀江邦夫『原発ジプシー――被曝下請け労働者の記録』（現代書館、一九七九刊＝品切れ）は、そもそもが、日本原電・敦賀原発と関西電力・美浜にくわえ、かつて東電・福島第一でも下請け作業員として文字どおり身体を張った潜入ルポだ。講談社文庫版（一九八四刊）で意図的に削除された〈肝心の問題点〉の章を、初版から三二年ぶりに完全に復して網羅した増補改訂版（二一〇〇円）が日の目を見た。こうしたばあい通常ならば古本の流通価格は下がるはずだが、さにあらず。講談社が文庫化するにあたっての条件――〈自主的改ざん〉の証拠となる〈削除〉箇所を初版と照し合せる目的で、研究者などからの問合わせが殺到した古本業界では講談社文庫版が、ゆうに一万五〇〇〇円以上の高値をつけて吊りあがる珍現象を起こした。

●放射線の恐怖

福島原発震災が発生当日（三月一一日金曜）以降、それまで著者が〝禁じ手〟と封じてきたというインターネット検索を、被災下に解禁・駆使した二週間余りにわたる〈日録〉に託し、いち早く批評家の川村湊が書き下ろした『福島原発人災記――安全神話を騙った人々』（現代書館、二〇一一年四月二五日第一版第一刷）は、帯文に〈日本の原発はこういう人たちや機関が推進していたのだ。発言と現実のあまりの落差!!〉。

この〈政治家も、実業家も、官僚も、電力会社も社員も、学者も、マスメディアも、みんなが寄ってたかって、こうした事態を引き起こした〉重層的人災のカラクリが浮かびあがる。

わたしは、この話題本を、資料〈孫引き〉の誘惑から逃れるためもあって、五月中旬に宅配便で寓居に届いて以来、いちども本文には目を通さずにいた。本稿の推敲段階に入り、やおら奥付に目をやる。するとこれは増刷版であるうえに初版四月六日付「あとがき」次の二ページに「重版に際し」とある四月一七日付の日録が追加されている。原発震災から〈一カ月以上がすぎた〉段階で〈いまだ予断を許さない状況が続いている〉に始まる一文。

――もはや廃炉にするしか解決の方法がない福島第一原発の〈鳥の巣のように鉄骨がぐちゃぐちゃに曲がりきった3号機〉をはじめ、居ならぶ四基の損壊した原子炉について〈少々気が早いかもしれないが〉と、引いたフリをよそおいながらも、

〈これらを広島の原爆ドームのようにそのまま原形保存（もちろん放射能は除染）して世界遺産とする〉との最後は踏み込んだ提言に及ぶ。それが、けっして皮肉を込めてのハッタリや、たんに筆が滑ったおもいつきでないことは、

〈映画『東京原発』(7)の「都知事」役の役所広司が言うように「喉元過ぎれば皆んなすぐに忘れてしまう」に決まっているからだ〉

と、一文最後の三行をこうむすんだ著者の達見にあらわれている。

あるいはまた、大腸ガンとの長い闘病に苦しんだすえの〝遺言〟に、みずからを〈反原発の市民科学者〉と名乗った高木仁三郎（一九三八―二〇〇〇）。著書タイトルにも死期を悟った岩波新書〈赤版〉の『市民科学者として生きて』（一九九九刊）。

このひとの〝遺作〟となった同じく岩波新書の黄版『原発事故はなぜくりかえすのか』は、没後二カ月余りの二〇〇〇年一二月二〇日付で刊行された。口述した録音テープから起こされた原稿の整理や校正刷りを、ついに見届けることなく逝った。その後の校了にいたるまで、いっさいを〈原子力資料情報室〉事務局長の山口幸夫（法政大学社会学部教授）が継いだ。前回作に同年八月刊行の光文社カッパブックス『原子力神話からの解放――日本を滅ぼす九つの呪縛』がある。これもまた原発震災後に相次いだ復刊本の一冊にくわわる。二〇一一年五月二〇日付で講談社＋α（プラスアルファ）文庫に入った。高木仁三郎といえば一九七五年、東京・新宿に原子力資料情報室を設立した核化学専攻の物理学者であった。のちの一九九九年には、その資料情報室を〈特定非営利活動法人〉に移行した。現在、高木のあとを継いだ西尾漠や山口幸大（ともに共同代表）らを含む、こころざしある人びとがボランティアとして集う別名〈高木学校〉とも呼ばれる。

高木学校と直接は無縁だったが、筆者もまた三五年まえの『プルートンの火』（社会思想社・教養文庫、一九七六刊）を手始めに次作の東洋選書『科学は変わる――巨大科学への批判』（東洋経済新報社、一九七九刊）、三冊目に接した岩波新書〈黄版〉『プルトニウムの恐怖』（一九八一刊）以来、著者がいう〈プルトニウムというたったひとつの元素にまつわる物語〉読者であった

から、それらの著書をつうじて教えをうけたひとりに、ちがいはない。

目を海外に向けて見落とせないのが、この一冊である。米国人ジャーナリストのハーヴィ・ワッサーマンほか、ノーマン・ソロモン、ロバート・アルヴァレズ、エレノア・ウォルターズ共同執筆による力作『被曝国アメリカ――放射能災害の恐るべき実態』邦訳・茂木正子[8]（早川書房、一九八三刊）から、その「訳者あとがき」を読む。

――〈ここ数年、アメリカでは核実験のモルモットに使われた被曝軍人がテーマの本、狂気の「核軍拡・原子力開発」を止めさせるための〝反核の書〟が相次いで出版されていますが、この〝KILLING OUR OWN〟（原題）は『ニューヨーク・タイムズ』ブック・レヴューをはじめ多くの書評で「念入りに広範囲にわたり深く突っ込んで調べあげた」価値ある一書と称賛された本です〉。

ちょうどそのころ一九八三年当時といえば、にわかに反核運動が全米にひろがり高まる渦中での出版だったことの読み取れる訳書PRだが、同書出版の背景と内容をきわめて簡潔にいえば、そうなる。同書で知り得たことは正直なところ、すくなくない。つぎのことも、じつは同書をきっかけに調べ始めた。

さかのぼって東西冷戦下の一九五七年九月二九日、旧ソ連邦（現在のロシア）南ウラル地方山中で運転中のマヤーク核施設が凄まじい水素爆発を起こした。マヤークといえば、ソ連で初の〈原爆用プルトニウム〉製造拠点であった。現在のロシア中南部、西シベリア平原の西南端ウラル連邦管区チェリャビンスク州オジョルスク市（ZATO〈閉鎖行政領域体〉[9]）――〝秘密都市〟のコード名・チャリビンスク40）郊外の荒野に建設されて稼働をし始めた一九四九年以降、たびかさなる放射能の漏出が周辺土壌や水質を汚染しつづけた。あげく、原爆製造工場〈放射線廃液貯蔵タンク冷却装置〉の水素爆発事故は、周辺二一七集落（面積にして約二万平方キロメートル＝東京都二一六八平方キロの、ほぼ九倍にあたる）に暮らす二六万人余りの生活圏に、致命的となる放射性廃棄物による放射能汚染を拡散した。周辺に点在する三〇余りの村落（及び、そのコード名すら）が、いつのまにかソ連邦の地図からは消えた。

　のちの一九七六年、ソ連からの亡命科学者ジョレス・A・メドヴェージェフ博士（当時五一歳）がイギリスの雑誌『ニュー・サイエンティスト』に発表した手記「反体制の二〇年」のなかで、この事故にふれたことで事故から二〇年近くが経って露見する。ところが、折からの〈反原発〉機運に与《くみ》するプロパガンダ〈クレムリンによる謀略〉扱いされ信憑性を疑われて東西からの〝はさみ撃ち〟にあう。いったん潰されるが日本では、のちにジョレス・A・メドヴェージェフベフ著『ウラルの核惨事』原題：*NUCLEAR DISASTER IN THE URALS*／梅林宏道・邦訳（技術と人間、一九八二刊）が、その詳細を伝えた最初の文献となる。

　さらにその後、前掲『被曝国アメリカ』も取りあげる。東西両陣営が凌ぎを削る「核軍拡と原発推進」はざまの舞台裏で、いったいなにが起っているのか。同書は、この東西せめぎあいさなかの〈原発事故隠し〉実態について〈ソ連での大惨事〉にかんする一項をもうけ第三部「原子力産業の忘れ物」第一〇章「――そして、世界中の放射性廃棄物」末尾の五ページ余りを割いて、この報告にあてた。

　マヤーク（旧ソ連）では一九八七年に〈核兵器用プルトニウム〉製造を打ち切る。しかし、いまから五八年まえの惨禍は、こんにちのマヤーク核施設――いまだ半減期にほど遠い放射線が漏洩しつづけ、コンクリート石棺に封じ込めたのちの将来に実現が見込まれる〈廃炉〉への気の遠くなる作業に明け暮れる原発村――コード名〈チェリャビンスク65〉をいま、〈半径三〇キロメートル圏内〉に住民が立ち入りることすら厳禁の〝死に絶えた無人区〟と化している。

　あえて誤解をおそれず、断腸のおもいで言えば、これこそ、いままさに無人区と化したフクシマ・相双のあしたを暗示する情景にほかならない。

　二〇一一年五月一六日と一七日深夜〇時からのNHK衛生第一TV「BS世界のドキュメンタリー」がとらえた映像にコード名〈チェリャビンスク65〉と呼ばれる〈近づけない村〉の遠景を見た。番組タイトルは「シリーズ放射線廃棄物はどこへ――終わらない悪夢」前・後編（二〇〇九年、フランス〔France Bonne Pioche〕製作）。世界第二の原発大国フランスが、その最終処分場（地）

として、放射線廃棄物を陸路、送り込むのは、ユーラシア大陸を八〇〇〇キロ余り東へと行った先、西シベリア平原南部のコード名〈トムスク7〉。南ウラルからでも一五〇〇キロの道程。トムスクの北西一五キロに近接したトム川の河畔、トムスク7＝セレベスク市は、旧ソ連最大の兵器用核物質生産施設〈シベリア化学コンビナート〉が操業をつづけてきた〈秘密都市〉である。

　番組リポーターのロール・ヌアラ[10]、同行ディレクターのエリック・グルらTV取材クルーが自国フランスの放射性廃棄物を追いかけ、たどり着いたそこには、なんとコンテナが野積みに放置されていた。放射性廃棄物は膨大な数にのぼるコンテナに積まれたまま、整地しただけの露天に山をなしている。

　日本語版『被曝国アメリカ』巻末に付された前掲「訳者あとがき」のなかで、邦訳者の茂木正子は、自身が使命感に〈つき動かされ〉て、この翻訳を仕上げたという、その内なるおもいを吐露する。

　――〈それにしても、1、事故は起こる。2、日々の通常運転でも放射能漏れはゼロではない。3、放射性廃棄物は溜まる一方で処理法もない。4、放射線の動きは、ある地域、ある時点だけに限定できない――以上のことが既に充分にわかっていながら、せまい日本のあちこちに原子力発電所を建設しようとする人たちのいるのが、単純に、私には不思議でたまりません。〔中略〕大地にできた作物や海や川から獲った魚は食べず、呼吸もしないでも生きていけると思っている死の世界の人なのでしょうか、やっぱり〉……。

　なぜ〈単純に〉はそう言わせない〈なにか〉が立ちはだかるのか。現状での最終処分（場）は、核廃棄物（ゴミ）を地底深く〈土中に〉密閉して埋める以外に、手立てがない。それは、まぎれもない事実であった。すでに四半世紀まえの時点でも、こうした危機感は誰もがいだき得たのだ。名指して〈死の世界の人〉と呼ぶ痛烈な皮肉を込めたメッセージを書きしるす。

　この〝資料本〟である一冊を閉じて、わたしは巻末に読んだ訳者の付言をいま、あらためて反芻している。はるか遠い過去に霞む〝隠されたヒロシマ〟の実相を縷々、掘り起こしてゆくそこに発見するのは、まさしくそれが現代こんにちへと連続していることである。

●平和利用という名のまやかし

敗戦直後の〈反核文学者宣言〉から七〇年の節目に、これまでひさしく〈封印・隠蔽〉をされてきた語られざる言論抑圧の実態を、あらためて記録する必然性が浮かびあがってくる。

核をめぐる秘密主義の胎動は、ヒロシマの〈原爆隠し〉に始まるということを――。

おおよそ〈大日本は神國なり〉と信じて疑わない虚構の皇國史観〈神話〉を拠りどころとした洗脳に浮かされての誤った國策〈侵略政策〉遂行とは、いかに危ういか。おもい知ったはずの〈歴史の教訓〉は、これもまた拉し去られようとしている。すでに、すっかり色褪せた遠い過日の記憶としてである。

戦争中の国策スローガンで、〈突け　米英の心臓を／いまに見ろ　敵の本土は焼け野原／撃滅へ一億怒濤の体当たり[11]〉とは、まったくのさかしまを招来した對米決戦に命運を賭しての結末、敵アメリカの無差別戦略爆撃〈大空襲〉が帝都を殲滅し、太平洋沿岸の街なみは総嘗めに焼きつくされる。

あまつさえ、トドメに廣島・長崎への原子爆弾投下が、すでに國力の払底した帝國ニッポンの息の根を止めた。杜甫『春望詩』がうたう〈くに破れて山河あり〉との感慨さえ空々しく、いちめんの焼け野が原。すべてを喪失した米占領下〈焼け跡〉から戦後日本の再生は始まる。

そうしたかつての惨澹たる地獄絵図が、ときは昭和が終焉をむかえるころ、折からのバブル経済〝繁栄の乱舞〟に酔い痴れた人びとの記憶から遠ざかってひさしい。だがしかし、人類史上初の原爆使用によって西日本最大の軍都を〈屍の街〉と化したヒロシマ凄惨の夏から七〇年のときがながれてもなお、放射能に魅入られた被爆者たちに終生つきまとう不安と〈後傷害〉の発症――自覚なく蝕まれた血球破壊〈内部被曝〉に起因する苦しみを強いている。

このたびの東日本大地震・大津波での災禍に追い討ちをかけ、いまだ収束のメドすら不確かな福島原発震災との〝二重苦〟に陥った渦中、わたくしたち日本人のあいだに言い知れぬ不安と疲労感が漂う。

そんな情緒不安定的な傾向を見透かしてか、こともあろうに震災後の、ともすればの混乱と閉塞感に乗じて、およそ時代錯誤もはなはだしい〈いま再び国民精神総動員のときは来たり〉をあおる機運が、あたまをもたげる。かつて日本の〈戦前・戦中〉を席巻した〈官製〉国民精神総動員（略して精動）運動は、いかにそれが国民を欺いて、一億総〈道づれ心中〉にひとしい破綻へと導いたか。はるか遠くすぎし日の〈言論死して国ついに滅ぶ〉へといたる、急坂を転げ落ちてゆく過程の崖っぷちにいま、わたしたちはふたたび立っている。

忘れ去られた歴史の教訓。マス・メディアは言うに及ばずインターネット・ブログの端ばしにまでも公共広告〈ガンバレ日本！〉に象徴される〈挙国一致〉を喧伝するスローガンが横溢する。そこに〈被災地におもいをいたして堪え忍ばざるもの（は）日本人に非ず〉式の〈堅忍持久〉精神論が刷り込まれてゆく。いままた、集団自衛権の行使を容認する〈戦争国家〉への扉がひらかれ、国家秘密法なる悪法が施行された。いつかきた道を〈一億一心〉一丸となるスローガンのもと無自覚に奈落の底へとたどりつつあるざまに戦慄を覚える。

〈いま福島第一は戦場〉との実感を告白する原発労働者ならずとも、福島・相双〈無人区〉の不気味な静寂に漂うのは、逃げ場なく〈見えざる放射能〉に魅入られた恐怖感——そして、そこに身をさらした誰もがいだく虚脱状態での無力感。それを〈半壊〉だとはいうが、がらんどうとなった保育園軒先の運動場を埋めつくす瓦礫の山。散り始めた早咲き桜の花びらが、渚を吹き抜ける風に舞う。手つかずのまま放置されて鼻をつくガレキ臭と、磯の香りとが混じりあう。発酵のすすんだ堆肥に人糞を混ぜたような〝饐《す》えた〟臭気にむせる。路傍に見棄てられた家畜の群れが青息吐息、においたつ動物性蛋白質の劣化したキツイ悪臭が漂う。

わずか半日余りに体感した〝相双の風〟。そこに嗅いだ臭いが残り香となってつきまとう。帰路、JR福島駅で新幹線に接続する在来線リレー号の車窓——沿海平野部から白石盆地へと分け入り、県境沿線に、桜花はまだツボミの貝田《かいだ》峠を越えて、福島盆地まで移りゆく内陸の光景を独り、じっと眺める。その間も脳裏に相双の情景が、くり返しよぎる。夜を徹して車で走り抜けた寝不足もあってか、けだるい。気が塞ぐ。

かつて廣島や長崎で、全身焼けただれた皮膚がボロ布のようにズルむけ、原子野をさまよう傷者の群れが放つ異臭を記憶しているのであれば、自身もまた確実に重度の被爆者であった。

ひとにそなわる五感のなかで臭覚ほど、自身がさらされた情況をリアルに記憶する人体の装置はないはずだが、放射能禍を嗅ぎ分け、その異臭を察知したときは――すでに生死の境め、ないしは臭覚のフィルターを突き抜けた〈内部被曝〉による、目には見えないリスクを背負っている。

つまりは、被曝線量の〈安全〉基準値をもうけることじたいが、まやかしではないのか。

虚妄の原発安全神話が崩れ去ったとはいえ、いまさらのように〈安全性の確保〉という性懲りもない〝神話の残影〟は、いまだ払拭されていないのが実情である。

そこには、こころなき科学者らを取り込んで利権をむさぼる〈政・財・官・学〉及びメディアが一体となって、こんにちの〈原発震災〉惹起にいたるまで、営々と長期にわたる過程を形成した、まるで〈共同謀議・共同正犯〉にひとしく、ゆるしがたい構造が透けて見える。

〈大量殺戮ありき〉の原子核爆弾テロをやってのけるが、その残虐性について勝者であるがゆえの〈不問に附された戦争犯罪〉にたいする異議は、戦後も半世紀余りを経た一九九〇年代なかばにいたるまで、いっさい国際法廷の場に持ちあがることがなかった。いまにいたっては、あまりにも歴然とした〈人命軽視の悪質性〉において、それが〈原爆と原発〉ともに〝根は一つ〟に底通している。

こうした見解にたいして、ともすれば聞こえてくる〈原発と原爆を、いっしょくたに混同して論じている〉との斜に構えた非難は、しかし、まったく的ハズレもはなはだしい。

たとえば、日本では平和利用という名のもとに原子力産業が着々と継続的にプルトニウムを産出してきた。

こんにち欧米では、使用済み核燃料の再処理施設によって無限に作り出されるプルトニウムは軍産＝核兵器製造のみに用いることでリスクをそれなりに抑え、ロシアでもまた高いリスクをともなうプルトニウム燃料の医療用を除く電力供給用原子炉での使用は、これを停止しているのが実情であるにもかかわらず、日本では独立行政法人・日本原子力研究開発機構が指導のもとに全国九つの電力会社（沖縄電力を除く）一五カ所の原発[12]、及び特殊法人の日本原子力発電（東海第二原発は震災で自動停止／敦賀は停止中）が、そのハイ・リスクを黙殺し、目先のローコストで賄えるプルトニウム核燃料の〝使回《つかいまわし》〟に血道をあげてきた。

　こうして日本のプルトニウム保有量というのが二〇〇六年当時で核兵器五五〇〇発分（二〇一一年現在、推定六〇〇〇発——引用者・註）と指摘した西尾漠・小林圭二の共著『プルトニウム発電の恐怖——プルサーマルの危険なウソ』（創史社、二〇〇六刊）。とんでもない核の脅威に取り囲まれた実態に目を見張る。

●原子力帝國への警鐘

　これが国是としての〈非核三原則——核を製造せず、持たず、持ち込ませない〉を、ときの佐藤栄作首相が言明したことに始まり、歴代政権がそれ（一九六七年の政令）を踏襲してきた日本の現実なのだから、呆然とするしかない。もっとも、非核三原則は依然として政令のままで法制化されてはいない。同書の〈再処理工場で生産しているプルサーマルは本当に必要なのか〉という問いかけの答えは、その法制化をためらう最大の理由が三原則の一角〈製造せず〉に隠れている。ものの道理からすれば、そうとしか言いようがないのである。

　日本の原子力発電事業の〝草分け的〟存在として知られた広島県佐伯郡能美村＝現・江田島市＝出身の一本松《いっぽんまつ》珠璣《たまき》＝（一九〇一―一九八五＝日本原電社長、会長を経て、のち最高顧問）が、日本初となる電力供給＝売電用の原子力発電を茨城県東海村で成功させたのは一九六五年一一月のことだった。一九六六年六月八日、一一万キロワット（kw）の供給を開始した。四年後の一九六九年一〇月三日には、原電・敦賀発電所で商業ベースに乗る原子炉が臨界に到達した。翌一九七〇年度から営業運転を始めるなど、折から、その〝昇り調子〟の光り輝ける業績を自著『東海原子力発電所物語』（東洋経済新報社）に綴ったのは、ちょうど、いまから四四年をさかのぼる一九七一年のことであった。

　しかし、隠しおおせず漏れ伝わってくる放射能漏れ事故。目には見えない原子力の危うさに住民たちは不安を募らせる。敦賀での〈臨界達成〉を翌一〇月四日付の朝刊が伝えたその日に呼応した恰好で、旧陸軍水戸射撃場跡の〈核燃料再処理工場〉設置に反対する地元・茨城県漁連は、附近の各漁協から漁船二〇〇隻余りをつらね、どんより曇った東海村沖合での海上デモにうったえた。放射能によって漁場が奪われることを、このとき早くも常陸・下総《しもうさ》（茨城）沿海の漁師たちは危惧した。はからずも三〇年後に見舞われる最悪の事態招来を予見していた。

二〇一一年五月二〇日（金曜）の閣議後、会見で菅内閣の与謝野馨（13）・特命大臣は、こんどの福島第一原発が惹き起したメルトダウンと、その下手人について、こう発言した。

〈神様の仕業としか説明できない〉

〈東電に事故の賠償責任を負わせるのは不当〉

だとの経済財政担当の閣僚としての考えを強調し、その場にいた記者たちを唖然とさせた。

メディアをつうじてこの発言を伝え聞いた原発震災の被害者ばかりでない、わたくしたち日本人を愚弄する妄言の背景には、まったく公論を欠いた〈原発立国〉という〝誤った選択〟に舵をきりつづけた五五年体制にあぐらをかく戦後保守政界の、こころなき体質が払拭されず、その死に体をさらす。

若いころ自身は〈一介のサラリーマンだった〉という一時期、彼が日本原子力発電㈱の社員であったということはともかく、三二歳のときに第三次佐藤内閣の中曽根康弘・防衛庁長官＝国務大臣秘書官をつとめて以来、つい二年ほどまえに自由民主党を離党するまで、〈選挙には弱い〉が党内〈経済政策通〉として通産相・官房長官など主要閣僚も歴任してきた保守政治家の正体とは、およそこんなものなのか。今回〈悪役〉をひとり引き受けたとの見方もあるようだが、それならば、ゆきづまった菅政権への異例の入閣は〈最後の、ご奉公〉であったはずの政治生命を賭してまでまもろう、護持しようとしたものとは、いったいなんなのか。

国と国策企業とが一体となって犯した〈重過失〉の責任はいずれにありやを、よもや、見誤るともおもえない。それが〈晩節を汚す〉というよりは、積みかさねてきた〈誤った政策〉を、ことここにいたった晩節に、おのずから挽回のチャンスを逸したも同然といえる。

齢七三の経済財政担当相がまだ三〇歳をすぎたばかりのころ、沖縄返還協定と日米安保条約の自動延長をめぐって国会は紛糾した。自身は中曽根防衛庁長官の秘書官だった。次期首相の最有力候補と目された田中角栄（一九一八―一九九三）通産相が、いよいよ機は熟したとばかりに一冊の本を出版してブチあげる。世にいう〝田中ブーム〟渦中、自民総裁選をにらんでの一九七二年六月に刊行された政策綱領『日本列島改造論』（日本工業新聞社）は全国書店に平積みの山を築いて忽ちベストセラー。物価高と天井知らずの尋常でない地価暴騰を来す引きガネとなる。

翌月七夕、メディアが〈今太閤〉と囃したてる第一次田中角栄内閣が成立。通産相は中曽根康弘。いきおい原子力政策を推進する最強〈コンピュータ付きブルドーザー〉が牽引して全国九電力会社（沖縄を除く）原発利権の〝地ならし〟に拍車がかかる。

そうした、当時にさかのぼれば、角サンの寵愛を一身にうける〈秘蔵っ子〉の小沢一郎[14]であり、この朋友で早大雄弁会出身の渡部恒三[15]らがまだ当選一回〈陣笠〉代議士のころ。かつて日露戦争下の一九〇四（明治三七）年に詠んだ長詩「君死にたまふこと勿れ」（夫・与謝野鐵幹が主宰する文藝雑誌『明星』同年九月号に初出）で知られた歌人の孫息子は、一九七二年一二月の第三三回総選挙〈初陣敗退〉落選組で、まだ議員バッチも付けていなかった。が、むろんこれら三者に限ったことではない。

あのころ以来、過去四〇年余りになんなんとして、いま、この日本列島に放射能汚染を再来させ、すでにフクシマでは罪なき住民の生活圏が、水素爆発の誘発によって破綻に追い込まれる。この起こるべくして起こった凄惨なる〈人災〉をもたらしたのは、いったい誰か——。

巨大ハリケーン被害を前提として地下へと埋設する〈米国式設計〉に委ねた原子炉の冷却用非常電源一つをとってみても、それが腑に落ちるだろうか。かりに〈人知を超えた巨大津波による全電源喪失〉が事故原因だというのならば、たしかに福島の事故後、慌てて巨大津波への対策として浜岡原発の屋上に非常用電源を、あらたに配備している。福島第一原発の一号炉で営業運転が始まったのは一九七一年三月というから、まさしく震災から四〇年余りまえのことである。

　五八年余りをさかのぼる一九五七年には、旧ソ連・南ウラルの核施設で水素爆発が起きている。のちのちまで、国外〈西側〉はおろか、ソ連国内でも核開発にかかわる特定の関係者及び被害者には徹底した箝口令が敷かれ、極秘扱いに隠蔽された〝知られざる惨事〟となる。

　それと同じ年の二月に初来日。被爆地広島を訪れた後、さっそくその名〈サダコ〉を世界に向けて紹介したのは作家ロベルト・ユンク〔Robert Jungk 1913-1994〕だった。乳幼児のときの内部被曝が原因と見られる急性白血病を被爆一〇年後にして発症して、余命、幾ばくもない病床で折り鶴を折りつづけて一二歳で早逝したヒロシマの少女・サダコこと佐々木禎子。この少女にまつわる文献については、あらためて後段・第八章でふれる。

　のちに原題〝*Der Atom-Staat*〟＝日本語版の題名『原子力帝国』山口祐弘・訳（アンヴィエル、一九七九刊）[16]が世界的な反響を巻き起こしたR・ユンク（一九一三―一九九四）は翌一九八〇年一月、三度目の来日をした。


同月二四日、東京・日比谷の日本記者クラブで記念講演した当時のユンクは、ひと呼んで〈未来学者〉。第二次世界大戦後、余人に先駆けて原子エネルギー問題と取り組んだユダヤ系ドイツ人ジャーナリストのユンクはナチスの強制収容所で九死に一生を得た戦後、アメリカでの体験をもとに大戦後の、コスモポリタン思想の啓蒙作家として日本でも邦題『未来は既に始まった』（文藝春秋新社、一九五四刊）などをつうじて早くから知られた。ヒロシマに現地取材したユンクの作品については、これも第八章に掲げる。

　ユンクは言った。

〈「核〔兵器〕・原子力〔発電〕エネルギー」を人間の制御下において、ほしいままに扱う社会を形成するには、権力者が強力な管理社会を築きあげ、住民〔市民社会〕の言論や自由な行動を束縛する必要がある〉

（原書：〝*Der Atom-Staat*〟＝――引用者・邦訳）

　日本語版「訳者あとがき」に哲学者である邦訳者の山口祐弘《まさひろ》は指摘している。同書でユンクは、〈原子力という巨大な技術を導入することによって社会は自由や創造性のない硬直した管理社会となり、民主主義を標榜する国家すらが、その精神を失い、全体主義的＝原子力帝国へと変質せざるを得ない〉現状——米国が陥ったアトム・シュタートのすがたに警告を発した。

ちょうど、米国スリーマイル島原発での惨事が起こったのは、同書初版（英語版）をユンクが出版した一カ月余り直後のことである。原子力政策を推し進める日本についてはこういう。

〈世界で最初に原爆を落とされた国が、世界の核開発の中心になろうとしている〉

……と。

いまから三四年さかのぼって、そう予言したユンクはまた、原子力帝国と化した国家による規制の強化がはかられたそこには、かならずや〈庶民の自由が奪われる〉事態を招来するとも説いているのである。

一九四九年一二月に米コロンビア大学教授として邦人初のノーベル物理学賞を受賞した理論物理学者の湯川秀樹（一九〇七―一九八一）は、のちに広島平和記念公園内〈平和の像〉記念碑の建立に際して詠んだ短歌のなかで原爆のことを、まがつひ＝禍津日（神）になぞらえた。まがつひかみとは〈災害・凶事・汚穢《おわい》の神〉のことである。一九六六年五月〈碑〉建立の日、除幕式後の記者会見に臨んだ湯川博士は、廣島への原爆投下という知らせを聞いたとき

〈科学者としての自身にたいする責任を思い知った〉

——との箴言をのこす（後掲・第一章140ページ）。

それは、ふたたび核に魅入られた凄惨がくり返されることへの、限りない恐れをいだく先人の憂いであった。

（1）外務省の公式日本語表記はウーサマ・ビン・ラーディン（一九五五―二〇一一）。現地時間の二〇一一年五月二日未明、パキスタンの首都イスラマバード北西郊六〇キロメートル余りに位置する同国軍事施設附近で潜伏中を急襲した米海軍特殊部隊の報復テロが、銃撃によって殺害した。ただちに米軍は遺体を持ち去って〈水葬〉に付したと伝えられる。没後、保坂修司の新版『正体——オサマ・ビンラディン』朝日選書（朝日新聞社、二〇〇一刊）がある。

（2）楢崎弥之助は一九二〇年、福岡市うまれ。参議院議員松本治一郎の秘書を経て一九六〇年の総選挙で福岡一区から初当選（社会党左派）。ロッキード疑獄

やリクルート事件など政界汚職を次つぎと追及した。一九七七年社会党を離脱。翌一九七八年、田英夫らと社会民主連合を立ち上げて初代書記長。衆院当選一〇回を最後に一九九六年引退。西日本新聞連載「爆弾男・命ひとすじ」の改題・単行本化に岩尾清治『遺言・楢崎弥之助──命ひとすじ』（西日本新聞社、二〇〇五刊）。著書に『政界の悪を斬る──〝国会の爆弾男〟が初めて明かす楢崎メモのすべて』（日本文芸社、一九九七刊）ほか。

（3）　人形峠は江戸期に津山道で〈打札越《うちふだ》え〉と呼ばれた標高七九三メートルの険しい峠。西には一〇〇四メートルの人形仙。北方に高清水高原。岡山県苫田＝とまた＝郡鏡野町上齋原＝かみさいばら（旧・苫田郡上齋原村《そん》）と鳥取県東伯郡三朝＝みささ＝町とをむすぶ現在の国道一七九号線は人形トンネルで越える。この峠附近の上齋原村に一九五五年、日本初の堆積型ウラン鉱が発見された。翌一九五六年一月一日付『讀賣新聞』は一面トップに写真入りで寒村の名もない峠が忽然と宝の山に化け、あらたに名付けて人形峠と報じた。現在、文科省直轄の独立行政法人・日本原子力研究開発機構（本部・茨城県東海村）や、人形トンネル近く上齋原の環境技術センター敷地内には、巨費を投じた広報目的の展示館、アトムサイエンス館、多目的シアターホールを完備した人形峠かがくの森プラザ──上齋原スペースガードセンター展示室などの諸施設が建ちならんでいる。

（4）　日本原子力研究開発機構（旧・動然＝動力炉・核燃料開発事業団）の前身である核燃料開発事業同人形峠鉱業所が一九五〇〜六〇年代にウランを試掘したさいに出た大量の残土を鳥取県東伯郡湯梨浜＝ゆりはま＝町（二〇〇四年合併前の東郷町）方面＝かたも＝地区に放置していたことが一九八八年に発覚。〈二転三転した移転先、ウラン残土の撤去先、無責任な核燃料機構と監督官庁〉に業を煮やした住民らが、その撤去を求めて提訴に立ちあがった人形峠ウラン公害裁判のルポに〈訴訟を支える会〉の小出裕章と土井淑平の共著による『人形峠ウラン鉱害裁判──核のゴミの後始末を求めて』（批評社、二〇〇一刊／二〇一一再刊）がある。

（5）　茨城県那珂郡東海村に在った住友金属鉱山の子会社㈱ＪＣＯ＝民間の核燃料（ウラン）加工施設で一九九九年九月三〇日に発生した（半径一〇キロメートル圏内の住民らに屋内避難勧告）。日本初の臨界事故で一〇─二〇ミリシーベルトを全身にあびた作業員（三五歳）ほか死者は二人。ＤＮＡ損傷の住民八人を含む六六七人が被曝した。事故直後の岩波ブックレットに原子力資料情報室・編著『恐怖の臨界事故』（一九九九刊）。ＪＣＯ臨界事故総合評価会議・同『青い光の警告──原子力は変わったか』（七ツ森書館、二〇〇五刊）。

日本原子力学会ＪＣＯ事故調査委員会・同『ＪＣＯ臨界事故とその全貌の解明――事実・要因・対応』（東海大学出版会、二〇〇五刊）。東海村臨界事故ＮＨＫ取材班『被曝治療83日間の記録』（岩波書店、二〇〇二刊）。同書の改題文庫版『朽ちていった命――被曝治療83日間の記録』（新潮社、二〇〇六刊）。粟野仁雄『あの日、東海村でなにが起こったか――ルポ・ＪＣＯ臨界事故』（七ツ森書館、二〇〇一刊）。ＪＣＯ臨界事故総合評価会議『ＪＣＯ臨界事故と日本の原子力行政―安全政策への提言』（同上、二〇〇〇刊）。肥田舜太郎・鎌仲ひとみの共著で『内部被曝の脅威』（ちくま新書、二〇〇五刊）などがある。

（6）四国電力の伊方原子力発電所。愛媛県佐田岬のほぼ中央部、西宇和郡伊方町の瀬戸内海に臨む九町越《くちょうこし》地区（旧・町見村《まちみむら》九町浦の北方）伊予灘べり。かつて伊方といえば丘陵斜面での柑橘類栽培が主産業で半農半漁。全町を二分した原発の誘致反対運動がつづくなかで、原発一号炉は一九七三年に運転開始した。訴訟当時の一九七七年、小出裕章らと原告住民側の特別弁護人となった荻野晃也（京大工学部助教で物理学者＝原子核物理・原子核工学・放射線測定学を各専攻＝一九四〇年うまれ）は、「地震活断層原因説」による原発直下〈世界最大級〉中央構造線の危険性を指摘して、断層結果説を主張する被告の四国電力及び国側と真っ向から対立した。国側証人で活断層研究の第一人者と目された同じく京大助教（のちに政府の中央防災会議メンバー、東大名誉教授）の松田時彦が〈この中央構造線は心配ない〉と〝お墨付き〟をあたえた（が後年、その評価が誤りであったと撤回した）り、気象庁の垣見俊彦地震課長は〈断層は地震の化石である〉と証言するなどして原発立地における地震力を過少評価することに荷担した。彼ら〈其界の権威〉らが原告側を敗訴に追い込む。荻野ら一七人の原子力技術研究会と伊方原発行政訴訟弁護団の共著『原子力と安全論争――伊方原発訴訟の判決批判』（技術と人間、一九七九刊）がある。一九八八年、原発近隣への米軍輸送ヘリ墜落事故を機に地元で再燃して以来つづく反対闘争の渦中、東に隣接する八幡浜市と伊方町とが購読エリアの『南海日日新聞』社主・斉間満が紙面報道を全集成した著書『原発の来た町――原発はこうして建てられた／伊方原発の30年』を自社から二〇〇二年に刊行。根づよい反原発の気運にたいし愛媛県警（杉山県警本部長）が住民運動弾圧へと動くなか、著者没後の二〇〇六年、同県内の創風社出版（松山市みどりヶ丘）が改訂新版『匿名報道の記録――あるローカル新聞社の試み』を再刊した。同書（南海日日新聞社版）は反原発運動全国連絡会が現在ネット上でも公開している。

（7）二〇〇四年公開の山川元（原作・脚本）監督作品。「東

京原発」フィルムパートナーズ製作。配給・ザナドゥー、上映時間一一〇分。同名の原作は竹書房文庫（二〇〇四刊）となっている。

（8） 同書「訳者略歴」によれば、茂木正子は一九四〇年大阪にうまれた。州立オハイオ大学卒。ニューヨーク在住。のち、訳書にハーヴィー・ワッサーマンの新版『ワッサーマンのアメリカ史』（晶文社、一九八六刊）。レイ・コールマン『エリック・クラプトン・ストーリー』（CBSソニー出版、一九九四刊）などがある。

（9） 閉鎖行政領域体（ZATO）については雑誌『ロシアNIS調査月報』二〇一二年二月号の特集「ロシアの地域経済と産業クラスター」及び、片桐俊浩『ロシアの旧秘密都市』ユーラシア・ブックレット（東洋書店、二〇一〇刊）に用語をならった。

（10） ロール・ヌアラはフランスの日刊紙『リベラシオン』記者。邦訳著書に『放射廃棄物』及川美枝・訳（緑風出版、二〇一二刊）がある。

（11） 大政翼賛会愛知支部が一九四三年に選定した〈敵愾心昂揚〉標語――情報局第五部作成の非売品『國策標語年鑑』昭和一八年版「國民精神作興に關するもの」の章から。

（12） 九つの電力会社・一五カ所の原発とは、北から北海道電力・泊《とまり》（積丹《しゃこたん》半島西のつけ根に位置する後志《しりべし》支庁泊村）原子力発電所。東北電力・東通《ひがしどおり》（青森県下北郡の東通村）、同じく女川《おながわ》（宮城県牡鹿郡女川町）。東電の福島第一、福島第二。同じく柏崎《かしわざき》・刈羽《かりわ》（施設は新潟県柏崎市と刈羽村域にまたがる）。さらには中部電力・浜岡（静岡県御前崎市＝旧・小笠郡浜岡町）。北陸電力の志賀《しか》（石川県能登半島西海岸の羽咋《はくい》郡志賀町）。関西電力・美浜（福井県三方郡美浜町の敦賀半島西側）、同じ関電の高浜（福井県大飯郡高浜町の内浦半島中央部）、同・大飯＝おおい（福井県大飯郡大飯町の大島半島）。中四国では中国電力の島根（県庁所在地では唯一の松江市に立地＝島根半島中央部の旧・八束《やつか》郡鹿島町）と四国電力・伊方《いかた》（前掲＝註6）。九州には、九電・玄海（佐賀県東松浦半島西側の玄海町）。同じく九電の川内《せんだい》（鹿児島県北西部、川内川河口の川内市久見《ぐみ》崎《ざき》）。以上と日本原電の二施設（三つの原子炉）を合わせた日本全国一六カ所に二〇一五年三月現在、すべてが停止中の原子炉五四基がある。原子炉総数では全米の一〇四基、フランス同五九基に次ぐ世界三位。そこが〈第三の原発大国〉たるゆえん。ちなみに一九八八年の第一作以来、シリーズ化して人気を呼んだ栗山富夫監督の松竹映画『釣りバカ日誌』全一〇作品のうち五作が上記の原発地帯をロケ地に選んだ。八作目では福島・いわき市。五作目で丹後半島（高浜）。西伊豆から向かう釣り場の駿河湾（浜岡）。久見崎（川内）沖合と東シナ海に浮かぶ甑島《こしきじま》。第七作のエンドロールには協力企業として関西・北陸二つの電力会社と日本原電㈱名をクレジット・タイトルに打っている。二〇一一年四月二五日号『週刊現代』が栗山監督（七〇歳）のインタビュー記事「釣りバカ日誌と原子力発電所の関係――美しい港には原子炉があった。そして…」（聞き手・青木理）を掲載。商業映画がはまった落とし穴〈経済の死角〉に斬り込んだ。

(13) 与謝野馨は選挙対策用の著書に『堂々たる政治』（新潮新書、二〇〇八刊）。『民主党が日本経済を破壊する』（文春新書、二〇一〇刊）など。好意的な評伝に大下英治『日本再生の切り札・与謝野馨』（徳間書店、二〇〇九刊）がある。

(14) おなじく小沢一郎は著書に『剛腕維新』（角川学芸出版、二〇〇六刊）ほか。二〇一一年に話題となった異色本で、オランダ人ジャーナリストのカレン・ヴァン・ウォルフレン著『誰が小沢一郎を殺すのか？ 画策者なき陰謀』井上実・訳（角川書店）。評伝に後藤謙次『小沢一郎50の謎を解く』（文春新書、二〇一〇刊）。佐高信『小沢一郎の功罪――佐高信の政経外科12』（毎日新聞社、二〇一〇刊）などがある。

(15) これもまた与謝野・小沢の著書と同じく、どうみても選挙対策用〝宣材〟だが、渡部恒三の自伝的CD版『平成の水戸黄門・渡部恒三――全ての出会いに感謝して』四枚組（ラジオ福島、二〇〇九発売）。著書に『政治家につける薬』（東洋経済新報社、一九九五刊）。評伝に大下英治『人間・渡部恒三――政界再編の鍵を握る男』（ぴいぷる社、二〇〇三刊）などがある。

(16) アンヴィエル版を底本にした現代教養文庫『原子力帝国』（社会思想社、一九八九刊）は版元の消滅で絶版となる。だが、アンヴィエル版（店頭価格は八〇〇〇円〜）、文庫版（同じく四五〇〇円〜）が、ともに古書としては細々と流通している（二〇一四年八月現在）。

第一章　原爆テロが消した軍都廣島

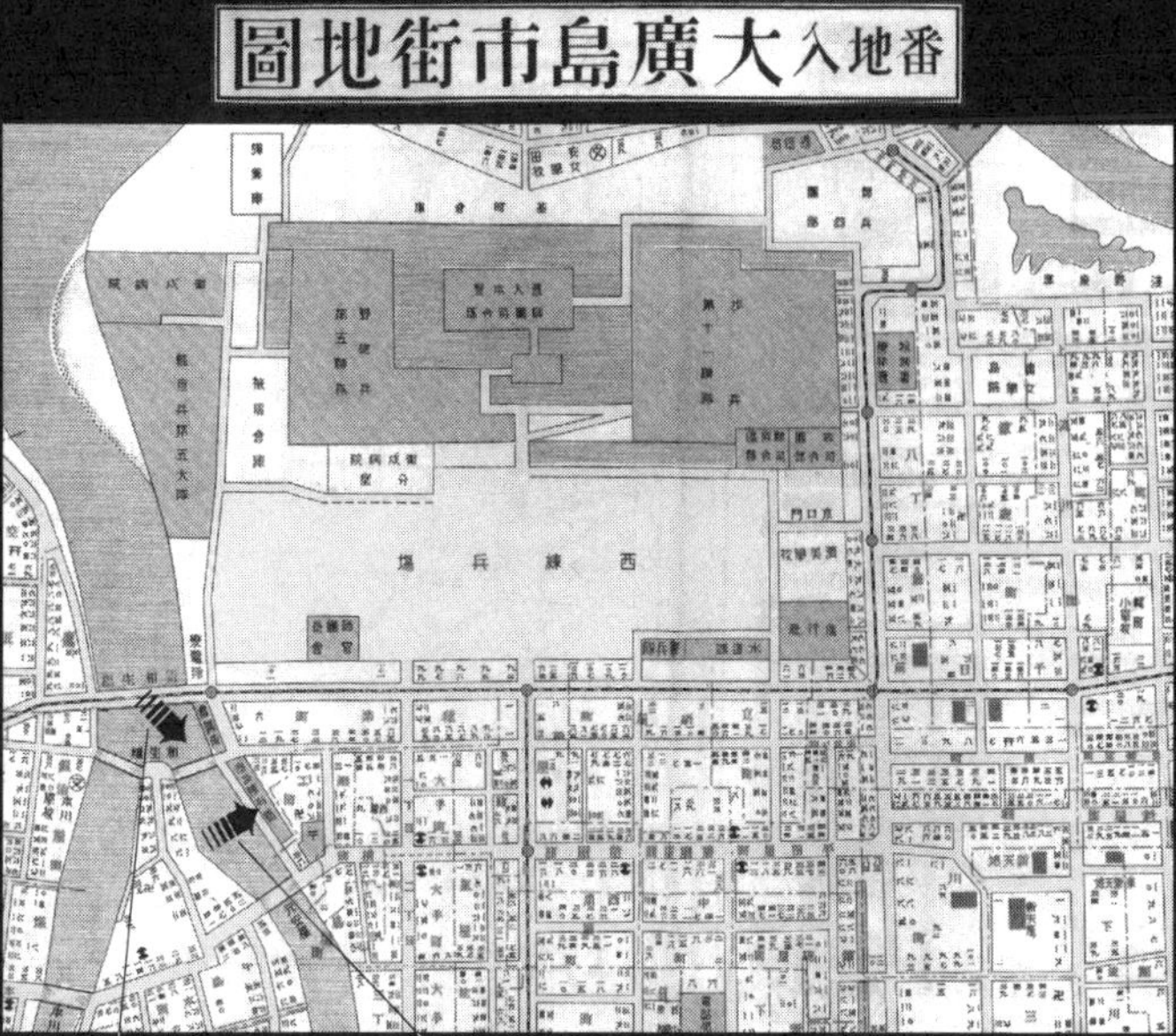

【相生橋】まだT字橋になっていない昭和8(1933)年ごろの相生橋と産業奨励館(現原爆ドーム)

【相生橋】T字橋となった後の昭和10年(1935)年ごろの相生橋と産業奨励館。左は櫓下変電所

復刻『大廣島市街地圖』(あき書房 2015年刊)から

●地上と上空からの当事者証言

一九四五（昭和二〇）年八月六日月曜の夏時間《サマータイム》あさ八時――地上気温摂〔セ〕氏二七・四度。北北西の風、風速〇・八メートル、雲量一〇、湿度八〇パーセント、うす曇り。戦後公表された廣島管區氣象臺の公文書「観測日誌」は、そう誌している（後段の江波山《えばやま》気象館・所蔵）。

そのころ日本全國の都市機能は度重なる空襲によってあらかたが麻痺し、すでに避けがたい〈本土決戰〉をにらんだ行政組織改變《へん》も手づまりの逼迫下、軍需相（省）が兼務する運輸通信省の所管から中央氣象臺（現・気象庁の前身）は一九四五年五月、分離独立・開設された運輸省に移管。各地方氣象臺では戰時下も觀測（観測）業務を續行したが、そうして得られた氣象情報については軍部が〈部外秘〉扱い＝占有することで、いっさいを秘匿した。廣島地方氣象臺のばあい、原爆被災から五日后の八月一一日、内務省が中國地方五縣（県）の行政權限を一元化した中國地方總監府の管轄下におかれて管區氣象臺となる。一九四九年六月に管區氣象臺及び測候所が廃止されて名称を廣島地方氣象臺と復した（一九五六年、気象庁新設から同庁所管）。

やがて、江波山の気象台は、戦後四二年にあたる一九八七（昭和六二）年、中区上八丁堀の合同庁舎四号館へと移転。被爆痕を壁面にとどめる江波山の旧館遺構は一九九二年、広島市が国から譲りうけて〈被爆建物史蹟〉に登録した。耐震補強など最小限にリニューアルした本邦初の気象ミュージアム〈江波山気象館〉として、うまれ変わる。同館開設にさいしては、平和団体や研究者などで組織する保存懇（原爆遺跡保存運動懇談会）の要請を容れて、前掲「観測日誌」の公開をはじめとする原爆資料コーナーが同館二階に設けられた。なかでも、ひときわリアルな過日の臨場感――氣象臺員＝科學者の眼がとらえた被災記録の展示が特色をなす。

ＲＣ造り地上二階建て旧氣象臺は現在の中区江波山公園内、海抜二九・三メートルの小高い立地に一九三四（昭和九）年一二月竣工。翌一九三五年元旦に開設の縣立廣島測候所は、のち文部省所管の国營へと移管。さらに一九四三年一一月、戰時下に新設の運輸通信省への移管にともない、廣島地方氣象臺と改称された。往時、廣島市内にＲＣ鐵筋コンクリート建造物は、九〇数棟をかぞえたうちの一棟で、爆心（地）の南西、約三・七粁（キロメートル）に位置した。

　その旧地方氣象臺の観測による同日午前七時の地上気温はセ氏二六・七度。一方、同日午前七時すぎ、先乗りをして廣島上空に達した米軍Ｂ29氣象観測機ストレート・フラッシュ機長のクロード・イーザリー少佐（二五歳）は通信士に暗号打電を指示する――廣島の天候は晴れ。気圧一〇一八ミリバール（ｈpa）。湿度八〇パーセント。かんじんな同市上空の雲量は一〇分の三ないし二（三〇～二〇パーセント）以下とすくなく、〈北北東の微風三フィート毎秒（約1メートル）前後にして穏やか、視界はスコブル良好なれば、第一目標への爆撃可能〉との旨を暗号化〈Ｃ―1〉。この送信先を特定しない打電は、後續の原爆搭載機エノラ・ゲイでも、機内時計でテニアン時間の午前八時一五分（日本時間の午前七時一五分）に受信している。

　のち、米誌“*Flying*”一九四六年二月号に當局が發表した正式報告の抄録で日本語版『日本爆撃記――米空軍作戦報告』美代勇一・譯（弘文堂アテネ文庫145、一九五一刊）に原爆投下作戦の概略と要諦――〈天候が一つの難關であった〉との公式見解が、はじめて邦訳されて以降、事実上の邦訳解禁でオープンになった米側による上空からの氣象観測データである。

　この作戦報告にかんする米軍側の全データは、後年の奥住喜重・工藤洋三・桂哲男［共訳・共著］による日本語版『米軍資料・原爆投下報告書――パンプキンと広島・長崎』（東方出版、一九九三刊）が先鞭をつけて以降、その邦訳と解題（共同研究）によって着々と全貌があきらかになる。翌年、おなじ奥住・工藤による［共訳・著］『第509混成群団――作戦計画の要約』（東方出版、一九九四刊）。つづいて、同じく共訳著[1]『米軍資料・原爆投下報告書――ウェンドーヴァーから広島・長崎まで』（同右、一九九六刊）。さらには、やはり同じく共訳編での『ティニアン・ファイルは語る――原爆投下暗号電文集』（自費出版、二〇〇二刊）によって本邦・未見「米軍資料」邦訳公刊の、総仕上げともいうべき訳出は結実する。

　この「ティニアン・ファイル」刊行と、ほぼときを同じくして中条《ちゅうじょう》一雄(2)『原爆は本当に8時15分に落ちたのか――歴史をわずかに塗り替えようとする力たち』(三五館、二〇〇一刊)が意表をつく問題提起をおこなう。自身も一九歳で被爆した著者(のち朝日新聞記者)がいだいた疑惑――米國による占領(間接統治)下にに封印された〈被爆・生存者たちの内なる記憶〉を掘り起こした。被爆者たちの記憶を丹念に追い、そのウラをとって解明した〈改竄《ざん》された投下時刻〉。

原爆投下の〝下手人〟である米軍=当事國側が作成した報告書の〈投下時刻をめぐる統一〉――一定の意図的な改竄は、結果的に体験記憶の修正をも強いたのである。

まったくの不意を衝かれ、まぬがれようがない閃光に灼かれた地上での被爆体験の記憶――

戦後ながらく、被爆地ヒロシマで、そして日本人にとって〈八時一五分〉は、うごかしがたい投下時刻とさえされ、それが〈国民の常識〉にまでなってしまう。これにたいする〈疑義〉の申し立ては、それじたいが對日占領下に始まる日米合作〈核隠し〉の原点を衝いているともいえる。〈被爆・生存者〉の側からの告発にさいして指摘がなされた〈疑惑〉を、さらに深める〈米軍資料〉の謀略性を帯びた側面には、ありありと〝歴史的皮肉〟がにじむ。

きっかけは一九九二年、民間の邦人研究者たちが、機密を解除された米軍『第509混成群団――作戦任務報告書』(米国公文書)を入手したことに始まる。東西冷戦下には、その全容を網羅して秘蔵する米国機関からの公的記録の入手は〈不可〉だった。それら原爆をめぐる米国側〈公式記録〉の全容は厳重なる〈軍事機密〉という名の、ぶ厚いヴェールにつつまれていた。つまり、米国立公文書館や米空軍マクスウェル空軍基地歴史資料室、あるいはロス・アラモス国立研究所などが所蔵するアメリカ側の公的〈第一次資料〉のファイルが公式に極秘の封印を解かれたことによって知られざる疑惑の解明は、ようやく緒に就く。

ここで注目にあたいするのが、この米軍資料の邦訳・改題のこころみが、じつは公的になされた共同研究ではないということである。防衛庁(現・防衛省)傘下や各国《くに》立大学をはじめとする日本の公的研究機関(及び、ファイルを入手して原文を論文などに引用している学者たち）は、なぜか及び腰に、手の内を公開していない。

　知られざる陰ながらの支援や助力といったことがあったのか（なかったのか）はさておき、げんに前掲『ティニアン・ファイルは語る』（B5判、本文二三七ページ、グラビア二八ページに図版、及び写真四三点／定価二五〇〇円）の奥付に出版社名の記載はない。共訳・共著者連名による〝自費出版〟で刊行されている。

　さらには究極、やはり工藤・奥住［共編］による集大成としての『写真が語る原爆投下――ヒロシマ・ナガサキをもたらした側の全記録』巻末附録「模擬原爆パンプキン被弾地一覧表」(3)（自費出版、二〇〇五刊）で完結していることは、なにを物語っているか。

　――そこには、こんにち現代にいたる〈原爆隠し・核隠し〉の知られざる断面が浮かびあがる（このことは本書の核心をなすテーマである）。

　さて、廣島に原爆を投下した時刻、及び閃光・爆発の時刻には、いまだかつて無視することのできない〝謎〟――いや、それがピカドン「爆発の瞬間」として、いわば定説となっている〈八時一五分〉は、そもそもが前掲『作戦任務報告書』（米國の公文書）に拠っている。


　ところが、原爆投下の時刻にかんしては、複数が存在する編隊搭乗員の「航空日誌」に見る記録と報告書とのあいだに齟齬が生じているのである。それぞれのポジションで刻々と誌した個別の所感に相違があるのはとうぜんとしても、時刻が食い違うのは、いったい、なにを意味しているのか。投弾と爆發の時点を混同した「報告書」の明らかな矛盾。報告書作成のさいに統一された〈爆撃行程――投弾時刻08：15J〉――日本時間八時一五分（テニアン時間の午前九時一五分）といえば、つまりは、なにを隠そう、周到なる〈極秘裏〉作戦計画のタイムテーブルに記載された投弾予定時刻と符合するのである。

　史上初の原爆投下作戦が、いかに当初の計画どおりに遂行されたかを、ことさらに強調せんがために陥った矛盾。完璧な作戦遂行の果報を優先して、時刻はないがしろにされた恰好だ。

　皆殺しの的を眼下にした編隊のドキュメントは、各機搭乗員の「航空日誌」がつぶさに記録していた。編隊を率いたエノラ・ゲイ機長のポール・ティベッツ陸軍航空隊大佐（三〇歳）が翌一九四六年に公表した

Tibbets,Paul.1946"*How to drop an atom bomb.*" Sat.Even.Post June 8 に始まる。ティベッツの航空日誌は、やはり英語版の〈1973 "*Training the 509th for Hiroshima.Air Force*"Magazine.Aug〉所載。通信士から受け取った電信紙に〈Y―3、Q―3、B―2〉とならぶ暗号は、〈低・中空の雲量は二〇パーセント、一万五〇〇〇フィート＝四六〇〇メートル上空で二〇パーセント以下〉測定値を意味した。第一目標の氣象條件が最適であるのを確認すると、暗黙の了解で飛行中のクルーへ〈標的はヒロシマだ〉と告げる。

あるいはまた、その晩年、原爆投下を肯定的に回想した作戦當時三〇歳の随伴機長チャールズ・W・スウィニー少佐による日本語版『私はヒロシマ・ナガサキに原爆を投下した』黒田剛邦・訳（原書房、二〇〇〇刊）に、いわく〈暗号を解読すると、「目標は快晴」であった〉。

目標とは廣島市を指している。この街を、一瞬に消滅させて飛び去った〝原爆テロ〟遂行の当事者証言である。そのとき空高くから、うす雲のポッカリ開いた大きな切れ間に眼下の街をハッキリと目視でとらえた。それら証言をもとにして、ゴードン・トマスとマックス・モーガン＝ウィッツという〈英・米〉作家コンビが描くルポルタージュ大作の日本語版『エノラ・ゲイ――ドキュメント原爆投下』原題"*Ruin From the Air*"／松田銑《せん》・訳（TBSブリタニカ、一九八〇刊）ほかで再現されて周知の、廣島上空から見た夏日に輝く、あさの風光であった。

きょうも暑くなりそうだと天空を仰げば、うす曇りの實感はない。青く晴れわたり、風なく凪いで水銀柱は刻々と上昇を始め、街ゆく人びとの額に汗がにじむ。蒸し暑い夏日のあさ――を、のちに地元紙『中國新聞』連載「もう一つのヒロシマ」は、こう書き起こす。

〈雲量一〇（一〇分の一）といっても六～一八キロも高空に広がる絹層雲であったから、雲が真夏の太陽をさえぎってくれて、むしろ〝さわやかな朝〟であった。市民の日常生活が、それぞれ始まろうとしていた〉……。

――同紙一九八四年七月一日～一九八五年三月二三日付（朝刊三面、全二五九回）連載冒頭は描出した。執筆者である同紙編集委員の御田重宝《おんだしげたか》『もうひとつのヒロシマ――ドキュメント・中國新聞社被爆』の第一章「長い一日」が始まる（社会思想社・現代教養文庫、一九八五刊＝中國新聞社が単行本『もう一つのヒロシマ』を刊行した翌月、早くも文庫本化されたもの）。

前掲「觀測日誌」を綴ったひとりの當直明け氣象臺員で技術主任の北勲[4]（當時三四歳）は、隣接する高射砲第一三五聯隊第三中隊江波山陣地（對空砲六門を配備）をはじめ、このあさも中國軍管區司令部とその隷下防空網に通報するため、ひたすら中央氣象臺〈東京發出〉の氣象無線放送〈トヨハタ〉が刻々傳える暗號化した氣象データを漏らさず受信して解讀・記入してゆく。午前六時の天氣圖にもとづく九時發出予定〈部外秘〉天氣豫報の作成にあたっていた。

がしかし、天氣豫報（空もよう）の告知は、對米英蘭・宣戰布告を傳える新聞各紙一九四一年一二月八日附の夕刊から「明日の天氣」欄が消えて以来、軍用資源秘密保護法（一九三九年三月二五日公布）を楯に、その掲載は固く禁じられた。例外なく新聞各紙・ラジオともに横ならび一齊に沈黙してからというもの、たとえば颱風など暴風雨災害への備えはおろか、日々の暮らしで氣象情報を知る手立てから一般國民は完全に遮斷されてしまっていたのである。

かくして皆が、ただげんなりとする夏日の八月一五日――事前の豫告どおり、正午にラジオからながれた天皇裕仁（当時四四歳）の肉聲――前夜に収録した「終戰の詔勅」玉音盤の録音放送が、遅きに失した〈聖斷〉表明をして戰禍に事實上の終止符を打つ。戰時体制の瓦解によって世情が混乱と戸惑いを来すさなか、氣象管制は〈八月二二日午前〇時を期して解除〉との政令が下る。

日本の敗戰（玉音放送での天皇自身によるポツダム宣言受諾＝無條件降伏の表明）から七日后の正午、ながらく禁止されていた日本放送協會（ＮＨＫ）の「天氣豫報」ラジオ放送は再開したのだった（柳田邦男『空白の天気図』第二章「欠測ナシ」から[5]）。

――以上は原則、時代ごとの表記に倣《なら》い、旧漢字をそのまま用いた。以下も同じく固有・時事名詞については原則として往時の表記を用いる。なお、これ以降の引用については、とくに現代語訳を施して〈文責在筆者〉と註記した一部を除き、同じく原典に倣う。旧漢字・旧カナ遣いは、これも同じく原文のまま（原文ママ）とした。

●驚天動地の衝撃波

　身じたくに忙しい午前六時をすこしまわったころ、電源を入れたラジオが、敵性語〈ニュース〉を封印した定時〈報道〉を伝えている。どうせ、かわり映えしない大本營發表の報道なのだからと聞きながす。まともに聞くのも厭になる〈銃後の心得〉が壊れた蓄音機のようにくり返され、あいまにながれる楽曲といえば、どこか陰鬱な和製クラシックか、文部省推薦の童謡・軍國歌謡のほかは邦楽一辺倒。それさえも、警戒警報の発令ブザーが鳴れば即座に中断される。

　けさも早よから、〈銃後の滅私奉公〉が訓話調で語られる――〈聖戰半ばなるに、皇國いまや未曾有の難局に直面いたしておりますが、勤勞數倍、工夫數倍、さらに堅忍數倍、一切不能なしをもって全効を擧げ、蹶然《けつぜん》起《た》つて銃後戰場の勇士たらんとされます非常力隊〔勤勞動員〕の生徒各位には、ことさらに本日も非常力を發揮され、ご奉公に勵まれんことを祈念〉云々……に送り出され炎天の建物疎開作業現場へと急ぐ。

　ひとしく勤勞報國隊『生徒必携』小冊子〔手帖〕に刷り込まれた〈信條〉を引用したラジオ（ＪＡＦＫ廣島放送局＝流川演奏所）から聞こえる放送員の声――午前六時代の後半。電車通学に家を早出していたことで、そのころ定番となっていたそんな放送を聞いた覚えがあると語る、廣島縣立第二高等女學校一年（当時一三歳）の記憶。だが、たんに番組終盤に生放送された告知の録音盤〔記録〕は残っていない。廣島縣が新入生全員に配った手帖『生徒必携』（昭和一九年版）に拠る再現であることを念のため。

　手帖が説示する〈信條〉――心得冒頭に〈藝備二州〔安藝と備後＝つまり廣島縣を指す別称――引用者・註〕は、遠く肇國《チョウコク》〔明治維新に始まる富國強兵〕の基地にして、近く東亞建設大本營〔日清戰爭のさいに東京から遷都した〕の地たり〉と郷土廣島が誇る来歴をうたう。肌身はなさず携帯する手帖じたいがまた、絹綿《まわた》を縫い込んだ防空頭巾《ぼうくうずきん》とのセットで〝軍國少女たち必携〟の小道具《アイテム》でもあった。

　「國民防空訓」の心得にいわく、〈常に備えよ〉〈心構えに解除なし〉と説示。〈デマに迷ふな、あはてるな〉〈言ふな見たこと、きいたこと〉、〈デマはつきもの、みな聞きながせ〉〈見ても話すな、聞いても言ふな〉、〈デマの洪水、我身《わがみ》で防げ〉〈あることないこと、喋らぬ注意〉とタタミかける戦時國策標語は、こうも檄を飛ばす。〈よいか空襲、予告はないぞ〉と――日本の死命を制する〝凄惨のとき招来〟を事実上、皮肉にも言いあてていたにひとしい。

午前七時九分、前日夜半と未明に次ぐ都合三度目となる警戒警報が発令されてラジオは、〈「敵B29四機が、廣島市西北方上空を旋回中」と知らせたが、大事もなく空襲警報は解除になった〉――これは廣島縣立第一髙女四年（一六歳）の竹西寛子が後年、四八歳のときに書いた長篇小説『管絃祭』（新潮社、一九七八刊）の一節である。作家自身の記憶に焼き付いた、そのときの情景が、みずからの化身である主人公有紀子をとおして、よみがえる。二回目に出た警報の解除が、すでに未明二時をまわってのこと。前夜からの後始末を終え、ろくすっぽ寝る間もなく再々度の警報が出たが、これもまた大事なく七時三一分に解除された（この間、前掲・密旨を帯びたB29ストレート・フラッシュは、第一目標ヒロシマ上空での観測を終え、きびすを返すと、気象データ暗号打電の送信を完了していたのである）。しかして、ラジオが四度目の警戒警報発令を伝えようとした、まさにそのとき、その瞬間に閃光は走った（後掲、第七章409ページ）。

午前八時の定時報道《ニュース》を流川《ながれかわ》演奏所第一演奏室（廣島放送局第二スタジオ）で読んでいた放送員＝アナウンサー井沢幸世（当時二二歳）は、途中で飛び込んできた〈軍管區情報〉のために定時放送が中断となったことから、〈その原稿を整理しようと放送室の前にでたとき、爆風で倒れた〉。入れ替わってスタジオ入りしたアナウンサー古川正信（二八歳）の手記「原爆の日のマイク」[6]によれば、〈八時一三分、中國軍管區――空襲警報発令〉ラジオ放送は結果的に未遂に終わる。局舎二階スタジオ脇の廊下を歩いているとき爆風で飛ばされた瞬間それ以降、井沢アナは翌七日に意識不明の重体で逓信病院へと運び込まれ、いっこうに回復のきざしなく苦しんだ以外の記憶は〈うしなって……〉しまい、まったくない。ながい沈黙の果てに明かした本人証言は、白井久夫『幻の声――NHK広島8月6

日』（岩波新書、一九九二刊）が録取している。

筆者の母（旧姓・松本）君子のばあい、二年まえの四月に縣立第一高女を卒業後、廣島女子専門學校（女専）に進学したが、当時は誰もがそうであったように女専（宇品の〈櫻土手〉下＝現・黄金山通り南側の広島市南区宇品東二丁目）の校舎には通うことなく、宇品港の南東沖合に浮かぶ金輪島の陸軍運輸部（通称・暁部隊）造船工場構内に分散した被服支廠に勤労動員される。やがて、まともに授業をうける機会なくすぎた二年後、数え二〇歳の春に規定卒業期日をむかえたからとの辻褄合せで、昼夜を問わない縫製作業から日勤の事務職に配置換えとなる。宇品軍用桟橋（戦後の市営桟橋）に臨む陸軍船舶司令部（運輸部の本部構内に一九四一年落成した宇品凱旋館内＝同本部司令所）北側に隣接する船舶練習部――船舶教導聯隊・西部八十七部隊での徴用命令をうける。宇品七丁目の専用桟橋に面して正門を設けた船舶練習部は、大和《ダイワ》紡績の人絹〈レーヨン〉工場を一九四三年二月に接収して開設。ちょうど正門附近は現在の南区宇品東五丁目――広大なマツダ宇品工場（埋め立て地）の一角にあたる。

そのあさも己斐《こい》町旭山神社下の自宅を出て廣電の路面電車で午前八時に出仕。ひたいの汗を拭い、ひと息いれながら前夜ラジオが放送した箏曲の話題に、女専同期の同僚と声をひそめて微笑んだ。板壁一枚を隔てた上官室から、聞き覚えのある女性アナの声が聞こえる。ラジオの声は止んだようだが気に止めないでいると――突如、見舞われた閃光。静寂、想像だにしない猛烈な衝撃に襲われて、わけがわからず、ただ呆然。五感を喪失、記憶はプツリと途絶える。

あさの陽光が降りそそぐ午前八時一五分一七秒（あくまでも時刻は米側公式記録に拠れば）、人類を標的にした史上初の原子核爆弾は投下された。

高度二万八〇〇〇フィート（約八五〇〇メートル）上空から〝白い落下傘〟が降り来たる。エノラ・ゲイ号に先行した随伴機は行路をあける。対地速度二八五ノット――時速約三二八マイル（五二八キロメートル）で目標に達したエノラ・ゲイ積載のノルデン爆撃照準器が〈廣島市街地を一望のもとに捉えた〉、との最終警告が無線通信で合図される。爆弾投下と同時に随伴の観察機グレート・アーチスト号は爆弾倉に吊り下げた、爆発収率を測定するための無線連結した四つのパラシュート計器を投下する。

市の東郊、安藝郡府中町の呉婆々山《ごさそうざん》（標高六八二メートル）に源流を発する名勝・水分峡《みくまりきょう》から山田精三[7]（一七歳）は、それを目撃した。

そこは爆心地から直線にして東北東へ約六・五キロほど離れた呉婆々山塊の一角。廣島デルタ地帯、太田川七本の分流で、もっとも東側に河口をそそぐ猿猴《えんこう》川の支流・府中大川をさかのぼった上流部は榎川と呼ばれる。さらにその源流部は、御衣尾《みそお》川と呼びあらたまる――ふるくから〝水の都〟藝州廣島でも屈指の山水景勝地として名高い水分峡である。

休暇をとったその日あさ、府中町の自宅から幼なじみの同級生を誘って郷里北郊の峡谷へと登ってゆく。水分神社の小さな祠をやり過ごして呉婆々《ごさそう》渓谷で最大の治水ダム湖ほとりに松林がひらけたキャンプ場附近を、山田少年は友だちとふたりでハイキング中のことだった――〈B29は見慣れた存在で珍しくなかったが、ひょいと見たら機体の下に白い落下傘があった。たしか三個あったように覚えている〉。山峡から見あげた空は、水色に晴れわたって澄んでいる。

〈「ありゃあ、何かの？」

山田少年は友人の肩をつついて言った。

「落下傘じゃないか！」〔中略〕

「B29じゃ！」……〉（前掲『もうひとつのヒロシマ』第一章から）。

銀色に鈍く光るB29の胴体が迫り来る。爆音がとどろく。おもわず首を竦める。手のとどきそうな頭上をかすめた。

〈ゆらゆら下降する落下傘がきれいだと思ったその時、目の前で写真撮影に使用するマグネシウムが燃えたような強烈な光りがきた。〔中略〕そのうち、いとも不思議な現象があらわれた。池の中に小石を投げて起こる波紋、ちょうどそのように樹木の向うから虹が次から次へと出てきた。「ドカーン」と物凄い爆発音と爆風が襲ってきたのは、その直後である。すぐ目の前の直径三〇㎝もある松の木が大きく揺れていた〉〈真赤、いや違う、黒みがかった朱色、そんな気もする。とにかく過去一度も見たことのないあざやかで、強烈な色だった〉……と三七年後、五五歳の山田（中國新聞岡山支局長に在任時）は回想する。

当時、中國新聞編輯局でボーイ（アルバイト）をしながら、縣立夜間中學＝三中（現・県立国泰寺高校定時制過程）に通う日々、いつも學生服ズボンの腰ポケットにしのばせ持ち歩いていた小型スプリングカメラ（六櫻社〔のちの小西六〕ベビー判パール）を構えた山田少年は、無我夢中でシャッターを切る（この回想は広島原爆被災撮影者の会［編著］『広島壊滅のとき――被爆カメラマン写真集』所収の撮影者本人によるキャプションをもとに追加取材した[8]）。

地上から炸裂直後のキノコ雲（原子雲）を見あげ、その形状を松林越しにくっきりととらえた希少なカットである。つづけてシャッターを切ったが二枚目以降は〈雲の塊が大きくファインダーにはいらなかった〉。むくむくと〈異様な色を放って〉立ちのぼがる灰煙が眼前の上空を覆いつくす。同アングル・立ち位置からのシャッターチャンスは、またたく間の一瞬だった。

この一枚の写真は、梅野彪・田島賢裕［編纂］によるB5判・一四四ページの『原爆第一號――ヒロシマの写眞記録』（朝日出版社、一九五二年八月一四日発行）に初出。對日占領解除後、いち早く刊行された同書の表紙と第一部「寫眞の部」冒頭をかざった〈原子雲〉と題する決定的瞬間には【投下後約20分《原文ママ》　広島市民撮影】とのキャプションが添えられた。

これは、やはり對日占領解除後の米誌『タイムライフ』一九五二年九月二九日号にも掲載されている。のち『広島原爆戦災史』第一巻（広島市役所、一九七一刊）の巻頭写真〈奔騰する原子雲――炸裂後2分～3分ごろ、……〉。仁科記念財団［編纂］『原子爆弾――広島・長崎の写真と記録』四〇〇図版（光風社書店、一九七三刊）巻頭の写真2「きのこ雲」。前掲『広島壊滅のとき』。飯島宗一・相原秀次［編］『写真集　原爆を見つめる――一九四五年広島・長崎』（岩波書店、一九八一刊）の巻頭をかざった「〈写真1〉原子雲、8月6日8時17分ころ、水分峡（東北東七㎞）にて／撮影・山田精三」が、それである。

一方、攻撃任務飛行のB29が約八〇キロメートル離れた瀬戸内海上空から撮影したモノクロワイド画面の「広島上空のキノコ雲」（USAF＝米空軍提供）写真はひろく知られている。

かたや、その対極に身を委ねた山田少年は、いままさに死の灰が、もの凄い勢いで湧きあがりゆく言語を絶する圧倒的な情景を呆然と見あげた。われを忘れてシャッターを切る。

折しも、きびすを返して投弾直後の廣島上空を飛び去る復路を急上昇するエノラ・ゲイ号の機窓から、後部砲撃手ジョージ・R・キャロン三等軍曹（二五歳）は、しばし機体後方の眼下に湧き起こる現象を見つめた。

〈私はその都市〔ヒロシマ〕の上空から写真を撮り、下界の混乱状態をとらえようとしつづけた。私がこれをインターカム（機内音声通信装置）で述べているあいだずっと……きのこ雲は、それ自体が壮観な眺めで、灰紫色の煙の塊がむくむくと湧き起こり、その中に赤い芯が見えて、なかでは何もかもが燃えているのが分かった。

〔中略〕私にはまだ、あの（機体後方に立ちのぼる）きのこ雲や荒れ狂う塊が見える。まるで都市全体が溶岩か糖蜜で覆われ、それが小さな谷々と平野を結ぶ山麓に向かって登っていくように見えた。火事がそこら中で発生し、まもなく煙のために何も見えなくなった〉。

――リチャード・ローズ『原子爆弾の誕生』[9] 下巻の第三部「生と死」一九章「焔の舌」が引用したMarx,Joseph L.1967.“*Seven Hours to Nero.G.P.Putnam's Sons*”〔渋谷泰一・邦訳〕からである。なお、原書刊行当時の全訳版にジョセフ・L・マークス『ヒロシマへの七時間――原爆を運んだ12人の記録』日本経済新聞外報部・訳（日本経済新聞社、一九六八刊）が出版されている。

爆撃手トーマス・フィアビー少佐[10]（二四歳）のカウントによると、エノラ・ゲイのハッチから投弾四三秒後のことだった。廣島市中心部の高度六〇〇メートル上空で炸裂した。

0秒から一〇〇万分の一秒、瞬間の閃光〝ピカ〟。爆心を取り巻く大気中、及び爆心直下と周辺の地上に生きとし生けるものが、それを避けるすべはなかった。あらゆる物質を通り抜けて、なにものにも遮断されることなく瞬時に大量のガンマ線・中性子（放射線）を照射する。

炸裂一〇〇万分の一秒から三秒間、空中に発生した中心温度セ氏一〇〇万度を超える火球は最大直径三一〇メートルとなって四方に熱線を放出した。

　爆心地で最高値がセ氏六〇〇〇度――爆心周辺部の地表でセ氏三〇〇〇度ないしは四〇〇〇度に達する超常現象をもたらす。爆心から半径二キロメートル圏内の街なみを一瞬にして、なぎ倒す。

　炸裂三秒後から一〇秒、さらなる衝撃波は地表を抉《えぐ》り、強烈な吸引力の上昇気流が渦巻く。

　凄まじい爆風の衝撃は秒単位で〝波状〟にひろがる。街は、驚天動地の衝撃波にのまれる。

　こうして炸裂から一〇・一秒。数一〇万気圧に膨張したと見られる〝超高圧〟がもたらした衝撃波は廣島市の半径ほぼ四キロメートル圏内を嘗めつくす。一八〇度旋回、いったん急上昇して遠ざかる機影が、ふたたび上空をかすめたとき、混濁する視界に眼下のヒロシマは消えていた。

　核分裂は都市の森羅万象を立ちどころに一変させた。

　ときを刻む秒針にロックがかかる。[11] 瞬時に、すべてを葬り去った。音が、消えた。ひとは、五感を奪われて真空に閉ざされる。それは上空から見ると、太田川が旧・本流（本川）と元安川とに、ながれを分かつ東西両岸と中洲の北端・慈仙寺鼻《じせんじ(の)はな》三点をむすんでT字形に架かる相生橋《あいおいばし》に照準を合せて投下されたことになっている（前掲「報告書」）。

　しかし、じっさいの爆心（地）は相生橋東づめたもとから東南へ約二〇〇メートルほど逸《そ》れた地点と見られる。四〇〇坪余りの敷地に一九三三年竣工した細工《さいく》町《まち》一九番地の島外科病院[12]（現・中区大手町一丁目五ノ二五の島外科内科）上空[13]であった。

　爆心の直下となった煉瓦造り二階建ての病院内では、縣北の双三郡十日市町（現・三次市）方面へと手術のために出張中だった院長の島薫（当時四四歳）を除く、醫師や看護婦、レントゲン技師、事務職員、入院患者とその家族、附添婦ら約八〇人をうわまわる犠牲者を出した。

　診療棟は、中庭を抱えたコの字形の堅牢な二階建て洋館で、階上が入院患者用の病室。通りに面した玄関の丸窓が道行く人の目を引いた。北側に食堂や職員の居住棟、奥まった東棟が院長家族の住まいとなっていた。五〇人余り収容可能な病室は、ほぼ満床で、その朝をむかえる。

島院長は三つ（直腸ガン・胆石症・慢性虫垂炎）の手術をするために前日の十日市ゆき最終列車で出発。翌朝、最初の施術中に廣島の街は消えていた。復路の省線（現ＪＲ）藝備線下り矢賀驛――廣島驛一つ手前で午後七時ごろ、列車は止まる。歩いて一里半（約六キロ）ほどの病院へと火の粉と煤煙につつまれた市中を急ぐが当夜、電車通り沿いの猿樂町《さるがくちょう》を隔てて焦熱の灰燼が燻る、細工町の病院には近づくことさえできなかった。

翌七日、無惨に焼け落ちた病院跡を呆然と見わたす。くすんだ具墨《ぐずみ》状に変色したコンクリート製門柱二基のほかは残らず黒焦げの瓦礫と化していた。〈自分だけが生き残ったことに責めを感じ、（毎年八月六日）原爆の日が近づくと五寸釘で打たれる思いがする〉――一九七七年の没後、院長の遺稿を紺野耕一が編んで、夫人の島忍が発行した回想記『島薫あれもこれも』（私家版、一九八三刊）は語る。

●がんす横丁の残影

爆心直下の細工町には、二層内（二階部分）に鐘楼がしつらえられた龍宮造りの山門を構える浄土宗の西《さい》蓮寺《れんじ》と、市内一円から安藝門徒が集う浄土眞宗・西向《さいこう》寺《じ》。ともに江戸初期創建という名刹の誉れ高い修養の場。それぞれに特徴ある読経が聞こえ、絶えず線香の煙りが漂う。そこに外科の島病院と、内科は黒川病院のほか合せて四つの開業醫。廣島中央郵便局の本局も時期は同じく、ほぼ共通して、明治の〝文明開化〟にともない事業・商いの看板を掲げた格子造りの旧家が軒をならべる――被爆直前の家屋五六戸、一三〇世帯、五二四人余りが、そこに暮らしていたと記録される。

自身の生家が廣島縣産業奬勵館の東隣りで、後年、爆心地復元事業の功績によって二〇〇七年の広島市民賞を受賞した、㈱ナック映像センター代表の田邊雅章『原爆が消した廣島』（文藝春秋、二〇一〇刊）第一章「廣島からヒロシマへ」からの摘録である。

細工町の北西、元安川畔から東へ延びる電車通り沿いの猿樂町には、鉄筋レンガ積み最上階の天井が緑青色で半球形をした廣島縣産業奬勵館がそびえていた。のちに、その半球形ドームの骨組みを冠した残骸遺構は、いつの間にか誰からともなく〈原爆ドーム〉と呼ばれるようになる。[14]

同館三階におかれていた内務省の中國・四國土木出張所（旧址の慰霊碑には〈職員五二人が殉職〉とある）や縣工藝指導所など館内で執務中だった犠牲者約三〇名について、想像するだに忍びない〈即死か、さもなくば悶死か〉の断末魔は定かでない。

中島界隈では、中島本通りに面して一九三六年竣工のRC＝鉄筋コンクリート造り地上二階建てビルが日本簡易火災（戦後の富士火災海上）廣島支店。五軒東寄りには藤井商事の本社屋ビル（後掲82ページ）が内部は全焼するも倒壊はまぬかれる。やはり、中島本通りの元安橋西づめ南かど、越知内科小児科の四軒西隣りに、RC造り地上三階・地下一階建ての燃料會館（縣燃料配給統制組合）――旧・大正呉服店が、がらんどうとなりながらも耐え残った。

のちに外壁はじめ全館を化粧直しして現在、平和記念公園のレストハウスとなっている建物である。この燃料會館内にいたとされる三七人のうち、即死をまぬかれた八人が屋外へ逃れるが戦後数年にして相次いで原爆症に苦しみ抜いたすえ、生き残ったのは唯ひとりだけだった。

午前八時に全員が顔をそろえて會館二階事務室での朝礼後、たまたま地下室へ書類をさがしに降りていた野村英三（当時四七歳）というひとで、のち手記「爆心にあびる」を書いた。[15] 對日占領下に市が募集して寄せられた全一六四篇から一八篇ほか体験記一六篇からの抜き書きを「刊行のことば」に収録した廣島市民政局社會教育課［編］『原爆体験記』（廣島平和協會、一九五〇刊）冒頭に掲載された（印刷済み非売品の一五〇〇部余りは、事後検閲によって米軍政部から配布禁止・回収が命じられた。したがって公的には〝お蔵入り〟となるが領布済みの一部が非公式に出回る）。

また、相生橋東づめ電車通り北側の基町に廣島商工會議所。これに隣接して鬱蒼と茂る河畔の杜には護國神社（官營招魂社を日中戦争下に改称）が鎮座する。東側一帯には、營庭南門に砲彈をかたどった日清役（正式名・第一軍戦没者記念）碑のそびえる西錬兵場。内濠で囲まれた廣島城天守閣を取り巻くように第二總軍中國軍管區・第五九軍司令部、兵器部、陸軍幼年學校（第二二四師團司令部）、歩兵第一補充隊、兵營、彈藥庫、被服倉庫、憲兵隊司令部、廣島第一、第二陸軍病院本院・分院（病棟）、司令官官舎など軍施設が建ちならぶ。爆心地の北東にひろがる半径一キロ圏内の一帯は全域を軍用地が占めた（ただし幼年學校は同年四月、すでに市東郊府中町に學舎の疎開を完了して難を逃れ、被服倉庫や兵器・彈藥庫などに備蓄の軍需物資については、縣下山間部への大掛かりな疎開・移送が着々とつづくさなか被災した）。

かたや、相生橋南側にあたる爆心地から半径約二〇〇～五〇〇メートル圏内（現・広島平和記念公園）界隈といえば、明治期の日清戰爭を契機に勃興した〈軍都廣島〉の隆盛を街なみにとどめる廣島〈西の中心街〉であった。老舗卸問屋や勸商場＝集合マーケット、商店、旅館、料理・飲食店、劇場、映畫館などが軒をつらねた。ところが、一九一二（大正元）年一一月に路面電車〈廣島瓦斯電軌線・市内線〉が（『広島電鉄開業一〇〇年――創立七〇年史』後掲第五章336ページ）。開通すると、八丁堀千日前に映畫常設館の東洋館が初お目見えした。電車通り（現・相生通り、及び旧白島線）軌道は、そもそもが旧廣島城外堀で、明治末期の埋め立て地である。それまで市の東部では見せ物・大道芸の類いにくわえて小屋掛け興業の芝居（実演）と映畫とが同居しているのがつねだったそこへ、東洋座にくわえ太陽館（のち日活映畫封切り館）、日本館（のち松竹映畫封切り館の東洋座）という三つの劇場が相次いで開館する。千日前界隈には飲食店の新規開業も盛んで、おもむきを凝らして人目を惹く看板を次つぎ掲げた。料理屋やカフェー・洋食店、喫茶店など飲食店の集客競争は熱を帯びる。

そこに、あらたな繁華街が形成されてゆく。

一九二一（大正一〇）年、東の遊郭に近接した堀川町の元中央勸商場に電飾アーチがならぶ歡樂街〈新天地〉が開場した。新天地廣場の突きあたりに帝國館（前身は映畫倶樂部、あらため東洋館、さらに泰平館、再々再度の改称で帝國館となる）。京・大阪の劇場と比しても遜色がないと評判の新天座（のち新天地劇場と改称）では大衆演劇から寶塚《たからづか》少女歌劇、東西歌舞伎の公演、あるいは主演ドロテア・ウィークの端麗な美貌が、折からの〈トーキー時代〉幕開けに花を添えて話題をさらった――一九三三年本邦初公開のドイツ映畫「制服の処女」"Mädchen in Uniform"（往年の呼称〈女流監督〉として知られたレオンティネ・サガン作品）上映を手始めとする洋畫にと、幅ひろいジャンルにわたる興業で客あしを惹きつけ一九三〇年代の廣島を代表する〈娯樂の殿堂〉となった。

軍靴の高鳴り始めた支那事變（日中戰爭）から大東亞戰爭（對米英蘭戰）の戦端がひらかれたころまでは、ひと呼んで〈浪曲四天王〉――〝三尺（やくざ）物〟の軽快な名調子「（清水の）次郎長傳」で喝采をあびる二代目の廣澤虎造（一八九九―一九六四）、豪放な語り口で國定忠治をうならせたら秀逸の二代目玉川勝太郎（一八九六―一九六九）、独創的な潤色で好評を博した「佐渡情話」の壽々木〔すゞき〕米若（一八九九―一九七九）、立身出世物語「塩原太助」の初代木村友衛（一九〇〇―一九七七）らの来演は、ことのほか人気をよんだ。

宇品港から出征する軍人・軍属が、こぞって客席を埋める活況を呈した新天地劇場（大東亞戰爭中、廣島花月と改称）は、やがて、日増しに娯楽の提供が制限をうけ、街じゅうから歓声が消えた燈火管制下を、かいくぐるように最期のとき（原爆投下時）まで、慰問巡演する浪曲師、おなじく軍記物の講談師、漫才師、漫談家らによる寄席藝（吉本興業の廣島花月）演目や素人演藝會を催すなどして細ぼそと実演での興業をつづけた。

それまで西の遊郭に近接して〈廣島一〉の別格を誇る大劇場・壽座（畳屋町《たたみやちょう》＝現・中区小網町《こあみちょう》の一部）とならぶ東の新天座が開館したころ、中島本町から元安川を越えた細工町を起点として榎町《まち》、旧大手町《まち》一・二丁目、紙屋町《ちょう》、塩屋町《ちょう》、革屋町《ちょう》、播磨屋町《ちょう》、平田屋町《ちょう》まで電飾街灯の花咲く鈴蘭「スズラン」燈がハイカラな、本通りすじ＝旧・西國街道を七六〇メートルほど歩いた突きあたりに新天地へ通り抜ける通路が設けられた。以前の突きあたり手前〈中の棚〉南東かどの虎屋饅頭店（ほぼ戰後も同じ場所で、いまの金座街＝昭和初期の命名＝に曲るかどに再建された）を左折。平田屋川すじから金座街、西練兵場南東かど方向へと抜ける。

京口門方向への城郭外堀にあたる八丁堀（埋立て地）すじに延びる白島線（旧軌道）と分岐する交差点に電停。千日前（現在の相生通り・八丁堀）界隈は一躍、目抜きの繁華街となる。

一九二九（昭和四）年一〇月一日火曜には、この電車通り（北側）に鉄筋コンクリート地上四階建て廣島初のデパート・福屋百貨店が開店している。

この福屋デパートの創業にさいし、部下で腹心の金田榮太郎（一九〇三―一九七七）を起業社長として送り込んで参画した野口遵《のぐちしたがう》[16]（一八七三―一九四四）は、さかのぼること一九一九（大正八）年に、それまでの本拠地・大阪から廣島市へと移住。まもなく廣島電燈㈱を設立した。

地元資本の廣島電力㈱と組んで中國山地水系の電源開発に乗り出す一方、廣島市に隣接する安藝郡府中町の東洋コルク工業（現・マツダの前身）の支援にもあたる。だがしかし、野口にとって、たんなる地方財界――廣島での躍進が、ほんらいのネライではなかった。


ときをおなじくして日本が植民地支配する朝鮮半島への進出を企てる。やがて、備前國磐梨郡瀉瀬村《びぜんのくにいわなしぐんかたせむら》（現・岡山市東区瀬戸町）出身の陸軍大将（前・陸相）で朝鮮総督の宇垣一成（一八六八―一九五六）を後ろ盾に、満洲（中国東北部）国境地帯での水力発電ダム建設に全私財を投資して電源開発と重化学工業を核とした植民地事業を推し進める。

現地で創業した朝鮮窒素の直系一四社、朝鮮送電をはじめ、傍系一七社を傘下に擁して巨万の利権を貪り、急成長をとげた。ひと呼んで〝朝鮮の事業王〟は〈昭和新興財閥〉に列する。

この日窒《にっちつ》（日本窒素肥料は戦後、水俣病を引き起こした公害企業・チッソの前身）コンツェルン総帥が満洲権益と直結する朝鮮半島への進出を着々と推し進めた時期、その戦略拠点とした廣島への〝置き土産〟の一つが福屋百貨店だとの見方もできる。創業店舗すじ向かいに地上七階地下一階の新館が竣工したのは八年後、一九三七（昭和一二）年三月のことであった。

こうして昭和に入ると廣島随一の繁華街は〈西の中島〉から東へと移ったが、それでも廣島で最初の映畫常設館・世界館〔一九一〇（明治四三）年創業。一九二七（昭和二）年に一時改称して洋畫専門の昭和シネマ。戰時下には慰問芝居の五色劇場となって賑わう〕――あらため最後は交樂座と呼ばれた劇場と、對米英開戰後の一九四二年に中の棚＝東魚屋町へ移転したが、ながらく勧商場北側の髙千穂館〔一九一二（大正元）年開業の喜樂館が昭和初年に改称したが、そもその前身は、一八八六（明治一九）年創業の寄席・鶴之席に始まる〕という中島本町の二つの映畫館は、ついに最期まで看板を下ろすことなく（交樂座は実演での興業をつづけ、髙千穂館のほうは休館中）、いずれもピカドンの一瞬にして消滅する。

本川橋から元安橋にかけての中島本通りは旧街道すじ――西國還往の名残をとどめる街なみであった。現在の平和記念公園――かつての中島界隈というのは、被爆時に居合わせた人びとが全滅した中島本町、元柳町《ちょう》、材木町《ちょう》、天神町《まち》北組・南組、中島新町、木挽町《こびきちょう》の一帯を指す。

なお、後掲〈爆心地復元地図に見る平和記念公園附近〉には西の川向こう、塚本町《ちょう》と鍛冶屋町《ちょう》（一帯は現・中区堺町《まち》一丁目、本川町《ちょう》一丁目、猫屋町《ちょう》、土橋町《ちょう》と区分して町名変更）を網羅。くわえて東対岸の猿樂町、細工町、横町《まち》、鳥屋町《ちょう》一帯（現・中区大手町一丁目）を含む。いずれも爆心地附近の旧町名は、戰後二〇年の一九六五年四月一日付をもって廃止・変更された。

しだいに東の八丁堀・千日前界隈が中心街へと変貌してゆく、ときの移ろいにともなう盛り場としての衰退にくわえ、戰時統制が追討ちをかけて往時の賑わいは消え失せていたが、それでも軍都の〈経済・物流〉を支える問屋街としての機能は健在だった。東西をつらぬく旧西國街道の中島本通りから、南北に枝分かれした路地をめぐれば、そこかしこに軍都の蜜に群れる――明治期いらいの繁栄を象徴する商家の〝粋な黒塀〟が軒をつらねていた。

すでに市中での大規模な防火帯づくりを目的にした強制建物疎開は第六次に及び、軍が線引きした市街地の木造家屋は容赦なく打ち壊されて次つぎと瓦礫と化す。なかには自主的に解体して、そっくり家屋一棟の資材を疎開・移築した跡の空き地も目立つ。[17]

その客間から元安川の対岸、ほぼ正面に廣島産業奬勵館を望む中島本町・慈仙寺鼻《じせんじ(の)はな》には、うちみ薬の大《おお》藤《とう》喜《き》鳳堂《ほうどう》、さがの旅館（鳥越家）、廃業した吉川《きっかわ》旅館、福亀旅館（福島）。阿戸醫院をはさんで割烹旅館の水亭（伊木）と同じく相生亭（吉田）。ビリヤード場（片山）。廣島銘菓〈大石餅〉の巴堂（金子）。元カフェー・コンパル（廃業後の空き地）をはさんで建物二、三階が従軍看護婦二一人の宿舎となっていた和洋食割烹の民衆別館（高須賀）。すじ斜向《ハス》かいに元喫茶店の白菊（空き地）。五軒あと戻りしてカフェー廣島會館（岩崎）。

そこから勸商場へ向かう道すじにカフェーの丁字屋（松岡）、カフェー想い出（久保田）。はたまた発祥の地・神戸から東京銀座へと進出し、ハイカラを売りに一世を風靡した西洋食堂のカフェー・ブラジル廣島支店（一九三五年に閉店）。高千穂館の対面には軽食・てるてる食堂（上村）であったり、隣接する遊技場（和田）もまた一九四三年初頭には事実上の廃業に追い込まれた。印鑑の佐藤信保堂、茶道具の久保清風軒を右に見て、中島本通りをわたった南側にあたる集産場の界隈では、ご当地で初の洋菓子製造を始め、その美味しいホットケーキが評判を呼んだ喫茶・秋月（藤本）。西隣りには氷屋（伊藤）。旧・中島ホテルの中島會館（川本）隣りに喫茶エクボ（浅尾）、喫茶・気まぐれ（三浦）、かもめ食堂（神岡）であったり洋畫専門の元昭和シネマ＝交樂座と、そこかしこに往年の賑わいを想い起こさせる看板が歡樂街の名残をとどめる。

このころになると、中島本通り目抜きのかどには、日増しに悪化してゆく食糧難を反映して仕入れもままならず、事実上の〝開店休業〟状態に陥った中島地区の料理・飲食店一〇数軒が共同経営する〈西部第六食堂〉という新看板に、人びとは食糧切符を手に列をなした（同店のながれを汲んで戦後、本通りに移転・再建時の屋号は中央食堂）。すべて食糧・物資は配給制がタテマエの世情で唯一の例外は軍部に限られた当時――〈軍用旅舎〉の指定をうけた割烹旅館では（軍部が独占し、とっくに巷の市場からは消え失せ、おいそれとはヤミでも流通していない肉や魚などの潤沢な酒・肴を持ち込んでの）高級将校らによる酒宴が、傍若無人にも毎夜のごとく玄関前には歩哨を立たせ、くりひろげられる始末だった。

天神町北組に一八七四（明治七）年創業の風格あ

る三階建て地下一階の老舗・天城旅館本店は敷地一〇〇〇坪余り。元安川畔に銘木を惜しげもなく使った数寄屋造りで、広々とした車寄せのある門構えがひときわ目を引いた。軍用旅舎の指定をうけ、旅館組合の廣島縣及び市聯合會長をつとめる主人・天城慶一（四五歳）は、その日、全焼・壊滅した旅館の地下食糧庫から炭化し変わり果てた焼死体で発見された。旅館内に居合せて身元確認できたのは、その金歯が決め手となった主人慶一、ただひとりだけであった。

家族の疎開先・縣北三次《みよし》へ食糧や薬などを届けにゆき、市中を離れていた女将（四三歳）が後年、インタビューに応じた八四歳での証言は、朝日新聞広島支局［編］『爆心――中島の生と死』（朝日新聞社、一九八六刊）第三部「消えた繁華街・中島」所載。八七五世帯・事業所（住民一五〇四人）、及び、そこに居合せた人びとの大半が一瞬に消えた中島地区の、それまで語られざる実態を追ったルポ（広島版連載の調査報道）は戰後四一年目にして〈あらたにわく疑問、それが不確かな記憶や伝聞が確かめられぬまま推移し、定説化する軌跡〉……に一石を投じる。

約一〇〇〇坪の敷地を黒塀が囲む（両替小路・材木町二二番地の藤井家本宅（現・原爆慰霊碑前の芝生広場一帯）。廣島で屈指の倉庫会社ほかを併せ持つ中島本通りの藤井商事株式會社（一九三八年、大手町へ移転した三井銀行廣島支店ビルを買収して藤井商店輸出部を開設）を経営する。本社屋敷地つづき本川縁〔べり〕には、四〇〇坪余りの敷地に高級栂《ツガ》材で普請した豪奢な別邸（現・平和公園〈韓国人慰霊碑〉西側一帯）も所有。そもそもは廣島市近在・佐伯郡平良《へら》村（現・廿日市市平良）で大地主だった当主が、明治期なかばに〈身代限り〉となって家は没落。一八九九（明治三二）年、その長男順一は材木問屋に奉公して小金を蓄えると、単身一六歳で米国ハワイへと渡る。甘藷作りの農作業に汗し、文字どおり裸一貫からの起業を夢見る。

一九一二（大正元）年、ホノルル市に藤井商店を創設して独立を果たすとホノルル―廣島間を商用で足繁く行き来した。この日米貿易で財を成して拠点を郷里廣島に移す。しかしハワイに築いた資産は日米開戰にともない、すべてを米國政府に没収され、同時に往来が途絶する。戰時下は名誉職の日本棋院廣島支部長。

また、材木町町内會長であったことから、家族は疎開させたが自身と三男（二八歳）は本宅にとどまる。父子ともにピカの直撃をうけて爆死した。

　藤井商事の斜向いには袋物問屋の藤井商店。そこからだと元安川の東対岸にあたる、廣島の金融・銀行街だった大手町三丁目（現・大手町二丁目）では両替商・証券現物商の藤井徳兵衞商店（旧屋号・富士屋）が一九一四年に創業。証券シンジケート・廣島株式現物團の古参メンバーだった。株式取引・国債の下取引をはじめ、戦時統制経済下に投資信託を取扱う綜合証券會社に成長をとげ昭和の廣島財界〈重鎮〉に列する。つわものどもが夢の、あとかたもなく、すべてピカに灼かれて焼燼と帰す。ときに徳兵衞六四歳。自身は間一髪、直接被爆をまぬがれるも家業や邸宅を全焼失。家人・肉親の大半を亡くし三丁目町内會長の肩書きだけが残った。

　中島本通りから本川橋を渡った向こう岸の畔には旧戸籍簿の住居表示に〈塚本町一番屋敷〉とある森川家が見える。ふるくから親交のあった藤井徳兵衞・夏子の父娘らと、ともにピカで焼け出され、徳兵衞家が西郊の佐伯郡大野村宮島口、森川は同じく佐伯郡観音村佐方へと落ち延びる。

　〝軍都廣島の旧家〟それぞれに、いったん没落するも新興成金に伸しあがって再興を果たした豪商だろうが、あるいは金融・證券界の重鎮、はたまた戦時統制下の経済活動とは一線を畫して休眠状態にあった素封家であろうと、區別・例外なくピカが市中から一掃した。くわえて、戦後の農地改革をはじめとした對日占領政策が追討ちをかけ、ちりぢりに離散の末路をたどったのは、これらの家系に限らない。

〈布團にくるみし屍體三つ　許（ゆる）り置きあり
　て　傍《かたわ》らに君焼かんとす〉
〈泣き給ふ君が細君を抱きつつ　君焼ける火に　照
　らされ佇《たたずみ》てり〉

　爆死した良人らの遺体を、郊外の火葬場へと荷車を曳く野辺送りにさいし、藤井夏子が詠んだ原爆被災直後の情景である（短歌雑誌『アララギ』昭和二二年二月号、土屋文明撰歌「二月集・斯三」昭和二一年一二月六日締切り分から）。

　のちに同女には、焼け出された避難先（宮島口）丘陵の山荘から大野灘を隔てた対岸・嚴島に灯る、米軍が接収中の〈宮島ホテル〉とおぼしき夜景を眺めて詠んだ、こんな歌もある。

〈暗き海に鏤《ちりば》めて寶石《ほうせき》の如く燈《とも》したり　進駐軍宿舎今宵《こよい》何ならむ〉

（同じく『アララギ』昭和二一年五月号「五月集」から）

いますこし、いちめんの灰燼と帰した被爆まえの中島界隈を見わたせば、中島本通りで藤井商事の斜向かいに本社屋のあった綿布卸商・二井谷《にいたに》合名會社の経営者自邸は、元柳町一番地と登記された本宅母屋が材木町二六番地にまたがって建っていた。これは藤井の本宅を凌ぐ屋敷だった。二井谷社長の一家八人のうち、市西郊・古江町（一九二九年に廣島市へ編入された旧佐伯郡古田村古江）の別邸に居を移して疎開していた六人は、爆心地から半径四・五キロメートル圏の邸内に在って、からくもピカの直撃こそはまぬがれた。

一九四四年一二月に内務省が取りまとめた調査によれば廣島市の人口は三四万三〇四三人。軍人・軍属（軍関係）を除く、米穀通帳（食糧管理法による配給の有資格）登録者数である。うち、被爆時には、約六万人にのぼる市民が市外へ疎開していたとの推計（一九四五年一二月中旬集計の廣島縣警察部調査）もあるが、古江町は行政区分では廣島市内であった。わたしの母方の実家は己斐《こい》町に疎開していたが、ここもまた同様に当時の市内である。人口動態調査でカウントされる疎開ではない自主移転によってピカの直撃をまぬかれた特定層の典型例にすぎない。二井谷一家のばあい後継の長男敏夫（二六歳）は、爆心から半径五〇〇メートル圏内の本宅にいて爆死した。そしてそれが即死か、さもなくば半死半生あげくに事切れたかは定かでない。

その妹で、同年四月に設立されたばかりの廣島女子高等師範學校附属・山中高等女學校（旧私立山中高女）一年の春子（一二歳）のばあいは、家族と古江町に疎開して日ごろから千田町校舎へ電車通学していた。

その日、建物疎開作業に動員先の雑魚場町《ざこばちょう》（爆心地から一一〇〇メートル屋外）で瀕死の重傷を負い、似島《にのしま》（被爆者約一万人を収容）に搬送されるも九日に死亡した。娘を探しまわった父親が収容先に見つけた電車の定期券は、無惨に変わり果てた亡骸を本人と特定する唯一の手掛かりとなる。

のちに一九九九年八月三日付『中國新聞』特集記事「ヒロシマの記憶——遺影は語る／死没者名簿」が併載した定期券の現物写真は、もの言えぬ死者の無念を物語る。

廃墟と化すまえの中島界隈には、ふるく開基が、戦国武将・毛利輝元に由来する〈廣島三大伽藍の一〉とうたわれた材木町の誓願寺。おなじ町内に傳福寺や浄圓寺。中島本町の慈仙寺。あるいは天神町南組の天滿宮をはじめ、由緒ある寺社が点在した。

あたりは開府当時からの下町情緒あふれる民間信仰でも賑わいをみせた。材木町〈かさもり小路〉なかほどに位置する妙法寺境内にあった笠森稲荷の祠〈瘡《かさ》守りさん〉は瘡＝かさ（できもの）の病の守り神。安樂院に安産祈願の〈子安観音〉。木挽町の西福院には、婦人病に霊験あらたかとされた〈淡島さん〉。淡島大明神といえば、祭神の少彦名命《すくなひこなのみこと》は別名〈針才天女〉という縫製技能の守護神。生産量で日本一を誇る市北郊三篠町の地場産業・縫製針製造業者や、お針子衆らが参集する冬の例祭〈針供養〉で知られたが、天狗小路以南にひろがる木挽町（ほぼ現・平和大通より南部）は強制建物疎開地域となって姿を消す。

また、材木町の眞言宗慶藏院（いまの平和記念資料館東館と西館をむすぶ渡り廊下の直下に墓地、南側が本堂）に南隣し、通称〈なんこうさん〉こと楠公神社が鎮座していた。宇品港に集結まえの出征将兵らが、われもわれもと戰勝祈願の〈〃大楠公〃詣で〉に群れなした。

いにしえの南北朝戰乱期、南朝軍勢の一翼をになう討ち死にした武将・楠正成《まさしげ》（長子正行《まさつら》＝小楠公ら楠氏三代）をまつる。唱歌「青葉茂れる櫻井の」明治三三年・作（原題は學校生徒・行軍歌「湊川」の第一篇「櫻井訣《さくらい(の)けつ》別《べつ》」）や講談「湊川」などをつうじて戰時下、朝敵に対峙して壮烈な戰死をとげたとの、いかにも皇國史観に拠った故事をして〈忠臣の代表〉と喧傳された。

強制建物疎開で消えた木挽町の持明院境内には、ふるくから航海の安全を祈願する船人たちが尊び崇めた佛法の神〈金比羅大權現〉歡喜天の祠もあったりと、それら、いかにもその町場ならではを反映した神佛だった。いずれにせよ、いよいよ本土空襲が激しくなり、燈火管制が敷かれるまでそれぞれの寺社では、通年毎月の（たとえば、五の日・八の日といった）縁日に参詣人めあての縁日商人が露店、屋台の軒をならべ、夜更けまで提灯明かりを点し賑わった。

　これらの記述は、わたしの祖母ミヱ（一九八三没）から生前に聞いた、むかし語りに拠る。ただし、記憶の正誤を精査すべく、小堺吉光『ヒロシマ読本――平和図書№1』（広島平和文化センター、一九七八刊）の第一章「広島の歩み」。とくに郷土文化史発掘エッセイ（中國新聞連載）の単行本化で薄田太郎[18]著『がんす横町』、同『続・がんす横町』『続々がんす横町』『がんす夜話』全四巻（たくみ出版、いずれも一九七三刊）を猟獲して再読玩味。定本『新修廣島市史――文科風俗史編』第四巻（広島市役所、一九五八刊）の第六章「民間習俗の推移」から拾った、昭和戦前・戦中期にさかのぼる〝中島界隈〟の点描である。

　さすがの霊験も及ばず原爆の災厄をまぬかれた寺社は一つとしてない。さらには爆心一キロ圏内の水主町＝かこまち／現・中区加古町＝に位置した廣島縣廳（縣防空本部ほか）と縣病院などもまた、どことて例外なく壊滅的な被害をうけた。

　盛夏の朝の白日は暗転――あらゆる息の音を止めた静寂が支配する。にわかに無数の火柱が立つ。随所で黒煙が立ちのぼり、荒れ狂う火の海がひろがる。

　人びとは生け贄となる。あるいは古刹の境内に六基ならぶ延命地蔵の首も吹き飛んだ[19]。街なみじたいが瞬時に、あたかも、いまでいう〈産廃ゴミ〉化して宙空へと舞いあがる。

　木っ端みじんに粉砕された街の暮らしの瓦礫が、おびただしく地上・川面・海上へと降りそそぐ。

　真空状態となった宙空へ吸いあげられた無数にのぼるそれらのなかには、爆心地から一〇数キロメートルも離れた地点の上空へと吹き飛んで、はらはらと民家の庭先に舞い落ちた札束の燃え殻さえあった。紙クズの燃えカスと見まがう書籍であったり、帳簿・大福帳・伝票の束、あらゆる文書の類から商家の看板、トタン板の端切れ、壁板・建具の燃えさしまでが、およそ信じられないほど遠方にまで飛散した。凄まじい爆風圧で瞬間的に周囲の気圧が低下した爆心（地）附近では、にんげんばかりか居合わせた軍馬も人畜ひとしく頭蓋が裂け、眼球や内臓が飛び出すという惨《むご》すぎるありさまに、人びとは、ことばをうしなう。

ひとめ見ただけでは無傷のひとを含め（外傷あるなしにかかわらず）そのときはまだ、放射能〝傷害〟——いまでいう放射線被爆（もしくは被曝）による〝原爆死〟という恐怖が忍び寄っていることを、廣島の地上に生き残った誰ひとりとしてが知るよしもなかった。

●絵空事でない毒ガス戦の脅威

それまでにも日本各地の都市が米軍の空襲によって、次つぎと焼き尽くされていった。

そうした戦略爆撃に用いられる通常HE爆弾（高性能爆薬爆弾）や焼夷弾への対処をめぐる防空の知識であったり心構えは戦時下の日本で、しつこいほどくり返し新聞・雑誌やラジオ放送などをつうじて全國民への教化がはかられた。しかしそれが、どれほどの意味を持ったかは定かでない。戦禍にさらされて生き残った人びとは身をもって記憶している。

硫黄島に星條旗がひるがえり、さらには沖縄の日本軍守備隊が全滅（玉砕）したころになると〈一億玉砕〉も辞さず、あとは〈本土決戦〉あるのみと、まなじりを決する日本の息の根を完全に止めるための作戦として敵國アメリカが最小のリスクで臨もうとすれば、日本本土への化學兵器〈毒ガス〉使用に踏み切る展開しかないのではないか。戦争指導者や軍事アナリストならずとも、日本國民ならば誰もが考えついた。これもまた化學兵器の焼夷弾が雨あられと、空襲に用いられる事態に直面して、もはや疑う余地はなかった。

さかのぼれば、早くも皇軍が中國戰線で毒ガス兵器の使用を盛んに始めた[20]一九三〇年代なかばころから、日本國内では毒ガス兵器への備えの重要性が全國民に向けて、しきりと説かれていたからでもある。

一例をあげれば、盧溝橋事件によって日中全面戰爭の戦端が開かれた一九三七（昭和一二）年七月七日から二カ月後、同年九月一日に初版・第一刷が発行された日本國防化學協會編纂の非売品『瓦斯防護講習録』[21]（日本藥劑師會刊）という専門書が戦時下、異例の増刷に次ぐ増刷をかさねて、病院をはじめ日本の醫療機關であれば官民・大小・診療科目などは問わず、座右に〝必携の一冊〟として常備されるようになる。

あるいは一九三九（昭和一四）年に内務省計畫局編『國民防空讀本』が大日本防空協會から刊行される。

とうぜんのように同書には毒ガスによる空襲を想定した章が盛り込まれた。

以来、類書『隣組化學讀本』なるものなども続々と登場し、隣組（上意下達を意図して戦争中、全國の津々浦々に組織された町内會）をつうじて盛んに回し読みが奨励されたことから、ひろく一般國民の間にも化學兵器の空襲と防空にかんする、ひとかどの知識が普及してゆく。

戦時下のベストセラーで熊谷次郎［編］の『隣組讀本』（非凡閣、一九四〇刊）でもまた、東京市市民局防衛課長の安田三次が「隣組防空群」と題し、空襲の警戒警報が発令されたさいの対処を次のように説示している（現代語訳――文責在筆者）。

爆弾が投下されてしまったばあいは――直撃によるもののほかに爆風や爆震、または破壊物の破片による相当の被害があることを覚悟しなければならない。こうしたさいは、なにをさておいてもまず負傷者の応急手当てが肝要である。応急処置が済んだら速やかに救護班に連絡を入れ、早急に救護所へと運ぶ。〔中略〕

毒ガス弾による空襲のばあいは――ガス弾も通常爆弾と同様に、その破片は、相当の威力を持っているから、じゅうぶんに注意しなければならない。落されたガス弾が一時性か持久性のものであるかによって防毒の方法が異なるから、これを見分けることが必要である。ガス弾が落ちたばあい、防毒面（ガス・マスク）の備えがあれば、すぐに装着し、ただちに附近の防毒班に知らせること。防毒マスクのないばあいは、なるべく早く屋外とのあいだを遮断する扉や障子を閉め、準備しておいた防毒室に避難するか、防毒蚊帳〔かや〕の中に逃げ込む。

――防毒マスクや防毒蚊帳の準備がないばあいや、屋外の外出先で毒ガス弾に被災したときは、即座に息を止めて風上に避けること。毒ガスに冒されたときは一刻も早く救護所にゆき、消毒治療をうける。〔後略〕

たしかに、そうできれば、そうするしかないだろう。けれども、降ってきて爆発・飛散した毒ガスから身をまもることが、そんなに容易だとは、およそ考えにくい。じっさいに日本本土が毒ガス攻撃をうけることはなかったから悠長なことをいって済んだわけだが、しかしこれも仮に現実となっていたばあい、ほんとうに役立ったかといえば、いたってあやしい。

軍事醫學の専門家による次の指摘は興味ぶかい。醫學博士の森棟賢隆『毒瓦斯と其の治療』（金原商店、一九四一刊）第一編第四章の「今日使用せられる主要毒瓦斯」は、

〈世界各國は秘密裏に化學戰を鋭意研究せるを以て〉

……という前提に立てば今次、毒ガス戰の脅威が、けっして絵空事でないと警鐘を鳴らす。

将来的に忌まわしい現実を招来する危険性が高いことを示唆した。

あるいはまた、戰前・戰中の日本で、厳重に〈部外秘〉とされた日本の化學兵器と化學戰の実情を、軍關係の消息すじから間接的ではあるにせよ知り得る立場の学者をはじめ有識者たちにとって、一九二九（昭和四）年に広島縣豊田郡忠海町（現・竹原市）の海上に浮かぶ大久野島で人目を遮断して操業を始めた陸軍の化學兵器工場[22]で製造される毒ガスが、じっさいに中國戰線で使用されていることは、もはや〝公然の秘密〟となっていたのである。

早くも一九三七（昭和一二）年の七月末というから、同月の七日には盧溝橋事件＝北支事變（中国では七七事変と呼ぶ）によって火蓋を切った日中全面戰爭（抗日戰爭）へと戰禍が拡大した直後のことである。廣島縣呉市〈國防化學協會〉のばあいは〈非常時局を前にして本格的な防空が實施されることに〉なったので、ことしも〈市民の爲に防毒マスクを無手數料にて御取り次ぎ致すことになりました〉――取次所は、呉市内の各藥店（昭和一二年七月二七日より八月四日まで受付）との広報を地元『芸備日日新聞』紙上に掲載。併せて呉國防化學協會は、〈非常時局に直面し如何にして敵の空襲による毒ガスの慘禍より呉市民を防御すべきかは、誠に重大なるに拘らず市民の防毒知識は未だ完全の域に達し居らざることを遺憾とし、小會は市民に防毒知識を徹底せしむるが爲に防毒展覧會を開催〉すると告知した。呉市本通七丁目（現・本通四丁目）の福屋百貨店三階で八月一日から六日までの毎日（九時～二二時）。國防化學協會員が〈御説明申し上げ、尚ほ、毒ガスの臭気を試臭に供します〉

……云々とある。なるほど時局を反映した〈國策〉催事の集客に余念がない。

じっさい、ことほどさように帝國海軍〈呉鎮守府〉の〝お膝もと〟では、すでに〈防空〉と〈空襲に際しての防毒〉意識の高揚を宣伝する動きが巷に活発化していたのである。こうした啓蒙活動は、なにも呉や軍都廣島に限ったことではなく全国各都市部に共通して展開された。〈簡易式〉の防毒面＝防毒マスク一個が二円五〇銭。以下、防毒マスク〈直結式〉は六円五〇銭、その〈子供用〉が五円五〇銭。〈隔離式〉は九円五〇銭とある。ちょうど、配給米価でいえば、精米した白米一〇キログラムあたり小売価格が二円七六銭の当時である[23]（旧商工省統計＝総務省統計局調査資料）。

翌一九三八年には八月一九日～同月二九日の東京・日本橋〈三越〉本店を皮切りに、内務省主催〈國民防空展覧會〉が、全國各地のデパートを会場に順次、九月には大阪梅田〈三越〉、福岡天神〈岩田屋〉、仙臺一番町〈三越〉、新潟古町〈萬代〉。一〇月に入って名古屋・栄の〈松坂屋〉本店と巡回して、最後は廣島胡町〈福屋〉を会場に一〇月三〇日で幕を閉じた。

そのころの物価を参考に供すれば、町場での大工仕事の手間賃・日当が全国平均二円二〇銭余り。このとし應召した陸軍初年兵が毎月一〇日に支給される俸給は月額五円五〇銭の当時。軍隊用語で〈娑婆〉暮らし＝〈地方人〉のころ、つまり應召前、女學校教員の月給が五〇円。かたや初年兵の上官で、地方では日雇い人夫だった内務班長（兵長）の俸給は一〇円五〇銭。一九三七（昭和一二）年当時の〈日雇い〉日雇い賃金は、全国一律に一円四三銭（内閣統計局［編輯］『第五十六回　日本帝國統計年鑑』昭和一二年版）。しかも、高度國防國家建設を標榜する戰時ニッポンでは、歯止めのきかない過度なインフレーションが進行してゆく。ひろく一般世間の底辺に、その日暮らしが精いっぱいの庶民に限定した、ふところ具合は、およそ察して余りある。防毒面（マスク）や防毒衣を一家の人数分そろえるような、たとえ最小限といえども〈自衛策〉を取り得たのが、ごく一部の富裕層に限られたことは想像にかたくない。

一九三〇年うまれで神戸・須磨に戰時中の少年時代をすごした妹尾肇（のち戸籍を改名した舞台美術家でエッセイスト妹尾河童）は、自伝的小説『少年H』上・下巻（講談社）に自身が尋常小學校低学年のころ、ときの國防化學協會などによって時局がら、盛んに喧伝される防毒マスクの購入を、しきりと親にせがんだ軍國少年の面目躍如たる記憶が鮮明にあるらしい。

一九九七年の大ベストセラーとなった『少年H』はまた、妹尾河童とは一歳違いの〈少國民世代〉で共通する一九三一年うまれの山中恒と、同夫人で〈戦後うまれ〉山中典子との共著で『間違いだらけの少年H――銃後生活史の研究と手引き』（辺境社、一九九九刊）という異色の〝副産物〟をうんでいる。文庫化もされて、ゆうに三〇〇万部を超えるベストセラー小説の成り立ちには一面、作者自身の〈歴史観〉形成をめぐって、あきらかに剽窃の指摘をまぬがれ得ぬ誤謬が説得力を欠く汚点となった。ただし、である。こと防毒マスクをめぐる作者の過日にさかのぼる記憶にかんしては、あながちそれを剽窃だとはいえまい。

小國民世代が日常的に巷で見かける市販雑誌の表紙であったり、誌面の掲載写真にも、しばしば防毒マスクは登場する。

一九三八（昭和一三）年八月三一日発行の内閣情報部［編輯］週刊グラフ雑誌『寫眞週報』[24]第二九号（A4判・全二〇ページ＝一部一〇銭）の特集は「防空おぼえ帖」。同号の表紙は、袖をたくしあげた割烹着に〈町會　防火担任者〉と書いた白いタスキがけ和装の若い女性が、簡易式の防毒マスクを両手指で、胸もとにささげ持つポートレート写真である。巻末のキャプションに、〈すは、空襲！　鳴り響くサイレンの中、毅然と立つた婦人防火担任者。われらこそ、國土の護《まも》りと、ぐつとかぶつた防毒マスクも頼母しく、渦まく火焰、毒ガスのまつたゞ中へ突進してゆく。――モデルは東寶劇團・橘美枝子さん――撮影・内閣情報部〉とあるから、当時の東寶（東宝）に所属する六世・坂東簑助《みのすけ》（後年の八世坂東三津五郎[25]）一座から女優を登用しての撮影だった。このほかにも、簑助一座の俳優一〇数人が〈街路〉または〈公園・野原〉で空襲に遭ったとき、あるいは〈家庭では〉を想定して、空襲にさいしての対処適否と避難時の注意事項を説示する組写真「毒ガス彈が炸裂した！」ほか誌面全八ページにわたって〈演劇勤労奉仕〉という名目での、グラビア掲載写真のモデルをつとめている。

筆者は手もとに収集した各種・戦時下の雑誌バック

ナンバーに、それと同一パターンの写真がその三年後、別雑誌に使回〔つかいまわし〕されていることに気づく。ほぼ同様の構図だが、微妙に上下にズレたカメラ・アングルで、わずかに顔の表情がちがう。くわえてプリント現像（焼付け露光）処理の相違によるとおもわれる、モノクロ印画に落ちる影の二点は、たしかに異なるのだが、割烹着に隠れた同柄浴衣の襟もとが覗き、左右の人差し指に防毒マスクの装着ベルトを絡めた持ち方は、まったく瓜ふたつ——つまり、同一モデルの橘美枝子を同じとき、同じカメラで連写したものと見られる。

情報局内に置かれた國策會社で〈社團法人・同盟通信社〉の編輯・發行する月刊『同盟グラフ』昭和一六年一〇月号（通巻二七〇号／A4判・六八ページ＝七〇銭）表紙を飾る写真が、たまたま見つけた、使回のそれだった。おおよそ取るに足らない〝発見〟に首を傾げ、これもまた、ときの戰時色を反映してかと、ひとり苦笑した（その後、ほかにも使回は数誌の表紙にもみられることが判明した）。

『寫眞週報』同号のグラビア「燈火管制の種類」（撮影・内閣情報部）キャプションには、準備管制を知らせるサイレンが鳴ったら〈町中のネオン廣告塔、門燈など屋外の燈は消して、空襲に備へやう〉。警戒（警報）管制の段階になったばあいは〈屋内の燈も減光し、直射光が外に漏れぬやう、電燈には規則通りの遮光用具をかけ、又いつでも空襲管制に入れるやうに、萬全の用意をして置かう〉。空襲警報発令で空襲管制が告げられたら〈針ほどの光も外にもらしてはならぬ。開口部は厚い黒布で隙間なく蔽ひ、直ちに仕事をやめ、わが身を、家を、町を守るべく部署につかう〉と説示。

五枚の組写真五カット目は、ひとりのモデルがゴム製の長靴・手袋・防毒衣、簡易式の防毒マスク（面）を装着した物々しい姿で写真に収まっている。

同特集を〆めくくる「防空用具一覧」（目下開催中の國民防空展覧會から）は見開き二ページを割いて写真一二点を収載。空襲のあらゆる事態に対処するには、〈何をおいてもまづ防毒面（防毒マスク）が必要であり、防毒面使用に對する周到な知識を必要とする〉と説く。

防毒マスクは空襲時の〈防護作業に従事する人々の

ためのものと、その他、一般家庭・婦女子用のものと二つに分けられる。家庭用は二圓五十錢位から市場に出回つてゐる。防護作業用は、十一、二圓前后で吸収罐直結式と隔離式と〔が〕ある。／右寫眞の上は家庭用、中は防護作業〔用〕、下は一般幼少年用。／〔左の寫眞は〕毒ガス試嗅器のセット。平時からこの各種毒ガスの特臭、色彩を防護隊員などは殊によく覚えておく必要がある〉。

各地區の防空団員など〈防護作業に當るものは持久性の糜爛《びらん》瓦斯《ガス》等に備へて防毒面の外〔ほか〕防毒衣の類も用意せねばならぬ。防毒衣は堅牢《じょうぶ》なもので二十二、三圓かゝる〉。

また、家屋のスキ間をふさぐためには東京・王子〈昭和化工株式會社〉の製品で〈防空目張り用「昭和テープ」長三百尺〔約九一メートル巻〕（Z）〉タイプが適しているとか、さらにまた、セロファン製〈防毒蚊帳《カヤ》〉は四畳半用から一〇畳用まであって〈値段は五圓位から一二、三圓前後。下部の房から通風出來る。長時間の使用にはたえないが、應急品として發賣されている〉など、至れり尽くせりの解説がならぶ。

左の写真は〈地下防護室の破壊用具〔ツルハシ、シャベルなど〕と毒ガス濾罐《ろかん》。濾罐は含毒外氣を清淨に濾過し密閉された防護室〔いまでいう地下シェルター〕換氣通風用。この電氣モーターは、停電の場合は手でハンドルをまはす仕組〔み〕である。十人用から二百人収容可能のものまである。／防毒面の吸収罐は大きさによつて値段は異なるが、毒ガス中で百五十時間くらゐ吸収能力のあるものもある〉――ＦＭＣ〈藤倉工業株式會社〉製。がしかし、木造家屋のひしめく巷の住宅事情とは無縁のものだった。桁ハズレの大資産家でもない限り、そんな〈防毒装置〉完備の防空壕など畫餅にひとしい。さすがにそれらの価格は記載されていない。

同誌の裏表紙（表4）全面広告は、内務省主催（前掲の〈國民防空展覧會／開催地・及び日割〉。裏見返し（表3）には〈陸軍科學研究所／御指導・型式御認可〉と銘打つＦＭＣ藤倉工業製〈防空用防毒面〉型式一覧。それに〈防空用防毒服〉――いずれも写真入り全面広告。總販賣店は、株式會社藤商會で東京市京橋區銀座西五丁目五番地。下部に〈型録《カタログ》進呈〉とある。

いよいよ日本本土への空襲が現実に差し迫った事態になると、具体的な〈米國のやり口〉に言及した東京市防衛局長（陸軍中將）の菰田《こもだ》康一『防空讀本』（時代社、一九四三刊）であるとか読者層別の『産業戰士の防空讀本』（産業經濟新聞社）、少女倶樂部編『少女防空讀本』（大日本雄辯會講談社）の類いが表題と装いを変えて巷に溢れた。ゆうに五〇種類はうわまわるであろう類書〝防空の本〟が出回る。あるいはまた、軍需省（前・商工省）の東京工業試験所技師で工學博士・堀口博による『毒ガス彈・燒夷彈』（龍吟社）[26]が一九四三年の歳末、売価二円四〇銭〈「特別行為税」相当額の一〇銭込み〉で配布されるなど、その内容は専門書なみの〈銃後一般國民〉向け〝ハウツー本〟も登場する。同書には化學兵器のなかでも、とくに致死・糜爛性ガス〈イペリット〉対策として將兵が装着する〈防毒衣〉。こんにち現在からすれば、なんとも唖然としてしまうのは〈軍馬・軍犬・軍用鳩の防毒面〉であるとか〈軍馬の防毒脚半〉といった装備までもが全点、モデルが装着した写真入りで紹介されている。

そこで、わたしが少年のころから折にふれては祖母（まれに父親）から聞いた〝身内の戰時体験〟――その片鱗をとどめる〈森川家務所〉所蔵文書から、空襲や毒ガスにまつわる痕跡を探してみる。しかし、戰時下に定期購讀していた新聞・雑誌類は大半を疎開のさいに処分して現存しない。たとえば、前掲『寫眞週報』であったり、朝日新聞社の雑誌『アサヒグラフ』、同じく『週刊朝日』、大日本雄辯會講談社の月刊娯樂雑誌『キング』（一九四三年三月号から『富士』と改題――米英語は敵國語として排斥された）、また茶道・表千家の機關誌『和比』（一九四四年改題『茶道雑誌』）や日本民藝協會の『月刊民藝』、雑誌『婦人倶樂部』『主婦之友』などをはじめとするバックナンバーのうち、一部〈保存用〉として疎開したものもあったが、わずか柳行李三つ余り分にすぎない。創刊号から全バックナンバー・旧号を保存していた『藝備日日新聞』と『大阪朝日新聞』（のち朝日新聞大阪本社版と、その廣島版）については、疎開をして原爆による焼失はまぬがれるも転居先での保存状態が劣悪――別棟の納屋に積みあげただけ――であったために雨や汚泥を被って甚だしく損傷した一部をうしなう。残った昭和戰前期まで分のバックナンバーについては、亡父が一九六〇年代なかばころに県（のちの文書館）へ寄贈した。

亡父は、いわゆる〝戦中派世代〟である。江戸後期の回船問屋・両替商に端を発する生家の管財を、若い当主に代わって取り仕切る塚本町一番屋敷の森川家務所に支えられて、廣島高師附属中學を卒業。一浪して進学した旧制五高（熊本）文系で特任講師・阿部知二（一九〇三―一九七三）から薫陶をうける。さらには一九四二（昭和一七）年下期、東京帝大文學部哲学科にすすみ和辻哲郎（一八八九―一九六〇）教室にまなぶ。翌四三年、學徒出陣するも即日、疾病除隊となって復學。一九四四年一〇月、學士修了して帰省後、縁故採用で中國新聞社に入社した。

一九四五年四月に市北郊・安佐郡三入村へ疎開して間一髪、原爆の直接被爆をまぬがれる。

二〇〇一年の没後、わたしが引き継いだ父の遺品整理中、森川家務所の文書・帳面類のなかから発見した資料〈癸未昭和十八年一月吉日〉に始まる『當役帳』一九四三年分がある。

これは、慌しい疎開のさいに散逸してしまい唯一現存する森川家務所の『當役帳』でもある。

ゆうに一〇〇〇ページを超す一年分から、次のような記載を拾う。そもそも〈當役帳〉というのは、いわば家計簿にあたる家務所の大福帳式・出納簿である。

そこには、こうあった。

・昭和一八年四月一一日〈防空面一個代〉金三円二〇銭

・昭和一八年一一月三〇日〈防空面二個代／町内會渡〉金六円四〇銭

そんな出金記録が家務所支配人・土井重三（当時三〇歳）の筆跡でのこる。翌一二月三一日の出金には、〈國債貯金〉五〇〇〇円、〈塚本町組合貯金〉二〇円、四カ月分の薬代と注射八回分を天野病院へ八四円三〇銭、〈醫師天野勳[27]殿／年末謝禮〉一〇〇円也とならんで支配人自身の〈土井一二月分俸給〉七〇円、〈下女マツ年給之内《のうち》一二月分〉二五円を支出している。

西魚屋町＝現・中区袋町＝の町醫者（診療科目は内科）であった。天野醫師は、その後、まもなく請われて廣島市立舟入病院長となる。自身（五三歳）と夫人、帰省中の長男（一九歳、徳島醫學專門學校生）がともに自宅で爆死。中學二年の次男は勤労動員先で被爆後の八月二〇日に死亡。一家六人のうち四人が原爆死した。

●恒常化した皇軍の毒ガス戦

後掲の家務所『日誌――昭和十九年』によると、その後、勤労動員に駆り出された土井支配人は、それでも勤務の合間を縫って家務所を手助けしてくれていたが、ついに一九四四年三月一一日、召集令状が届く。

前年夏に長女がうまれたばかりでの、しかし、いつかは來ると覚悟の應召であった。廣島市皆實町（現・中区皆実町）から九州・佐賀の高木瀬《たかきせ》村（現・佐賀市）へと移駐していた陸軍電信第二聯隊・西部八一部隊補充隊に到着時日〈三月二五日の午前八時〉出頭命令をうけ、土井前支配人は入營に先立つ同年三月二二日、午前の下り列車で廣島をあとにした。

現存する『當役帳』昭和一八年分は、鳥の子紙（薄様のA3判）をタテ半分に裁断して二つ折りにした体裁（大福帳サイズ）一冊一五〇ページ余りの六冊を麻の紐で綴じた合本となっている。ところがページを繰ってゆくと日付が前後していて乱丁かと見紛うが、じつは裏面は、まったく帳面の用紙にさえも事欠く〈物のない世情〉を反映して〈昭和二十一年四月十六日〉付にはじまる戦後版「日誌」と「備忘録」にあてられていた。昭和一九年『日誌』のほうは、青色罫線を謄写版印刷した縦書き用・B5判・仙花紙の全一四〇ページ（うち一四ページ分は〈袋綴じ〉のまま）は、厚手の鳥の子紙三枚を重ね貼りした表紙をつけてコヨリ紐で綴じたもの。

この一九四四（昭和一九）年八月一一日から最終一二月二八日付までは、同年の正月元旦～四月末日（及び、前年四～五月の一部）分『日誌』袋綴じを切り開いて援用した裏面に、ほとんど余白なく綴っている。したがってページの表裏で食い違う日付の順序を筆跡や墨の濃淡、書式の違いなどを手掛かりに峻別して読みすすむ。おまけに表裏の墨跡がところどころ重なり合って読みづらい。解読に手間どるも、ふと行間に、亡き祖母の鼓動が脈打って聞こえる。

そこには、廣島の街に原爆が投下される、ちょうど一年余りまえの情景が、ありありと浮かびあがる。

すでに土井支配人も應召して不在の一九四四（昭和

一九）年八月四日は金曜日だった。

同日付『日誌』に家務所の女あるじ（当時五一歳）は、こうしるす。

〈午后六時過ぎ警戒警報開令〔発令〕あり(28) その準備す、宮島かんげん〔管絃〕祭なれば、江波《えば》〔青年團〕の漕ぎてんま〔お供船（おともんぶね）と呼ばれる傳馬船〕例年の如く來りたれば、酒肴《しゅこう》料《りょう》出し弊〔まい〕注酌す、土井も召されて〔男手〕なく逡巡〔土井支配人ら男の使用人は次々と応召・出征したから接待もおぼつかない〕全し男衆〔をとこし〕見當〔みあたら〕ずは、淋びしき事なり、夜は警戒下の事なれば祭の心地にもなれず〉。……

従来であれば、夏祭りの宵、黒塀越しに高張提燈が掲げられて各町會・全市の後援をうけたハッピ〔法被〕にタスキ〔襷〕掛けの、いかにも凜々しい漁師ら江波青年團の面々が、安藝宮島・嚴島神社の管絃祭〔地元では〈おかげん祭〉と呼ばれる〉へと漕ぎ出してゆく。管絃船を曳航する〝おともんぶね〟送迎の群衆で埋まる本川筋は賑わう。だが戦時色に活気は失せ、町中の若い男衆たちは軍隊に駆り出されて姿なく、燈火管制で明かりの消えた街は暗く沈んでいた。

いっぽう同じ日、帝都東京では、これより二週間余りまえの同年七月二二日に発足した小磯内閣が八月四日午後の閣議で〈國民總武装〉を決定する。

ときの首相・小磯國昭(29)（当時六四歳）は、關東軍參謀長や廣島第五師團長、朝鮮軍司令官などを経て、一九三八年に陸軍大将へと昇進して予備役編入。その後二度（平沼内閣(30)、次いで米内内閣(31)）の拓殖相、一九四二年から朝鮮總督を歴任した軍人政治家であった。

たとえば、増補版『昭和・平成――現代史年表／大正12年▼平成20年』神田文人・小林英夫［編著］（小学館、二〇〇九刊）所収「内閣一覧」によれば、小磯内閣（昭和二〇年四月五日總辞職）のことは〈戦局の悪化にもかかわらず無策に終始する〉と総括される。ゆきづまった東條政権のあとを引継いで迷走をつづけ、いたずらに戦禍を長引かせた責任はまぬがれない。

閣僚の役割からみると、前參謀總長で陸相となった杉山元(32)（六四歳）から要請をうけ、ときの内相・大達《おおだち》茂雄(33)（五二歳）が発議した。

そして、いざ具体的に一億總武装のなかみが聞いて呆れる。児童・生徒らの軍事教練〈必修〉の竹槍訓練を、いまさらのように老若男女の別なく總動員体制の末端組織である隣組など、それら常会の勵行プログラムに取り入れよ、との政令を閣議決定。すでに色褪せた〈國民精神總動員〉との名のもとに今次、飛来する米機を竹槍で突くという常軌を逸した号令が下る。

現実と乖離した合言葉〈勝利ノ日マデ〉が白々しい。ときをおなじくして、第一航空艦隊司令長官の大西瀧次郎[34]海軍中將（五三歳）が〈一艦を一機で屠《ほふ》る〉と提唱して編成した、神風《じんぷう》特別攻撃隊の自爆訓練が連日のごとくつづけられた。初出撃は同年一〇月二五日のことである。

特攻死＝自爆テロは、ひとしくそれを〈散華〉という美辞麗句に彩って喧伝される渦中。國策標語の合言葉に洗脳された軍國少年らを、ことば巧みにたぶらかし、〈決死の肉彈〉として消耗する特攻要員を募りつづけ、さらなる〈特攻兵器〉開発・製造にと明け暮れた。かたや、銃後では竹竿の先端を小刀で削り、はたまた長刀（大半が模造品なぎなた）だの、出刃包丁を竹竿に接いだような〝武器〟で、はてな敵の空襲から、いったい、どうやって身を護れというのか。首を傾げざるを得ない。

いよいよ来る本土決戰をまえに、あきれるほど次つぎと打ち出される政府通達は、事実上の破綻に陥った〝國力の劣化〟を象徴的に物語る。

東京帝大に復學・卒業後の長男の就職にさいして母親（一家の女あるじ）が出社初日に用意したのは、まあたらしい防空用の鉄カブトだった（家務所『日誌』昭和一九年一〇月六日付）。

一九二七（昭和二）年五月二八日に皇軍が戰端をひらいた第一次〈山東出兵〉から足かけ一七年。一九三一（昭和六）年九月一八日の關東軍による謀略〈柳条湖事件〉で火蓋を切った滿洲事變（九一八事變）から起算すれば一四年。ながらく對中國侵略に血道をあげるも泥沼化した戰局は好転のきざしなく、むしろ悪化する一途をたどる。さらには〈對米（英・蘭）開戰〉によって、東南アジア・太平洋地域へと燃えひろがった戰禍は、一九四四（昭和一九）年をむかえたころ、もはや引き返すことが不能な國家破綻への、歯止めなき〈消耗戰〉に陥っていた。

　對中國侵略（日中戰爭）にさいして、ときの近衛首相が表明した声明〈暴支膺懲＝ぼうしようちょう〉は、この中國を征伐する（討ち懲らす）という國策の発揚じたい、大アジア主義に根差す〈アジアの盟主〉を幻想した大日本帝國（神國日本を自認）の、奢れる對外政策以外のなにものでもなかった。

　それはまた、日本では〈大東亞戰爭〉と呼んだ對米英蘭戰の段階にいたってもいえる。その戰端をひらいたのは皇軍による〈コタ・バル侵攻〉であった。眞珠灣《パールハーバー》攻撃〈トラ・トラ・トラ〉隠語電文（ワガ奇襲ニ成功セリ）の打電に先立つこと一時間七分まえ、日本時間の一九四一（昭和一六）年一二月八日午前二時一五分、当時は海峡植民地と称されたイギリス保護領マラヤ聯邦（現マレーシア）東岸北端コタバル。イギリス連邦軍飛行場と隣接するパク・アマット海岸に、帝國陸軍第一八師團(35)・侘美《たくみ》支隊（長・侘美浩少将／兵力五三〇〇）が敵前上陸して戰端をひらく（侘美浩『コタバル敵前上陸――われらかく戦えり・シンガポール攻略戰』プレス東京、一九六八刊）。

　この上陸作戰で皇軍は戰死一二〇人の犠牲を拂う。占領後は現地住民を飛行場拡張工事などの強制労働に駆り出す。このとき以来のマレイ侵攻作戰によって、英國軍政下にあって逃げ場のない中國系住民を無差別に虐殺した。そして、早くも一九四二（昭和一七）年には國民學校の教科書『國定歴史』昭和一八年改訂版に、對米英蘭戰の冒頭をかざる〈皇軍勇躍、マレイ攻略〉と大々的に記述されている。

　さかのぼって中國戰線では破竹の勢いで侵攻する皇軍の優勢が伝えられたが、中國側〈國・共〉両軍勢力にたいし、大擧五〇万將兵を展開した皇軍の戰力を洗いなおしてみると、かならずしも最新機械化重火器・装備から糧秣にいたる物量的な戰力で勝っていたとは言いがたい。じっさいに前線では、もとより現地調達に任せた糧秣（食糧と馬草の意）の後方兵站から自前での補給がないこと一つをとっても、國力の貧しさは否定できない。このことは陸軍糧秣本廠［發行］『野戰給養必携・部外秘』（一九四〇刊）が集大成した第一編「野戰ニ於ケル給養」第二章「現地物資の利用法」に自明の現実であった。このB6判・本文一二三八ページにわたる手引書でいう〈給養〉とは軍隊用語で〈人馬の生存に必要な物資〉を指す。「支那〔中國〕産糧秣ノ軍用トシテノ利用法」に忠実な余りの徴発に明け暮れ、いちじるしく軍紀は乱れた。

かくして日本人兵士による虐殺、強盗、強姦などが横行した。虐げられた住民の敵意に囲まれた軍隊の、対住民への警戒心は強まる。疑心暗鬼の悪循環に陥った。こうして皇軍は全中國の民衆を敵にまわす。

帝國陸軍の公文書『戰闘詳報』副題には、しばしば〈燼滅・粛正・掃討〉作戦の文字がおどる。これは、読んで字のごとく皆殺しを意味する〈無差別殺戮〉が中國各地でくり返された。日本側の当事者による記録である。これを中国語表記では〈三光作战〉と呼ぶ。

三光作戰とは、〈焼きつくす、奪いつくす、殺しつくす〉——燼滅戰・粛正戰・討伐作戰を指して、そう称する。なかんずく日中戰争〔支那事變〕勃発以降、華北〔北支〕戰線での陸軍呼称〈あか1号〉の毒ガス彈〔及び毒ガス放射筒・手榴彈〕使用に踏み切る。あか彈〔筒〕というのは、皇軍が中國戰線で多用した化學兵器でクシャミ性・嘔吐窒息性の猛毒ガス。英名をジフェニール・シアン・アルシンという。このほか大別して、きい1号〔イペリット〕、きい2号〔ルイサイト〕、あを1号〔ホスゲン〕、ちゃ1号〔青酸〕ガスなどを一九二九〔昭和四〕年いらい順次、陸軍は制式化した。

このとし一九三七〔昭和一二〕年に制式化された〈きい1号丙〉は、對ソ戰を想定して厳寒地での使用に耐えうるべく陸軍が開発した、ドイツ式製造法の不凍イペリット〔糜爛性ガス〕である。

わたしが戰後五〇年目にして、厳冬期・氷点下三〇度の中国東北部〔旧満洲〕最果て氷晶の大地を、ピッケルで砕き、掘り出したそれ〔きい1号丙を充塡した砲彈〕は、表面は凍り付き錆ついていたが、そっと振ってみるとポチャ、ポチャと音がする。あきらかに不凍液体であることに戦慄した。取材日記を繰ると、さかのぼって一九九五年一二月×日のことであった。

中国東北部・黒龍江省の北辺、孫呉＝スンウー県を訪ねた。[36] 四駆走行をあきらめて馬ソリに揺られる。地元で北山＝ペイシャンと呼ぶ人里はなれた丘陵の雑木林に分け入る。皇軍が敗走時に置き去りにした遺棄〈毒ガス埋蔵〉現場での、予期せぬ驚愕の光景が、おもい浮かぶ――拙著『満蒙幻影傳説』（前掲）一五二ページ「凍てついた、〝毒弾池〟」の章、及び同書二一四ページ下段「厳冬の雪中」以下に描いた。

近年の吉見義明『毒ガス戦と日本軍』（岩波書店、二〇〇四刊）によれば、現実に日本陸軍の毒ガス戦は日増しにエスカレートする（一九三九―一九四一年）――第Ⅴ章。対中国「燼滅戦・殲滅戦下の毒ガス戦」は恒常化してゆく（一九四二―一九四四年）――第Ⅷ章。こうした中国戦線での日本軍の化学兵器〈毒ガス〉使用にたいして日米開戦以降、重慶（国民党）政府の後ろ盾についた聯合國側は、その防禦戦と報復作戦についての準備を本格化させる。

同書の第Ⅸ章２項には「アメリカの毒ガス戦準備の本格化――報復的使用論から先制的使用論へ」と、具体的に〈九州上陸作戦（オリンピック作戦）での使用計画〉があったことの全貌が摘録されている。

また、日本軍との太平洋諸島での熾烈な戦闘がつづくなかで日本軍の化学戦〔毒ガス使用〕に脅威をいだいた聯合國側（米軍、英軍、英聯邦オーストラリア〔豪〕軍）は、従来の各国別に秘密裏で積みかさねてきた毒ガス〈防禦戦・報復戦〉研究を、とくに〈熱帯での化学戦〉の提案について一元化。日本軍の化学戦を想定しての〈報復〉攻撃と一体化した防禦戦の大規模演習がオーストラリア・クイーンズランド州イニスフェイル、また沿海のブルック諸島などで実施されていたことが近年、ながい国家軍事機密の封印を解かれてあきらかになる。

ブリジッド・グッドウィン著『太平洋戦争連合軍の化学戦実験――オーストラリアにおける毒ガス人体実験』岸田信幸・訳／山岡道男・監修（原書房、二〇〇九刊）がそれである。[37] 同書によれば、女性科学者たちを含む豪軍人の〈愛国的な志願被験者〉を動員してのマスタードガス（致死・糜爛性の毒ガス）野外人体実験がくり返しおこなわれた。自身を〈被験体〉としてささげたオーストラリア人被験者たちは戦後、軍事機密という壁が立ちはだかって被害の訴えどころもなく人知れず、その重い発癌性などの〈後傷害〉に、いまも苦しむ。

じっさいのマスタード・ガス弾（剤）を用いたオーストラリアでの、実戦さながらの大規模演習によって被害者が出るのは、とうぜん想定できた。英連邦への忠誠（心）が試された人体実験にほかならない。死命を賭しての〈愛國心〉は結果的に選択の余地なく強いられた。

　毒ガス（兵器）被害が恐ろしい後遺症を引きずることまでは認識されていなかったとしても洋の東西を問わず、敵味方の別なく、唯一いえるのは化学戦といえば当時、世界じゅうの民心に漠然とだが浸透して周知の、おそるべき脅威であった。

　日本軍の毒ガス兵器への恐怖感が戦争中、被験者に志願する愛国心を奮い立たせた。これは当初の核実験に無防備で立ち会って被爆した米国〈マンハッタン計画〉[38]関係者・米軍将兵らと同様、頭抜けた殺傷力の大量破壊兵器が非人道的であることを、はからずも証明している。

●大久野島〈毒ガス棄民〉の苦悶

　それはまた、製造工程がフル稼働する日本のばあいとて大差はなかった。大久野島の毒ガス製造所〈工室〉では、陸軍制式名・きい1号（英名・マスタードガス）液化剤を容量五〇キログラム入り毒剤罐＝ドラム罐に詰める本職の化學工（軍属）が、完全防護服着用によって作業するかたわらで、工室からの搬出にあたる女學校や國民學校高等科などの動員學徒（少年・少女）たちはといえば、なんとモンペにブラウス、半ズボンに開襟シャツ、袖なし肌着など軽装しか身にまとわず、それも自身の体軀をうわまわる重量のドラム罐を、しかも、素手で押し転がして運搬したとの回想を聞くに及び、しばし唖然と開いた口が塞がらない。

　われに返って、つよい怒りを覚える。

〈液化毒ガス入りのドラム缶は〉かんたんには転がりゃあ、しませんわいね。ポチャ、ポチャという音が、いまも耳に残っとります。わずかに洩れた毒剤に間違ごうて触れただけでも、おおごとになる。そりゃあまあ、被害におうたもん〔者〕が同級生にも、ようけえ〔たくさん〕おったけえねえ〉……。

　動員學徒と引率教官ら六〇余名による体験手記集『炎の島』[39]（一九七二年一二月刊）によれば、その一二歳から一七歳で〈大久野島に動員された學徒数〉は、「縣立忠海中學校低學年の約二五〇名を筆頭に、縣立忠海高等女學校低学年一一七名以下――　合計一〇校、一〇三七名にのぼる（縣安藝津實科高女については〈員数不明〉となっている）。」

同書には極秘のヴェールにつつまれた、かつての毒ガス工場（東京第二陸軍造兵廠忠海製造所）工員組長・化学工をつとめた稲葉菊松が序文をよせ、

〈島全体が毒ガスで汚染された空気の中で、強制的に、ときには直接に、ときには間接に、毒ガス製造作業等、色々な有害な作業に協力してこられた従事者であるが故に、国家はこれらの被害者に対して、全面的に救済し、一般従業員（普通工・化学工ら）の人たちとなんら差別されることなく補償されるべきものと考え、更には国は新しい「特別立法措置」をとられるべきもの〉

との提言に踏み込んだ。

稲葉の長女・幸子は極度に気管を冒されて血痰を吐きつづけたあげく、戦後七年の一九五二年に二三歳で他界した。じつは幸子もまた、豊田郡瀬戸田町（生口島＝現・尾道市瀬戸田）の縣瀬戸田高女に在學中、大久野島で働いた動員學徒の一人であった。

毒瓦斯障害者――毒ガス〈後傷害〉に苦しむ人びとに共通する、

〈血へドを吐きつづけて死ぬるしかない〉

とのおもいは、夭折した幸子の死因を暗示している。幸子ばかりでない、知られざる〝後傷害〟に呻吟する無名の当事者たち――。

国家公務員共済組合連合会（ＫＫＲ）忠海病院のことを、かつて地元では、その正式名よりも〈毒ガスの忠海病院〉と言えば通じた。広島県竹原市忠海町の大久野島ゆき船着き場から、歩いて目と鼻の先の、芸南街道一八五号線沿いに位置する現在の呉共済病院忠海分院である。

――眉間の深いシワが、その苦痛を物語る。じっと閉じられた瞼は開かない。そっと取材者が病床に近づく。うす茶色に古びて破れたカーテンの裂け目から春の陽がこぼれ、毒ガス患者特有のドス黒い額に汗がにじんでいる。すじくれだった手指で、にぎりしめた毛布が胸もとでおおきく上下していたが、やがてそれは激しく小刻みに震え、老人は身をよじって胸の奥から絞りだすかのように、どろりとした青黒い痰を吐いた。

痰壺の代わりに用意された薬の空ビン（容量一〇〇cc余り）のスクリュー栓を吐く都度、おもむろに開閉する。枕もとのサイドテーブルに置かれた透明な薬ビン三分の一ほど、魚の臓物のような吐出物が溜まっている。日夜、こうして激しい咳と痰とに悩まされ、体力を消耗して、しだいに衰弱しながら、確実に死へと近づいてゆく――〈その人は二ヶ月ほどの間に人相がかわるほど弱っていた〉というレポート「お国の情け」を季刊『辺境――井上光晴編集』第五号（一九七一年七月三〇日発行）に寄せたのは、かつて大久野島に動員された〝毒ガス後傷害〟患者の知られざる苦難の実情に、いち早く着目していらい二〇数年にわたって、その〝声なき声〟採録に取り組んだRCC中國放送ラジオ製作部ディレクターの松永英美（レポート当時三七歳）と、その同僚たちだった。

戦後二六年の歳月を経た時点の一九七一年三月三〇日付で、一四人のなかまとともに国から〈毒ガス認定患者〉の通知を受け取った藤村徳太郎というひとは、忠海病院内科病棟一号室のベッドに横たわり、ながいあいだ苦しんだすえの齢七〇にして、ようやく一条の光明が差し込む――〈三〇歳の働き盛りから敗戦までの一五年を陸軍の毒ガス工場に縛られ、戦後の人生を毒ガス後遺症の為に棒に振った。藤村さんの老い目に涙が溢れた〉。

そもそもが四半世紀ものあいだ、いったい日本政府＝歴代の保守政権（国）は、なにをしてきたのか。いや、なにゆえに遅々として無策に終始したのか。旧陸海軍（天皇の軍隊）がしでかした無謀な戦争の真相を、隠蔽しつづけてきたネライはなにか。著しい被害をこうむった人びとへの償いについて消極的でありつづけた。松永英美「辺境レポート」（前掲）は指摘した。

――〈国は今まで毒ガス障害者の事は、なるべく人々に知られない様に工作し、ごく一部の患者を〈認定患者〉として救済する事で、お茶をにごし、昭和四十五年（一九七〇年）二月まではそれ以外のガス患者には何の救いの手もさしのべていなかった。そして多くの人が「ガスじゃ、殺される」と胸をかきむしりつつ、政治から見放されたままで、悶死していったのである〉と。

じっさいに大本營が命じて、くり返し幾多の中國戰線で毒ガス作戰を実施した真相すら公式に国は一九八〇年代なかばにいたるまでは終始一貫、それを認めようとはしなかった。

たとえば、大本營陸軍部の〈極秘〉公文書「大陸命」「大陸指」には、まぎれもない毒ガス戰を下命した、動かぬ証拠が残っているにもかかわらずである。そうした文書を国（旧防衛庁）が所蔵する非公開文書の存在や、当事者による証言を、ことごとく打ち消してきた日本国政府の姿勢こそが、故意に〈戦後責任〉を回避した重大な過失であることは否定の余地がない。

サダム・フセイン政権の転覆を企図したアメリカによるイラク侵略戦争の折、イラクの化学兵器（大量破壊兵器）配備の疑い（じつは、捏造されたガセネタだった）が、先制攻撃を仕掛けた米軍の侵攻に大義をあたえたことは記憶にあたらしい。

もとより、化学兵器は別名〈貧者の核兵器〉と呼ばれる。原子核爆彈の開発にあたって米英ほどの巨費を投じることができなかった帝國ニッポンは、だがしかし、瀬戸内海の大久野島で毒ガス（化学兵器）を量産しつづけた。最盛期の一九四一（昭和一六）年には島内の従業員が総勢三〇〇〇人余りにまで膨れあがり、いずれも猛毒で陸軍制式を〈きい〉と呼ぶイペリット（英名・マスタード）や、同じく〈あか〉のジェフェニール・シアン・アルシン（くしゃみ・窒息性）、同〈あお〉のシアン化水素（青酸）ガスなど年間の総生産量は最大一二〇〇トンにのぼった。

この化學兵器製造工程に携わった従業者たちは大半が戰後、症状の出方に個人差はあるものの、きまって呼吸器系に深刻な疾患を生じた。

臨床医として一日平均五〇人にのぼる外来患者を一九六〇年の赴任時から診つづけた内科医の行武正刀・忠海病院長（一九三五―二〇〇九）。診察室入口の白いアクリル版プレートには〈内科――ガス〉との表示が掲げられていた。ひとり辛い苦しみにあえぐ毒ガス障害者（外来及び、入院患者）と日々、接しつづける行武医師もまた、みずからすすんで赴任して以来、診察カルテばかりでない本人から聞き取った患者全員の膨大にのぼるドキュメント・ファイルを、独自に寝る間も惜しんで作成する〝孤立無援の活動〟に明け暮れたのであった。

〈気管支炎から気管支拡張症、肺気腫と進み、この間、なんども入院、退院をくり返す。毒ガス傷害は年とともに悪くなっても、けっして良くなることのない業病だ〉。

大学病院を除けば唯一、〝毒ガス傷害〟専門外来に挺身した故・行武医師の見解である。

わたしは一九七二年から七四年にかけて約三年の間に行武医師から紹介された数人の毒ガス患者への、数次にわたるインタビューに臨んだ。前掲『満蒙幻影傳説』第二部「二十一世紀の伝説」六〇七～六一二ページ「戦後史断章、怨〝エデンの海〟」章に、往時の聞き書きを再録している（現代書館、二〇〇五刊）。あるいは、樋口健二の写真集『毒ガス島―大久野島毒ガス棄民の戦後』[40]（三一書房、一九八三刊）などが、忘却のかなたへ置き去りにされた知られざる真相を掘り起こし、いまに語り伝える。

B5判・一九ページからなる稲葉菊松『大久野島の実相』私家版タイプ印刷（一九七〇刊）に読む〈大久野島で国際法に違反した毒ガス兵器の製造作業を数千人の男女が、どのような苦しい思いをしながら、わずかの危険手当におどらされて、わが身が日々に毒ガスのために蝕まれてゆくのも知らず、唯「勝つまでは」の合い言葉のもとに全工員が傷害をくり返しつゝも危険作業を強いられてきた当時の実態〉。〈〔自身は〕はるか昭和八年四月一日あまた応募者の内から選ばれて、……〔中略〕その当時、万人憧れの的であった入所〔を果た〕し、クソ真面目に勤め上げたのが、なんと十二年六カ月〉……を綴る。

戦後もっとも早い時期に大久野島の毒ガス犠牲者遺族と〝毒ガス後傷害〟者にたいする国の〈救済・補償〉を独力でうったえたのは、服部忠『秘録――大久野島の記』非売品（私家版、一九六三刊／大久野島毒瓦斯障害者厚生会、一九七八再刊）である。

服部忠というひとは、一九二九年の開所いらい、大久野島（毒ガス製造所）では〝生え抜きの化学工〟で、戦後は對日占領下の一九四六年六月から約一年間、英連邦オーストラリア（豪）軍から米軍に引き継がれた毒ガス弾（剤）処理作業にかかわったのち帰省。岡山県邑久《おく》郡邑久町山田庄《やまだのしょう》（現・瀬戸内市邑久）在住。のち、一九五八（昭和三三）年五月一五日夕刻、広島県三原市で発生した旧軍の遺棄毒ガスを原因とした事故（死者一人、軽傷二〇数人）をきっかけに、世間が忘れかけていた毒ガス島がクローズアップされる。[41]

さらには、一九五八年五月現在、広島大学医学部病理学教室（山田明助教授）の調査結果によれば、一九四五（昭和二〇）年春ごろまで大久野島で作業にあたった工員たちのうち呼吸器の悪性腫瘍のために死亡した一五人の大半がノド（咽喉）癌であったと判明する。それを知って、生来が〝生まじめな技術屋〟の服部は、

〈呼吸器をはじめ、内部疾患が徐々に進行して外観では気づかずにいた〉

……ことを反省しきりに、重くうけとめる。

ふたたび、さかのぼること戦時下、たとえば、東京帝大教授の醫學博士で都築正男のばあいは「厚生部講演録」第一輯を刊行した。一九四二（昭和一七）年、學内に配付されたB６判で三七ページの小冊子『防空救護に就いて』巻頭には、すべての學生・職員に周知徹底をはかるための「主要毒剤〔毒ガス〕一覧表」が載っている（都築博士については第八章５１５ページ～）。

イペリット、ルイサイト、ホスゲン、ヂフェニール青化砒素――ほか毒ガスの〈臭気〉〈毒作用〉〈消毒剤〉……をあげ、たとえば、イペリット（ガス）のばあいだと〈カラシ臭〉がして〈糜爛＝びらん〉性。消毒〔除毒〕に有効なのは〈漂白粉〉……というふうにである。

つまり、このていどのことは、すくなくとも大學教員や學生らをはじめ、いわゆる知識層と見なされた國民のあいだでは、一般教養の範疇に含まれる〝常識〟でさえもあった。

ことほどさように戦時中には、あらゆる事態に備え、想定される空襲・爆撃にたいし、その防空と救護の知識を、ひろく國民に普及・浸透させる努力がつづけられた。

●払底した國力と〈狂気〉の一億一心

しかし、そうした備えに、どれほどの意味があったかは、いまさら問うまでもないだろう。

ただし、原子爆弾については、すでに盟邦ドイツが開発したと伝えられる〈ウラニウム爆弾〉の名で一般

國民のあいだでも知られていたが、注意の喚起すらなく無防備だったのはなぜか。

もっとも原爆投下を、かりに想定し得たとして、日々の糧にさえも困窮するほど物資の払底した当時の日本本土にあっては、とても街中の人間を全員収容できるような、いまでいう〈核シェルター〉を造営できようはずもない。そもそも軍部が、その未知の威力に手をこまねくありさまだから防備の着想さえない。

焼夷弾攻撃での延焼を防ぐための〈建物疎開〉と称し、年端もゆかぬ児童生徒ら、延べ一万数千人までをも駆り集め、強制的に木造家屋を次つぎと打ち壊し払い、そこが結果的に最後は無差別大量虐殺の〝広大な墓場〟となる市街地〈防火帯〉づくりに勵んだ。

もとより〈一億玉砕〉——負け戰《いくさ》の覚悟をせまる〈本土決戰〉にいざ、まなじりを決するも兵隊には〈五人に一挺〉ていどしか割当のない旧式〈三八式〉歩兵銃と竹槍・長刀（なぎなた）で最新重装備の敵に立ち向わんとする〈狂気〉の一億一心、なんとも詮ない〈塹壕掘り〉に明け暮れるのが〝関の山〟。ときに市中では赤痢・コレラの疫病が蔓延する蒸し風呂のような真夏だというのに、お寒いかぎりの〈國力・戰力〉は払底して、すでに、化學兵器・最新エレクトロン焼夷弾に焼きつくされるのを待つだけの事実上、無防備にひとしいありさまであった。

一九四五（昭和二〇）年以降の新設師團編成にあたって、当時の中國軍管區第五九軍司令部參謀部〈總動員班長〉陸軍大尉の宍戸幸輔（三一歳）は、後年の著書『昭和20年8月6日広島——軍司令部壊滅』（読売新聞社、一九九一刊）第一章「戦争末期」——第五項「軍都・広島」のなかで次のように書いている。同年三月二七日、予備役から再度の召集で、当初は新設の第一四五師團（通称号・護州兵團）兵器勤務隊長となった宍戸が、兵器・装備ともに底をついて〈全く〝お手上げ〟の状態〉だったというのだから、兵站の機能は麻痺していたにひとしい。

——〈ともかく頭数だけはそろえなければいけないので、老兵や未教育の虚弱兵でもかまわず根こそぎ召集するのだが、いざ入隊してきた兵隊たちに渡す軍用品となると、これが全く足りず、軍服、軍帽、軍靴まではなんとかそろえたものの、帯剣、水筒などは中身が竹製の代用品であったりした〉。致命的な問題は、ほんらい各自に支給しなければならない小銃が足らない。じっさいに――

〈せいぜい五人に一挺か、後々の師團編成では十人に一挺という場合もあり、弾薬も小銃一挺に六十発、多くて九十発というお粗末さだった。そして、小銃の支給されない兵隊には、手ぶらでいるわけにもいかないので、やむを得ず各自手製の竹槍を作らせたりした〉……

と苦肉の策を弄したとは、なにをかいわんやだが、この実態を称して〈カカシ兵団〉とからかわれた？という。がしかし、いったい〈からかった〉のは誰だったかを、この著者は書いていない。

ひとごとのような軍上層部の認識こそが、じつは冗談の出所だった（後掲462ページ参照）。

第二總軍高級參謀（參謀第一課長）で、司令部内において被爆した井本熊男[42]（四二歳）大佐が綴った「業務日誌」の、まずは拾い読みにも、あきらかなところなのである。

いますこし同書の第一章「戦争末期」――第六項「總動員班」によると、〈兵器や軍用品〉欠乏のじっさいは、陣地の構築工事に不可欠な〈円匙（シャベル）、十字鍬（つるはし）、鉈（なた）などの道具類〉調達にすら窮するありさまだった。にもかかわらず、〈本土決戦体制をさらに強化するために、軍需物資を根こそぎ動員して軍に直結させる〉ことで總動員班長は〈官界、財界、その他の各種団体と軍が緊密に協力し合う〉その調整に腐心する。

〈どうしても手に入らないものは、仕方なく〝ヤミ商人〟を相手に交渉し〉て、相手の提示するヤミ値を徹底的に値切り、ときに〈相手が物々交換を要求してくればその話にも乗〉る。

〈鉄板と鉄線を探した時は、とうとう廃品回収統制会社まで出掛けて〉ゆく。それでもらちが明かず、進行中の第六次建物強制疎開の解体現場に目をつけて、連日、数一〇戸単位で取り壊される家の古電線を配電会社と事前に共同で回収して本土決戦〈第一線〉部隊の要求に応じる。

宍戸總動員班長の回想は――〈一般の目には、がんじがらめに張りめぐらされているように感じられる物資統制の網の目〉も、軍需工場や主要企業の幹部ら〈このような各方面の実力者の手にかかれば、なんとか都合がつくもので、どこかに抜け道はあるものだ〉と〝反面の実情〟を明かす。そしてその總動員班に配属された四人の将校の顔ぶれというのが、

・代用燃料〈松根油〉など燃料関係の増産や指導にあたる陸軍少尉の鈴川晶造（四三歳）は、廣島市の松根油會社社長〈中國地方商工會議所聯合會長で中國配電社長・鈴川貫一の女婿〉。

・陸上運輸の促進と指導を担当する陸軍少尉の中尾治夫が〈中尾自動車・専務取締役〉。

・海上運輸担当の陸軍中尉・廣瀬憲一は〈瀬戸内海汽船・課長〉。

もうひとり、地方總監府など行政機関との連絡・指導にあたる任務が課せられた陸軍中尉の田中勝之助は宍戸班長よりも一五歳ほど年上で現職の衆議院議員だった。一九四二年四月三〇日の第二一回總選擧（翼贊選擧）で島根二區から、翼贊政治体制協議會〈非推薦候補〉として当選した田中代議士は東條政権下の一九四四年七月、前年に施行された總理大臣權限の、格段強化につながった戰時行政特例法の適用による〈懲罰召集〉をくらう。最期は被爆時の爆風によって数一〇メートル吹き飛ばされたと見られる屍体が三日後の九日あさ、中國軍管區司令部（廣島城址）西側の濠に、おびただしく散乱して浮かぶ惨死体のなかから発見されている。

この代議士を除く三人は、いずれも地元実業界との有効なパイプ役だが、言い方を変えれば、ただたんに戰時統制下での〈軍・民〉特定層の癒着をあからさまにしたにすぎない。

かつて高らかにうたわれた〈高度國防國家建設〉という勇ましい掛け声も、すっかり萎む。ながらく住み慣れた家屋を壊す建物強制疎開の槌音だけが、悲壮感を漂わせて虚しく響きわたる。

一九四二（昭和一七）年の決戰スローガンは〈やるぞ一億、歡呼の日まで〉[43]。

翌一九四三年に〈突け米英の心臓を　いまに見ろ敵の本土は燒け野原　撃滅へ一億怒濤の體當《たいあた》り〉と掲げた標語[44]は皮肉にも、よもや自国に降りかかる事態を言いあてていた。

現実には、さかしまを招来した。〈一億玉砕の體當り〉となる事態こそは回避されたものの、まったくドツボに嵌まった〝ブラック・ユーモア〟というには度を超えている。

高度國防國家を標榜した、なれの果てだ。では、はたして最新の大量破壊兵器〔原子爆彈〕の的にかけられることが、まったくの〝想定外〟であったとでもいうのだろうか。

米軍機が撒いた對日宣傳ビラ〈傳單〉の一枚に、原爆投下の予告と受けとれる「桐一《きりひと》葉《は》御製／神苑ノ朝」(45)がある。このビラは、〈日本國民ニ告グ‼　即劃〔刻〕都市ヨリ退避セヨ〉と警告した。傳單〔伝単〕とは、そもそもが〈宣伝ビラ〉のことを指す中国語である。

そんなビラを拾って読むことじたいが厳重に禁じられた行為で、拾ったばあいは、すみやかに警察へ届けなければならない、とされた。こっそり隠し読むのは可能であっても、不用意に他言したり、所持が見つかれば、ただでは済まない。やれ、利敵行為のスパイ容疑だ、共謀罪だのをデッチあげて予防拘禁だと、なんでもありの特高警察が独断で治安維持法違反と見なせば、とたんに手錠を打たれ、腰紐をむすばれて、しょっ引かれかねない。逼塞した銃後生活で皆が、ひとしく恐れをいだく。

なにしろ、〈隣組〉という名の、住民どうし相互監視の仕組みに縛られ、すっかり萎縮した民心にたいし、米軍の宣伝ビラに見られるそれが〝有効な警告〟だとは言いがたい。

かりに、その警告を信じたとしても、しかし、おいそれとは逃げるわけにもゆかない。列車の切符一枚を買おうにも、職域や役所に窓口が置かれていた統制機関による許可〔旅に出る正当な理由の證明書〕を必要としたのである。事実上の軍政下に、疎開をゆるされざる住民たちが、致し方なく居残る市中からの脱出・避難ということじたいが、いかにも非現実的であった。

●ＶＯＡ（對敵宣傳・日本語放送）の原爆投下予告

米軍によるサイパン陥落（一九四四年七月七日の皇軍玉砕）占領以降、一般家庭にあるような中波放送を聴くためのラジオでも、その聴取が可能となった敵方・米國戰時情報局ＯＷＩのボイス・オブ・アメリカ＝

ＶＯＡ〈對敵宣傳・日本語放送〉は連日、日本各地への空襲時日の予告をながした。とはいえ、従来から短波放送の聴取が発覚すれば、それを極刑に処す可能性すらある処罰の対象だと、厳格に法律が規定していた。

しかも陸海軍の通信部隊は中波受信域に割り込んでくる米側電波を〈デマ放送〉と称し、その周波数に合せた妨害電波を出して応戦するような彼我、相塗れた情報戦の渦中、ひと知れずそれを聴取するのは容易でない。

がしかし反面、妨害電波による一〇〇パーセントのディフェスが可能なはずもなく、周波数のダイヤルを（〝半田づけ〟をして各ラジオ受信器の周波数は固定されていたが、電氣ゴテで接合部分を溶かす細工を施し……）禁を犯して、すこしばかり回しさえすれば聞こえてくる。

本土の制空権を完全に奪われて連日、各地へ大量にバラ撒かれた傳單ビラにしても同じことだった。水面下に〈敵性情報〉が伝播する。巷に錯綜する、口伝いの〝断片情報〟が、市井に底知れぬ不安を募らせた。

廣島縣下の七月以降に限ってみても、戰後の縣警察部『廣島縣下ニ於ケル空襲被害状況表』[46]（昭和二一年一一月九日付）が集計した米軍機の宣傳ビラ撒布実態によれば、一九四五年（昭和二〇）七月一七日午後の白昼、安佐郡祇園町（現在の広島市安佐南区祇園町）に約四万枚。同月二〇日の午後二時ころ、廣島市西北部の佐伯郡淺原村（現・廿日市市浅原）と、おなじく縣北の山縣郡戸河内《とごうち》村（現・山県郡安芸太田町戸河内）山間僻地に、おおよそ各一万枚ずつ。

さらには、同月二八日の呉空襲（後掲１２７ページ参照）にさいし、呉軍港と周辺沿海部、安藝郡江田島村（現・江田島市東能美《ひがしのうみ》島の沿海）を中心に約六万枚。翌二九日の白昼、豊田郡豊浜村（呉市東端の仁方港沖＝現・呉市豊浜町豊島《とよしま》）方面に約二万枚。七月三一日の白昼にも豊田郡大長《だいちょう》村（呉市豊《ゆたか》町大長《おおちょう》）方面への、約二万枚をかぞえる米機による傳單ビラ投下が確認されている。

同年八月に入ると、〈五日に廣島を大空襲〉というアングラ情報が市中で、ささやかれる。

たとえば、市中心部・紙屋町の藝備銀行（のちの廣島銀行）本店行員間では、傳單が〈五日の大空襲〉を予告――との〝噂〟が立つ。傳單の実物を誰が読んだのかは不明だが、それは、とうぜんである。匿名でないと、どうなるか。同月冒頭の一日水曜、廣島逓信局管理課で無線係を務める宮本広三（当時二五歳）のばあい、〈八月五日に廣島を特殊爆彈で攻撃するから、すみやかに非戰闘員は市中から逃げなさい〉……と予告するVOAの日本語放送を傍受した。

無線技師の宮本は、常づね業務用ラジオのメンテナンスにあたる単独での作業の折、聴取を固く禁じられた敵の〈デマ放送〉に周波数を合せ、ひそかに耳を傾けつづけた。VOAの伝える各地への空襲の予告が、けっしてデマでないことを内心、確信していた。しかし他言すれば、わが身が危うい。ひとり悩んだすえ、意を決して放送内容を上司の係長だけに告げる。すると、あたまごなしに法令違反の〈傍受〉じたいが咎められ、処罰として以降、局舎内に五日当日までの足止めをくらう。さらに翌六日にかけての夜勤が命じられた――ラジオを聴取することが許可制であった当時、逓信局無線係といえば、ラジオ受信する許可證発行の業務を担う――係長裁量による内密の処分にとどまる。ことの経緯は、当事者である宮本広三の手記「原爆予告をきいた」にもとづく――日本児童文学者協会・日本子どもを守る会［編］『続・語りつぐ戦争体験1』（草土文化、一九八三刊）所収。

いよいよ予告当日の八月五日（日本時間）夜半、警戒警報は発令される。がしかし、結果的には翌朝まで、ついに空襲はなかった。デマだったのかと胸をなでおろした、それも、つかのま。まんまと原爆は投下された。無線技師は當直明けの六日午前八時すぎ、直属の上司の係長から、〈五日の大空襲は、やはりデマだったではないか！〉と叱責をうけていた、まさにそのときのことである。係長が座る背後の窓に、とつぜん閃光が走った。

叱責を遮るかのように猛烈な核爆発が襲う。不意を憑いたピカとの遭遇。ときは停止した。

予告の日付は、じつはグリニッジ標準時の八月五日であった。それならば符合する。

デマではなかった。そしてまた、そのことを日本の戰爭指導者らは事前に察知していたフシがある。いや、事前に察知していながらも恣意的にそれを黙殺した。

すくなくとも、なんら措置を講ずることなく情報を部外秘として隠匿した。うごかぬ証拠がある。第二總軍司令部と隷下各部隊では、〈八月四日から七日にかけて、米機による廣島への特殊攻撃がある〉という機密情報を、じつは大本營からの暗号電報によって察知している。

大本營の直属部隊である陸軍軍需輸送統制部にたいして、

〈八月四日から七日にかけて、アメリカ空軍の特殊攻撃がある。じゅうぶん注意を怠らず、對戰処置を執るべし〉……

との暗号電報による大本營からの命令があったのは八月三日のことであった。宇品港の船舶司令部構内に置かれた軍需輸送統制部（長・畑由勇三郎少將）統制班長をつとめる陸軍大尉の田村治郎は後年、広島市史編纂室長（小堺吉光）のインタビューにこたえ、そう証言した――小堺吉光［執筆］『広島原爆戦災誌』第一巻の第三章・第三節「陸軍軍需輸送統制部」（広島市役所、一九七一刊）から。

田村大尉といえばまた被災当日、いち早く部内の暗号班（長・長谷川通雄見習士官）に命じて廣島陸軍軍需統制部名で、

〈八月六日午前八時三十分、目下、廣島市は特殊な爆彈により攻撃さる。被害甚大なり〉

との旨を、大本營宛てに暗号打電をさせた当事者であると自認する証言ものこしている（同右『広島原爆戦災誌』第一巻の同節に所収）。

あるいはまた、中國・華南駐劄の陸軍航空聯隊の情報局に配属（自一九四五年三月一一日～至八月二一日）されていた黒木雄司伍長（二一歳）は、正体不明で謎の對日謀略放送〈ニュー・ディリー放送ラジオ〉が傳えた〈原爆投下豫告《よこく》〉を華南・広東《カントン》の前線基地で傍受した。それも、廣島への原爆投下の豫告は三日前から朝・昼・晩の三回、延べ九回。長崎にかんしては、二日前から計六回のラジオ放送がくり返し伝えるのを、たしかに聞いたと証言。かかる当時つけていた自身の日記を公開した自著での実証をこころみた。黒木雄司『原爆投下は予告されていた！――第五航空連隊情報室勤務者の記録』（光人社、一九九二刊）がそれである。

謎の對日謀略ラジオ放送の正体をつかむにはいたら

なかったが傍受をした敵〈謀略放送〉の内容は逐一、大本營へと、上官の情報將校が暗号電文化して報告済みであることは、あきらかであった。

いったい、どの段階で誰が、それを握り潰したのか――これこそが、まさに藪の中なのだ。

戰爭指導部中枢のブラック・ホールに、のみこまれて、情報は秘匿された。

のちに、古川愛哲による同名の問題作『原爆投下は予告されていた――国民を見殺しにした帝国陸海軍の「犯罪」』（講談社、二〇一一刊）は、〈黒木雄司伍長が傍受したニュー・ディリー放送は、大本營に届いていた〉ことを実証してみせ、〈原爆投下と終戦工作に対する疑念を、ますます深めることになった〉と指摘した。廣島・長崎では、政治家や官僚、高級軍人の戦災死者が不自然に少ない。副題にもなった〝帝國陸海軍の犯罪〟は最高統帥権者と原爆投下との因果関係を示唆している。鬼塚英昭『原爆の秘密［国内編］――昭和天皇は知っていた』（成甲書房、二〇〇八刊）の帯文におどるキャッチ・コピー〈日本人による日本人殺し――それがあの8月の惨劇の真相／痛憤と嗚咽をよぶ昭和驚愕史〉とは意表をつくが絵空事ではない。

天皇を頂点とする戦争指導者たち軍の上層部が、原子核爆弾の威力について、どれほど認識不足で、知らんふりを決めこんだかが浮かびあがる。一般國民は、なおさらのことであった。だがしかし、すくなくとも原子爆弾にかんする基礎知識が日本人に皆無かといえば、それがそうではなかった。ことに特定の軍・官・民（知識層）のあいだでは、むしろ、米・英にたいして日・独もまた、それぞれが第二次大戦下、極秘扱いの〝密旨〟を帯びた大量破壊兵器〈原子核爆弾〉研究・開発に血道をあげていることは、むしろ〝公然の秘密〟であった。

●作家の「日記」と『(秘)敵性情報』紙に読む原子爆弾

徳川夢声[47]（一八九四―一九七一）の『夢声戦争日記』（後掲）一九四五（昭和二〇）年八月一〇日付には、

〈まさかウラニウム爆弾が、敵の手によって発明されたとは信じられない〉というにとどまらず、〈これ（原子爆弾）の発明が完成され、それが使用された時は、人類が亡びる時だ〉……と、大戰の死命を制する意味あいに言い及ぶ。その深刻きわまりない事態を見抜いている。

軍部と日本の戰爭指導者たちが米軍による原爆使用の可能性を〈想定しなかった〉かといえば、よほどの無知無能でないかぎり、そんなことはあり得ない。ひとえに見通しが甘かった。

げんに日本の陸海軍は、水面下で極秘裏に原爆の〈研究・開発〉には着手していた。しかしまだ、本格的〈製造〉過程にまでは到達していない。帝國ニッポンの同盟國ナチスドイツは原爆の研究——完成・製造を敗戦によって〈放棄・断念〉せざるを得なかったが、物量で国力の劣る日本についていえば、はじめから歴然と〈核兵器〉開発競争でケタ違いの遅れをとっていた。

典型例をあげれば、陸軍の委嘱によって極秘裏に〈ウラン濃縮〉研究をすすめた仁科研〈ニ号研究〉に投じられた國費は、ざっと二〇〇〇万円（当時の換算レートで約四二六万USドル）。

これに比して米英〈マンハッタン計画〉の開発・生産費用が二〇億US$超（約一〇〇億円）にのぼるというのだから、ケタ違いもはなはだしい。原爆の開発・製造に延べ一二万五〇〇〇人余りを動員して立ちあげた核施設は、廣島への原爆投下時点においてもなお、六万五〇〇〇人を超える従事者たちによって稼働中であると、トルーマン声明（一九四五年八月六日〈原子爆弾投下〉を発表）は、うたったのだ。いわく——

〈その多くは既に二年半働いてゐるのであるが、自分が何を造ってゐるかを知ってゐる者は極めて尠《すく》ない。彼等は莫大な原料が持ち込まれるのを見ながらも、工場から出て行くものを全然見なかった。この爆薬の物質的な大きさは極めて小さいからである。われわれは、この史上最大の科學の戰ひに二十億弗〔ドル〕費して遂に勝った〉

と誇る（情報局『㊙敵性情報』〔後掲〕第一號から）圧倒的威力を行使して無條件降伏の受諾——〈敗北の表明〉を迫った。第二次世界大戰下、對〈日・独〉戰略であるフランクリン・D・ルーズベルト前大統領（一八八二—一九四五）の密旨をうけて極秘裏にすすめられた原爆製造〈マンハッタン計画〉が一九四四年の秋以降、九カ月間にくり返した〈實験と演習〉の結実として、ついには實戰での使用段階にいたる。

日本の戰争指導者らは秘密のベールにつつまれた米英〈原爆開発・製造〉計画をめぐる進捗状況をスパイ網をつうじて察知していながらも、つまりは打つ手に窮しての沈黙をまもる。

三年と八カ月余りに及ぶ對米英蘭戰争は、彼我、相塗れての憎悪と皆殺しとを煽る〝疑心暗鬼の情報戰〟でもあった。

そして、米國が誇る〈空飛ぶ要塞〉のB29〔BoeingB-29 Superfortress〕大型長距離戰略爆撃機は、南太平洋上のテニアン島から各一発の原子核爆弾を搭載し、廣島と長崎への無差別爆撃を遂行した。

かくしてアメリカが日本を狙った〈原爆テロ〉は完結する。

米國ワシントン時間の八月六日昼〔日本時間の七日未明〕、米國の新大統領H・S・トルーマン〔一八八四―一九七二〕が全米ラジオ放送、及び海外向け短波ラジオ放送で、ヒロシマに原子爆弾を投下したとの声明を出す。この発表で、世界じゅうに衝撃が走った。

とうぜん日本各地でも、そのラジオ放送は傍受された。がしかし、それも軍部は秘匿した。

ホワイトハウス当局発表のトルーマン声明は、こう切り出した。

――いまから一六時間前、米國の一航空機は日本の重要陸軍基地・廣島に一個の爆弾を投下した。この爆弾はTNT火薬二万トンよりもさらに強力であり、戰史上最大の爆弾たる英國の〈グランド・スラム〉の二千倍以上の爆破力を有する。それは原子爆弾である。〔後略〕

と。この邦訳は、〔内閣〕情報局が発行する部外秘の新聞『(秘)敵性情報』第一號〔社團法人同盟通信社内・情報局分室、同年八月七日付〕による。

さらに追って同六日夜、イギリスのアトリー首相〔当時六二歳の労働党首〕もダウニング街の官邸で、〈原子爆弾製造の経緯〉をめぐっての聲明を發表〔ロンドン發ロイター／同七日付の情報局『(秘)敵性情報』第三号が邦訳〕。

――〈原子の鎔解によって、エネルギーを解離するという問題は解決され、原子爆弾二個は米國航空隊によって日本本土に投下された。米國大統領トルーマンならびに陸軍長官スチムソンは、この新發見の性質と厖大な意義について説明を行っている〉……としたうえで、[48]〈いまや完成をみたこの顯著な科學的進歩に英國がはたした役割〉についてアトリー新首相は、チャーチル前首相がかねて準備していた声明を公表した。

前首相は七月二六日、米・英・中（中華民國）の三國による對日ポツダム宣言を發表。首相がドイツ・ポツダムでの會談のため本國に不在の同日、チャーチル内閣は總辞職している。

がしかし大本營陸海軍部は、七日の一五時三〇分に開いた會見で〈廣島の空襲〉について、

一、昨八月六日、廣島市は敵B29少數機の攻撃により相當の被害を生じたり

二、敵は右攻撃に新型爆弾を使用せるものの如きも詳細目下調査中なり

とだけの〈發表〉に、とどまる。

それをうけて翌八日付の新聞各紙は異口同音に、〈廣島へ敵新型爆弾〉〈落下傘つき／空中で炸裂／人道を無視する残虐な新爆弾〉と伝えた（同日付『朝日新聞』第一面ほか）。

トルーマンが世界に向けて表明した原子爆弾であるとの〈敵性情報〉は伏せられた。

漫談家で俳優の徳川夢声（当時五一歳）は一九四五年八月八日の日記を、こう誌しつける。

〈……ウラニウム爆弾——だかどうだか分からないが、敵が広島に使用した一物が、並大抵のものでないらしい。たった二発でドエライ被害があったと言う。今度ラジオで放送された、李殿下[49]の戦傷死もそれだそうだ〉。〔中略〕

〈さて、今私はこの爆弾の、圧倒的威力について聴き込んだのである。

——若《も》し、広島の被害を国民が知ったなら（即ち、この爆弾の威力を知ったなら）全国民は忽《たちま》ち戦意を喪失するであろう、という話だ。この話を聴いて間もなく夜九時の報道であるが、やはりこの爆弾について、国民の注意を喚起している。

——なんら具体的のことは言わないが、それだけに無気味である。何しろ、今までの如何なる爆弾も比べものにならない威力をもっているらしい。——

——ラジオでもその事を力を込めて言っていた〉。〔中

略〕
〈まさかウラニウム爆弾が、敵の手によって発明されたとは信じられないが（これの発明が完成され、それが使用された時は、人類が亡びる時だと私は思う）、なんにしても、戦争は深刻極まる所まで行くらしい〉。

以上は『夢声戦争日記――昭和二十年（下）[50]』第七巻（中公文庫、一九七七刊）所収

たぐいまれなるその卓越した話芸で聴かせる代表作『宮本武蔵』（原作・吉川英治[51]／一九四二年放送）をはじめ、ラジオ放送をおもな舞台に活躍する徳川夢声は当代きっての寵児だった。新聞や放送が伝えることを禁じられた部外秘〈敵性情報〉にも必然的に通じていた。

つまり大本營報道部ほか軍部から刻々と漏れ聞こえてくる情報に日々接していたことから、こうした独白〝論評〟を日記上に可能ならしめたといえる。

前掲二日後の八月一〇日付『日記』に見られる記述は、その典型といえそうである。

〈……ピカリと光ったのを見た時は全身が焼けど〔火傷――引用者・註〕していたという。

裸体で体操をしていた国民学校の生徒たちは、茹でたる馬鈴薯の如く、熱と爆風とで、忽ち赤むけになったという。

死者十万人、広島は平らになったという。

右の話が事実とすると、放送や新聞で「新型爆弾もサシタル事はありません」などと布告していることは、怪しからん骨頂である〉

と、しるす。

あるいはまた、一九四五（昭和二〇）年八月四日付の高見順『敗戦日記』[52]のばあい、この作家はその日、北鎌倉の自宅に届いた新聞記事から〈讀賣、毎日〔宅配の新聞〕両紙とも、爆撃予告の敵のビラに驚くなという記事を出している。当局からの指示によるのであろう〉と日記上につぶやく。

翌々日の八月六日、高見順（三八歳）は文學報國會〔略称・文報〕[53]調査部長就任のあいさつに、同じく文報の実践部長になった今日出海（四一歳）[54]とともに内務省五階の情報局へと出向いて文藝課長と面談した。そのときに五階の窓から一望した東の街を過去にさかのぼり、〈〔自身が中学生のころ〕警視庁は帝國劇場の隣の

濠端にあって、まだ、この桜田門にはなかった。内務省、文部省の庁舎もなかった、海軍省、司法省の赤煉瓦の建物はあったがそれらは今、〔五月二五日の大空襲で〕焼け落ちてしまった。――小型電車〔都電〕はそのころ〔の東京市電〕と同じだったが、車〔車輌〕の破損のひどさ、車内の乗客の半分は、まるで乞食のような風態のひどさ、車外の焼跡のひどさ、――感慨無量というような生易しいものではない。これらのひどさは、もっともっと増すのであろう〉……と嘆ずる。

いっぽう、五月二五日深夜から翌未明の大空襲によって麹町區（現・千代田区）五番町の居宅を焼失した〈百鬼園先生〉こと作家の内田百閒[55]（五六歳）は、自宅焼け跡に隣接するバロン松木（男爵）邸の敷地内に、にわか作りの雨露を凌ぐだけの仮住まい――〈掘っ立て小屋〉で、のちに活字化される空襲体験記『東京焼盡』を、こう綴る（大日本雄辯會講談社、一九五五刊／のちに中公文庫、一九七七刊）。

〈八月六日月曜日二十八夜。晴あつ〔暑〕し。午前五時五十五分警戒警報。Ｂ29一機なり。次いで午前七時三五分警戒警報、同五十五分空襲警報にて又昨日の如くＰ51編隊の來襲を報ず〔ラジオ放送〕。終り頃、西北の空に砲声を聞きたり。九時五十五分空襲警報解除、十時十分警戒警報も解除となる。〔後略〕……〉

止むことのない空襲と對空砲火の散発――。

〈西北の空〉に聞いた、といえば、かんがえられるのは方角的に見て板橋區下赤塚町（現・板橋区赤塚一丁目）か、同區練馬春日町（練馬区春日五丁目）に配備の對空高射砲。あるいはまた、杉並區の久我山高射砲陣地（15センチ高射砲２門を配備――現・久我山二丁目の財務省印刷局運動場グラウンド）から敵機迎撃の、いずれにせよ砲火の炸裂する轟音がこだました。

八月六日の午前九時五分から同九時五〇分にかけては、首都圏の西部にあたる神奈川縣愛甲郡（中津村＝現・愛川町＝に陸軍航空隊中津飛行場ほか）、高座郡（現・相模原、大和、座間、海老名の各市一帯には陸軍相模造兵廠、同じく通信學校、機甲整備學校、士官學校、高座海軍工廠、大和海軍航空隊基地などが点在）、中郡（大磯町の湘南平・鷹取山に海軍總隊の〈本土決戰用陣地〉が未完成の工事中だった）方面に米軍Ｐ51（単発単座・高性能レシプロ戦略爆撃機〉三〇機余りの編隊が来襲した。この空襲の記録は『警視廳史・昭和前編』（一九六二刊）所収の「警視廳空襲災害一覧」による。(56) その米機編隊が北東へと飛び去ってゆく飛行コースをめがけ、高射第一師團の對空砲が火を吹いたのであった。

被害こそ〈全焼家屋二戸、死傷者九〉の軽微だったとはいえ、帝都（首都）圏もまた、その朝は空襲に見舞われていたのである。同じく前掲「警視廳空襲災害一覧」によれば、前日五日の正午すぎ一二五分ころにも、都下八王子市（所轄管内）住宅街が艦載機グラマンF6Fヘルキャット七機の空襲をうけ、機銃掃射による被害〈負傷一三三、死者五二〉との記録がのこる。

同年三月一〇～一一日と五月二五～二六日の二次にわたる大空襲で焼け野原となって以降も断続的に止むことがない。すでに米側は日本本土の制空権を完全に掌握していた。帝國日本が遅すぎる無条件降伏を対外表明するときまで、見境のない無差別戦略爆撃がくり返された。

翌八月七日の高見順は、いつものように出勤した。

〈文報からの帰りはいつも今君〔当時の神奈川縣横須賀市逗子町＝現・逗子市＝在住の今日出海〕と一緒だったが、今日はひとりで早めに事務所を出た。〔中略〕新橋駅で義兄に「やあ高見さん」と声をかけられた〉……。

義兄とは、そのころ中部日本新聞東京總局の政治部次長（デスク）で高見夫人・秋子の実兄水谷鋼一（一九〇八―一九七四）を指している。(57) そして廣島への〈新型（特殊）爆彈〉投下を伝える新聞各紙の第一報は、いずれも翌八日付の朝刊、ないしは、それ以降のことになる。

〈「大変な話――聞いた？」と義兄はいう。

「大変な話？」

あたりの人を憚《はばか》って、義兄は歩廊〔プラットホーム〕に出るまで黙っていた。人のいないとこへ彼は私を引っ張って行って、

「原子爆弾の話――」

「……！」

「広島は原子爆弾でやられて人変らしい。畑俊六(58)〔元帥、第二總軍司令官〕も死ぬし……」

「畑閣下――支那にいた(59)……」

「ふっ飛んじまったらしい」

大塚総監[60]も〔高野〕知事[61]も――広島の全人口の三分の一がやられたという。

「もう戦争はおしまいだ」

原子爆弾をいち早く発明した国が勝利を占める、原子爆弾には絶対に抵抗できないからだ、そういう話はかねて〔から〕聞いていた。その原子爆弾が遂に出現したというのだ。――衝撃は強烈だった。私は、ふーんといったきり、口がきけなかった。対日共同宣言〔七月二六日、米・英・中の三国首脳によって発表されたポツダム宣言[62]〕に日本が「黙殺」[63]という態度に出た〔その翌々二八日、鈴木貫太郎首相は記者団にたいして「ポツダム宣言黙殺――戦争邁進」との談話をした〕ので、それに対する応答だと敵の放送[64]はいっているという。

「黙殺というのは全く手のない話で、黙殺するくらいなら、一国の首相ともあろうものが何も黙殺というようなことをわざわざいう必要はない。それこそほんとうに黙っていればいいのだ。まるで子供が政治をしているみたいだ。――実際、子供の喧嘩だな」

と私はいった〉。

翌八日、いつものように作家は文報に出勤するため横須賀線の電車に乗り込む。出勤まえに北鎌倉の自宅で朝刊に載っているであろう〈原子爆弾の記事〉を読みたかったが、月極め購読している『毎日』と『讀賣報知』は、その朝、配達が遅れて未着のまま〈しびれを切ら〉せ、間引き運転で一時間に一本しかない東京ゆき電車の時刻に急かされて家を出た。

〈原子爆弾の話はしていない。――車中、どこも誰も、そんな話はしていない。みんな、のんびりした、――いや、虚脱したような顔をしている。そして常と同じく、満員である〉。新橋で降り、今日出海と田村町の文報事務所まで、ふたりきりでかわした会話を、こう書き起こしいている。

〈「新聞読んだ?」

と、聞いてみたら、読んだというので、広島の爆弾のことが出ていたかと聞くと、

「出ていた――」

「変な爆弾だったらしいが」

「うん、新型爆弾だと書いてある」

「原子爆弾らしいが、そんなこと書いてなかった?」

「ない。――ごくアッサリした記事だった」

「そうかねえ、原子爆弾らしいんだがね。――で、もし、ほんとに原子爆弾だったとしたら、もう戦争は終結だがね」

田村町へ歩きながらの会話だ。あたりに人はいないが、私は声を低くしていた〉。

――『高見順日記』第四巻「原爆投下――昭和二十年八月」(勁草書房、一九六四刊)から。同巻を文庫化した高見順『敗戦日記』(中公文庫、二〇〇五刊)[65]所収。

かたや、前掲『東京焼盡』に採録された内田百閒の八月九日付〈日記〉は、こう誌す。

〈木曜一夜。晴。午前六時四十五分警戒警報にて敵の機動部隊また本土に近づき東北地方に艦上機を放って攻撃を加へてゐる由を報ず。七時三五分解除。又午前八時十五分警戒警報。B29一機なれども去る六日の朝七時五十分B29二機が廣島に侵入して原子爆戰を投じたる爲、瞬時にして廣島市の大半が潰滅したる慘事在り。その后だから一機の侵入にも甚だ警戒す。

〔中略〕……露西亜《ロシア》が英米及び支那に加擔して日本に宣戰せり〉。

八月一一日付には、著者の次男・内田唐助が同じく次女美野《よしの》から聞きつけ、わざわざ八王子から伝えに来たという〈内密の話〉に及んで克明に綴る。

いわく、〈亞米利加《アメリカ》は明十二日東京に原子爆彈を落とすと云つてゐる。この頃は敵の予告がその通り実現するのだから用心しなければならない。その話は美野が新聞記者から聞いた事にてその記者は十二日一日だけ どこか東京を離れる〔汽車の〕切符を手に入れると云つてゐたが露西亞《ロシア》の參戰で戰爭が終局に近づいたらしいから 或は敵はその予告を実行しないかも知れない。しかしもしさう云ふ事になつたら自轉車に乘つてどこか家並みを離れる方向へ一生懸命に走ると云ふ事にしてゐる由である。これは秘密にしなければならぬのだが、しかしお父さんの所だけは知らさなければならぬから來たと云つた。明日もし警報が鳴つたら氣をつけてくれと云つた〉と。次男が声をひそめて、そう話した後、まだ帰らずにいた午後八時、警戒警報が鳴る。空襲警報に切り替わるも、やがて解除。再度の警戒警報、空襲警報の発令・解除がくり返される。翌一二日未明の午前〇時一五分、その夜、三度目の空襲警報をラジオは〈一目標B29一機が洋上から京濱地區に近づいた〉と空襲警報発令を伝える。

これを聞き、〈一機の侵入にて空襲警報が鳴り響くなど甚だ物騒なり。午前〇時三五分空襲警報解除、同五十分警戒警報解除になつたが、その後いつ迄も味方の飛行機が空を飛びて穏やかならず、中村〔武志＝百鬼園門下の随筆家〕[66]に貰つた菊牡丹の蚊遣《かやり》（＝蚊取り線香）一巻を割愛して蚊帳《かや》をつらずごろ寝をする事にした〉。

徳川夢声や高見順、また内田百閒たちは、いずれも帝都（東京・首都圏）で原爆投下の報に接した例だが、では大阪・関西圏の原子爆弾にたいする市井での反応はどうであったか。

●新聞記者たちが共有した原子爆弾をめぐる情報

当時、毎日新聞大阪本社で社会部副部長・デスクをつとめる藤田信勝[67]（三七歳）記者が個人的につけていた日記は、原爆をめぐる新聞社内の知られざる赤裸な実情を明かしている。

敗戦から二年後の一九四七年一一月、その「はしがき」につづく冒頭を〈第一篇「八・一五前後」と題した一九四五年八月一〇日～同月二二日付の日記〉に始まる藤田自身の〝日記抄〟である単行本『敗戦以後』を世に問うた。發行所は大阪・阿倍野の株式會社秋田屋（この版元は一九四九年に解散して同書は絶版となる）。藤田信勝が大阪本社文化部長のときである。

八月一〇日（金曜）付の日記を藤田は、こう書き起こす。

〈六日、廣島市に投下された「原子爆弾」の全貌がだんだんわかつて來た。このニュースを聞いたのは七日の朝だった。大小の都市が次々に爆撃され、空襲には不感症になってゐるわれわれのこととて「廣島が全滅らしい。」といふだけでは、何の感興もおこらなかったのだが
「それがをかしいんだ。B29わづか三機なんだ。それで、どうもえらいことらしい……」
といふ同僚の言葉に、はじめは報道の誤りかと耳を

疑つた。

「さうなんですよ。音もなくスーッと入つて來て、ピカッと光つたと思つたら、全市全滅だといふんです。そんなことあるでせうか。」

〔中略、どうも新しい強力爆彈らしいが〕ウラニューム〔爆彈〕だとすればマッチ箱一箇の分量で富士山ぐらゐをフッ飛ばす威力があるといふことだ。〔中略〕

短波〔放送ラジオ〕でキャッチしたアメリカ放送は、大統領トルーマンの發表として廣島に〃原子爆彈〃を使用したと報道したといふことだつた。原子爆彈といへば、當然ウラニュームの原子破壊力を使用したものだらう。とすれば、もはや、戰争は終りだ。

　完全な智慧〔知恵〕負けだ。しかし、果して、ほんとうの原子爆彈だらうか〉。

――復刻版『敗戰以後』（プレスプラン、二〇〇三刊[68]）第一篇「八・一五前後」から。

　史上初となる天皇自身の肉声によって前日深夜に収録した「終戰の詔勅[69]」の玉音盤〔ＳＰレコード録音盤〕ラジオ放送がオン・エアされた八月一五日正午。大阪社会部デスクで海軍報道班員兼務でもある藤田は、海軍大阪警備府司令部の〈短波室〉で、それを聞いた。

〈幕僚たちは、すでに事の眞相を知り、詔勅の全文も手に入れてゐたが、大部分の兵隊は何も知らないでゐる。それのみならず、この放送を兵隊には公式には聞かさないといふ建前であつた。士官全員は司令部前の廣場に集つてラジオを待つてゐた。〔中略〕

〔いったん玉音放送がながれ始めると〕Ｎ少佐は聲をあげて慟哭した。みんなないてゐる。〔中略〕時々雜音に妨げられる中に、弱々しくつづく玉音〔天皇裕仁の肉声〕にこたへるものは、ただ男の嗚咽のみ。正午發行の新聞は、第一面に詔書、内閣告諭、ポツダム宣言、カイロ宣言の全文が載ってゐるが、われわれの主として作る第二面には「最大の凶器原子爆彈」といふ記事が最も大きく載つてゐる。この事態にどんな名文を綴らうと人々に訴へる力がないのだ。それよりも、この戰争を終らせる直接の動機となった原子爆彈について、もつともつと知らせるべきだといふ考へなのだ。朝日〔新聞〕のほうは「若き人々へ！　嵐は強い樹を作る」と名文を綴つてゐた。今日の新聞としてどちらがよいか。何〔いず〕れにしても、この大きな、そして最悪の事態に、活字は人々の力をどれだけ打つ力をもつてゐるだろうか。〔後略〕……〉。

同日の日記には、翌一六日付『毎日』に〈I君が「玉音を、ラジオに拜して」といふ記事を書いた〉とある（同紙の第一面に掲載されて名文といわれた〈玉音拜聴〉記）。I君というのは前『サンデー毎日』（戰時下の『週刊毎日』）記者で、社内でも文章家として知られた当時の東京社会部記者・井上靖(70)（後年の作家）のことである。

年齢は藤田の一歳上。日記抄『敗戰以後』を単行本化したさいの藤田は文化部長（大阪）。井上靖が學藝部副部長（東京）デスクだった。同書の「はしがき」では〈内容について有益なる助言を得〉と、その実名・肩書きを筆頭に掲げるほどの間柄でもあった。彼ら『毎日』東京・大阪〈現場〉の記者たちが共有した、〈廣島の原子爆彈〉をめぐる情報（被爆四日後の八月一〇日現在）とは、いかなるものだったか。

藤田は〈六日午后、大阪府廳〉情報によって翌七日の朝、第一報〈六日〇八二〇〔午前八時二〇分〕B29十數機、廣島市に對し特殊爆彈攻撃を行ひ、〔中略〕全市被害甚大。死者數萬。爆風は二、三里〔約八キロメートルないしは一二キロメートル〕の遠距離に達す。家屋破壊無数。大塚中國總監死亡〉――以上をキャッチしている（前掲）。

〈七日、中部軍〔大阪の第一五方面軍司令部兼、中部軍管區司令部〕情報〉によれば、〈畑元帥〔第二總軍司令官〕無事。岡崎〔清三郎(71)〕參謀長無事。死傷十数萬の見込み。爆彈は落下傘つきで投下され、〔中略〕トルーマンが近く廣島で新型爆彈を使用すると最近語つたとの情報は、中〔部〕軍にも入ってゐたが一種の謀略として扱ひ、外部發表を禁じてゐた。この爆彈を避けるには有蓋の防空壕なら大體《だいたい》よいが、熱が高いから手足の露出は危險。今後警報は少し早めに出す必要がある〉と翌八日の各新聞報道の基調をなした。翌〈八日、東京情報〉として藤田がしるしているのは〈トルーマンは「原子爆彈を廣島に對して使用した。」と發表した〉という一行にすぎない。そうしたなかで自社現地通信網による〈七日朝、呉支局情報〉(72)が、もっとも現実を直視した見誤りのない取材データであることは注目にあたいする。

〈六日朝八時十五分、B29三機、空中滑走して廣島市に侵入、市中央上空で強烈無音の爆彈を投下、全市一帶、火の海と化した。火災は概ね七日朝までに鎮火す。完全なる家、一軒もなし。朝の出勤時とて死傷者多し。爆彈は一個なれど強烈なる閃光は十里くらい離れた地方から〔例えば廣島灣〔天然の海軍要塞〕安藝灘洋上、藝予諸島及び沖合の斎灘《いつきなだ》一帶海域、呉・吉浦―四国の今治間をむすぶ汽船航路上――など、いずれも四〇キロ以上、遠く四國松山の沿海からも〕望見された。被害は廣島市周邊數里〔周辺数キロ以上〕に及び、農作物は枯死。各官廳首腦部は殆《ほと》んど燒死また〔は〕重傷。畑〔俊六〕元帥負傷。高野〔源進〕知事、出張中で無事。爆彈は三箇説もあるが、一箇が正しいと思われる〉。

以上の本文中〔カッコ〕内は引用者・註（一部原文にない読点を付したほかは原文ママ）。

以上、その全文である（同書・八月一〇日付「日記」文末に付された〈註〉欄に収録）。

呉といえば三月一九日、中國地方最初の本格的な空襲に見舞われた。それまで、そしてその後も警報サイレンは連日、鳴りやむことがない。ついには七月一日深夜から翌未明にかけ飛来したB29延べ約八〇機余りが約八万発の焼夷彈を降らせて、呉市全域が火の海となる。わずか一時間四〇分余りの空襲による呉市内の全焼家屋は二万二〇五二棟。死者一八一七、重軽傷者五〇五人、一二万二五三五人が罹災した（一九四六年一一月九日付の縣警察部調査「廣島縣下ニ於ケル空襲被害状況一覧表」(73)＝前掲から）。

その後、約一カ月余り。呉鎮守府のお膝もとに海軍報道班員を兼務する毎日新聞呉支局記者たちは、曲がりなりにも焼け跡に日常業務を再開していた。

六日あさの原爆投下後、もっとも早く廣島市中を目指したのは海軍の呉工廠調査隊だった。ただし、同日の午後、市街地入りは東郊の安藝郡海田町でゆくてを阻まれる。調査隊が呉工廠に引き返してきたのは同日の夜二二時。ただちに対策会議を開く。呉工廠火工部長名で翌七日付「新爆彈調査ニ關スル意見ノ件」具申書（議事録）を工廠長に提出する。七日あさには現地入りを果たして調査を開始した。

火工部長の三井再男《またお》大佐（四四歳）は、そのとき廣島市の爆心から約二〇キロメートル離れた呉海軍工廠で屋外作業中、閃光と原子雲を目撃している。

海軍の原爆開発にかかわった経験がある技術大佐の三井は廣島上空の大気圏に出現した光景——〈天空に聳え立つ一〇〇〇〇メートルに達する赤褐色の火柱とその波紋〉を目撃して〈ストロンチウムの赤色〉だと直感した。そして、〈原子核爆弾にちがいない〉と内心で確信する。

同じく七日付の具申書に添付した別紙〈目撃・体験談〉八件を報告。海軍呉工廠の理系技術畑の将兵らが廣島市内や周辺地域各所それぞれに目撃した情況を原爆投下後、いち早くまとめた最初の報告書（公文書）である。翌八日付〈極秘〉とスタンプされた呉鎮守府司令部「廣島空襲被害情況調査報告」では、〈爆心ヨリ半径五〇〇米以内、内臓ノ露出セルモノ多數アリ〉などの惨状にくわえ、斷定こそ避けているが〈特殊爆薬ノ研究——超爆烈原子（U二三五）ニ關スル研究〉にも言及している。

これにたいして、八日付〈極秘〉の「陸軍船舶練習部／廣島爆撃ニ關スル資料」では、その〈恐ルベキ威力〉と〈中央部ニ於テ大規模ナル対策ヲ講ズルヲ要ス〉を認めてはいるが、あくまでも〈新型爆彈三個（？）ヲ投下セリ〉との見解に固執した。

そのうえで〈附録その三〉に陸軍が傍受した〈敵側放送——サンフランシスコ對外（米語）放送・原子爆彈及び〈ハワイ對外（日語）宣傳放送〉があったとだけ、ふれたにとどまる

大本營海軍部へと〈極秘〉打電された前者の見解（報告）を、誰もが信用していない一元化された大本營發表の裏側で新聞各社——毎日新聞（大阪）のばあいは呉支局（及び、海軍大阪警備府）情報によってつかんでいた、との実情を明かしている。その背景を読み解くための、陸海軍による初動調査のじっさいについては広島県［編］『広島県史——原爆資料編』第三部「原爆調査団の活動」を参照した。[74] また、それを体系的に検証・研究した笹本征男『米軍占領下の原爆調査——原爆加害国になった日本』（新幹社、一九九五刊）第一

章「初期調査と原爆被害利用」が對日占領にいたる短期間の前史〈日本側調査〉の経緯を摘録している。

●秘密裏に綴った空襲日記

廣島を潰滅〝させた原爆テロ〟から五日後、山陽本線下り列車に揺られて博多へと向かう沿線に見た惨状について、のちにペンネームを一色次郎と名乗る作家の大屋典一[75]（当時二九歳）は、戰争中、ひそかに綴りつづけた「空襲日記」八月一〇～一一日付に次のように誌している。

――八月九日の午後一五時二五分、東京を出発した普通列車は、約一五時間三〇分を要して一時間三〇分余りの遅延で翌朝七時に大阪へ到着。乗継ぎに六時間ほどを待たされた博多ゆき列車が廣島驛に一〇分停車したのは、あけて翌々一一日未明のことだった。

〈前略〉……広島は無気味に静まりかえっていた。ここは六日だから、福山（八日夜、B29延べ五〇機が、廣島縣下の福山市全域を空襲、焼夷彈約五万発が投下されて猛火につつまれた）より二日早い。それでも、野火のような炎が、ところどころに光っていた。十分間停車なので、プラットホームを歩いてみた。駅のコンクリートの建物が空洞になり、なまぐさい、吐気の出そうな悪臭が、夜の空気の中に充満している。屍臭であった。その中で爽やかな少女の声が身近に聞こえてきて、私をおどろかせた。「ひろしまァ、……ひろしまァ、……」少女の駅員が、精一杯の声で叫びながら、私のうしろを歩いているのであった。反対がわからもおなじ声が聞こえた〉……。

福岡日日新聞東京支社（福岡本社出版局、東京駐在）勤務の大屋は、こうした日記をつけていることじたいが、特高警察に利敵行為と見なされ、スパイ嫌疑をかけられる危険がつきまとう。治安維持法違反の容疑で拘引されかねないのは承知のうえであった。が、この営為は結果的に敗戦のときをむかえるまで、注意ぶかく継続される。やがて、小説家に転じた戦後、空襲下に書きためた〈日誌〉の抄出で記録文学『東京空襲』に結実した（河出書房新社、一九六七刊）。

のちに、筆名・一色次郎での復刻新版（二〇一一刊）がある。本書では改題（増補・改訂）完全版の一色次郎『日本空襲記』巻末付録「図版資料」（文和書房、一九七二刊）に拠った。

こんにちからすれば、〈そのていどのこと〉さえもが、ときは大本營發表に一元化された軍による厳重な情報統制下、個人的に各地の空襲被害を克明に記録するなどのことは、敢然とタブーの領域に足を踏み入れての営為にほかならない。たとえば、ひるま走行中の車窓から〈新淀川の鉄橋が、片足踏みはずしたみたいにガタンと落ちている〉だとか、あるがままに〈神戸も、山の手を一部残してそっくり焼けている。その黒い地面がだらだら傾いた下の海に、航空母艦が浮かんでいる〉のを見た、その外見は破損しているようすのない空母が護衛艦もなくポツンと停泊していたのを、いうに事欠いて〈銀座の自動車を見るように、びっしり船がうかんでいた神戸港に今は航空母艦のほか一隻の船も見えな〉いといった記述は、あからさまに軍機保護法にふれる。もはや、日本本土沿岸の制海権すら奪われていることは誰の目にもあきらかであったが、〈しかし、喋ってはならない。そして耳に入れてもならない話〉だった。ひそかに書き綴ることにさえ監視の目が光る。そこによみがえる東京―博多間の往復と九州に見た惨澹たる各地の情景は、身震いを覚えるほどに、おそろしくリアルで、たぐいまれな迫真のドキュメントとなっている。

そのとし二月二三日夜、大阪湾に機雷が初投下されて以降、神戸港の内外や播磨灘、淡路島附近一帯などの瀬戸内海には、四〇〇〇個を超える機雷投下がくり返され、触雷による船舶の被害が相次ぐ。もんどりを打った恰好で大小幾隻もの艦船が、船首を海上に突き出し沈没しているありさまは、さながら〈船の墓場〉をおもわせた。周辺港湾は、ことごとく機雷封鎖されてしまい航行不能となっていたのである。そして、大阪から西へ下る阪神沿線だけをみても、尼崎、西宮、芦屋の街は合計一〇回の空襲によって一二万七〇〇〇人余りが罹災した。全焼壊の家屋は三万戸をうわまわり、死者も一五〇〇人余りにのぼった。

そして神戸への空襲のなかでも、大型油脂焼夷彈三〇〇〇トン（のち米側発表）が降りそそいだ六月五日の大空襲は、神戸市街を火事嵐が渦巻く凄惨な炎の海と化した。この無差別戰略爆撃は三月一〇日の東京大空襲での投彈量〈主として焼夷彈＝合計一六六七トン〉に比べると約二倍に相当する。計八三日、延べ八二三六機による大小一二八回をかぞえる神戸の空襲での罹災者は総計五八万九七一五人。死者八八四一、負傷者一万八四〇四人がカウントされ、建物の全焼壊は一五万戸を超えた。このデータは『日本の空襲――六／近畿』[76]の第二部「兵庫の空襲」及び、経済安定本部『太平洋戰爭による我國の被害綜合報告輯』[77]による〈ただし、とくに人的被害＝死傷・行方不明の実数については、さらに多く、この限りではない〉。

いちめん焼け野が原になった街を三ノ宮・神戸・兵庫とやり過ごし、やがて〈須磨の海まできてようやく砂浜に傾いた一隻の木造船〉が唯一、沿線海洋に目撃した船だというのだから、およそ想像はつく。真夏の道中、〈日ざしは強く爽やか〉でありながらも、〈しかし、この国のなりゆきは最後の崖っぷちに追いつめられている〉との実感を、ズバリと露骨に言い及ぶ。

大阪驛の構内で煙草五本を渡して、物々交換で若い男から入手した一〇日付の新聞が伝える九日一七時〈大本營發表〉記事中には〈B29六十機福山へ〉と見出しがおどる。八日夜一〇時三〇分ころから爆撃されて全滅したはずの福山では、〈その時の火がまる二昼夜を経て、まだ燃えつづけ〉ており、線路まぢかに掘られた地下防空壕の入口から物凄い火焔が吹きあがっていた。壕内に持ち込んだ荷物が燃えつきないのだろうか〈家族も荷物といっしょにいたのではなかろうか。その壕の近くに、青い弱い火がとろとろと燃えていた。ガスだろうか。そうした火炎が車窓の両側にどこまでもひろがっている〉のを、ひとり車窓越しに見つめる。なお、この〈日誌〉日記が目撃した二日まえ、同月八日夜の福山空襲での罹災者は四万六二五人。死者・行方不明二七五人、負傷二九三人、全焼建物は一万〇一五四棟をかぞえた〈前掲「縣警察部調査」から〉。

〈私の席の近くから、広島〔驛〕でふたり降り、またふたり乗った。広島高師〔廣島高等師範學校、のちの広島大学〕の学生であった。〔原爆投下〕当日は広島市から一里半〔約六キロメートル〕ばかりはなれた部落〔近郊〕へ働きに出ていた〔勤労動員されていた〕ので、思いがけない命拾いをしたのだそうだ。そのあたりですら、爆風は家々の窓ガラスを吹き抜け、その破片で負傷したひともすくなくなかったと言っていた。

　学生の話を聞いている間に、川をふたつ渡った（まずは神田川の常磐橋（鐵橋）で、次が横川驛てまえの旧・太田川本流に架かる三篠鐵橋）。川面には、銀河のかげが光っている。南の窓に、北側の窓に福山より二日早かったはずの炎はまだ血のような色で燃えている。

「ここも、まだ広島ですか」

私は二度も、おなじことを学生に聞いた。これもやはりたった一発の、原子爆弾の火なのかとおどろいたのだ〉。

　博多へ到着し本社編輯局長宅に寄宿すると翌日から、空襲でズタズタに寸断された九州管内の鐵道を乗り継いで、佐賀縣久保泉村の祖母宅（現・佐賀市久保泉町——もより驛は長崎本線の伊賀屋）、さらには、熊本縣上益城郡《かみましき》の飯田山《いいださん》山中に叔母宅（豊肥本線の南熊本を起点に一三キロメートル南下した民營・熊延《ほうえん》鐵道＝一九五五年廃線＝沿線の御船《みふね》停車場から北東へ約四キロ）などを訪ねる。

　前年暮れに東京支社・出版局嘱託から社員となっていらい、所在地すら不案内だった福岡市渡辺通りの福日本社ビル[78]へ二度目に出社した八月一四日付〈日誌〉本文もまた、福岡に着いた翌日に祖母宅を訪ねるさいの目撃談で〈くる時には暗かったので何も見えなかったが、鳥栖駅まぢかの線路ぎわに一トン爆弾と思われる巨大な漏斗孔《じょうごこう》（形状が漏斗のような穴）が三発、口を天にむけている〉に始まる。ラジオが伝える各地の空襲をめぐる軍官區情報と空襲警報、一分ごとに鳴る警戒警報ブザーについても、つぶさに漏れなく綴る。

　そうした日々の詳細記録のなかでも、そこに居合せて知り得た、福日の本社編輯局内で飛びかう〈部外秘〉情報は、ことさらに生なましい。聞き耳をたて、逐一を書きとめている。

〈出社する。長崎、広島に急激に狂人が増えつつある。広島の爆弾もやはり一発だという。長崎の死者は一発で十万、残りの人間も、死者と狂人（現地醫師たちによる臨床所見の〝無慾顔貌〟）に変化しつつある模様、原子爆弾を使用された土地は七十年間、植物も動物も存在を許されない。土中に放射能というも

のが残っていて、それが生物に悪く作用するのだそうである。〔中略〕

停戦の発表〔ポツダム宣言受諾〕まで、まだまだ時間がかかるのだろう〉……〔後略〕。

廣島・長崎への原爆投下直後、わずか一両日、前者でも数日中に、大本營發表に一元化された軍部が躍起になって秘匿する〈凄惨のじっさい〉が、新聞記者たちのあいだでは早くもこうした隠しおおせない〈想像を絶する現地の実情〉を察知し、日本の新聞各紙が敗戦後のGHQプレスコード制約下に沈黙する以前の前掲『㊙敵性情報』など海外から漏れ聞こえる情報をもとに、このときはまだ、社内に限定してだが語られていたことを示す証左の一つである。

一週間後の八月一七日、こんどは博多一九時発の上り列車に乗り込む。門司で乗り換えて翌午前三時に柳井着。当時の山陽本線（現・JR岩徳線）は徳山以東が一五キロメートル不通で徒歩連絡となっているために、当時の柳井線（現・JR山陽本線）を経由。再度、柳井始発の貨客列車にすし詰め状態となる。約三二キロを走行して、〈今津川を渡るとすぐに〔岩國驛の一キロてまえで〕降ろされる。朝霧の中である。難民行である〉——福岡にいた一四日、岩國が空襲に見舞われた情報はラジオで聞いていた——〈十四日に、岩国は爆撃されたのである〉。

この復路で再度、廣島の原子野をまのあたりにする。〈……広島の惨害も、昼間なのでよく見えた。広島駅からふたつ手前、己斐〔現・西広島〕駅あたりから、人家がすっかり爆砕されていた。河原の牛が倒れ、駅の構内では、貨車がゆがんでいた。己斐と広島との中間、横川駅あたりの松におおわれた山〔無蓋の横川驛西方、旧山手川に架かる竜王橋の向こうに見える茶臼山連丘・三滝山東南端の打越町竜王（現・太田川放水路西岸の西区竜王町）附近一帯〕の斜面が、すっかり焦げて赤茶色に変色していた。

広島で、また降ろされる。二時間待ってようやく乗ったかと思うと、糸崎という駅でまた降ろされる。尾道のひとつ手前である〉……〔後略〕。

廣島驛で待たされた二時間余りの滞在中、なにを見たかの詳述はない。

鉄筋コンクリート造りの地上二階建て、吹き抜けのエントランス・ホールを備えた堂々たる構えの廣島驛（一九二二年竣工）は爆心の東、やや北寄り一・九キロメートル余りに位置した。驛舎の内部は全焼して天井が落ち、がんどうの形骸をさらす北側のかげになった一部を除いて、有蓋プラットホームを覆う木造の梁と屋根は、ひとたまりもなく吹き飛んで全焼壊。ちょうど被爆の瞬間に入線して来た列車内を、ことごとく割れた窓ガラス片を吹き飛ばす猛烈な爆風が襲い、乗客たちは皆、座席や車体に叩きつけけられて即死。わずかな生存者も酷い火傷や裂傷を全身に負う。二〇〇〇とも三〇〇〇ともかぞえきれない血塗れ・赤剝け・瀕死の人びとが驛構内から這い出し、火災に逃げ場なく驛前廣場に群れなし肢体を横たえた。それから一二日が経過していた。

福岡本社への出張名目で〈公務公用旅行證明書〉の発給をうけて八月九日出発した一〇日間の旅は最終日（一九日）夜明けを、上り東海道本線を走る窓のない郵便車の、ごった返す車中でむかえる——おびただしい下り〈避難列車〉とすれちがう。〈牛馬を積むオリになった貨車から、機関車の最前部にまで避難民が鈴なりになっ〉て、反対方向へと遠ざかってゆく屋根のない貨車に詰め込まれた乗客たちは、押し黙って炎天にさらされながら、ただ耐えるしかない。

いっぽうで、身動きのとれない超満員の郵便車に乗り合せた〈大陸の戰線から連絡のために戻ってきた〔という〕航空隊の若い將校〉は、水筒に詰めて持ち帰った支那〔中國〕酒に〈時々口をつけながら、「陸下の録音放送〔戰地にも同時に中継された玉音放送〕もよく聞きとれないんです。内容がよくわからないので、放送がすんでからも自分たちはまだ、ソ連への宣戰布告だと思っていました。無条件降伏、武装解除、とんでもない。敵が上がって〔米軍が上陸して〕きたら一戦やるんだ〔徹底抗戰だ〕といって爆彈を積んで構えてますよ」……〉とは、血気盛んなれども真意を測りかねる話も聞いた。そして午後一四時、焼燼の帝都・品川驛に帰着した。

●被爆醫師が綴った『ヒロシマ日記』

ひるがえって、ふたたび〝死の灰〟に覆われた廣島壊滅のときを、身をもって体験した証言を聞く。廣島逓信病院長の蜂谷道彦（当時四二歳）のばあい、〈昭和二〇年八月六日〉付に始まる『ヒロシマ日記』[79]（第七章469ページ）を次のように書き起こす。

そのあさ八時ごろといえば、市内の各地区ごとに防空警戒など空襲に備えて兵役にない民間人で組織された〈警防團〉白島分團長をつとめていたことから、ちょうど徹夜の〈警防勤務でくたびれきって（自宅）座敷の真中に寝ころんでいた〉蜂谷院長は不意を憑かれた。

〈からりと晴れた土用の朝だ。雲一つない紫紺の空にくっきりと浮かびあがった庭の樹木、まばゆい光、しかも逆光、濃い影が庭に深みを与えて、とても美しい。私はぼんやりと庭を眺めていた。眺めていたというより美しさに見とれていたのであった。さらに強い光がすうすうと二度つづけざまに光った黒い日影が全くなくなり、庭の隅々、石灯籠の中まで明るくなった。マグネシウム・フラッシュか、電車のスパークか、はてなおかしい――〉。

倒壊した自宅の下敷きとなる。薄暗い建物の残骸下から、がむしゃらに脱出した。ところが〈パンツがない、私はたじろうた〉。着ていたはずのシャツもなく〈丸裸〉になっていた。妻の名前を連呼しながら、感覚の麻痺した自身を見なおすと右半身全体に重傷を負っている。

〈太股につきたった棒切れを引き抜いた。顔から口へ生温かいものを覚えた。手で顔をさすった。血だ、頬に穴があき下唇が二つに割れて片方がぶらさがっているように思えた。首の右側が圧えつけられたようで動きにくい。大きな硝子が手にふれた。血が胸を伝う、思わず首の硝子を引きぬいた。血が吹き出してきた。「頸動脈か、しまった」と私はもう駄目と観念した。わたしは五百キロ爆弾だと叫んだ〉。

その翌日から、痛々しく全身に包帯を巻き、被災者用に配られた粗末な下着姿での〈回診〉をつづけた。数日が経過して自身の外傷は、徐々にだか癒えてくる。しかし、かろうじて夜露を凌げるだけの壊滅状態となった逓信病院に収容した重傷者たちが次つぎにひとり、またひとりと原因不明の症状に苦悶しながら事切れてゆく。ピカの翌々日、すでに八月八日付の新聞各紙が〈新型爆彈（もしくは特殊爆彈）〉と伝えた。さらには五日後の一一日付で〈原子爆弾〉と特定した報道に踏み切っていたが、いっさいのライフラインが途絶えた灰墟廣島の街なかに、そうした情報はまだ届いていない。新聞の宅配も再開されていなかった。

　蜂谷の日記に〝原子爆弾〟という呼称が最初に登場するのは、ピカの凄惨から六日がすぎた翌一二日付の記述からである。同郷・岡山の後輩で藤原一郎という海軍大尉が八月一二日日曜、隣縣の岩國（山口縣大島郡久賀町《くかちょう》＝現・周防大島町久賀＝の海軍兵學校岩國分校）から、休暇を利用してウヰスキーと煙草を携え、見舞いにやってくる。

　回診を終えて身を横たえる蜂谷とのやりとりが日記には誌されている。藤原は八月五日（日曜）夜、岡山の実家から原隊への帰路、郷里の名産・白桃をみやげに蜂谷宅に立ち寄り一泊した。翌早朝五時まえの下り列車で岩国へ帰っていった。ピカの瞬間は屋代島（通称・周防大島）北部の兵學校營庭から目撃した。周防大島というのは、爆心地から南西へ約五〇キロメートルほど離れた安芸灘の洋上に位置する。

〈やっと〔早朝の山陽本線下り始発〕汽車に間に合って岩国の学校に帰ったらドーンというので東の空をみたら、入道雲のような大きな《オオケー》爆煙がむくむくあがるんで、広島がやられたなと思ったという。〔中略〕よくも助かったなあ《ヨウタスカッタナアー》を繰り返し私や家内の顔や手足をみつめて、まさか原子爆弾ができとろうとは思わなんだな、と軍人らしい悲鳴をあげた。なに、原子爆弾、私は思わず大きな声で怒鳴って飛び起きた。原子爆弾というのは十グラムも水素があれば、サイパン島が二つに割れてなくなる分じゃろう、小山先生〔通信病院の同僚医師〕が、いつかそんなことをいっとったぜ、あれか、と問い返した。一郎さんはそういう話だといって、海軍病院〔岩国市藤生《ふじゅう》町にあった呉海軍第二病院〕の話をしてくれた。海軍病院では詰めかけた罹災者の治療と研究をしているようじゃが、なんか、厄介な病気だそうですぜ、という。一郎さんは医者でないから病気のことは余り詳しくない、それでも一郎さんの話で、罹災者の白血球が少なくなっていることだけは確実になった。白血球が少なくなる、私には、さっぱり見当がつかない。何か一郎さんの聞き違いではないかと、心密かに思った。早速、顕微鏡の準備だ。一応調べてみねば何のことやらわからぬから。ここ二、三日、ピカ〔直後〕から広島へ毎日でてきていた〔無傷の〕者が、ぽつりぽつり倒れて、中には死ぬ者もあるようになった。そして広島のガスを吸うと死ぬという噂が乱れ飛んでいるのであった。わたしも初めは毒ガスか、細菌かが、撒かれたのではないかと思ったこともあったが今ではそんな気がしない。〔中略〕私は半信半疑のまま、眠りについた〉。

●物理學者が語る原子爆彈

そのころ日本では京都帝大の荒勝研究室〈荒勝文策[80]教授〉が海軍からの委嘱名目でＦＩＳＳＩＯＮ〔分裂〕の頭文字に由来する暗号名〈Ｆ研究〉――当時としては原子核物理学の最先端をゆくと考えられた〈原子核分裂にいたる過程〉の研究を極秘裏にすすめていた。

日本の敗戦にともない、それら日本の原爆〔核〕開発にかかわる研究機関は米軍が徹底捜索をおこない、ことごとく機材を持ち去った。核開発継続に必要な諸施設は完全に破壊される。敗戦直後に分散隠匿した物資もまた、関係者への尋問によって根こそぎ没収されている。まだ組み立て途上にあった京都帝大のサイクロトロン――六〇トンのマグネトロン＝磁電管[81]のばあいも、荒勝の回想によれば〈武装した米軍が来て壊され、大阪湾に捨てられた〉。ＧＨＱによって招集され、一九四五年一一月三〇日に東京で開かれた〈日・米〉學術研究會議〈原子爆彈災害調査研究委員會〉第一回報告會に先立つ同年一一月二四日のことだった〈これと前後してＧＨＱは、理化学研究所の大サイクロトロン二基を破壊して東京湾の海底に捨てた。あるいは大阪帝大のサイクロトロンも同様に、米軍が破壊して大阪湾へと海中投棄されている〉。

また、五條坂の陶磁器専門の薬問屋から集めた硝酸ウラニルや、上海で海軍が入手した酸化ウラン一〇〇グラムなど〈原材料〉を、全部で三〇キログラム余り確保し、サイクロトロン用マグネットの下に穴を掘って埋めて置いたという。敗戦後は、別の場所に隠した。これもまたサイクロトロンを壊しにきた米軍が聞きつけて、これらすべてをジープに積んで持ち去った。

以上は読売新聞社〔編〕『天皇の昭和史』第四巻（読売新聞社、一九六八刊）所収「日本の原爆」の章「海軍は京大に一任」節に清水榮（敗戰時、京都帝大理学部物理学科講師）と千藤三千造（同・海軍大佐／艦政本部員）が『讀賣新聞』のインタビューにこたえた証言にもとづく。

荒勝にとっては、廣島に投下された爆彈が原爆であることを、日本の原子核物理学者として公文書上で最初に〈現認〉することになる、皮肉なめぐり合せであった。

海軍（大本營軍令部）の要請をうけ、京都帝大荒勝教室を中心とした調査團六名が廣島入りしたのは新型爆彈投下から四日後の八月一〇日あさ。即日、深夜の上り列車で土壌サンプルを京都に持ち帰って研究室で数値を検出。とんぼ返りして再度、廣島の現地入り。以降、大本營派遣調査團（團長は陸軍中將・有末精三）[82]と合流して同月一四日まで計二回の土壌調査と科学的測定・分析などを終えた結果として被爆九日後の一五日付で、

〈シンバクダンハ　ゲンシカクバクダント　ハンケツス〉

と海軍にたいして緊急電報[83]を発信することで、荒勝は原子核物理学者として日本で初めて新型爆彈は〈原子核爆彈〉であることを公式に〈判決〉したことになっている。

それに先だつ八月八日に廣島入りをしていた大本營派遣調査團と理化学研究所（通称・理研）の仁科芳雄博士[84]、初動の呉工廠・海軍調査隊などが持ち寄った調査データをもとに海軍が委嘱した京大調査團との検討會議を踏まえて、大本營派遣調査團の公式見解〈原子爆彈ナリト認ム〉…という報告書（内部文書）が作成される。ところが、同日の大本營發表は見送られ、日本敗戰の前日（八月一四日）まで國民の戰意喪失を恐れ〈部外秘〉扱いとして隠蔽された。

がしかし、日本の新聞各紙は八月一一日、敵性情報と見なされるワシントン時間八月六日昼（日本時間七日未明）放送の前出〈トルーマン声明〉をロイター〈外電〉扱いで取りあげた。八日付で報じた〈新型爆彈、もしくは特殊爆彈〉の正体を明かした〈原子爆彈の威力誇示〉との第一報を伝える（同日付『朝日新聞』ほか）。

さらに理研の仁科が八月一四日に発表した調査結果をうけ、玉音放送がポツタム宣言受諾の無條件降伏を國民に伝えた翌一六日付『中部日本新聞』は〈原子爆彈――科學調査〉と題し、

〈ウラニウム原子核の分裂／最少量で火薬二萬噸〔二万トン〕に匹敵〉

〈落下傘に観測装置／爆風死傷は尠〔少〕ない／被爆中心地滞在は危険〉

と見出しを立て、原子爆彈の威力と被爆時（及び、その後の）対策について一転、堰を切ったかのように同様の記事を掲載し始める。その日、日本の新聞各紙は朝刊の発行時刻を正午以降にズラして、いっせいに日本の無条件降伏（玉音放送の骨子）を伝えるトップ記事をおどらせた。

仁科が発表した談話をもとに、被爆した人体や生物にたいする放射能の影響について最初に言及した報道となった。

また廣島では、大阪と北九州の『朝日』『毎日』各大阪・西部本社にくわえ、島根縣松江市に本社を置く『島根新聞』[85]の代行印刷による、一日おくれとなる地元紙の『中國新聞』が同月一七日付で、

〈今回、敵が使用した特殊爆彈は調査の結果、かねて〔より〕各國で研究中であった原子爆彈であることが、このほど確実になつた〉

との見解を掲載するにいたっている。

理研の仁科研究室といえば戰時下における物理學研究室〝工場化〟のはしりであった。陸軍の委嘱をうけて一九四三年、仁科の頭文字〈二〉を冠した暗号名「二号研究」で原爆開発に着手する。しかし、成果があがらないうちに原爆の研究装置サイクロトロン（加速器）を空襲で一部焼失した。さらには前述したように、敗戰にともない〈核反應實驗〉に用いた理研の大サイクロトロンは米占領軍が破壊し、東京灣に廃棄されてしまうという末路をたどる。[86]

戰後の仁科は理研の第四代理事長に就任した（在任一九四六～四八年）。その三年後、占領政策の財閥解体によって〈昭和の新興財閥〉である理研は株式會社に移行して社長となる。核物理學の復興につとめた仁科は戰後六年目の一九五一（昭和二六）年、肝臓ガンのために六〇歳で死去している。原爆投下後、いち早く

八月八日に仁科が被爆地・廣島入りして調査にあたったことと、その死因は暗に物語る。つまり仁科自身もまた、きわめて危険な数値に達する被曝線量＝二次被爆に蝕まれた、いまにしてみれば、まごうことなき原爆症患者の一人であったと推認できる。

理研というのは、現在は文部科学省が所管している独立行政法人・理化学研究所の前身である（一九五八年から特殊法人、二〇〇三年に改組）。仁科博士といえばまた、京都帝大へ特別講義に赴いたときが初対面の湯川秀樹（一九〇七―一九八一）、のちに仁科の助手をつとめた朝永振一郎（一九〇六―一九七九）という二人のノーベル物理学賞受賞者を含む、多くの世界的な物理学者を育てた別名〈原子物理学の父〉[87]と呼ばれた。往時は、京大の荒勝と双璧をなす〈其界の権威〉と目された。日本の原子核物理学界における創始者＝フロンティアの役割をはたしたひとりである。

原爆が投下されてから二一年後の一九六六（昭和四一）年五月九日、広島の平和記念公園内に建立された平和の像「若葉」（圓鍔勝三・作）[88]という彫像を載せた碑の台座には、湯川秀樹の詠んだ直筆の短歌が刻まれた。

〈まがついひ（禍つ日）よ
　ふたたびここに　くるなかれ
　　平和をいのる　人のみぞ　ここは〉

まがつひかみ（禍津日神）とは、〈災害・凶事・汚《お》穢《わい》の神のことで、伊弉諾尊《いざなぎのみこと》の禊《みそぎ》のとき、黄泉《よみ》の国の汚《けが》れから化生した〉との『記・紀』伝承神話に由来する。ようするに核兵器を〈絶対悪〉と見なした日本最初のノーベル物理学賞受賞者は、八月六日のヒロシマに投下された原爆を〈まがつひ〉になぞらえたのだった。

その碑の除幕式に列席のため訪れた広島で湯川秀樹は記者会見に臨み、かつて廣島への原爆投下を聞いたときのことをふり返り、

〈科学者には科学者としての自分にたいする責任があることを思い知らされた〉

と語った（一九六六年五月一〇日付『中國新聞』）。

もっとも、湯川博士のプロフィルを深読みすれば、ヒロシマ・ナガサキへの原爆投下から四年後、米國の大學へ出向中（一九四八年、プリンストン高等学術研究

所の客員教授～翌一九四九年、コロンビア大学教授のとき）に、日本人初のノーベル物理學賞授賞という、ことの経緯は憶測を呼ぶ。米國の思惑を反映しての政治的力学がはたらいたことに疑う余地はない。だが、戰後二一年目の被爆地で表明した自省を、生涯にわたって反芻しつづけた科学啓蒙家で、世界連邦世界協会（会長在任は一九六一～六五年）の活動に傾倒した論客でもあったその原点が、凄惨をきわめた〝ヒロシマ虐殺の夏〟にさかのぼることもまた、うごかしがたい。

●写真がとらえたキノコ雲、そして犠牲者・被爆者の群れ

のちに編まれた被爆直後の写真集成『原爆の記録・ヒロシマ――米国返還資料から』（中國新聞社、一九七三刊）に見る〝死に絶えた街〟の情景に人かげは、まばらである。

對日占領下に米側が根こそぎ持ち去った原爆災害影響調査記録のなかでも、「人体傷害――INJURIES ON THE HUMAN BODY」をめぐるデータの独占は、あくまでも核戦略を正当化するための残虐性にかんする周到な隠蔽工作――あきらかに〈原爆隠し〉を意図している。

さかのぼれば對日占領解除後、日本のメディアで最初に核兵器のもたらす凄惨を世に問うたのが、雑誌では『アサヒグラフ』一九五二年八月六日号であった。この特集「原爆犠牲都市第一號――原爆被害の初公開」号は、発行部数七〇万部を即日完売したといわれる。つづく写文集『原爆第一號――ヒロシマの写眞記録／*NO MORE HIROSHIMA*』梅野彪[8,9]・田島賢裕［共編］（発売・洛陽書院、朝日出版社、一九五二年八月一四日発行）をあげることができる。

後者の写文集はB5判・本文一四四ページ。第一部「寫眞之部」の巻頭から「原子雲」「死の街」「原爆第一號投下されたり」と目次を立てた七〇点（カット）余りに廃墟と化した街の惨状を切り取っている。なかでも、ひときわ圧巻なのは、それにつづく「罹災直後の市民の表情」と、未公開「原爆症の患者たち」計五〇点のモノクロ写真を収録していることにあった。

ただし、とても直視するには忍びない。だがしかし、これこそが被爆（原爆症患者）の現実であることを、

そのころはまだ、放射線による内部被爆の恐怖であるよりも視覚へ直截に見せつけられ、おおかたの読者が目を背けるほどに、おぞましいケロイド痕の悲惨として、この写真記録は史上初のこころみとなる。

それまで被爆地ヒロシマ・ナガサキにおける現実——言語を絶する残虐性について示す記録を、敗戦いらいのアメリカ占領下で公表することは、きわめて困難であった。むしろ、米占領政策の壁（プレスコード）が立ちはだかる事実上の言論統制に縛られて、アメリカの核戦略を危うく揺るがす虞れありと占領当局が見なす、米側にとって〝都合のわるい真相〟の発表は、ゆるされざるものであったのだ。

講和条約の締結による占領解除＝日本への施政権返還が、原爆タブーからの開放を促進するやに、ひとまず見られた、このとし秋には、雑誌『改造』1952増刊号（一九五二年一一月一五日発行）が大々的な特集「この原爆禍——再び世界の良識に訴える」を編んでいる。

それまでにも廣島の地元出版社で瀬戸内文庫（廣島市研屋町）が編んだ一九五〇年五月五日発行の同編集部［編］『回顧五年——原爆ヒロシマの記録』（本文七七ページ）が、もっとも早い時期に出版された。

戦後四年八カ月間の各新聞記事を集成した「報道篇」と「爆彈篇」に二〇一篇。體驗篇（大田洋子「原子彈を浴びて」ほか）五篇。巻末に日本ペンクラブ廣島の會が同年四月一五日付で採択した「平和宣言」。表紙を含むグラビア写真三一点を収録しているが、そこに犠牲者の屍や人体傷害にかんする原爆症患者の写真は一枚も収載されていない。

木造家屋が全壊・全焼した爆心地では、いびつに傾き崩れ、くすんだ灰色に焼けたビルディングの廃墟だけが残る。瞬間の熱線に焼かれて変質・変色した寺の墓石の群れが、爆心から約五〇〇メートルに位置した國泰寺の墓地では凄まじい爆風にひとたまりもなく、蹴散らされたかのようなありさまを呈する。はたまた爆心直下にあった西向寺の墓石は、真上からの爆風のために位置がズレただけで倒れなかったものの、台座が地中にめり込んでいるさまに慄然とする。

街道沿いに樹齢をかさねた大木や、街路になびく枝垂柳も、ことごとく樹木は熱線と爆風に切り裂かれた。

いちめんの焼けあとに慄然、炭化して変わり果てた無惨をさらす――〈廣島に特殊爆彈〉との第一報を聞いた日本寫眞公社カメラマンで東京在住の佐々木雄一郎[90](当時二九歳)は一九四五年八月九日に急きょ、廣島へ帰郷する。

――カメラマンは見た。

〈焼け野原というようなものではない。完全に破壊され尽くした廃墟だった。……死臭が漂い、人々は力なくさまよっていた〉……。

想像だにしない悪夢によって、母や兄ほか一三人の肉親を一瞬にしてうしなったカメラマンは以降、東京の住まいを引き払い郷里廣島に居を移し、原爆後の〝人と街〟を撮りつづける。

その写真集『ヒロシマは生きていた――佐々木雄一郎の記録』毎日新聞広島支局編(さつき出版、一九七七刊[91])に収録された一枚の写真には、

〈一九四五年　S20　爆心から東北を望む。樹木はやきつくされ、灰になっていた〉

とキャプションを付した。背丈を切りそろえたかのように枝葉を奪われ、か細く炭化した樹木の幹が林立する光景は、さながら〝地獄絵〟をおもわせる。

にもまして、よりショッキングなのは原爆投下から約三時間後の当日午前一一時すぎごろ、爆心地の南南東二二七〇メートル地点の御幸橋西づめ(現・中区千田町三丁目)で松重美人[92]が撮影した二枚の写真。被爆当日の被災者をとらえた写真としては他に現存しない二カットなのである。一九四六年七月六日付の地方紙『夕刊ひろしま』(発行部数三万部)第二面に〈世紀の記録寫眞――人類平和のスタート〉というヨコ抜き大見出しを掲げ、〈米誌が全世界へ紹介――生きている〝死せるカメラマン〟〉と大々的に掲載された(広島県立文書館・所蔵)。

ただし、米『ライフ』誌が、この〈世紀の記録写真〉二枚を掲載したのは、對日占領解除後の一九五二年九月二九日号であることから、その時点での〈米誌が全世界へ紹介〉と、それにまつわるトピックは結果的に同紙の〈誤報〉となる。もっとも〝深読み〟をすれば、あらかじめ事後検閲に引っ掛かるであろうことを見越して企図した〈故意の誤報〉との見方もできる。

對日占領下の、〈しかも検閲がもっとも厳しかった一九四六年夏の時点で、いかに地元広島だとはいえ——いやいや、原爆に関して占領軍が極度に神経質だったときく広島なれば、なおのこと、被爆一周年を一カ月繰りあげた香華のような、この特別企画が検閲を無事にパスしたとは信じがたい〉との疑念をいだいた堀場清子は、米国の大学図書館に収蔵されているGHQ〈検閲の記録〉を丹念にあたることで該当するプレスコード〈違反〉を明記したドキュメントを探しあてる。雑誌『図書』494号（一九九〇年八月）所載の「プレスコード下の原爆報道——重松美人氏の記録写真をめぐって」が詳らかにその過程を明かしている。同じく前掲『禁じられた原爆体験』に所収の改題〈松重美人「世紀の写真記録」をめぐって〉がそれである。

ニューヨーク在住当時の一九八一年以来、ワシントンDC郊外のメリーランド大学マッケルディン図書館東亜図書館〈プランゲ文庫〉にかよい、同館が所蔵する膨大なGHQ〈検閲資料〉の精査をつづけた。初期の成果は、一九八二年八月六日号『朝日ジャーナル』に発表した論考「占領下日本の出版物を歪めた検閲のツメ跡」（前掲『禁じられた原爆体験』所収の改題〈発禁によって葬られた美川きよ「あの日のこと」〉[93]）に見られるが、この論考を著者は、こうむすんでいる。

〈〔プランゲ〕文庫の資料に、明瞭な痕跡を残している「発禁」をめぐって、私の抱いた期待とはうらはらに、日本側関係者の記憶はゼロという、哀れな結末となった〉。

追跡調査をつうじて、〈検閲〝した〟側の意図や活動と、〝された側〟の受けとめ方や対応との、双方を合体させたところに、「検閲の実態」が現れてくる〉はずだと想い描いていた著者の期待は、しかし見事に裏切られる。〈第一歩での蹉跌は不吉な予兆〉であった。調査をかさねるにつれ次つぎと突きあたる現実に、ため息をつく——〈水の流れるように万事を忘れ去る日本人の淡泊さを嘆じ、言論意識の低さに鬱屈を深める日々のはじまりとなった〉と。

のちのモニカ・ブラウ『検閲 1945―1949——禁じられた原爆報道』[94]立花誠逸・訳（時事通信、一九八八刊）や、先んじては秦郁彦・袖井林二郎［共著］『日本占領秘史』下巻（朝日新聞社、一九七七刊）。さらにさかのぼっては、對日占領期＝廣島での見聞き（検閲実態）と体験をふり返り、戦後一四年までのヒロシマを総括した忘れ得ぬ名著といえば今堀誠治の『原水爆時代』上・下巻（三一新書、一九五九〜一九六〇刊）をあげることができる。それらが、後世へと語り継がれざるがまま、うすれる記憶のかなたに置き去りにされて消えゆくことを、いま筆者は憂える。

　発掘された検閲のありさまも、カビ臭い文書の束をひもとく忍耐づよい営為なくして、日の目を見ることはなかった。先人があきらかにした『夕刊ひろしま』掲載の特集記事〈世紀の記録写真〉及び写真二点は、ご多分に漏れずGHQ下部組織CCD（民間検閲支隊）の事後検閲によってプレスコード違反を指摘された。がしかし結果的に、それは、同紙の発禁処分やネガを没収されることもなく、もとめられるままに焼き増しをしたプリントの提出によって、なんら咎められることなく、ことなきを得た……との当事者証言が遺る。

　そのことじたい、いまとなっては、語り部も次つぎ黄泉に旅立つ歳月が経過した日米共謀〈原爆隠し〉の一端を物語っている。

　原体験に話をもどせば、その日、自身も翠町の自宅内（爆心地の南東二七〇〇メートル）で被爆した中國新聞写真部のカメラマン松重美人（当時三二歳）が、自宅から約六〇〇メートル西北（爆心地寄り）の御幸橋《みゆきばし》を西づめに渡りきったのは午前九時三〇分ころのことだった。カメラマン自身によると――そのときまで〈サイレント映画を観ている感じの静寂で無気味な街々〉は一変した。にわかに阿鼻叫喚の巷と化す。降って湧いたようにあたりには、次つぎと火柱が立ち昇る。火事嵐の襲来である。刻一刻と火は勢いを増す。上流川町の中國新聞本社へのゆくてを完全に阻まれ、押しもどされて御幸橋まで逃げもどる。

　うねりくるう火の海がせまり来て、あてどなく逃げ惑う人びとで橋上の電車道（通り）は埋まる。

　被爆三五年後の一九八〇年、本文・手書き（〈見出し〉のみ写真植字）印刷によって広島で発行された、まぼろしの新聞〈昭和二〇年八月七日付『廣島特報』発行人・大佐古一郎、中村敏、松重美人〉第一面トップの大見出しは

〈廣島に新型爆弾／死者およそ十七万人〉

紙面中段に〈逃げまどう負傷者／御幸橋周辺は生き地獄〉と見出しを立て、〈負傷者であふれる御幸橋〉というキャプションを添えて、前掲〈世紀の写真記録〉一点を載せた。本文を松重は、こう書く。

〈はじめこの橋は廣島でいちばん長い橋だったことから、長橋＝ながはし＝と呼ばれていたが、明治天皇〔一八八五年に落成した宇品築港の祝典〕廣島行幸から御幸橋《みゆきばし》と改名された。御幸橋の両側の歩道には鷹野橋〔現・中区大手町五丁目の別名〕、千田町周辺からの避難者がいっぱいで、からだを起こす元気もなく、焼けただれた肌のまま、八月のアスファルトのうえに横たわっている〉。

松重美人の手記「あるカメラマンの記憶」（一九六三年一〇月号『世界』掲載）によれば、ことばをうしなう被災者たちの凄惨な姿に呆然と立ちすくむ。

〈シャッターが切れないままに二、三〇分もたつ〉。自身の腕時計を確かめると午前一一時をまわっていた。血のけが引いてゆくのを覚えながらも、ついには小刻みに震える指でシャッターを切る。

ファインダーが涙に濡れた――

〈二枚目のファインダーをのぞいたときは涙で眼前の被写体はかすんでいた〉。

宇品警察署管内千田町派出所まえ路上の仮設救護所で〈火傷と負傷にあえぐ〉人びとをとらえた二枚だが、三枚目となるはずの、見るも無惨に爛れて目鼻の区別もつかない火傷を負った人物のクローズアップ（肖像）カットは、どうしてもシャッターを押すことができなかった。

〈〔ひとりの巡査が〕何の油かわからないが、一斗〔一八L〕缶をぶちぬいて火傷した膚〔はだ〕に油をぬってやっていた。そこには数百人が群がり、その巡査は、いつ、果てるともしれぬこの作業をてきぱきと続けていた〉。なおも焼燼にけむる先の市中には、黒煙が立ち昇り、火の海がうねる。ほとんどの被災者が男女の識別もつかぬほど、髪も衣服も焼けちぢれ、はだか同然の姿態を気にするような正気は皆が、うしなっている。あるいはまた、〈熱い熱いと泣き叫ぶ子どもや、すでに死んでいるのではと思われる母親にすがって泣く幼な子もいる〉。

とても正視に堪えられない。そこを離れて〈くすぶり燃える街中を歩いている私が、死んで地獄の世界へ来ているのでは〉という、言い表しようのない〈異常な精神状態〉に陥る。

思考は停止した。冷徹に被写体を記録することの可能な状態ではない。そこに、〈私の見たものは人間の世界ではなかった〉としるす――広島原爆被災撮影者の会［編著］『広島壊滅のとき――被爆カメラマン写真集』（同会、一九八一刊）所収の証言である。

被爆直後の地上で切り取った決定的瞬間の写真二枚は、こうしてネガに焼き付けられた。うち一枚には、座り込んだり、あるいは横たわっているのか、息絶えているのかもわからない姿態を含め、そこに写る三〇数人のうち、大半が前屈みに頭《こうべ》を垂れている。正面を向いた一人と横顔が写る二人を除いて皆、うしろ姿の――あるいは、顔の部分を撮影後に切り取って消されている――ため、その顔貌が不明なるがゆえに、いっそう鬼気せまる。マミヤ・シックス（6×6判）の距離計連動ファインダーに映じたのは、どれほどに惨い顔貌であったのだろうか。

背後の千田町派出所は瓦屋根が崩れ、天井の梁がのぞき半壊している。爆風がたたき破ったガラス窓は歪んだ建具のワクだけが残る。その背景は不鮮明だが、あたりに瓦礫が山をなす。背後の上空に煙がたちのぼり、近景は煙で霞んでいる。白昼のはずなのに、あたりは暗い。

三枚目は損壊した自宅（兼、妻の営む理髪店）内部。そして爆風で歪んだ窓越しに見る瓦礫の山。ラストは街頭（爆心から南々東へ二四〇〇メートルに位置した皆實町六丁目の電車通り曲がり角）で罹災証明を書いている手負いの警官、全五カットを撮影した。その最晩年に作品集『なみだのファインダー――広島原爆被災カメラマン松重美人1945・8・6の記録』[95]をのこす。

被爆四日後の八月一〇日に廣島入りをした朝日新聞大阪本社カメラマンの宮武甫（三一歳）[96]が撮影した、白い歯だけを残して両目が潰れ、鼻は原形をとどめず、熱線に灼け爛《ただ》れた顔貌で、救護所のゴザに横たわる若い女性の上半身をとらえた一枚の写真に見るのと、おそらくは同様の凄惨であったことだろう。前掲『アサヒグラフ』一九五二年八月六日号の特集「原爆被害の初公開――原爆犠牲都市第一號」に初出の同写真には〈火傷でただれきつた患部には、これといつた手当〔て〕もしてもらえずゴザのうえにね〔寝〕かされ、虫の息で幾日も生きのびる重傷者もあつた。「水！　水！」とあえぎながら、傍〔かたわら〕におかれた水を飲む気力もなく、やがて息をひきとっていった〉とのキャプションが付された。〈日赤病院にて／四日目〉によって、その撮影日時は八月一〇日（ころ）であろうか。後年、広島平和記念資料館の見学順路にパネル展示された言語を絶する残酷写真（朝日新聞社提供）の一枚でもある。

御幸橋から京橋川を隔てた先の、爆心地から約半径二・五キロメートルないし四キロ圏内の地域にも閃光と爆風は被害をもたらした。と同時に、そこには爆心の壊滅地区から逃げ延びるも、ついに力尽きて倒れ込んだ人びとが幾多無数の屍をかさねた。

火焔に追われ逃げる人びとに強烈な火事嵐や竜巻が追い討ちをかける。

七本に枝分かれして六つのデルタを形成する太田川のほとりまで逃げ延びた人びとは、尋常でない喉の渇きを覚える。われを忘れる。記憶をうしなう。ひどい頭痛や吐き気をもよおす。

〈水をください〉〈後生じゃけぇ飲ましてつかぁさい〉

〈水をくれえ、水じゃ、水を〉……。

●堪えがたい渇きに黒い雨を喫する

旧制廣島一中四年のとき被爆した桂芳久（当時一六歳）は、のちに被爆当日の体験を織り込んだ短編連作集『光の祭場――蒿里行』[97]（皓星社、一九八〇刊）一篇の作中、爆心地から北西へ二四五〇メートル余の第二陸軍病院・三《み》瀧《たき》分院附近＝現・西区打越町＝まで逃げたとき、ピカで重傷を負った傷病兵のひとりが、

〈「水ヲ下サイ。閣下、コノ時計ヲアゲマスケェ、水ヲ下サイヤ」と腕時計を差し出して、うめいていました〉。

と、描写した。そのとき、〈地をとよも〔響動〕す悲痛の叫び〉を作者は聞いた。

視覚障害や難聴など五感に異常を自覚しながらも、そのときはまだ九死に一生を得たと錯覚するしかなかった被災〈被爆〉者たちは、ただ茫然自失、あてど

なく奈落の死地をさまよう。

その日、みずからも半死半生となりながら、当時二八歳の詩人・峠三吉（後掲第二章249〜255ページ）は被爆直後、全身に突き刺さったガラス破片による傷の手当てをうけた収容先で、まのあたりにした情景を一篇の詩「倉庫の記録——その日」に、こう描く。爆心地から二五〇〇メートル東南の出汐町に位置した陸軍被服支廠は、堅牢なRC鉄筋コンクリート煉瓦張り構造三階建てのため壊滅をまぬがれた数少ない建物の一つだった。[98]

猛烈な爆風によって鉄扉が折れ曲がるなど一部損壊はしたが出火はまぬがれる。鉄格子窓の鉄扉が半開きとなった薄暗い倉庫二階、コンクリートの床に軍用毛布を敷いただけの、仮設の救護所には、続々と〈みんなかろうじてズロースやモンペの切れはしを腰にまとった裸体〉の重傷者たちが運ばれてくる。

〈足の踏み場なくころがっているのはおおかた疎開
家屋の跡片付に出ていた女學校の下級生だが、顔
から全身へかけての火傷や、赤チン、凝血、油薬、
繃帯などのために汚穢な変貌をして、もの乞いの
老婆の群のよう。
壁ぎわや太い柱の陰に桶《オケ》や馬穴《バケツ》が汚物をいっぱい溜
め、そこらに糞便をながし、骨を刺す異臭のなか
「助けて　おとうちゃん　たすけて」
「みず　水だわ！　ああうれしいうれしいわ」
〔中略〕
声はたかくほそくとめどもなく、すでに頭を犯〔冒〕
されたものもあって半ばはもう動かぬ死体だが、
とりのける人手もない。ときおり娘をさがす親が
厳重な防空服装で入って来て、似た顔だちやもん
ぺ〔もっぺ、もんぺいともいう〕の縞目をおろおろと
のぞいて廻る。それを知ると少女たちの声は、ひ
としきり必死に水と助けを求める。
「おじさんミズ！　ミズをくん〔汲ん〕できて！」
髪のない、片目がひきつり全身むくみかけてきたむ
すめが柱のかげから半身を起し、へしゃげ〔ひしゃ
げ〕た水筒をさしあげふってみせ、いつまでもあき
らめずにくり返していたが、やけどに水はいけな
いときかされているおとなは決してそれにとりあ
わなかったので、多くの少女は叫びつかれうらめ

しげに声をおとし、その子もやがて柱のかげに崩《くず》折れる。〔後略〕〉

——峠三吉『新編・原爆詩集』解説・中野重治／あらたに鶴見俊輔「一九九五年の解説」を増補収録（青木書店、一九九五刊）所収。

そして、このひともまたピカにうたれて苦悶する渦中から逃げ延びた原民喜が、それを収斂してとらえた詩「水ヲ下サイ」に〈ニンゲンノウメキ〉を、こう詠んだ（詩篇「原爆小景」）。

水ヲ下サイ
アア水ヲ下サイ
ノマシテ下サイ
死ンダハウガ　マシデ
死ンダハウガ
アア
タスケテ　タスケテ
水ヲ
水ヲ
ドウカ
ドナタカ
オーオーオー
オーオーオー
天ガ裂ケ
街ガ無クナリ
川ガ
ナガレテヰル
……〔後略〕

——改訂増補版『新編・原民喜詩集』新日本現代詩文庫64（土曜美術社出版販売、二〇〇九刊）所収の詩篇「原爆小景」から[99]。

詩篇「原爆小景」は作者が鉄道自殺する六カ月余りまえの『近代文學』一九五〇年九月特別号に発表したもの。のち、一九五八年に作曲家・林光（当時二七歳）が混成合唱に託した組曲「原爆小景」を書きあげて以降、この歌曲は原爆忌の追悼場面でくり返し演奏されて歌い継がれ、その〈堪え難い渇き〉を象徴的に表わした詞〈水ヲ下サイ〉の合唱はひろく知られる。視覚障害や難聴など五感に異常を自覚しながらも、そのときはまだ九死に一生を得たと錯覚するしかなかった被災〈被爆〉者たちは、ただ茫然自失、あてどなく奈落の河原をさまよう。

なにしろ、爆心から半径三キロメートル圏内で遮蔽物のない屋外にあって、その熱線にさらされた人体は、ことごとく無惨な火傷を負った。七本の川が分流するデルタの宙空いちめんに灰燼が漂い、陽光は遮られ、うす暗い。やがて雷鳴がとどろき、異様な黒い雨が降りそそぐ。

人びとの頭上から高濃度放射能に汚染された黒い雫《しずく》が頬をつたう。

原爆の炸裂二〇分ないし三〇分後から日中、廣島の広範囲な上空に巨大な積乱雲が発達をつづける。

午後四時ころまで断続的な驟雨に見舞われる。それは爆心に近い市中よりも北西に一九キロメートル、幅一一キロ〈楕円状〉の範囲――安佐郡戸山村・伴《とも》村（現・安佐南区沼田町）方面と市西部の己斐《こい》町から佐伯郡内の山中（現・佐伯区のほぼ全域と廿日市《はつかいち》市の一部）にかけて土砂降りの〈大雨〉。さらには爆心地から北西方向に長径二九キロメートル、幅一五キロ余りに〈小雨〉をもたらしたとされてきた。

しかし降雨範囲については、これ以外の地域でも黒い雨が降ったとの〝証言〟が相次ぐ。

国が限定して指定した〈黒い雨が降った地域〉というのは、一九四五年八月から同年一二月にかけての広島地方気象台の技官による〈一一八名への聞き取り調査〉をもとにしている[100]。

〈黒い雨〉降雨範囲についての研究に取り組む広島大学原爆放射線医科学研究所＝通称〈原医研〉の星正治教授（放射線物理・生物学）によれば、約三〇年にわたる県下での土壌調査の結果、黒い雨による放射性物質の拡散と蓄積が〈同心円状でなく爆心地からの距離だけで範囲は限定できない〉。あのチェルノブイリ原発をはじめ、旧ソ連の〈核施設〉爆発事故にかんする現地調査もおこなってきた研究者の集積したデータにもとづけば、つまり〈雨は局地的に降る〉。

広島市の原子爆弾被爆実態調査研究会（座長・神谷研二＝〈原医研〉所長）が発表した二〇〇八年六

〜一一月、広島市内と周辺地域、及び県北の山県郡安芸太田町や北広島町——芸北山間部の町民を含む三万六六一四人（有効回答は二万七一四七人）から〈降雨時間や場所〉を記した一八四四人分のデータを分析してわかったことは、黒い雨の降った最北が山縣郡の旧・都谷村《つだに》（一九五六年合併後の豊平町、現・北広島町）。最西は佐伯郡砂谷村《さごたに》（湯来《ゆき》町）と廿日市町（廿日市市）。最東は、高田郡の三田《みた》村（安佐北区白木《しらき》町）だという。

降雨量についても、これまで〈小雨〉エリアとされてきた爆心地の西北約二〇キロメートルの水内《みのち》村（湯来町）では〈四時間以上降った〉との回答がよせられた。

国が認める小雨地域からはずれた地域を対象とした聞き取り調査によって、うち三〇パーセント以上のひとが体験したとこたえた。なかには小雨域から約一五キロほど離れた地域での強い降雨も確認された。

しかし一九七六年にさかのぼって、被爆者援護法にもとづき健康診断がうけられる健康診断特例地域に指定されているのは、大雨が降った〈北西の方向へ一九キロ、幅一一キロの範囲〉だけで、その他の〈圏外で黒い雨は降らなかった〉……となっているが、はてな、わたしの祖母もまた、生前の証言によると、〈圏外〉とされる市の北東二〇キロ余りの郊外（疎開先）で、おおつぶの降雨を、げんに体験したひとりなのである（後掲394〜395ページ）。

じっさいに黒い雨をあびて〈下痢や脱毛〉など健康被害をうけたとの回答も大雨エリア一六パーセント、同地域外でも一〇パーセントにのぼる。以上は、その見出しに〈黒い雨範囲三倍か／市と県一八四四人の体験分析〉とある二〇一〇年一月二六日付『中國新聞』東海右佐衛門直柄《なおつか》記者の署名稿からデータを摘録した。じっさいに降ったエリアは、〈国が示す降雨域〉よりもひろく、いまなお体験者は健康不安を抱えている——〈最終調査結果〉の報告を被爆実態調査研究会が前日発表したと同年三月三〇日付同紙は続報。黒い雨の実態や影響は、いまだ完全に解明されていないのが現状で、〈国に降雨域の拡大をもとめること〉が喫緊の課題だと指摘した。

宮地臣子というひと（被爆当時は三四歳の主婦）が三〇年後、その脳裏に焼き付いた記憶を描いたパステル絵「黒い雨を飲む人々」に、この作者は次の説明を書き込んでいる。

〈六日朝　黒イ雨ガ降リダシタ　道路ノ水タマリノ水ヲ　ノンデイル／皆　大キナ口ヲアケテ　黒イ水ヲ　ノンダ〉

爆心（地）から西へ一三〇〇メートル――天満町の自宅屋内で被爆した主婦が火焔に追われ、いのちからがら西郊の己斐町方面へ逃げる道々で見た情景は、まさに鬼気せまるものだった。

この広島平和記念資料館・本館が展示する絵に添えられた〈放射能を含んだ雨とは知らなかったので、人々は口を開けて降ってくる黒い雨を飲んだ。〉とのキャプションには絶句する。

高濃度の放射能に汚染された雨水が流入した池の鯉、川を下るウナギやナマズといった川魚が大量に死んで浮きあがる。家畜の牛や山羊《ヤギ》が、その雨に濡れた草を食んで下痢などの症状を引き起こしたばかりでなく、飛散した放射性物質〔放射能〕で汚染された雨水はおろか、上水道水や井戸水を飲用したり、もぎたてトマトなど夏野菜や果物を、そのまま口にして摂取したひともまた、きまって激しい下痢や腹痛、発熱などの中毒症状に始まり、放射線を浴びた被爆者と同様に血球の後傷害＝〈内部被曝〉を背負うことになった。

だがしかし当時は、まったく臨床例のない原子爆弾病（のち、原爆症と呼ばれようになる）は、すべての医師にとって、まるで先が読めず、手探りするしかない〈未知の領域〉にほかならなかった。

●記録文學『黒い雨』の周辺

一九四五年七月一日、軍醫予備員として廣島二部隊〔第二聯隊＝廣島編成聯隊の通称〕入營〈赤紙召集〉をうけた東京在住の外科醫・岩竹博（当時四四歳）は二〇歳年下の上官で軍醫中尉（同二四歳）による、殴る蹴る往復ビンタがくり返される虐待をうけた。酷な〈新兵教育〉の日々が始まって三八日めの八月六日朝、爆心地から北西へ一一〇〇メートル余りの第二陸軍病院軍醫教習所（現・中区基町高層アパート18号棟附近）營庭で被爆した。ほとんどが似た境遇で最高齢は四五歳。一兵卒として入營した同僚と教習所の上官ら一三〇人のうち、生存者は岩竹を含む三人だけであった。

重傷を負って縣北の郷里・庄原市に療養し、九死に一生を得て帰京した岩竹博は戦後、東京（墨田区向島）で外科・皮膚科を開業する。戦後二〇年の一九六五年、四〇〇字詰め原稿用紙にして約六〇枚の手記をまとめた。のち重松静馬『重松日記』（筑摩書房、二〇〇一刊）所収の岩竹博「広島被爆軍医予備員の記録」が、それである。

〈――聞きなれたB29一機の爆音が聞こえた。南に向って真上に来たなと思わず空を見上げたとたん、繋留気球様のものがふわりと兵舎の屋根越しに落ちたのを認めた。次の瞬間、稲妻の様な白い光、或は大量のマグネシウムを一時に燃やした時の様な閃光を感じ、体中に強烈な灼熱感を覚えたと同時に物凄い地響を聞いた迄は知っている。其の後どんなになったか、どの位時間が経過したかは判らない。或は爆風に薙〔な〕ぎ倒されて気絶したのが真実であろう。生気をとり戻したのは、私の首と肩を軍靴で踏台にして誰かゞ動きだした為である。真暗な所で窮屈な材木の下敷になっていた。

身動〔き〕の出来ない僅かな空間にあって、漸次精神状態が正気づくにつれて、薄明るい光線を見出して、其の方向に渾身の勇をふるって、いざりだし〔ズレ動き出〕た。それは瓦のない屋根板の下だった。かなり時間を要した様な気がする。〔中略〕

這い出した距離を考えても可成り吹き飛ばされていた様である。病舎や教育隊の二階建ては既に聳えていない。落花狼藉、ペチャンコと云う言葉が最適の表現である。人影もなく静寂、あたりは夕闇の迫った時の様に暗く、炊事場や病舎からは既に黒煙が上がっていた。

　私の軍服も右半分は燻って焼け、右の懐中にあった財布も左手のロンジン〔腕時計〕も眼鏡も失われていた。漸くにして服の火をもみ消した。右手背の皮膚は灰白色にペロリと剝け、赤肌には黒い土が一面についていた。顔全体も灼熱感が強く、左手背手指も剝げてはいないが焼き鏝〔コテ〕をあてた様に白くなっている。腰から下は歩いても痛くはなかった。材木で打ったのか背中が馬鹿に痛い。……〔中略〕

〔救護所が開設されたと聞いて市北東の郊外、安藝郡戸坂《へさか》村（現・東区戸坂山崎町）の國民學校まで約三里＝一二キロの道のりを、ほぼ終日かけて、たどり着いた〉七日の夜は、患者の唸りは更にひどくなった。教室の窓から夢中で飛び出して水田の中を歩く脳症患者がいた。水をくれと叫ぶ者もあり、「お母さん」と一声、母を呼んで死んでしまった人も、〔軍人〕勅諭を高らかにどなり、または軍歌ともつかぬとりとめのない奇声を出す若者もいた。一夜の中に約三分の一近くが静かになった〉……〔後略〕。

この手記は、ピカの一瞬にはじまる廣島の惨状を生なましく綴った〈まぼろしの被爆日記〉として、のちにその存在が知られる一被爆者の未公開『重松日記』とともに、井伏鱒二の小説「黒い雨」（一九六六年の第一九回野間文藝賞を受賞）の創作モデルとなった。(101)

全二〇章で構成される『黒い雨』後段の章には、「広島被爆軍医予備員・岩竹博の手記」と、出典明記した引用が頻繁にあらわれる。

そして、いずれもが、その驚天動地の出来事に遭遇した未曽有の体験をしるしつけた自身の日記や手記を同郷の作家にたいし、なんらの見返りをもとめることなく提供したのだった。

ことの経緯について岩竹自身は晩年、雑誌『婦人公論』に寄せた回想「『黒い雨』からの40年」のなかで語っている（一九八五年九月号）。また、重松医師にたいして井伏から〈共著にしたい〉と持ち掛けるのだが、重松は、〈わたしは資料提供者として、じゅうぶんに報われていますから〉と丁重に辞退する。

いずれにせよ、前者と後者とに共通するのは八月六日あさ、ピカをあびた烙印が押されていらい、憂え悶える日々を生き残った被爆（患）者の原体験にほかならない。

井伏自身は被爆体験がない。小説「黒い雨」は、その下敷きにした『重松日記』――「火焔の日」「被爆の記」「続・被爆の記」と重松本人の献身的な協力によって成立した作品といえる。また、岩竹の手記（併せて、井伏が岩竹本人から録取した被爆時の詳らかな証言）が果たした役割も、おおきい。

単行本化された『黒い雨』（新潮社、一九六六刊）は全国的に、さまざまな反響を呼んだ。

詩人で文芸評論家の月村敏行（当時三一歳）は、この作品が、〈記録か、または虚構かの、いずれにも徹し切れていない〉という文学の方法をめぐって問題提起した（一九六六年一二月一二日号『日本讀書新聞』掲載の論考「原爆文学の破綻」）。

〈原爆とは、なんだったか〉ではなく〈文学としての方法〉を問うた。井伏自身もまた自嘲ぎみに同作品が受賞した第一九回野間文芸賞の贈呈式で、こう語っている。

〈〔この作品は〕世間の噂とか、新聞に出たこととか、それから人から借りた手記、日記、〔原爆症〕患者から聞きました録音、書物にあったこまごまとしたものを集めましてアレンジしたものですから、純粋の意味で小説とはいえないでしょう。……井伏鱒二編著とすればよいもので、賞をいただくのは気がひけます〉……（後略）

と（前掲『重松日記』の相馬正一「解説」から）。

だがしかし、裏返せば、被爆者のプライバシーに配慮して虚構〈フィクション〉をまじえる手法でヒロシマ原爆の実態と被爆者差別の実相を描いた、すぐれて記録性が高いルポルタージュの名作だとの評価も成り立つ。

井伏鱒二文学研究会（広島県福山市加茂町八軒屋二九ノ一）が発行する会誌『鐔魚』第八号「『黒い雨』資料特集」（二〇〇三刊）によれば、原爆文学の名作「黒い雨」は〈記録的手法をとった長編小説〉にほかならないとしている（同号の萩原得司「『黒い雨』その側面（続）――井伏鱒二の作品について」）。井伏の晩年以来、一九九三年の没後も取り沙汰をされた〈盗作・剽窃〉疑惑が、まったくの言い掛かりであるとの論証をくりひろげた同号には、岐阜女子大学名誉教授で文芸評論家の相馬正一（一九二九―二〇一三）による「被爆体験記録の虚実――草稿ノートと『重松日記』」、筑波大学教授で同じく黒古一夫「『黒い雨』をめぐる言説・再検討――豊田清史批判、その他を軸に」ほか――一九五八年一一月に歌誌『火幻』を広島で創刊して火幻短歌会を主宰する歌人の豊田清史（自身も被爆者のひとり）による言い分を真っ向から全面批判した原爆文学（反核文学）研究者らによる文字どおり完膚なきまでに、こきおろしの〝反論〟がならぶ。

そもそもは、当時まだ未公開だった『重松日記』[102]をはじめ自身は被爆体験のない作家の用いた被爆資料

〈手記〉が小説『黒い雨』には一部を除き出典明記されていない旨、豊田が生前作家にたいして具申したことに端を発する。さらには、『重松日記』の公表を企図した当初の豊田清史『黒い雨と重松日記』の出版企画にさいし、重松の遺族（娘婿）が「日記」の版権を主張して結果的に、その日記・原本からの引用を困難にした。その間の経緯に作家側が、どのように介在をしたかはさておき、全面的に原本からの引用箇所を削除して書き換えざるを得なかったことだけは明らかだった。こうして、孤立無援な〝文壇タブー〟への異議申し立てとしての豊田清史『黒い雨と重松日記』（風媒社、一九九三刊）は刊行された。

いまからさかのぼること二四年になる一九八九年には故・今村昌平監督（一九二六―二〇〇六）が同名タイトル（全編モノクローム）で映画化した。脚本は石堂淑朗。[103] 原作「黒い雨」主人公の閑間重松＝しずま・しげまつ＝役を北村和夫。[104] 閑間重松は通勤途中、爆心の北西約一八〇〇メートルの省線横川駅で被爆。爆心から南一〇〇〇メートルの千田町の自宅で被爆した重松の妻シゲ子役は市原悦子。[105] 黒い雨に打たれたことによる〈二次被曝〉の原爆症に苦悩する夫妻の姪・矢須子を田中好子[106]が演じた。

閑間重松が実在の重松静馬である。静馬は原爆症で入退院をくり返し、腎盂腫瘍ガンのため一九八〇年に七七歳で死去した。その姪という設定の閑間矢須子は、じっさいには静馬の妻・重松シゲ子の姪で、実在の高丸安子がモデル。三人のなかではもっとも早い一九六〇年、安子自身は原爆症による心臓疾患のため、幼い我が子二人を遺し、三五歳で他界している。

軽度の原爆症に冒されながら、いちばん後年まで生き延びた重松シゲ子もまた、一九九二年に癌性腹膜炎のため、七八歳の生涯を閉じた。

その宣伝キャッチコピーを〈死ぬために、生きているのではありません〉〈からだの中で、戦争は続いています〉とうたう映画「黒い雨」は、一九八九年の第42回カンヌ国際映画祭高等技術委員会グランプリと日本アカデミー賞最優秀作品賞などを受賞した。映画・原作のなかに展開する物語はフィクションだが、けっして、現実ばなれをした〈作り話〉ではない。原爆の放射能に冒されたことへの不安を描く。

発症したばあい、多くが死に直結する。

そして、きょう一人、あすまた一人と山里に隣人の葬列がゆく。

これもまた、かつて現実にくり返された情景である。被爆者の烙印を押されることへの憂いは的中して、次つぎと破談になる「矢須子の結婚」（小説『黒い雨』初出の原題）。

これとて、どれほどの数にのぼる未婚の男女が被爆者である（後傷害を背負う）ことを理由に、結婚への道を閉ざされたか。被爆者であることが知れて、縁談を拒絶されたか。

底知れぬ〝後傷害〟への恐れに、たたられた差別は根深い。

●憂い悶える被爆者の苦悩

〈血沈（赤血球沈降速度）を測ってみたかいのう……〉。ただひたすら気怠い。疲れやすい。常態に不安がつのる。

放射能の脅威にまったく無知な周囲の世間は、うしろ指を指す。無自覚な無知とは、おそろしい。

隣人の〈慢性原子爆弾症〉患者を、ナマケモノ扱いして〈ブラブラ病〉と呼んだ。周囲の、こころない白眼視に、いたたまれない。ヒバクシャは悲しみ、憂い悶える。内なるは、検査によって、ただちに判明する赤血球（同時に白血球）の数値にたいしてビクつき、苦悩した――。

そうしたヒバクシャに特有の疾患を〈慢性原子爆弾症〉と名付けた都筑正男の臨床研究論文「慢性原子爆弾症について」（一九五四年二月発行『日本醫事新報』第一五五六号掲載）は、科学者の見地から客観的、かつヒバクシャの内なる苦悩に、まなざしをそそいだ。

被爆直後から現地（廣島）入りし、對日占領下での制約が立ちはだかるなかで被爆者醫療の第一線で臨床研究をつづけた医師（のち、東京大学名誉教授・日赤病院長）都筑正男は、戦後いち早く一九四五年一〇月發行の『日本醫事新報』（№一一六九）に「原子爆弾による廣島市の損害について」を発表した。また同月の『綜合醫學』（第二巻第一四号）で「所謂〈原子爆弾症〉に就いて――特に醫学の立場からの対策」をうったえた。

それに先んじて一九四五年九月一一日～一三日付『中

國新聞』連載「原子爆彈の解剖――都筑博士を囲む座談會」に登場している。

がしかし、国内メディア＝日本の新聞での、都筑をはじめ日本人医師・学者らによる原爆にかんする発言は、これを最後に米占領下ではGHQのプレスコードによって原則、いっさいが封じられた。

一九五二年九月一一日付『朝日新聞』夕刊掲載「原子爆彈とはどんなものか」で、ようやく原爆関係の論考発表を再開へとこぎ着ける。對日占領解除にともなう復活である。

その前年、占領下の末期には、プレスコードによる〝縛り〟が幾分か緩和されて『原子爆彈災害調査報告書〈総括編〉』を上梓（日本學術振興会、一九五一年八月刊）しているが、これは醫学・理工学の領域に限定して調査研究成績概要を摘録した部分的な公表にとどまる。さらにその二年後、日本學術會議原子爆彈災害調査報告書刊行委員會［編］『原子爆彈災害調査報告集〈全〉』（日本學術振興会、一九五三刊）に、ひとまずは結実する。

しかし、戰後六年余の米占領下に発表を禁じられた報告集は（学術的には）ときすでに遅く完全に時期を逸した公刊となった。それでも、この都筑博士による臨床研究と調査が不断の努力で継続しつづけられたことは、こんにち現在、戦後まもなくの過日にさかのぼる、日の目を見ない被爆（被曝）者の知られざる実態を詳らかに検証するために欠くことのできない基本データ＝手がかりとなっている。

以上は、第Ⅰ部「占領下の原子爆弾災害調査」～Ⅳ「広島・長崎の調査」、Ⅴ「都筑正男論文」と巻末に「都筑資料目録」「都筑正男研究業績目録」を集成した広島市［編集・発行］の『広島新史――資料編Ⅰ〈都筑資料編〉』（一九八一刊）に、いずれも所収。同書監修と巻頭「資料解説」は今堀誠二（当時、広島市史編修委員会委員長）が担当した。東洋史学者で一九四九年一〇月二日に〈原子爆彈製造禁止〉大会宣言をおこない〈平和擁護廣島大会〉議長をつとめた今堀といえば、戦後一四年間のヒロシマを反核思想の観点から記録した名著『原水爆時代』上・下巻（前掲）の著者でもある。

今堀「解説」は都筑論文・資料の集成を、たんなる学術資料文献の範疇を超えた、憂い悶えるヒバクシャたち――その〝にんげんの記録〟が、静かなる悲しみと、ときに〝湧きあがる憤り〟をたたえて脈打っていることを指摘した。

——からだに自覚症状はなくとも、放射能にさらされた覚えのある人びとは苦しみ悩んだ。

血球の数値に絶句したときは、もう遅い。蒼ざめて呻吟し、原爆死にいたる。

いまだかつて被爆者（及び、原爆症患者）の不安が拭い去られることはない。そうした〝原爆症の恐怖〟と、まのあたりに接した人びとのあいだでは、いつからともなく〈血球破壊〉というダメージを負うた〈血を汚された〉ものたちへの〈同情〉が一転して、いわれなき〈白眼視〉が顕在化してゆく。

いったい、これは、なぜだろう。

物語のなかの閑間矢須子は、尻にできた小さな吹出物の傷口が膿んで、こどものコブシ大にまで腫れあがった。こっそりと自身で膏薬を貼りかえつづけた手当ての甲斐もなく、血球破壊に蝕まれた矢須子は町醫者のもとへと担ぎ込まれる。とり憑かれし原爆病〔症〕の恐怖——。

●黙殺された原爆搭載機の航跡

八月六日未明——第五〇九混成群・爆撃隊で特務飛行〈原爆点火装置設定〉を担当する指揮官ウイリアムS（ディーキ）・パーソンズ海軍大佐（四五歳）の「航空日誌」によると、

原子核爆弾を搭載した米軍B29戦略爆撃機〈エノラ・ゲイ〉号は現地時間の午前二時四五分＝日本時間の午前一時四五分、太平洋上の北マリアナ諸島テニアン島（ハゴイ飛行場）を離陸する。機長のポール・ティベッツ大佐（三〇歳）以下、搭乗員一二人。エノラ・ゲイ号は爆発観測・撮影記録にあたる随伴の二機と編隊を組む。北北西に進路を取って、片道二七四〇キロメートル。小笠原諸島の硫黄島上空から日本本土へと向かう。事前に算出したフライトプランどおり、きっかり六時間三〇分を要して廣島市上空に飛来したことになっている（前掲の米軍資料「報告書」）。

米軍B29特殊任務機がテニアン島を飛び立って北上する航跡を、すでに日本側では陸軍中央特種情報部（特情部）研究班が東京・田無〔現・西東京市〕の秘密基地で察知する。午前三時ころ、通常コールサイン〈V－675〉による短い電波（暗号）がワシントンDCへ向けて発信されたのを傍受した――〈われら、目標に進行中〉。以降、先行したB29気象観測（偵察・先導）機ストレート・フラッシュが豊後水道から廣島上空に到達した午前七時一五分までの飛行中、電波を発信した形跡はない。しかし日夜、絶えず特情部と綿密に連携して情報収集にあたっていた大本營第二部（情報部）第六課米国班は、このころ〈V600番代〉のコールサインがマリアナ基地から発進する〈特殊任務機〉のものであることを、ほぼ特定するにいたっている。

この第六課長で〈對米情報スペシャリスト〉の大本營參謀中佐の堀榮三（当時三二歳）が、その晩年、戦後四〇数年にわたる沈黙を破って明かした著書『大本営参謀の情報戦記――情報なき国家の悲劇』(107)（文藝春秋、一九八九刊）は語る。

じっさいにコールサインV675を傍受した特情部員の太田新生《あらお》・陸軍中尉（二四歳）は、それがイコール〈原爆搭載機〉であることを推認できたにもかかわらず、みずからが傍受した極秘情報――さらには八月六日に特定された原爆搭載機のコールサインを、ふたたび三日後の長崎への原爆投下にさいしては、その五時間前に自身が傍受している――それが警戒情報として生かされずに闇から闇へ葬られたこと――その〈痛恨のきわみ〉を戦後六六年目に、はじめてTVドキュメンタリー番組のインタビューにこたえて語った。

ときの參謀總長・梅津美治郎（六三歳）をはじめ大本營上層部の戦争指導者たちは結果的に、ただ手をこまねいて、なんら措置を講ずるでなく、結果的に極秘情報を黙殺することで〈廣島・長崎を見殺し〉にしたと同然の、おぞましい秘史が明かされた。(108)

その番組――二〇一一年八月六日のNHKスペシャル「原爆投下――活かされなかった極秘情報」放送後、さらにNHK広島放送局の担当ディレクターふたりによる共著で出版化されている。〈初めて明かされる敵機「傍受」の衝撃〉と銘打った松木秀文・夜久恭裕《やくやすひろ》『原爆投下――黙殺された極秘情報』（NHK出版、二〇一二刊）が、それである。

エノラ・ゲイ号の右翼を飛んで観測用のラジオゾンデ（自動通報指揮・爆発測定無線装置）を吊した落下傘

四個（一つはパラシュートが開かず）を投下した随伴機長のチャールズ・W・スウィーニー少佐（二五歳）は目撃する――〈私はエノラ・ゲイの爆弾倉ハッチが開き、重量四トンのウラン爆弾が〔眼下のヒロシマへ〕投下されるのを、この目で見た〉。

そしてその三日後、こんどは、みずから作戦を指揮し、自身の操縦するB29〈ボックス・カー〉がナガサキへ原爆を落とす。プルトニウム爆弾〈通称・ファットマン〉を長崎へ投下した当事者証言である（前掲『私はヒロシマ、ナガサキに原爆を投下した』）。

この長崎作戦を敢行した後、ただちに米陸軍航空軍少佐のスウィーニーには航空勲章が贈られ、さらにネイサン・P・トワイニング空軍中将から戦後、その武勇を称える最高の栄誉シルバースター〔銀星〕章が授与された。以降、営々と三三年にわたる軍歴をかさねたスウィーニー空軍少将は一九七八年、みずからが五八歳のときに退役している。

日本時間の一九四五（昭和二〇）年八月六日午前八時すぎ〔前出の米軍「報告書」によると八時一五分一七秒〕、高度約八五〇〇メートル上空から、ウラニウム二三五型（広島型）原子爆弾〈リトル・ボーイ〉を投下したヒロシマの虐殺は、帝国陸海軍の誇る〈軍都廣島〉を瞬時にして、言語に絶する死屍累々の廃墟と化した。

おなじ年の四月一二日に急死したルーズベルト前大統領から極秘の原爆製造〈マンハッタン計画〉を引き継いだトルーマン大統領の下命（承認）が、凄惨な〈屍の街〉地獄絵図を現出させた。

この現実の悪夢から生き残った者たちは誰からともなく、これをピカ（・ドン）と呼んだ。

そのとし暮れ一二月末までの〈八月六日廣島の原爆犠牲者〉は広島市の推計によれば、死者一四万人（プラスマイナス一万人）にのぼる。がしかし、こんにちなお正確な犠牲者数は判然としない。人類史上初の核が引き起した虐殺の全貌は、底知れぬ凄惨の闇に閉ざされている。

●朝鮮・韓国人の被爆者による証言

被爆時の廣島市内には約三七万人前後の人間がいたといわれる。あるいは、さらに多く四〇万人前後との見方もある。米穀通帳に登録されていた廣島市内食糧配給人口は総計二四万五四二二三人。そのほか軍人約四万三〇〇〇人（廣島在住の軍人・軍属、その家族が合せて推計で約九万人）。廣島縣下での居住を、日本の警察当局（内務省警保局）が把握していた現〈朝鮮・韓国〉籍の人びとは八万一八六三人にのぼる公式記録がある（『新編廣島警察史』一九五四刊）。そして、一九四四年の廣島市内在住者が推計約六万人。その半分にあたる最大約三万人（あるいは二万数千人以上）が原爆の犠牲になったとみられる。縣下に強制連行をされてきた女子挺身隊など朝鮮人の徴用者数は、まぎれもない日本側の治安当局による五八三五人という公式カウントがのこる（朝鮮總督府警務局［編］『昭和十九年――治安状況』から）。

戰後の初代〈公選〉廣島市長に選ばれた濱井信三（当時四四歳）は、原爆投下四周年〈平和祭〉式典取材で来廣した米國ABCラジオ放送のインタビューにこたえて、廣島での原爆による死者数は〈二〇万人以上〉との見解を次のように語った（一九四九年八月二三日放送）。

――〈日本政府は、原子爆弾の死者については、一般市民の死者だけしか発表せず、それも最小限の数字しか明らかにしなかった。日本政府は米国が原子爆弾の効果〔人的な被害――引用者・註〕を知ることを恐れたのである。私は当時、広島〔市役所〕の配給担当者〔配給課長〕だったが、この爆弾で〔約〕三万の兵士が死亡したほか、二万八千から三万人の労働者が死亡し、しかも敗戦後の政府発表には、これが含まれなかった。結局、広島市では軍人をはじめ当時、明らかにされなかった死者やその後に死亡したものを含めて、全死亡者の数は二十一万から二十四万にのぼると見積もっている〉……。

――中國新聞社［編］『ヒロシマの記録――年表・資料篇』（未來社、一九六六刊）から

日本政府当局が発表した数字というのは、一九四五年一二月中旬に取りまとめられた〈廣島縣警察部調査〉を指す。これは翌一九四六年の二月五日付・新聞各紙が〈GHQ発表〉と報じた人的被害（死者・行方不明の合計〈九万二一三三人〉）。この〈人的被害〉には、軍人及び軍関係者は含まれていない。さらにまた濱井

市長の報告には〈二万八〇〇〇から三万人の労働者が死亡〉とあるが、この労働者とは、いったい何者を指しているのかは、いみじくも内務省警保局や朝鮮總督府警務局などの〈部外秘〉公文書（前掲）が、あきらかに朝鮮人であることを、おのずから示唆している。朝鮮半島からの強制連行による〈徴用工〉、もしくは〈産業戰士〉の一翼をになう皇民化（皇國臣民の一員たる義務）を強いられた在日朝鮮人たちであった。

筆者が在日朝鮮人・韓国人被爆者（原爆被害者）を最初にインタビューしたのは一九七二年四月のことであった。同年七月特大号『潮』誌上の特別企画「隠れて生きる被爆者と人種差別――大量虐殺から生き残った朝鮮人と日本人一〇〇人の証言」（前掲）中、そこで記事化したプロフィルは〈商店経営〉者で、〈広島市宇品町〉在住としている。

だが、より正確にいえば、〈一家で鉄工所（及び、広島市宇品海岸通の自宅に併設の食堂）を経営〉の白昌基＝ペク・チャンギ（当時五八歳）というひとである。一九六七年七月設立の朝鮮人被爆者協議会副会長を宇品海岸通（現在の南区宇品海岸）の自宅に訪ねて都合二回、計四時間余り話を聞いた。

インタビューを申し込むきっかけは、RCC中國放送ラジオ制作部の松永英美ディレクター[109]（前掲）からうけたレクチャーによる。先行のドキュメンタリストは、筆者に次の雑誌記事があることを示唆した。

一九六七年に恒文社が創刊した週刊『潮流ジャーナル』同年八月二日号に掲載のルポ「ヒロシマの姥捨山――朝鮮人被爆者部落」がそれである。この四〇〇字詰め原稿用紙に換算して約二〇枚余りの朴壽南＝パク・スナン＝がまとめた署名記事に読んだ証言――〈九人の家族と二〇余人の知己を一瞬に喪った白昌基（広島市宇品海岸埋立地在住）……〉が情報源となる。

それは、一九六七年六月に市内の福島町福祉センターで録取した証言を起こした聞き書きであった。同年六月に活動を始めた〈朝鮮人韓国人被爆者の声を聞く会〉の記録と録音を担当したのが、ほかならぬRCCデレクターの松永英美（当時三四歳）で、司会と朝鮮語通訳を兼ねた聞き手を後年の記録映画監督・朴壽南[110]（同じく三一歳）がつとめた。

ほかに聞き手は、中國新聞論説委員の金井利博[111]（同五三歳）、同紙記者の平岡啓[112]（四〇歳）、詩人の栗原貞子[113]（五四歳）、理論物理学者で広島大学助教授の庄野直美[114]（四二歳）、広大〈原医研〉から医師の渡辺正治（のちの在韓被爆者渡日治療広島委員会常任幹事）ら八人。一九六六年に在日朝鮮人の朴壽南（神奈川県茅ヶ崎市在住）が提唱して始めた〈コリアン被爆実態調査〉で、提唱者にとって白昌基は、この聴き取り調査にさいして最初に証言を得た朝鮮人被爆者一二人のひとりでもある。

――一九一四（大正三）年、朝鮮・慶尚南道＝キョムサムナムド＝の農家の次男にうまれた白昌基は一九三一年に公立普通學校を卒業した一六歳のとき、遠縁の親戚を頼って単身来日。廣島の夜間中學に通う。職業を転々としながら苦学のすえ卒業して土木技師となる。

被爆当日は爆心地から南西へ四三〇〇メートル離れた江波町の三菱重工廣島造船所内にあった水野組（のち一九六二年に現・五洋建設と改名）工事現場での下請け仕事のため、いつもより一時間余り早く自宅を出た。そして水野組の飯場に到着した直後、ピカに遭遇している――ちょうど、〈飯場で測量をするためのレベル〔水準器〕を組んでいたそのとき、一瞬のうちに杉皮の屋根が吹っ飛〉んだが、〈さいわい自身は、たいしたケガもなく、自転車で爆心の西北一二〇〇メートルの空鞘町〔現・空鞘＝そらざや＝神社が鎮座する中区本川町三丁目附近〕の自宅へ取って返したものの、あたり、いちめん、火の海となって、家族の消息を知るすべはない。

妻をさがしまわって三日目、ようやく廣島貨物驛のプラットホームに蚊帳を吊って、ひとり寝かされているのを発見した。それから数日間は妻と二人、江波のイチジク畑で、夜露にあたりながらの野宿がつづく。ヒドい火傷を負った妻は山口の実家へ送りとどけ、病院に入れた。ようやくのことで探しあてた実兄は重体に陥っていた。被爆から六日目に死んだ。二週間ほど経ったころ、山口から〈妻危篤〉の知らせがとどいた。だが、そうこうするうち、父親をうしなった甥（兄のこども）たちの世話に追われて、ついに妻の死に目には会えなかった。

日本敗戰の翌年一二月末、家族を原爆でうしなった者どうしで再婚したのが辛福守《シンボスク》で終生の妻となる〈前夫と二人のこどもを亡くしている〉。被爆当時二八歳だった辛福守は、爆心（地）から南西へ二〇〇〇メートル余りの南觀音町に學び舎がならぶ廣島市商〔市立商業・造船工業學校〕まえの住まいでピカに遭遇。自宅建物の下敷きになって火に巻かれた幼い二児が爆死した。より爆心地に近い河原町（五〇〇メートル圏内）へと建物疎開の使役に駆り出されて被爆した前夫のばあい、外傷は〈それほどでもないとはいえ、吐いて吐きつづけてヘドにまみれ、なおも嘔吐が止まらない〉――〈服も、のうて〔なくて〕、パンツだけ〉〈まっ黒い裸に、それが傷だらけで、眉毛もない〉。〈はあ、もう幽霊みたい〉で声を聞くまで、本人だとはわからなかった。

八月下旬、前夫は〈髪の毛が抜け始め、高熱が出て、口が黒紫色に腫れあが〉る。まなざし虚ろに臥したまま、しのびよる死期を察してか〈わしは、死なんで、死なんで！〉と突如、おらび〔叫び〕、もがき、苦しみぬいたすえに亡くなる。

再婚した夫妻は後年、一八〇人の肖像・証言を広島・長崎・韓国へと追った伊藤孝司『写真記録・原爆棄民――韓国・朝鮮人被爆者の証言』解説・鎌田定夫（ほるぷ出版、一九八七刊）にも登場している。同書で〈わが子が燃えるのを、ただ見ているだけの地獄でした〉……と証言した夫人の辛福守は一九一七年、日帝統治下の慶尚南道・東萊《トンネ》郡で富裕層の家庭にうまれた。水原《スオン》公立高等女學校で日本人教師による徹底した〈皇民化教育〉をうける。やがて二一歳のとき祖国で結婚。一九三八年九月二六日に七歳年上の前夫と来日してからは、夫婦ともに朝鮮人であることを隠して日本名を名乗る（一九四〇年、皇民化政策の一環として〈創氏改名〉を強いられる以前から、歴然とした差別をおそれて一部富裕層には日本名を通用名にした例は、すくなからずみられた）。

日本人ばかりの住宅街に羽振りよく屋敷を構え、家業は同胞の人夫〔労働者〕一〇〇人余りを抱えて飯場を仕切る、三菱造船所ドック建設などの下請け〔土木建設業の親方〕だった。

――以上は、朴壽南が一九六七年に始めた在日同胞への聞書きを、はじめて単行本にまとめた『ヒロシマ・朝鮮・半日本人――わたしの旅の記録』（三省堂ブックス、一九七三刊）の増補改題『もうひとつのヒロシマ――朝鮮人韓国人被爆者の証言』（舎廊房出版部、一九八三刊）からの適録である。

そのあさ、安佐郡川内村《かわうち》（現・安佐南区川内）在住の日雇い人夫〔労務者〕だった当時三三歳の呉鳳壽＝オ・ボンス＝は、市内で連日つづく建物疎開の家屋解体現場へ、柱や板切れなどの廃棄物を引取りにゆく臨時の日雇い仕事で、早朝四時に起きて畑の水撒きをすませたあと、広瀬北町（爆心の西北約一・二キロメートル）に出かけて原爆の直撃をうけた。市北郊の太田川と古川（旧・太田川）に囲まれた沖積地で、廣島市から縣北の島根縣境＝赤名峠へと延びる街道（現・国道五四号線）沿いにひろがる川内村といえば、ふるくから名産・廣島菜畑のひろがる農地を背景とした広大な露天が、廣島市中からの排出ゴミ集積場となっていた。

廃品回収問屋の〈立て場〉が軒をつらねるクズ屋〔廃品回収業者〕の集落で、その貧しさを象徴する、そのたたずまいから、蔑んだ意味あいをあからさまに、そう呼ばれた〈朝鮮部落〉の一つであった。

知人で同胞の解体業者から現場で生じた廃材を拾って自転車で立て場へと運搬する日銭稼ぎを引き受けたがゆえに、とんでもないめに遭ったとの〝後悔、先に立たず〟とのおもいはぬぐえない。被爆の後遺症に苦しみながらも、このひとのばあいは戦後三年、ようやくにして活路を見いだす。川内村（のちの旧安佐郡佐東町）で養豚業を営む。

そもそも出身は慶尚南道陜川郡伽椰《カヤ》山麓の村（伽椰面）。だが、折からの日増しに戦時経済統制がつよまってゆく渦中、実父が所有する郷里の地所――父親が爪に火を点すようにカネを貯めて手に入れた二反歩（六〇〇坪）余りの農地は、〈十地調査〉名目での朝鮮總督府による査察をうけ、否も応もなく未登記を理由に取りあげられてしまう。農民の多くが文盲であったことから、当時の農村では地権者の九割方〔ほとんど〕が土地を登記するすべを知らないことに付け込んで、じつに〈悪辣きわまりない収奪〉が、まかりとおっていたのである。

じっさいに、母国での生活が困窮をきわめて日本へ流転した在日朝鮮人一世の、およそ七~八割が文盲であった（姜在彦『日本による朝鮮支配の40年』[115]大阪書籍、一九八二刊）ということからも、日本へ渡るしか生活困窮からの脱出はないと、日本統治下の圧政に追いつめられた。

皇民化が推しはかられた植民地支配の圧政下から日本の敗戦にともない、たとえ、解放された故国へ帰ったとしても、そこに、いっさい〝寄る辺ない〟人びとは、ピカで壊滅した〝屍の街〟に好むと好まざるにかかわらず、選択の余地などなく、とどまらざるを得なかったのである（前掲『原爆棄民』所収の呉鳳寿による証言「土地も、言葉も取り上げた総督府」から）。

病身で声のかすれた白昌基は、わたしがインタビューしたときには、ただ質問にひとこと、ふたこと、絞りだすように応じた。寡黙なひとだとの印象をうけたが、かつて聞取りをかさねた朴壽南にたいしては、聞き手が同胞のよしみもあってか克明に、こう語っている（前掲『もうひとつのヒロシマ』から）。

〈そのとき、はぁ、ものすごい光、頭から降ってきての、わしゃあ、二、三間〔約三・六~五・四メートル〕とばされたんじゃ。もう、何か、目の中、燃えて、なにも見えん。なぁんの音も聞こえん……耳がつんぼ〔聾〕になったか、なんも音がせんしの……まっ黒なんじゃ……。なんぼ、時がたったか知れん。ものすごい臭いがの、硫黄が焼ける臭気〔チュキ〕がするんよ。

そうしたら、だんだん、音がきこえてから、影がぼんやり見えてきたんじゃ、

それで、目が見えてきてから、はぁ、わしゃあ、たまげたんじゃ。おう、目あいてみたら、天地〔チョンジ〕が……つぶれておる。ひっくり返っておる！　みんな潰れて、はぁ、原〔つぱ〕になっとるんじゃ。なんもない……。〔中略〕

市電〔は〕、ころげて燃えとるしの。馬が立ったまま、焼け死んでおる……。わしゃあ、死にもの狂いで逃げたんじゃ。〔中略〕

わしのからだの中、火の玉、燃えるんじゃ、熱つうての……からだに火の粉、降ってくるじゃろう、おう、火の海よ、四方が……。〉——

逃げるさなか、焼け縮れてまとわりつく着衣だとおもったのが、じつは自身の皮膚だった。

焼けただれた皮膚をかきむしり、引きちぎった。履いていたはずの地下足袋はおろかパンツもない。しかし局部もまるだしの素っ裸であることの自覚さえなかった。

いまを去ること四五年余の一九七〇年、在日本大韓民国民団〔民団〕広島県本部は〈韓国人原爆犠牲者慰霊碑〉を建立した。本川橋の西づめ角地〈現・中区堺町一丁目一〇番地〉に、亀の甲羅をかたどった台座に石柱がそびえる。双龍のレリーフを施した韓国の銘石を冠する重量は約一〇トンといわれる。頭頂の冠のなかには在日同胞の過去帳が納められた。碑銘は〈李鍝公殿下二万余靈位〉と刻まれる。この碑は〈2002FIFA日韓W杯〉共催に先駆けて二〇〇〇年の夏、平和記念公園内〈旧・中島本町にあった慈仙寺の礎石がのこる跡地附近〉に移設されて現在にいたる。

×

こんにち二〇一五年八月六日の時点までに被災の翌一九四六〈昭和二一〉年一月以降の死者を含む遺族らからの申告があって確認の取れた〈廣島での原爆犠牲者〉は国籍を問わず氏名の判明した二九万二三二五柱が全一一〇冊の『原爆死没者名簿』に記載されている。二〇一四年からの一年間で亡くなったか、あらたに死亡が確認された被爆者は五五〇七人にのぼる〈二〇一五年八月六日付『中國新聞』朝刊一面〉。二〇一一年の同月同日時点では二七万五二三〇柱・全一〇〇冊だったものが、この四年間で一万七〇九五柱・一〇冊分が追加記載された計算になる。

この犠牲者名を記した〈過去帳〉一一〇冊は、広島平和都市記念碑〉内の原爆死没者慰霊碑――公式名〈広島平和都市記念碑〉中央の石室に納められて眠る。

ヒロシマ・ナガサキという二つの都市にたいして仕掛けられた〈原子爆弾テロ〉は人類みずからの手による人類社会破綻への終末時計の秒針を、思慮分別なく起動させてしまった。取り返しのきかない絶望の淵に憂〈うれ〉え悶〈もだ〉えた同時代の生き証人たちは、すでに多くが、この世を去った。次章からは、ときの隠然たる圧力に沈黙を強いられた戦後七〇年余りをふり返り、見つめなおすことで、とてつもなくおぞましい過去――〈大アジア幻影〉の彼方に日本人が置き去りにしてきた〝魂の叫び〟に光をあてる。

（1）　アメリカ西部ユタ州の米軍航空基地名。原爆搭載機の試験飛行が行われるなど実戦配備まえのエノラゲイ號格納庫があった。

（2）　中条一雄は旧制廣島一中（現在の県立国泰寺高校）から旧制廣島高等學校（現・広島大学）に進学して二年目の一九四五年夏、勤労動員中に爆心から一八〇〇メートル地点の道路上でピカドンに遭遇した。ところが、輸送隊トラックのブレーキが故障して修理のため、ひとり車体の下にもぐっていた、まさにそのとき閃光に見舞われて、九死に一生を得た。東京大学卒業後の一九五三年、朝日新聞に入社して運動部（サッカー・オリンピック）記者ひとすじ。編集委員、論説委員を経て一九八六年に定年退職。著書『デットマール・クラマー――日本サッカー改革論』（ベースボールマガジン社、二〇〇八刊）で同年度「ミズノ・スポーツライター賞」を受賞した。戦後三七年の沈黙を破って自身の被爆体験をはじめて語った原爆関係の著書に『私のヒロシマ原爆』朝日イブニングニュース連載（朝日新聞社、一九八三刊）。同じく『原爆乙女』（同、一九八五刊）。『原爆と差別』（同、一九八六刊）などがある。

（3）　同書の巻末「模擬原爆パンプキン被弾地一覧表」によれば、少数編隊B29一機につき大型軽筒＝けいどう＝爆弾（通称・パンプキン爆弾）一発に限定した日本各地〈目標〉への模擬原爆投下は、初日の一九四五年七月二〇日に延べ九回をかぞえる。

①　被弾地の詳細不明――日立大津（現・茨城県北茨城市？）不詳。

②　茨城県南部海岸線より京浜東北方面に侵入して来たB29　7301号機ストレート・フラッシュ（のち長崎への原爆投下機）が帝都上空を通過中の午前八時二三分ころ、東京驛八重洲口東側の宮城（皇居）外堀――呉服橋と八重洲橋のなかほどあたり〔中央区八重洲の現・外堀通り〕に五〇〇〇キログラム級（日本側の推定では）通常爆弾〔じつはパンプキン爆弾〕一発を投下した。機長が独断で天皇爆殺を狙ったとの説がある。この着弾による爆死三、重軽傷六二人。家屋小破とガラス破損の被害〈相當數アリ〉と東京都發表「帝都防空情報・第二〇一號」二〇日九時五〇分現在――『東京大空襲・戦災誌』第三巻「軍・政府（日米）公式記録集」（財団法人・東京空襲を記録する会、一九七三刊）に所収。また、一色次郎『日本空襲記』（文和書房、一九七二刊）収録の日誌は当日付〈〔七月二〇日〕

午前八時半。突然、ものすごい音がして、みんな外へ飛び出す〔著者の住まいは世田谷区代田町二丁目――現・京王井の頭線東松原が最寄り駅〕。ひるの〔ラジオ〕ニュースで、なんだかわかった。東京駅の八重洲口へ、たった一発落としたのが、どうしたかげんか、全都内に聞こえたのだそうだ〉。翌七月二一日付〈〔前略〕あたかも奇襲と思える攻撃を加えた。一発の爆弾でも相当広範囲に爆風被害を及ぼしており、とんでもない場所の窓ガラスが破砕されている〉と記録している。

③ 福島縣平＝たいら＝市（現・いわき市平）下高久新堤防ため池。犠牲者なし。――だがしかし、六日後の同月二六日にはB29が再来し、平の工業地区を標的にした模擬原爆は、平市揚土の第一國民學校〔現・平揚土の平第一小学校〕を直撃。校庭を中心とする一帯で校長ほか同校職員ら三人が爆死、五三人が重軽傷を負う。

④ 福島市渡利《わたり》沼ノ町（字）四反田の軽工業〔工場〕が被弾して動員学徒の少年（一四歳）が犠牲になったほか死傷三人。

⑤ 福島市北郊の品川製作所（航空機用精密機器工場）を標的にしたが失敗して復路の海上に投棄（不詳）。

⑥ 新潟県古志＝こし＝郡上組村左近〔現・長岡市左近町〕の信濃川畔にひろがる畑の中〔田園地帯〕にあった津上安宅製作所を一発の五〇〇〇キロ弾〔日本側推定、じつは長岡空襲で最大の四・五トン爆弾＝模擬原爆〕が直撃して爆死四、重軽傷五人――笠輪勝太郎ほか編集委員会〔編〕『長岡の空襲』（長岡市役所、一九八七刊）から。ほか峰村剛〔編著〕『長岡空襲――60人の証言』画・木村保夫／序文・早乙女勝元（考古堂書店、二〇〇四刊）、関田正弘『長岡空襲』新潟日報社〔編〕（新潟日報事業社、二〇〇九刊）などに委しい。

⑦⑧ 富山市中田の不二越製鋼・東岩瀬工場〔現・中田公民館の西側一帯〕。さらには富山市森〔現・岩瀬スポーツ公園テニス場北側にあたる〕に操業していた日満アルミニウム東岩瀬工場の上空に飛来したB29二機が各一発〔の模擬原爆〕を投下して死者四七、重軽傷は四〇人余り。住宅二戸と飯場二棟が全焼し、住宅五〇戸と飯場四棟が損壊した――瓜生俊教《うりゅうとしのり》〔編〕『富山県警察史』下巻（富山県警察本部、一九六五刊）所収。北日本新聞社〔編〕『富山大空襲』（同社、一九七二刊）再録。

⑨ 富山市下新西町・富岩運河左岸にあたる現・富山製紙の場所に位置した日本曹達の富山製鋼所が標的となる。（不詳）

同日は以上への被弾が認められる。同日付「日記」に漫談家の徳川夢声は、こう書きしるす。いわく〈敵機は勝手に本土上空を飛ぶ。〔中略〕一機二機ずつの行動は今朝来、帝都〔東京〕へ投弾、富山へ投弾、長岡へ投弾、〔中略〕雄鹿〔牡鹿?〕半島など偵察、応接に暇あらずの盛況である〉と――『無声戦争日記・第五巻／昭和二十年』（中央公論社、一九六〇刊）から。その四日後の七月二四日には、次の一〇目標に各一発の模擬原爆が投下された。

⑩ 愛媛縣新居浜市の住友銅精練〔現・住友化学新居浜製造所・氷晶石工場〕死傷八人。

⑪ 同じく新居浜の住友アルミニウム〔現・住友化学〔軽金属〕製造所第三精錬工場〕での負傷二八人。

⑫ 愛媛県西條市朔日《ついたち》市の倉敷絹織西條工場〔現・クラレ西条工場〕では負傷七人。

⑬ 兵庫縣神戸市須磨區の鐵道省・鷹取工機部〔のちの国鉄鷹取工場＝現・須磨区若木町三丁目＝山陽電鉄東須磨駅の北側一帯〕で死者一人。

⑭ 神戸市中央區東川崎町の川崎車輛會社〔現・川崎車輛機関車組立て工場〕。

⑮ 神戸市兵庫區和田崎町の三菱重工業〔現・三菱重工神戸造船所〕で爆死七人。

⑯ 神戸市中央區脇浜の神戸製鋼所〔?〕

⑰ 三重県四日市市千歳町の第二海軍燃料廠住宅、爆死二、負傷四人。

⑱ 滋賀縣大津市石山の東洋レーヨン滋賀工場〔現・東レ滋賀事業場〕は、その一部が舞鶴海軍工廠の〈魚雷〉部品製造下請け軍需工場に転換・稼働していた。模擬原爆を抱いてテニアン基地を出撃したB29型ストレート・フラッシュ〔前掲・廣島への原爆投下時には氣象観測機〕が飛来して投下。死者一五（または一四）人、重軽傷一〇四（同じく二五〇）人。

⑲ 岐阜縣農業會・安八《あんぱち》支部・前水門川左岸〔大垣市高砂町〕で死者二〇、重軽傷一〇〇人。

さらには同年七月二六日、新潟縣刈羽郡西中通村〔現・柏崎市長崎〕国鉄越後線沿いに着弾して死者二、重軽傷六人。同縣東蒲原郡鹿瀬《かのせ》村〔鹿瀬町丈山〕の阿賀野川右岸〔現・昭和電工鹿瀬工場の東側〕への着弾で負傷二人。また、日立市白銀町の日立銅精練〔現・日立山手工場〕正門前附近への着弾による死者一人⑳㉑㉒）以下、同日だけで全国六都市が被弾した。なかでも現・静岡県島田市普門院附近への模擬原爆による死者四九人、重軽傷者一五〇人〔現在の扇町公園には「平和之礎」記念碑が建立されている〕。また同じ日、名古屋市昭和区山手通りの八事《やごと》日赤病院〔名古屋第二赤十字病院〕附近への一発の着弾で爆死五人のほか失明する重傷者も出た。静岡縣浜松市〔現・東区〕將監町の被弾では唯一、犠牲者はない。がしかし同日の午前八時ごろ、富山市豊田本町附近への着弾で爆死一六、重軽傷は四〇人以上〔のち、同地には一九八八年七月二六日、犠牲者名を刻した平和祈願之碑が建立された〕。そして同日、大阪市東住吉区田辺本町の料亭・金剛荘〔現・田辺二丁目〕を直撃した一発の模擬原爆（一〇〇〇ポンド〔4.5t〕軽筒爆弾）は大阪下町の一角を、こともなげに殲滅して死者一〇、重軽傷者は八五人にのぼる（㉓㉔㉕㉖㉗㉘）。

同じく七月二九日、山口県宇部市への大空襲に紛れて模擬原爆の的にかけられた宇部窒素〔宇部市万來町＝現・新町九丁目の市営新町駐車場〕と宇部曹達會社〔現・セントラル硝子宇部ソーダ工場〕、日本發動機油工場〔同市東海岸通＝現・東本町一丁目〕の三目標が被弾して死者は合計一七人。同日午前、福島縣郡山市驛前町（郡山驛）及び、郡山操車場附近での死者三四、重軽傷二二四人。郡山軽工業・日東紡郡山第三工場〔現郡山市高石町、パラマウント硝子工業の北側附近〕に着弾し死者一五人。やはり同日、東京都北多摩郡保谷町の上保谷坂下〔現・西東京市柳沢一丁目〕中島飛行機武蔵製作所への着弾による死者は三人。重軽傷者八人を出す（㉙㉚㉛㉜㉝㉞㉟）。

同日は、京都府の舞鶴海軍基地もターゲットになる。舞鶴海軍工廠の造機部第二水雷工場に着弾して死者九七人（重軽傷者は一〇〇人超）にのぼる犠牲者を出す（㊱）。

しかして八月六日（ウラン二三五廣島型）原爆投下以降も八月八日、愛媛県宇和島市坂下津——松山海軍航空隊宇和島分遣隊〔予科練〕第四兵舎の西端に着弾、分遣隊教官と予科練習生の少年たちの爆死一八人。同日、福井縣敦賀市の化学工場（東洋紡績敦賀工場）を標的に投下された同弾による死者三三人。さらにまた同日、三重縣四日市市の重工場（千歳橋附近）と内部製油所（同市塩浜町の鈴鹿川堤防沿い）に着弾して死者二、重軽傷五六人。最後は、天皇裕仁がポツダム宣言の受諾表明をする前日の八月一四日、愛知縣西加茂郡拳母＝ころも＝町（現・豊田市）のトヨタ自動車工業拳母工場四カ所、春日井市の名古屋造兵廠鳥居松製造所三カ所を標的にした計七発の模擬原爆（一〇〇〇ポンド大型軽筒爆弾）が直撃して爆死八人の犠牲者が出た（㊲㊳㊴㊵㊶㊷㊸㊹）。

それらを集計すると東海地方（愛知・岐阜・三重・静岡の各縣）に投下された一〇発での犠牲者は四〇〇人余りをかぞえる。

一都二府一五縣——全國一九市町、四四の標的にたいし計四九発を投下して四一〇人余りを殺戮。重軽傷者は一二〇〇人をうわまわる。そうした模擬原爆パンプキン使用の実戦訓練と原子爆弾二発の投下——「パンプキンと広島・長崎」をめぐる米軍資料の全訳出をもとに、あらためて日米双方の資料を猟獲・比較検討をすることで、その全容に迫るこころみ（未完）が、この附録「被弾地一覧表」である。この集計にとどまらず、さらなる精査が不可欠であることはいうまでもない。こんごの課題を示唆している。
核物質は積載していないが、一〇〇〇ポンド〔約四・五トン〕と超大型の通常HE軽筒爆弾は、その形状が長崎へ投下された原子爆弾〈ファットマン〉に相似で、オレンジに塗装された色彩から、米軍ではパンプキン爆弾という愛称＝秘匿名で呼ばれた。形状や重量などが相似の、爆弾投下時における弾道や特性にかんするデータを得る目的とともに、この極秘作戦にさいし、選抜編成された第509混成群団パイロット・クルーたちのまたとない実戦訓練として模擬原爆による空襲は展開された。同年七月一六日、人類史上初の核実験〈トリニティ・テスト〉が成功した四日後の七月二〇日、早くも東京をはじめとする日本の都市を標的にした戦略爆撃――この一連の模擬原爆による実戦訓練が開始されていたのである。

――以上は、第一復員省〔旧陸軍省〕資料課［編］『日本都市戦災地図』国立国会図書館蔵（原書房、一九八三復刻）、水谷鋼一・織田三乗［著］『日本列島空襲戦災誌』（東京新聞出版局、一九七五刊）、『日本の空襲』全一〇巻（三省堂、一九八〇刊）、松浦総三『天皇裕仁と地方都市空襲』（大月書店、一九九五刊）。郡山戦災を記録する会［編］『郡山戦災史』（同会、一九九五刊）。土居和江・小屋正文・小林大治郎［共著］『原爆投下訓練と島田空襲――聞かせてください1945年7月26日のことを』（静岡新聞社、一九九五刊）、宇部市の空襲を記録する会［編］『宇部大空襲』（一九九五刊）、宇和島空襲を記録する会［編］『宇和島の空襲』第10集「太平洋戦争終結50周年記念号」（一九九五刊）、神戸空襲を記録する会［編］『神戸大空襲――戦後60年から明日へ』のじぎく文庫（神戸新聞総合出版センター、二〇〇六刊）。水谷孝信『湖国に模擬原爆が落ちた日――滋賀の空襲を追って』（サンライズ出版、二〇〇九刊）ほか、中山伊佐男『ルメイ・最後の空襲――米軍資料に見る富山大空襲』八月一日～二日の空襲（桂書房、一九九七刊）。工藤洋三・奥住喜重［共編］『写真が語る日本空襲』（現代史料出版、二〇〇八刊）、工藤洋三『米軍の写真偵察と日本空襲――写真偵察機が記録した日本本土と空襲被害』（私家版、二〇一一刊）などを併せて参考にした。

(4)　戦後二四年を経過した北勲が五八歳のときの論文「原爆は広島市の気象をどう変えたか（一九六九年九月記）」は広島市役所［編］『広島原爆戦災史』第三巻（一九七一刊）の第二章「広島市内主要官公庁・事業所の被爆状況」第七項「広島管区気象台（現・広島地方気象台）」所収。同じく北勲「終戦年の広島地方気象台」――『測候時報』第38巻第1号（一九七一年一月）抜刷は、『広島原爆戦災史』第五巻「資料編」（一九七一刊）所収。北らが作成してGHQに提出した邦文

『廣島原子爆彈被害調査報告（氣象関係）』その英訳“*Meteorological Conditions Relating to the Atomic Bomb Explosion at Hiroshima-City.*（*Synopsis*）*Mititaka Uda Nov.1947*” The Hiroshima Disteict Central Meteorological Observatory―B５判・三三ページ（廣島管區氣象臺、昭和22年11月付）がある。

（５）新潮文庫版の柳田邦男『空白の天気図』〔解説〕根本順吉・小堺吉光（一九八二刊）第一章「閃光」には、こうある。〈八月六日の朝が来た。〔中略〕宿直明けの北技手は一階の無線室で無線電信受信機の拡声器に耳を傾け、中央気象台の気象無線「トヨハタ」を受信していた。／この時刻には、午前六時現在の全国各地の実況（晴雨、気圧、風など）と高気圧低気圧の位置、不連続線の位置などが放送されていた。〔中略〕……メモした数字は「赤本」と呼ばれる暗号表を使って気象データを翻訳し、翻訳したデータは、白地図にプロットして、天気図を作成する〉業務に没頭していた北技手は一瞬〈目も眩むような閃光を全身に感じた〉……。廣島氣象臺員らは爆心から南西三六三〇メートルの地点でピカをあびた。なお、この文庫版の底本は新潮社から一九七五年に刊行された。

（６）藤倉修一［編著］『マイクとともに』（大日本雄辯會講談社、一九五二刊）所収。

（７）山田精三は戦後、中國新聞に入社。プロ野球〈広島カープ〉担当の運動部記者、編集委員などを経て一九九二年に退職した。

（８）「反核・写真運動」編『原爆を撮った男たち』（草の根出版会、一九八七刊）に運動事務局の林重男が録取した山田の談話（刊行当時）が収録されている。

（９）日本語版『原子爆弾の誕生』上・下巻［邦訳］神沼二真《つぐちか》・渋谷泰一（紀伊國屋書店、一九九五刊）。リチャード・ローズ〔Richard Rhodes〕は一九三七年、米國のカンザス・シティにうまれた。英語版の原書1986.“*THE MAKING OF THE ATOMIC BOMB*”で一九八八年のピュリッツァー賞を受賞した。

（10）爆撃手フィアビーはヨーロッパ戦線での六三回の戦闘飛行を経験後、米本土にもどって原爆投下を担う密命を帯びた第五〇九部隊に編入。ノルデン爆撃照準器の高度な操作技術の習得など約九カ月間の訓練に参加した（前掲『原子爆弾の誕生』下巻――註９）。

（11）幾多の生存者による被爆体験として、そうした感覚的な証言がある一方、じっさいに被爆者の身につけていた時計の針が原爆投下時刻を指したまま止まった、との言い伝えもある。そのことは後掲（註13）平和記念資料館の公式ガイドブック図録『ヒロシマを世界に』表紙に見る八時一五分で止まった懐中時計のカラー写真（撮影・井手三千男）。やはり同館の展示品で〈爆心から三五〇m、元安川の砂礫の中から発見され〉たという錆ついた女物の腕時計の針は、これもまた腐蝕した文字盤〈八時一六分〉附近を指して止まっている（撮影・佐々木雄一郎）。あるいは土田ヒロミ「ヒロシマ」三部作で同館が所蔵する被爆地の遺品「ヒロシマ・コレクション」を撮影したなかの一枚にも、同じような懐中時計〈寄贈・二川一夫〉が見られる＝写真集『ヒロシマ *Hiroshima*』（佼成出版社、一九八五刊）所収。爆心から約一六〇〇メートルの観音橋で被爆して一六日後の八月二二日に死亡した、同じ寄贈者の〈父二川謙吾さんの遺品〉は平和記念資料館［監修］『遺品は語る』文・深沢一夫／写真・森下一徹（汐文社、一九八二刊）にも所収されている。あるいはまた、もうひとつの被爆地・長崎を撮った東松照明の写真集『〈11時02分〉NAGASAKI』（写真同人社、一九六七刊）表紙には、長崎への投下時刻を指して止まったとされる時計の写真が用いられた。いずれもその瞬間に〈時間が停止した記憶〉を象徴的にあらわしている。

（12）島病院は廣島産業奨励館（原爆ドーム）の東南一六〇メートルに位置した。のち再建された〈現島外科内科〉前の路上には爆心地であることを示す銅版プレート記念碑がある。

（13）広島平和記念資料館の公式ガイドブック図録『ヒロシマを世界に―― *The Spirit of Hiroshima*』第二章の「原爆投下への道」（同資料館、一九九九刊＝初版／二〇一〇年八月、第九刷）やNHK広島〈核・平和プロジェクト〉編『原爆投下・一〇秒の衝撃』（NHK出版、一九九九刊）の解説にもあるのだが爆発高度にかんして、それまで日本では〈五八〇メートル説〉が公式に採用されてきた。ところが、広島・長崎の被爆者があびた被爆線量についての推定方式〈DC86〉を再検討。日米線量会議は二〇〇二年九月、爆心〈地〉の位置と爆発高度＝基本データについての修正・見直しを報告書に提起した。二〇〇二年九月一三日付『中國新聞』朝刊によれば、広島に投下された原爆にかんして〈「DS02」策定合意／日米線量会議／爆発高度六〇〇メートル〉と伝え、爆心地についても〈16メートル西、米軍地図にズレ――放影研（放射線影響研究所）調査〉と報じた。ただし、〈被曝線量は爆心地と被爆地との相対距離で推定するため、被爆者が浴びた線量に違いが生じない〉ことから、線量推定については従来どおり米陸軍地図を使う――など前掲のNHK広島『原爆投下・一〇秒の衝撃』以降をフォロー取材した補訂新版となるNHK出版［編］『ヒロシマはどう記録されたか――NHKと中国新聞の原爆記録』（NHK出版、二〇〇三刊）第二章「広島壊滅のとき」は、あれから六〇年近くを経てなおも〈原爆被害の基本的なデータの見直しをしなければならないほど、原爆の実態はまだ不明な点が多いことの証左〉だと指摘した。

（14）一九九六年一二月七日、ユネスコ世界歴史遺産に登録された。登録名〈Hiroshima Peace Memorial——Genbaku Dome〉。広島市による公式記録に同市民局平和推進室［編］『世界遺産原爆ドーム』（一九九七刊）。同推進室［編］『原爆ドーム・世界遺産登録記録誌』（一九九七刊）。中國新聞社［編］『ユネスコ世界遺産原爆ドーム——21世紀への証人』（中國新聞社、一九九八刊）。汐文社編集部［編］『原爆ドーム物語』（汐文社、一九九〇刊）。澤野重男（平和・国際教育研究会事務局次長）・太田武男（元・中國新聞編集委員・被爆50周年企画『年表ヒロシマ』出版担当）ほか共著『観光コースでない広島——被害と加害の歴史の現場を歩く』（農文協、二〇一一刊）第Ⅱ章の澤野「爆心地を歩く」冒頭項目に「原爆ドーム」がある。

（15）野村英三は一九八五年に八七歳で他界した。この手記原稿は平和記念資料館が展示・保存している。同冊子は『広島市役所原爆誌』（一九六六刊）別冊として復刻されたほか、のちに二九篇を編んだ増補新版の広島市原爆体験記刊行会［編］『原爆体験記』（朝日新聞社、一九六五刊／朝日選書、一九七五刊）で野村手記は改題「爆心に生き残る」。新版の巻末には大江健三郎「なにを記憶し、記憶しつづけるべきか？」を収録。

（16）参考資料に『野口遵翁追懐録』（同編纂會、一九五二刊）——同編纂會（總代・金田榮太郎）は大阪市北區宗是町一番地の新日本窒素肥料株式會社内。柴村羊五『起業の人野口遵伝——電力・科学工業のパイオニア』解説・正村公宏（有斐閣、一九八一刊）。あるいはまた大塩武『日窒コンツェルンの研究』（日本経済評論社、一九八七刊）がある。昭和戦前期に〈新興財閥〉を形成（日本が植民地支配する朝鮮半島で）してゆく経緯と現地住民（農民・漁民）からの土地収奪であったり、労働者との摩擦（その主力工場が集中していた咸鏡南道《ハンギョンナムド》の興南《フンナム》地方を中心とした労働運動への不当干渉）をはじめとする進出実態については、大阪市立大学経済学部大学院「経済史特講——近代朝鮮経済史の日窒コンツェルンに関する研究」セミナーでの成果をまとめた姜在彦［編］『朝鮮における日窒コンツェルン』（不二出版、一九八五刊）に委しい。

（17）志水清［編］『原爆爆心地』（日本放送出版協会、一九六九刊）の附録「広島市原爆爆心地復元市街図」及び、『最新廣島市街地番地圖』（廣島地理研究會、一九三〇刊）を参照した。なお、「復元市街図」の作成に始まる爆心復元運動の経緯と意味については児玉克哉［編］『世紀を超えて——爆心復元運動とヒロシマの思想』（中国新聞社、一九九五刊）に委しい。

（18）薄田太郎は一九二八年開局したＪＯＦＫ広島放送局

の初代アナウンサーで筆名・流石《さすが》三郎（一九〇二—一九六七）。一九四九年『夕刊ひろしま』～一九六一年『中國新聞』夕刊で断続的に連載した没後の単行本化三冊目の同右（続々編）の巻末を著者は、こうむすんでいる〈原爆の日、全身焼けただれて、地獄のような様相の横川橋をさまよっていたというが、彼〔爆心から西へ九〇〇メートル余りの左官町にスタジオを構える看板商（白馬堂主人、薄田アナも同人のひとりだった劇団「十一人座」メンバー）中原和夫〕の倒れた場所や遺体はいまもってわからないと聞く。「広島の悲劇」はむごい〉と。

(19) 爆心地から南西五五〇メートルに位置する西地方町《にしじがたまち》（現・中区土橋町）の浄國寺境内に建立されていた延命地藏尊六基のうち、行方不明となっていた一体の首が戦後二年余りを経て、寺から三〇〇メートルほど離れた土橋電停（江波線の始点あたり）街頭の死角となった物陰で発見された。随筆『続々がんす横町』（装丁・挿し絵・福井芳郎／たくみ出版、一九七三刊）が語り伝えるエピソード。

(20) 吉見義明・松野誠也［共編］『毒ガス戦関係資料Ⅱ』第五章「使用計画と実戦使用」（不二出版㈱、一九九七刊）が復刻した陸軍作成「極秘」公文書の数々にもあきらかなところ。その解題・解読は松野誠也『日本軍の毒ガス兵器』（凱風舎、二〇〇五刊）や吉見義明『毒ガス戦と日本軍』（岩波書店、二〇〇四刊）、あるいは、毒ガス戦被害者による証言を現地訪問して録取した日中共同調査団の記録に、粟屋憲太郎［編］『中国山西省における日本軍の毒ガス作戦』（大月書店、二〇〇二刊）がある。

(21) 同書の構成は東部防衛司令部「防空概論」。主要瓦斯（化學兵器）の解説は陸軍衛生材料廠／陸軍藥剤少佐の龍居五郎。毒ガスによる傷害の「救急法」を陸軍科學研究所／陸軍軍醫少佐（のち第二〇師團軍醫部長大佐）の井上國佐太が担当するなど、A5判・本文二〇一ページ。巻末に海軍藥剤大佐（のち少將）で藥學博士の清水辰太による論文「諸外國の民衆防空施設概要」。巻末附録として昭和一二年九月二八日／勅令第五四九号の防空法施行令を収録している。

(22) 正式名称は〈東京第二陸軍造兵廠火工廠／忠海兵器製造所〉。所在地は広島縣豊田郡（現・竹原市）忠海町から、めかり瀬戸を隔てた沖合二キロメートル余りの瀬戸内海に浮かぶ大久野島。環境省（当初は厚生省）所管の国民休暇村がひろがる島内には、液化毒ガス貯藏庫跡や、からんどうの廃墟と化して壁面に蔦の絡まる発電場（鉄筋コンクリート三階建て）遺構などが現存するほか、一九九四年に開館した毒ガス資料館がある。

(23) 森永卓郎［監修］『明治・大正・昭和・平成——物

価の文化史事典』（展望社、二〇〇八刊）の表「米・小売価一一〇年の変遷②——品目別東京小売価格」に拠る。あるいはまた週刊朝日編集部［編］『値段史年表——明治・大正・昭和』（朝日新聞社、一九八八刊）所収の資料提供〈食糧庁〉とある白米〈東京における標準価格一〇キログラムあたり〉小売価格に拠れば、一九三五年は二円五〇銭。ちょうど五〇年後の一九八三年が同じく三七八〇円となっている。同書にみる一九三七年当時の〈大工の手間賃〉東京における一人一日あたりの年平均手間賃は二円二〇銭。同じく一九八二年の日当は一万三七二八円（総理府統計局）とある。なお、物価については、現在の多様化した価値観を勘案することなく単純換算はできないが、おおよその目安にはなるはずである。

(24) 一九三七年八月二四日に政府決定の〈國民精神總動員實施要領〉に呼応して創刊された。写真週刊誌『寫眞週報』一九三八年二月一六日（創刊号）〜一九四五年七月一一日（第三七四・三七五合併号）終刊。創刊号表紙を撮ったのを皮切りに東方社写真部主任で海外向けグラフ誌『*FRONT*』グラビアを手掛けた木村伊兵衛（一九〇一—一九七四）や、名取洋之助の日本工房から國際文化振興會囑託に転じた土門拳（一九〇九—一九九〇）であったり、また若手では、日本の敗戦を北京でむかえた華北弘報寫眞協會の林忠彦（一九一八—一九九〇）といった戦後の錚々たる写真界の巨匠たちが表紙や巻頭グラビアを飾った。最大で二〇万部を発行した。全号冊の複製版に国会図書館憲政資料室と広瀬順皓［編］『フォトグラフ・戦時下の日本（原誌『寫眞週報』）』全一八巻（大空社、一九八九〜一九九〇刊）＋別冊「解説／総目次」（第一九巻）。ダイジェスト復刻版に太平洋戦争研究会と保坂正康［共編］『『写真週報』に見る戦時下の日本』（世界文化社、二〇一一刊）。玉井清『戦時日本の国民意識——国策グラフ誌『写真週報』とその時代』（慶應義塾大學出版会、二〇〇八刊）などがある。

(25) 坂東三津五郎（一九〇六—一九七五）。一九七三年、歌舞伎役者としての人間国宝となる。食通としても知られた。文庫化された著書『八代目坂東三津五郎の食い放題』（光文社文庫、二〇〇七刊）がある。京都・南座での公演中にフグ中毒死した。

(26) 一九〇四年に創業の龍吟社は『新聞集成明治編年史』全一五巻をはじめ全集叢書類の出版で知られた。発行人は創業者・草村松雄（一八七九—一九五〇）。かつて明治期に草村は〈北星〉と号した家庭小説の代表的作家だった。著者の堀口博（一九〇五—一九八九）は同書奥付によれば、一九二九年、京都帝大工学部工業化学科を卒業した。戦後一九五〇年から神戸大学工学部教授（一九六八年、名誉教授）。著書に『公害と毒・

危険物〈無機編〉』（三共出版、一九七一刊）、『環境ガン職業ガン化学ガン』（同、一九七八刊）、『危険食品——自然毒・汚染毒・添加物毒』（同、一九七九刊）などがある。

(27) 天野勲（一八九二—一九四五）。被爆当時、市立舟入病院長。同じく畑賀結核療養所長を兼務。公立病院の醫師は市外に疎開することを禁じられていた。追悼文集に私家版の長岡四郎『落英——呪わしき原爆に奪われた天野勲君を偲ぶ』第二版（天野勲医博・十三回忌追悼会委員会、一九五七刊／謄写版印刷B6版・本文一一二ページ）がある。

(28) そのサイレンが鳴るたびかどうかは定かでないが、空襲の警戒警報については同年八月中だけで八回の記述が見られる。同月二〇日（日曜）付には、外出先（市内出汐町《でしおちょう》）と帰りの路傍とで二回鳴った警戒警報サイレンに急かされて一里半（約六キロ）の道を慌ただしく小走りに駆けて帰宅している。さらに、〈夜二度の空襲警報発令されて落ち着く閑〔ひま〕もなく、夜通しモンペヱ〔モンペ姿〕のまゝにて過〔すご〕す〉とある。長男（筆者の亡父）は大學在學中、そのころ文系では例外なく誰もがそうであったように、いわゆる〈繰り上げ卒業〉によって一九四三年暮れ、學徒出陣（應召）した。ところが即日、疾病除隊となる（経緯は不詳）。日誌いわく〈和辻先生〔恩師の和辻哲郎〕御盡力の賜物〔中略〕めでたし〉事実上、復學して修士過程を終える。一九四四年九月二五日の卒業式後、中國新聞社企畫局文化部に主任待遇で縁故採用される〔月給七五円〕。翌一〇月六日、初出社したこと。同年暮れには、その長男の婚礼。たびかさなる警戒警報の発令。町内會隣組が総出での庭先への防空壕掘り。食糧（おもに野菜類）の買い出しに奔走するさまなどを、この『日誌』からは読み取ることができる。

(29) 小磯國昭（一八八〇—一九五〇）。戦後A級戦犯容疑で巣鴨プリズンに収監された。極東国際軍事裁判で終身禁固刑の判決をうけたが服役中に病死した。獄中で書いた自傳『葛山鴻爪《かつざんこうそう》』（自叙伝刊行会、一九七三刊）。御厨貴〔監修〕による歴代総理大臣伝記叢書の第三一・三二巻『小磯國昭』上・下巻（ゆまに書房、二〇〇六刊）。「現代を拓く歴史名作」シリーズの中村晃『怒り宰相——小磯國昭』（叢文社、一九九一刊）などがある。

(30) 平沼騏一郎（一八六七—一九五二）。大審院（旧憲法下で最高の司法裁判所）検事總長、同院長、日本大學總長、司法相などを経て樞密院議長。内相、再度の樞密院議長を歴任しポツダム宣言受諾をめぐっては無條件降伏反対を唱える。敗戰後、A級戦犯容疑で拘束。終身禁固刑をうけて服役するが一九五二年、病気のため仮出所直後に病没した。著書に『平沼騏一郎回顧録』

（回顧録編纂委員会、一九五五刊）。この回顧録は御厨貴［監修］歴代総理大臣伝記叢書・第二五巻『平沼騏一郎』（ゆまに書房、二〇〇六刊）所収。一九三九年一月の首相就任時に岩崎榮『平沼騏一郎傳』（偕成社、一九三九刊）。その復刻新版（大空社・伝記叢書、一九九七刊）がある。衆議院議員・平沼赳夫（旧姓・中川）の養祖父にあたる赳夫の実母・節子は騏一郎の長兄で早稲田大学長をつとめた経済学者の平沼淑郎（一八六四—一九三八）の孫娘にあたる。一九三九年、長男赳夫の出生を機に実父・恭四郎（一九〇八—一九九一）ともども一家養子に入った。

（31）　米内光政（一八八〇—一九四八）。伝記に米内海相秘書官（副官、海軍大佐）だった実松譲『海軍大将米内光政伝——肝脳を国の未来に捧げ尽くした一軍人の生涯』（光人社NF文庫、二〇〇九刊）。生出寿《おいでひさし》『米内光政——昭和最高の海軍大将』（徳間文庫、一九九三刊）。阿川弘之『米内光政』（新潮社、一九七八刊／新潮文庫、一九八二刊）。緒方竹虎『一軍人の生涯——提督・米内光政』（光和堂、一九八三刊）ほか。それらに真っ向から異を唱えた評伝に三村文男『米内光政と山本五十六は愚将だった——「海軍善玉論」の虚妄を糺す』（テーミス、二〇〇二刊）がある。

（32）　杉山元《はじめ》（一八八〇—一九四五）。蘆溝橋事件を機に戦禍が燃えひろがる日中戦争〈中國侵略〉を本格化した当時の陸相（在任一九三七〜一九三八年）。〈對米英（蘭）開戰〉時の參謀總長（一九四〇年〜一九四四年二月）。一九四三年には海軍の永野修身・軍令部長、元陸相の寺内壽一・陸軍大将）らと天皇の最高軍事顧問である元帥に列し、再度の教育總監を経て一九四五年四月八日、本土決戰に備えた第一總軍司令官となる。敗戰後の九月一二日、東京・市谷の司令官室で拳銃自殺した。對米英蘭開戰の前夜にあたるとき、永野らと參内した杉山の〈上奏〉にたいして天皇裕仁は逐一、戦略上の鋭い〈ご下問〉をあびせる。このやりとりを明かしたのは、ときの首相として陪席した近衛文磨だった。近衛は敗戦後A級戰犯容疑者に指名され、出頭を命じられた一九四五年一二月一六日早暁、自邸で服毒自殺をとげたその遺著『失われた政治——近衛文磨公の手記』（朝日新聞社、一九四六刊）が克明に暴露をして世評にのぼる。さらにそれはまた杉山没後、參謀本部［編］大本営・政府連絡会議等筆記『杉山メモ』上・下巻（原書房〈明治百年史叢書〉第14・15巻、一九六七刊）の上巻「第一部・開戦までの戦争指導——昭和一六年九月五日／御下問奉答」以下に同様の記録がのこる。

（33）　大達茂雄《おおだち》（一八九二—一九五五）。前・東京都の初代長官（官選勅任）。戦前の内務官僚。〈滿洲國〉法制局長、同じく國務院總務長官、北支那派遣軍特別顧問、

内務次官、日本占領下の昭南特別市（現・シンガポール）市長などを歴任した。公職追放解除の翌一九五三年四月、自由党から立候補して衆議院議員に初当選する。その翌五月には早くも第五次吉田茂政権に文相として入閣。旧内務省警察畑の革新官僚たちを次つぎと抜擢登用して日教組との対決を深めた右傾化いちじるしい〈大達文政〉の断行で物議をかもす。国会答弁で〈日教組＝丹頂鶴〉と称した妄言に象徴される日教組対策〈教育二法〉成立を強行した。伝記刊行委員会［編・発行］『大達茂雄』（一九五六刊）がある。

（34） 大西瀧次郎（一八九一―一九四五）。一九四四年一〇月、米軍のフィリピン上陸作戦に対抗するためのレイテ沖海戦において、米空母などへ最初の体あたり自爆攻撃を指揮した。次いで軍令部次長に就任。海軍内の終戦工作に反対して徹底抗戦を最後まで主張しつづけ、敗戦の翌一六日未明に割腹自殺した。人物像を肯定的にとらえた伝記に神立尚紀《こうだちなおき》『特攻の真意――大西瀧次郎・和平へのメッセージ』（文藝春秋、二〇一一刊）。さかのぼって草柳大蔵『特攻の思想――大西瀧次郎伝』（文春文庫、一九八三刊／グラフ社、二〇〇六刊）。同じく秋永芳郎『海軍中将大西瀧次郎――「特攻の父」と呼ばれた提督の生涯』（光人社NF文庫、一九九七刊）。生出寿『特攻長官――大西瀧次郎』（徳間文庫、一九九三刊）。門司親徳『回想の大西瀧次郎・第一航空艦隊副官の述懐』（光人社、一九八九刊）などがある。

（35） 通称号・菊兵團＝第一八師團（長・牟田口簾也）の久留米・第五六聯隊を基幹とした侘美支隊が戦端をひらく。師団主力は一九四二年一月二三日、シャム・マレー半島南部シンゴラ（現タイ国のソンクラー）に上陸。侵攻目標シンガポールまで約一一〇〇キロメートルの地点である。そこからマレー半島西岸にまわり一路南下。一月三一日に目的地てまえのジョホール・バル（現・国境の街ジョホールバール）を占領。翌二月の九日にはシンガポールに敵前上陸を敢行して同月一五日、英軍守備隊司令官パーシバル中將は降伏した――旧・防衛庁防衛研修所戦史部［著］戦史叢書『マレー侵攻作戦』（朝雲新聞社、一九六六刊／一九八三増刷）の第三章「開戦初期における作戦指導」～第八章「シンガポール島の攻略」からの摘録。侘美浩（一八九一―一九七〇）は敗戦時、朝鮮軍官區の大駐屯地・ラナム［羅南――現・北朝鮮咸鏡北道チョンヂン（清津）市南部の区域］地區司令官。ソ連に抑留された後の一九五〇年、シベリアから復員した。

（36） その日、樹氷と化した雑木林が林立する丘陵に建立された碑に、〈ここには日本軍が遺棄した毒ガス弾が埋められている。政府は人民の生命・財産と安全を保障するため、この一帯への立ち入りを厳禁する。

一九五四年四月廿五日　孫呉縣人民政府〉と中国語の全文を邦訳して読み取る。

（37）この原著はオーストラリアの歴史家でTVドキュメンタリー作家のB・グッドウィン Bridget Goodwin 女史の博士論文（University of Queensland Press、一九九八刊）。

（38）米国ニューメキシコ州のマンハッタン管区アラモゴード空軍基地から遠く離れた砂漠地帯トリニティでの、人類史上初の核実験をめぐる当事者によるドキュメントは、山極晃・立花誠逸［編］『資料・マンハッタン計画』岡田良之助・訳（大月書店、一九九三刊）所収の資料191「グローブスから陸軍長官にあてた覚書／一九四五年七月一八日主題――実験」書簡に始まる。同じく資料192「S・L・ウォーレン（大佐）マンハッタン管区医務部主任からグローヴス少将にあてた覚書／一九四五年七月二一日　主題――一九四五年七月一六日に実施されたトリニティでの実験Ⅱに関する報告」は医学者の立場から、起爆瞬間の閃光が人を失明させたことをはじめ、被曝線量計測にもとづく放射能汚染の実態、放射線が人体にあたえる恐るべき影響――それら「きわめて大きな潜在的危険」に言及した最初の〈極秘〉レポート。ウォーレン大佐はマンハッタン管区原爆災害調査団（団長ファーレル准将）の第二班長として来日。長崎の調査を担当した。

（39）大久野島学徒親和会が刊行した文集（A4判・本文七四ページ）非売品。

（40）同書一四八～一四九ページ所載〈今井純子さん提供〉の集合写真〔一九四四年、瀬戸田高女三年当時〕に樋口健二が付したキャプションには〈運動場拡張のためモンペ姿で働いた少女たち／このあと毒ガス島へ送られ、みんな不治の病におかされた〉とある。

（41）広島県の地元ブロック紙『中國新聞』が大久野島をめぐる〈毒ガス禍〉の実態について初の特集記事を組んで伝えたのは戦後一三年を経た一九五八年夏のことである。同紙（昭和33年7月20日付）は第五面全二二段を調査報道〈まだ〝毒ガス〟は生きている〉にあてた（忠海支局・御田〔重宝〕記者の署名稿）。冒頭リードはこう書き起こされた――〈〝茶〔ちゃ〕一号〟〝赤〔あか〕一号〟〝黄〔きい〕一号〟…これは香水のニックネームではない。日本でただ一つの〔ママ〕毒ガス工場――広島県豊田郡忠海町・大久野島で、昭和初年から終戦までの十五年間、国際法を無視して、極秘のうちに旧日本軍が製造していた「毒ガス」のシークレット・ネームであり、〝茶一号〟はさる五月二十九日、三原市で二人の人命を奪い、二十数名の重軽傷者を出した〝毒ガスボンベ事件〟の青酸件ガスのことだ。〝赤〟はヒ素窒息性ガス。そして〝黄〟は人道的にも医学的にも、いまだに重大問題を残しているマスタード・ガス

（イペリット・ガス）の別名である〉。この記事から五三年が経過した現在、なおも大久野島の土中や周辺海域への遺棄毒ガス弾（あるいは毒ガス弾薬筒や青酸ガス・ボンベを含む）については占領軍監督下の処理に動員された作業員ら当時を知る人びとの証言によって、いまだに残留する危険がくり返し指摘され、具体的に残留量を算出したデータもある。占領下におこなわれた戦後処理の経緯にかんしては、前・呉市史編纂室勤務の千田《ちだ》武志『英連邦軍の日本進駐と展開』（御茶の水書房、一九九七刊）の第四章「英連邦占領軍の組織と活動」の第一節二項「司令と作戦」（二、軍事作戦――旧日本軍の兵器処分）が摘録している。いずれも千田が現地を訪ねて収集したニュージーランド公文書館やオーストラリア戦争記念館〔Australian War Memorial〕、同国公文書館などの所蔵ファイルにもとづく。

＊ ただし、引用の『中國新聞』記事中〈日本でただ一つの〉……とあるのは誤り。福岡縣比企郡曾根町＝敗戦時、小倉市曽根＝の東京第二陸軍造兵廠曾根製造所（現・北九州市小倉南区の陸上自衛隊曽根訓練所）が、毒瓦斯〔ガス〕砲弾約一六一万発の塡実〔砲弾に毒ガスを注入する工程〕をにない、その大半をおもに中國の前線へと送った（GHQに提出した旧陸軍の報告書から）。また海軍は一九四三年、神奈川縣高座郡寒川町一之宮で化學繊維原料を生産する昭和産業㈱の寒川工場を買収。あらたに相模海軍工廠化學部〔毒ガス製造所〕を開設して化學兵器の量産を始める。日米開戦時にピークに達した陸軍の毒ガス生産は一九四一年六月、陸軍技術本部の改編にともない化學兵器の諸研究機関を第六陸軍技術研究所に再編成して推進された。さらには戦時下、民間の化學工場へ〈極秘裏〉に委託をした毒ガス製造の疑惑事例が暴露されている。いまから四〇年余りさかのぼる時点でのことであった。単行本として書き下された落合英秋『ドキュメント日本の恐怖・毒ガス』第三章「日本軍の毒ガス作戦」の四項「産軍一体の製造作戦」が複数の当事者証言にもとづき、あきらかにした（番町書房、一九七三刊）。

(42) 井本熊男（一九〇三―二〇〇〇）。戦後、一九五二年自衛隊の創設にともない入隊。統幕事務局長、幹部学校校長などを経て一九六一年退官した。旧防衛庁防衛研修所戦史室〔著〕戦史叢書『大東亞戦争公刊戦史』全一〇二巻＋別巻一（朝雲新聞社、一九六六～一九八〇完結）共著者の一人。著書に『作戦日誌で綴る支那事変』（芙蓉書房、一九七八刊）。『作戦日誌で綴る大東亞戦争』（同、一九七九刊）。二冊の改題新版『支那事変作戦日誌』『大東亞戦争作戦日誌』（ともに芙蓉書房出版、一九九八刊）がある。

(43) 文化日本社（大阪の出版社）が用いた「大東亞戦争

完遂」標語。典拠は情報局第五部〔編〕『國策標語年鑑』昭和一八年版（非売品）を復刻・脚註を付した森川方達〔編・著〕『帝國ニッポン標語集』増補普及版（現代書館、一九九五刊）所載。

(44) 大政翼賛会愛知縣支部の〈敵愾心昂揚〉標語。同じく『帝國ニッポン標語集』所載。

(45) 桐一《きりひと》葉《は》は〈衰亡のきざし〉を象徴的に表わすたとえに用いる語。御製は〈天皇が詠んだ歌〉との意。この傳單は、一ノ瀬俊也が編んだ大型本『宣伝謀略ビラで読む日中・太平洋戦争――空を舞う紙の爆弾「伝単」図録』伝単ビラ二三〇点／図版三八〇点を収録（柏書房、二〇〇八刊）に所収の一点で、同書表紙のデザインにも用いられている。

(46) 廣島縣警察部（警務課・新畑十力警部補）が敗戰の翌一九四六年一一月九日付でまとめた「警察部調査」表（一九四七〔頃〕刊）は、米國の對日占領解除後「平和條約發効記念」として一九五四年に公刊された廣島縣警察史編修委員會〔編〕『新編廣島縣警察史』（廣島縣警察連絡協議會、一九五四刊）所收。後年の広島市役所〔編〕『広島原爆戦災史――第五巻・資料編』（一九七一刊）や広島県警察史編さん委員会〔編〕『広島県警察百年史』下巻（県警本部、一九七一刊）、前掲『日本の空襲』第七巻「中国・四国」責任編集・岡田智晶（三省堂、一九八〇刊）などにも空襲被害をうけた直後に日本側がまとめた二つとない公的〈第一次資料〉との位置付けから収録されている。

(47) 徳川夢声（一八九四―一九七一）。大正末期の一九二五年、JOAK東京放送局の開局いらい、戦前・戦中・戦後をつうじてラジオの朗読や漫談など絶妙の話芸で人気を博した俳優。

(48) 前掲（註9）リチャード・ローズ『原子爆弾の誕生』下巻の第三部「生と死」（渋谷泰一・訳）は原爆製造から使用への過程を詳細に伝える。米国がニューメキシコ州砂漠地帯での史上初の核〈長崎に落とされたプルトニウム型〉爆発実験に成功したのは一九四五年七月一六日のことであった。

(49) 李《イ》鍝《イウ》（一九一二―一九四五）公殿下を指す。被爆当時、第二總軍司令部付き教育參謀、陸軍中佐。廣島に着任して二カ月余りだった李王朝の末裔。日本の皇族に列せられた朝鮮皇太子として皇族の梨本宮方子を妃にむかえたことで知られた李《イ》（王《ワン》）垠《ウン》陸軍中將（一八九七―一九七〇）の甥にあたる。二葉里《ふたばのさと》の司令部に向かって軍馬で移動中、爆心から六八〇メートルの八丁堀・福屋百貨店（現・中区胡町の福屋デパート）附近で被爆したものと見られる。同日夕、陸軍船舶司令部＝暁部隊の船艇による捜索の結果、相生橋下の水辺に瀕死状態でいるところを発見された。が、翌日未明、収容先の似島陸軍検疫所（海軍病院救護所）で死亡した。

ただちに遺体は、夫人（朝鮮貴族・朴泳孝《パクヨンヒョ》の孫娘で朴《パク》賛珠《チャンジュ》＝当時一九歳）の待つ朝鮮・京城（現・韓国ソウル）へと空輸された。戦後は日本に帰化して〈平民・桃山虔一〉を名乗った陸軍中佐の李鍵《イコン》公殿下は実兄（一九〇九―一九九〇）で、のち朝鮮籍に復して〈在日朝鮮人・李虔一〉と名乗る。李虔一は晩年、皇籍降下まえの縁から日本クラッシックカークラブ（CCJ）会長を終生つとめた。

（50） 初版『夢声戦争日記』全六巻（中央公論社、一九六〇刊）では第五巻「昭和二十年」所収。

（51） 吉川英治（一八九二―一九六二）。原作『宮本武蔵』全六冊（大日本雄辯會講談社、一九三六～三九刊）は、一九三五年八月二三日～一九三九年七月一日付『東京朝日新聞』連載の長篇小説。現在は吉川英治歴史時代文庫『宮本武蔵』全八冊（講談社、二〇〇二刊）となっている。

（52） この中公文庫版は文春文庫『敗戦日記』新装版（一九九一刊）を底本として刊行された。初出は、一九五八年七月号『文藝春秋』が掲載した高見順「暗黒時代の鎌倉文士」及び同誌八月号「敗戦日記――日本0年《ゼロ》」。敗戦前後の日記を同誌編集部が抜粋した。翌一九五九年、四〇〇字づめ原稿用紙約三〇〇〇枚にのぼる一九四五年分の日記から約六五〇枚が単行本化『敗戦日記』となる（文藝春秋新社）。戦中の一九四一年一月一日から戦後一九五一年五月、作家自身がノイローゼによる執筆不能に陥るまでの『高見順日記』（勁草書房、一九六五～一九六六刊）第三巻～第六巻（四分冊）には敗戦前後の約一カ年（一九四五年一月～翌一九四六年三月）に綴られたノートと新聞切り抜きなどの全容が収録されている。没後、尋常小學六年の一九一七（大正八）年にさかのぼる約一万四〇〇〇枚分の日記を網羅した夫人の高見秋子［編］『続・高見順日記』全八巻がある（同、一九七五～一九七六刊）。

（53） 日本文學報國會は一九四二年五月二六日創立。同年一二月に創設された「大日本言論報國會」会長に就任した貴族院議員・徳富蘇峰（一八六三―一九五七）が會長を兼務。社團法人・日本文藝家協會を〈発展的解消〉させて吸収し、情報局第五部第三課の管轄下に組織された。文學者の〈國策的一元化組織〉――〈國家の要請にしたがい、國策の周知徹底、宣傳普及に挺身し、その施行實踐に協力すること〉を目的とした。創立まもなく事務局長は舌禍で退任した久米正雄（一八九一―一九五二）にかわって、〈文報〉創設にあたっての推進役を果たした中村武羅夫（一八八六―一九四九）がつとめる。敗戦後の一九四五年八月三一日、解消。中村武羅夫といえば〈プロレタリア文藝〉にたいする真っ向批判の評論「誰だ？ 花園を荒らす者は！」（同名の評論集＝新潮社、一九三〇刊／現・インターネット上の日本ペンクラブ電子文芸館で閲覧可）で知られる文藝雑誌『新潮』編集者でもあった。

(54) 今日出海（一九〇三―一九六四）。一九四四年、二度目の徴用で陸軍報道班員。激戦地フィリピン・レイテ島の日本軍が敗走する死地から九死に一生を得て帰還した。戦後、戦争文学の傑作といわれる長編『山中放浪――私は比島戦線の浮浪人だった』を日比谷出版社から一九四九年に刊行して代表作（新版は中公文庫、一九七八刊）。一九五〇年四月号『オール讀物』初出の『天皇の帽子』（ジープ社、一九五〇刊）で直木賞を受賞した。敗戦直後に一年在任した文部省藝術課長のとき、政府主催の第一回藝術祭を提唱して実現。恒例催事に定着させたほかプロデューサーとしての手腕でも知られた。一九六八年、第二次佐藤内閣に請われて初代・文化庁長官となる。長兄は同じく小説家で参議院議員一期をつとめた天台宗大僧正で岩手県平泉〈中尊寺〉貫主の今東光（一八九八―一九七七）。

(55) 内田百閒（一八八九―一九七一）。本名・内田榮造。『東京焼盡』初版（一九五五年四月二〇日發行）巻末には『冥途』（稲門堂書店、一九二二刊）以来の「内田百閒著作目録」の「其ノ一著作本」二四点、同「其ノ二編纂本」一五点。戦後、一九四六年以降の「其ノ三再刪〔刊〕本、増刷本、編纂本」二五点、「其ノ四著作本」は『東京焼盡』までの一〇点――全七四冊のタイトル、及び発行年月・出版元が列記されている。

(56) 『東京大空襲・戦災史』第三巻「軍・政府（日米）公式記録集」／編集委員会［編］（東京空襲を記録する会、一九七三刊）から。

(57) 水谷鋼一の中部日本新聞東京總局（現・中日新聞東京本社）政治部・次長在籍は一九四四年三月～翌一九四五年一〇月。戦時情報統制下をかいくぐり、ひそかに綴った四冊の未公開ノート〈水谷メモ〉をもとに水谷没後、詩人で名古屋空襲を記録する会の織田三乗が執筆を引き継いだ共著『日本列島空襲戦災史』（東京新聞出版局、一九七五刊）を遺す。同書巻末には新聞報道されることのなかった水谷メモ「東海、近畿（東南海・三河）地震情報・昭和一九年一二月七日―昭和二〇年一月一三日」が収録されている。

(58) 畑俊六（一八七九―一九六二）。一九四五年四月に着任した廣島の第二總軍司令官。爆心地から二〇〇〇メートル余り北東の、總軍司令部近く二葉里に住まいとして借りていた民家屋内で自身は被爆した。〈爆烈一發落雷の如き物音を感じたりしに、屋根瓦は殆ど落ち家中のガラスというガラスは一枚残らず粉砕せられし〉も〈余は家の内部にありし為か微傷一つ負はず〉。庭掃除をしていた家人が倒壊した家の梁の下敷きになる、あるいは吹き飛んだ瓦礫で傷つく。いま一人の家人は顔と胸部に火傷を負う。猛烈な爆風に總軍司令部の建物も倒壊。〈近隣の火災より延焼して午后には焼け落ち、司令部其他の建物も皆消失して〔旧・騎兵聯隊の〕厩《うまや》も焼失し、あはれ乗馬など三十何頭は焼死したるは哀れなり〉……〈やがて時間を経過する儘〔まま〕に市内の火災は愈々〔いよいよ〕に熾〔さか〕んとなり、望見するに市一面は全く黒煙に被〔おお〕はれ、真紅の炎を吐き、黒煙は渦巻きて全く天日を見ず、世界の断末魔を聯想〔連想〕せしむものあり〉。住まいうらての、人家がない二葉山斜面にも火がまわった光景を〈原爆の放射熱も相当なりし證拠〉と断じている。以上は、『続・現代史史料〈4〉——陸軍・畑俊六日記』〔解説〕伊藤隆・照沼康孝（みすず書房、一九八三刊）所収「獄中手記」中の「原爆を経験す」（巣鴨刑務所に服役中の一九五〇年五月二一日付、四〇五〇字余りの体験記）から。その軍歴は日中戰争下、中國戰線から凱旋して阿部信行首班の組閣で陸相。わずか五カ月余りで総辞職した阿部内閣のあとをうけて一九四〇年一月発足の米内内閣に留任し、陸軍首脳部の総意〈日独伊三國同盟〉締結を強硬に主張した。前任が海相の米内首相をはじめとする反対派を押さえ込む切り札としての単独辞任によって同内閣を総辞職に追い込んだ。戰後、A級戰犯に指名されて収監。極東國際軍事裁判で終身刑判決をうけ服役した。一九五四年に仮釈放で出所して戰犯の釈放運動にあたる。一九五八年から終生、旧陸軍関係者の親睦事業団体〈偕行社〉会長をつとめた。

(59) 一九三八年に中支派遣軍司令官として中國内陸部へと侵攻・展開する武漢作戰を敢行した。侍従武官長、陸相を歴任した後の一九四〇年、ふたたび中國戰線に復帰して支那派遣軍司令官をつとめた。一九四四年に元帥。教育總監を経て第二總軍司令官となる。

(60) 大塚《おおつか》惟精《いせい》中國地方總監を指す。爆心地の北東約一〇〇〇メートルに位置した總監府官舎（その家人が疎開のために貸与した東洋工業社長・松田重次郎邸宅）で被爆直後、建物の下敷きとなって火焔に巻かれ焼死した。爆心の南東一四二〇メートルに位置した水主《かこ》町の廳舎は被爆建物遺蹟〈廣島文理科大學本館＝のち広島大学理学部の旧一号館〉として中区の広大・東千田キャンパス内に現存する。大塚自身（一八八四—一九四五）は對米英戰下、陸軍の司政長官として南方（東南アジア）占領地の第二五軍スマトラ軍政監部顧問。内務官僚トップの内務省警保局長に再任後、貴族院議員。廣島縣知事（一九四三年四月〜翌一九四四年三月、官選勅任）。さらには廣島方面の監察官や行政協議會長をつとめたのち、一九四五年六月新設の中國地方總監府を統括した。豪奢な日本建築の官舎（野口遵〔註16〕が造営した後年の松田邸）内で父母らと被爆した長女の中埜（旧姓・大塚）由美子による体験手記「あの日のこと」。その弟で三男の駿が同「父大塚惟精の殉職」ほか一四人の總監府関係者が手記を寄せた限定一〇〇〇部の『中国地方総監府誌――原爆被災記録』小堺吉光［編著］（同刊行会、一九七二刊）がある。

(61) 高野源進（一八九五―一九六九）廣島縣〈官選〉知事のこと。当日、自身は福山方面への出張中で難をまぬがれるも夫人が被爆死した。六日夜、廣島に帰着。翌七日付「知事諭告」を發出――〈今次の災害は惨悪極まる空襲により、我が國民戰意の破砕を謀らんとする敵の暴略〔謀略〕に基づくものなり。廣島縣民市民諸君よ、被害は大なりと雖〔いえど〕も戰爭の常なり、斷じて怯むことなく救援復舊の措置は既に着々講ぜられつつあり。速〔すみや〕かに各職場に復歸〔帰〕せよ。戰爭は一日も休止することなし、一般並み縣民諸君もまた温かき戰友愛を以て罹災者諸君を勞はり〔いたわり〕、これを鼓舞激勵〔激励〕し速かなる戰列復歸を圖〔はか〕られたし。今次災害に際し、不幸にして相當數〔相当数〕の戰災死者を出せり、哀心より哀悼の意を表し、その冥福を祈ると共に、その仇敵に酬〔むく〕ゆるを道は斷乎〔断乎〕、驕敵〔きょうてき〕を撃砕〔げきさい〕するにありを銘記せよ。我等〔われら〕は飽くまでも最后〔最後〕の戰勝を信じ、あらゆる艱苦〔かんく〕を剋服〔克服〕して大皇戰に挺身せむ〉――広島県立文書館蔵（平カナ変換・句読点を加えた文責在引用者）。

それから三カ月後の一〇月一一日付をもって縣知事から二度目の警視總監に転任して廣島を去る。翌一九四六年に辞任。同年九月、公職追放となる。追放解除後の一九五一年八月、弁護士登録。その後は、凸版印刷監査役などに活路をもとめ、二度と官界に復することはなかった。ほんらいが一九二三年の警視廳警務部警衛課〔警部任官〕をふり出しに、帝都の各警察署長を務め、のち警視總監、山梨縣知事〔官選勅任〕を歴任した内務官僚。戰時下には陸軍司政長官に転じて一九四二年八月から一年間、占領地ビルマ〔現ミャンマー〕の行政府官房長に在任した。帰國後、防空總本部業務局長を経て一九四五年六月、大塚惟精〔註59〕後任の官選知事となる。

(62) ナチス・ドイツ降伏後の一九四五年七月一七日〜八月二日、ドイツ・ベルリンの南西近郊都市ポツダムのツェツィーリエンホーフ宮殿で開催されたトルーマン、アトリー、スターリン三カ国首脳によるポツダム会談で集約された「大日本帝國（及び日本軍）の無條件降伏」を含む全一三カ条からなる宣言。ソ連邦は後からくわわり追認した。宣言した各國名をとって〈米・英・支〔中国〕・蘇〔ソ連〕〉四國共同宣言とも呼ばれた。

(63) 鈴木貫太郎（一八六八―一九四八）。『鈴木貫太

郎自伝』（自伝編纂会、一九六〇刊／時事通信社、一九八五刊／改題『鈴木貫太郎〈人間の記録24〉』日本図書センター、一九九七刊）。半藤一利『聖断・昭和天皇と鈴木貫太郎』（PHP文庫、二〇〇六刊）。立石優『鈴木貫太郎——昭和天皇から最も信頼された海軍大将』（同、二〇〇〇刊）。小堀桂一郎『宰相鈴木貫太郎』（文春文庫、一九八七刊）ほか。出身地の千葉県野田市関宿町に同市教育委員会が管理運営する鈴木貫太郎記念館（一九六三年開設）がある。

(64) 本文117〜118ページにも登場するトルーマン大統領の全米ラジオ（及び海外向け短波ラジオ放送）のこと。

(65) 後年の中公文庫版は、文春文庫『敗戦日記』（一九九一刊）を底本として巻末に高見秋子「〈あとがき〉のあとがき」。また、おなじく解説は、〈昭和戦前期〉以来の國策によって南太平洋の諸地域へと動員された文学者らによる〈戦争協力の実態〉を浮き彫りにした著書『昭和作家の〝南洋行〟』（世界思想社、二〇〇四刊）がある文芸批評家の木村一信。

(66) 中村武志（一九〇九—一九九二）。鐵道省（一九四九年、國鉄本社に移行した）厚生部勤務。雑誌『国鉄』編集（〜一九六四）のかたわら、ユーモア・エッセイ『目白三平ものがたり』（新潮社、一九五五刊）以来のシリーズで知られた。追想録『百鬼園先生と目白三平』（旺文社文庫、一九八六刊）は、その没後、改題新版の『内田百閒と私——中村武志著』（岩波書店・同時代ライブラリー145、一九九三刊）となっている。

(67) 藤田信勝（一九〇八—一九八〇）。一九三七年八月〜一一月、日中戰爭（第二次上海事變）特派の『大阪毎日』従軍記者。一九四一年、滿洲事變一〇周年取材のため渡滿。敗戰の翌一九四六年に毎日新聞大阪本社文化部長。論説委員（大阪、東京）、ロンドン支局長、出版局長を経て論説副委員長（東京）。一九六三年「余録」担当。新聞連載の単行本化『学者の森』上・下巻（毎日新聞社、一九六三刊）によって日本新聞協会賞を受賞した。著書に第四回エッセイストクラブ賞受賞『不思議な国イギリス』（日本経済新聞社、一九五六刊）や、『余録抄——コラムニストの眼』（東京美術、一九七二刊）などがある。

(68) 同書は『敗戰以後』（秋田屋、一九四七刊）の新装復刻版（発売元・サンクチュアリ出版）。巻末にロナルド・ドーア「復刊に寄せて——特別寄稿」。復刻を企画したルポライター谷道健太（藤田の孫にあたる）の「敗戦の書を紐解く理由」を併せて収録。プレスプラン版を底本にして再度の復刻新版『敗戦以後』（リーダーズ・ノート新書、二〇一一刊）がある。

(69) 「終戰の詔書」（大東亞戰爭終結ノ詔書／戰爭終結ニ關スル詔書）。和田信賢（一九一二—一九五二）放送員の聴衆に起立を求めるアナウンスにつづいて、下村宏・情報局總裁が天皇裕仁自身の勅語朗読であることを説明し、國家「君が代」演奏のあと約五分間，天皇の肉声（玉音）がながれた。内閣書記官長・迫水久常（一九〇二―一九七七）作成――漢學者で内閣囑託の川田瑞穂（一八七九―一九五一）が原案起草。同じく大東亞省顧問・安岡正篤（一八九八―一九八三）が加筆して閣僚らの論議に委ねられ、その修正案を天皇裕仁が裁可した文面は、難解な漢文〈訓読体〉であることに加え、前日深夜に宮城〔皇居〕内でSPレコード盤に収録されたノイズのかぶさる天皇の肉声が、独特の抑揚ある節回しで咄々として聞き取り難かった。以後、放送終了まで三七分三〇秒余りにわたる和田アナによる終戰詔書の奉讀〔朗読〕と、その解説、〈終戰〉関連報道（ニュース）に耳を傾けて事情を把握した國民＝聴取者がおおかただったとの定説が語り継がれる。同時に短波ラジオ〈東亞放送〉をつうじて中國占領地や同じく東北部〔滿洲〕、朝鮮、台湾、南太平洋エリア（南方の諸地域）にも中継放送された。また、國際放送（ラジオ・トウキョウ）の平川唯一（一九〇二―一九九三）放送員が厳格な文語体英語に翻訳し、平川アナ自身が朗読して日本のポツダム宣言受諾を敵國へと伝えた。英訳全文は、現地時間八月一五日付の米紙『ニューヨーク・タイムス』が掲載した。その当事者証言に、下村海南（宏）の著書『終戰秘録』（講談社学術文庫、一九八五刊）がある。故意に、皇國日本の中國侵略への言及を避け、対〈米・英〉に限定したトリックにひそむ〈終戰詔書〉の問題点（さかのぼって〈開戰詔書〉にリンク）と、なによりも最優先して〈三種（の）神器〉――すなわち〈國体（の）護持〉に固執する天皇制國家の偽善性を看破した小森陽一『天皇の玉音放送』録音盤再生CD付（五月書房、二〇〇三刊）は、日本が無條件降伏（敗戰）にいたる、知られざる真相を解き明かす好テキスト。

(70)　井上靖（一九〇七―一九九一）。一九四九年一二月号『文學界』に発表した『闘牛』で翌一九五〇年、第二二回芥川賞を授賞した（同年、出世作「猟銃」収録の短編小説集『闘牛』文藝春秋新社刊）。シルクロードに現地取材した労作の長編小説『天平の甍』（一九五九刊）で芸術選奨文部大臣賞。同じく『楼蘭』（一九五九）と『敦煌』（一九六〇刊）によって毎日芸術賞をうけた。一連の作品は、いずれも講談社から単行本化。現在、新潮文庫に入っている。

(71)　岡崎清三郎（一八九三―一九七九）。本土決戰をにらんだ第二總軍參謀長、陸軍中將。被爆後、西部復員司令部總務部長。一九四八年四月、第一六軍參謀長として出征した對米英蘭戰のジャワ島攻略作戰などを指揮した戰犯容疑で逮捕・勾留された。一九四九年一二月にオランダ法廷で無罪判決。晩年の自伝的手記『天国から地獄へ』（共栄書房、一九七七刊）。清三郎の長男で陸軍少尉のときに敗戦をむかえ、のち防衛大学校副校長の岡崎清［編著］による評伝『ある陸軍軍人の小さな昭和史』（私家版、一九九〇刊）がある。

(72)『毎日新聞』大阪本社版の第一報紙面での原爆投下時刻は〈八時過ぎ〉となっている。

(73)〈防空總本部次長、中國地方總官、及び県下各警察消防所長〉宛ての廣島縣知事名による〈部外秘〉公文書『警防（秘）第二七三七号——呉空襲被害の状況と對策』にもとづき一九四六年一一月九日付で作成された廣島縣警察部の調査報告書＝前掲〔註46〕。

(74) 笹本征男（一九四四—二〇一〇）。在野の日本占領史研究家。〈在韓被爆者問題市民会議〉代表の中島龍美が没した二〇〇八年一月、職なく身寄りもなく孤立無援の境遇で生活保護をうけながら研究継続と闘病中の最晩年に同代表を引き継ぐ。訳書にボーエン・C・ディーズ『占領軍の科学技術基礎づくり——』（河出書房新社、二〇〇三刊）。病苦にあえぐベッド上で淡々と綴った自伝的詩集『いずも——詩集』（土曜美術社出版販売、二〇〇五刊）を遺した。

(75) 大屋典一《おおやのりかつ》（一九一六—一九八八）。筆名・一色次郎。出版社統合によって〝寄合い所帯〟の國民出版㈱（東京・神田區須田町）で編集者のかたわら福岡日日新聞東京支社（京橋區電通ビル七階）出版局嘱託を兼務。のち一九四四年の暮れ、請われて通称・福日（西日本新聞社）に入社した。

(76) 責任編集・岩本昌久（神戸空襲を記録する会）。

(77) 前掲『東京大空襲・戦災史』第三巻（一九七三刊）所収。経済安定本部（芦田内閣）の総務長官は前・片山内閣蔵相の栗栖赳夫《くるすたけお》（一八九五—一九六八）。同官房〈企画部調査課調べ〉とある当時の調査課長は、のちの経済企画庁総合計画局長で日本経済研究センター初代理事長の大来佐武郎《おおきたさぶろう》（一九一三—一九九三）。国連やOECD経済協力開発機構などを中心とした活動で知られた国際的エコノミストで、さらには第二次大平内閣の外相、ハンガリー政府顧問もつとめた。

(78) 現在の中央区天神一丁目（大丸の福岡天神店西館一〇階）に本社を置く西日本新聞社の前身。一八七七年三月創刊の『筑紫新聞』を三年後に改題した『福岡日日』は、戦時統制による一縣一紙の國策にしたがい一九四三年四月、競合紙『九州日報』（一八八七年に頭山滿が創刊した福陵新聞が前身）と合併した。先んじて一九四二（昭和一七）年八月一〇日付『西日本新聞』創刊号をもって改題。著者自身は本文中で〈福日に入社した〉と書いているが、当時は、すでに題号・社名ともに変更されていることから、あくまでも現場では伝統と馴染みある従来の通用名で、そう呼ばれていたものとおもわれる。

（79）蜂谷道彦（一九〇三―一九八〇）。岡山縣御津《みつ》郡横井村（現・岡山市北区）にうまれた。旧制矢掛中學（現・県立矢掛高校）、第六高等学校から岡山醫科大學を一九二九年卒業した。同醫大講師を経て廣島逓信局診療所の逓信醫（内科）を拝命。一九四二年の廣島逓信病院開設にともない院長となる。著書に英語版"*HIROSHIMA DIARY*"（ノースカロライナ大学出版会、一九五五年八月六日発行）。さらにはドイツ語・フランス語・イタリア語・スペイン語・オランダ語・ポルトガル語・ロシア語のほか一〇数カ国語に翻訳されて一躍、〈ドクター・ハチヤ〉の名は世界的に知られた。「地上最悪の日」の章に始まる五六日間（八月六日〜九月三〇日）の日記をもとに起こした原著『ヒロシマ日記』（朝日新聞社、一九五五刊）は後年、同タイトルの新版（法政大学出版局、一九七五刊）。その新装版（二〇〇三刊）となって、いまも読み継がれている。原著の初出については本文469ページに詳述した。

（80）荒勝文策（一八九〇―一九七三）。京都帝大荒勝研究室の清水榮（のち京大名誉教授、一九一五―二〇〇二）らとともに「F研究」をめぐる秘史を明かした荒勝の証言が読売新聞［編］『昭和史の天皇』第四巻（読売新聞社、一九七五刊）――「日本の原爆」の章に収録されている。また米占領下に押収され、戦後ながらく行方不明だった戦争中の荒勝研究室における〈原子核物理學〉研究データが米議会図書館から発見されたことを二〇〇六年八月二日付のワシントン発〈共同〉は伝えた（同日付『東京新聞』ほか）。清水ら二人の科学者が〈核反応〉をはじめとする原爆の基礎研究に荒勝の下で携わった当時の克明な直筆のノート「実験室覚書2」などの現存することがあきらかになる。

（81）超短波発振用の特殊な真空管のこと。

（82）有末精三（一八九五―一九九二）。畑俊六の獄中手記「原爆を経験す」前掲〔註58〕によれば、「〔参謀本部第二部長の有末中將は一九四五年八月八日〕其界の権威・仁科博士を伴ひ〔ともない〕見舞い旁々〔かたがた〕実情調査の為、来廣したり」とある。戰後、對聯合軍陸軍聯絡委員長。旧陸軍の情報将校らを呼び集めて〈有末機関〉を組織し占領軍との折衝にあたると同時に〈反共・對ソ諜報活動〉に暗躍した。「急いで現地調査に飛ぶ」に始まる「原子爆弾広島へ落ちる」の章を所収の著書『終戦秘史――有末機関長の手記』（芙蓉書房、一九七六刊）がある。日本郷友連盟会長をつとめた。

（83）その至急電報（一九四五年八月一五日発信）の実物は現在、二〇〇五年夏に開館した広島県呉市（旧軍港内）の海事歴史科学館〈大和ミュージアム〉が常設展示している。公式ガイドブック『大和ミュージアム――常設展示図録』（メディアジョン、二〇〇五刊）「呉と原爆」項に所載の電文〈シンバクダンハ　ゲンシカクバクダント　ハンケッス　イサイアト　アラカツ〉を、〈新爆彈ハ　原子核爆彈ト判決ス　委細アト　荒勝〉と訳出・添付した〈庶務係主任　北川印〉は、大本營海軍原爆調査團の一員で故北川徹三博士（安全化學工學）の押印と見られる。二〇〇五年八月の企画展示「原爆と呉」にさいしての寄贈者は、その長男で北川式ガス検知管で知られる光明理化学工業社長（当時）の北川不二男。

(84) 仁科芳雄（一八九〇―一九五一）。死去の翌年にまとめられた朝永振一郎・玉木英彦の共編『仁科芳雄――伝記と回想』（みすず書房、一九五二刊）。後年、同じく玉木と江沢洋の共編による『仁科芳雄――日本の原子科学の曙』（みすず書房、一九九一刊／同じく新装版・二〇〇五刊）がある。

(85) 前身は一八八二年に自由民権運動機関紙として創刊した山陰新聞。一九四一年『島根新聞』と改題（本社・松江市）。戦中・敗戦直後の一時期、讀賣報知（社主・正力松太郎）傘下に入る。のち一九七三年『山陰中央新報』と再び題号を改めて現在にいたる。

(86) 近年では、中根良平・仁科雄一郎・仁科浩二郎・矢崎裕二・江沢洋［編］『仁科芳雄往復書簡集――現代物理学の開拓Ⅲ「大サイクロトロン・二号研究・戦後の再出発」1940－1951』（みすず書房、二〇〇七刊）が編まれて、いまだ知られざる謎の多い日本における〈原爆研究・開発史〉解明のいとぐちとなる第一級史料が日の目を見た。おなじく全三巻『仁科芳雄往復書簡集――現代物理学の開拓Ⅰ「コペンハーゲン時代と理化学研究所・初期」1919－1935』（同、二〇〇六刊）、『仁科芳雄往復書簡集――現代物理学の開拓Ⅱ「宇宙線・小サイクロトロン」1936－1939』（二〇〇六刊）。別巻の『仁科芳雄往復書簡集――現代物理学の開拓［補巻］1925－1993』（二〇一一刊）には全三巻に未収録書簡のほか英文「トルーマン声明」（邦訳）や同じく「原爆攻撃の結果／広島の結果、超要塞〔superfortress＝B29爆撃機のこと〕――グアムからの〔米軍による〕新聞発表」（邦訳）、社団法人同盟通信社内の情報局分室［発行］『（秘）敵性情報』第3号ノ1～8〔本文一一六―一一七ページ参照〕、及び第4、7、9、10～13号の全文、仁科が廣島入りした翌八月九日付に始まる現地調査時のメモ「仁科芳雄ノート――原子爆弾」Ⅰ・Ⅱ（部分）、八月一〇日付の仁科「放射能調査報告」などが収録されている。

(87) 日本文教出版が刊行した評伝に『原子物理学の父・仁科芳雄』という表題が付けられている。井上泉とイシイ省三の共編・著（岡山文庫・二〇〇四刊）。

(88) 圓鍔勝三《えんつばかつぞう》（一九〇五―二〇〇三）。〈日本彫刻界の巨匠〉と呼ばれた。出身地である旧・西国街道沿い山里、廣島縣御調《みつき》郡河内《かわち》村＝現・尾道市御調町に一九九三年、尾道市立圓鍔勝三彫刻美術館（及び、圓鍔記念公園）が創設された。自伝に『続・わが人生』（時の美術社、一九九七刊）がある。

(89) 梅野彪《うめのひょう》は一九一一年、北海道小樽市にうまれた。『新女苑』記者や『新婦人』編集長などをつとめた。横光利一に師事し、文藝家協會会員（同書の刊行当時四一歳）。著書に肉体小説撰『二十世紀のマリア』（久松書店、一九四八刊）ほか。

(90) 佐々木雄一郎（一九一六―一九八〇）。

(91) 佐々木自身が撮影した一〇数万カットからセレクトした本文中『ヒロシマは生きていた』刊行の以前にも、約八万カットを撮りためた時点での三六〇点を収めた『写真記録――ヒロシマ25年』（朝日新聞社、一九七〇刊）がある。同書巻末には、大江健三郎の論考「ヒロシマの持続」。及び、庄野直美［編］「ヒロシマ年表／昭和二〇年～同四五年」が収録されている。對日占領が解除された直後、「原爆廣島の写真記録」と副題に添えた五二ページからなる佐々木［編］の処女アルバム『ヒロシマ *Hiroshima-PHOTOGRAPH*』私家版（一九五二刊）。写真展の図録『〃広島の日記〃――ヒューマニズム・ドキュメント１９４５／20.8.6 *NO MORE HIROSHIMAs*』（サンデーカメラ、一九七三刊）には英文対訳を付した増補版もある（一九七四刊）。

(92) 松重美人（一九一三―二〇〇五）。一九四一年、勤務先の『藝備日日新聞』が『中國新聞』姉妹紙の『呉新聞』に吸収合併されたことから中國新聞（広島市上流川町）写真部に転じ、敗戦まで中國軍管區司令部報道班員を兼務した。一九六六年に中國新聞退社。松重が撮影した写真については、本文中『禁じられた原爆体験』ほか前掲『ヒロシマはどう記録されたか――ＮＨＫと中国新聞の原爆記録』（二〇〇三刊）第三章「あの日の五枚の写真」に委しい。掲載紙『夕刊ひろしま』一九四六年六月一日創刊は改題『夕刊中國』（夕刊中國社）を経て一九五〇年四月、親会社の中國新聞社に吸収・改題された現『中國新聞』夕刊の前身。

(93) 短編小説「あの日のこと」は廣島在住の義姉から同居する作者（美川きよ）の実母のもとへ届いた甥（廣島一中３年）の被爆死を告げる手紙にもとづいて書かれたと見られる創作――『日本の原爆文学⑩――短編Ⅰ』（ほるぷ出版、一九八三刊）所収。作者の体験記ではない。だが、占領当局ＣＣＤの事前検閲によってプレスコード違反の指摘をうける。掲載予定誌『女性公論』二号は田宮虎彦「雨滴」に挿し替えられて一カ月遅れで刊行された（一九四六年七月一日発行）。『女性公論』編集・発行人は三年後の一九四九年に池田書店を創業する池田敏子であった（旧姓・高山／一九〇四―一九八二）。美川きよ（一九〇〇―一九八七）は本名・鳥海清子《ちょうかいきよこ》。代表作に長編小説『女流作家』（中央公論社、一九三九刊）。林芙美子、小山いと子、水木洋子、窪川（のちの佐多）稲子らと陸軍報道班員として一九四二年六月、マレー半島からジャワ・ボルネオ・スマトラ島ほかの〈南方〉激戦地をめぐる。作品集『南ノ島カラ』（文松堂書店、一九四四刊）など。晩年に自伝的長編『夜のノートルダム――鳥海青児と私』（中央公論社、一九七八刊）がある。

(94) モニカ・ブラウは一九四五年、スウェーデンにうまれた。同書（日本語版）刊行当時はスウェーデンの日刊紙『スウェンスカ・ダグブラデト』東アジア特派員（東京駐在）。邦訳者の立花誠逸は一九三五年、青森うまれ。同じく刊行当時は国際関係論専攻の長崎総合科学大学教授・広島大学平和科学研究センター研究員を兼任する社会学者。

(95) 同書には著者の松重美人「あの日から58年（九〇歳を迎えて）」。および「8月6日の道程と撮影地点（地図）」のほか、新藤兼人「声なき声」が収録されている。

(96) 宮武甫《みやたけはじめ》（一九一四―一九八五）。原爆投下後、いち早く（三一歳当時）現地入り、撮影した写真は『アサヒグラフ』一九五二年八月六日号の特集「原爆被害の初公開／原爆犠牲都市第一號」初出。同誌の増刊（一九八二年八月一〇日発行）号「総集編・原爆の記録――1945・広島・長崎」などに繰り返し再録されている。社外にも提供されて飯島宗一・相原秀次「共編」『写真集原爆を見つめる――一九四五年広島・長崎』（岩波書店、一九八一刊）ほかに所収。撮影当時の宮武は中部軍報道班員を兼務する大阪朝日新聞写真部員。在阪の陸軍報道班員と将兵約五〇人で編成された宣伝工作隊の一員として、被爆三日後の九日夕方に廣島入り。〈死臭がひどく広範囲に漂い、日暮れには焼け跡でリンが燃えて鬼気迫る〉……廣島市中に同月一三日まで滞在して撮影した。当時の七二点にのぼるネガは、米占領当局の焼却処分命令に従わず、宮武が秘密裏に自宅で保存していたことから没収をまぬがれた。このネガは宮武の没後、朝日新聞大阪本社に保管されている。「反核・写真運動」編『原爆を撮った男たち――母と子でみる7』未発表のパノラマ写真公開（草の根出版会、一九八七刊）の巻末「原爆災害記録者（及び、物故者）名簿」を参照した。

(97) 〈蒿〉は訓読みで、よもぎ。蒿里〔こうり〕とは、人間の死後、魂が帰する場所との意。葬送の棺を曳く人びとが歌った挽歌を「蒿里（の）歌」という。中国・山東省泰安市の北郊、中国随一を誇る霊峰・泰山〔タイシャン〕の主峰で標高一五三二メートルの玉皇頂

〔ユーファンディン〕の南、泰安市街地にそびえるランドマーク・蒿里山〔ハオリーシャン〕の名に由来する。

(98) 竣工は一九一三年八月。爆心地からの距離は東南へ二六七〇メートル。広島市の「被爆建物台帳」に登録されている。かつて三〇数棟をかぞえた倉庫群のうち、一棟の長辺が九四メートル、高さ一七メートルの鉄筋コンクリート造り・レンガ張り二階建ての四棟が南区出汐二丁目に現存する。戦後、広島大学教育学部の仮校舎や学生寮、日本通運の倉庫などに活用された——以上は、庄野直美［監修］『ヒロシマの被爆建造物は語る——被爆50周年・未来への記録』被爆建造物調査研究会［編集］（広島平和記念資料館、一九九六刊）第一部「図説編」第三章の9項「皆実・宇品地区」を参照した。

(99) この混成合唱曲はCD版『原爆小景〈完結版〉——林光合唱作品集』（フォンテック、二〇〇三発売）に所収。林光は俳優座の作曲家・楽士に始まる演劇・映画音楽、創作オペラや社会批評の発言でも知られた。二〇一二年一月五日死去（行年八〇歳）。

(100) 日本學術會議・原子爆彈災害調査報告書刊行委員會［編］『原子爆彈災害調査報告輯第一分册』（日本學術振興會、一九五三刊）所収「黒い雨——雨域と飛散物進行方向」。

(101) 井伏鱒二《いぶせますじ》（一八九八—一九九三）。本名・満壽二《ますじ》は廣島縣深安郡加茂村粟根〔現・福山市加茂町粟根〕にうまれた。文芸雑誌『新潮』一九六五年一月号初出の「姪の結婚」を全二一回連載。第八回から「黒い雨」と改題して翌一九六六年九月号で完結した。同年一〇月、新潮社より単行本化された。のちに『井伏鱒二自選全集』第六巻に所収。一九七〇年の初版いらい読み継がれている新潮文庫版（解説・河盛好蔵、河上徹太郎）。また中国語版の戦争系列文集『黒雨』柯毅《ケイイ》・顔景鎬《ヤンヂンガオ》［訳］（中国広播電視出版社、二〇〇八刊）。作家・作品論に、川西政明『新・日本文壇史』第六巻「文士と戦争、日本とアジア」（岩波書店、二〇一一刊）の第三八章「井伏鱒二と広島」。おなじく『戦争はどのように語られてきたか』（朝日新聞社、一九九九刊／改題新版『戦争文学を読む』朝日文庫、二〇〇八刊）所収の井上ひさし×川村湊+成田龍一による「井伏鱒二『黒い雨』を読む」などがある。

(102) 東映作品（上映時間一二三分）。英語版題名"Black Rain"（ブラック・レイン）。のち未公開ラストシーン「矢須子の四国巡り」（カラー・19分）とメイキングドキュメンタリーを添付したDVD『黒い雨』デジタル・ニューマスター版（東北新社、二〇〇四発売）がある。

(103) 石堂淑朗は一九三二年、廣島縣尾道市うまれのシナリオ作家。この作品で日本アカデミー賞脚本賞を受賞した。著書に『黒い雨』（演劇ぶっく社、二〇〇一刊）。

いずれも故人となった今村昌平、浦山桐郎、実相寺昭雄などほか同時代の才気溢れる映画監督、批評家の種村季弘（一九三三―二〇〇四）、同じく〈映芸〉の小川徹（一九二三―一九九一）らとの旧交を、満身創痍の齢七六にして赤裸々に綴った自伝的随想『偏狭老人の銀幕茫々』（筑摩書房、二〇〇八刊）として刊行。同書序文に〈あとは冥土で実相寺や今村と逢うだけ〉とのみずからこれを〈絶筆〉と表明して話題を呼ぶ。同書〝遺言〟どおり、三年後の二〇一一年一一月一日、膵臓ガンのため七九歳で死去した。

（104）北村和夫（一九二七―二〇〇七）。劇団文学座の中心的な男優・脚本・演出家。没後二〇〇八年公開された後藤俊夫監督の郷土映画『Ｂｅａｕｔｙ（ビューティー）うつくしいもの』伊那路村長役が本編映画での遺作。今村昌平監督との少年時代に始まる友情は一九六三年の日活映画『にっぽん昆虫記』、一九六八年の日活・今村プロ作品『神々の深き欲望』ほか出演作も多く最晩年までつづく。旧制中學在学中の戦争体験や、杉村春子・太地喜和子ら名女優との交流を軽妙洒脱な一人芝居をおもわせる語り口で綴った自伝的著書『役者人生・本日も波乱万丈』（近代文芸社、一九九七刊）を遺す。

（105）市原悦子は一九三六年、千葉県うまれ。俳優座養成所6期で同期の塩見哲と結婚して本姓・塩見。商業演劇やＴＶドラマ主演での女優業のかたわら、近年は野坂昭如・作の戦争童話集「青いオウムと痩せた男の子」をはじめ自身が選んで収録した〈ＣＤ朗読〉ライブラリーの製作に取り組んでいる（ワンダー・プロダクション発売）。

（106）一九七〇年代に一世を風靡したアイドル三人組キャンディーズのスーちゃんこと本名・小達《おだて》好子は、この作品で第一三回日本アカデミー賞の最優秀主演女優賞ほか各映画賞・主演女優賞を総嘗めにして演技派女優へと見ちがえる脱皮をとげた。同作品はカンヌ国際映画祭高等技術委員会賞を授賞。自身は約一九年余り、近しい周囲にもひた隠しにしつづけた闘病の末、前年に再発した乳ガンのため二〇一一年四月二一日、五五歳の生涯を閉じた。その晩年、極東国際軍事裁判で〈ＢＣ級戦犯〉に問われた岡田資＝たすく＝陸軍中将（東海軍管区司令官）を主人公に描いた大岡昇平の長編伝記小説『ながい旅』（新潮文庫、のち角川文庫）を原作に故・黒澤明監督の愛弟子・小泉尭史が、ロジャー・パルバースとの共同脚本で監督した二〇〇八年三月公開の大ヒット映画「明日〔あす〕への遺言」では水谷愛子役で助演した。主演の故・藤田まことと同様に、この作品が劇場用映画出演の遺作となった。

（107）のち同書は文春文庫（一九八九刊）。堀栄三（一九一三―一九九五）は敗戦後の一九五四年、陸上自衛隊に入隊して情報參謀・陸將補。国外班長、旧西ドイツ防衛駐在官、統幕会議情報室長などを務めて一九六七年退官。ドイツ語を専攻する大阪学院大学講師を経て一九九一年、周囲から請われるまま奈良県吉野郡西吉野村（現・五條市）の村長となる。村長二期目の当選直後にガンのため死去した。

(108) 当時の特情部員で陸軍中尉・太田新生《あらお》は、二〇一一年八月六日放送のTV番組「NHKスペシャル・原爆投下――活かされなかった極秘情報」でインタビューにこたえ、ヒロシマ・ナガサキに落とされた原爆について〈悔しいったらありゃしない。わかっていたんだから。なにか努力のあとがあれば、あきらめもつくのだが、〔自身が傍受をした情報を〕全然使った形跡がない。だから、よけいに悔しい〉……と、忸怩たるおもいを語る（番組収録時九〇歳）。原爆搭載機に限って使用されるコールサイン〈V６７５〉の特定に成功した翌々日の八月八日、帝國陸軍中央では〈マッカーサー參謀〉との異名で知られた堀栄三（情報部第六課米國班、及び、連携する特情部）は梅津參謀總長から「感状」を授与された表彰式に太田も同席した。いみじくも長崎へ、史上二発目の原子爆彈が投下されたのは、その翌九日のことであった。

(109) 松永英美は廣島で悲運の原爆死をとげた朝鮮・李王朝の王孫（被爆時、第二總軍司令部付き陸軍教育参謀中佐）李鍝〔註49〕をめぐるTVドキュメンタリー番組「民族と海峡」（中国放送、一九八九放映）、続編「抗日――日韓併合のかげに」（同、一九九四放映）などを手がけた後年のTVプロデューサー。JNN系列のRCC中国放送報道局次長だった一九九四年に定年退職した。広島在住の映像作家。編著書に実父・西平英夫（一九五四没）がそれを書き上げると間もなく逝った〝苦悩と懺悔の手記〟遺稿を、沖縄本土復帰の年に編んだ『ひめゆり学徒隊の青春』（三省堂新書、一九七二刊）。その改題・増補新版『ひめゆり学徒隊長の手記』（雄山閣、一九九五刊）がある。

(110) 朴壽南が自主製作した記録映画の初監督作品「もうひとつのヒロシマ――アリランのうた」（上映時間五八分の16ミリカラー作品、一九八七年公開）が二〇年ぶりの上映会を機にDVD化された（二〇一三年七月七日頒布開始）。二作目「アリランのうた――オキナワからの証言」（一三二分、一九九一年）から、ながらくの沈黙を破り二〇一一年に映画化した第三作目は、沖縄戰における玉砕（強制集団死）の体験者と朝鮮人軍夫の証言を長期取材（一九八九～一九九二年に撮影した未公開フィルムと二〇〇六年から二〇〇八年にかけて沖縄で取材した証言の収録テープ合せて一二〇時間に及ぶ全記録を一三二分に編集）した長編ドキュメンタリー映画「ぬちがふぅ＝命果報」

（二〇一二年一〇月一三日、大阪シネ・ヌーヴォで封切り公開）。ぬちがふぅとは、沖縄のことばで〈いのちあればこそ〉の意。現在の『アリランのうた』製作委員会は朴の自宅（神奈川県茅ケ崎市香川二ノ三ノ六）内。助監督をつとめた長女の朴麻衣が視力の著しい低下と自立歩行の困難になった現在七七歳の本人に代って全国各地での上映会を推進する製作委員会の事務局運営にあたっている。同製作委員会が出版元となって『鎮魂』（韓国人慰霊塔奉安会、一九七八刊）を部分復刻した金元栄『或る韓国人の沖縄生存手記』序・朴壽南（一九九一刊）。ほか著書に『ドキュメント日本人・アンチヒューマン』（学芸書林、一九六九刊）。また、小松川高校一年（一八歳）で女子高生らを殺害した犯行を認めて死刑囚となった在日朝鮮人少年の李珍宇が絞首刑を執行される（行年二二歳）までの四年間に、胸中を綴って同胞の朴壽南とかわした書簡集で［編著］『罪と愛と死と』担当編集者・井家上隆幸（三一書房、一九六三刊）はベストセラーとなる。ところが同書は編者（朴壽南）の申し入れによって絶版。以来一〇年が経過して、あらたに大出俊幸が編集した改訂・増補新版『李珍宇往復書簡集』――小松川事件の上告審にいたるまでの公判記録、及び「解説」にくわえ、絶版一〇年の空白を埋める書き下ろしの補説「二重の否認と追放を生きて」収録（新人物往来社、一九七九刊）――として日の目を見た。一九六六年六月号『部落』初出の住井すゑとの対談「朝鮮・部落・女性」を収録した『橋のない川に橋を――住井すゑ対話集1』（労働旬報社、一九九七刊）などがある。

（111）　金井利博（一九一四―一九七四）。九州帝大を卒業後、朝日新聞社に入社三カ月余りで召集されて退職。中国東北部で陸軍中尉としてソ連軍に武装解除され、シベリアに抑留後、一九四七年帰還して中國新聞に入社した。論説委員（のちに論説主幹）の一九六四年八月五日、広島市での原水爆被災三県（広島・長崎・静岡）連絡会議で〈原爆は「威力」としてだけ知られた〉――〈原水爆は人間的悲惨の極〔きわみ〕としてはいまだ知られていない〉と「原水爆被害白書を国連へ提出の件（文化人・学者部会提案）」を起草して、それぞれの被爆実態を伝える『被災白書』づくりを提唱。みずから有志を募って原爆被災資料広島研究会を立ちあげた。同研究会の編集委員会が編んだ『原爆被災資料総目録』第一集「原爆慰霊碑・原爆遺跡・物品・資料・遺品・放送（NHK）・美術（絵画）・文学」（同研究会、一九六九年八月六日発行）、第二集「官公庁文書・中国放送（RCC）・広島テレビ（HTV）・映画・音楽」（同、一九七〇年同日発行）、第三集「原爆手記――広島の部」（同、一九七二年一〇月二五日発行）へと結実した。對日占領下のプレスコードに封じられて沈黙を強いられた苦難の経験（それでも地元の若い文学者たちの発掘や廣島ペンクラブ創設など反核文学に託した静かなる抵抗としての、〈人間的悲惨さ〉をうったえる方向性を見いだして、原爆報道の礎をなしたジャーナリストのひとり。自身が語る「ヒロシマ記者の足跡」は一九六五年五月号『文藝春秋』に掲載された。名著『核権力――ヒロシマの告発』の題名ともなった〈核権力〉、あるいは〈核の脅威〉というコトバじたいが、大江健三郎によれば金井自身の〈硬いこころざしというか、ますらおぶり〉によって最初に発せられた造語であり、その思想的核心をなしている（一九六五年八月刊『ヒロシマ・ノート』著者の大江健三郎から金井本人宛て一九六五年四月一六日消印の私信ハガキ、及び一九八三年一〇月二一日付での金井未亡人・満津子宛て書簡＝長男・宏一郎が寄贈して広島大学文書館が所蔵する八〇〇〇点の「金井資料」〔二〇一〇年三月八日付『中國新聞』掲載記事「大江さん書簡／きずな物語る／故金井さんの仕事称賛」〕から）。学芸記者としての面目躍如たる著書に、中國新聞連載の単行本化『鉄のロマンス』小倉豊文「序」／宮本常一「発刊によせて」、巻末に「鉄の物語に關する文献目録」を付した〔四反田《したんだ》十一、一九五五刊〕がある。

(112) 平岡敬は一九二七年、大阪市住吉區にうまれた。朝鮮・京城〔現在の韓国ソウル〕の旧制中學から廣島高校、早稲田大学文学部を卒業。中國新聞入社九年目の一九六〇年、学芸部に配属されて原爆担当記者となる。のちの著書『希望のヒロシマ――市長はうったえる』〔岩波新書、一九九六刊〕Ⅳ章「ジャーナリズムを問う」によれば、〈私は当時学芸部長であった金井利博氏から、大きな影響を受けた〉。完結までに五年を費やした『原爆被災資料総目録』全三集〔前掲・註10〕編集委員会に参画するなど、同僚の大牟田稔〔後掲第五章３５６ページ〕とともに同紙〝金井学校〟門下。同紙の編集局長から中国放送に転じて専務、同社長を経て一九九一年の統一地方選挙で広島市長に当選した〔在任は二期八年〕。著書に『偏見と差別――ヒロシマそして被爆朝鮮人』〔未來社、一九七二刊〕、『無援の海峡――ヒロシマの声、被爆朝鮮人の声』〔影書房、一九八三刊〕、『時代と記憶――メディア・朝鮮・ヒロシマ』〔影書房、二〇一一刊〕など。

(113) 栗原貞子〔一九一三―二〇〇五〕。第二章〔註26〕参照。

(114) 庄野直美〔一九二五―二〇一二〕。廣島縣山縣郡戸河内村〔現・山県郡安芸太田町〕にうまれた。旧制廣高から九州帝大理学部に入学した年の夏、原爆投下の三日後に家族の安否をたずねて帰省。さいわい両親との再会は果たすが、入市して被爆直後の凄まじ廃墟をまのあたりにする。と同時に残留放射能による二次被爆を負う。著書『ヒロシマは昔話か――原水爆の写真と記録』解説・大江健三郎（新潮文庫、一九八四刊）に自身は九大卒業後、理論原子物理学を専攻し〈おなじ物理学者が核兵器を開発した罪について考えるようになる〉とするす（当時、広島女学院大学教授）。おもな著書に『人類共存の哲学』学術叢書（日本図書センター、二〇〇二刊）。同じく『人間に未来はあるのか――ある物理学者の問い』（勁草書房、一九八二刊）。病理学専攻の医学博士飯島宗一（広島大学学長）との共著『核放射線と原爆症』（日本放送出版協会、一九七五刊）。坂本義和との共同監修による『日本原爆論大系』全七巻〔編集・解説〕岩垂弘、中島竜美（日本図書センター、一九九九刊）――その第七巻「歴史認識としての原爆」巻末に「付・核問題関連年表〔1937～1998〕」が収録されている。

(115) 姜在彦《カンジェオン》著の大阪書籍版『日本による朝鮮支配の40年』（朝日カルチャーブックス17）は九刷を重ねた後、朝日文庫に入った（朝日新聞社、一九九二刊）。

第二章　無慾顔貌を黙殺した〈ヒロシマの凄惨〉隠し

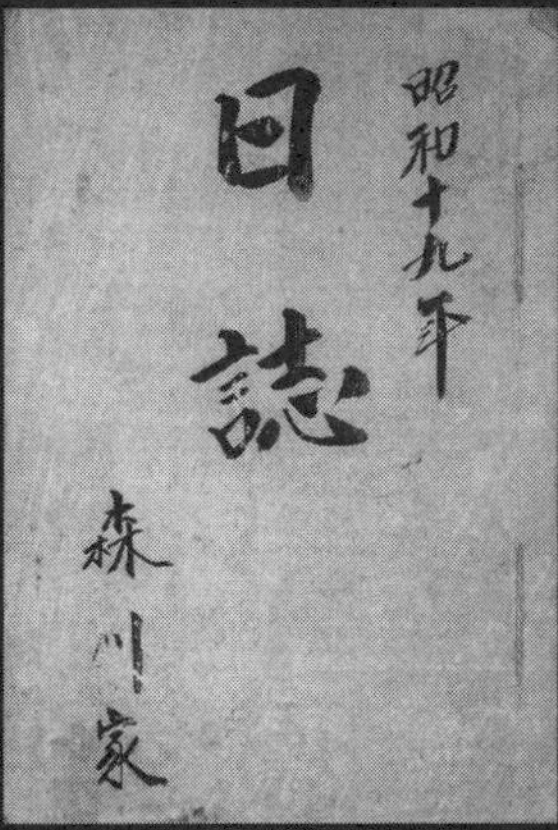

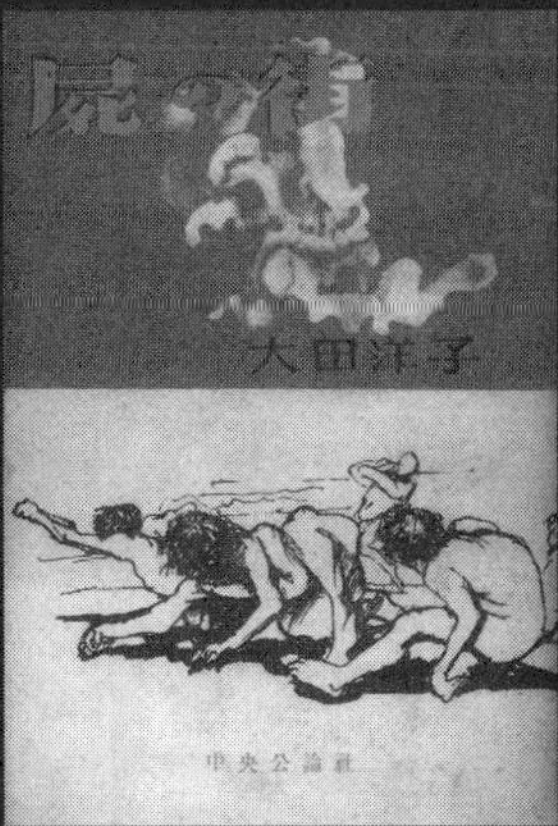

●禁じられた原爆体験

爆心（地）から直線にして東南へ約一七〇〇メートル離れた、平野町七三七番地ノ五（南東に御幸橋を臨む現・中区平野町の京橋川畔）の自宅内で被爆した歌人・正田篠枝＝本名シノヱ（当時三四歳）は、ピカの惨禍ただなかに遭遇した体験を、こう詠んだ。

〈ピカッ　ドン　一瞬の寂《せき》　目をあければ
　修羅場と化して　凄惨のうめき〉——

こう詠み始まる短連歌「噫《あ》！　原子爆弾」は全八首からなる。

一九四七（昭和二二）年一〇月、検閲当局CCDの目をぬすみ、秘密裏に上梓した私家版で全篇一〇〇首からなる処女歌集『さんげ』[1]序・杉浦翠子（ひろけい印刷所）冒頭の一首である。

これは、ガリ版刷りの歌誌『不死鳥《フシドリ》』第七號（一九四六年八月）日本降伏一周年記念號に掲載されて全三九首で構成した正田篠枝・作「唉《あ》！　原子爆弾」が原歌となっている。

〈ピカッドンと　一瞬の間の　あの静寂《しじま》
　修羅場と化するときの　あの静寂〉

中央歌壇で藤浪短歌會を主宰する杉浦翠子は一九四四（昭和一九）年一一月、政府・情報局主導による歌誌統合の、うけ容れを拒んで、歌誌『短歌至上主義』[2]の廃刊を選択した。戦後、同誌が復刊なるまでの間、疎開先の信州軽井沢の〈山墅《さんしょ》・翡翠《ひすい》荘〉から、手刷り一二〇部余りの小冊子を郵送によって配布する歌誌『不死鳥』はつないだ。

歩行困難な裂傷を負って焼け出された篠枝は同居の父・逸藏（当時六三歳）たちと、通常の道のりならば二〇キロメートル余りの西郊、佐伯《さえき》郡大野町赤崎（現・廿日市市宮島口）の別荘・宮島口山荘へ、火がまわって橋の落ちた陸路は絶たれ、川すじを船で逃れる。京橋川の河口から廣島湾へと出た。ところが、罹災者を満載したポンポン船は焼玉エンジンが故障し、あまんじゃく（天の邪鬼）伝説で知られる小島（津久根島）の手前から舵を切って宮島沿線の井ノ口《いのくち》海岸・軍用桟橋附近に上陸した。海沿いの観光道路（現・国道二号線）には、手負いの被災者が、あてどなく落ち延びゆく悲惨な歩行の列をつらねた。

戦時中の一九四〇年に三七歳で病死をした夫・高本末松とのあいだにもうけた長男の槙一郎は、このとき國民學校五年（一〇歳）になっていた。同級生らと集団で親もとを離れ、縣北の山縣郡都谷村《つだに》（現・山県郡北広島町都谷地区）に學童疎開をしていて市内の家には不在だった。

かくして、別荘に逃れた直後から原爆を詠んだ歌稿は、年の瀬にかけて推敲をかさね、あくる正月には〈廣島の歌の師〉とあおぐ山隅衛（五一歳）[3]を訪ねて講評を請うたのだったが、あにはからんや言下に、〈これは短歌ではない〉と一蹴されてしまう。

ただし、後年の篠江自身による述懐だけで、じつのところ師弟やりとりの子細は定かでない。にべもなく冷徹に斥けたという山隅の真意は藪の中だが、たしかに折からのアメリカの對日占領下、緊迫する（敗戰國民はといえば概して萎縮した）時流に決然と身を賭してあらがう覚悟なくしては到底、その発表がゆるされざる歌稿であった。

廣島で歌誌『晩鐘』を主宰する山隅（戰時統制によって一九四五年五月から縣下の同人誌を統合した詩歌誌『みたみ』発行人）自身、印刷用紙の確保もままならない出版資材の窮乏と、占領当局CCDによる検閲とが両手足を縛る歌誌発行〈存亡の危機〉に直面していた。早くも一九四五年一一月『みたみ』二号と『晩鐘』の合併号を刊行したことから事後検閲は始まる。

篠枝が山隅のもとへ、その歌稿を持って訪ねたのは、ちょうど一九四六年一月『みたみ』を廃刊し、歌誌『晩鐘』復刊第一号の発刊へと、こぎ着けた当時のことだった。それ以降もまだ『晩鐘』誌は手ずからガリ版を切っての粗末な謄写版印刷の、うすっぺらい合併号がつづく。被爆一周年記念号となる同年八月号で、ようやく表紙もつけて歌誌としての体裁がととのう。

発行日が遅れて、九月八日に刷りあがった八月号を福岡の第三地區検閲局（刊行物検閲係）宛て郵送で提出した。折り返し当局からはプレスコード違反を通達する〈覚書〉が届く。同号掲載の小日向定次郎[4]「八月六日のことども」のほか、復員にかんする四首、原爆と天皇にふれた次の二首がプレスコード（第二条、及び第七条）違反に問われて発禁処分をうけた。

〈天災の　幾星霜〔いくせいそう＝幾歳月〕を

凌ぎ來し
老樹も空し　原子力の前に　〔北川勇〕〉
〈日の本に生まれしわれの　さきはひ〔幸い〕は
敗れてなほ大君の在はす　〔鈴木光枝〕〉

——前掲『禁じられた原爆体験』の第八章「検閲文書にみる原爆体験と天皇体験」から

小日向定次郎は一九四二年に廣島文理科大學教授を退官した英文学者で〈是因〉と号す随筆家・歌人としても知られた『晩鐘』同人。老妻とふたり住まいの自宅二階で机に向かっていた被爆時には七二歳と高齢のうえ〈被爆の数カ月前から、栄養失調と坐骨神経痛でほとんど歩けない状態〉で被災した。対岸が牛田町〔現在の東区牛田南〕で神田川〔現・京橋川〕畔の土手まで〈半町〔約五五メートル〕と離れていない常磐橋の近く〉という本人の記述からすれば、小日向夫妻の住まいは白島九軒町《はくしまくけんちょう》であったと見られる〔爆心地から東北へ半径一・七キロメートル圏内の地域〕。

この老学者は〈てつきり自分の家が爆彈にやられたのだ、后《あと》できいたことだが誰もが、何家《どこ》の人もがさう思つたのだつた。原子爆彈なんて誰か考へよう。〔中略〕自分の最初の歌に光、響と書いた。ぴかどんと読んだら、実感が出るやうな気がする〉との、いつわさらざるおもいを、この一三首からなる施頭歌《せどうか》「八月六日のことども」の、はしことば〔端詞〕にしるす。

〈光、響、またたくまなくかしこまり居し
背後《うしろ》より衝かれしごとく平伏せり我は〉

と、〈何とも形容のない、恐ろしい強い力に打たれ〉て自身が昏倒した〝その瞬間〟を詠む〔同『禁じられた原爆体験』〕。一〇〇〇首余にのぼる自身の歌稿や蔵書の、いっさいが灰燼に帰した。妻とふたり、いのちからがら逃げ延びる。ただ一冊だけ手もとに残った手帳に書きとめた冒頭の一首が、ことばなく〈光、響〉に茫然自失した境地をあらわしている。

より爆心地に近く、東北へ一キロメートル余りの幟町一六二番地〈原商店[5]——店舗兼、長兄原信嗣の宅内〉に在って被爆したのは詩人で小説家の原民喜[6]〔同三九歳〕。この文人は、早くも翌七日、燃え盛る市中をまのあたりにしながら野外で夜を明かした避難先で、やはり逃げるさいに一冊だけ携えていた手帳に、ビッシリと克明な原爆の罹災〔被災〕記録を綴っている。

〈8月6日8時半頃
突如、空襲、一瞬ニシテ全市街崩壊
便所ニ居《オリ》テ　頭上ニ　サクレッツスル音アリテ
頭ヲ打ツ次ノ瞬間　暗黒到来〉……
というメモにはじまる〔原文ママ〕。同日分のメモを現代語に訳して読んでみると、
――薄明りのなかに見れば家は壊れ、すべての物は飛散している〔以下、文責在引用者〕。
〈異臭が鼻をつき、目のほとりから出血している。恭子〔民喜の実妹――引用者・註〕の姿を見つける。〔パンツも履かず〕丸裸なので服をさがす。上着はあったがズボンがない。
達野〔原商店従業員のひとり〕が顔面を血まみれにしてやってくる。江崎〔同上〕は負傷をうったえる。座敷の縁側にて〈持逃のカバン〉を拾う。
倒れた楓の木のところから〔倒壊した〕家を踏み越えて泉邸《せんてい》〔旧浅野藩の別邸庭園＝現在の縮景園〕の方へ向かい榮橋のたもとに出る。道々、すでに火が出ている家々もある。泉邸の竹藪はなぎ倒されている。そのなかを進んで川上の堤〔土手〕へといたる。
学徒一〇数人余りの集団と出逢う。ここで兄〔長兄・信嗣〕の姿を発見する。向こう岸の火は熾《さか》んなり〔激しく燃えている〕。
雷雨あり。川を見て吐き気をもよおす。〔無数のひとが火焔に追われ、川に入っている〕川は満潮。〔上流の鉄橋で脱線・転覆した貨物列車から落下した〕玉葱の箱が浮かび来る。
にわかに竜巻が起こり泉邸の樹木が空に舞いあがる。カンサイキ〔艦載機〕飛来するとの虚報あり。
向こう岸の火も静まり、対岸に渡ろうとするが、河岸には爆風による重傷者や川に浸かって、息たえた人の群れ……。〉
原文では〈惨タル風景ナリ〉とむすぶ。この末尾には、〈ココマデ七日　東照宮野宿ニテ記ス。以下ハ八幡《やはた》村ノ二階ニテ〉
と、パーレンで囲み、付記している。
要するに八月六日午後、神田川の河原から筏《イカダ》を操って渡河。向こう岸の市北東部〔廣島驛の北側、旧・大須賀村と長尾村とに跨がる〕にあたる二葉里《ふたばのさと》にひろがる

東錬兵場（周囲約四キロメートル）と騎兵第五聯隊（被爆時、第二總軍司令部）のあいだをつらぬく〈櫻ノ馬場〉奥手に鎮座する〈東照宮〉の境内（現・広島市東区二葉の里二丁目）附近に野宿して、兄や妹たち家族と二晩を過ごす。

三日後、次兄・守夫らと雨露を凌ぐため長兄が用意してくれた佐伯郡八幡村寺地＝てらじ＝（現・広島市佐伯区五日市町寺地）の仮住まいへと馬車に揺られて落ち延びる。そこで同年秋に書きあげたのが短編「原子爆弾」であった。のちに「夏の花」と改題（GHQの検閲を意識して本文三カ所を削除）して『三田文學』一九四七年四月号に発表した。

手帖に綴った被災時の記録は、すでに作品の骨格をなし、たんなるメモの域を超えた草稿となっている（不朽の名作長篇『夏の花』(7)第一章にあたる）。

没後二八年目にして編まれた『定本原民喜全集』別巻（青土社、一九七九刊）所収の初公開「原爆被災時のノート」がそれである(8)。

のちの『新編／原民喜詩集』（二〇〇九刊）巻頭グラビアに〈手帳〉現物カラー写真複製版「原爆被災時のノート」所収。また、広島文学館ホームページには現在、おなじく複製の電子化資料〈手帳三冊分・全ページ〉が一般公開されている。

前年の九月に愛妻（三三歳）を肺結核のため亡くした失意の原民喜は、千葉市登戸《のぶと》の住まいをたたんで一九四五年一月、郷里廣島の実家に疎開する。やがて妻の新盆がめぐり来て、その墓前に〈何といふ名稱なのか知らないが、黄色の小瓣の可憐な野趣を帯び、いかにも夏の花〉を手向けて二日後、まったく予想だにしない原子爆弾テロに遭遇した。

亡き妻貞江の実弟は同郷の後輩で、本名を永井善次郎という（一九一三―一九七九）。義弟の筆名は佐々木基一である。折しも、翌一九四六年一月の創刊を目指す文藝雑誌『近代文學』では〈創刊七同人〉のひとりに名をつらねる。

あとの六人は山室静（一九〇六―二〇〇〇）、平野謙（本名・朗、一九〇七―一九七八）、本多秋五（初期の筆名・高瀬太郎ほか、一九〇八―二〇〇一）、埴谷雄高（本名・般若＝はんにゃ＝豊、一九一〇―一九九七）、荒正人（一九一三―一九七九）、小田切秀雄（一九一六―

二〇〇〇）。かれら七同人のあいだで回読された短編「原子爆彈」（のち改題「夏の花」）は衝撃を呼ぶ。異口同音に〈すぐれて後世にのこる作品だ〉との高い評価をうける。

ところが、對日占領下プレスコード〈新聞・雑誌條令〉による厳しい検閲をクリアすること（原爆の惨状を取り扱った作品の発表）は、同人の総意による〈現実的に不可能〉だとの発禁処分を回避する判断から、『近代文學』創刊号（発行部数約一万部）への掲載は見送られた。

改題「夏の花」（第一章）が日の目を見たのは一九四七年六月号『三田文學』誌上でのことである。引きつづき同誌の同年一一月号に「廢墟から」（第二章）を発表した。

ひとり亡き妻を一周忌の墓前に偲ぶ長編『夏の花』最終章「壊滅の序曲」（一九四九年一月号『近代文學』初出）を作者は、こうむすぶ。

〈暑い陽光《ひざし》が、百日紅《さるすべり》の上の、静かな空に漲《みなぎ》つてゐた。……原子爆彈がこの街を訪れるまでには、まだ四十時間あまりあつた〉。

作者いわく、この三篇は〈正・續・補の三部作〉で、さらには単行本化『小説集・夏の花』ざくろ文庫版（能樂書林、昭和二四年二月二〇日發行）にくわえた短編「小さな村」、同「昔の店」や「氷花」もまた、それぞれが三部作とつながりのある廣島での〝原爆体験〟を経てうまれた作品である。〈この書は稀有な體驗の紀念〉と自称する作者は〈罹災直後、ひどい衰弱と飢餓のなかで私はまづ「夏の花」を書いたが、「廢墟から」はその翌年ひだるい軀《からだ》を石油箱の机に鞭打ちながら書いた。その他の四篇も上京後、赤貧と窮死に追詰めながら仕上げた。かくいふ滅茶苦茶の條件の中でものが書けたといふことも、私としては稀有のことであつた〉。その第一章「夏の花」で、〈私は厠《かわや》にゐたため一命を拾った〉と書く作者の心象風景は、そのまま変化を来さず、やがて被爆五年七カ月後には鉄道自殺をとげる。事実上の絶筆となった短編「心願の國」が収斂して物語る。

敗戦直後の一九四五（昭和二〇）年秋に執筆された原民喜「夏の花」（原題「原子爆彈」）と同じころ、やはり女流作家の大田洋子（当時四二歳）もまた、それを一心不乱に書き下ろした作品「屍の街(9)」のなかで、みずからの原爆体験を次のように描く。

――私は蚊帳のなかでぐつすり眠つていた。〔中略〕そのとき私は、海の底で稲妻に似た青い光につつまれたような夢を見たのだつた。するとすぐ、大地を震わせるような恐ろしい音が鳴り響いた。雷鳴がとどろきわたるかと思うような、云いようのない音響につれて山上から巨大な岩でも崩れかかつてきたように、家の屋根が激しい勢いで落ちかかつて来た。気がついたとき、私は微塵に砕けた壁土の煙の中にぼんやりとたたずんでいた。ひどくぼんやりして、ばかのように立つていた。苦痛もなく驚駭＝きょうがい＝もなく、なんとなく平氣な、漠とした泡のような思いであつた。朝早く、あんなに輝いていた陽の光は消えて、梅雨どきの夕暮れかなんかのように、あたりはうす暗かつた（「運命の街・廣島」の章から）。

一九四五年の一月初旬、空襲の激しい東京を離れ、廣島に住む妹宅に疎開していた大田洋子は八月六日朝、市内白島九軒町（前掲・爆心から北東へ約一四〇〇メートル）の末妹・中川一枝（二六歳）宅で、実母トミ（六八歳）と妹、妹の女児（生後八カ月）とともに被爆する。

――東京の借家を引き払い郷里の廣島に疎開すると洋子は、しばらくして〈四月から内臓の不調で市内の日赤病院外科に入院、八月六日の一〇日前に退院。さらに田舎に疎開するつもりで荷をととのえていた〉矢先のことだった（江刺昭子［編］「大田洋子年譜(10)」から）。

おなじく「運命の街・廣島」の章には、こうも書いている。

〈あたりは静かにしんとしていた。（新聞では、「一瞬の間に阿鼻叫喚の巷と化した」と書いていたけれども、それは書いた人の既成観念であつて、じつさいは人も草木も一度に皆死んだのかと思うほど、氣味悪い静寂さが襲つたのだつた）――〉。

洋子は二階で就寝中、全壊した木造家屋の下敷きになったものの自力で脱出し、外傷は右頬と耳に、かすり傷を負ったていどの自覚しかなかった。洋子の一家は、着の身着のままで近所の墓地に集まるが、まもなく迫り来る火の手に追われて、さらに避難。神田川（現・

京橋川）の河原で三晩ほど野宿したのち、地縁を頼って廣島市西方の山中、その村域九割以上が山林という、洋子が幼少のころをすごした佐伯郡玖島《くじま》村へと逃れた。（11）

●人類史上初の被爆体験記

この期に及んで、なおも米軍B29の爆音が上空にとどろく。白島側の土手から対岸へ通じる鉄橋を〈避難民のような人〉の群れがゆく。ほとんどが負傷者ではない。〈行列はアメリカの爆撃機が眞上にいるのに線路から下りてくるでなくぞろぞろ歩いていた〉。線路は寸断されている。区間運休となった列車の乗客たちが我れ先を急いで瓦礫の散乱する軌道上をゆき交う。

市内デルタ地帯で七本の川に分流する手前の太田川（本流）と神田川を二基の鉄橋でまたぐ山陽本線は、廣島驛をはさんで下り方面の横川《よこがわ》と、上りは海田市＝かいたいち＝の間、營業粁程にして九・四キロメートルが、九日午后の運転再開まで不通になっていたからである。

あたりいちめん死屍累々の焦土を、押し黙ってちからなく〈私は体中が痛いので、あやつり人形みたいに、よじよじと歩い〉て横川驛へ向かう——〈歩いて行く先ざきに死體があった。死體は歩いて行く道でもない道を、ほとんど塞いでいた。〔中略〕死體は半ば頽〔くず〕れ、すっぱいような火葬場の匂いをただよわせた。今息をひきとったばかりらしい死體には、治療の油藥が陽の光にぴかぴかとぬれ光っていた〉。

三篠橋をわたる——〈いつも〔西づめに向かって歩く〕左手に見えていた寺町の、あの偉觀であった何百軒の寺々もかき消えていた〉。横川驛の北側にあたる三篠町の三篠神社が〈肌の焼け焦げた巨樹の胴だけを空につきあげて、神社も母屋もあらゆる建物が焼きつくされてい〉るのをまのあたりにする。次妹・礼子（二九歳）の婚家だった。妹は四人のこどもたちと疎開していたが、居残った神官の夫と長男（母トミにとっては孫のひとり）の消息はわからない。

製針業の町工場が点在する三篠町から太田川畔にかけて鉄道の引き込み線が延びる横川町・楠木町（爆心の北西約一・六キロメートル余）界隈といえば、上流部で伐採された原木の製材所が軒をならべ、軍都の経済活動を支える水陸物流の要衝にひらけた倉庫街。

〈あたりには飴の煮詰まるような匂いがしていた。なんの跡とも知れぬ〔じっさいは〈隠退蔵物資〉の砂糖を大量に蓄えた倉庫の〕焼跡では、石綿みたいでもあり、塩のようでもある眞白いものの小山が、ぺろぺろと赤い舌を出してさかんに燃えていた〉。かたわらを歩いていた見知らぬ男が問わず語りに、あの右側の倉庫には砂糖が山と蓄えられていたというのである。

〈あれは砂糖の焰ですな。紅蓮の砂糖の炎ですよ〉……。かくいう男が、いま目のまえで燃えている倉庫に勤めていたと聞いた妹は、さも口惜しそうにつぶやく。

〈腫れつぶれて糸のようになった眼をちらりとそちらにあげて、「焼くくらいなら配給してくれればよかったのに。」……〉と。息づまる炎天下、苦痛に耐えての逃避行さなか作家の観察眼がとらえた情景描写は、なにもかもを見透かしたようにおそろしく生なましい。

驛近くに大天幕を張って負傷者が群れなす救護所に隣りあう〈瓦礫の山の上に、男や女、老人やそして子供や赤ん坊の死體が、猫の死体でもあるようにかためて積んであった。どんなに死體に見馴れていても、その死体こそは眼をそむけないではいられなかつた。天幕もなく死體収容所と書いた板切〔れ〕が立つてゐるだけで、かつと光る眞夏の太陽に照らし出された死體の丘には、裸の四股を醜くひらいて空を睨むように死んでいた若い女もあった。どの死體も腫れ太って、金佛《かなぼとけ》〔銅などで鋳造した仏像〕の肌のように眞っ黒に焦げている——火事で焼けたのでなく青い閃光のために、そしてあの光は直接には熱さを感じなかった———〉。

午后四時〇〇分発の予定が告げられていた下り列車は、遅延すること二時間の六時ころ、驛舎を焼失してプラットホームだけとなった構内に滑り込んできた。己斐と五日市に各驛停車して約四〇分。ようやく廿日市にたどり着く。約一五キロメートルの道程を移動するのに半日を費やす。

罹災者を満載した〈人間の貨車〉だと、この作家が呼ぶその列車内での落ちぶれた人間模様こそが、こと、ここにいたっての、もはや絶望的〝ゆく末〟を暗示していた。

〈通路には負傷者たちが折り重なつてゐた。生きたまま押しつぶされたやうな人々は、なんにも喋舌らなかつた。沈んだ様子で押し黙り、こんどの特徴の痴呆状態をあらはに見せて、呼吸も充分にはしていない恰好をしてゐる。廣島よりも東の、廣島のことをよく知らない、遠くから來た乗客たちも、やはりばかのやうな顔をして、じろじろと車内の負傷者を見たり、窓の外を眺めては眼の醒めたやうな表情になつたりしていた。そしてほかの土地から來たらしい青年將校の一群は、白い手袋の手を例の板〔紫紺の袱紗《ふくさ》に包んだ〈御眞影〉の額〕の上に重ね、冷やかな態度で、重傷の罹災者たちに席をゆずることもしなかった〉。

　市中から逃れてきた重軽傷者たちで溢れ返る廿日市から先、玖島村までの乗合自動車＝バス便〔元・マキノ自動車──一九四三年四月から縣西部の郊外バス事業者八社が統合されて廣島電鐵バス〕が出る廣電宮島線の停車場前で、翌日の便を待つしかないのだとおもい知るころ、とっぷりと夏の日は暮れた。街の灯は点らず依然として〔敗戰の日まで〕つづく燈火管制の闇につつまれる。

　廃業した旅館の二階を間借りして急場を凌いだ一カ月余りのち、こんどは同郡玖島村に隣接する友和村《ゆうわそん》河津原〔同じく現・廿日市市の山間部〕の知人・江島宅に身を寄せる。

　ピカに灼かれた、にんげんの、ありさまを、くり返し反芻して、ひたすら紡ぎつづける。

　しだいに秋ふかまりゆく山あいの仮住まいから、村で一軒だけの柴田醫院〔友和村河津原〕の老院長を訪ねては、村へ避難をして來て治療をうけている被爆者たちの刻々と変化する症状や、彼らの消息などについて耳を傾けた──〈十何年ぶりで村へ歸って來た私は、治療に行くと父とでも語るやうに〉話し合う。

　柴田醫師は亡義父の親しい友人だった。廣島市中へと出かけてゆき、山をなす瓦礫に覆われて遺骸の片付けすらまだ、すべては終わらない廃墟の街を直視しながら作家は歩きまわった。山里に帰り着くとまた、文机に向かって一心不乱に書きつづけた。

　みずからの脳裏に焼きついた渦中の情景がよみがえる。

　──〈もうどの人の形相も変り果てたものになつ

ていた。河原の人は刻々にふえ、重い火傷の人々が眼立つようになつた。はじめのうちはそれが火傷とはわからなかつた。火事になつていないのに、どこであんなに焼いたのだろう。ふしぎな、異様なその姿は、怖ろしいのでなく、悲しく淺ましかつた。せんべいを焼く職人が、あの鐵の蒸焼器〔てんぴ〕で一様にせんべいを焼いたやうに、どの人もまつたく同じ焼け方だつた。普通の火傷のように赤味がかつたところや白いところがあるのでなくて、灰色だった。焼いたというより焙つたようで、焙つた馬鈴薯の皮をくるりとむいたように、その灰色の皮膚は、肉からぶら下がつているのだ〉。

——〈ほとんどの人が上半身はだかであった。どの人のズボンも、ぼろぼろになっていたし、パンツ一つしかつけていない人もあった。その人々は水死人のようにふくれていた。顔は重々《おもおも》しくふくれ、眼は腫れつぶれて、眼のふちは淡紅色にはぜて〔裂けて〕いた。どの人もみな、蟹がハサミのついた両手を前に曲げているあの形に、ぶくぶくにふくれた両手を前に曲げ空に浮かせている。そしてその両腕から襤褸切れのように灰色の皮膚が垂れさがつているのだ。頭の毛は椀をかぶつた恰好に戦闘帽から出ていた髪がのこり、耳の傍らから後頭部にかけての毛は、剃りとつたように、くつきりと境目をつけて、なくなつていた〉。

洋子は〈年若い兵隊〉ら、おびただしい犠牲者の群れを、まのあたりにする。

——〈この不思議な負傷を負った犠牲者たちたちは、いつか太陽に焼かれている河原の熱砂の上にころがつていた。眼が見えないのだ。このようであつても、阿鼻叫喚はどこからも起こらなかつた。酸鼻〔さんび＝むごたらしく、いたましい〕という言葉もあてはまらなかつた。それは誰もがだまつているからであつた。兵隊たちもだんまりで、痛いとも熱いとも云わないし、怖ろしかつたとも云わないのだつた〉。

——〈熱い色砂の上には、点々と人が坐り、佇《たたず》み、死んだように横たわつていた。火傷の人が吐きつづける音に神経をたまらなくした〉。〔中略〕街じゅう〈全市に火災の火群がくるめき出し〉て、自宅の方角に〈燃え立つ火柱が立ち並んだ〉。〈土手の官有地の豪華な住宅〉も〈向こう岸の上の家〉も燃え始める。〈その向こうの白い塀をへだてて饒津《にぎつ》公園に高い火柱が〉立つ。

突風が火焔を煽る。竜巻も発生した。

そしてまた、宙に舞い散る〈火の粉と云えば、小さい火の粒かと思つていたが、強風に吹きまくられて來るその火の粉は、眞つ赤に燃えている襤褸切《ボロキレ》や板の端であった。空はいっそう暗く夜のようになり、黒い雲のかたまりの中から、太陽の赤い球がどんどんと下の方へさがってくるように見えた〉光景が忘れられない。

〈やがて大粒の雨が降った〉。

その雨の雫は、いわく〈うす黒かつた〉。

そして、ときが停止したまま、いつの間にか夜が来る。

しかし依然として燃えつづける〈火事の照り返し〉のために、街も河原も赤く染まる。

――〈山火事は峰から峰を伝つて華やかな色に燃えつづけていた。夜ふけても負傷者の手当てには、どこからも來なかつた。方々から湧き起る、低く重い人間の呻き声を縫つて虫の音がきこえた〉と「運命の街・廣島」の章をむすぶ。


その一五日後、聯合國占領軍が日本本土に上陸して来る直前の八月三〇日付『朝日新聞』（東京本社版）第二面に大田洋子は、いち早く随筆ふうの報告記「海底のやうな光――原子爆彈の空襲に遭つて」を発表した（写真「ばら〳〵になった河川の船／廣島にて＝宮武特派員撮影」一点を併載）。これによって、はからずも被爆体験記（約三二〇〇字）を人類史上最初に書いた作家となる。そして、これは事実上、記録文学『屍の街』草稿の初出となった一篇でもある。

日本の無條件降伏にともなう占領軍上陸の、どさくさ渦中でのこと。これを、あとからふり返ってみれば、まさに間隙をついたタイミングであった。連合國軍最高司令官マッカーサーがコーンパイプをくわえ、神奈川縣愛甲郡厚木町（現・厚木市）の飛行場〈一九四三年に開設の帝國海軍第三〇二航空隊基地〉に降り立ったのは、おなじ八月三〇日（木曜）のことだった。

東京湾に浮かぶ米海軍ミズーリ号の艦上で降伏文書調印がおこなわれたのは、その三日後、九月二日（日曜）午前のことである。

マッカーサー来日にともない八月三〇日、米太平洋陸軍のGHQ〔General Headquarters〕が横浜に設置された（翌九月の一七日、東京・日比谷に移転した）。

戦後三〇年の一九七五年に機密文書指定が解除となり、初公開されたアメリカの公式文書によれば、敗戰國日本を占領した聯合國總司令官＝SCAP〔スキャップ／Supreme Commander for the Allied Powers〕[12]の總司令部GHQへと移行したのは同年一〇月二日となっている。

ことの真相は、公開された米公文書の精査による竹前栄二「総論・アメリカ対日占領政策の形成——占領の開始とGHQの成立」があきらかにした。同論考は天川晃との共著『日本占領史（上）』（朝日新聞社、一九七八刊）所収。

しかし、それまでにも九月一〇日に米軍GHQが、連合國と米占領軍をめぐる日本国内での報道の範囲を規定した「言論及び新聞の自由に關する覺書」を発表して以降、この覺書違反に検閲の目を光らせ、きわめて厳重に発行停止や削除処分が命じられることになったのは、對日占領直後に始動した言論を抑圧する暗黒の〝検閲実態〟であった。

迫る火の手に住まい近くの河畔土手を降りた河原へと逃れて大田洋子が、〈〔八月〕六日、そして七日と八日、その間に見た現實は、この世のほかの繪巻であつた〉。次つぎと苦悶の果てに事切れてゆく、死骸の折りかさなる河原での三日間を耐えた八月九日、廣島市内を脱出した。避難先の山里・玖島村にたどり着いたのは翌一〇日のことである。八月下旬に綴った前掲の報告記「海底のやうな光」を洋子は——〈家のまわりの夏草のなかで、鈴虫や松虫が鳴いてゐる。薄みどりの蚊帳のうちでは、妹の赤ん坊が可愛い姿でよく眠つてゐる〉と書き起こす。

〈〔二六歳になる妹は〕顔の傷あとに血のかさぶたがのこっていたましい。妹の傷はくさい。普通の怪我の血と膿のせいだけでなく、毒素の臭いを感じる。私はさきごろまで病院の外科に入院していて、癌を見せてもらつたけれど、あの惡性の臭氣を、今度はおびただしく死んで行く人々の間で骨身を刺すほどにか〔嗅〕いだ〉。

避難先の山里にも耐え難い異臭がただよう。じつは洋子自身もまた、妹ほどではないが、軽いとはいえない裂傷を負っていた。報告記によれば、〈左耳から耳の下にかけて切り裂いた傷が痛む〉とある。〈六日の朝の八時すぎ、廣島市で朝をむかえたほどのひとびとは、あの夏の朝の思ひがけぬ無氣味な光線の色を未來永劫に忘れることはないにちがいない〉と、しるした。

前掲の江刺昭子「大田洋子年譜」によれば、同年末にかけて、山あい河津原の寄宿先で〈被爆の衝撃の癒えぬまま、原爆症による死の恐怖におびえながら〉も、避難先で手あたりしだいの紙に原爆の惨状を書きつけたものが、やがて傑出の記録文学『屍の街』（前掲）に結実する。

愛用のペンや原稿用箋はおろか、鉛筆一本、一枚の便箋にすら事欠く、いっさいを原爆でうしなった作家は、襖紙を剥がすまでして集めた紙片に綴りつづける。そして約三カ月後の一九四五年一一月、脱稿。

四〇〇字詰め原稿用紙に換算にして約三五〇枚分に相当する、ふぞろいの紙片の束〈原稿〉は東京の雑誌『中央公論』編集部宛てに郵送した。このナマ原稿を受け取って、最初に読んだのが同編集部員の海老原光義[13]（二六歳、まもなく岩波書店に移籍した）だった。原稿が優れた〈証言記録〉であることに感動した海老原は、これを〈後世に残すべき作品〉だと当時の編集長・畑中繁雄[14]（四七歳）に誌面掲載を進言する。

しかし結論からいえば、これもまた占領下のプレスコードに抵触するとの編集部の判断から〈いまの情勢では無理〉と掲載が見送られた。おなじ時期に原民喜が『近代文學』創刊号での発表を意図し、東京在住の義弟に送って託した作品のばあい（前掲１９９ページ）と同様の扱いをうける。

●對日占領下の言論統制

聯合國（占領軍）側にたいして不利益を及ぼすおそれがあると見なした言論・表現の削除がねらいのプレスコードは、占領米軍側にとって都合のわるい原爆にかんする報道ばかりか、文芸作品にたいしても厳格、かつ巧みに適用して、にらみを効かせた。なにしろ、日常的な手紙＝私信のやりとりにまで占領当局は日を光らせた。たとえば、在京の永井善次郎宛てに義兄の原民喜が廣島で投函した〈一九四五年一一月一五日〉消印の速達郵便は、掲載作品の検閲があることを伝えた義弟からの便りへの返信だったが、はたして偶然かどうか、開封検閲されている[15]。

その封筒には〈検閲パス〉を示す〈ＣＰ〉印がスタンプされている。民間郵便を軍事検閲官が開封して〈OPENED BY /MAIL,CEN.-CIVIL MAILS〉と印字されたセロファンテープ〈封緘用検閲テープ〉が、検閲の痕跡をとどめる[16]（この実物は現在、広島文学資料保全の会が所蔵）。

月刊総合誌『中央公論』への掲載が見送られ、発表のメドさえ立っていない大田洋子の作品『屍の街』（仮題「ひろしま」または「屍」）のばあいも、そうした経緯などの逐一情報は、たちどころに諜報網に察知され、取締り当局である米陸軍防諜部隊＝ＣＩＣ〔Counter Intelligence Corps〕の調査対象となった。内偵捜査の手がのびる。

プレスコード制約下に縛られる對日占領の本格的な始動まえであったが、かくも正面きって日本で最初に新聞紙上掲載の原爆体験記を書いたのである。

〈要注意〉対象者ブラックリストから漏れるはずがないであろう。〝アメリカン・デモクラシー〟とは、およそ名ばかりの占領当局の情報機関（その実態は米軍の〈非公然〉諜報機関）による容赦のない徹底捜索――水も漏らさぬ言論統制の一端としての〈原爆隠し〉を、そこにかいまみる。たとえ、それが著名な女流作家の大田洋子ならずとも、微に入り細をうがつ検閲実態は新聞・雑誌など定期刊行物、あらゆる出版物はもとより、はては一般國民の私信（郵便物）にまで及んだ。

たとえば、筆者の亡父が遺した戰後まもなくの〈來信の束〉にさえも探しあたる。一例をあげれば、父が廣島文理科大文部教員だった二五歳のとき。東京都在住の友人から届いた封書の消印は〈〔昭和〕21年4月7日〉と読み取れる。そしてまぎれもなく〈ＣＰ印〉と、開封検閲したことを示す封緘用検閲テープが痕跡をとどめている。學徒出陣から復員してきた同級生がよこした挨拶状の文面までもがチェックをうけるような占領下の郵便検閲が、いかに〈民心を萎縮させたか〉――と、わたしは父に問いかけたが、こたえてはくれない。ただ、いつも伏し目がちにして〝独言癖〟のある父が、いきなり廣島弁で「やれんかったようのう……」と語気をつよめた。

ひとり怒り心頭に発して苦虫を噛みつぶしたような独りごとをつぶやく横顔が、そのこたえだった。

對日占領下の情報戰は、あらたなる言論統制網を張りめぐらしてゆく。あらゆる出版物は、GHQ〔USAFPAC/SCAP〕參謀部〔General Staff Section〕チャールス・A・ウィロビー少将指揮下の參謀二部＝G2〔General Staff Section-2〕の對敵諜報局CISに属する民間検閲部〈CCD〉──廣島縣地方のばあいは、CCD第三地區検閲支局としての福岡（当初は北九州・小倉）駐留セクションによる検閲・審査をうけることが、いっさいの例外なくもとめられた──のち、廣島にはCCD第三地區の出先機關〈3B〉が設置される。

だがしかし、戰前・戰中の日本政府が目を光らせた検閲実態とは、その手法において異なる。

〈言論・表現の自由〉にかんする制限を〈絶対的必要最小限にとどめる〉……とうたう。が、あくまでもそれはタテマエであって、じっさいには語句の書換えに始まり、文章の差し替え、大幅削除、全面的な書き換えるにいたるまでが、こと細かく事前検閲によって指示された。

それは、戰前日本の軍部や特高警察による×××とか、○○○といった〈伏せ字〉に活字を組みなおしたり、不自然な余白を残したりしないぶん、却って読者には検閲の実態が知られることのない巧妙な仕組みになっていた（茶本繁正「占領軍のプレスコード」[17]）。

こうした検閲の指摘事項に従わなければ即、発行停止（出版差止め）処分、または業務停止を命ずることができる絶対的な権限を有した。

つまり戰前日本で猛威をふるった治安維持法に代表される旧法規による取締り──執拗な言論彈圧から、ようやく解放されるやの期待もむなしく敗戰後、あらたに占領下のプレスコードという縛りによって、がんじがらめにされ、〈占領軍の意志への無條件服従が強いられ〉たことの実情を、前出『中央公論』畑中編集長は後年の著書『覚書──昭和出版彈圧小史』（圖書新聞社、一九六五刊）のなかで明かしている。

プレスコード〔遵則〕に抵触して軍事裁判で有罪となったばあい、もっとも重い刑罰〈沖縄送り〉となって強制労働が待ち構えているというのは、けっして脅し文句でなく、對日占領下にまかり通った現実の脅威であった。そうした事態を出版ジャーナリズムの現場で体験した当事者として歯に衣着せず、一冊の本『占領下の言論弾圧』（現代ジャーナリズム出版会、一九六九刊）にまとめて告発したのが雑誌『改造』元編集者（在職期間一九四六〜一九五五年）松浦総三(18)そのひとである。それまで一般読者が知る機会のなかった〝秘史〟のベールを引き剝がした。

同書の第一章「占領下言論の検閲と弾圧」、第五章「総合雑誌に対する弾圧と抵抗」。来る日も来る日も水面下に葛藤がくりひろげられた。對日占領下の知られざる実情を白日のもとにさらした同書は反響を呼ぶ。

折しも世相は、ちょうど七〇年安保闘争（反安保の全共闘運動）に日本じゅうが騒然とした渦中に波紋をひろげた。

さかのぼって原爆で焼け出された大田洋子がまだ、廣島市郊外の山村で赤貧のその日暮らしをおくっていた一九四七（昭和二二）年の寒中、軍服を着た占領軍係官がハワイの日系人二世を名のる通訳と二人でジープに乗って訪ねて来た。ところが姓名や所属機関名を明かさない。

とつぜんの来訪をうけた洋子によれば、通訳の男は、こう切り出したという。

〈あなたが原子爆弾の投下の日、廣島におられて、それを小説に書いていらつしやるというそのことで、いろいろとお訊ねしたいことがあつて伺いました〉。

これにたいして洋子は訊いた――〈どちらからですか？〉と。

どういう占領軍の機関から派遣されて来たのかを通訳を介して問うたつもりだった。がしかし質問の意を取りちがえてか、それとも意図的にだかはわからないが、係官は〈呉から來た〉とだけこたえた。

このやりとりに始まる、ことの顚末はアメリカの對日占領解除後に発表した大田洋子の短編「山上」(19)が再現をこころみている。初出は文藝雑誌『群像』一九五三年五月号だった。〈原爆の酸鼻をきわめた殺戮に対する呪いが、一念こ〔凝〕って平和の祈願と化した小説〉で、〈他面またこれは沈着な観察の記録〉（本多秋五）と文壇的にも評価された小説集『半人間』装丁・岡本太郎（大日本雄辯会講談社、一九五四刊）所収の秀作である。

仏壇のある中座敷〈仏間〉に通すと座卓をはさんで、かならずしも質疑がかみ合わないなりにも、子細にわたる洋子への静かなる〈取調べ〉が長ながとつづいた。

〈「あなたの書かれた小説の原稿というのは、あなた以外に、これまで、誰と誰とが読んでいますか」

「私が読んだだけで、東京のC社〈中央公論社——亀甲パーレン内は引用者・註〉に行っています。C社の編集部のE〈海老原光義〉さんが読んで手紙をくれましたから、Eさんは、たしかに読んでいます」

「Eさんはどんな思想をもっている人ですか」

「自由主義者です」

「Eさんは日本のどの政党に属していますか」……〉

この問いにたいし、海老原本人とは個人的なつきあいがないからわからないけれども〈日本の文化人〈雑誌編集者〉のこれまでの習慣〉からすれば、どの政党にも属していないはずだと洋子はこたえる。日系二世の通訳は米兵との応答を次つぎと取り継ぐが、米兵のほうは通訳によって翻訳される洋子のこたえに〈興味もなげに、ろくにうなづきもしな〉い。ひたすら手帳に目を落として、ときどきペンを走らせるだけだった。

〈「その原稿を日本人のほかに、外国人の誰かが読みましたか」

この質問のとき初めてアメリカ兵士は私の方に顔をあげ、青い漠とした眼で注意ぶかく私の眼の色を読みとろうとした。

「いいえ、外国人の誰も読んでいません」

「あなたの友だちの名を、できるだけあげてください」……〉

廣島でのふるい友人たちは〈八月六日の当日からそれ以降にかけてあらまし死んだり、行方不明〉になったりしているので、東京の友人のなかから〈差し障りのなさそうな一人の名前をあげ〉ると、海老原のばあいと同様の質問がくり返された。

〈「その人はどういう思想と主義をもっていますか」

「自由主義者で反戦主義者です」

「〔そのひとは〕どの政党に属していますか」

「どの政党にも属していません」〉

しだいに尋問の意図を洋子なりに察して内心、不信がわだかまる。

〈「八月六日以後、あなたは広島の街を歩かれましたか」

「歩きました」

「そのとき外国人と一緒でしたか」

「いいえ」〉

そうしたやりとりを再現した短編「山上」のなかで洋子は、こう書いている。たびたび質問と関係ない自身の見解を述べ、かえって逆に質問を投げかけるのだが、〈しかし先方の問いに答える以外、私にはどんな話をすることも許されていないようであつた〉……と回想する。

〈敗戰後、外国人に会うのは、きょうがはじめてです〉と、あくまでも〈念のため〉に強調して言った洋子にたいしては、質問を変え、こう訊いてきた。

〈「あなたのその原稿に、原子爆彈の秘密が書かれていますか」

「いいえ。私は原子爆彈の秘密は知りません。私の書いたのは、広島という都会と、そこにいた人間のうえに起つた現象だけです」……〉。

しばし考え込んだようすで、おもむろに煙草を吸い終えると米兵係官は、こう言った。

〈あなたに原子爆彈の思い出を忘れていただきたい。アメリカはもう二度と再び原子爆彈を使うことはないのだから、広島の出来ごとは忘れていただきたいとおもひます〉。

がしかし、そう言われても、黙ってうなずくような作家ではなかった。

〈忘れることはできないとおもうし、忘れたいとおもつても、忘れない気がします〉とこたえた大田洋子にたいし、ただ二人は黙っていた。

さらに洋子は、たたみかけるように〈忘れるということと、書くこととは別〉と反駁する。

――〈遠い昔の忘れていたことをも、作家は書きます。その意味ででも私はわすれることをお約束はできません〉と言い放つ。

いっこうに嚙み合わないやりとりがつづく。そして、ともすれば立場を逆転したかのような作家の弁舌は、押さえがたく堰を切ってヒートアップしてゆく。

――〈わたくしは發表できなくても、書かないわけにゆきませんが、發表していけない箇所は、原爆

の秘密は知らないから別として、残忍な、あの現象がいけないのでしょうか。それとも全部がいけないのですか?〉

それについて答える権限をもっていないという係官は再度、

〈……原子爆彈のことを忘れていただきたいとおもうだけです〉

と、くり返した。

当時、こうした出張調査・取調べにあたるセクションで〈呉から來た〉といえば、呉市吉浦駐箚のアメリカ陸軍・對敵諜報部隊CICに所属する将校（ないしは下士官）だったと考えられる。が、いずれにせよ、内に秘めて〈アメリカがふたたび原爆を使用しないということばを到底、信じがたい〉とのおもいをいだく洋子から、ふいをついて出たのは、

〈日本で発表できなければアメリカにプレゼントします〉

という、この女流作家ならではの、まさに面目躍如たる挑発的な〝きめゼリフ〟であった。

――〈私の胸に突きさすような憤りが、とつぜん走つたのだつた。はじめて兵士の眼のいろが動いた。かすかな哀しみのような影がさし、そしてすぐ消え、返事はなかつた〉。

●完全版に結実した『屍の街』

プレスコードによる制約下で、定期的に大部数が発行されている月刊総合雑誌への初出が見送られて二年後、ようやく単行本『屍の街』（初版三〇〇〇部）を出版にこぎ着ける。版元は中央公論社が引きうけた。同書が刊行された翌年に他界する同社社長の嶋中雄作（一八八七―一九四九、行年六二歳）が決断――いちど以前に見合せたこの単行本化の企画に、あらためてゴーサインを出した。ふぞろいの紙片に書かれた原稿（前掲・217ページ）を清書したのは後年の『中央公論』編集長で、当時はまだ入社したての嶋中社長秘書・笹森金次郎（二三歳）。単行本化の担当編集者は、民主主義文化雑誌と銘打って同年二月に創刊した『少年少女』[20]二代目編集長を兼務する第四出版部長の長谷川鑛平（四三歳）だった。

この中央公論社版は一五ページ（四〇〇字づめ原稿

用紙にして約二八枚）分にあたる「無慾顔貌」の章を、そっくり割愛した〈削除版〉となって世に出た。

二年後に削除部分を復して事実上の〈増補改訂〉を施した完全版『屍の街』の「序」に、中公版で〈自発的に削除された〉とあるが、削除に及んだのは一方的に出版社（編集）サイドの意思によった。担当編集者だった長谷川は、のちに評伝作者・江刺のインタビューにこたえて、あくまでもＧＨＱに刺激をあたえることを恐れての、中央公論社の自主規制による削除であったことを認めている（前掲『草饐』――「ヒロシマの眩暈（げんうん）」の章）。

編集部の判断で削除されたその章に、この作品の真骨頂ともいうべき大田洋子の〝戰争觀・國家觀〟を述べたくだりを読む。

〈近代戰争を、十年も十五年もかかつて、古い武士のように禮儀正しく、ゆつくりしようと思うのはおかしい。「戰禍の悲慘」を、私どもはただそのためにだけ嘆いているのではない。嘆くのは戰禍の悲慘「以前」である。（中略）

侵略戰争の嘆きは、それが勝利しても、敗北しても、ほとんど同じことなのだ。

戰争をはじめなければならなかったことこそは、無智と墮落の結果であつた。

廣島市街に原子爆彈の空襲があつたときは、すでに戰争ではなかつた。すでにファシストやナチ（イタリア・ドイツ）の同盟軍は完全に敗北し、日本は孤立して全世界に立ち向かつていた。客觀的に勝敗のきまつた戰争は、もはや戰争ではないという意味で、そのときは、すでに戰争ではなかつた。軍國主義者たちが、捨鉢な惡あがきをしなかつたならば、戰争はほんとうに終つていたのだ。原子爆彈は、それが廣島であつてもどこであつても、つまりは、戰争のあとの、醜い餘韻であつたとしか思へない。戰争は黄硫（硫黄）島から沖縄へくる波のうえですでに終つていた。だから、私の心には倒錯があるのだ。原子爆彈をわれわれの頭上に落したのは、アメリカであると同時に、日本の軍閥政治そのものによつて落されたのだという風にである〉……。――「無慾顔貌」の章（冬芽書房版『屍の街』一九五〇刊）から。

結果的に日本が〈無條件降伏〉をする〈八・一五〉まで余すところ一カ月の七月なかばから同月末にかけて、東は隣縣の岡山市が空襲に焼かれ、〈南は〔広島縣下の鎮守府〕呉市が形もなく焼きつくされた。西は山口縣の小さな重要都市が、次から次、舐めつくされるように爆撃され、のこされた近くの街々は氣息奄々としていた〉が、廣島には四月初めごろにB29一機が〈とおりすがりに、一つか二つの爆彈を市の中ほどの大手町に落していっただけ〉で、〈たいして亡くなつた人はいなかつた〉と、大田洋子はしるしている。

ただし、これは戰後になって発表された廣島縣警察部調査＝前掲（第一章・註46）によれば、四月三日早朝七時まえの市街地・大手町附近の上空に飛来した米軍B29戦略爆撃機が、通常HE爆弾一〇発を投下して死者一〇人。重軽傷者一七人。建物の全半壊一九棟。全半焼一〇棟の被害が出た。この空襲による罹災者は二〇〇人余りをかぞえた（縣下に於ける空襲被害状況[21]／昭和二〇年一一月九日付）。以降は〈沖縄が落ちるあたり〉というから、六月下旬（二三日、沖縄守備軍が全滅）ころになっても、宣伝ビラ〈傳單〉の投下を除けば、依然として廣島市街地への空襲はなかった。

〈岡山や呉や、山口がはげしい空襲にさらされるようになつてから、廣島の空高く、東から西から、そして南からも北からも、きのうもきょうも、どこを焼きはらいに行くともわからず、B29の編隊が通りすぎた。おびただし艦載機といつしょの日もあつた〉

と、息をひそめて作家は観察した。ある日、〈きょうこそ〉は廣島が空襲されるとおもい、急いで防空壕に逃げ込むのだが、けっきょく肩透かしを喰う。いわく、〈いつのときも、通りすぎ、とりのこされた。不氣味であつた〉。

京都と廣島とが大規模な空襲をまぬがれていることを、当時の日本人ならば誰もが承知していた。巷では根拠のない憶測があれこれと真顔で囁かれ、人づてに噂が乱れ飛んだ。一方で、戰争指導者たちは、敵の空襲にかんして、〈戰略爆撃〉であるとか〈戰術爆撃〉などと区別をつけ、各地への攻撃を〈判別・分析〉して大本營發表。新聞紙面には専門的見地からの防空の備えが連日、くり返し説かれたが、これについて大田洋子は次のように指摘した。

そうした〈判定〉が下せるのであれば、なぜ戦争指導者たちは〈正統な専門的な、戦術的な頭脳で、なぜ〈とりのこされた大きな街〉を、その理由のために、追及しなかったのだろう〉かと――。近代の大量破戒兵器は、〈もはや性急にとり出される時機が到來していた。こちらが出さなければ、どこかが出す。それは恐ろしいものにきまつているのだ〉と断じている。

そして、暗に原爆投下は予期できたのではないかと問う。〈最後にまわされている街の地形や環境や、距離などを結びあわせたら、戦爭責任者の最高頭腦には、なにごとかの結論が幻想されたにちがいない〉と言及した。つまり〈その推理が主知的に処理されていたならば、廣島の街々に、また縣下の村々に、あれほどの死體をつまなくてすんだことと思える〉というのである（中央公論社版から削除された前掲「無慾顔貌」の章から）。原爆投下後、わずか三カ月余りの同年一一月脱稿した作品に、こうした指摘をなし得ていることは特筆にあたいする。

〈たれもかれも戦爭のために疲れすぎ、ぼんやりしていたことを不幸に思う。戦爭の終りが近づいたあの當時の日本こそは、原子爆彈以前、精神上の無慾顔貌に、すでに突き陥されていたのである〉。

ここでいう〈無慾顔貌〉とは、打ちひしがれた被爆者に共通の特徴として見られる〈意思をうしなった人間の顔貌〉――端的にいえば、〈痴呆〉状態となった顔貌を称して当時、廣島で救護にあたる醫師たちが、そう呼んだ。この救護現場での臨床見解に大田洋子は着目した。

取材と執筆に没頭する作家自身もまた、すでに疲弊しきった被爆者にほかならないことを、みずから鏡のなかの自分に言い聞かせた。

爆心から半径およそ二キロメートル内外の円周圏内で被爆したばあい、たとえ強烈な熱線に焼け焦げることなくとも、目には見えない、おびただしい放射線量をもろに浴びている。即死をまぬかれたあとも宙空を漂い、地上に堆積した放射能に冒されつづける。二次被爆である。

〈私どもは、なんの苦痛も感じないまま、暫く健康を保つていて、いきなり定型的な症状をあらわす〉。

大田洋子は自身にも忍びよる〈原爆症〉発症の可能性に、いい知れぬ恐怖をいだき、それに急き立てられるようにして『屍の街』を綴った。自身の体験と見聞に加え、醫師や學者らが発表した記録や見解を日本國内メディアで唯一、特例的に掲載しつづけた（その影響力を占領当局は過小評価して？ 事実上、限定的に黙認した）事後検閲の地元紙『中國新聞』の記事から拾い、自身も識者への取材をかさねて被爆者の臨床データを次のようにまとめた。

〈發熱〔発熱〕、
脱力、
食慾不振、
無慾顔貌、
脱毛（ひきちぎつたようで毛根がついていない）
出血（皮膚點〔点〕状出血、鼻出血、血痰、喀血、吐血、血尿など）
口内炎（とくに出血性齒齦《シギン》〔歯齦＝はぐき〕炎）、扁桃腺炎（とくに懐疽〔懐疽〕性扁桃腺炎）
下痢（とくに粘血便）など〉。

こうした症状があらわれたときは、血球（とくに白血球）におそろしい変化を来している。

〈東大の都筑〔正男〕博士の診られた新劇の女優で、丸山定夫(22)〔当時四四歳／日本移動演劇聯盟・櫻隊を引率して慰問巡演中〕氏などと廣島に來ていた仲みどり(23)〔三六歳〕というひとなど、東大の外科で息をひきとる〔帰京して一八日目の八月二四日に原爆死〕まえ、白血球は五〇〇から六〇〇くらいしかなかつたと發表されていた。赤血球は三百萬程度であつた〉。

それが同年九月五日付『中國新聞』紙面からの引用であることは、〈普通の状態〉における白血球が六〇〇〇から八〇〇〇。赤血球は四五〇万程度――だとしている数値が物語る。

あるいはまた同年一一月一一日、九州帝大で開催された〈原子爆彈による人體に關する講演會〉での発表内容を報じた同紙の記事から引用したとおもわれる――血液一立方センチメートル中の白血球が、〈僅かに二〇〇乃至三〇〇という、とても平常では考えられぬ事實を發表していられる〉……との記載からも同様であることがうかがえる。

のちに、都築博士が事実上、原爆症患者〈第一號〉と現認したカルテが発見される。二〇一三年八月四日付『朝日新聞』第一面トップは、〈最初の原爆症／幻のカルテ──広島慰問中に被爆　女優の仲さん〉と見出しを立て、戦後六八年、ながらく行方不明となっていたカルテ原本＝診断名に四股爆創（原子爆彈症）。治療歴や血液検査の結果、体温などが一目でわかる記録と、担当医がまとめた診療の経緯一覧──このほど遺族の遺品整理で発見を、大岩ゆり記者の署名稿は伝えた。

〈私はこのような都筑博士や、そのほかの科學者たちの臨床學的な研究の發表を、罹災者の側から注意深くよんだので、まとめて書きとめておくつもりだ〉と気丈な決意を表明しながらも、作家の身のまわりで、ひとり、またひとりと連日、とつぜん発症しては、次つぎと死んでゆく無惨なる実態に、怺《こら》えがたい胸の内を洗いざらい、抑えようもなく憂え悶えた。

たとえば、〈銀ちゃんは九月二日まで元氣をうしなわないでいた。足の火傷もなおつていたのに、三日になると髪がぬけはじめ、齒茎〔歯ぐき〕から出血し、斑点があらわれ〉る。

船乗りの銀ちゃん（二四歳）は、あの朝、平塚町〔爆心地から南東へ約一四〇〇メートル余り──引用者・註〕の間借り住居で、ドサッと崩れた、家の下敷きとなった同棲中の女性を瓦礫のなかから引きずりだした。だがしかし、その彼女は〈丸坊主になるほど髪がぬけ落ち、赤痢のような血便にまみれて、銀ちゃんの發病する以前に亡くなつた〉。

八月六日当日に廣島市内で被災したわけでなく、翌日以降に市内に罹災者捜索などのために廃墟の市街地に入域して歩きまわった人びとまでが、にわかに原爆症を発症して死んでゆく。

底知れぬ不安が人びとを絶望の淵に追いやり、〈あの日、廣島にいた人間は、やがて皆んな死ぬ〉という噂がひろまる。

冬芽書房版『屍の街』の序文（前掲）で大田洋子は、こう書いている。

〈一九四五年の八月から十一月にかけて、生と死の紙一重のあいだにおり、いつ死のほうへ引きずつて行かれるかわからぬ瞬間を生き〉て私は、この作品を書いた――〈背後に死の影を負つたまま、書いておくことの責任をはたしてから、死にたいと思つた〉というのである。

ただし、占領下プレスコードという表現自由への、いちじるしい干渉と制約をうけた作品がまがりなりにも世に出るまでには、先んじた一部削除版『屍の街』ですら脱稿後、三年ちかくの歳月を要した。

そして、不本意な中公版に納得しなかった洋子は、二年後の一九五〇年五月、中央公論社の判断で削除された「無慾顔貌」の章を復し、さらには、その後、『改造』一九四九年八月号に初出「一九四五年の夏」、『女性改造』同年八月号「原子爆彈抄」、『婦人』同年同月号に発表したルポルタージュ「いまだ癒えぬ傷あと――放射線火傷で右手をうしなった木挽きの妻と／河原でうつ伏せて死んでいた幼女に――」を巻頭に増補収録することで、この作家自身にとっては、それが完全版となる『屍の街』を冬芽書房から上梓した。[24]

〈いまだ癒えぬ傷あと〉をふまえた第一章「鬼哭《きこく》啾々《しゅうしゅう》の秋」――

〈渾沌〔混沌〕と悪夢にとじこめられているような日々が、明けては暮れる。

よく晴れて澄みとおつた秋の眞晝《まひる》にさえ、深い黄昏の底にでも沈んでいるような、混迷のもの憂《う》さから、のがれることはできない。同じ身のうえの人々が、毎日まわりで死ぬのだ。〔中略〕三、四日まえ醫者の家で見かけた人が、黒々とした血を吐きはじめたとき、今日は二、三日まえ道で出會つたきれいな娘が、髪もぬけ落ちてしまい、紫紺いろの斑點〔斑点〕にまみれて、死を待つているときかされる。

死は私にもいつくるか知れない。〉……

と、書き起こした当初のオリジナル原稿（原題「ひろしま」、または「屍」、出版にさいしての最終的な表題「屍の街」）を書きあげてから、じつに足かけ五年の歳月が経過していた。

●死臭たちこめる原子野に紡ぐ

ちょうど、この作品が書きあげられたころにあたる一九四五年一一月八日付『中國新聞』のコラム「窓」欄は、被爆後八〇日以上を経て〈いまもなお燃えつづけている松の木〉が市内福島町本通り（現・西区福島町）なにあるという話題を取りあげた。

さかのぼること一六世紀末、太閤秀吉が九州討伐の西下にさいして毛利輝元に普請させた西國街道の並木松だとの伝説もある老樹は被爆時、幹の周囲三メートル・高さ三〇メートル余りの大木となっていた。これが原爆の熱線によって、地上五メートルあたりから真っ二つに裂け折れていらい、残った幹の頂辺からは活火山の噴火口のように煙を立ちのぼらせつづけた。

記者自身も首を傾げる街ダネは、〈強風の日など洞穴からメラメラと火焔がかいま見られ、附近住民や通行人に不思議がられている〉……ばかりか、冬を迎えても松脂が火柱をあげつづけ、人呼んで「消えずの松」は占領軍將兵らも見物に訪れる原子野〈七不思議の一〉と称された。

こればかりではない。世にも怪奇な謎の〝超常現象〟が次つぎとあらわれる。憶測が憶測を呼ぶ。あくまでも仮説にすぎない予見がひとり歩きして〈被爆地には向こう〉七五年、草木も生えない〉といった根拠なき〈風評〉が、各新聞紙面をつうじて、まことしやかに流されるいっぽう、現実の尋常ならざる説明のつかない光景と日々、身近に接する人びとは、あすへの底知れぬ不安をぬぐえなかった。

こうした被爆直後の原風景――ピカに灼かれ生き残った文學者たちが紡ぎ出した作品に特有の、鼻を突く異臭〈惨死の匂い〉たちこめる臨場感は、そこにある。それぞれに境遇は異なるが、おおかたが〈無名の当事者〉の肌感覚が、ふりそそいだヒロシマ凄惨の夏〈それ以後〉を赤裸に描いた渾身の作品たちは、戦後〈反核文學〉の原点をなす。

まだ戰時下にあった被爆直後までの廣島で、ひそかに書き綴った二六篇の詩。そして二五二首の短歌を収めた栗原貞子の詩歌集『黒い卵』（中國文化叢書・第一集）は、敗戰の翌一九四六年八月三〇日付で刊行された。のちに読者から、プレスコードの厳しい管制をかいくぐって、よくぞ出版にこぎ着けたものだと称賛される。あるいはまた、水田九八二郎『原爆文献を読む――広島・長崎を語りつぐ全ブックリスト』（講談社、一九八二刊）のばあい同書冒頭の一冊目に『黒い卵』を取りあげて、いわく、

〈わずか九〇ページの小冊子にすぎないが、〝自由と

愛と平和の社会〟、〝戦いなき社会〟を熱望した詩歌集で、ヒロシマの原点の一つ〉と位置づけた。のち巻末〈原爆関係文献一覧〉を改訂・大幅増補した改題新版『原爆文献を読む――原爆関係書2176冊』（中公文庫、一九九七刊）に引き継がれた〝定評〟となる。

ただしである。福岡のCCD第三地区検閲局へ詩歌集ゲラ刷りと〈検閲願書〉を郵送して、あらかじめ占領当局が命じるままに削除や書き直しの手をくわえ、ズタズタに改ざんをされたあげくに〈事前検閲パス〉をした削除版『黒い卵』初版（二五〇〇部発行）であることもまた動かしがたい事実なのである。

この詩歌集を上梓にいたる過程では生き血のほとばしる水面下での攻防をくりひろげたが、その真相は絶えてひさしく顧みられることなく埋もれていた。この秘められたるいきさつは、戦後三六年目にして雑誌『未来』一九二号（一九八二年九月発行）掲載の堀場清子「占領下の検閲をみる」が丹念に掘り起して指摘した。(25) 米メリーランド大学図書館のプランゲ文庫（前掲144ページ）につきとめた実物の〈検閲ゲラ〉一冊分と検閲〈修正済み〉初版ゲラ一冊分、それに著者提出の書類二通を精査し、実証的に解析をこころみた。

占領下に〈言論・表現の自由〉を踏みにじるGHQの検閲が切り裂いた痕跡を、まざまざととどめるゲラ刷り（一部、欠損あり）COPYの入手によって、もとより焼却処分されて原稿が残っていない詩歌集を栗原貞子は翌一九八三年七月、検閲前の原形に復した校訂・増補新版『黒い卵（完全版）――占領下検閲と反戦・原爆詩歌集』（人文書院）として刊行するにいたる。削除版と同様「序」は細田民樹（昭和二〇年一二月／郷土の茅屋にて）。あらたに〈解説にかえて〉書き下ろした栗原「『黒い卵』と私の戦争・原爆・敗戦体験」が収録されている。

堀場は論考に『黒い卵』の〈CCDによる削除例1〉として、全一八行が削除を命じられた詩「戰爭とは何か」全文を引用しているが、これは〈一九四二年一〇月〉付であるから、戦争中、〈皇國・皇軍〉を賛美する時流に背を向け（夫・栗原唯一と貞子は根っからのアナーキストを自認）詩人としての戰爭協力を拒む詩歌を、ひそかに紡ぎつづけた証左である。発表することはおろか、そうした詩作じたいが露見をすれば、村八分の除け者にされ〈非國民〉と罵られるだけでは済まない。治安維持法に絡めとられて血祭りにあげられる（逮捕・勾留されて、拷問を常套手段に用いる苛酷な取調べが待ち構えている）危険を冒す——これは秘密裏に息を押し殺した営為としての〈反戰詩〉にほかならない。類いまれな〝抵抗の旋律〟をとどめる。

検閲ゲラを見て気づく。占領下の検閲が戰時下同様に〈戰爭反對の詩〉をヤリ玉にあげた。

〈アメリカ兵に親しみを表した詩〉〈ヒットラーを攻撃した歌〉などが削除対象となるような検閲実態には不可解な一面もある。わかり易いといえば、バッサリと全一八行の削除を命じられた詩「戰爭とは何か」にまさる例はない。

〈〔前略〕
しきりに戰爭を贊美し、煽ふる腹黒い
人々をにくむ。
聖戰と云ひ正義の戰ひと云ふところで
行はれてゐるのは何か、
殺人。放火。強姦。強盜。
逃げおくれた女達は敵兵〔皇軍兵士＝日本兵〕
の前に
スカートを除いて手を合はせると云ふではない
か。
高粱《コウリャン》が秋風にザワ〳〵と鳴つてゐる高粱畑では
女に渇いた兵士達が女達を追い込んで
百鬼夜行の様を演じるのだ。
故國にあれば、よい父、よい兄、よい子が
戰場と云ふ地獄の世界では
人間性を失つてしまつて
猛獸のやふに荒れ狂ふのだ。〉

これは中國戰線での〈皇軍の殘虐行為〉を告発した詩である。つまり、〈敵・味方〉、あるいは〈勝者・敗者〉にかかわりなく、〈普遍的な、戰爭〉というものの現実に眼を見ひらいてはいけないと露骨に示唆するも同然の、まったく信じがたい検閲規準が窺える。[26]

原爆罹災の直後に作られた詩「生ましめん哉——原子爆彈秘話」は戰後、もっとも早い時期に活字化して発表された〝原爆の詩〟として知られる。一九四六（昭和二一）年三月に廣島で創刊された前掲・中國文化聯盟機關誌『中國文化』創刊〈原子爆彈特輯〉號に初出・掲載された。

のちの一九八九年八月六日、老朽化のため取り壊された旧廣島貯金支局（市内千田町）建物の被爆タイルを、中国郵政局の新庁舎＝現・JP日本郵便グループ中国支社ビル（中区東白島町）構内へと移し、花崗岩の台座に敷きつめた〈生ましめん哉〉詩碑が建立された。この詩は爆心南東一五〇〇メートルの倒壊したビル地階の暗闇で、じっさいに遭遇した出来事を人づてに聞いた詩人が、絶望の淵に、なお宿る不断の生命力を新生児になぞらえて詠んだ創作詩であった。

〈詩「生ましめん哉――原子爆彈秘話――」

こはれたビルディングの地下の一室であった。

原子爆彈の負傷者たちは、暗いローソク一本ない地下室を埋めていつぱいだつた。

生ぐさい血の臭ひ、死臭、汗くさい人いきれ、うめき聲。

その中から不思議な聲がきこえて來た。

「赤ん坊が生れる」と云ふのだ。

この地獄の底のやうな地下室で、

今、若い女が産氣づいてゐるのだ。

マッチ一本ないくらがりでどうしたらいゝ、のだらう。

人々は自分の痛みを忘れて氣づかつた。

と「私が産婆です。私が生ませませう」と言つたのは、さっきまでうめいてゐた重傷者だ。

かくてくらがりの地獄の底で新しい生命は生れた。

かくてあかつきを待たず産婆は血まみれのまゝ死んだ。

生ましめん哉

生ましめん哉。己が命捨つとも〉

のち栗原貞子の代表作としてひろく知られる『中國文化』創刊號に初出の全文である（原題「生ましめんかな――原子爆彈秘話――」〈一〇、九〉＝一九四五年九月＝創作）。

自身の詩歌集『黒い卵』刊行にさいしては当局にもとめた事前検閲で、きびしい指摘をうけたことから、CCDの検査官が削らなかった部分まで〈自主規制〉した恰好の、〈検閲済み〉初版ゲラには、自身が朱を入れて〈余分な削除〉をしたあとが見うけられる。

当局が指示していないよけいな削除は〈検閲規則上の違反になる〉のだが前掲の堀場清子による栗原貞子本人への一九八二年のインタビューでは、〈その違反にかかわる摘発は記憶にない〉と証言した。

検閲に引っかかった戦時下一連の反戦詩については、いよいよ発表できる日が来たと秘蔵の詩歌稿を推敲してノートに清書する。ところが〈栗原家には、戦時下の特高警察と入れ替わりに、進駐軍がやって〉来る。のちに、おなじく栗原宅を訪ねた堀場のインタビューにこたえ、〈朝鮮戦争の時と、検閲のはじめ〈最初の検閲〉が一番恐かった〉と、しみじみ語っている。

一九四一年から四五年〈敗戦の夏〉にかけての、その〈詩篇〉前半を占める〈戦争否定の核ともいうべき作品を含むノートが、一冊まるごと無くなって〉いることや、破り取って欠けた部分のあるノートが現存。じっさいに栗原の手もとには〈『黒い卵』完全版の「詩篇」二九篇のうち、なんと一三篇が存在しない〉ことを、はじめて堀場は、このとき知る。

三七年ぶりに増補復刻なった〈完全版〉に読む短歌「原子爆弾投下の日」〈全一八首のうち自主的に削除した五首〉からは、占領下〈恐怖の検閲実態〉に打ち拉《ひし》がれた往時の臨場感が伝わってくる。

〈怖ろしき地獄の巷ゆ刻々とのがれ来る人いやまさりつゝ
のがれ来る人のおの〳〵火傷して衣は肉に焼きついており
傷つかて真裸のまゝのがれ来し少女に子らのパンツあたへぬ
郊外の収容所への道罹災者が延々として列をなせるも
救援のトラックにのり死者傷者火ぶくれて怖ろしき相となりぬ〉

——初版〈ゲラ刷り〉無修正・完全版『黒い卵』新カナ遣い〈前掲〉所収から

●原爆歌人の覚悟

詩「生ましめん哉」の初出と時期を同じくして、占領下プレスコードによる監視の目が光るなか、正田篠枝のばあいは、歌集『さんげ』の原歌と見られる三九首を歌誌『不死鳥』に投稿した（前掲204ページ）。機を窺いつづけて翌一九四七（昭和二二）年の秋彼岸ごろ、B6判全四〇ページの歌集『さんげ』を秘密出版する。奥付には昭和二二年一二月五日発行とある。同年夏、印刷を引き受けた廣島刑務所の印刷係（ひろけい印刷）で作業印刷主任をつとめる刑務官・中丸忠雄は宮島口山荘へ篠枝を訪ねて相談のうえ、かりに占領当局から摘発をうけたばあいに、わずかなりとも奥付の発行時日を後ろへとズラすことで、たとえ気休めだとしても、ときを稼ぐ〈改ざん〉偽装を施すことにした。かくして、刷りあがった〝悲願の歌集〟を一冊ずつ携え、彼岸参りの数珠を片手に篠枝は、かねてから縁ある被爆者遺族のもとを訪ねまわる、ひとり巡礼行脚をくり返す。のち歌文集『耳鳴り』（後掲237ページ）に本人は述懐している。〈ひそかに泣いている人に、ひとりひとりさし上げさしていただきました〉——

　扉の見返しに出版物としてはこれが史上初となる、ドーム天井の骨組みと半壊崩落した側壁が残骸をさらす産業奨勵館の廃墟（原爆ドーム）を描いた口絵（廣島市在住画家で妻が被爆死した吉岡一の作）[27]を配し、短歌一〇〇首を収めた小冊子を配り歩く。

　この発行部数一五〇部余りにすぎない私家版歌集でさえも、それが検閲当局の眼をぬすんでの、非合法出版である以上、発覚すれば即、身柄を拘引され、軍事裁判にかけられたあげくが見せしめの極刑に処せられる——との物騒な噂が、篠枝の身を案じる周囲から真顔でささやかれた。戦時下、廣島高等學校在学中に思想犯の嫌疑をうけて特高警察に拘引されたことのある篠枝の弟・誠一は、非公式の米軍諜報網が暗躍する徹底した〈検閲〉実態を、ことのほか警戒していた。経済學者の誠一は自身の論文に関して占領当局から呼出しをうけてもいた。

　そうでなくとも、抜き差しならない出版情況のきびしさを、歌誌『晩鐘』の同人でもあった篠枝が、主宰者・山隅と身近に接し、痛切に感じていたことは疑う余地がない。身を挺しての営為をも厭わない、かくも揺るぎなく一途な〈被爆歌人の覚悟〉がうかがえる。

　いちめん廃墟の原子野に、ぱつねんとたたずむドームを冠した残骸に着目した篠枝が、旧知の吉岡画伯にスケッチを依頼した扉絵（原爆ドーム）に次の一首が添えられた。ただし、この構図を見ると背景の右手に山なみが描かれ、やはり同じく右手には、それとおぼしき相生橋であったり元安川が描かれている。また、作者による署名の位置が左下であることからもキャプションにある〈南側から見た廃墟の姿〉という説明どおりであるならば、これは誤ってか、なんらかの理由があってかはさておき、あきらかに左右反転の逆版で印刷されたということになる。
この一首を反芻しながら、反転して焼き付いた一枚の口絵を見つめる。

〈死ぬ時を　強要されし　同胞《はらから》の
　魂《たま》にたむけん　悲嘆の日記〉

原子爆弾で即死したり、のちに悶死した、すべての原爆犠牲者を弔い、原爆症に苛まれる人びとと、その遺族や家族を慰めるつもりで、この歌集を作ったとの当時の心境を、作者は後年に誌す（後掲『耳鳴り』から）。杉浦翠子は〈この歌集こそ前例なく、また後生にもなかるべきものと私は信じ〉ると歌集「序」に寄せた。

〈妖誕――あやしげなそらごと〉的でなく妄想的でない、〈ひたすら對象を正視し凝視して、描寫され〉し、その詩的慧眼がうんだ歌だとの杉浦による指摘が、かけがえのない声援を送る。よる辺なく被爆（地）に苦しみ悶える〝原爆歌人〟の余命に一条の光明が差した。くり返し歌を詠む原動力ともなる。

〈夢の中か　現實か　まさに眼の前に
　耳まで口裂けし　人間の顔面〉
（短連歌「悲惨の極」一二首から）

〈息をして　命はあれど　傷口に
　蛆蟲《うじむし》わきて　這いまわりおり〉
（同じく「罹災者収容所」三首）

〈目玉飛びでて　盲《めしい》となりし　學童は
　かさなり死にぬ　橋のたもとに〉
（同「愛しき勤労奉仕學徒よ」七首）

〈ズロースも　つけず黒焦げの　人は女《をみな》か

乳房たらして／泣きわめき行く〉
〈石炭にあらず　黒焦《げ》の　人間なり
うづとつみあげ　トラック過ぎぬ〉
〈仁王様の如く　膨れあがり　黒く焦げし
裸體の死骸が　累々とかさなる〉
（同「戰爭なる故にか」五首）

ここに拾った数首に限らず、このひとの詠む歌は、そのきわだつ特徴から、作者が一目瞭然で察せられる。以上の詠歌は広島文学資料保全の会［編］『さんげ――原爆歌人正田篠枝の愛と孤独』（社会思想社・現代教養文庫、一九九五刊）巻末に所収の歌集「さんげ〈原文〉」から引用した。なお同書の巻末には、本人が生前に保存していた作品原稿（洋服箱一つ分）を、故人から託された広島在住作家の古浦千穂子[28]（同会メンバー）による「あとがき」及び「解説――『さんげ』の前後と発行のいきさつ」が収録されている。

ながらく〝まぼろしの歌集〟だった『さんげ』（全一〇〇首）は、作者生前の著書『耳鳴り――原爆歌人の手記』（平凡社、一九六二刊）に再録された。戦後一七年の空白を埋めて読み継がれるが、その後、同書じたいも絶版となる。戦後五〇年を期しての〈広島文学資料保全の会〉による復刻・文庫本化まで、唯一の復刻版『さんげ』（藤浪短歌会、一九八三刊）にくわえ、いくつかの抄録――あるいは評伝の水田九八二郎『目を開ければ修羅――被爆歌人正田篠枝の生涯』が巻末に全一〇〇首を収録しているのを除けば、その全貌が日の目を見ることはなかったにひとしい。じつは現下の実情も然り、といえるのである。

いまや〝稀覯＝きこう＝本〟となった生前唯一の歌文集『耳鳴り』刊行の経緯については、はじめ九州大学経済学部教授をつとめる篠枝の実弟・正田誠一[29]（当時四六歳）が岩波書店へと持ち込む。この前年には、小倉豊文『絶後の記録――廣島原子爆彈の手記』（後掲３７１ページ）が筑摩書房『世界ノンフィクション全集⑬』に収録されたほか、篠枝自身は、あらたに〈原水爆禁止広島母の会〉を発起人のひとりとなって立ちあげ、同会が募集した手記を順次掲載する不定期刊『ひろしまの河』を創刊している（一九六一・六・一五刊）。以降、一九号冊（№19、一九七五・七・二五終刊）掲載の全六二篇は、のち、これを集成した単行本『ひろしまの河』（原水爆禁止広島母の会、一九八五刊）となる。

そんな折に、岩波書店が出版に難色を示した『耳鳴り』の原稿（原題「原爆その後の十五年」＝四〇〇字づめ原稿用紙にして約四〇〇枚）は、専修大学教授で中国思想家・幻方直吉[30]の仲介で、そのすぐれた企画力による手腕から平凡社に〝このひとあり〟と目された鈴木均[31]の手にわたる。このいきさつについては、松浦総三の著作集『松浦総三の仕事②――戦中・占領下のマスコミ』（前掲220ページ『増補決定版・占領下の言論弾圧』の改訂稿）第四章「原爆、空襲報道への統制」の二「文学作品による被爆の訴え」節がふれている。

鈴木均は一九五五年二月号で終刊となった戦後復刊の総合誌『改造』（及び、第二次『改造文藝』）編集部に在籍したことがある。かつて同僚たった縁に端を発し、のちフリーとなった松浦とは終生、〈戦後ジャーナリズムの責任〉を自覚した叛骨精神において相つうずる親交がつづく。

そのとき四七歳の松浦総三は原爆歌人との出会いに、みずからのジャーナリスト魂を揺さぶられる。

〈私が正田篠江と最初に会ったのは、一九六二年の夏であった。正田は、原爆病特有の青い顔で、しかも憂鬱そうな顔をした中年の婦人であった。彼女は、平凡社から『さんげ』など〔を〕集大成した『耳鳴り』という歌集を出版するために上京中だった。当時、月刊婦人誌〔世界文化社『家庭画報』――引用者・註〕の仕事をしていた私〔フリーライター〕は、平凡社の編集者だった鈴木均に『耳鳴り』を婦人誌上で紹介してくれといわれたので、東京・信濃町の文學座の近くの旅館で正田と会った。

私は『耳鳴り』の校正刷りをみながら、相当ぶしつけなインタビューをした。三時間ぐらい話していると正田は寝かせてくれといって、真蒼《まっさお》な顔になって寝ころんだが、私の質問には答えた。正田の話と校正刷りは、ものすごい迫力をもっていた〉。

編集子は単行本化にあたって改題「耳鳴りの記」。さらに煮つめて最終的に書名を『耳鳴り』と決定した。副題「原爆歌人の手記」として同年一一月に刊行された。この題名は同書・第六章「肉体を蝕む原爆」所収の「耳鳴り」と題した短連歌（九首）に由来している。

ピカに灼かれていらい、一九六五年の六月一五日に最期をむかえるまでの、憂悶に明け暮れた二〇年ちかくにわたって、被爆による〈血球破壊〉を原因とした貧血が引き起こす〈耳鳴り〉や〈幻聴症状〉に日夜、歌人は悩まされる。

〈耳鳴りの　はげしきわれは耳遠く
　されど聞こゆる　対岸の蟬〉
〈耳底に　幾千いるか　くつわ虫
　原爆後遺症の孤独にひびく
〈夜の更けに　ものおもひゐる　わが耳に
　はげしき耳鳴り　聞こえ来るなり〉

没後の歌文集『百日紅――「耳鳴り」以後（遺稿抄）』（文化評論出版、一九六六刊）にも、

〈きのこ雲　のぼりしかの日も　暑かりき
　その日よりつづく　わが耳鳴りは〉

であったり、あるいは、

〈貧血で　耳鳴りひどく夜のまなか
　かつてきこえし　汽車の音きかずつ〉

とか、

〈夜の更けを　たぎつ湯釜よ　被爆後の
　われの耳なる　耳のごとくに〉

などの、終生つきまとう耳鳴りの喩えることなく怺《こら》えがたい苦しみを詠んだ。

〈ピカ以来　耳鳴りひどく　なるばかり
　かもめもすずめも　鳴かず飛ぶのみ〉
〈耳鳴りも　聞こえずなりし　ときこそ死
　そのさみしさを　ひとり思ひぬ〉

自身も原爆の後障害（後傷害）に苦しんだ篠枝は、被爆から一七年後、一九六三（昭和三八）年秋、九州大学医学部附属病院で〈放射能による影響とみられる乳ガン〉との宣告をうける。一九五九（昭和三四）年には〈原水爆禁止広島母の会〉発起人となって歌づくりと平和運動に取り組んだが、一九六五（昭和四〇）年六月一五日、広島市平野町京橋川河畔にひっそりとたたずむ居宅で闘病中、ついに乳ガンのため、その生涯を閉じた。行年五四歳の〝原爆死〟であった。

歌集『さんげ』に収録された全首と被爆後から生涯にわたる詠歌を摘録した前掲・広島文学保全の会［編］

の新版『さんげ』は、その後、出版元の消滅で絶版となる。目下の古本市場では一冊七〇〇〜八四〇〇円（平均五〇〇〇円前後）の売値によって細々とだが流通している。遺稿集『百日紅』の出版元は継続しているが、こちらは経年のために絶版（前者と同様に店頭価格は五〇〇〇円ないし六〇〇〇円前後が現下の相場）。

3・11以降、広義に核問題――ひいては反核文学に関心が高まる傾向を反映し、にわかに稀少価値が上昇した平凡社版『耳鳴り』初版のばあい、インターネット古本市場（Amazon）への出品価格が首都圏では、東京・清瀬市の臨河堂が一万八〇〇〇円。天井を打った本郷の東大前・さがの文庫が二万九八〇〇円という高値をつけている（ともに二〇一三年七月現在）。

このように篠枝の作品群は、ひとにぎりの研究者や古書コレクターらが独占する書架に眠っている。さしあたって、未見の読者にとっては公共図書館などが所蔵する家永三郎・小田切秀雄・黒古一夫［編］『日本の原爆記録』全三〇巻の第一七巻「原爆歌集・句集――広島編」栗原貞子・吉波曾死［新編］（日本図書センター、一九九一刊）所収を探しあてて読むしか、この作品一〇〇首にふれる機会はない（ただし、歌集『さんげ』抄はインターネット検索によって無料閲覧可。だが、むろん全詩篇にふれることはできない）。

すでに市内白島九軒町のJR高架線路北側に面した実家はなく、近しい親類縁者もそのほとんどが鬼籍に入ってしまった広島へ、ひさしぶりに〝帰省〟をした二〇一一年八月。わたしは通称・百メートル道路（平和大通り）に面した宿舎（ANAホテル）から、ひとり歩いて平和記念公園へとゆく。

取材目的で訪ねるのは一〇年ぶりだった。その碑銘を立ちどまって読むのは、じつに三九年ぶりであることに、どこか後ろめたくも、グッと胸にせまる感慨を覚える。

台座裏面の銅版プレートに刻まれた『さんげ』所収の一首を読む。

〈　篠枝
太き　骨は　先生ならむ
　そのそばに
小さきあたまの骨

あつまれり〉

この歌に、わたしがはじめて出遇ったのは一九七二（昭和四七）年の夏。広島平和大通りの緑地帯に建立された〈原爆犠牲国民学校――教師と子どもの碑〉（一九七一年八月四日除幕）は、苦悶に口をひらいたままの死んだ子どもを抱きかかえ、両脚を〝くの字〟に曲げ、全身に火傷を負った裸体でたたずむ女性教師が空を仰ぎ見るブロンズ像（芥川永[32]・作）が痛ましい。

当時の日記（取材手帳）には、おもわず苦笑してしまう気取った筆跡で〈まあたらしい歌碑に食指うごかず〉と報道写真家を目指す一七歳少年の、いつわらざる感想は、いかにもそっけない。だが、ひとこと〈歌に絶句！〉との走書き。そして、駆け出しのころだとはいえ取材記者（月刊総合誌のデータマン）の習い性から、碑に刻まれた三十一文字をメモっている。データ原稿を書くさいの〝一行稼ぐ〟下心あっての習性だが、われながら、ことのほか一字一句ていねいにメモをした筆跡は、わが内なる特別な感動を物語る。

それまでわたしは、この作者の歌集を知らなかった。当時でも入手困難な私家版『さんげ』収録の短歌が再録された前掲『耳鳴り――原爆歌人の手記』という本があると同行者から教えられ、さっそく平和公園から急ぎ足で一二、三分ほどの金座街にある古本屋へ探しに向かったことを憶えている。

ちなみに、碑に刻まれた撰歌の〝原形〟といわれる前掲『不死鳥』第七號掲載の一首は、

〈大き骨は先生なり　あまた〔数多〕の小さな骨
　側にそろひて　あつまりてある〉

となっていることなどから、〈太き骨〉か〈大き骨〉なのか。あるいはまた〈あたま＝頭〉か、〈あまた＝数多〉なのか――を問題化する〝論争〟が碑の建立後、広島〈歌壇〉での原爆文学〔反核文学〕の、〈ありかた〉をめぐるイデオロギー対立を背景にして巻き起こる。もの言えぬ作者は、おそらくは草葉のかげから眉をひそめ、さぞや嘆き悲しんだことであろう。

それは誰にも否定できまい。詠歌の本質を、いたずらに矮小化するそんな論争とは無関係に一七歳のわたしは、ひとり『さんげ』に収斂された鬼気迫る短連歌に胸うたれ、なみだした。夜半、遅咲きの沈丁花

がかほる家の窓べで、システムコンポからながれる一九七一年リリースの曲・林光「原爆小景によるカンタータ第一番――水ヲ下サイ」（原民喜「原爆小景」から＝演奏五分二四秒／東京混声合唱団・キングレコード）LP盤を聞きながら取材日記を綴った過日の、ながらく忘れていた情景がいま、よみがえる。

●憂悶と悲しみを消すよしもない八月の詩人

翌日、故・峠三吉（一九一七―一九五三）の長姉で広島市翠町在住の三戸嘉子（六五歳）を、取材のために訪ねた。[33] 爆心地から約三〇〇〇メートル余り離れた広島市翠町一六〇九番地（現・南区翠四丁目）で被爆し、かねてよりの肺結核を悪化させた原爆症に苦しみながらも〈物言えぬ死者の叫び〉を詩に託すそれを、詩集に編む営為をつうじて原水爆禁止運動に心血をそそいだ詩人の峠三吉。かれはまだ道なかばの三五歳にして、肺葉摘出の手術中に帰らぬ人となる。

脳性小児マヒの後遺症による障害と原爆症との〝二重苦〟を背負う長男・頼雄（四一歳）と二人暮らしの嘉子もまた、あの朝、翠町の自宅内にいてピカをあびた被爆者であることに相違ない。

峠三吉は、のち詩作と取り組むに先駆け、被爆当日の日記を次のようにしるした。

〈（前略）（午前八時過《すぎ》ごろ）急にあたりの気配の異様なるを感じ眼をやれば　外の　面に白光たちこめ二階より見ゆる。畑や家並みの其処其処より音なく火焔閃《ひら》めき白煙の斜めに立昇るが瞬間　眼に映りぬ。

焼夷彈だと叫び　上衣をひっかけたとたん　猛然と家　振動し　窓硝子〔ガラス〕微塵に飛び天井裂け落ち　片々《へんぺん》身に降りかかる。爆彈だと　かたは〔傍〕らの頼雄〔一四歳の甥〕を伏せしめ　その上に布団を掛けやる。その時最早《もはや》轟炸〔爆発〕の瞬間は過ぎゐしなり。後続の模様〔爆弾投下〕無ければと　や丶氣を安らかせ、頼雄を気遣ひ〔二階に〕昇りきし姉〔嘉子〕より先　壁土にて埋《うま》りたる階段を降りて　父を呼べば　父は〔防空〕壕より出て來ぬ〔来る〕。前額に拳《こぶし》大の腫れあり。その頂上より血流れ居れど大した事もなき模様。

余〔私〕の額よりも血の濃く一筋流れあるを云は

れて知りぬ。階下も踏み越ゆるに困難な程　吹き飛びし建具の上に折〔り〕重なりて　ピアノ其《その》他の家具　打ち倒れ　惨澹たる有様。附近の兵士分宿所〔民家〕前にて応急手当をしてゐると聞きて　直ちに父を連れゆき繃帯を巻きもらう。その頃まで　未だ　敵の盲彈《めくらだん》〈めくら滅法〉に投下された爆弾の意〕が翠町附近に落下したるものと思ひ居りしが、町の方を望むに　煙雲　とみに烈《はげ》しく空を蔽《おお》ひ　次第に大火の様子さえ　望見さるるに至りし為　都心部も　容易ならぬ災害を　罹《こおむ》りある事を知る。三々五々、全身ズルズルに剝けたる火傷者の裸体にて　逃れ來るあり、タン架にて運ばれ來るあり。〔中略〕〔住まいをうしない、市中の火焰に追われて翠町へと逃げてきた知人から〕電鐵前〔千田町の廣電本社前・電停〕附近より彼方は火の海にして、町なかは死屍と瀕死の苦悶者とに滿つるといふ。嘗《かっ》て罹災せる各大都市にも見ざる慘状を聞く。

敵は新兵器を使用せり、多分ロケット爆彈ならむなどとの噂つたは〔伝わ〕りぬ。硝子の破片を極力片付けて應接間に仮眠す。夜迫りてみゆる火焰〔部屋の中迄《まで》明るむ〕や不明確な空襲情報などに度々起さる〔たびたび起こされる〕〉

六日付の日記は約八七〇字に及ぶ。しかして翌日付〈八月七日、晴〉は、終日、家族で半壊〔窓ガラスが粉々に飛散〕した自宅の後片づけに追われ、〈家の内なほ靴のまま歩くより仕方なし〉とむすぶ九三字余りをしるしたのみ。翌々日付〈八月八日、晴〉――〈閃光に焼かれたる蓮畑の中を〉抜け、罹災後はじめて峠三吉は、重傷患者で溢れ返る収容所となっていた出汐町の陸軍被服支廠へと出かける。その惨澹たる情景をまのあたりにして――

〈炎熱の構内を横切って仮りの病棟となれるコンクリートの大倉庫に案内され、心を定めて収容所たる階上に足を踏み入れたる時の光景は終生忘れ得ず、又《また》忘るべからざりものなりき〉としるす。このとき沸ふつと湧きあがり脳裏に刻した悲しみと憂悶は、のちに二五篇からなる代表作『原爆詩集』所収の散文詩「倉庫の記録」をうむ〔前掲149ページ〕。

ながらく肺結核を患い寝たきりの父親をかかえる家

庭の事情で養護学校に通うことができなかった頼雄少年は、ピアノ教師によって生計を立てる母親の嘉子から自宅で音楽の個人指導をうけた。長じて一九六二年、叔父三吉の詩を、オリジナル変ロ短調の旋律にのせ、おごそかにうたいあげる混声合唱曲「にんげんをかえせ――原爆詩集から」を発表した。広島・日立ファミリーホール満場の聴衆が固唾をのむ。翌日付の新聞各紙（広島版）で〝奇跡の作曲家〟と絶賛された。

一九七二年晩春、当方が訪ねたときは、その夏に発表が予定される新作「広島霊歌」の作曲に取り組んでいた。実姉の婚家に寝食をともにした時期の長かった三吉は、こころざし半ばで惜しくも逝くが、幼いころから薄幸の境遇に閉ざされた甥の将来に、おもいがけず一条の光明が差し込むきっかけとなる〝一冊の詩集〟を遺した。

峠三吉は一九五一（昭和二六）年の六月、世界規模の〈ベルリン平和大会〉と連動した全国労働者による朝鮮戦争下の非合法集会〈8・6広島平和大会〉にささげることを念頭において貧しいガリ版刷り全七四ページに二五篇を収めた私家版『原爆詩集』[34]（部数は五〇〇部限定）を作る。発行日は〈同年九月二〇日〉付。定価八〇円と表示した。新日本文学会広島支部と峠三吉の主宰する〈われらの詩の会〉が発行元で、文庫本大の横長変型判。装丁は四国五郎[35]とある。

翌一九五二年二月一五日（第一版／第一刷）発行の奥付によって青木書店から文庫本となった『原爆詩集』は、わたしがまだ、ものごころついたばかり（いまにして想えばだが）のころ、はじめはカナ文字だけを、たどたどしく追った詩集でもある。

文庫本化にさいしては、あらたに詩五篇がくわえられた。

作者は〈平和へのねがいを詩にうたっているというだけの〉自身の文学活動であるにもかかわらず、直面する事態は〈いかに人間としての基本的な自由をまで奪われねばならぬ如く時代が逆行しつつあるか〉を指摘した。げんに〈有形無形の圧迫を絶えず加えられており、それはますます増大しつつある状態〉――だと、うったえる（詩集「あとがき」一九五一・六・一付）。

そうした往時の政治的情況が、小学児童に理解できるはずもない。がしかし「序」にカナだけ八四文字で紡がれた切なる響きは、ハッキリと、こどもごころに記憶している。
その没後一〇年を記念して一九六三（昭和三八）年の夏、平和記念公園内〈峠三吉詩碑〉が詩碑建設委員会（深川宗俊委員長）によって建立された。この碑に刻まれたのが詩編「序」の八四文字――毎日のように、碑を横目に見やりながら、自転車で平和公園内を走りまわって遊んだ小学三、四年生のころに焼き付いた、いまもなお鮮明な記憶なのである。
そして、その碑を設計・デザインしたのは『原爆詩集』の装丁と同じく、広島市在住で画家の四国五郎というひとだと、のちに知る。情景画集『広島百橋』広島県民文庫・広島探検叢書№1（春陽堂出版、一九七五刊）で知られる広島市役所勤務の画家は、広大附属東雲中学一年二組のときに教室で机をならべた同級生（四国光）の父親でもあった。

序

ちちをかえせ　ははをかえせ
としよりをかえせ
こどもをかえせ　わたしをかえせ
わたしにつながる
にんげんをかえせ
にんげんの　にんげんのよのあるかぎり
くずれぬへいわを
へいわをかえせ

詩篇「序」をこう詠んだ作者は、つづけて〝絶後の惨状〟を詩「八月六日」に次のように描く。

あの閃光が忘れえようか
瞬時に街頭の三万は消え
圧しつぶされた暗闇の底で
五万の悲鳴は消え
渦巻くきいろい煙がうすれると
ビルディングは裂け、橋は崩れ
満員電車はそのまま焦げ

涯しない瓦礫と燃えさしの堆積であった広島
やがてぼろ切れのような皮膚を垂れた
両手を胸に
くずれた脳漿を踏み
焼け焦げた布を腰にまとって
泣きながら群れ歩いた裸体の行列

石地蔵のように
散乱した錬兵場の屍体
つながれた筏へ這いより折り重なった河岸の群れも
　灼けつく日ざしの下でしだいに屍体とかわり
夕空をつく火光の中に
下敷きのまま生きていた母や弟の町あたりも
　焼けうつり
兵器廠の床の糞尿のうえに
のがれ横たわった女学生らの
太鼓腹の、片眼つぶれの、半身あかむけの、丸坊主
の
誰がたれとも分からぬ一群の上に朝日がさせば
すでに動くものもなく
異臭によどんだなかで
金ダライにとぶ蠅の羽音だけ〉……〈後略〉。

　　――峠三吉『原爆詩集』青木文庫48（青木書店、
一九七一再刊／新装版・黄16）から

この作者もまた、くだんの大田洋子と共通する実感をいだく（前掲210ページ）。

〈あの静寂が忘れえようか、その静けさのなかで〉……。

あの朝、ピカに灼かれた直後の自身が、じっさいに感じた〈無気味な静けさが支配した情景〉を描いている。阿鼻叫喚の地獄図は生き残った者がゆえの、内なる苦痛なのだと――。

詩集の冒頭に作者は、

〈一九四五年八月六日、広島に、九日長崎に投下された原子爆弾によって命を奪われた人、また現在にいたるまで死の恐怖と苦痛にさいなまれつつある人、そして生きている限り憂悶と悲しみを消すよし

もない人、さらに全世界の原子爆弾を憎悪する人々に捧ぐ〉

とのメッセージをしるす。

〈ちちをかえせ／ははをかえせ〉に始まり、巻末に、なかの・しげはる（中野重治）による「解説として」（一九五二年五月二八日）を付した『原爆詩集』（青木文庫、一九五二刊）をわたしはいま、あらためて反芻している。そこからは、物哀しさや失意でなく、やり場のない怒りと、死の匂いに、みち満ちて耐えがたく、憂い悶える声が、聞こえてくる。(36)

青木文庫（新装）版は、白いキノコ雲が湧き立つ図柄を背景に、漢字四文字の表題が、真紅で特大〈手書き明朝体〉で横組み二段に配された表紙カバーが印象的である（装丁・山根隆）。

巻頭のモノクロ・グラビアには赤松俊子の描いた〈「原爆の図」デッサンより〉一点が収載されている。脚を〝くの字〟に折り曲げ、目を閉じて顔を両掌で覆った、見るも無惨な裸身像が一体。閃光に灼かれて全身に火傷を負い、爆風に吹き飛ばされ、宙を舞ってたたき付けられて頭蓋が地表にめり込んだかのように、ぽつねんと横たわる。

作者――赤松俊子は旧姓――本名・丸木俊（一九一二―一九九五）は原爆投下の三日後、やはり画家で夫の丸木位里（一九〇一―二〇〇一）の出身地・廣島に二人して帰省した。そこで見たものは夫妻にとって、好むと好まざるにかかわらず終生の営みを決定づける。ふたりに終わりなき不変のテーマをもたらした。

一九五〇年完成（日本アンデパンダン展に出品）した第一部「原爆の図・幽霊」タテ六尺×ヨコ三尺×八枚構成（約１８０㎝×７２０㎝）以降、第二～三部「火」「水」、四～五部「虹」「少年少女」、一九五二年の第六部「原子野」から、三〇余年にわたって一九八三年完成の第一五部「長崎」（同じ八枚構成）まで、ふたりは巨大な屏風連作を共同制作した。

その間、一九六七（昭和四二）年に開設の財団法人・原爆の図／丸木美術館（埼玉県東松山市）には、おなじく共作「南京大虐殺の図」（一九七五年完成）、「アウシュビッツの図」（一九七七同）や、「水俣の図」（一九八〇）。八部連作の「沖縄の図」（一九八三）などが展示されている。

さかのぼって一九五〇（昭和二五）年の夏、丸木位里と赤松俊子の共著による〈平和を守る会〉篇として秘密出版した文庫版・変型で、全六四ページからなる画文集『ピカドン』[37]（ポツダム書店、同年八月六日発行）は懸念されたとおり、占領下の事後検閲によってプレスコードに引っかかり、たちまち発禁処分をくらう。

●日米両政府による〈原爆隠し〉と被爆者見殺しの政治

ときに朝鮮戰争（中國では、抗米援朝斗争と呼ばれた）渦中――〈國連軍〉という名の米軍総司令官D・マッカーサー元帥が、朝鮮半島（及び中國との國境地帯）への原爆使用をワシントンにたいして具申していた時期と符合する。たしかに結果的には人類史上〈第三の核兵器〉使用は回避された。だがしかし当時、極東（東アジア）の軍事緊張が最高レベルにまで達していた時期であったことに異論の余地はない。

ひろく原爆の惨禍を伝えることについて、米占領軍が過敏に反応する理由は明白であった。

朝鮮戰争で米軍は秘密裏に生物兵器の使用〈細菌戰〉を朝鮮半島と中朝國境地帯、さらには中国東北部の辺境にたいして仕掛ける。そこでは日本の旧陸軍（關東軍防疫給水部＝通称号・滿洲第七三一部隊）から戰後、東京でおこなわれた極東國際軍事裁判での戰犯〈免責〉を条件に裏取引がおこなわれ、米軍の手へとわたった〈細菌戰〉の詳細な研究データ（細菌兵器）が用いられたことを、国際科学委員会の調査報告は指摘した。

調査団はカナダ人調査団長のノラ・K・ロッド博士以下、中国・イギリス・フランス・ソ連をはじめ共産圏からばかりでない一七カ国と八つの言語圏から参加した科学者や医者らの調査団員で構成された。五カ国語に翻訳されたうち、日本語版の国際科学委員会報告『細菌戰黒書――アメリカ軍の細菌戰争』片山さとし・邦訳（蒼樹社、一九五三刊）の目次から拾うと、

＊朝鮮の事件（ペスト）▼朝鮮半島北部の平安南道・安州＝アンジュ＝、江西＝カンソ＝ほか　各地で一九五二年、米軍による細菌戰が疑われる事例が相次ぎ発生した――（引用者・註）

＊甘南事件（ペスト）▼甘南＝カンナン＝というのは

中国黒龍江省西部・内モンゴル省境附近の県――（同右）

＊寛甸事件（炭素病）▼炭疽菌が撒かれた寛甸＝コワンテェン＝は遼寧省の中朝国境、鴨緑江河畔の県――（同右）

＊遼東と遼西の事件（呼吸器炭素病）▼〈遼東＝リャオトンと遼西＝リャオシー〉両省は現在の遼寧省をほぼ東西に二分する地域――（同右）

＊大同事件（コレラ）▼大同＝テドンは現・北朝鮮平安南道＝ピョンアンナムド内陸部の大同江畔にある町、またはその一帯にひろがる〈大同郡〉のことを指す――（同右）

といった〈細菌戦〉を実施した疑いがもたれるケースにくわえ、「第二次世界大戦中の日本軍細菌戦との関連」の章。巻末附録として〈アメリカ軍が朝鮮でやった細菌戦に参加したことについて〉の、米兵捕虜ケニス・L・ノック中尉の証言「アメリカ帝国主義者はどうして細菌戦をはじめたかの真相」と題した一九五二年四月七日付〈供述書〉ほか四人の捕虜による証言を含む四六項目が収録されている。

やがて日米講和条約がむすばれたこと（一九五一年九月九日締結、翌一九五二年四月一八日発効）にともない、アメリカの對日占領が終わりを告げたのち、あらためて丸木位里・俊夫妻は共作の絵画六八点を収録した全七二ページの画文集『原爆の図』を刊行する（青木文庫）。

ときに一九五二（昭和二七）年四月のことであった。

それに先立つ同年の二月に峠三吉は青木文庫版『原爆詩集』（前掲）を上梓した。

つづいて同年九月には峠三吉と山代巴の共編による詩集『原子雲の下より』（青木書店）。

おなじく同月『原民喜詩集』（細川書店）刊。

さらにはまた、前年八月に単行本化された大田洋子『人間襤褸』（河出書房）が青木文庫に入ったのも同月のことである。

『人間襤褸』は、それぞれ初出が総合雑誌『改造』一九五〇年八月号掲載の原題「一九四五年夏」。おなじく『世界』一九五一年一月～三月号に「蛆《うじ》――一九四五年夏――」①～③。同『人間』一九五一年六～八月号掲載「崩れてゆく――一九四五年夏以後――」

という三作品をあわせて表題『人間襤褸』とした記録文学の秀作。前作『屍の街』を書きあげた被爆後の秋から七年近くの歳月をかけて結実させた。作家にとって原爆を描いた二作目となる長編である。この渾身の長編小説『人間襤褸』によって大田洋子は一九五二年度の第四回女流文学賞を受賞した。

自分の作品を〈広島モノ〉とか〈原爆モノ〉と称したり、〈自分が書かずんばというふうに気負い込んで書いている〉と評する文壇の批評家らにたいして大田洋子は黙っていなかった。

一九五二年七月号『近代文学』のアンケート「作家の態度」にこたえ、そうした冷ややかな批評にたいし、決然と反駁をくわえる。

〈こういう批評を私は困ったインテリだと思うし、これだから再軍備論者も容易にひっ込まないと思ったりします。原民喜氏が生きていてくれて、彼の書き方で書き、峠三吉[38]がもっと健康でじゅうぶんに詩を書き、『原爆の子』の子等が大きくなって、教師の要請がなくても次々と大きな作品を書いてくれるならば、私はどんなに心が安まることでしょうか。私は私ひとりが書かなくてはならないのを、どんなにつらく思っているか知れません。ひとりでは書ききれない。私一人に書かせておくのも、日本の作家の恥だと思うのです。赤松俊子さんが、三十何万人の人が死んだのだから、その個々の死んだ様相を絵に描いても、自分の一生が足りないと云っていましたが、この計算は私をうちました〉……。

いかにも、この作家らしい。そこには自我のつよい個性がのぞく。その人物像については前掲『草饐——評伝・大田洋子』に委しい。その著者・江刺昭子（旧姓・大川）は広島育ちという同郷の縁あって一九六二年一二月、早稲田大学三年（二〇歳）のときから、東京・鷺宮の大田家に間借りをして、作家の日常とは一つ屋根の下で身近に接した。

ところが、翌一九六三年の師走、福島県裏磐梯へ取材旅行に出かけ、投宿先・中ノ沢温泉（耶麻郡猪苗代町蚕養《こかい》字《あざ》沼尻山甲）の旅館〈五葉荘〉で一二月一〇日夜、ひとり入浴中に心臓麻痺のため急逝——大田洋子（本名・初子）行年六〇歳であった。

評伝『草饐』冒頭――「流離の岸」の章は、その通夜・葬儀がいとなまれた前後の大田家に下宿人の学生がかいま見た人間模様から書き起こされている。

葬儀のあと大川昭子は百カ日法要を終えて下宿先の大田家を去る。東京の出版社に就職して編集者となった。そして二年余りがすぎた一九六五年八月、故人を偲んで大田家の隣人と二人して洋子〝終焉の地〟――裏磐梯（安達太良山西麓高原、国内屈指の名湯）中ノ沢温泉を訪ねる。

その亡骸は、とても六〇歳には見えない〈きれいな肌の方で、すーっと眠ったように〉温泉の湯船に横たわっていたと、それを目撃した宿の老女から聞く。

こうして始まる評伝作者が大田洋子〝生涯の足跡〟を追ってゆく過程では、急逝したときの物言わぬ美しい屍とは異なり、歯に衣着せぬ〈直情径行〉で激しく、ときに啞然とさえさせられるその自我が見え隠れする。そんな洋子〈最晩年の嘆き〉を評伝は引いている。

――世間の奴らはどうしてこう私の作品をわかろうとしないのだろう。〔中略〕原爆ものにしたってそうだ。『屍の街』や『人間襤褸』を読みたいが出版社を教えてくれ、と時々手紙がくるが、どれもこれも絶版になってしまった。私の手元にも一冊ずつしかないから、貸すというわけにもいかない。

文学全集ブームとかでT社やS社で、どんどん全集が刊行されるが、私にはその話は全くない。私のばかりじゃない。原民喜や峠三吉のものも全然、文学全集に入らないのは、〔出版〕ジャーナリズムにどこからか圧力があるからではないだろうか。いや、きっとそうにちがいない――（江刺『草饐』の「流離の岸」の章から）。

T社は筑摩書房でS社が新潮社だろうか。がしかしそれは、なにも大田洋子という特定の作家個人にかぎっていえる問題でも、とりわけT社やS社だけの傾向でもなかった。被爆体験・被爆実態にもとづいて原爆を描いた作品（一部の例外――永井隆のばあい＝371～379ページを除き）大半の処遇について、それはいえた。

〈原爆ゆるすまじ〉――〈反核、核廃絶〉という思潮の方向性については理解を示しながらも、無差別〈原爆テロ〉に、にんげんとしての尊厳を冒された被爆者たちの〈生きている限り憂悶と悲しみを消すよしもない〉（前掲の峠三吉『原爆詩集』）記憶を共有することにかんして、しだいに日本のメディアは及び腰となる。

〈おぞましい〉、〈ことさらに暗い〉、〈死の恐怖と苦痛にさいなまれる〉、〈終わらない戦後〉——とは正面から向き合うことなく、斜に構えて〈見て見ぬふり〉のあげくが、冷ややかに黙殺した。日本政府が〈もはや戦後ではない〉との意図的な認識を打ち出したのは、おもえば一九五五（昭和三〇）年度『経済白書』でのことだった。時代は〈逆行〉を始める。

　そして一九六〇年、日米安保条約の改定が強行されて〈冬の時代〉は、さらに続行する。

〈いまさら原爆モノでもあるまい〉……と文芸出版のヤリ手編集子たちが口をそろえて嘲笑う。

　こころある出版人が後世に読み継がれるための努力をかさねるが、しだいに〈読みたいけれども絶版〉となって書店で〈入手困難な作品〉が増えてゆく。すでにそれを紡ぐ作家は皆んな鬼籍に入ってしまい、このことを嘆く読者も年ごとに、じり貧の〝少数派〟となる。

　大田洋子が上京したのち実妹・中川一枝の一家は、相生土手とひとつづきになった広島城址一帯の濠ばたに近い、戦災者用の粗末な木造平屋の公設長屋が建ちならぶ〈基町住宅〉に暮らしていた。

　このあたりは戦後高度経済成長期、いち早く都市再開発によって撤去され、のち現在のグリーンアリーナ（県立総合体育館）などの公共施設と周囲に広大な緑地がひろがる広島中央公園となった。いまや、そこに跡かたもない基町スラムの妹一家の住まいは、〈取材のためしばしば帰広した洋子がねぐらとし、住民の原爆被災者らと怒りや悲しみを分かちあった場所〉だったとの縁から、いちめんに芝生を敷きつめた現在の中央公園自由広場（基町住宅跡地）片すみに大田洋子の〈再評価〉を呼びかける有志たちによって一九七八年七月三〇日、初の文学碑が建立された（改訂新版『草饐——評伝・大田洋子』「あとがき——再刊にあたって」より）。

　城南通りの空鞘橋＝そらざやばし＝東・交差点から公園遊歩道へ入り、河畔の堤防（旧・櫻ノ土手）に向かって歩く右手、自由広場中央にそびえ、熱閃で灼かれた痕跡がありありと残る〈被爆クスノキの老木〉[39]が見下す広場の西側にあたる位置にたたずむ。それはあたかも爆風に吹き寄せられたかのような空間デザインで、岩肌がケロイドの爛れに似た輝緑岩（英名・ダイアベース）という大小一五個の自然石を配置して、中心に撰文を刻んで据えた碑には『屍の街』第一章「鬼哭啾々」の一節から、

〈少女たちは、天に焼かれる、天に焼かれると歌のやふに叫びながら歩いて行った〉

と刻む。設計デザインは、これもまた画家・四国五郎（前掲）によるものである。

大田洋子がピカの直後、ちょうど逃げ延び来てから一カ月ほどが経つ山里〈……廣島市から村までまっすぐにして六里（約二四キロメートル）。その朝、山の高みで草刈などをしてゐた村の人は、光につづいて起った爆風で、横ざまによろめいた〉記憶が焼きつく。階上から山道をながめていた作家は〈一一、二歳の、もんぺズボンをはいた少女〉ら一群に目をとめる。長雨があがって晴れわたる天空をふりあおいで、少女たちは

〈おお、いべせやいべせ（ああ、とてもこわい）天に焼かれる！　原子爆彈――〉

と無邪気に叫び歌う。

そうした光景に接して、この作家はこう書き綴る。つくづく〈あの朝の青い閃光は、この村までも染めたのである〉と嘆じた。

文学碑建立にさいしては、歌曲「少女たちは」（尾上和彦作詞・作曲）譜面を巻末附録とした建立委員会［編］のブックレット『大田洋子文学碑建立記念誌』（一九七八刊）がある。

●作家宣言からの離脱

作家にとって初の文学碑建立と、ときを同じくして、ながらく絶版になっていた大日本雄辯會講談社ミリオンブックスで、一九五五年一〇月二五日に初版発行の『夕凪の街と人と――一九五三年の実態』を三一書房が再刊した。奥付には〈一九七八年七月一五日〉刊とある。初出は『群像』一九五四年一二月号～翌一九五五年一月号に第一章～一三章（その末尾に〈未完〉とある）。第一四章～二三章を『新日本文學』一九五五年九月号が「夕凪の街と人（続）」と題して掲載した。単行本化にさいし、第二四章から最終（三〇）

章までを書きくわえて完結する。

のち、ミリオンブックス版を底本として『大田洋子集』第三巻（三一書房、一九八二刊）に収録されている。同巻の解題は、プロレタリア文学研究をはじめとして日本文学者の書誌を専門に手がけることで知られる関西大学名誉教授の浦西和彦。

同書は対日講和条約が発効した翌一九五三（昭和二八）年の基町スラムに通いつめて取材した洋子が、崩壊の街の見捨てられた貧しい被爆者や戦災者の実態にせまったルポルタージュ作品である。三一書房版『大田洋子集』第三巻（前掲）の解説で同書刊行委員のひとりでもある栗原貞子は、大田洋子の作品と人を知るうえにおいて、〈見落としてはならぬほど、決定的〉だと、その文学者としての姿勢に斬り込んで言及した。

――〈被爆した直後の極限状況のなかでの、ゆるぎない作家宣言から一〇年目〉洋子はビキニ水爆実験を機に原水爆禁止運動がもりあがろうとしている矢先、これまでの原爆との闘いを逆転させ、原爆の怖ろしさを理解せず、被爆者の苦悩を意識過剰として非難していた人々に向けて原爆の呪いを吐きかけた。「ざまを見ろ」「死の灰にまみれて、ぞくぞく死んで見るといい」と回復不能の言葉を吐き、引き返し不能の地点に自らを追いやった〉。

そして、さらに八年後、事実上の〝絶筆（遺稿）〟となった創作「世に迷う――ふしぎな弟と私」（一九六四年二月号『世界』掲載）が、〈読者と作家との関係を、芸者と置屋との関係になぞらえ、荒涼とした心的風景を示して終わっている〉……という衝撃的な以上三つの時点での、孤立無援に追い込まれての焦燥感から常軌を逸し、思慮分別を欠いた洋子の姿勢をあげ、
作家自身が被爆直後、スタート時点における〈人間の眼と作家の眼と二つの眼で書く〉と原爆の悲惨にも負けず、〈抵抗の美しさを示した反核文学宣言にくらべて、終わりはたとえようもなく暗い〉と、栗原の〈解説〉は悲痛なるおもいをにじませながらも、そう断ずる。

ルポルタージュ「夕凪の街と人と」（前掲の文芸雑誌『群像』などに初出）が文壇から冷や水のようにあびせられた批評は、またも〈文学ではない。素材だ〉〈原爆は終った。終った原爆をことごとしげに書いて売り物にする〉と切り捨て、こきおろす悪口雑言だった。

そうした悪評にたいしても〈〔この作品が〕骨身にしみるように気に入っている〉……と洋子は泰然自若を装い気丈に切り返す（『新潮』一九五六年三月号に掲載のエッセイ「文学のおそろしさ」）。

ところが、これを最後に大田洋子は以降、ふたたび原爆――〈非核・反核〉をテーマにすえた長編の記録文学作品に取り組もうとはしなかった。

〈……一人の体験作家の半生をかくも無惨に敗北させたものの背後に、日米両政府による原爆かくし、被爆者みごろしの政治があり、そのことによって不当な文学環境の中で、孤立させられ、疎外されて悪戦苦闘の結果、敗北したことに対し、私は早くから義憤のような怒りと傷みを感じ〉ながら、栗原貞子は黙って大田洋子の来しかた行く末に、まなざしをそそいだ。

〈そのことは、一人の作家の敗北ではなくて、長く続いた占領と占領が解けた後も尾を引いた原爆タブーの下で、完全に救いをたたれた被爆者の歴史とも重なっている〉と、みずからも原爆詩人（反核文学者）と称される栗原貞子は、やるせない怒りを込めて指摘した。

さらに、〈壊れた体で、占領下に書く心理的抑圧を感じながら、血反吐を吐く思いで書いた洋子の原爆文学〉はまた朝鮮戦争下に日本が再軍備の逆コースをたどる渦中、いっさいの救いを断たれてゆく被爆者の実態を、究極の長編ルポルタージュ作品「夕凪の街と人と」で、こう切り取る表現をこころみた。

〈……みんな壊れている。一人のこらず壊れている。人間の権利を失い、肉体も精神も失った半人間ともいうべきものだった〉。

被爆者のなかには〈原爆は体験したものでないとわからない。世界中にピカがドカンドカン落ちりゃあええ。そうしたら、ピカの恐ろしさや苦しみがわかるだろう〉といった〈破滅型〉被爆者の心理は對日占領解除後、にわかにホンネが表出した。それまでの縛りが解けたことで堰を切ったように世に出た原爆体験記であったり、詩歌などのなかにも、それは登場する。

そうした〝ヒロシマの生態〟を抉るように洋子は、根こそぎを、ぶちまけたのである。

のちに〈原水爆禁止広島母の会〉発起人となる正田篠枝のばあいも、前掲『耳鳴り』第九章「ひろしまの願いは一つ」に、ある寡婦のもとへ、手記を書いてくれるよう頼みに行ったさいの、やりとりを、こう描出している。破滅型とは類型化できない、半人間の悲痛な声を聞く。

　篠枝は〈強い国の　核実験を　なさる　偉い首相に　核実験を／停止して　ください　と　頼んだんだけど／聞き入れ　られず／なんにも　なりませんでした〉と枕にうたう。一九六〇年二月にフランスが、サハラ砂漠のレガーヌ実験場で、第一回核実験に成功したことに抗議を込めて、フランスの国民的英雄であるシャルル・ド・ゴール第二一代首相（第五共和政・初代大統領）を指弾した詠歌である。

　寡婦が投げかけた「みんな死ねばいいんだ」との厭世〝恨み節〟によって哀れは増幅する。

　學徒動員によって爆心地附近で悶死した娘と夫とを、うしなった悲しみは底知れない。やり場のない怨嗟の声は、まるきり無視のあげく、傷ついた者の苦痛を逆撫でする、時勢を憂い悶える。東西冷戦下の原水爆開発に血道をあげる核実験は、きょうも明日も明後日も止どまることを知らない。

「なにを書いても　つまらないよ　大きな流れには
ながされて　したいだけ　させれば　いいよ
ほんものを　ドカンドカンと　おとしゃあげて
世界中の　人間が　みんな　まっ黒こげに　なって
死ねば　いいよ」と
いい放って　うつろな　まなこで　一点を　みつめた　まなうらからは　止処なく　涙が　流れていました
わたしは　なんにも　言えず　黙って　泣きました。

みずからが旧明治憲法下の臣民であり、相も変わらず〝従順なる赤子〟でありつづける立場に異存がないことを前提として歌人は、こう詠んだ。

天皇さまも　皇后さまも　皇太子さまも　美智子妃さまも／スモウや　テニスや　野球を　ご覧になるばかりでなく　原水爆製造禁止の　運動に　力をお入れになり　世界中へ　平和を　愛し　生命を大切に　することの／日本の　信念の　宣言を　してくだされば　よいのになあと　はがゆうて　はが

ゆうて　なりません

――第九章に所収の連歌「はぐゆい」から

これを純真無垢がゆえの詠歌か、あるいは計算をしつくした佳作と見るか。いずれにしても、ありのままに時勢の裏的をものの見事に射抜く、寸鉄殺人の痛烈なる皮肉となっている

ピカに灼かれ、憂い悶える原体験なくしては、なし得なかったであろう〈反核文學者宣言〉――これらのルポルタージュや詩歌に、それが幾ばくもないと覚悟した自身の余生をかさね合わせた営為は、こころない第三者による誹謗や中傷、策略にさらされる。

そしたまた、それが政治的に尖鋭であるなしにかかわらず、文学者としての存在（あるいはにんげん〝個〟としての尊厳）そのものの抹殺を意図して執拗につづく。

しかし、いっぽう大田洋子には、さかのぼれば戦争中に北支（中国・華北）に現地取材して書いた新聞連載小説『櫻の國』（一九四〇年元旦に発表された東京朝日新聞社創立五〇周年記念・一萬圓懸賞（現代小説）當選作）をはじめ、東亞聯盟の確立（その盟主たらんとした國家の野望）に血道をあげる帝國日本の侵略政策にたいして疑いをいだくことなく、ようやくにして得た文壇での地位と名声をまもるためには時流に棹さして、意に副わぬ従軍随筆にも筆を染めている。

軍の慰問班員（一九四〇年五～六月、劇作家・長谷川時雨[40]が結成した女流文藝家たちの銃後奉仕團體〈輝（カガヤ）ク部隊〉慰問使のひとり）として、中國戰線へ一カ月余りの文藝慰問（講演）旅に赴いた過去もある。

栗原は〈戦争協力の小説やエッセイを書き、何冊もの単行本を出版したことなど、苦い思いをさせられるのは私だけではないだろう〉という（前掲「解説」）。また評伝『草饐』作者の江刺もまた、〈あの日中戦争から太平洋戦争にかけて最も華々しい作家の一人であった洋子の作品のいくつかは、積極的でないまでも戦争協力の意味あいを持つ〉と指摘した。

原爆を書き出してからの大田洋子は戦争中の自身の〈行動・言動〉を封印したかのように、いっさいふれなかった。評伝作者によれば「自筆年譜」から、それらはすべて〈抹消〉されていることからも、この女流作家のばあい、戦争中に自身の果たした役割が、いっ

たい、なんであったかにかんする反省の表明は、まったくない。

このことについての栗原の見解によれば、〈彼女が被爆後、自らの戦争責任に対しては口をつむったまま、戦争の被害者として原爆の苦悩を書いたことが、彼女の原爆文学に対する文壇の人たちの疎外となった〉という見方もできる。だが一方で、最後まで洋子自身につきまとった劣等感の源泉に〈戦争協力のうしろめたさ〉があったのではないか、との解釈も成り立つ。

占領政策による抑圧から解放されたのもつかのま、日米安保体制下の〈原爆隠し〉が恒常化してゆく。日本政府による同盟国アメリカへの〝思いやり〟は、ことほどさように頼まれてもいない自粛とキメ細かい配慮がある反面で、とくに高度成長経済社会から画然と取り残されたヒロシマの貧しい被爆者たちは、法制化された〈平和都市建設〉都市再開発計画という美名のもとに、次つぎと住むところさえ奪われ、相生土手から基町スラムにかけての一隅へと追いやられた。対日占領の解除後一〇年余りにして、その晩年を不遇のうちに大田洋子はこの世を去った。

〈戦争協力のうしろめたさ〉を作家は、ついに口にすることなく逝った。だがしかし、あらためて遺稿にいたるまでの被爆後の作品群を読みなおしてみると、一連のそれら行間には、結果的に作家の苦悩を吐露した作家自身も自覚していない贖罪の意味あいが、にじんでいる。

なお、新聞連載小説『櫻の國』は一九四〇（昭和一五）年一〇月二〇日付で東京朝日新聞社から単行本化された。三一書房版『大田洋子集』全四巻（一九八二刊）には未収録の作品である。

その第四巻には、一九四〇年四月号『婦人公論』初出のエッセイ「囚人のごとく――『櫻の國』入選の折り求められて」や、〈知的階級総動員懸賞の創作第一席＝賞金五〇〇〇円〉に選ばれた文壇的出世作「海女」（一九三九年二月号『中央公論』初出）ほか〈戦前・戦中〉作品の一部が収録されている。

〈日中〔抗日〕戦争〉下の北支〔華北〕北京を舞台に描いた『櫻の國』はまた、これを原作に池田忠雄・津路嘉郎の脚本で松竹が一九四一年に映画化した。同タイトルの渋谷實監督作品の主演は上原謙、高峰三枝子[44]、笠智衆、水戸光子、坪内美子ら。この映画化のさい洋子は松竹映畫文藝部長の畑耕一（当時五五歳）と出会う。いらい、本人いわく〈知遇を得る〉。一八八六（明治一九）年に廣島市堀川町＝現・中区＝うまれの畑とは同郷のよしみから以降、親交がつづく。芥川龍之介[45]が序文を書いた小説・戯曲集『笑ひきれぬ話』（大阪屋号書店、一九二五刊）であったり、ほんらいは〈浪漫的耽美的な作品〉から、のち大衆小説に筆を染めてゆく名の知れた作家でもあった畑は洋子と出会った翌年、五六歳のときに東京を引き払い、郷里廣島市北郊の安佐郡（現・安佐北区）可部町に居を構え、終の住処となる（一九五七年、七一歳で死去）。

中國文化聯盟の機関誌『中國文化』顧問を引き受けた畑と、郷里に疎開してピカをあびた洋子との戰後の接点を、同誌の復刻版「あとがき」（前掲）で往時の編輯子・栗原貞子はこう書く。

〈被爆後、洋子氏が畑氏を可部の家に訪れ、「屍の街」がプレスコードのため発表出来ない　事情を話したことから、『中國文化』原子爆弾特集号は慎重にやるよう注意して下さ〉る。米占領下での、からだを張った〈原爆隠し〉とのたたかいは、〈編輯人・栗原貞子〉が創刊號〈原爆特輯〉企画について同誌顧問の畑に相談を持ちかけたとき、すでに始まっていた。

復刻版『中國文化』――「資料篇」所収の栗原貞子「どきゅめんと私記〈占領〉」は、論考の冒頭に〈困難だった敗戦の現状認識〉という小見出しを立て、こう指摘した。

〈全国の都市は空襲に焼かれて焦土と化し、十五年戦争に生き残った知識人も、その多くは疎開先でその日の食糧にも困窮すると言った状態で、軍閥政府によって息の根を止められていた言論活動は、用紙不足や印刷事情もともなって容易に開始されなかった〉。

総合雑誌『中央公論』と『改造』（～一九五五年二月終刊）、それに『日本評論』（～一九五一年六月休刊）などの復刊や、同じく『世界』、『潮流』（一九五〇年三月終刊）、『近代文学』（～一九六四年八月終刊）創刊が一九四六年一月のこと。『新日本文学』（二〇〇四年一一月・一二月合併号で終刊）の創刊が同年三月のことである。

●面従腹背の痛烈な反核声明

〈新生日本〉の座標軸を示すはずのそれら出版物が、〈当時の昂揚した民主主義革命の謳歌や、戦前文学の延長線上での敗戦時の屈折した情感を反映している〉なかで、そのころの出版ジャーナリズムに共通していえることは、〈ヒューマニズムを掲げながら、人類最初の原爆によるヒロシマ、ナガサキの人間悲惨について、ひとことも言及していないことであった〉と……、ふり返る――栗原『ヒロシマの原風景を抱いて』（未來社、一九七五刊）からの再録である。

爆心地から四キロメートル余りの市北郊、祇園町長束＝現・安佐南区長束＝の自宅は〈半壊〉した。そうした栗原唯一・貞子夫妻の暮らしをとりまく状況は、しかし、〈急性原爆症で死亡者が続出し、無傷で生きのびた人間が、突然発病して、一時間先には誰が死ぬかもわからないような不安と恐怖〉が憑きまとう、ただなかにあった。

さらには、追い討ちをかけるように、九月一七日から翌一八日未明にかけて通過した超大型〈枕崎台風〉の洪水に痛めつけられる。祇園町長束の自宅でも床上三尺〔約九〇センチメートル〕が浸水する。浸水騒ぎのさなか、夫唯一は〈二次原爆症が出て、脱毛、血便の状態が続いた。彼は徴用で祇園町の廣島精機[46]（現・三菱広機）の勤労課に勤務していた。八月六日の当日は、徴用工や動員学徒二百数十人が会社から小網町の家屋疎開〔建物疎開作業〕に動員されて被爆したので彼は救援に行く途中、横川駅で黒い雨を浴びたのだった。帰途、彼は墨汁を散らしたように汚れた開襟シャツを着替えて会社に行った〉……〈近所の家々でも毎日のように死者が出て、太田川の河原で死体を焼いた〉。

広島縣を管轄していた〈CCD第三地区〉民間検閲局は九州・福岡縣下にあったことから、唯一は〈リュックサックに食糧をつめこみ、敗戦スタイル〉の出で立ちで、できあがったばかりの創刊号ゲラ刷りを携え、事前検閲をうけるために小倉（現・北九州）市へといそいだ。目的地までは下り鈍行列車で片道八時間余りのダイヤが組まれていたが、この当時は大幅な遅延が常態化していた。

山陽本線を〈聯合軍専用列車〉が優先して行きかう。それを途中停車駅で恨めしくながめる当時の列車旅は、それだけでも原爆症に苛まれる心身を消耗したはずだが、そのことについてはふれていない。

そのときの事前検閲では、〈部分的な削除はあったが、たいした削除は行われなかった〉という。おなじ町内の東洋印刷株式会社（瀬川博・社長）での印刷・製本ができあがった創刊号を、こんどは〈事後検閲〉のためCCD宛に郵送したところ、呉市吉浦に駐留するGHQ民間諜報部CIS〔Civil Intelligence Section〕から再度〈発行人・栗原唯一〉は召喚される。

指示どおり事前検閲をうけ、指示どおりに〈手直し〉をして事後検閲をもとめたにもかかわらず、さっそく呼び出しに応じて出頭すると待ち構えていた担当官（栗原の記憶によるとジョン・E・ケルトン砲兵大尉）は、次の新聞遵則〈プレスコード〉二項目に違反すると強い調子で〈机をたたいて〉詰問した。

――遵則の〈3、連合国（進駐軍）にたいし、虚偽もしくは、その利益に反する批判をしてはならない。4、（同じく）破壊的な批判をくわえ、不信や怨恨を招くような事項を掲載してはならなぬ〉との二項に該当する〈違反〉文書だというのである。

創刊号「巻頭言」は、その第一ページ全面を、8ポ活字一二五五字余り（四〇〇字詰め原稿用紙にして三枚強）がビッシリ埋まる〈栗原唯一〉署名稿。そうはなっているが、夫妻は一心同体だった。同「どきゅめんと私記〈占領〉」には、周到な言い回しや〈ことば選び〉に細心の注意を払い、なみだぐましい工夫を凝らして、合議のうえ練りに練った貞子による〝推敲のてんまつ〟が明かされている。

たとえば、〈不気味な死の街〉あるいは〈悪夢のような地獄の世界〉と〈広島の相貌〉に言及しながらも、それが〈追憶〉と〈追想〉のかなたであるふりをよそおう。その〝行間〟にひそむ〈原爆ゆるすまじ〉との心底からの叫びを、そこに、はっきりと読み取ることができるのである。

それは、こう書き起こされた。

〈新しい日が來た。こゝでは、かつてのほしいまゝなる権力は、今や木の葉の小判のやうに他愛がなくなり、裁いてゐた者が裁かれ、不當の壓迫の下に呻吟してゐたかつての國家の敵は今や正しく配置されやうとしてゐる。永い惡のやうな戰時中のすべては、忘却の彼方へ押しやられんとし、戰時中の遺物は新しい生活の中から消えて行く。あの美しかつた水都廣島は文字通り灰燼に歸した。不氣味な死の街は今後七十五年居住に適せぬだろうと云はれた。しかし見よ、原子爆彈に傷つゐた人々は山間の村々で、その傷をいやし、尚〔、〕未だいやしきれぬ心の痛手を抱きながらも、自らの手で新しい住家をつくつてゐる。さうだ。この姿が敗戰日本の起ちあがった姿であらねばならない。〔中略〕……我々は往年の左翼文壇の巨將細田民樹先生に語り、又、畑耕一先生に語つて先生方の指導の下に新しい出発を始めた。即ち中國文化聯盟の結成がそれである。〔中略〕全國の同じ想ひを持つ人々は各々の地方で『北陸　文化』を『九州文學』を『土佐文化』を又『内海文學』をと旗を起てた。〔中略〕

實に廣島の原子爆彈は我々に平和をあたへた直接の一彈だつた。もしそれがなかつたら、我々日本人は「最後の一兵まで」を合い言葉に本土決戰を余儀なくされ、やがて文字通り、日本民族は滅亡したであろう。米國のパタソン長官(47)は過日廣島の視察に際して……〔中略〕そこには惡夢のやうな地獄の世界があり、又その中に於いてさへ人間の高貴な魂が如何なる形で表れ又、人間寵愛の情の如何に痛切なものであつたか。我等をして否、世界をして再び戰場に赴かざらしめざる用意として創刊號を原子爆彈特輯號として世に送ろう。これは廣島を郷土とする我々の義務であり、且つ滿身創痍の我々のみの歌だ。ウカツにも、この世紀の悲劇をウノミにし、忘却して我等を再び戰場に驅り立てられる愚のなきやう、もう一度〔、〕原子爆彈の當時を追想し併せて戰災死者の冥福を祈らんとするものである〉。

旧字旧カナ遣いで読みづらい。しかし、この隠喩と巧言、きわどいレトリックによって占領軍プレスコードに抵抗をこころみた類いまれなケースといえるだろう。草稿で〈……日本の降伏を早めた最初の一彈だつた〉と書くが、検閲を意識して手直しすると〈我々に平和をあたえた一彈〉となる。あくまでも方便であって、ホンネをいえば〈当時としても抵抗なしに書けたわけではなかつた〉のである。

　来日したパタソン米陸軍長官（当時五四歳）は一九四六年一月一〇日、急きょ廣島へと飛来し、わずか三時間余りにすぎなかったが被害状況の視察に臨んだのち、所感をこう語る。

〈現在の武器をもってする戦争が敗北したばあい、いかなる相貌を呈するか〉——

パタソン長官のことば（同年一月一一日付『朝日新聞』掲載の談話から）を引用して、それにこたえるかたちで同「巻頭言」は、

〈……原子爆弾の廣島の相貌を歌い、その当時を追憶しよう〉

と書く。悲惨な被爆実態を〈現在形〉として書くことは、ゆるされない。そうなのである——この〈追憶〉を〈告発〉と置き換えて読めば、まさにそれは面従腹背の痛烈な〈反核〉声明となっている。

　ロバート・P・パタソン〔Patterson,Robert P.〕（一八九一—一九五二）といえば、陸軍省中枢にあって原爆使用にいたる極秘の〈マンハッタン計画〉に深く関与した高官当事者としては、ナチス・ドイツ降伏後の日本への原爆投下にかんして、ただ独りだけ懐疑的に異を唱えた。

　当時はまだ、おおやけになっていないそのことを、来廣にさいしてのパタソン発言（談話）に読み取った洞察力は、同誌巻頭言の〈寸鉄ひとを刺す〉ロジックに生きている。

　もと連邦控訴裁判所判事（法律家）から一九四〇年、ルーズベルト政権の陸軍次官補に転じたパタソンは原爆投下時の陸軍次官。對日原爆投下を主導したひとりである前任長官ヘンリー・L・スティムソン〔Stimson,Henry Lewis〕（一八六七—一九五〇）正式辞任をうけてパタソンの陸軍長官への昇格がきまった直後に行われたふたりの会談では、對日原爆使用にたいする批判を抑えるために、もっとも効果的な戦略として〈原爆神話〉創出の必要性が語られる（一九四五年九月一七日付『スティムソン日記』）。〈反ナチ〉の急先鋒としても知られた老獪なる前任長官は同夜、のち一九四七年二月にトルーマン政権のドクトリン（教書）として打ち出される〈原爆投下によって、戦争を早く

終らせ、一〇〇万人の米兵が救われた〉との教書骨格についても後任のパタソンに説いていたのである。

畑耕一をはじめとする誰もが危惧したとおり、結果的に『中國文化』は〈原子爆彈特輯〉と銘打った創刊號を事後検閲のために送った時点から以降、くり返し何度も呼び出しをうける。そして、その都度、〈プレスコード違反で起訴し、軍事裁判にかけ、沖縄〔強制労働収容所〕送り〉にしてやると執拗に攻め立てつづけられた。

一九四六年三月創刊號から一九四八年七月の第一八号〔事実上の終刊〕――一九四八年一〇月に『中國文化』を改題した新雑誌『リベルテ』創刊号〜翌一九四九年一一月第五号〔終刊〕まで三年八カ月余りの間、CCDから始末書をとられることは再三に及ぶ。つねに占領軍の目が光る監視下におかれた『中國文化』の編集部〔栗原宅〕に残された〈警告通知書〉を綴じた束は、いつのまにか〝分厚い冊子〟状になっていた。

今堀誠二「原爆時代史の、あさぼらけの記録」〔同じく復刻版「資料編」所収〕によれば、あらゆる新聞・雑誌など占領下日本の全メディアを縛ったプレスコードは、一見、もっともらしい条項を掲げているが、全一〇条項のうち六項目までが、〈原爆記事〉を掲載するうえでの障害となった。とくに〈原爆の人的被害〉にかんする記事掲載の〈全面禁止〉が謀られた。

〈……すべての定期刊行物は原稿、またはゲラ刷りの段階で占領軍の検閲をうけ、しかも検閲をうけたことがわからないような形で出版しなければならないと厳命をうけていた〔事前検閲に関しては一九四八年七月一五日に全面廃止――引用者・註〕。論より証拠、〔一九四五年〕九月一〇日までは写真や記事などで連日のように「広島」を扱っていた新聞が、この日以後はピタリと書かなくなってしまった。そのことは、厚木などで行われた〔発生した〕占領軍兵士の暴行〔米兵による犯罪事件〕が、同じころから、一行も書けなくなった事情と、軌を一つにしていた〉。

前述〔219ページ〜〕のように従来の〈日本式〉検閲では、削除した部分を〈伏せ字〉として残し、公然と〈検閲〉の痕跡をとどめる〔すくなくとも、戦争が長期化して出版資材の調達に窮乏を来たす以前の一九三九～四〇年ころまでは伏せ字が各紙・誌面で日常的に散見できる〉。

それにたいして、占領当局による事前検閲というのは、〈完成号のなかには検閲官の指示による変更事項、その他の検閲の記録を残さないようにすること〉……が厳格に規定されていた。削除する部分に墨を塗って消したり、余白を生じたりさせることは、いっさい許されなかった——ただし、日米開戦ころ以降、日増しに束〔ツカ〕の細った雑誌や最終的に表裏二面のペラにまで活字の容量が、いちじるしく激減したそこに、伏せ字や余白を残す余裕はできなくなったことから、もはや検閲による削除を窺い知ることができる紙誌面は皆無にひとしかった。

そうした検閲当局からの通達にしたがい、まぎれもなく検閲官の指示どおりに〈手直し〉と〈改訂〉を施した刊行物である原子爆弾特輯號にたいして、これを〈プレスコード違反〉だというのは〈スジがとおらない〉と唯一は、あくまでも主張して食い下がる。

回想して貞子は言う。〈軍法会議、沖縄送りという言葉があった後で唯一は「私はアメリカをデモクラシーの国であると信頼している。デモクラシーの国が検閲制度を設け、検閲を受けた出版物に、再度文句をつけるのは、日本の検閲制度よりもっとひどい、それではアメリカ〔アメリカン〕・デモクラシーへの信頼を根本的にくつがえすものだ」といって、ようやく許されてかえった〉。

けんめいな唯一の〈理論武装による説得〉に担当官は、ふりあげたこぶしを下ろす。唯一は家に帰された。だがしかし最後に言下一喝、タダでは帰さない〈条件〉がつく。

〈こんごの注意〉として、〈原爆の惨禍が原爆以後もなお続いているという表現は、いかなる意味でも書いてはならない〉

とケルトン大尉は口頭で厳重にクギを刺し、うす笑いした。

——〈占領下の広島は封鎖され、実態調査の発表も禁止されて、被爆の量や深さの全体も知ることができず、のちに生じた後遺症の底知れぬ恐怖も知らぬまま、当時の記録はふくれあがるよりも、ずっと控え目な表現をとっていたといえる〉状況下、冷や汗をかく緊張感をもって栗原夫妻らの『中國文化』は健闘した。

●〈反核文學者宣言〉再評価の蓋然性

正田篠江のばあいは、のちに秘密出版する歌集『さんげ』の原歌と見られる三九首が歌誌『不死鳥』に掲載されたさい（前掲204ページ）にも占領当局の検閲をまぬがれている。同誌は、藤浪短歌會を主宰する歌人の杉浦翠子が信州・軽井沢の疎開先から、限られた同人たちに郵送していた。家内で謄写版印刷した毎号一二〇部余りの小冊子であった。疎開をして逼塞状態に陥っていたとはいえ、もとをただせば中央歌壇選者の杉浦翠子から、称賛と励ましをうけて決意する。

〈その当時GHQの検閲がきびしく、見つかりましたら、必ず死刑になると言われました。死刑になってもよいという決心で、身内のものがとがめるのにやむにやまれぬ気で秘密出版いたしました〉

と、前掲『耳鳴り』（前掲237ページ）に篠江自身は、そのころの心境を吐露している。

そうした〈決死の覚悟〉による『さんげ』上梓をめぐっては、知る人ぞ知る、その間の事情を〝戦後ヒロシマ秘史〟のひとコマにとどめる。たとえば、一九七五年七月八日付で広島大学平和科学研究センター[48]を創設した今堀誠二（一九一四―一九九二）著の『原水爆時代――現代史の証言』全二冊（三一書房、一九五九刊）上巻が見いだし、のちの一九九四年にノーベル文学賞をうける大江健三郎のロングセラー『ヒロシマ・ノート』（岩波新書、一九六五刊）などが取りあげて一躍、知られざる〈抵抗の原爆歌人〉は注目をあびたこともある。が、それとて、いまやネット検索で瞬時にヒットする伝説化をした〝むかし語り〟でしかない。

こんにちに連続して脈打つ〈反核文學者〉の初心を指し示した原著に接することすら、これがはなはだ容易ではない。それらが〈奇覯本・希少本〉扱いの高額商品として古書コレクター書架に棚ざらしのまま、つまりは死蔵されているのである。筆者も（その責任の一端を負うジャーナリズムの片すみで）また悶々と、故意に隠され埋没した〈終わらない戰後〉水面下を手探りで歩みつづけてきた。あえて自戒を込めて言えば、昨今のジャーナリスト精神（スピリッツ）が叛骨に徹しきれない、戦後責任をまっとうできていない情況に、忸怩たるおもいが募る。

右の記述のために、今堀誠二『原水爆時代』を再読。過日（一九七六年ころ）の読書ノートに引き写して、朱のアンダーラインを引いた覚えがある次のくだりを見つける。

〈大田〔洋子――引用者・註〕さんは被爆者共通の特色として、医者が「無欲顔貌」とよんでいる容貌をもっていることに注意する。〔中略〕……わかりやすくいえば白痴状態にあることを示している。ピカの瞬間、広島は「阿鼻叫喚の巷」と化したようにいわれているが、事実はシーンとして死の静寂が支配したのである。人々は意識を失い、気がついてからも、ものをいわなくなった。〔中略〕被爆者はボロギレよりもみじめな姿となったが、大切なことはその姿がボロになった点ではなく、日本人の精神が襤褸になった事実である。戦争をひきおこした日本では、国民が知性を失い英知を失っていたわけで、そのいきつく先が被爆による無欲顔貌となったのは、当然の帰結といえる〉。

〈原水爆禁止〉市民運動の〈理論的〉指導者で平和教育を実践研究する今堀が、戦後一五年の節目をまえに〈被爆体験の実相〉をふり返って見きわめ、その〈心的領域〉にまで踏み込んで読み解いた達見である。わたし自身にとっては、敗戦直後にさかのぼる被爆地・廣島で紡がれた〈反核文学者〉宣言を、とくと銘記して内心に刻むことになった指摘でもある。

戦争が終結したときに始まった戦後は、いま、なおも〈終わることなくつづいている〉との認識をあらたにする。問われてしかるべきはずだった〈戦争責任〉を、うやむやのまま過去に置き去りにして同時代を生きた〈戦後責任〉が、現代こんにちを生きるわたくしたちにいま、問われている。戦後とともに〈原爆〉もまだ終わってはいない。〈核廃絶〉の願いもむなしく、〈核の脅威〉は、終わるどころか軍事超大国アメリカを頂点に性懲りもなく、全人類の死命を制する〈パワー・バランス〉の中核をなす〈最終兵器〉として温存されつづけている。

こんにちのありさまを〈見抜き、予見〉して警鐘を鳴らした〈原爆文學〉――思想としての〈反核文學〉

は、しかし意図的に〈異端視〉され、のちに一九八〇年代以降、〈反核運動〉のうねりが世界じゅうにひろがりを見せて、なおも東西軍事バランスの攻防がつづく。さらには冷戦後の日米〈安保体制〉が描く世界戦略と、第三世界や新興国の核保有をめぐる政治的かけひきのはざまに、暗いかげを落とすデッド・ゾーン〈都合のわるい真実〉と見なされてきた。

日本の国内的には、被爆者援護法の制定が、〈戦後五〇年〉の節目を翌年にひかえた一九九四年六月三〇日発足の村山（自民・社会・さきがけ）連立政権下で実現にこぎ着ける。これとて對日占領解除から四〇年以上の歳月を経たあげくである。あまりにもおそきに失した被爆国日本の政治的貧困を物語る一例にすぎない。そうした〈五五年体制〉以前からつづく〈保守〉政治の体たらくを見れば、絶後の体験にもとづく〈原爆文學〉が描く被爆者（広義に原爆被害者）のおかれた真の実態について、まるで理解しているとは、およそいいがたい歴代日本政府の〝原爆〟にたいする認識度が、おのずと、はかり知れようというものである。

官庁や大学などの公的機関が積みかさねた記録だけでは到底、つかみきれない被爆者の実態と心理にまで踏み込んだ当事者の化身となって赤裸に描いた〈原爆文學〉は、いつしか異端視されて不遇の果てに追いやられ、あらがえば争うほど〈重い、暗い、文學ではない〉と疎〔うと〕まれる。

いっぽうで、そうした〈文壇的〉傾向に釘を刺したのは、生涯〈無党派的野党〉を自認した文芸評論家の中島健藏（一九〇三―一九七九）だった。このひとは最晩年、『回想の戦後文学――敗戦から六〇年安保まで』[49]（平凡社、一九七九刊）所収の論考〈「原爆文学」の意味〉を加療中の病床で口述筆記によって、こう書き遺した。

〈原民喜、大田洋子の作品に対して、辛辣な批判を示したのは、小田切秀雄編[50]の『原子力と文学』〔講談社、一九五五刊――引用者・註〕に収められている花田清輝[51]の「原子力問題に対決する二十世紀芸術[52]」〔平凡社『世界文化年鑑』の一九五五年版に初出〕であった。

〈この評価に関するかぎり、原爆の持つ全人類的な意義についての認識は、意外なほど浅薄であるといわなければならない気がした。原民喜の『夏の花』と、大田洋子の『屍の街』とは、他の作品とは別物である。いわゆる「原爆文学」に対する花田清輝の批判はあたっているともいえよう。しかし、大田洋子の『屍の街』と、カミュの『ペスト』とをならべて、暗に『屍の街』をおとし〔貶〕めているのはまちがっている。これは全く別物である。『屍の街』と『夏の花』二篇は、もっぱら、細部の事実を追求していると見られるにせよ、そのような事実のもつ「なまなましい迫力」によって、そのまま全人類的な危険の認識につながる。その理由は、作品が書かれた情況である。芸術性の問題ではなく、芸術を成り立たせる事情が、ほかの作品とはちがうのである。〔中略〕

〔これは、わたくしの〕ただ主観的な評価だけではない。文学以前の条件、あるいは作品を成立させた条件を無視できなくなっているのが、現代文学の特質ではないのか。無視できないというのではは不足で、重視しなければならない、といい切った方がいい〉

と断じている。

この老文学者は一九四五（昭和二〇）年八月八日付の一行メモを〈広島に新型爆弾（？）、原子爆弾ではないかというある筋からの情報。これで決定した〉と誌す。原爆との遭遇を最初にしるした一行だった。

著者いわく〈関東大震災のキノコ雲にはじまり、広島、長崎のキノコ雲で終える〉とむすぶ回想で、戦後のロングセラーとなった『昭和時代』（岩波新書、一九五七刊）所収の「国内も〈戦地〉に……。――ぬかるみ日記抄――」を誌した時点へとさかのぼり、あらためて〈キノコ雲の脅威〉についていえば、

〈しかし、原水爆の恐怖は、まるでちがう。現実的でありすぎて、ニヒリズムのはいりこむ余地がない〉と指摘した。

つまり、〈わたしが原民喜や大田洋子の作品を文学として特に評価するのは、その創作技法のためではない。〔中略〕……彼らの作品には、そこに書き記された体験の事実が、非体験者である読み手の心に深くくいこんできて、あたかも作者の体験そのままを共有したかのごとくに強烈な印象を焼きつけるだけの力を

持っている〉との結論につながる。

それは老文学者じしんの好意的な批評であるやなしやの、権威におもねる〈文壇〉に胡座した偏狭な見方ではなく、〈「原爆文学」は社会派、非社会派というような、従来の文学的分類の垣をとりはらい、こうした範疇を超えて、文学の大本に迫ったとみることができる〉という〝文学者の良心〟が問われる。中島が事実上の絶筆で示唆したのは、あくなき戦後文学の可能性にほかならなかった。

みずからの意思とは、およそ無関係に有無をいわせず、國家總動員の名のもと好むと好まざるにかかわらず命令一下、自身も戰爭協力に駆り出された。日本が敗戰に立ちいたる年の春先、東京帝大仏文科講師で評論家の中島健蔵は、大本營參謀本部傘下の對外宣傳グラフ雑誌『FRONT』を編輯・發行する東方社（總裁は建川美次・陸軍中將）に、理事長代行として迎えられる。過去には徴用で一九四二年、陸軍宣傳班員として陥落直後のシンガポール（和名・昭南島）へと派遣され占領地での宣撫工作をになった軍歴がある〝戰地帰り〟でもあった。

たびかさなる空襲にさらされるなかを当時の中島は淀橋區野方町（現・中野区野方）の自宅焼け跡から東方社に日勤していた（中島健蔵『雨過天晴の巻――回想の文学⑤』平凡社、一九七七刊）。

一九四五年五月一六日付の日記に中島は、

〈〔三月一〇日の〕空襲で焼け落ちた後に落ち着いた東方社の事務室〔小石川區金富町＝かなとみちょう＝（現・文京区春日二丁目）にあった焼失前の旧社屋〕に毎日行く。ここを通じて、とにかく戦争が直接に血の中につたわりつづける〉……

と誌している（前掲『昭和時代』所収「ぬかるみ日記抄」から）。

あるいはまた、東方社美術部長をつとめる原弘《はらひろむ》（一九〇三―一九八六）の助手だった多田精一（のちの装幀家で東京エディトリアルセンター代表）は、戦争中、ひそかに付けていた同年八月八日（水）の日記に、こうしるす。

〈昨日の大本営発表によって公表された広島爆撃問題で社内騒然たり。〔同盟通信筋からの情報によると〕原子爆弾なるならし。その威力一里〔約四キロメートル〕四方也〔なり〕と云ひ、四里〔約一六キロ〕に及ぶといふ。死者六桁〔一〇万人〕に達すと〉……。

さらに翌九日付では、

〈新型爆弾につきトルーマンは原子爆弾一個を使用せり、との声明を発表した模様。此れが完成者は英国の科学者らし〉……

とも誌している――多田精一『戦争のグラフィズム――回想の『FRONT』』（平凡社、一九八八刊）の10章「東方社最後の日々」から。

これらは、あきらかに同盟通信社・情報局分室が配附した〈部外秘〉の刊行物『(秘)敵性情報』紙が伝えた内容と一致する（及び、内密と称して水面下に錯綜した伝聞情報がまじる）ことから、〈ある筋〉とボカした情報源が誰〔何処〕であるかは、いうまでもない。

大本營が情報局〔總裁・下村宏〕に一元化して漏洩を禁じた情報の発出にあたって、もはや〈部外秘〉扱いという縛りも、この期に及んでは、すでに有名無実と化した混乱の実情を反映している。

そして、それが〈原子爆彈〉であることを、早くも翌々日には確信する。

情報統制下、大本營〔軍部及び政府〕による隠蔽をスリ抜けて、なかば公然と〈敵性情報〉が飛びかう渦中に身を委ねていたのは、なにも、ひとり中島健藏や東方社の人びとに限らない。むしろ、前掲の作家や新聞記者たちもまた然りであった。むしろ、原爆にかんする〈隠蔽〉工作は戦後、まったくそれとは異なる意図から露骨に情報を封じ込める。米國による對日占領下に始まる謀略〈原爆隠し〉は、やがて世紀を跨ぎ、こんにちにいたるまで、なおも地球上からの核廃絶が実現をみない元兇をなしている。

暗に〈日・米〉が共謀して、意図的に異端へと追いやった――〈原爆隠し〉の戦後史をめぐる再検証は、ピカにうたれ灼かれたヒロシマ虐殺の一九四五年夏に起源する〈反核文學者宣言〉再評価に通じる。

未知との遭遇であった被爆休験が一過性でないことを、みずから生身でおもい知っての苦悩が刻々と心身を蝕む。奈落の淵に立ちすくんで、憂え悶える先人によって紡がれた情念の紙礫が果たす役割は、ゆめゆめまだ終わっていないとの認識をあらたにする。

（1）『さんげ』の収録された歌集・著書は現在、そのほとんどが絶版となっている。

（2）一九三三年一一月創刊。杉浦翠子《すいこ》（一八八五―一九六〇）の夫で図案・装幀家の杉浦非水（一八七六―一九六五）が表紙を手がけた。一九四七年七月、あらたに『短歌至上』と改題・復刊した。その没後に同誌編集・発行を引き継いだ翠子門下「藤浪短歌会」同人・月尾菅子《すがこ》（一九〇四― ）の編著に『正田篠江さんの三十万名号』（藤浪短歌会、一九六八刊）がある。同書「はしがき」は日本近世史専攻の元東京帝大文学部教授の中村孝也（一八八五―一九七〇）。同じく巻末附録に正田篠枝の未発表稿「お彼岸（常信あやめさんのこと）」を収録している。

（3）山隅衛（一八九四―一九六〇）は一九四四年七月に結成の廣島縣國民詩歌協會長。一九四五年五月、縣下の詩誌・歌誌・句誌を統合した詩歌誌『みたみ』編集・発行人となる。

（4）小日向定次郎《こひなたさだじろう》（一八七三―一九五六）。明治末期の一九一〇年代、英米への留学経験がある。被爆後の一九四七年に東京へ帰郷後、八二歳で病没した。著書に『英文學史――黎明期より近世』全三冊（文獻書院、一九二三〜一九二九刊）。エッセイ集『英吉利文學点描』（英進社、一九三六刊）。詩人バイロン作品の翻訳でも知られた英文学者。小日向が詠んだ施頭歌〔せどうか〕とは、記・紀・万葉〔集〕などに見られる五・七・七／五・七・七と片歌を反復した六句体のこと。下三句が頭三句と同形式を反復する和歌の一体（三省堂『広辞林』新訂版及び岩波書店『広辞苑』第六版から）。

（5）原商店は〈陸海軍官廳御用達〉看板を掲げ、軍服をはじめ縫製業を営む老舗だった。

（6）原民喜は一九〇五年、廣島市幟町にうまれた。朝鮮戦争さなかの一九五一年三月一三日、国鉄中央線の吉祥寺―西荻窪間に飛び込み自殺した。同年五月号『群像』に所載の短編「心願の国」は絶筆。同年五月号『文藝春秋』に親交のあった丸岡明（一九〇七―一九六八）が寄せた「原爆と知識人の死」――その死に題材を得た丸岡の長編『贋きりすと』（角川書店・小説新書、一九五六刊）。遠藤周作の短編集『影法師』（新潮社、一九六八刊／のちに新潮文庫＝解説・佐古純一郎）収録の小説「原民喜」。佐々木基一『昭和文学論』（和光社、一九五四刊）所収「原民喜の自殺をめぐって」。評伝に広島大学名誉教授（日本近・現代文学）岩崎文人『原民喜――人と文学〈日本の作家一〇〇人〉シリーズ』（勉誠出版、二〇〇三刊）。詩人の小海永二による『原民喜――詩人の死』新装版（国土社、一九八四刊）。琉球大学法文学部教授・仲程昌徳の『原民喜ノート』（勁草書房、一九八三刊）。文芸評論家・川西政明の『一つの運命――原民喜論』（講談社、一九八〇刊）などがある。

(7)　短編「夏の花」は一九四八年一二月、第一回水上滝太郎賞を受賞した。これにくわえ文藝雑誌『三田文學』同年六月号初出「廃墟から」、おなじく『近代文學』一九四九年一月号初出「壊滅の序曲」からなる三部作は一九四九年二月、単行本『夏の花』（能樂書林「ざくろ文庫」第五輯）となる。没後に『原民喜作品集』全二巻（角川書店、一九五三刊）。『原民喜全集』全三巻（芳賀書店、一九六五～六六刊／おなじく新装普及版、一九六九刊）。作品集『夏の花』解説・竹西寛子（晶文社、一九七〇刊）などに所収。また佐々木基一の解説で角川文庫化（一九五四刊）。同じく岩波文庫版（一九八八刊）版。新潮文庫『夏の花・心願の国』解説・大江健三郎（一九七三刊）。『原民喜――夏の花・心願の国／〈シリーズ人間図書館〉』（日本図書センター、一九九八刊）。平和文庫（日本ブックエース、二〇一〇刊）版。集英社文庫（一九九三刊）版。さらには、『日本の原爆文学I――原民喜』（ほるぷ出版、一九八三刊）所収。『原民喜――戦後全小説』上巻／解説・川西政明（講談社文芸文庫、一九九五刊）所収。『創刊一〇〇年――三田文学名作選』（三田文学会、二〇一〇刊）所収。あるいはまた、そのキャッチフレーズに〈戦後世代が編んだ戦争文学全集〉とうたう第一回配本『ヒロシマ・ナガサキ――〈コレクション戦争×文学〉』（集英社、二〇一一刊）所収など原爆文学の記念碑的な作品として読み継がれている。一方、広島市に本社のある中國新聞が二〇〇四年七月二〇日付から約半年間、青土社版『定本・原民喜全集』全三巻＋別巻一（一九七八～一九七九刊）を底本とした復刻・新聞小説「夏の花」全三部作を連載した。

(8)　青土社版『定本原民喜全集』は絶版。現在、〈新・日本現代詩文庫〉64『新編原民喜詩集』［解説］藤島宇内・海老根勲・長津功三良（土曜美術社出版販売、二〇〇九刊）。巻頭グラビアには〈手帳〉の現物カラー写真・複製版「原爆被災時のノート」を収録。解読と脚注は広島〈花幻忌の会〉事務局長の海老根勲。また、本文中の広島文学館ホームページ〈文学資料データベース〉はhome.hiroshima-u.ac.jp/bngkkn/／現存をする同館所蔵の原民喜が被爆時に綴った手帳三冊分の全ページ（カラー複写、解読付き）が無料一般公開されている。

(9)　中央公論社（一九四八刊）の削除版。完全版『屍の街』（冬芽書房、一九五〇刊）。完全版を底本とした市民文庫版『屍の街』解説　佐々木基一（河出書房、一九五一刊／その新装版、一九五五刊）。没後の潮文庫『屍の街』（潮出版社、一九七二刊）。のちに『大田洋子集』全四巻の第一巻（三一書房、一九八二刊）収録の完全版「屍の街」がある。同書解説は佐多稲子。

解題・浦西和彦。なお、このナマ原稿は現在、東京・駒場公園内の公益財団法人・日本近代文学館（一九六六年秋に開設）が所蔵している。

(10) 江刺昭子『草饐――評伝・大田洋子』（濤書房、一九七一刊／改訂新版は大月書店、一九八一刊）の巻末に収録。同書は一九七二年、第一二回田村俊子賞を受賞した。

(11) 〈平成の大合併〉以前の佐伯郡佐伯《さいき》町玖島。旧玖島村は一九五五年、周辺五町村と合併して佐伯《さえき》町玖島となる（一九八二年「さいき」と呼称変更）。

(12) 一九四五年八月三〇日、マッカーサーが厚木に到着後、当初は横濱税關本廳舎を接収して米國太平洋陸軍GHQ本部が設置された。約一カ月後の一〇月二日、東京・日比谷の外堀越しに皇居を臨む第一生命館（現在の〈DNタワー21〉がそびえる千代田区有楽町一丁目一三番一号）ビルに、その本部機能を移設して對日占領・聯合国最高司令官＝SCAP〔SUPREME COMMANDER FOR THE ALLIED POWERS〕の總司令部としてのGHQが発足した。本書では占領下の用語や名称（英名、邦訳）を原則的に竹前栄治『占領戦後史――対日管理政策の全容』（双柿舎、一九八〇刊）、及び同『GHQ』（岩波新書、一九八三刊）に倣った。

(13) 海老原光義《えびはらこうぎ》（一九一九―二〇〇〇）。法政大学卒業後の一九四一年、中央公論社に入社して『中央公論』編集部員となる。一九四四年、同誌が〈自主的廃刊〉に追い込まれ同社は解散の憂き目に遭う。同誌は一九四六年一月に複刊・複社。一九四七年に退社の二年後、岩波書店に移籍して月刊総合誌『世界』編集部員～編集長を一九七九年までつとめた。著書に奥平康弘・畑中繁雄との共著で、みずからも編集部の一員として、その渦中に巻き込まれた『横浜事件――言論弾圧の構図』（岩波ブックレットNo.78、一九七九刊）がある。

(14) 畑中繁雄（一九〇八―一九九七）。著書に梅田正己の編による『日本ファシズムの言論弾圧抄史』（高文研、一九八六刊）ほか。戦時下言論弾圧事件――史上最大級の冤罪〈横浜事件〉に中央公論編集長として連座（治安維持法違反によって有罪が確定）した。一九八六年、再審裁判申立て人のひとり。遺族らによる再三の第四次再審請求で再審開始決定にいたるが横浜地裁は二〇〇九年三月三〇日、あろうことか〈免訴〉判決によって実質的に裁判の打切りをはかった。ただちに元被告遺族らは横浜地裁に刑事補償の請求手続きを行い翌二〇一〇年二月四日、元被告五人にたいして請求どおりの約四七〇〇万円を交付すると〈実質無罪〉の決定を下す。畑中が生前、第一次再審請求を申し立てたときからでも二四年。有罪の確定から六五年もの歳月を経て冤罪であることを事実上、司法は認めるにいたった。その後、再審裁判の経緯を総括した、再審請求弁護人のひとりで内田剛弘の『司法の独立と正義を求めて半世紀――〈六〇年安保〉後の日本を在野法曹の立場で透視する』田畑現代史選書（田畑書店、二〇一〇刊）の第3章「〈横浜事件〉再審請求の周辺と顛末」。同じく弁護人の大川隆司・佐藤博史と〈再審裁判を支援する会〉事務局を担ったジャーナリスト橋本進［共著］『横浜事件・再審裁判とは何だったのか――権力犯罪・挙行の解明に挑んだ24年』（高文研、二〇一一刊）に委しい。

(15) 堀場清子『原爆・表現と検閲――日本人はどう対応したか』の「内なる原爆と検閲」節によれば、このほかにも永井に宛てた民喜のハガキ、劇作家・加藤道夫（一九一八―一九五三）や詩人の岩佐東一郎（一九〇五―一九七四）から民喜へ宛てた来信ハガキなどに検閲パスを示す〈CP印〉スタンプが見られる。

(16) 對日占領下における郵便検閲の実例を蒐集した研究書に裏田稔『占領軍の郵便検閲と郵趣 *Postal Censorship in Japan*, 1945-49』（日本郵趣出版、一九八二刊）――民間秘蔵コレクションを網羅した第Ⅱ章「郵便物に残された検閲印」章、Ⅴ章「フィラテリー〈切手収集〉と検閲郵便」及び巻末・表5「郵便検閲関連年表」に経緯は委しい。

(17) 茶本繁正（一九二九―二〇〇六）の代表的著作『戦争とジャーナリズム』（三一書房、一九八四刊）第Ⅳ部「昭和＝戦後」第24章「レッドパージと朝鮮戦争」の一節。おなじテーマを書き継いだ著書に月刊『マスコミ市民』連載の『続・戦争とジャーナリズム』（三一書房、一九八九刊）。ほか〈戦争という人間の最も愚かな所行に対する、犠牲者たちの告発〉を〈裁かれたBC級戦犯〉たち自身が編んだ〝幻の新聞〟に光りをあてた検証本に『獄中紙「すがも新聞」――戦後史の証言』（晩聲社、一九八〇刊）がある。

(18) 松浦総三（一九一四―二〇一一）。本名・総蔵。のちに同書は増補決定版『占領下の言論弾圧』（一九七四刊）。さらに『松浦総三の仕事2――戦中・占領下のマスコミ』（大月書店、一九八四刊）所収。ほか著書に『天皇裕仁と地方都市空襲』（大月書店、一九九五刊）など。財団法人・東京空襲を記録する会（理事長・有馬頼義）を立ちあげた。同会［編著］『東京大空襲・戦災史』全五巻（東京空襲を記録する会、一九七三～一九七五刊）の編集事務局を早乙女勝元らと引き受けて尽力した。

(19) 〝人類の受難像〟を描いた平和文化賞受賞作『半人間』（大日本雄弁会講談社、一九五四刊）に収録された。同社のミリオン・ブックス版『半人間』（一九五五刊）を底本とした前掲『大田洋子集』第一巻（一九八二刊）所収の短編。

(20) 長谷川鑛平は戦後出版界で〈校正の神様〉といわれ

た書籍編集者。著書『本と校正』（中公新書、一九六五刊）。戰争中、般若豊（埴谷雄高）、赤木俊（荒正人）、平野謙、佐々木基一（のち『近代文學』創刊七同人）らと文藝雑誌『構想』一九三九年一〇月〜一九四一年一二月終刊＝全七冊を発行した。同誌四号に小説「その翌朝」。著書『山椒大夫と森鴎外／文學教室〈第三〉』（学友社、一九四九刊）、『歩行者の論理』（眞善美社、一九四八刊）、『塹壕の思想』（法政大学出版局、一九六八刊）をはじめ哲学論・文芸批評に業績をのこした（晩年、長野大学教授）。一九三三年から一九五一年にかけて発表した主要作品を長谷川伸三が編んだ『近世思想・近代文学とヒューマニズム――長谷川鑛平評論選』（発売・星雲社／いなほ書房、二〇〇六刊）がある。

（21） この「警察部調査」とは、廣島縣知事（警察部長）名で中部軍管區司令官、及び防空總本部次長宛て部外秘の公文書「警防（秘）第一四一号――敵機空襲ニヨル被害状況・昭和二〇年五月五日」付にのこされた「同四月三〇日午前六時五五分ころ、廣島市上空に侵入した敵大型機一機による空襲」の記録をもとに作成したもの。落とされた二五〇キロ爆弾は市内雑魚場町＝現・中区国泰寺二丁目＝に三個、小町に二個、大手町六丁目と七丁目＝ともに現・三丁目＝各一など合計一〇個。死傷者数や全半焼・全半壊の家屋ほか被害状況も戰後公表された分と同数で爆撃によって発生した火災の全焼家屋には中國配電㈱倉庫、同社の青年学校舎が含まれる。また半壊一五戸のうち一棟は縣立第一中學の校舎だった。電燈（電気）・瓦斯（ガス）・水道のライフライン破損は七箇所、電信電話地下ケーブルが切断されて加入電話一七〇〇回線と市外線三三〇回線が不通になったことなどが報告されている。

（22） 丸山定夫（一九〇一―一九四五）。廣島・千日前の福屋百貨店から金座街〜平田屋川筋を下ったすぐ左手の堀川町九九番地（現・パルコ本館南側、中区新天地五ノ三〈お好み村〉ビル立地に該当する）疎開跡の木造家屋・高野邸を借りあげた移動演劇聯盟中國支部（兼、櫻隊の宿舎＝爆心地から半径一キロ圏内）二階で被爆。寄宿していた九人のうち女優・森下彰子（二三歳）をはじめ五人が即死。ほかの四人も同月中に避難先で次つぎと急性原爆症のために死亡した。被爆時に帰京するなど居合せなかったひとりで演出家の八田元夫（一九〇三―一九七六）ら同僚三人が急きょ捜索に向かい、四日後の一〇日廣島入り。市中を尋ねまわって安否を探しあてる。堀川町から最短の道程にして約一五キロメートル離れた安藝郡坂村（現・坂町）鯛尾《たいび》の臨時救護所に当初は収容され、その後、さらに南へ五キロ余り行った同村の小屋浦國民學校に移されていた。被爆六日後の一二日に発見して八田らが寄宿していた市西郊・嚴島（安藝宮島）へ搬送する。しかし手の施しようがない原爆症に冒された丸山は一〇日後の八月一六日夜、収容先の存光寺庫裡《くり》で悶死をとげた。遺稿集に菅井幸雄［編］『俳優丸山定夫の世界』（未來社、一九八九刊）。いっぽう、櫻隊に參画まえの一九四三年、坂東妻三郎が演じる主人公（無法松）の相手（吉岡夫人）役として共演した稲垣浩監督「無法松の一生」（大映京都）でにわかに脚光をあびた元寶塚歌劇団スター園井恵子（三二歳）と巡回公演の演出助手をつとめる高山象三（二一歳、櫻隊メンバーで、当時は東京に戻っていて難を逃れた新劇俳優・薄田《すすきだ》研二の長男）たちのばあい、ともに目立つ外傷がなく内部被曝を負ったとはツユ知らぬまま翌々日、壊滅した廣島をあとに連れ立って神戸へと逃れた。園井の寶塚時代からの後援者のもとに身を寄せる。だが、ときをおかず二人とも猛烈な急性症状があらわれて同月二〇日、二一日と相次ぎ悶え死ぬ。丸山を荼毘に付したあと神戸へ来て付き添い看取った八田元夫『ガンマ線の臨終――ヒロシマに散った俳優の記録』（未來社、一九六五刊）は、その非業の死に向き合った鎮魂の証言となる。一九八八年公開の長編セミドキュメンタリー映画『さくら隊散る』を製作した新藤兼人監督の『さくら隊8月6日――広島で被爆した若き新劇人たち』（岩波ブックレット№114、一九八八刊）、同原作で江津《えづ》萩江『櫻隊全滅――ある劇団の原爆殉難記』については後段（278ページ註23）でふれる。戦後うまれ世代がそれを反戦詩に詠んだ近野十志夫『桜隊・人物史詩』（青磁社、一九八八刊）。その最終章「広島にて獅子を演る」で伝説の天才俳優〈非業の死〉を描いて第一〇回開高健賞をうけた藤本恵子『築地にひびく銅鑼――小説・丸山定夫』（TBSブリタニカ、二〇〇一刊）。井上ひさし『最新戯曲集――紙屋町さくらホテル』（小学館・新書、二〇〇一刊）所収の同名戯曲（こまつ座、一九九八年上演）などがある。戦後、いち早く被爆地点附近（旧町名・広島市新川場＝しんせんば＝町）には〈丸山定夫・園井恵子／追慕の碑〉と刻む質素な木製標柱モニュメントが一九五一年に建てられた。翌一九五二年一二月八日、丸山とは戦時中の一九四二年に劇團苦樂座を旗揚げするなど親交のあった徳川夢声らが発起人となり、東京・下目黒〈天恩山五百羅漢寺〉境内に碑銘を〈移動劇団さくら隊　原爆殉難碑――徳川夢声〉と揮毫した高さ二メートル余りの石碑が建立された。台座銘板に〈昭和二〇年八月六日広島ニ発光セル原子爆弾ノ犠牲トナリタル人々ノ連名〉――かたわらには九人の死亡月日が刻まれた。さらにその四年後、広島・平和大通り（通称・一〇〇メートル道路）と新川場通り（現・並木通り）南端がまじわる近くの緑地帯、生い茂る常緑エノキ木立ちのかげには新劇界をあげて発起人に〈新協劇団・文学座・俳優座・ぶどうの会・劇団民藝・中央劇場・演劇人戰爭犠牲記念会〉名を刻む〈移動劇団さくら隊原爆殉難碑〉が建つ。その分骨墓でもある藤森成吉の揮毫による〈丸山定夫之碑〉は一九六六年一〇月、盛夏には芙蓉の花が境内墓地に咲き誇る鎌倉・小町の妙隆寺に建立され、丸山の当たり役だったモリエール「守銭奴」主人公アルパゴンに扮した肖像レリーフ（本郷新・作）が自然石の碑面右肩に、両掌を頬にあてがい呆然とする名演シーン再現の表情を浮かべている。

(23) 仲みどり（一九〇九—一九四五）は、宇品町の船舶練習部に収容されたとき一見しては火傷などの目立つ外傷がない、しかし着衣は千切れ裂けボロの端布れと化して下半身を覆うにも事足らない全裸にひとしかった。翌々日、午後には山陽本線の東京方面上り線が復旧すると聞きつけ、ひとり収容先を抜け出す。廣島驛までは鉄道（宇品線）線路沿いに五・九キロメートルの道のりを配給品の敷布一枚を裸身にまとい、〈本人に自覚はないが内部被曝に〈無慾顔貌〉となった姿態を引きずるように〉単身、ひたすら歩いてたどり着き、午後四時四二分発の上り復旧一番列車に乗り込む。同列車には二つ先の海田市《かいたいち》驛から同劇団員の園井恵子と高山象三も乗り込んだが互いに知るよしもない。それは窓から無理やり乗るしかないほどにゴッタがえす混みようで、その風体から伝染病罹患者ではないかと訝る周囲の乗客らをよそに、ひとり内部被爆に冒されて、ぐったりと通路に横たわって放心状態のまま、延えん三二時間余りを要して翌々一〇日午前〇時すぎ、東京驛に到着する。省線・中央線に乗り換えて、母が待つ戰災をまぬかれた荻窪の実家へと帰り着く。生還できたと安堵したのも束の間、ひどい食欲不振や脱力感にくわえ、はげしく襲う目まい、水も喉を通らない体調不良に耐えかねて同月一六日、東京帝大病院の都筑〔第二〕外科での外来受診後、ただちに入院した。東大病院が受入れた初めての被爆症例は〈原爆症認定患者〉第一號となる。入院直後から、その症状は急激な変化を来たし、〈高熱、黒い便、脱毛、胸部腹部の苦痛、背中の擦過傷の悪化など、それは日を追うごとにひどくなっていく。〔中略〕二〇日、体温三九度五分。苦しみ悶え、終日その状態が続く。皮下出血を起こす。／二一日、体温四〇度近くにあがる。傷は悪性腫瘍の様相を呈する。出血性歯肉炎、咽頭炎。身体に粟粒状の点状出血〔中略……白血球三〇〇。意識が混濁し始めた翌日、からだに米粒大の点状出血が散在して浮かびあがる〕。二四日、体温四〇度四分。脈拍一五八。顔、頸《くび》、胸などに潰瘍ができ、脱毛で頭髪の半分が抜けて、凄まじい表情となる。／わずか一週間余りの間に別人のような姿となり、〔八月二四日〕一二時三〇分、息を引き取った。／解剖がすすむにつれ、至る所で出血のある肺や胃、造血機能を失った骨髄など、異常な状態の臓器が次々に現れる。／八月二九日、都筑正男博士〔軍醫少將〕を団長とする東京大学調査団は、広島に向けて出発した〉――青木笙子『「仲みどり」をさがす旅』（河出書房、二〇〇七刊）から。この著者・青木笙子は新劇界の名プロデューサーといわれた本田延三郎（一九〇七―一九九五）を父に持つ。その父が若いころ、東京左翼劇場に作家志望の研究生として入団した同期俳優に小沢榮（栄太郎）や松本克平らがいる。プロレタリア演劇運動（地下活動）を治安維持法違反に問われての検擧・下獄をくり返した。戦後は俳優座経営部、劇団青俳社長などを経て、のち劇団五月舎を創立した。その父の同志でもあった受難期の新劇女優・江津萩江が書いた前掲『櫻隊全滅』を父の蔵書に見つけ触発をされた著者が父・若き日の面影と重ねあわせながら〈仲みどり非業の死〉にいたる経緯と背景について再検証する過程をつぶさに明かしながら追った労作である。被爆直後から臨終までつづく胸部苦痛の原因となった出血した肺、及び、再生不能性貧血の症状を示すその骨髄は、占領下の米軍による干渉をかいくぐり、解剖摘出した内部被爆症例の国内で二つとない〈負の遺産〉研究標本として東大病院が保管・現存している。

(24) 出版元の冬芽書房は、飛騨高山に起こった明治初期の農民一揆〈梅村騒動〉をテーマに描いた江馬《えま》修《なかし》の長篇小説『山の民』三部作（一九四九～五〇刊）で注目されるが、まもなく朝鮮戦争の勃発を機に設立二年で解散した。〈發行者〉の江崎誠致＝まざき・まさのり（一九二二―二〇〇一）は、のちに書き下ろし長篇『ルソンの谷間』（筑摩書房、一九五七刊）で直木賞を受賞した。日本敗戦前夜のフィリピン戦線を舞台に暗号班兵士の逃避行を描いた作品。作者自身が陸軍航空通信兵として出征し、死地ルソン島の極限状態から生還した戦場体験にもとづく。現在、『ルソンの谷間――最悪の戦場・一兵士の報告』（光人社・名作戦記、二〇〇三刊）となっている。ほかに三部作『死児の齢――〈第一部〉爆弾三勇士』（筑摩書房、一九五八刊）。後年は大衆小説を量産した流行作家。不滅の九連覇を達成して名誉本因坊をきわめた棋士道を小説『高川格』に描いたほか囲碁にまつわる著作も多く、文壇本因坊としても知られた。

(25) 一九八二年九月発行の雑誌『未来』一九二号初出の堀場清子「占領下の検閲をみる」は、のち「栗原貞子詩歌集『黒い卵』が示す〝事実と伝説〟」と改題して前掲の論考集『禁じられた原爆体験』所収。

(26) このほかにも栗原貞子の同號掲載作品に――〈八月九日、隣家の女學校一年生の少女の死體〔廣島市の西郊）己斐町國民學校にありときく、即ち死體を引とりに行きてよめる〉と、はしがきをした短連歌「惡夢」がある。これは〈死臭つく収容所の廊下夕されば鬼氣尚《なお》迫り恐ろしきかも〉、〈泥土と黒血にまみれ火ぶくれて愛しき面《おも》輪《わ》今は影なき〉、〈ふりかへる街は火葬のあちこちに闇夜を赤く染めて悲しも〉など一二首からなる。『中國文化』原子爆弾特集号並に抜き刷り〈二号～一八号〉』〈復刻刊行の会／編集兼発行人・栗原貞子、一九八二年五月三日発行／A５判本文二一〇ページ、定価九五〇円〉から。この復刻版「あとがき」で栗原はこう書いた。〈細田〔民樹――前掲２６２ページ～〕、畑〔耕一――同２６２ページ〕氏ともに亡く、戦後、中央で華々しく活動した人たちも次ぎに亡くなられ、戦争を放棄した筈の日本にキナ臭さがたちこめ、戦後の終わりが痛感せられるようになった。このとき三五年前の「中國文化」を復刻し、いま一度、焦土の中で誓った不戦のちかいを想起し、挫折することなく前進するとともに、戦後世代の継承によって、新たなうたごえが湧きおこることを願ってやまない〉と。

(27) この口絵を描いたあと、しばらくして吉岡画伯じしんもまた、にわかに原爆症を発症し、まもなく、こどもたちと再婚相手を遺して帰らぬ人となる。

(28) 古浦千穂子（一九三一―二〇一二）。旧姓・浜野。廣島縣立海田高等女學校二年生のとき、爆心地から東南へ七キロメートル離れた安藝郡海田市町（現・広島市安芸区海田町）の同校内で原爆投下に遭遇。翌七日から一週間、負傷者たちが収容所された町内の明顕寺に動員されて介護の下働きにあたる。四〇年後、二次被爆（内部被曝）に起因する下顎ガンを発症して自身も被爆者であることを知る。さかのぼって自身が非被爆者であるとの立場から、故・正田篠枝の原爆死をモデルに描いた短編「風化の底」（一九六七年一二月号『新潮』初出）がある。この作品は『〈八月六日〉を描く・第二集』（文化評論出版、一九七一刊）所収。自身の短編集『風に迷う』（湯川書房、一九七七刊）に再録。のち、『日本の原爆文学⑪――短編Ⅱ』（ほるぷ出版、一九八三刊）所収。著書に『マテオの息子』（檸檬社、一九八一刊）。栗原貞子との共編『ピカっ子ちゃん（母と子の図書室）』正田篠枝・作／なかのひろたか・絵（太平出版社、一九七七刊）ほか。広島文学資料保全の会・代表の好村《こうむら》冨士彦（一九三一―二〇〇二）死去にともない同会の代表を引き継ぐ。二〇一二年七月三日、二次被爆に起因するとかんがえられる非外傷性硬膜下血腫のため死去した。八一歳だった。

(29) 正田誠一（一九一五―一九七四）。筑豊・三池をはじめ採炭地と炭鉱労働の現場から考察した没後の論集『九州石炭産業史論』（九州大学出版会、一九八七刊）がある。

（30）　幼方直吉（一九〇五―一九九一）。ともに専修大学教授で東洋史学者（中国近現代史専攻）の野原四郎（一九〇三―一九八一）との共著による『愛と革命と青春――中国の若ものたち』（平凡社、一九五六刊）で知られた中国思想家。論考「日本・日本人の自己認識のために」「朝鮮がわれわれに照射するもの（柳宗悦をとおして／矢内原忠雄をとおして）」ほかを編んだ没後の精選『人権のこえ・アジアの歌――幼方直吉著作集』（勁草書房、一九九三刊）がある。

（31）　鈴木均（一九二二―一九九八）は戦後、『世界評論』『改造』など月刊総合誌の編集者から平凡社『世界百科年鑑』編集長。書籍編集部に転じ「人間の記録」双書（二七冊／一九五六～一九五九刊）や名著『共同研究・転向』全三冊（一九五九～一九六二刊）を企画・担当した（改訂増補版、一九七八刊）。日本戦没学生記念会機関誌『わだつみのこえ』編集長（三期）や、出版学校〈日本エディタースクール〉初代理事長などをつとめた。著書にわだつみ会［編］『天皇制を問いつづける』（筑摩書房、一九七八刊）。『オヤジの戦後――ジャーナリストは戦争を忘れない』（産報ブックス、一九七二刊）。『サイパン無残――「玉砕」に潰えた海の満鐵』（日本評論社、一九九三刊）ほか。

（32）　芥川永《あくがたわひさし》（一九一五―一九九八）。三〇歳のときに郷里・愛媛縣松山市（廣島市の南東約七〇キロルート）から、遠方に立ちのぼる原爆のキノコ雲を目撃した。のちに広島市在住の彫刻家はまた、爆心地の南方一四一メートル地点（中区大手町二丁目、元安川畔の緑地帯）に一九八二年八月五日建立〈原爆犠牲・ヒロシマの碑――〝もどれない風〟〉ブロンズ像（原型）の制作を手がけた。台座プレートには、被爆した屋根瓦の破片がはめ込まれて痕跡をとどめる。川幅一面が折りかさなる屍体で埋った川の底から、戦後二〇数年のときを経て地域の自主的学習サークル（平和ゼミ）の高校生たちが、泥土を掻き分けて拾い集めた数千点にのぼる被爆瓦の一部が用いられた。

（33）　このときに録取した聞き書きは、一九七二年七月号『潮』の特集「大量虐殺から生き残った朝鮮人と日本人百人の証言――平和の原点のなかの癒えぬ生キズ」所載。

（34）　のちに『にんげんをかえせ――峠三吉全詩集』（風土社、一九七〇刊）は同年の毎日出版文化賞を授賞した。作者の長兄・峠一夫と増岡敏和の編集による『峠三吉作品集』上下巻／全二冊（青木書店、一九七五刊）。増岡敏和［編］『詩集にんげんをかえせ』（新日本文庫、一九八二刊）。戦後五〇年を期して刊行された増補新版『新編　峠三吉原爆詩集』（前掲第一章150ページ）は第一版が二〇一一年九月現在七刷をかさねる。評伝に増岡敏和『八月の詩人――原爆詩人峠三吉の詩と生涯』（東邦出版社、一九七〇刊）。改題新版の『原爆詩人・峠三吉』（新日本新書、一九八五刊）。現在、閲覧可能な電子化資料に、池田正彦・松尾雅嗣［編］『峠三吉被爆日記――一九四五年七月二九日～同年一一月一九日』写真複製版（広島大学ひろしま平和コンソーシアム／広島文学資料保存の会、二〇〇四年一二月公開）。及び写真版を英訳のために池田正彦が書き起こした電子化資料〈home.hiroshima-u.ac.jp/bngkkn/database/TOGE/TogeDiary.html〉がある。これはトヨタ財団（二〇〇三年度）市民活動助成プロジェクト〈ヒロシマ文学館（仮称）開設を目指した、原爆資料の電子化と英訳事業の実施〉の一環によるもの。

(35) 四國五郎（一九二四―二〇一四）。廣島市内の比治山南麓にうまれた。一九四四年、應召して中國東北部へと出征。旧満洲での武装解除後、シベリア抑留を経て一九四八年一一月、復員して実弟の被爆死を知る。郷里で峠三吉が主宰する〈われらの詩の会〉に参加。山口勇子・作『絵本おこりじぞう』画で知られた（金の星社、一九七九刊／新日本おはなし文庫、一九八三刊）。戦後の作品を集成した画文集『四国五郎平和美術館』全二巻の①「ひろしまの母子像」、②「ひろしまの街」（汐文社、一九九九刊）がある。山口勇子（一九一六―二〇〇〇）は戦後の復興期、原爆孤児たちを親身になって支える住民運動〈広島子どもを守る会〉副会長をつとめた。一九八二年、長編小説『荒地野ばら』表紙の絵と挿画・四国五郎（新日本出版社、一九八〇刊）で第一四回〈多喜二・百合子賞〉を授賞した作家・児童文学者。

(36) 中野重治（一九〇二―一九七九）。代表作に自伝的長編『むらぎも』（大日本雄辯會講談社ミリオンブックス、一九五五刊）。のち膨大な著作の一部が文庫本化されて長編『甲乙丙丁』（講談社文芸文庫、一九九一刊）。短編集『五勺の酒・萩のもんかきや』（同、一九九二刊）。新版『中野重治詩集』（岩波文庫、二〇〇二刊）。自伝的著作に『中野重治全集』第二八巻に所収の『沓掛筆記――わが生涯と文学／補遺』（単行本は河出書房、一九七九刊）。没後に郷里福井の蔵から発見された中野の未発表日記を松下裕が編んで解説を附した『敗戦前日記』（中央公論社、一九九四刊）。筑摩版全集の編者でもある松下裕『評伝・中野重治』（筑摩書房、一九九八刊）。竹内栄美子『中野重治――人と文学』（勉誠出版、二〇〇四刊）などがある。

(37) 初版の発禁処分から二〇年後、一部改訂・新装版『ピカドン』が再刊された（原水爆禁止日本国民会議、一九七〇刊）。のち英文併載の新版（ろばのみみ編集部、一九七六刊）。二〇〇〇年に小峰書店が刊行した画集の増補保存版『原爆の図』（九万九七五〇円）。同じく完本・普及版（六〇九〇円）。著書に丸木俊『ひろしまのピカ――記録の絵本』（小峰書店、一九八〇刊）ほか。評伝に菅原憲義『遺言――丸木位里・俊の五十年』（青木書店、一九九六刊）。本橋誠一の写真集『ふたりの画家――丸木位里・俊の世界』（ポレポレタイムス社、二〇〇五再刊）などが、その人と作品を伝える。

(38) 長田新・編『原爆の子――広島の少年少女のうったえ』（岩波書店、一九五一刊）を指す。同書は一九九〇年、岩波文庫に入った（全二冊）。

(39) 副題に〈歩いて見てほしい〉とのメッセージを付す被爆者後援会（東京）世話人代表の大川悦生『ひろしま原爆の木たち――写真・マップ・証言』（発売元・部落問題研究所／たかの書房、一九九五刊）が写真入りで〈中央公園のクスノキ〉を紹介している。

(40) 劇作家の長谷川時雨《しぐれ》（一八七九―一九四一）が主宰する戦時下に結成された女流文藝家たちの銃後奉仕團體〈輝ク部隊〉慰問使一員として、大田洋子は一九四〇年五月二三日、ＪＯＡＫ東京中央放送局教養部員の黒田米子や井上鶴子（ともに後年の料理研究家）、日本舞踊家の藤間勘園らと神戸港から東亞海運・太陽丸で上海へ向けて出帆した。慰問使のひとりで時雨の末妹・長谷川春子（一八九五―一九六七）は、パリ遊学後の小画集『長春畫集』（女人藝術社、一九二九刊）で頭角をあらわしていらい、終刊『女人藝術』誌を引き継ぐ輝ク會の機關紙『輝ク』（女人藝術社發行）特派記者として中國大陸に取材した著書「滿洲國《まんちぅこぅ》」や、畫文集『北支蒙疆戰線』（暁書房、一九三九刊／復刻版＝ゆまに書房、二〇〇二刊）、同じく『東亞あちらこちら』（室戸書房、一九四三刊）ほかで著名な〈女流画家・随筆家〉だった。大田洋子もまた中支進駐〔華中占領〕日本軍を、春子ら一行と慰問にめぐった翌六月末、帰朝すると機関紙『輝ク』に「輝ク部隊／渡支慰問班報告――その一」（第八巻五號、昭和十五年六月一七日發行）に始まる報告を書き、海軍恤兵係《じゅっぺい》〔編纂〕『海の有志慰問文集――輝ク部隊』（興亜日本社、昭和十六年一月一日發行）に従軍随筆「刃向かふ街」と、同じくコント「合掌」を寄せた。同誌巻頭グラビアに〈中支慰問使一行は出發に先たつて宮城を遥拝、のち明治神宮を参拝した、〉……と説明書きがある写真には、微笑みをたたえた洋装の春子、着物すがたの洋子ら六人が収まっている。本文巻頭を飾る圓地文子の小説「花桐」。長谷川時雨の歴史小説「犬房丸」。今井邦子「戰時雑詠」、林芙美子が小説「谷間からの手紙」。吉屋信子の従軍随筆「水」。黒田米子の紀行文「中支慰問の旅から」をはじめ三〇人余りの女流名士が目次にならぶ（Ａ５判・本文二五〇ページ）。それまでにも輝ク會には、「皇紀二千六百年記念／女流前線慰問文集」と銘打った陸軍恤兵部《じゅっぺい》（昭和十五年一月一日）發行の大日本雄辯會講談社〔編輯〕『輝ク部隊』第一輯（巻頭に時雨の大衆小説「剛き人」、随筆に大田洋子「雪の晩」ほか七〇余人が寄稿。A5判・本文二五六ページ）と、同上の海軍版——海軍軍事普及部の海軍中佐高瀬五郎が「序」を寄せた海軍恤兵係［監修］『海の銃後——輝ク部隊慰問文集』第一輯（大田洋子は随筆「遊び場」を寄稿）がある。

（41）脚本家の池田忠雄（一九〇五—一九六四）は本文中の渋谷實をはじめ、いずれも松竹大船を代表する小津安二郎監督（一九四二年作品「父ありき」はキネマ旬報ベストテン二位）や吉村公三郎（一九三九年「暖流」）、島津安次郎（一九三七年「淺草の燈」）ほか巨匠監督の作品シナリオを数多く手がけたことから、ひと呼んで、元祖〝大船調〟産みの親。

（42）渋谷實（一九〇七—一九八〇）。戦後、獅子文六の同名原作で一九五〇年の「てんやわんや」や、井伏鱒二の同名小説が原作の「本日休診」は一九五二年キネ旬ベストテン三位（井伏の短編「遥拝隊長」ほかを取り入れた齊藤良輔の脚本）をはじめとする風俗映画の名手として知られた。菊島隆三が脚本を書いた一九五七年の松竹作品「気違い部落」（きだみのる原作）は、のちに表題が差別用語だとして劇場再上映・TVでの放映の機会が閉ざされ、ながらく疎外される憂き目にあう。

（43）上原謙（一九〇九—一九九一）。本名・池端清亮《きよあき》。当時、絶世の二枚目映画スターとして一世を風靡した。晩年の著書に『がんばってます——人生はフルムーン』（共同通信社、一九八四刊）。一九三七年に先妻小櫻葉子（一九一九—一九七〇）との間にもうけた長男直亮《なおあき》は後年、東宝の〝若大将〟シリーズでブームをよんだ俳優の加山雄三。

（44）高峰三枝子（一九一八—一九九〇）。一九四〇年リリース「湖畔の宿」の大ヒットで〈歌う映画スター女優〉の草分け的存在。実父は琵琶奏者の高峰筑風（一八七九—一九三六）。大正～昭和戦前期に創作「琵琶劇」を演じる美声が人気を博した〈高峰琵琶〉創始者の父が急逝後、その毛並みの良さと美貌をかわれて松竹映画入りした。一九八一年、上原謙とのコンビ復活で国鉄のCM「フルムーン」に登場して話題となる。著書に自伝『人生は花いろ女いろ——わたしの銀幕女優50年』（主婦と生活社、一九八六刊）。

（45）芥川龍之介（一八九二—一九二七）は健康を害し、およそ一年余りの沈黙を経て本文中の畑耕一『笑ひきれぬ話』序文を執筆したのと同じ時期に、従来の作風とはまったく異なる未完の短編「大導寺信輔の半生」（『中央公論』一九二五年一月号）を発表している。これら自殺するにいたる直前に最後の燃焼をみせた。最晩年の短編を再編集した『大導寺信輔の半生・手巾・湖南の扇　他十二編』（岩波文庫、一九九〇刊）がある。

(46) 三菱重工業㈱広島工作機械製作所の略称。後年の同㈱広島精機製作所、工場閉鎖後の跡地は現在、二〇〇九年に閉店した大型ショッピング・センターのイオン（イオンモール広島祇園）遺構となっている。

(47) パタソンが原爆投下に関与したことを示す公文書は前掲『マンハッタン計画』（一九九三刊）第四部「対日原爆使用への歩み」の前段・第三部「資源戦略と海外諜報活動」所収の資料134〈「マンハッタン管区歴史［第一篇］総説、第一四巻——諜報と機密保全」への補遺その一〉。あるいはまた前任のスティムソン陸軍長官名で一九四五年八月六日に陸軍省が発出した声明（資料230）ほか、報告書・覚書・書簡をはじめ、そのなかに〈極秘〉扱いを含む一九三九年八月二日から一九四五年八月一四日付までの公文書二四三点を網羅して収録した同書の巻末には邦訳〈英国調査団報告書「廣島および長崎に投下された原子爆弾の効果」一九四六年公刊／写真二四点〉が補録されている。

(48) 現在の広島大学平和科学研究センター長には、二〇一二年に退任した星正治・広大〈原医研〉前教授にかわって後任の西田恒夫（前・国連日本政府代表部／特命全権大使）が就任した。

(49) 平凡社の文芸雑誌『こころ』一九七八年二月号に初回掲載いらい第一八回（一九七九年七月号）で未完に終った連載「昭和の作家群像」を収めた遺稿集。巻末には渡邊一民「知識人・中島健藏」、中島京子「あとがきにかえて——夫健藏のこと」、「昭和二十年—三五年関係年表」を収録し、年譜（執筆目録）と索引が付されている。

(50) 小田切秀雄は本文中のほか原爆関係［編・著書］に家永三郎・黒古和夫と編集委員をつとめた平和図書シリーズ『日本の原爆記録——広島・長崎の手記・ドキュメント・詩歌集成』全二〇巻（日本図書センター、一九九一刊）。原爆を告発した佐多稲子の名作長編『樹影』講談社・文芸文庫版（一九八八刊）「解説」をはじめ反核文学への造詣が深い。

(51) 花田清輝（一九〇九—一九七四）。作家、批評家。戦後代表作の一つに『アヴァンギャルド芸術』（未來社、一九五四刊）がある。そこに戦中からの一貫した花田のテーマ〈芸術的実践の主体を、拮抗するさまざまな現実の力の対立関係に投げいれ、形式論理の陥弄から救い出しながら、政治上のアヴァンギャルドと芸術上のアヴァンギャルドを弁証法的に統一する〉思想（佐々木基一——『近代文学大事典』所収）が尖鋭に浮かびあがる。同書は現在、講談社文芸文庫に入っている。（解説・沼野充義（二〇〇八刊）。

(52) この論考で花田は一九五五年の〈現時点〉までに発表された原民喜・大田洋子・阿川弘之らの原爆にかかわりある小説作品——いわゆる原爆文学にたいして、

全面否定的な批判を展開した。自身は〈記録芸術〉の求道者たるをもって任ずる、この批評家いわく、〈現地報告にあらわれている広島や長崎や焼津の市民たちの冷静さは、いままでかれらが無告の代弁者をもって自任しているヒューマニスト〔作家――引用者・註〕たちに敬意と同時に侮蔑の念を抱いていることを示している。ヒューマニストとは、このような市民たちの冷静さを一概に否定せず、逆にかれらの冷静さを学び、いちだんと高い次元において、生かすことを考えるべきであろう。換言すれば、このことはヒューマニストたちがみずからの道徳的判断をできるだけ排除し、もっと実証的になり、具体的事実をあるがままにとらえようと努めることを意味する。おのれの内部世界に無慈悲な視線をそそぐことを願わないではいられない〉――つまり、現下の〈原爆文学〉は丸木位里・赤松俊夫妻による共作『原爆の図』の〈文学的変種〉にすぎず、私小説の発想・技法による作品であることから記録文学としての精緻さに欠け、作者の道徳的価値判断によってゆがめられていると指摘。たとえば、大田洋子『夕凪の街と人と』は、ルポの要素を取り込んだ私小説であり〈作家の責任〉と使命につき動かされる作家が主人公であるとして、いったい〈作家の責任〉をどう考えているのかとの痛烈な批判を浴びせた。

（53） アルベール・カミュ／Camus,Albert は一九一三年、仏領アルジェリア・モンドヴィにうまれた。フランスの作家・劇作家・批評家。新聞記者を経て一九四二年、代表作の一つ小説『異邦人』を発表した（現在、新潮文庫＝窪田啓作・訳）。史上最年少のJ・R・キップリング（一八六五―一九三六）に次ぐ四三歳で一九五七年ノーベル文学賞をうけた。三年後の一九六〇年、自動車衝突事故で急死した。批評家F・ジャンソンの論文を併載した戦後論集に日本語版『革命か反抗か――カミュ―サルトル論争』佐藤朔・訳（新潮文庫、一九六九刊）がある。

（54） 極限状態での市民の連帯を描いたベストセラー小説『ペスト』はナチスドイツ占領下から解放された二年後の一九四七年、母国フランスで発表した（原題："La Peste"）。日本語版は創元社から一九五〇年、宮崎嶺雄〔訳〕上・下巻。、創元社文庫（一九五二刊）となる。創元社版を底本にした『カミュ著作集』全五巻（新潮社、一九五八刊）の第二巻に所収。現在、新潮文庫に入っている（一九六九刊）。

第三章　生き地獄ヒロシマの原風景

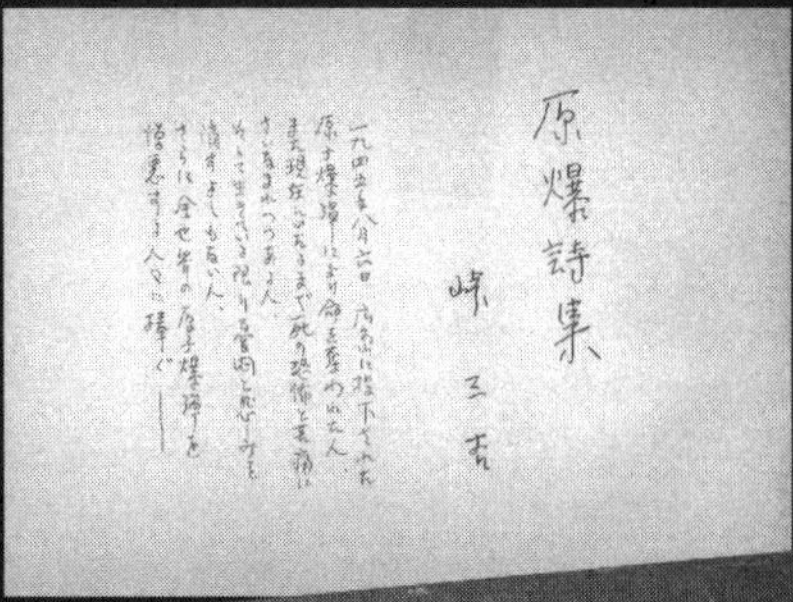

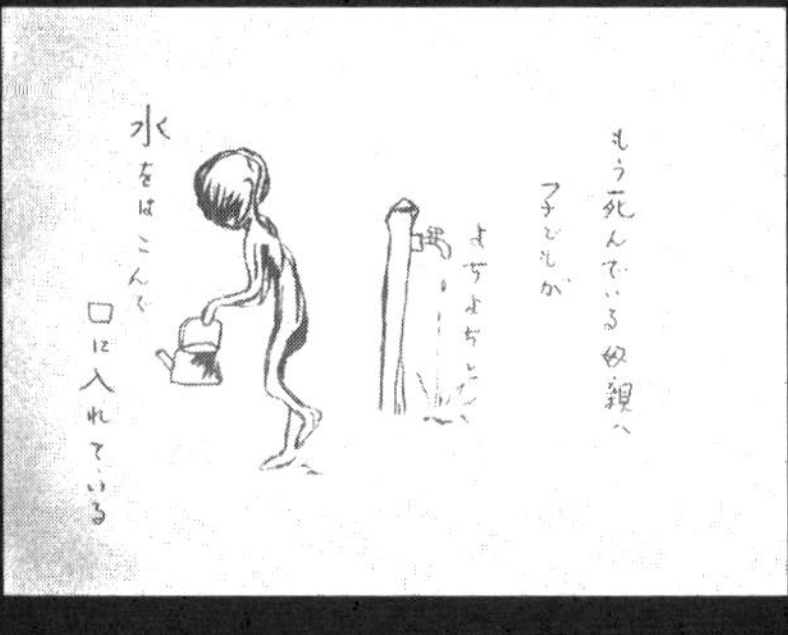

●〈原因不明の貧血症〉は物語る

あの黒い雨が降ったその日から、ちょうど一〇年の一九五五（昭和三〇）年夏――ひとりの男児が産声をあげる。産婦人科・小児科医である男児の祖父が見まもる廣島市近郊の自宅出産によって、祖父にとって教え子のひとりでもある産婆〔助産師〕が取りあげた。

乙丑〔きのと・うし〕一九二五（大正一四）年一二月うまれの母体にとっては、二八歳での初産だった。かたや、再婚の父親は辛酉〔かのと・とり〕一九二一（大正一〇）年二月うまれの三四歳で、それが第二子となる〈待望の嫡男〉誕生であった。

この男児には、九つちがいの異母姉がいる。戰争中に結婚した先妻とのあいだに男児の父親は日本敗戰の翌年、長女をもうけている。ところが、その女児が物ごころつくまえに先妻は東京世田谷の実家に里帰りをしたまま、二度と廣島の婚家にもどって来ることはなかった。

親権をめぐる係争を経て、母方に引き取られた長女は、東京の実母のもとで養育された。

歳月はながれて二〇〇一年八月、下血による胃ガンの発見を機に半年余りのあいだ寝たきりとなっていた老父は、再生不良性貧血〔英名：Aplastic Anemia〕のため死んだ。以降、こんにちにいたるも、いまだかつて、この異母姉弟は面識がない。その血を受け継ぐ〈被爆二世〉どうしという共通の運命が唯一、きずなをむすぶ。半世紀を超える貧血症〔原因不明との診断〕に苛まれつづけたあげく、被爆〔二次被爆〕後の生涯を閉じた老父の死因は暗に物語っている。

男児の母親もまた、一九四五（昭和二〇）年八月六日、遭遇した地点・状況こそちがうものの、突如として閃光に灼かれ、死の灰が地上を覆いつくす廣島市中に居合せた。ともに男児の両親はピカドンに冒された廣島の〈原爆被害者〉なのである。

おとこ親（被災当時二五歳）のほうは母親（同五二歳）と先妻（二四歳）、寝たきりの祖母（七八歳）のほか、当時の一家をともない同年六月、廣島市内の自宅から北へ約二〇キロメートル余りの安佐郡三入《みいり》村（現・広島市安佐北区可部町三入）に疎開し、市内の職場まで徒歩に列車と路面電車を乗り継いで、片道二時間余りの通勤に明け暮れた。

いつもだと鐵道省線（のち国鉄、現ＪＲ線）可部驛から可部線上り電車で片道一三・七キロメートル、約三〇分の市内横川驛まで出てチンチン電車（廣島電鐵市内線）に乗換え、水主《かこ》町（現・中区加古町）の縣廳舎へと向かう。午前八時すぎころといえば、もよりの眞菰橋《まこもばし》電停で降りて萬代橋＝別名・縣廳橋（爆心から一キロメートル圏内）附近を歩いているはずのころである。

ところが八月六日の朝方は体調を損ね、前夜からの激しい下痢で、ようやくまどろんだ床に伏したまま、出勤を躊躇していたことがさいわいして間一髪、ピカの直撃をまぬかれる。

とはいうものの、六日午後から夜にかけて爆心から二キロメートル圏内に足を踏み入れた。黒い雨の雫も全身にあびた。さらには翌々八日以降も連日、被爆地に入市をして無自覚のうちに、目には見えない放射線にさらされつづける。まがうかたなく〈二次被爆〉の典型であった。

その生家は市内塚本町一番屋敷（のちの塚本町三八番地／現・中区堺町一丁目三八番地）。爆心（地）から直線にして約四〇〇メートル南西の鉄橋・本川橋西づめ河畔の（黒塀をめぐらせた）しもたやだった。橋の西づめたもとに〈銘菓・本川饅頭〉という店看板を掲げる鐵橋堂とは、通りを隔てて向き合う本川薬局（熊谷家）右脇の、その奥まった袋小路に屋敷の裏木戸があった。木戸をくぐり抜けた川岸には、回船・小舟の舫いをつなぐ石積み雁木（がんぎ）がせり出している（ほんらい〈雁木〉とは、船に乗降りをしたり、荷の積み降ろしをするための階段のことだが、ここでは、その階段を設備して石垣状に築いた船着き場のことをいう）。[1]

戦後、川べり屋敷跡の空き地から見下ろす雁木には、貸ボート屋の浮き桟橋が繋留された。やがて、手漕ぎ貸ボート屋は廃れるが、戦後七〇年余りを経ても石積み雁木は朽ちるでなく、いまでは数艇の小型クルーザーやモーターボート、プレジャーボートなどが舫いをつないでいる。

一〇〇〇坪余りの屋敷跡は戦後しばらくして、すっかり更地にされ、河畔の緑地帯と道路を敷設した以外は本川公園の一部となった。公園に隣接して市立本川小学校の校庭がひろがる。

原爆被災時、そこにとどまって疎開をしていなければ、まちがいなく一家全滅した一帯である。

筆者が一九七〇～八〇年代にくり返し聞き取りをした複数の関係者（いずれも、その後に故人）の記憶をつなぎ合せてみると、八月六日当時、住込みの使用人五、六人が留守宅に居残っていたと見られる。

戦争中、邸内に置いた森川家務所＝管財會社の支配人〔番頭〕や書生など成人男性の使用人たちは次つぎと出征した。あとには女性の使用人〔女中――それに若い行儀見習い〕と下働きの高齢者〔下男〕らが残った。留守宅は、強制建物疎開のために住宅を追われることになり、仮住まいを探していた町内の饅頭店主夫妻が被爆直前の七月から、間借りをしてくれるということになって〝渡りに船〟と屋敷の管理を託す。

戦後二四年目の時点で作成された「原爆爆心地復元市街図」――志水清〔編〕『原爆爆心地』附録（日本放送出版協会、一九六九刊）上には、隣組の地縁から留守宅の管理を託した夫妻の消息が遺族らによって確認され、朱文字で〈全滅〉と、ふたりの氏名を特定している。

六日早朝に出かけ、のちに行き先の判明した生存者二名のほかは屋敷内に寝泊まりをしていたとみられる全員が消息不明となる。戦後二四年目にこころみられたその復元地図に、ほんらいそこに暮らす〈疎開の居残り組〉となった住み込みの使用人ら家人の名前は見あたらない。

使用人のうち幾人かは、壊滅状態となった市中〈全焼地域〉の勤労動員先で被災したはずだが、場所は特定できていない。折から廣島市街では、空地づくりの第六次建物強制疎開作業がすすめられていた。あさ八時からの作業開始まもなく屋外で被災したと見られることから消息を絶った人びとについては、遮蔽物なく熱線をあびて、とてつもない爆風に身を引き裂かれたことによる即死か、あるいは火の海にのまれて悶死したかは知る手立てがない。

そのとき爆心地附近に居合せて原爆の直撃をうけた人びとは、まず例外なく、見分けのつかない焼塵と化してしまう。そして、それらの遺骸が個別に〈本人確認〉できて回収されることは、こんにちにいたるまで、ついぞない。あまりにもの死者の多さに本人確認ができないまま荼毘に付し、埋葬〈処理〉された遺骸は無数にのぼる。それら約七万体をかぞえる身元不詳の無縁仏は現在、原爆供養塔（一九五五年に造営された円形墓）半地下の納骨室に眠る。敗戦の翌一九四六年五～七月、すべて市民の喜捨（廣島戰災供養會）によって建立された仮供養塔とバラック建ての礼拝堂（内・納骨室）が中島本町の慈仙寺（の）鼻に完成する。

バラック建て礼拝堂の老朽化にともない、戦後一〇年を経過した一九五五年、現在の半地下に納骨室を設けた平和記念公園内の原爆供養塔――正式名・原爆戦災死没者供養塔――が造営された。国がバックアップする平和都市建設の〝復興の槌音〟が高まるにつれ、あらたに地中から発掘されて納骨室へと納められる遺骨は増えつづける。ところがである。公園内での納骨室の建て替えに国は渋った。がしかし被爆地の心情をうったえる市による働きかけは、それを押し切る恰好で敢然と竣工へと、こぎ着けた。この経緯には敗戦後の米國の對日占領下に端を発し、戦後の歴代日本政府による原爆犠牲者、及び被爆生存者への、あまりにも不実にして、こころない対応が露骨に覗いている。

真夏に灼かれた閃光の凄惨――〝ヒロシマ虐殺〟の焦土に取り残され、とり返しがきかず、消えることのない被爆の刻印を押された人びとの戦後は、臨終を経た黄泉の果てまでつづく。

灰墟と化した屍の街を直視すれば、そもそもが、つまり、混乱のさなか山をなした屍体は、弔う余裕なく黙々と焼却して、次つぎ土中に埋めて〈処分〉をされたのであった。いつわらざる現実は、かくも痛ましい。

本人と判別できない数万にのぼる屍体と、屍体の肉片が灰燼と帰した惨状は言語を絶する。

氏名不詳の遺骸（からだの一部しか収容できなかった不完全な遺骸も含む）は、再開発工事などのさいに現在もなお、地中から白骨が発掘されて生き残りし者の悲しみをあらたにする。

こうして本人の特定が困難な七万体を超える〝遺骨の群れ〟は、それぞれが白い骨壺に納められて、平和記念公園内の前掲・原爆供養塔に合葬されている（広島戦災供養会［編］『原爆供養塔――慰霊の記録』広島市、一九九六刊）。そして、毎年八月六日の終日、全世界でも例のない、国内外・神仏の分け隔てなくキリスト教や仏教の各派からも宗派や教義の垣根をこえ、さまざまな新興宗教にいたるまでが呉越同舟、供養塔まえに順不同で、追悼の祈りをささげる情景は、ヒロシマ虐殺への抗議を込めた人類が核兵器廃絶を願う、荘厳な祈りでもある（廣島県宗教連盟『戦後50年誌——平和と慰霊・追悼の歩み』同連盟、一九九六刊）。

最新のＩＴシステムを導入して、二〇〇二年八月に開設された〈国立広島原爆死没者追悼平和祈念館〉が常設しているコンピュータ検索によっても〈被爆時に遭難して消息を絶った〉こと以上の、原爆死にかんする個人情報が入力されていない犠牲者の数は、おびただしい。

軍都廣島を瞬時にして（〝無人化〟した）ひとかげが消えたピカの凄惨を、それは物語る。

原爆で市中の自宅を跡かたなく、うしなった一家は戦後、同地に再建のメドが立たないままに北の郊外、安佐郡三入村の疎開先から、廣島市西郊に延びる廣電宮島線（通称・郊外電車）沿線の佐伯郡観音村《かんのんむら》字《あざ》佐方《さかた》一三六二番地（昭和はじめころ入植した農民が開墾した）岩戸山の東麓に住まいを移す。

観音村佐方という転居先の住所表示は、のちの一九五五（昭和三〇）年四月に佐伯郡五日市町佐方と変更される。字名《あざな》表示の佐方は後年、隅の浜となり、一九八五年の広島市が政令指定都市となる広域合併に際してうまれた佐伯区隅の浜二丁目六ノ一八とあらたまる。

観音村佐方の、もより駅は〈電車・樂々園停留所〉。戦後、新開地にひろがる樂々園遊園地の海岸といえば、夏場は海水浴場として賑わった。停留所（駅舎）前の広場に面して隣りあうかどに小林商店。駅前と国道を隔て左対面が廣電バスの営業所をかねた発着場になっていた。

すくなくとも一九六〇年前後（昭和三〇年代）なかばにさかのぼる戦後の原風景が筆者《わたし》の脳裏に、いま、あざやかによみがえる。

すでに前章を読んでいただいていれば、おわかりだろう。ネタばらしをすれば、本章冒頭に書いた、戦後一〇年の廣島で産声をあげた男児の正体は、ほかならぬ、わたくし自身である。

　復興期から成長期へと広島の街なみが刻々と変化をとげて七〇年余――。ふるく別名を臥虎山《がこやま》と呼ばれた比治山《ひじやま》（三角点の海抜は七一メートル）公園から見渡す市街地は、すっかり中高層ビルディング群とアスファルト・コンクリートに埋めつくされた。

　川沿いと幹線道路沿いには、この半世紀余りのあいだに〝人工緑化〟が手当を完了した。

　一九四九（昭和二四）年八月六日公布の都市復興再開発計画〈廣島平和記念都市建設法〉にもとづき、それ以来、広島市のデルタ地帯をながれる七本（のちに六本）の川の岸辺に、あらたに住宅などの公共施設でない建造物が敷地を占有することはゆるされなかった。つまり、川岸に家を建ててはならないとして、この都市計画に従わない既存の建築物は不法占拠として排除されてゆく。

　反面で、行政による公設長屋の建設だけで事足りるはずがない。きょうの住まいなく路頭に迷い、そこに雨風を凌ぐ貧しいバラック建て非合法建築が、ながいこと川筋に軒をつらねた。

　しかし、いまや、まったく、さまがわりした。一〇〇パーセント護岸が築かれた河畔は例外なく公共緑地、あるいは公道となっている。一六〇基余をかぞえる〝ひろしまの碑〟――市中の行く先々に、寡黙に原爆死を悼む慰霊の碑や詩（歌）碑、平和祈念（記念）碑・彫像などのメモリアルが風雨に洗われ、ひっそりと苔むして戦後ヒロシマの原風景を想い起こさせる。

　二〇〇八（平成二〇）年秋のプロ野球ペナントレース終了をもって閉鎖・移転した広島市民球場（中区基町）西北方の太田川畔といえば、かつては〈櫻ノ土手〉と呼ばれた。

　背後の鬱蒼とした杜の一角には、護國神社（一九三九年に旧〈官營招魂社〉を改称した官幣社）。國家神道の守護神を營庭にまつる西錬兵場は、旧城址・内堀を隔てた内大手郭（外堀を越えた）南面の大手郭に造成してひろがる。そして、廣島師團司令部（日清戰爭にさいしては臨時遷都による大本營）が設置された城内――本丸を取り囲むかっこうで野砲兵第五聯隊、輜重《しちょう》兵第五大隊（軍需品の輸送・補給部隊）兵營、及び馬場、兵器部、彈藥庫、あるいは基町倉庫や被服倉庫、旧称を衛戍《えいじゅ》病院と呼ばれた廣島第一・第二陸軍病院、分病室（病棟）などの建ちならぶ広大な軍用地が、ながらく明治初期いらい、施設の造営と拡充をかさねて、この一帯を占めた。

そして、それらは、すべてが焼燼と帰した。〝つわものどもが夢のあとかた〟すら残さずに一発の原子爆弾＝核兵器が根こそぎ取り払い、すっかり消し去った。

●最後の〝原爆スラム〟相生土手

やがて、廃墟の瓦礫と数知れぬ屍が地中に埋もれて眠る三角州には、一九五〇（昭和二五）年の前後以降、あらたな広島県庁、市民病院、市立中央図書館、中央庭球場（テニスコート）、市民球場、市青少年センターなど都市再生の手始めとなる公共施設が次つぎに建設されてゆく。

その一つである旧・県立体育館に、大相撲広島場所の幟がはためき、ときの大関・佐田の山(2)を土俵上、まぢかにあおいだ記憶がある。ただし、対戦相手の力士は覚えていない。いまふり返ってみれば、ちょうど巷に〈巨人・大鵬・たまご焼き〉と囃された横綱大鵬(3)の本場所〈連勝記録〉が話題をさらっていたころのことだが、その当時、そうした認識はない。とにもかくにも、うまれて初めての桟敷席からの大相撲観戦だった。関取が突進しての〈張り手〉が、なんとも物凄い音をあげて場内に響きわたる。ただただ仰天して固唾をのんだ。

そんな興奮さめやらぬ、その〈打ち止め〉後、体育館を出て、帰路はバスセンター(4)まで歩いた道すじで、にわかに強まった雨あしに傘が用をなさずズブ濡れとなる。ズック短靴の足もとをとられる悪路を見すえ、歩幅を目測して慎重に歩く。

枝垂れ柳が風雨に揺れる暗がりの裏手は、〈相生土手〉と呼ばれるスラム街だ。道すじには鉄筋や鋼鉄板などの建築資材が山を築いている。建設資材運搬のさいにできた、幾重もの大型トラックの車轍が水溜まりとなって、ぬかるみを作る。市内の中心部でも当時、コンクリート舗装されているのは幹線道路にかぎられた。繁華街で整備がすすむ都市計画道路の両側に設けられた、段差をつけた舗道といえども、コンクリート製タイル張り工事が完成していない区間は、未舗装の砂利道で、ところどころに土の地面がのぞいているから、降雨がつづくと、ひどく、ぬかるむのであった。

バスセンターの発着プラットホームには、波板《なみいた》の軒屋根がせりだしているが、一〇数台のバスが待機する駐車スペースに屋根はない。簡易舗装をされた構内の地面に激しい雨が打ちつける。

入線してくるバスの車輪が小粒の砂利と水飛沫を巻きあげる。この天候ではバスセンターに隣接する市民球場でのナイトゲームはない。ゲーム催行時であれば、ライトスタンド壁面越しに煌こうと点るナイター照明が、この宵は消えている。とっぷり暮れた紙屋町交差点から八丁堀方面へとつづく繁華街のイルミネーションはカラフルに点滅してはいるのだけれども、夜空を焦がすほどの照度ではない。

そのころ、広島の市中に超高層ビルディングは、まだ一棟もなかった。街なかに車のヘッドライトや、バックランプが交錯する〝光の洪水〟は夜毎のことだし、辻つじに設置された街路灯が夜道を照らしだす。だがしかし、球場のナイター照明を除けば、建物や街なみを大がかりにライトアップするような光源はなかった。なにしろ、ライトアップ（夜間景観照明）という発想じたいが当時はなかった。あったのかも知れないが、そのころは知るよしもない。

夜のしじまに原色のネオンが灯るオトナの時間帯と歓楽ゾーンに縁のない、こどもごころに夜は、ただひたすら暗かった。ドロまみれのズックを井戸端でゴシゴシ洗って縁側に干す。ひと晩では乾ききらないとて、あす、また水溜まりを、じゃぶじゃぶと歩けば〝元の木阿弥〟である。なおさらに、星の出ていない真っ暗な夜空がどこか物悲しく、恨めしくもあった。

茶の間のTVから聞こえる歌声は中尾ミエ（当時一六歳）のデビュー曲「可愛いベイビー」。坂本九（二一歳）が歌う前年の大ヒット曲「上を向いて歩こう」が番組フィナーレをかざる。

あくる朝、バス通学路の喧騒につつまれる。日々見慣れた電停に積み残す超満員のチンチン電車（広電市内線）がゆきかう。青バス（広電バス）、赤バス（広島バス）ともにボンネット型バスの台数は減った。近く旧型車両は、すがたを消すらしい。運良く、扇風機付き新型バスに乗り合わせて悦に入る。やおら白線入り制帽を脱ぎ、制服ツメ襟のホックをはずして涼む。

相生橋を往く車窓から見わたす、鉄道草が生い茂る太田川の河畔デルタ。ひしめくバラック。通称〝原爆スラム〟の家なみの背後に、市民球場と市青少年センターの鉄筋コンクリート壁が対照をなす。それらは、原爆スラムを排除して建設された。いちめん廃墟と化したピカ（ドン）の記憶をとどめるスラム街が次つぎと排除されてゆき、ご当地〈ハコモノ〉造りに血道をあげる土木・建設利権をむさぼる槌音だけが、どこか無機質にさめ、こだましている。

やがて、もっとも後年まで、地元では〝土手〟と呼ぶ原爆スラムの名残が、原爆ドーム北側の電車通りを隔てた広島商工会議所うらて、川べりの一角——相生通り（基町一番地）界隈の情景は、自身の脳裏に焼きついて離れない郷里の戦後〝原風景〟——そのものだといえる。

そして一九七〇年代なかばをすぎたころ、すっかり跡かたなく撤去された原爆スラム〈相生土手〉一帯。一九七七年七月二八日を期して最後まで行き場なく取り残された〝吹き溜まり〟の、そもそもの出現と変遷（史）は、ついに排除一掃をもって幕を閉じる。

だがそれはまた隠された被爆地ヒロシマの実相——〝原爆棄民の悲しみと憂悶〟を物語る、けっして忘却の彼方に忘れ去ることのできない記憶——〝負の歴史遺産〟でもある。

ながらくつづいたスラム全面撤去をめぐる攻防は、〈土手の住民は不法占拠〉だと非難して排除をもとめる側の市民感情——その〈貧しさの象徴〉排除を着々と推し進める〈行政のありかた〉にたいして少年なりに釈然としない疑問を覚えた。いかんせん、腑に落ちない。

いったい、なにゆえにスラムは形成されたのか。なぜ住民はそこへと追いやられ、ながらくそこに取り残されなければならなかったのか。追いやり、疎外した責任は誰にあるのか。そこが通称〈原爆スラム〉と呼ばれるようになったゆえんを突きつめれば、そもそもがダテや酔興でスラム暮らしをしているはずがないのは、世事に疎い少年にだって自明のことであった。

相生橋東づめの電車通り（現・相生通り）から土手に踏み込む路地の入り口あたりに〈酒〉と書いた破れ

提灯を掲げる一杯飲み屋のまえには真夏の日暮れどきともなると、早ばやと酩酊して目の座った赤ら顔の男が奇声を発する、幾度となく目撃したその光景が、まぶたに焼きついている。

一九七二（昭和四七）年夏のある宵の口、赤ら顔の男に無断でライカM4広角35ミリレンズを向けてシャッターを切る。なんとしてもその表情をとらえたい、との衝動から三カット目で発光器ストロボを同調させた。すると、たちまち店内から大男が飛びだしてきた。

不意を憑かれて狼狽する。男は血相を変えて、

〈おんどりゃー、なにょう、しょうるんなら……〉

〈こんにゃあ（こいつは）見せもん（見世物）じゃあないんで、ふうがわりーん（みっともない、カッコウわるいの）が、そんとに、めずらしーんか。わりゃあ（おまえは）、どこんもん（者）じゃ、ブチ殺しちゃる……○×△□〉

怒鳴るやいなや、いきおいまかせに殴りかかってきた。

ボコボコにされ、口もとが切れて血がしたたる。

話せばわかるという相手ではない。

気色ばんで（かなり酔っているようで、なにを言っているのか不詳だが）まくし立てる。

とにかく大男から早く逃げようと後ずさりし、カメラを抱えて一目散に駆け出した。

電車通りまで出て、ふり返ると、赤ら顔の男のほうは酔い潰れて路上にヘタり込んでいた。

大男はビールの大瓶をラッパ飲みしながら、なおも、わめき散らしている。

たしかに非は当方にある。シャッターチャンスとねらった瞬間、酩酊していた被写体にたいし、わたしは高を括っていた。被写体の意思をたしかめるすべはなかったが、加勢に飛び出してきた大男は計算外だった（ちなみに以降、隠し撮りの技術は日増しに向上したが、そのときの経験は、カメラマンとして〈被写体の肖像権〉を考えるようになるきっかけとなる）。

翌日、わたしは元安川の原爆ドームまえに係留された浮き桟橋から、貸ボートを上流に向ってこぎ出す。相生橋の下をくぐって空鞘《そらざや》橋てまえの対岸寄りから、長焦点一〇五ミリレンズを装着した一眼レフカメラの

ファインダーを覗くと、見るからに老朽化して川にせり出したバラックを支える無数の杭柱が建ちならぶ。ガタピシ傾き、いまにも崩れそうな板壁を押しとどめる。水辺は生活ゴミが散乱して汚い。背後に立ちそびえる一九六五年竣工の一〇階建てビルディング広島商工会議所の巨大な黒い壁面と、残骸のあたま部分だけをスラム越しにのぞかせた原爆ドームの〝さかさ影〟が、川の水面に揺れている。

　寺町の浄土真宗・浄専寺、光福寺、本願寺広島別院にかけての界隈の墓地が、原爆忌を弔う安芸門徒の習わしによる、色とりどりの〝盆灯籠〟で埋めつくされた光景を、空鞘橋の先方の西岸に見る。相生橋たもとから北へ東岸沿い、およそ一キロメートル余りの土手には、バラック建築のスラムが所せましと密集して軒をならべる。

　オール〔櫂〕をあげてゆったりとした川のながれに身をまかせ、じっとその情景を見つめる。

　戦後しばらくは六〇世帯余りにすぎなかった。それが一九六〇（昭和三五）年ころになると約六〇〇世帯、推定三〇〇〇人を超えるまでに膨れあがる。

　一九六三年に短編「重い車」で第六回群像新人賞を受賞した広島在住作家・文沢隆一[5]の短編ルポ「相生通り」〔山代巴〔編〕『この世界の片隅で』（岩波新書、一九六五刊）所収〕によれば、

〈〔相生通りは、――引用者・註〕二人並んでやっと歩けるくらいの狭い通りが一本、相生橋から三篠橋のたもとまで、ほぼ一キロつづいている。土手の上に、しぜんに踏みならされてできたでこぼこ〔凸凹〕道である。その両側の傾斜地から川岸にかけて、つぎはぎだらけの掘立小屋が九〇〇戸（県の都市計画課調べ）。世帯数一一三五世帯、そのうち〔在日韓国・〕朝鮮人が一七五世帯、約六五〇人（西警察署基町派出所調べ）。朝鮮総連広島東支部では二二〇世帯の朝鮮人が住み、その三分の二が総連に入っているという。

　いずれにしても、ここに住んでみて、これらの数字は推定以上に信頼できないと思った。

　正直いって天井裏のねずみをかぞえるようなものである。たとえば、一軒のバラックと思えるものでも、表の間はAの所有で裏口はBのもの、その

横にはCの表札がかかっているという具合だ。〔中略〕土地そのものが国のものだから、隣りの人も文句をいうわけにはいかない。もっとも、そこにはかなり激しい口論もあり、じっさいに金銭上の取引きもあるようだ。不動産屋よろしく、「売家・貸間アリ」と書いた板切れが通りを歩くと三つ四つは必ず目にとまる。

私はたまたま、土手の裏手に新しい掘立小屋が一つできるのを見た。そこにはまだ、かなり広い空地が残っている。元輜重隊〔しちょうたい＝前掲・293ページ〕の馬場跡で、この辺の人はそこをケイバジョウ〔繋馬場〕と呼んでいる。川岸には砂舟の廃船が沈み、夕方になると自家用車が数台、この広場に駐車する〉。

●沈黙に暮れる原爆棄民

このあたりで、いちばんふるい住民と見られる呉庚判〔O Kyonhan＝オ・ギョンハン〕と、利面〔イミョン〕の夫妻が、相生橋寄りの相生土手入口附近に小屋を建て、こども八人とともに一家一〇人をあげて移り住んだのは、戦後三年余りがすぎた一九四八年のことだった。夫は一九〇〇（明治三三）年うまれの在日朝鮮人である。市内南観音町（現・西区）から移って来た。南観音町あたり一帯といえば、もとは大日本帝國支配下の朝鮮半島から三菱重工業の徴用労務者として連れてこられた三〇〇〇人にのぼる朝鮮・韓国人たちが、日本の敗戦後、帰国の機会を待ちながら暮らしていた地区として知られる。あるいは各自がそれぞれの事情によって帰国を断念せざるを得ず、致し方なく在日を選択したケースもまた、すくなくない。

呉一家が相生土手に住むようになったころにはまだ、瓦礫が散乱するあたりに小屋は、わずか四軒余りであった。のちに文沢隆一が相生土手に部屋を借り、二カ月余りをそこに暮らし、取材をした一九六五（昭和四〇）年の当時、依然としてここに居残り、暮らしつづけているのは、築一七年になる呉一家の小屋と、もう一軒だけになっていた（ルポ「相生通り」から）。

一九五〇年代初頭から本格化した戦災からの都市復興計画や、あるいは河畔の改良事業など市内各所で強制的に立退きを迫られ、次つぎと、ゆき場をうしなった人びとが流入してきた。

　原爆スラムを取り壊して、県営・市営・公団などの集合住宅や店舗併合住宅、高層アパート群に立て替える計画が進行中、たびかさなる火災によって焼失したバラックの再建を断固として認めようとしない行政側の姿勢は、住まいをうしなった住民不在の〝お役所しごと〟を象徴していた。

　そのルポ「相生通り」に中國新聞社［編］『年表ヒロシマ40年の記録』（未來社、一九八六刊）を、かさね併せ、ルポに特定されていない時日などを補足して読むと次のようになる。

　原爆によってすべてが吹き飛ばされてしまう以前の相生土手は〈櫻ヶ土手〉と呼ばれ、前述のように護國神社の杜がひろがり輜重兵聯隊の馬場もあり、陸軍病院とその療養棟などの建ちならぶ緑あふれる有閑《のど》かな一帯だった。櫻ノ土手の内側は旧廣島城址の第五師團司令部をはじめ濠を囲んで軍施設が軒をならべる。広大な營庭と練兵場の一帯になっていた。そこから、すべてが消え失せてしまった翌一九四六（昭和二一）年、戰時下の一九四一年五月一日に設立された住宅營團によって被爆時まで野砲聯隊兵營だった跡地に戰後初の〈十軒長屋二〇〇戸〉が建てられた。だが、これとて文沢隆一いわく、〈その後、毎年少しずつバラックまがいの市営住宅〉が作られてゆく。そして、ついには城址・三の丸附近（内堀）濠端にまでせまって、バラックまがいの公設長屋がひしめいていたのであった。

　このあたりを中央公園にするという大規模公共事業計画は、一九四九（昭和二四）年五月一一日に参議院での可決をもって成立した、広島平和記念都市建設法（同年の八月六日公布・施行）にもとづく。この計画は一九五六（昭和三一）年に一部変更され、北側半分を高層アパートの敷地にあてることになった。翌一九五七年には〈基町市営アパート建設工事の杭打ち式が行われ、旧市営住宅や、その間隙をぬって建てられた不法住宅の取りこわしが始まった〉のである。

　文沢隆一が〈相生通りのなかほどにある伊東荘のそばの、川岸に建った二階の部屋を借りて住ん〉だ一九六五年当時といえば、ちょうど、〈鉄筋コンクリート建てのアパート団地が出来上がりつつあっ〉た時分である。あらたに着工した市営アパート群の南側には、中央公園の青写真に当初から描かれていた屋内プール（竣工・一九六五年）や県立体育館（同一九六二年）。市民街のシンボル廣島城天守閣（一九五八年に再建）。市民の宿願だった基町の市民球場（完成は一九五七年）や、いち早く焼け跡に〈児童公園〉が戦後四年の一九四九年に整備されるなど、たしかにあたりを見わたせば次つぎと公共施設＝ハコモノの建設はすすんだ。

公園中央を東西に横切る三〇メートル道路（現在の城南通り）予定地でも、〈ほぼ八分かた取りこわしが終わり、やがて土手のうえに延び、対岸とをむすぶ橋〔戦前からの小舟による渡し場あとに架設された戦後の旧・空鞘橋〕が架けられることになっている。相生通りの人たちが、このままこうしていられるのも、ながい間のことではないだろう〉と、そう文沢は一九六五年の時点で指摘した。

げんに一九六七（昭和四二）年〝春の大火〟で焼失した相生土手の一部は、これさいわいにと焼け跡から、いっさいの資材や器物が県（行政）によって排除された。そして、県は更地に杭を打って有刺鉄線で囲い、次のような看板を建てる。

〈公共用地ですから　こ、に工作物を設置したり物を置いたりしてはいけません
昭和42年7月28日　広島県№5〉

もともと国有地の西錬兵場跡地など旧軍用地について地元行政（県や市）は、所管する大蔵省から払い下げをうけ、公共投資による〈国際都市ひろしま〉建設事業推進を目論む。

相生通りの裏すじに一歩、あしを踏み込めば、単車一台が、かろうじてすり抜けられる路地はくねくねと蛇行。迷い込んでは袋小路。人ひとり通るのがやっとの通路がタテ・横・斜めに混然と緩やかな段差もくわわり、葉脈のように走る。出口を見つけにくい迷路となっている。

軒先に立てかけた板切れに手書きをした〈売り家・貸間有リ〉とか〈ヤスヤド〉のたぐいの文字を、あちらこちらに見かける。雨ざらしの中古家電、切断したコード、むきだしの鉄線や銅線、鉄クズ・古タイヤなど回収品のガラクタが山を築いている。

車輪やドアを取り外して解体中の軽三輪ダイハツ・ミゼットＤＫＡ型（排気量２４９cc）、軽四輪マツダクー

ペR360（356cc）、スバル360（同上）の廃車、軽バイク・ホンダスーパーカブ（50cc）の残骸などがあちらこちらに所在なく放置されているかとおもえば、いかにも場ちがいをおもわせるピッカピカに磨かれた3ドア・ファストバックでスポーツタイプの白い日産フェアレディZ・S30型系が、バラック小屋に寄り添うように駐車されていたりもする。

おとなでも行水ができるほどの大きな金ダライとゴムホースをまたぎ、川端の水場に通じる下りスロープへと分け入る。ふと路地から目をやると扉の開いた小屋のなかには、大型画面のカラーTVが点けっ放しになっていた。その隣家からは、一九七一年の大ヒット歌謡曲「また逢う日まで」尾崎紀世彦の熱唱が建物をブルブルと振動させるステレオ音響で聞こえる。

火の始末をした七輪コンロは軒先に放置され、水場には火焔にくすんだ鍋が干してある。

しかし、朝晩に煮炊きの匂い漂うような生活感は、そこにない。ステレオの音は例外で、ほかには人の話し声もなく、昼下がりのスラムは静まり返っている。

路地裏で出会った六〇年配とおぼしき婦人が汗取りのタオルをかけた首すじに、あきらかに被爆者のそれとわかるケロイド痕を見た。歯のチビた下駄をつっかけた足もとにも覗くそれは、茶褐色の皮膚が松の樹皮のように盛りあがっている。被爆者に特有のケロイド痕にちがいなかった。

話しかけると、訊ねたことにはこたえてくれるのだが、しかし多くを語ろうとはしない。

この戦争未亡人は母子二人きりで生き残った戦後、おんな手ひとつで次男を育てあげた。

原爆で長男と長女、次女三女の四人を亡くしたという――いまは、次男夫婦が共働きに出たあと日がな、初孫の子守りをしながら、ひっそりと暮らす。

夕刻、知人のオトナに連れられて一軒の店を訪ねた。“ヤミ鍋”もどきのドブ色をしたダシで炊く名物の牛スジおでん（豆腐・コンニャク・卵ほか）を肴に密造酒ドブロク〔濁酒〕を呑ませる店である（この店は相生土手から基町スラム一帯のなかでも、まもなく撤去された城址・濠ばたに近い地区にあった）。

開店から二〇年ちかく大鍋のダシは注ぎ足すだけで、いちども換えていないという。

そして、この日、わたしは、うまれて初めてドブロクというものを呑んだ。

〈コップ三杯まで〉という開店以来のキマリをまもったにもかかわらず、店を出たとたんに腰が抜け、あたまが真っ白になる。なにしろ未成年の一七歳。ドブロクを呑みに連れて行ってくれるような――このころはまだ、オトナも時代も寛大だった。

前日の相生通りで酔っ払いに殴られた話を切り出すと、断りもなくストロボを焚いて写真を撮った非はあるが、このあたりでも、いきなり殴りかかってくるようなタチのわるい酔っぱらいは〈めったに、おらんわいねぇ〉と同情される。かとおもえば、

〈こんに（こいつ＝わたしを指して）も、いけんわい（よくない）、写真機をよーのー〉……

と、常連客らしい一人（歳のころは五〇前後）のオヤジが、いきなり話に割って入り、わたしにたいして、とうとう“意見”を始めた。

〈兵隊にいきゃーのう、殴られるんがあたりまえじゃったんじゃけぇのう〉……

と、話は脱線するが、つまりは、カメラをぶら下げた長髪のにいちゃん（現代ふう若者）が、ただ気に入らない、というだけのことらしい。〈おい、こらっ小僧〉と、うえから目線もはなはだしい。いちいち話にうなずきながら、黙って聞いていたのだが、そうした殊勝さがまた〈イケ好かん奴じゃ〉と、うつるのか、見るからにイライラを募らせる。わたしの実父と同世代らしき年ごろとおもわれる、その見ず知らずのオヤジが発する一言一句が、しだいに煩わしく、そのしつこさが腹立たしくもなって、わたしは憮然と横を向いて黙り込んだ。

〈そんとに、はぶてんでも、よかろうが（そんなに、すねるな）〉

と、なおも、しつこく絡まれる……そこに、おんな店主が助け船を出してくれる。

〈あんたぁ、なんを、モトーらんこと言いよるのよ（なにをわけのわからないことを言っているのか）。うちのドブは三杯でしまいじゃけえねえ、知っとってでしょうが。はあ、いにんさい！（ドブロクのおかわりは三杯までと分かってるでしょ。きょうは、もう帰りなさい！）、早よ、はよ。なんぼになるか

いねえ、何万両かいね？（戴く勘定は？）〉

〈そがいなことを、いいんさんなや、いけんで……○×△□……わしゃあ、はあ〉

〈このお客は、わりー（わるい）ひとじゃあないんよ、きこしめんさる（酒を呑む）と、エータイ（いつも）こうよに、なってじゃけえ〉……。

なおも、くどくどつづく酔っ払いの〝ご高説〟は、やがて切ない愚痴に変わる。そして話しは詰まるところ、みずからの被爆体験に及ぶ。

〈比治山の暁部隊に居ったたん（應召兵）じゃけえのう。ピカにおうたもんのショーネ（気持ち、こころね）は知らんもんには分らん。ピカにおうたもんにしか、わからんのじゃてえ〉

〈そがぁにオラバんでも（怒鳴らなくても）ええけえ！　いにんさい〉……

と店主は窘《たしな》めてオヤジのほうを横目に睨んだ。

そして、こう言った。

〈そがいなめにおうてから（きのうはきのうで、酔っ払いに殴られて）、はがいいじゃろう（とても口惜しい、腹立たしいだろうが）、ほいじゃけえいうて、そんとなもんは（そんな奴は）相手に、しんさんなや、ほんまよ。いなげ（変）なんも居〔お〕るけえねえ——まあそいじゃが、写真を撮るんいうんも、ヤネコイ（たいへんな）ことよ〉……

とは同情ゆえか、呆れはてた苦言だったのか。言うも詮ないことだが、いまにして想えば、わたしにとって〝戦後ヒロシマ原風景〟の記憶は、土手のドブロクに収斂されてよみがえる。

●動員學徒六二九五人の原爆死

生家を原爆でうしなってから戦後一七年目の一九六二（昭和三七）年、わたしの父は塚本町の旧宅跡近くの（現・中区）猫屋町に登記移転されて残った約八〇坪余りの復興都市再開発計画にもとづく代替地に、木造モルタル二階建ての小さな二世帯住宅を新築する。二階部分は家作にした。

そこを夫が東洋工業ロータリー・エンジン部門勤務エンジニアの新婚夫婦に貸した。新郎の実家が、そこから左官町（現・本川町）電停へ歩いてゆく途中の本川小学校正門まえであったことから、自宅のリホームにさいしての仮住まいだった。わたしがまだ小学校低学年のころのことで、けっきょく詳しく話しを聞いてはいないものの、ご多分に漏れず、このひともまた、國民學校二年のときにピカをあびたらしい。被爆地点をはじめとする被爆データは不詳だが、短期間とはいえ身近に相たいして接した、見るからに気の毒な、禿あがった若白髪の容貌が印象に残っている。いちじるしい原爆症に起因する疾患での訃報を後年、風の便りに聞いたのを最後に消息は途絶えた。

それは、父が生まれ育った塚本町への、断ちがたいおもいが建てさせた家であったように、息子にはおもえる。わたし自身は中学にあがる年の春まで小学六年間を、たまたま猫屋町の家に暮らして、ピカで壊滅した父の〝うまれ故郷〟を追体験することになった。

小学生のころの〝ひとり遊び〟はといえば、本川を渡った対岸の平和公園とその周辺を自転車で走りまわることだった。公園内の旧広島市公会堂に隣接する新広島ホテル一階ガラス張り吹き抜けエントランスの車寄せをかすめ、平和大通り（通称・百メートル道路）に出る。のちの一九七三（昭和四八）年にホテルは営業を止め、広島平和文化センター西館となる。

やがて市公会堂と西館とは一九八六（昭和六一）年に老朽化のため解体後、跡地には現在の広島国際会議場が建設された。

そこから原爆資料館（現在の平和記念資料館西館）前の噴水を半周して広島平和文化センター（一九九四年に全面改装されて現・平和記念資料館東館）前にいたる。夏場であれば、同館一階に設置の冷水器でノドの渇きを癒して水分補給。ふたたび自転車をこぎ出し、左手前方に〈原爆死没者慰霊碑〉[6]、そして〈平和の池〉[7]、その先に〈平和の灯〉[8]を見やる。

木立ちに囲まれた峠三吉〈ちちをかえせ、ははをかえせ〉詩碑の一角をぐるり一周。平和の灯から旧・中島本通りを隔てて両側にバラの花園。〈原爆の子の像〉――通称〈折り鶴の塔〉。

二歳のときに爆心地から北へ二〇〇〇メートル余りの三篠町＝現・西区＝の自宅で母親らとともに被爆した佐々木禎子のばあい、いっさい外傷は負わなかった。戦後一〇年を経た市立幟町小学校六年のとき、とつぜん発症した〈亜急性リンパ腺白血病〉に冒されて、千田町の日赤に緊急入院する。快活な禎子が、よもやの原爆症に見舞われた衝撃は、同級生たちのあいだにも言い知れぬ不安と悲しみをもたらす。一九五五（昭和三〇）年の秋、みずから願をかけ、祈るように禎子は病床で折り鶴を作りつづける。だが、その願いも虚しく、一三〇〇羽余りを折りあげて息を引きとる。

この禎子一二歳の夭折が大反響を呼び、全国にひろまったのが〈千羽鶴運動〉であった。

にわかに、それまでの健常者が白血病を発症し、手のほどこしようなく死亡するこどもたちが日を追ってふえる。

被爆後一〇年余りを経過しているというのにである。ヒロシマの悲劇を物語る供養塔〈原爆の子の像〉には、いまでも絶えることなく全国から次つぎと寄せられる千羽鶴の大房が手向けられている――別名を〈千羽鶴の塔（像）〉、あるいはまた〈折り鶴の塔〉とも呼ばれるゆえんである。

禎子の同級生を中心に〈こどもたちが自発的に奔走した建立運動〉としての美談を仕掛けた幟町中学校教諭で歌人の豊田清史(9)は、それを著書『千羽鶴――原爆の子の像の記録』（昭森社、一九五八刊）にまとめる。同書はまた〈禎子の死と千羽鶴運動〉をテーマに一九五八年の木村荘十二(10)監督作品『千羽鶴』脚本・諸井条次（配給・共同映画社）として映画化もされた(11)。

じっさいの市立幟町小・中学校を借りうけ、禎子役の菅井美智子をはじめとした学童役が、クランクインいらい皆、同校に通い（じっさいに同校へ編入して授業をうけ）、市中も含めてオールロケーションによる撮影を敢行した。時日は定かでないが、平素と同様に自転車をころがし、平和公園を斜めに横切り平和大橋を越えて出かけた中町・見真講堂での上映会で、この作品を一九六七年頃に観た。それは違和感のない広島弁での〈台詞まわし〉にかぎらず、全編をつうじて一二歳少年に〈これぞリアリズムだ！〉と膝をたたかせる映画だったと記憶している。

話をもとい――折り鶴の塔から、いったん本川のほうへ後ずさりして平和乃観音像（中島本町の町民慰霊碑）裏面に〈嗚呼［あゝ］中島本町の跡――昭和三一年八月六日建立〉を読む。

ふたたび東方向へ、元安橋を渡って左折すると原爆ドーム（産業奨勵館の残骸・遺構）前。

　爆心（地）から約一五〇メートルに位置する産業奨励館は、爆風圧がほぼ真上から突き抜けたために屋上ドーム型の鉄骨と外壁だけの残骸である。風化が危惧される被爆二二年目の一九六七年夏、濱井信三[12]広島市長が先頭に立った〈原爆ドーム永久保存〉の呼びかけにこたえて、国内外の約一〇〇万人から寄せられた目標額四〇〇〇万円を超える総額で六六八〇万円の募金をもとに、半年間かけた接着剤注入による〈補強・永久保存〉のための工事が完成した。

　ドーム前に筆者が小学低学年のころにはまだ、完全撤去されるまえのバラック小屋が軒をならべていた。なかでも、〈原爆一號〉の看板を掲げる吉川清というひとの営む〈みやげもの〉店が、ひときわ印象にのこっている（後掲、第四章321ページ～）。

　すっかりバラックが撤去されたあとのドーム南側一帯は緑地化されてゆく。夾竹桃《きょうちくとう》や、百日紅《さるすべり》といった木々を移植し、色とりどりの三色スミレなどが咲き誇る花壇を文字盤に見立てた花時計も作られて、着々と整備がすすんだ一角には、やはり一九六七（昭和四二）年夏、高さ一二メートルの五層からなる〈動員学徒慰霊塔〉が建立された。

　〝戦後二二年〟にあたる年の七月一五日土曜の午後、わたしは除幕したばかりのモニュメント――五層の塔と、その背後に配された四枚の銅版レリーフ及び説明板のまえに立ちどまる。

　ふと見やると、五層の塔とは隣接する原爆ドームが、たしか補強工事のために周囲に組んだ足場と天幕に覆われていたように記憶している。

　碑文には――戦争中、増産協力など勤労奉仕に動員された學徒は、日本全国で三百数十万人にのぼる……とあった。そして動員中に一万人以上が空襲でいのちを落としたが、そのうち六割余りは原爆犠牲者だと知る。戦後うまれの自身にとっては、とんと無縁で耳慣れない〈動員學徒〉というコトバが、このとき、はじめて現実に迫って感じられた。

　あの朝、廣島市内では、第六次建物強制疎開の作業に動員された國民學校高等科＝旧・尋常高等小學校＝、中等學校、高等女學校などの生徒総勢八三八七人のうち、約七五パーセントにのぼる六二九五人が即死、もしくは悶死――さらには、苦しみ悶えた果てに〈原爆死〉したのである（広島県動員学徒等犠牲者の会［編］『戦後三十年の歩み』一九七五刊から）。

これもまた一九六七年の七月、ドーム南側には原民喜の詩碑が広島城址公園から場所を移して再建された。一九五一（昭和二六）年一一月一五日に除幕の建立直後、御影石の碑にはめこまれた加藤唐九郎・作の陶板〈碑銘〉が、こころない投石や、野球少年らの投てきの〝的〟になって破損し、さらにはまた裏面に佐藤春夫の「撰文」＝〈遠き日の石に刻み　砂に影おち崩れ落つ天地のまなか　一輪の花の幻〉を刻んだ銅版も何者かに盗み取られていらい、〈修復・再建〉をつよく望む声はあがりながらも、ひさしく棚ざらしとなっていた。壊された碑が、ながらく放置されつづけたことと、しだいに原爆文学が顧みられなくなる往時の時流とは相つうずる。

戦後の〈不朽の短編〉との文壇での評価をうける原民喜の遺した『夏の花』が、ようやく碑の再建（一九六七年七月二九日の除幕）によって、すくなくとも広島の地には根づいたのか――後年、碑を見つめながら、そんなおもいをいだいた。だが反面、ますます過去は遠くなる。

さりとて、いったい四〇年余りの歳月がなにをもたらしたかと、日を追うにつれてますます顕著なる反核文学の衰退に想いをいたすとき、いたずらに碑が青黒く苔むしたばかりとの虚しさもまた否めない。少年期に始まる記憶の走馬灯は、ただひたすらエンドレスにまわりつづける。

おもえば、いまから五〇年以上さかのぼる小学三、四年のころ、社会科授業に熱心な（ただし〈平和教育〉とは一線を画した復古調）担任教師の影響もあって、わたしは市内に点在する原爆の痕跡をとどめる遺構や、さらに足を延ばして、周辺地域の旧軍遺跡や駐留米軍基地などを、まったくの好奇心から、自身の目で見るために訪ね歩きまわった。このことは、わたしにとって以降、現代こんにちにいたる戦後史を見つめる〝長い旅〟の始まりだったといえる。

しかして筆者の〈ヒロシマへのおもい〉をストレートに自身の作品に書き込んだのは、ずいぶん歳をかさねた五〇歳で上梓した『滿蒙幻影傳説――「聖戰」灰滅史を旅する』（現代書館、二〇〇五刊）が最初となる。

同書第二部「二十一世紀の伝説」には「ピカと毒ガス」の章を設けた。父が亡くなって三年がすぎ、のこる母も八〇歳をむかえる年にいたり、はじめて自身のヒロシマへのこだわりに、正面から向き合うルポルタージュ作品に取り組む。この拘泥《こだわり》は、ひとえに自身が両親から受け継いだ血脈に起因している。

そして、うまれ育ったヒロシマの記憶が増幅装置となって作品は、ひとまず結実する。

がしかし、あくまでもそれは〈大アジアの盟主たらん〉として天皇の軍隊（皇軍）を、近隣アジア太平洋地域へ続々と派兵した侵略國家・帝國日本が誇る〝軍都廣島〟の戦前にさかのぼる情景を点描したにとどまる。黒い雨が降った〈8・6〉以降、こんにちにいたるも〈いまだ終わらない戦後〉については紙数がゆるさず、じゅうぶんに書き込めなかった憾みがのこる。

齢六〇を目前にして、なおも取材の旅に明け暮れている。

終わりのない旅は、そのまま〈終わらない戦後〉を象徴する。

●その遺体に見たケロイド切除痕

その後、原爆文学や原爆詩の数かずを再読することからはじめ、あらためて被爆証言や記録本、関連文献を読みあさった。それらのなかには筆者自身が被爆者から聞き書きした雑誌記事もまじる。とくに、駆け出しのころ書いた拙いデータ原稿をアンカーがリライトをかけてまとめた記事は、その行間にインタビュー当時の臨場感が、きのうのことのようによみがえる。

長年にわたる取材者《ライター》としての原点を見るおもいがして感慨ぶかい。いまも往時の取材メモや記事をファイルに綴じて大切に保存している。たとえば、月刊総合誌『潮』一九七二年七月号に掲載の特集「隠れて生きる被爆者と人種差別――大量虐殺から生き残った朝鮮人と日本人一〇〇人の証言」（前掲）所載のうち五篇がそれである。順次、一八人から個別に録取した証言をデータ原稿に書き起こすが、けっきょく記事化されたのは五人分の証言だった。

うち一篇は、わたしの母方の伯父による証言（聞き書きをまとめた）のかたちはとっているが、伯父・松本志郎の妹（筆者の母・君子）と弟（同じく叔父の松本昭＝二〇〇三年没）から聞いた話をもとに構成した。母をつうじてインタビューを申し込むが、けっきょくのところ了解が得られず、当時四八歳の大学教員だった伯父については仮名として記事化された。

この伯父からは、その後も、ついに証言してもらうことがかなわなかった。

ひとり暮らしでの最晩年を自宅の介護病床で二年間、寝たきりとなった伯父を先ごろ、筆者は数少ない肉親のひとりとして看取る。二〇一二年五月一二日、多臓器不全のため死去した。

自宅で眠るように息を引き取ったのち、病院へ救急搬送されたため、〈変死〉扱いとなって警視庁成城署の宿直刑事（司法警察官）二人が派遣されてきた久我山病院霊安室での検死に筆者は唯一の身内として立ち会った。

パジャマや下着など着衣いっさいを剝ぎ取られた伯父の遺体が救急処置室から運ばれてきたストレッチャーのうえに安置されている。すでに死後硬直しているが、その死顔の表情は自宅の介護ベッドで眠っているときと然《さ》して変わらず安らかであった。

警察の徽章を示して成城署凶行犯係だと名乗る刑事から、伯父の〈傷病歴〉を訊かれるが、それならば、まだ到着していない主治医（伯父宅ちかくの開業医）のほうが詳しいからと答えたうえで、当方が知り得る唯一の傷病歴――であるかはともかく伯父が廣島の〈被爆者〉であることを告げる。そして、伯父の妹（母）の記憶によれば、右腕肩口と右上半身背後に被爆時のケロイド〔蟹足腫《かいそくしゅ》〕痕があるはずだと付け加えた。

ただし、そのことは、はっきりと伝え聞いているが、わたし自身は見たことがない。

主治医が到着するまで、救急搬送に病院まで付き添ってきた在宅介護ヘルパーの若い女性とわたしとを締め出して、およそ一時間余りを要しておこなわれた検死のあと刑事から告げられたのは、そっけなく、ひとこと〈ケロイドはありませんね〉……との所見だった。

検死の終了後、伯父を連れ帰る遺骸搬送のために居残った当方にかわって、深夜に駆けつけた主治医が伯父の亡くなった自宅での〈現場検証〉へと向かう警察官に同行した。

ひとの亡骸にふれるのは、一九八三年に亡くなった祖母（八九歳）と二〇〇一年に逝った父（八〇歳）のときいらい三回目のことだが、やはり目頭が熱くなる。肩に手をかけて見つめたそこには、たしかに全裸の遺体、左右どちらの肩口にも、また背中にもケロイドはなかった。

色白の皮膚が、わずかに右肩口から背中にかけて不自然に引きつれた、シロウト目には手術痕をおもわせた。かたわらで警官がノートパソコンを起動させたので、さりげなく液晶画面を盗み見すると、インターネットで鑑識係との〈死因の特定〉にかんするやりとりをしている。

その間、およそ二〇分余り。もうひとりの警官が背後にいるのも忘れて、まじまじと伯父の遺体を観察した。被爆後の治療履歴はおろか、廣島で被爆した事実についてさえも、いっさいを黙して語ることなく八八年の生涯を閉じた伯父の背中は、無慾顔貌に象徴される青白く褪めた肌色だった（霊安室の照明は蛍光灯）が、むしろそれは先入観による印象かも知れない。

それよりも、その亡骸をじっさいに手で撫でた感触が忘れられない。生前、ことば（証言）を伯父から録取することは遂にできなかったが、しかしそれを超越して亡骸は雄弁であった。

遺体のケロイド手術痕にふれた感触は物語る。このひとが戦後六七年間、さらにはこの肉体が灰となっても背負いつづける、その内なる苦悩は永久に消えない。

直接の死因を主治医は〈多臓器不全〉と死亡診断書に記載した。これを原爆症とむすびつける臨床医学的な根拠はない。この伯父は、被爆者健康手帳の交付を受給することはなかった。だが、本人が否定も肯定もしないまま逝ったからといって、もとより廣島の被爆者であることは、うごかしがたい事実である。

けっして生前に明かすことがなかった秘められたる伯父のドキュメント。ケロイド切除手術をうけた時期や医療機関にかんする追跡調査の手掛かりは死後、約二カ月余りを要した〈遺品整理〉に当方があたったさい、断片的にではあるが次つぎと得ることになる――伯父は寿命を全うするにさいして、この不肖の甥っ子に黙って次回作につながる〝宿題を遺産〟としたのであった。

この伯父のドキュメントにかんして、あらゆる予断とウラの取れない伝聞を取り除き、ゆるぎない事実といえば、一九二四年一月うまれの松本志郎（当時二二歳）が一九四五年八月には京都帝國大學理學部で荒勝文策教授の（原子核）物理學教室に在學していたことである。

そして翌九月にせまっていた理系學生〈召集猶予〉打ち切りにともなう應召にさいし、その準備を兼ねた呉海軍工廠への公務出張を命じられて廣島に帰省中だった志郎は八月六日あさ、爆心地から西へ約二五〇〇メートルの省線・己斐（現JR西広島）驛頭で被爆した。

市内中心部の大手町七丁目（現・中区大手町三丁目）中國配電変電所のうらてにあった住まいを、強制建物疎開（前年に中國配電専務の家主が自主的に解体・移転するとの通告）でうしない、志郎の実家は市西郊の己斐町（現・西区己斐西町）旭山神社の石段下附近＝爆心から西へ約二八〇〇メートル＝に見つけた借家へと転居していた。

爆心地から半径一キロ圏内の大手町に踏みとどまっていれば、在宅の家人は全滅していたにちがいない。ひとの運命はわからない。一寸先は闇である。右半身背中から腕にかけて生涯、消える見込みのないケロイド痕が残るような熱線による外傷（火傷）を負ったのは五人家族のうち、ただひとり長男志郎だけだった。にもかかわらず、志郎を含む四人が8・6当日の被爆者なのである。次男の昭（当時一七歳）もまた、一〇日以内に入市して救護所に詰める醫師の父らとともに重患の被爆者らと同じ屋根の下に暮らし、魔の〈二次被曝〉にさらされつづけた。

以下は、周辺取材による伝聞と家族の証言とをもとにしたもので、本人の証言ではない。

――あさ八時すぎ、己斐（現・JR西広島）駅前に着いた。ぐうぜん中學時代の友人と出会い、あいさつをかわして別れ、駅舎に入りかけたとき、とつぜん閃光〈ピカ〉を右肩背後から浴びた。首筋から右腕にかけて焼きゴテでもあてられたかのような尋常でない熱を感じた瞬間に気をうしなった。記憶が途切れて以降、二週間近く四〇度に達する熱が出て、もうろうとした意識のなかで血と膿に塗れた火傷の痛みに苦しんだ。

家人では、廣島縣病院（同年四月一日、縣立廣島醫學專門學校の創立で附属病院となる）の産婦人科部長をつとめる父親の松本操一[13]（当時五〇歳）は前夜から二度の警戒警報下、徹夜で疫痢患者の処置が一段落ついた早朝、己斐町・旭山神社下の仮住まいに帰宅。ぐったりと寝床での仮眠中、ピカに遭遇する。予期せぬ猛烈な爆風によって住まいは半壊した。斜めに傾いた大黒柱が、かろうじて耐え踏ん張り、母屋の下敷きになることだけはまぬかれた。

やはり在宅中で母の壽《スミ》[14]（同じく四五歳）も、建物に遮られた山側の屋外にいて外傷はなかった。己斐驛前で酷い火傷を負うも這うようにして自力で帰宅した長男志郎をはじめ、刻々と近所に溢れ返った負傷者たちにたいする可能なかぎりの応急処置に醫師である父は終日、掛かり切りになったというが、その当日にかんする〈救護活動〉の子細は不詳である。

爆心（地）から九〇〇メートル余りと至近に位置した附属病院（水主町官有一〇三番地）は全滅した。この病院は、来歴をみると明治期のはじめ、旧廣島藩主・浅野氏の別邸（與樂園）を接収した官有地に建設された。南に隣りあって、水面の小島に浮御堂を設えた池が大名庭園の名残をとどめる。廣島縣廳、及び縣議會議事堂の裏手にあたる。議事堂の西側から北側にかけての二万六四〇〇平方メートル（約八〇〇〇坪）余りの敷地中央には、一八七八（明治一一）年に廣島醫學校が創立いらいの病棟が、拡張をかさねて井然とならぶ。だが、ときに對米開戰以降の戰禍地獄へと陥って巷は戰時一色に染まる。いよいよ本土空襲が凄みを帯びた現実のものになると、木造二階建て本館一号、二号館の二病棟と南側九、一〇号館の二病棟（病床二五〇余り）を残して中央の五棟は取り壊される。建物疎開を完了した空き地には幾つもの防空壕が構築された。

来たる空襲のばあいに備え、附属病院と縣衞生課が第一の〈避難集合場所〉に指定していたのは、爆心地から東南へ二キロ余り離れた皆實町にあった縣立廣島醫專校舍だが、そこも建物は倒壊して使用不能に陥る。第二の指定場所とされていた市西部の古田國民學校

（爆心地から三八〇〇メートルの旧古田尋常高等小學校＝現・西区古江西町）が急きょ、避難先となる。

被災当日（六日）の午後、古田町の町内會と警防團は独自に古田小の校舎（窓ガラスは吹き飛んで全損したが建物は軽微な損壊）と、その校庭にテントを張った臨時救護所を設営。火焔に追われて逃げ延びてきた（あるいは運ばれてきた）負傷者たちを収容した。当初は居合せた縣衛生課のレントゲン技師がただひとりと、佐伯郡原村の國立原療養所（現・廿日市市原の国立病院機構原病院）から来援した看護婦（師）たちが町内會總出の救援にくわわる。

まもなくそこへ、自身も重症を負い、瀕死の家族らをともない辿り着いたのが附属病院外科の松尾威佐美醫師（三三歳）だった。われを忘れて収容者たちの治療にあたるが、松尾醫師は数日後（のち判明する急性原爆症のため）に死亡したと語り伝えられる――『広島県庁原爆被災誌』（一九七六刊）所収の「県立機関の被害状況」から。

松本操一の同僚で、皮膚科部長と看護婦養成担当部長を兼務していた頼武夫（当時四一歳）醫師は、のちに嘉屋文子[15]［編著］の原爆手記集『きのこぐも』（私家版、一九六三刊）に寄せた体験記録「原爆と県立病院」で次のように誌している。

その朝、京橋川畔にほど近い幟町の自宅で机に向かって新聞を読んでいた頼醫師のばあい、〈縁先に黄褐色の火柱が立ったのと同時に、机の下にと意識したまま人事不省〉に陥る。

つまり、ピカ（閃光）は見たが、ドン（轟音）を聴いた記憶はない。

〈サラサラと耳に入る感覚で目覚めると、一面暗黒、わずかに光線のさす方に、手探りで、出ようと動くと天井で頭を打った。やっとの思いで破風《はふ》〔屋根の切妻についている合掌形の装飾板〕の裂け目から飛び出て見ると、〔あたりは〕一面、瓦の波である。〔中略〕瓦を一枚一枚、手掘りして〔隣家の兄嫁を〕引き出した時には既に火が身近に迫っていた〉。河岸まで逃げた三〇分後、河畔附近の家並みにも火がまわって来る。ついには、川の中に浸かって迫る劫火から辛くも逃れ、家族とともに落ち延びた。

松本醫師のばあいは、長女君子（一九歳）が翌七日午前に宇品から無傷で（ガラスの破片による軽い切り傷以外の外傷はなく）帰宅した。醫師は七日午後、火傷を負った長男を荷車に乗せ、外傷は軽症の妻と長女をともない、市中（大手町）からの疎開にさいして家財置き場用にともう一軒借りていた古田町の家へと向かう。まずは、こうして被災直後の数日は古田小に設営された救護所で被災者たちの手当や介護にあたる。

被爆直後から数日余りの経緯については唯一、こう頼醫師が書き残している。

〈同小学校〔古田國民學校〕に疎開依託してあった医療器具、薬品を整備し、小学校長が火傷を受けて居られるのも引き取り、強引に休暇中〔夏休み中に限って〕でもと教室全部を借用、これを疎開していた畳百二十枚を、一枚一人分のベッドとして敷きならべ、救護診療態勢を整えた〉……。

とはいっても醫療器具や醫薬品の類いはといえば皆無にひとしいうえ、醫師たちは初めて診る未知の症例をまえに事実上、手の施しようなく焦燥を募らせる。

曲がりなりにも火傷の手当てなどの〈救護醫療〉が軌道に乗り始めたのは、被災から一カ月以上を経た九月のなかば。赤十字國際委員會派遣員のマルセル・ジュノー醫師（四一歳）らが廣島に運んだ米軍提供の救援醫療物資が届いてからのことであった（後掲、第七章488ページ）。

ところが九月なかばをすぎても依然として床についたままの志郎は父親が渾身の外科的処置を施しても、いっこうに原因不詳の無慾顔貌から恢復するきざしが見えない。

一方、廣島に派遣されていた京大原爆調査団は、おもいもよらない災禍に見舞われる[16]。

調査団一行は、市の西南に浮かぶ安藝の宮島（嚴島）とは大野灘（現・大野瀬戸）を隔てた対岸の佐伯郡大野村に寄宿中、九二〇ミリバール（現hPa）に発達した超大型〈枕崎台風〉の直撃をうけた。大野陸軍病院と附近の旅館とに分宿してその夜をむかえた京大関係者四〇人のうち、突如として襲った凄まじい山津波にのまれて死者一一人。第一報による死傷・行方不明者は一八人。荒勝研究室では志郎の同僚学生二人と教員ら六人が死傷（うち三人が死亡）。九月一七日深夜から翌一八日の未明にかけて起った不測の惨事に遭難した（荒勝研究室・清水榮講師の日記[17]「昭和二〇年九月二〇日」付が遭難前後の経緯を克明に誌している）。

一瞬にして土石流に海中へと押し流された大野陸軍病院全体の犠牲者は職員と入院中の重傷被爆者ら一五六人。患者の付き添い家族や京大関係者など二〇人。合計一七六人をかぞえた。

この台風は一七日に鹿児島縣の枕崎に上陸して九州を袈裟斬りに縦断する。廣島の沿海部から日本海側の島根縣松江市附近へと進んだ暴風雨域は、廣島縣を中心に洪水やガケ崩れなど大災害をもたらし、死者・行方不明者は総計三七五六人。うち広島縣下の犠牲者だけで二〇一二人にのぼった。

八月の末から梅雨どきのように降りつづいた雨は、翌九月一七日朝、台風の接近にともない断続的な豪雨をもたらす。終日の総雨量は一九七ミリに達した。原爆被災後の焼け跡に建てられたバラックや、半壊家屋が暴風に吹き飛ばされ、河川増水と下水の逆流とによって街じゅうが水浸しとなる。台風一過、廣島市を流れる七本の川に架かる橋のうち、原爆被災による損傷に拍車をかけたかっこうで全半壊して約八割が通行不能に陥る。

縣下の山村など避難先から一部、ぼつぼつ焼け跡の廃墟にもどり始めていた被災者は、なけなしの食糧を大水害によってうしない、ふたたび市中をあとに郊外へと逃れるしかなかった。

（1）本川橋は一八九七（明治三〇）年一一月三日の天長節（明治天皇誕生日）に、賑にぎしく渡り初め式典が催された近代工法の鉄橋。東づめに料理屋の鐵橋樓（被爆時「空き地」）。西づめには鉄橋が開通した同じ日、銘菓「本川まんじゅう」の鐵橋堂（戦後、市内土橋町に移転）が創業している。

（2）のちに第50代横綱となる佐田の山晋松《しんまつ》（一九三八―関のこと。現役引退後の元・出羽海親方。相撲協会を二〇一一年に定年退職した。

（3）第48代横綱・大鵬幸喜（一九四〇―二〇一三）関のこと。註（2）と（3）は、いずれも金指基［原著］日本相撲協会［監修］『大相撲事典』第4版（現代書館、二〇一五刊）を参照した。

（4）現在、バスセンターを三階に擁する地上一〇階建て大型商業施設＝デパート「そごう広島店」本館の位置にあたる。

(5)　文沢隆一＝本名・増本勲一は一九二八年、広島縣山縣郡川迫村《かわさこ》（現・北広島町蔵迫）にうまれた。広島市在住の反核文学者。著書に『ヒロシマの歩んだ道』（風媒社、一九九六刊）。共著『日本の原爆文学』第一五巻（ほるぷ出版、一九八三刊）所収の「原爆考」。原民喜・大田洋子ら八人の共著『作品集〈八月六日〉を描く』（文化評論出版、一九七〇刊）などがある。なお、文化評論出版というのは現在、広島市中区舟入川口町に本社を置く㈱タニシ企画印刷の〈自費出版〉部門。

(6)　原爆死没者慰霊碑は一九五一年に着工。翌一九五二年八月六日に除幕された。公式名〈広島平和都市記念碑〉。石棺の正面に「安らかに眠ってください　過ちは繰返しませぬから」と刻まれた。一九八五年に改築し、年を追って増えつづける原爆死没者名簿の収納室を石棺の地下に増設した。

(7)　平和の池は、原爆死没者慰霊碑を囲んで一九五七年七月三一日に竣工した。のち「平和の灯」建立のさいに池を現在のかたち（一七メートル×七〇メートル）にひろげた。

(8)　平和の灯は「平和の池」北端に一九六四年八月一日、「核兵器が地上から姿を消す日まで燃やしつづける」とした宣言のもと「反核」と「核兵器廃絶」をうったえる悲願の象徴として建立された。〈この灯は争う心ではなく／無償で献げる心の結晶である〉（平和の灯建設委員会）――喜屋文子［編著］『暗雲を越えて』（一九六五刊）から。

(9)　豊田清史《とよたせいし》は、上京するまえの梶山季之が廣島文學協會発行『廣島文學』の編集を担当していた時期の同協會事務局長。現在、一九五八年八月設立の火幻短歌会を主宰。歌誌『火幻』（年四回）発行人。著書に『原爆文献誌』（崙書房、一九七一刊）、『広島の遺書』（蒼洋社、一九八四刊）。編集委員会代表をつとめた『歌集廣島』（第二書房、一九五四刊）などがある。

(10)　木村荘十二《きむらそとじ》（一九〇三―一九八八）。一九三〇年封切りの新興キネマ「百姓万歳」で監督デビューした。一九四一年に満洲映画協会へと移って中国東北部で敗戦をむかえ、八年間の残留を経て一九五三年に帰国後、日本共産党に入党して児童映画や反核映画の制作に取り組んだ。次兄は小説挿絵でも知られた洋画家の木村荘八。

(11)　ほかにもカール・ブルックナー著『ヒロシマに灯は消えず――サダコは生きる』片岡啓治・訳（学習研究社、一九六四刊）。その新版『サダコ』（よも出版、二〇〇〇刊）。ドキュメンタリー番組を書籍化したNHK広島「核・平和」プロジェクト著『サダコ』（日本放送出版協会、二〇〇〇刊）。守谷敦子の『ドゥ・ユー・ノウ・サダコ』（よも出版、二〇〇二刊）。公式ガイドブックに広島平和記念資料館編・発行『サダコと折り鶴』（二〇〇一刊）などがある。

(12) 濱井信三（一九〇五―一九六八）。広島市役所配給課長のときに爆心地から約三キロメートルの自宅で被爆した。助役を経て一九四七年、初代公選市長となる。一九六七年に退職するまで通算四期一六年在任。平和記念公園の建設や毎年八月六日「平和式典」を開催して「平和宣言」をおこなった。著書『原爆市長――ヒロシマとともに二十年』（朝日新聞社、一九六七刊）。評伝に『浜井信三追想録――至誠・愛・平和』（追想録編集委員会、一九六九刊）がある。

(13) 松本操一（一八九五―一九五八）は筆者の母方の祖父。

(14) 松本壽（一九〇〇―一九六〇）は同じく母方の祖母。

(15) 嘉屋文子（一九一三―二〇〇四）。米国ハワイ州うまれ。被爆当時（三二歳）は縣廳衛生課勤務の醫師。同書巻末には原爆死没者名簿「広島県衛生課戦災死没者調べ」、同じく「広島県立広島病院職員表」、同「大竹市小方町三ツ石地区原爆犠牲者調」が収録されている。

(16) 元NHK広島放送局記者・柳田邦男がフリーとなってから後、広島ABCC米国原爆影響調査研究所にファイルされる資料などをもとに、枕崎台風による大水害に見舞われた被爆地広島と土石流災害に遭難した京大調査団一行の記録を描いた『空白の天気図』（第一章・註）がある。

(17) 前掲『広島県史・原爆資料編』（広島県、一九七二刊／復刻版＝一九八七刊）四四節に所収の「清水榮日記――昭和二〇年八月六日～同年一二月七日」を参照した。清水榮については第一章の註80にプロフィル。

第四章　背中のケロイドが語る——原爆一號と呼ばれた語り部の叙事詩

人類史上初のウラン爆弾がU・S・アメリカの誇る〝空飛ぶ要塞〟B29によって投下されたヒロシマの虐殺から一年八カ月余りを経過した一九四七（昭和二二）年四月二〇日――。

UP通信（のちのUPI）副社長で東京駐在アジア支配人のマイルス・ヴォーン記者[1]（当時五三歳）ら米国陸軍省に招かれて来廣したアメリカの主要メディア記者団と随行の米占領軍高官を含む二〇人が、廣島の日本赤十字病院で原爆被害調査と外科醫療活動にあたる都築正男・醫學博士[2]（五三歳）のもとへ視察に訪れた。

都築博士が〈原爆症〉入院患者（被爆者）にたいして〈原爆投下〉当事國の視察団との面會をうながしたとき、新妻と夫婦して瀕死の淵をさまよったあげくの病床にあった吉川清（二三歳）は、入院患者のなかで唯ひとり、その矢面に立たされる。

ひとまえ（それも、かの仇敵・米國人記者團）に裸身をさらす役まわりを、それまでまったく無名の被爆者は、たんに若く威勢のいい〝熱血漢〟というだけの理由で好むと好まざる選択の余地なく黙って首をタテにふり、引きうけさせられるハメになる。

都築博士の意向を伝えた重藤文夫・同病院副院長の説得をうけいれ、會見にのぞむ。

廃墟にひとしい日赤病院内にしつらえられたインタビュー・ブースで、無惨に焼けただれた上半身を都築の指示で裸にさせられながらも、堂々と、からだを張って受け答えする日本人青年の態度に胸打たれた記者團のなかから、感嘆の声があがる――

〝ATOMIC BOMB VICTIM No.1 KIKKAWA〟

（アトミック　ボム　ビクティム　ナンバー・ワン　キッカワ）

つまり吉川清が〈原爆患者一號〉とよばれる、そもそもの由来である。

のちに吉川自身は、こう回想する。

〈茶褐色に変色して、ちょうど松の樹皮のような高く盛り上がった、背中一面から両腕にかけて、ふた目と見られないような醜悪なケロイドを彼ら〔米國人記者團〕の前にさらしだした〉。

〈〔そのとき〕恐怖とも驚きとも、またなんともいいようのない、ため息のような、うめくような声が発せられた。〔中略〕……裸になることには、いいしれぬ憤りもあった。しかし、内心、快哉も叫んでいたのだった〉。

吉川は、つぶやく。

〈見とりゃがれ。このオレの身体をピカで生き残った証〔あかし〕に、したるけんの。そうでもせんにゃあ、やれんわい〉……。

このひとの、ハタからは、〈向こう見ず〉とさえいえるような被爆後に一貫した行動様式の源泉が、そこにある。のちに、〈ちくまぶっくす〉36に収まる吉川清『「原爆一号」といわれて』（筑摩書房、一九八一刊）のなかで、それは本人によって、余すところなく語られた。

記者団が去ったのち、米国『ライフ』誌に掲載された一枚の写真が一躍〈原爆一号、吉川〉を、〈ときの人〉にした。その写真は、戦後まもない当時まだ、廃墟も同然であった広島日赤病院の屋上で撮影された。上半身が裸体の後ろ姿で顔は移っていない。

しかし、くっきりと画面の下部に、アルファベットで被写体の氏名と撮影時日・場所を書き込んだプレートが写っている——

"KIKKAWA K/HIROSHIMA/APRIL 20 1947"。

やがて、その二年後、一九四九（昭和二四）年の夏、二五歳の吉川清は独白体験記『平和のともしび——原爆第一號患者の手記』を世に問うた（B6判・一三一ページ、京都印書館）。

それまで無名の一被爆者が、いきなり、ときの人になったからといって、全身に及ぶ火傷で糜爛した皮膚の手術をくり返し、あわせて有効な治療法の見いだされていない〈放射線障害〉に苦しみ、苛まれる日々に変わりはない。

この手記の出版は戦後二年を経過した一九四七（昭和二二）年九月、原爆症の臨床医学的調査を目的に来廣した京都府立醫科大學・外科の富田勝己医師との出会いがきっかけとなる。病床の吉川が被爆体験と自身の〈おもいの丈〉を口述し、富田醫師らが聞き書きをしてまとめた手記にくわえ、富田による臨床データをもとにした原爆症についての「補註」を収録した。

同書の奥付には〈昭和二四年八月一五日発行〉とある。

この著書「後記」を吉川は、こう書き起こす。

〈私は妻と共に背中一面に、私のものであつて、私のものでないやうな、松の皮のように盛れ〔盛り〕上つた厄介なケロイドを背負つてゐる〉……。

たびかさなる日赤でのケロイド切除手術のため、被爆直後に息絶えた吉川の父親と若夫婦とが、かつて三人で暮らした白島町（現・中区白島中町）に瓦礫の山と化して残った自宅跡地を売り払い、なけなしの全財産と引き換えに工面した〝虎の子〟のカネも底をつき、ついには無一文となった吉川夫妻は日赤から、にべもなく強制退院を通告される。

吉川夫妻が苦境に立たされていることは人づてに噂となる。さまざまな憶測も呼んだ。

だが、じっさい問題として日赤病院を追い出されると即日、夜露を凌ぐにさえも事欠く始末であった。この路頭に迷う窮状にたいし、こころある人びとは親身になって案じた。

ちょうどそのころ、ヒロシマの惨劇をひろく全世界に向けてうったえるため、被爆児童が書き綴った作文集づくりに取り組んで、それを単行本化[3]する作業が、ちょうど佳境にあった廣島大學（旧・廣島文理科大學）學長で教育学者の長田新[4]も吉川夫妻の窮状に、こころを砕いたひとりだった。

長田博士のはからいによって、文理科大や廣島高師の學生たち（そのなかには川手健や坂田稔、梶山季之らの顔も見られた）の助力をうけた吉川は、細工町の原爆ドームまえに四坪ほどのバラック小屋を建てる。夫妻の居住スペースはわずか一坪余りにすぎなかったが、いらいそこに住み着く。訪れる国内外の観光客相手に〈ヒロシマみやげ〉を売って細々と生計をつなぐとともに、みずからの被爆体験と被爆者たちの深刻な現状をうったえる〈原爆の語り部〉を自認した。

筆者の記憶によると、軒先に掲げられた看板は、深緑色の地色を引いたうえに、白い文字でアルファベットの店名〈ATOMIC BOMB VICTIM No.1 KIKKAWA〉。その下には歌舞伎の看板文字に似た書体で横書きに〈原爆一号〉の文字がおどる。くわえて、そのものズバリ極太ゴチック文字で〈吉川記念品店〉とある、ひときわ目立つ看板であった。

内外からの観光客を相手にバラックの店頭で原爆ドームをかたどった模型であったり、廣島「原爆十景[5]」

の生写真セットや「平和都市ヒロシマの絵ハガキ」といった〈みやげ物〉を売った。

夏になると冷菓（アイスキャディ）も商っていた。一本一〇円で買ったことを覚えている。

しかし、なによりもそこに象徴的なのは、米『ライフ』誌に掲載された自身のケロイド写真（本章扉）複製を頒布するような、文字どおり鬼気せまる覚悟を括った生きかたである。この写真複製には、もれなく〈記念に〉……と、店舗うらてにあたる西向寺境内で拾った被爆瓦の破片を添えた。

ふだんは襟もとや腕のケロイドが人目にふれるのを極端に嫌い、夏でも常に開襟でない長袖のシャツを着用していたにもかかわらず、店頭では袖をたくしあげ、腕のケロイドを惜しげもなく見せた。さらにはまた、勢い余って肌着を脱ぎ捨てケロイドにただれた裸の背中を衆目にさらすのも厭わない。そんな覚悟が見てとれた。

〈原爆許すまじ〉――という悲痛なる叫びによって〈核兵器の廃絶〉をうったえる。

と同時に、国家による被爆者の〈救済と援護〉を、つよく求めるアピールに明け暮れ、広島原爆資料出版会の発行者（代表）としてブックレット『広島は訴える――原爆11年の記録』（一九五六刊）を刊行するなどもした。

それを世のオトナたちのなかには、その頑固一徹で、ふてぶてしいまでの〝大胆不敵〟さにたいして顔をしかめる向きも、すくなくなかった。がしかし、少年のころのわたしには、圧倒的に壮絶なる生きかたと映った。まちがえても〈生きざま〉などと斜に構えた言いかたは、あたらない。

もの怖じしない性格と広島弁の語り口に親しみさえも覚えた。

そうした、いちずな生きかたと活動も、とうぜん、ひとなみの愛憎や利害が絡んで、世俗の人間関係に揉まれる日常と表裏一体のうえに成り立つ。ひと皮むけば、およそキレイごとでは済まない。口さがない世間に翻弄されるのが、つねでもある。

吉川清そのひとの生業《なりわい》を称して〈〝平和屋〟の商売〉だと揶揄したのは、廣島から上京した売れっ子ライターで〈トップ屋〉のアンカーマンをつとめていたころの梶山季之だった。一九五九年八月二四日号『週刊文春』の記事タイトル「平和屋三人男」（無署名）は一見、週刊誌ならではといえる興味本意の穿った斬り口。だがしかし、さかのぼって前年一九五八年八月号『文藝春秋』で筆名・梶季彦によるルポ「ヒロシマの五つの顔――あれから十三年、死の影はまだ消えていない」に、じつは問題意識の伏線が明確に示されている。

ときをおなじくして当代の流行作家に列し、またたくまに一世を風靡した梶山自身が、いかに深く被爆地ヒロシマと水面下で、ひと知れずかかわっていたか。こだわりつづけたか。

梶山流にいう〝平和屋〟とは、その存在を貶める呼称ではなかった。むしろ、そこには称賛する意味合いすら込められていた。〈原爆許すまじ〉との揺るぎない信念にたいして、およそ冷ややかなる世論の度し難いまでの無智を、そのタイトルは暗に嘲笑する逆説的ロジックでもあった。だが吉川自身には、

〈私の活動を、「平和屋」の商売といって、悪口を書きつらねた……〔中略〕。梶山とは彼が広島大学〔廣島高師〕の学生の頃からの知り合いであった。だから彼は、ごていねいにも私の若い頃の傷口にまでふれて、悪口のたねにしたのだった〉……

と、残念ながらその真意は伝わらなかったようである（前掲『「原爆一号」といわれて』の第五章「被爆者運動の組織化」の「原爆被爆者の会分裂」節から）。

ことほどさように、いち早く内外メディアから「原爆患者一号」のレッテルを貼られ、いきおい持て囃され、よくもわるくもメディアに踊った（踊らされた）ことの代償として吉川は、のちのちまで執拗なバッシングにさらされた。周囲から〈原爆を見せ物にしよる〉などと白眼視されながらも、やがて原爆ドーム周辺の広島市〈公園整備都市計画〉にともない、みやげ物店が撤去（事実上の排除）されるにいたるまで吉川は、それをやめようとはしなかった。

そもそも当地が明治親政の〈富國強兵〉政策に根差す〈軍都廣島〉として勃興した〈前科を背負う〉！　きわめて翼賛色に染め抜かれて排他的土地柄であったことと無縁ではない。

〈ああよぉに、ゲンバク、ゲンバクと大仰に言い立てるんは、ありゃあアカじゃ〉……

〈原爆を悪う言うて反米感情をあおりよるようなアカに騙されちゃあ、いけん!〉

といった誹謗・中傷のたぐい、

〈ピカの話をしただけで、ゼニになるんじゃけえのぉ〉……

という妬みのたぐいは引きも切らない。

店舗を兼ねた住まい(バラック小屋)の立ち退きをめぐっては、

〈保証金めあてじゃろうてぇ、ゴネ得ようのぉ〉……

と、口さがない。

〈あんにゃあ(あいつは)、ヒバクシャの面汚しじゃ〉とまでエスカレートして言い放たれる悪口雑言、止まない陰口にもめげず、からだを張って〈原爆一号〉でありつづけようとした。それを生涯にわたって消すことのできない烙印として背負い込み、覚悟を括った〝ヒバクシャの意地〟でもあったようにおもえる。

一九七二(昭和四七)年四月、月刊総合雑誌記者として広島市江波東町(現・中区江波東)の吉川宅を訪ねた筆者とのインタビューにさいし、このひとは開口いちばん、こう切り出した。

〈〝原爆(被爆者)第一号〟を名乗るわし(私)は、がめついヤツです。なんでか言やぁ、より多くの人びとに、私自身を、そして被爆者ぜんぶ――苦しみよるすべての被爆者を注目して欲しいからなんです。黙ってはおれんのんですよ。国の責任を、わしゃあ、言いつのりますで! いまだに被爆者を援護する法律ができておらんのは、いったいどうしてですか。国は知らんふりをするけぇ、いわにゃあ、わかりますまい! 言うても言うても、善処するじゃの検討するじゃのノラリクラリ。いいかげんにせえ、ハラワタが煮えくりかえる〉……。

ことばを選んだ語り口に説得力がある。

眼光するどく終始、真剣な面持ちをくずさずない。一時間半にわたるインタービューを終えたあとで本人から聞いたところによれば、ちょうど自身の半生記を執筆中だとのこと。広島在住の新聞記者などの助けを借りてその草稿は、ほぼ大スジが、すでにできあがっていると語った。

がしかし、そう聞いた出版計画は、いったん頓挫する。その草稿が、ようやく日の目を見るのは、それから一〇年後の一九八一年夏のことだ。前掲の筑摩書房『「原爆一号」といわれて』がそれである。というのも、日赤を強制退院させられた一九五一（昭和二六）年から二〇数年来、広島原爆病院と市立舟入《ふないり》病院に通院。一九七七（昭和五二）年には脳卒中で倒れ、ついに寝たきりとなる。原爆症の癒えぬ〈後傷害〉にくわえ、脳卒中の後遺症をひきずりながら、文字どおり満身創痍での島根県松江市の玉造《たまつくり》厚生年金病院への転院であった。たらいまわしのあげく、広島市安芸区畑賀《はたが》町（旧安藝郡瀬野川町畑賀）の国立療養所・畑賀病院が死出の旅立ちを待つだけの絶望的〝終の住処〟となる。

筆者が一三年ぶりに再会した吉川老は、山あいの病床で不自由なからだを横たえたまま言葉をふり絞るように語った。うっすら涙を浮かべて半生記『「原爆一号」といわれて』あとがき「結びにかえて」を書き綴る。

〈私たち原爆被爆者が、ふたたびヒバクシャをつくらないための証として求めていた被爆者援護法の制定は、ヒロシマにまた三七年目の夏が訪れるいまもメドがたっていない〉

……と。

いかにも憤懣やるかたないおもいを込めて吉川清は、そう、うったえた五年後の一九八六年に帰らぬ人となる。一九一一（明治四四）年うまれの行年七五歳。以降、自身もまた被爆者である一九二一（大正一〇）年うまれの生美〔いきみ〕未亡人が、夫の遺志を継いで広島の平和記念公園などで語り部ボランティア〈被爆証言活動〉をつづけた。二〇一三年一二月二八日に亡くなる。九二歳だった。生美夫人は夫とともに原爆ドーム前〈吉川記念品店〉を市の都市再開発計画で追い立てられたのち、広島一の歓楽街・流川《ながれかわ》町中新地で洋酒サロン〈原始林〉を開店した。かさむ医療費と生計、そして夫の活動を支えた。

原爆被災後四一年の苦難にあえぐ歳月を夫妻は懸命にこらえて歩んだ。

その〈終生の悲願〉が曲がりなりにも達成されるのは、死別一〇年目の一九九五年夏のことであった。前年夏に発足した村山（富一）連立政権下で法案が衆参両院・厚生委員会での国会審議に持ちあがり、ようやっと〈被爆者援護法〉制定にむけて動きだす。

しかしそれは〈自衛隊合憲〉との所信表明に始まり、公教育の現場での〈日の丸・君が代〉指導を容認するなど、政権の座に固執するがあまりの社会党（のちの社民党）が政権への復帰を狙う〈野党・自民〉の策略に乗せられた結果といえた。政策転換の〝踏み絵〟に足をかけて変節をとげ、戦後五〇年の節目に〈自・社・さきがけ〉は野合した。

連立政権内での落としどころの妥協点を見いだした副産物との側面があることは否めない。

ときの厚生大臣は森井忠良・広島二区（旧・中選挙区）選出の社会党代議士だった(6)。

すくなくとも、立法の前提となるべき国家の〈戦争責任〉については、あいまいに積み残したままの先送りとされ、ことここに及んで、なおも玉虫色の決着がはかられたのであった。

（1）M・ヴォーン／Vaughn,Miles Walter（一八九二―一九四九）。一九二四～三三年にかけて通信社「UP」の極東支配人。満洲事変に端を発する一五年戦争下、アジア太平洋地域の各戦線でUP従軍記者の総監督をつとめた。戦後、再来日。公職追放中の上田碩三《けんぞう》（元・同盟通信編集局長で前・電通社長）らと東京湾へカモ猟に出かけて遭難、客死した。没後、UPIと電通とが資金を拠出して一九六〇年に設けた「ボーン上田記念国際記者賞」に、その名をとどめる。

（2）都築正男（一八九二―一九六一）。後年、宇吹暁の作成による「都築資料目録」、及び「都築正男研究業績目録」を巻末に付した広島市史編修委員会［編］『広島新史――資料編Ⅰ（都築資料編）』解説・今堀誠二（広島市、一九八一刊）がある。米国の原子爆弾傷害調査委員會（ABCC）との日米合同調査をはじめとするⅠ「占領下の原子爆弾災害調査」の章、Ⅱ「災害調査の開始と学術調査団の成立」、Ⅲ「学術調査団の調査研究報告」、Ⅳ「広島・長崎の災害と調査」、Ⅴ「都築正男論文」章からなる。巻頭グラビアに収録された写真一七点のうち〈写真1、2〉は、國鉄宇品線の操車場（広島市宇品町）に研究設備を積載完備した米軍の専用車輌「トロイ号」を乗り入れて一九四六年一一月に始まったABCCとの日米合同調査当時の〈昭和21年12月21日撮影〉とある、研究車輌内でデータを読み耽る白いワイシャツすがたの都築が写っている。

（3）長《おさ》田《だ》新《あらた》・編『原爆の子――廣島の少年少女のうったえ』は巻頭四〇ページにわたる長田新「序」文を付

して一九五一年に岩波書店から刊行された〈奥付は昭和26年10月2日第1刷発行〉。B6判（25W×20L×二段組）本文三〇〇ページ。一九〇円。

（4）長田新はペスタロッチー研究で知られた教育学者（一八八七—一九六一）。自身も廣島で被爆した。戦後、平和運動と平和教育の実践に専心して編著書に原爆体験記の岩波文庫版『原爆の子——広島の少年少女のうったえ』全二冊（一九九〇刊）。訳書にペスタロッチー著『隠者の夕暮れ・シュタンツだより』（岩波文庫、一九四三刊／同じく改訂新版、一九九三刊）などが現在、新刊本として入手可。

（5）当時の濱井信三市長が初の「平和宣言」をした一九四七年八月六日の第一回「平和祭」（現・平和記念式典）にさいし、廣島市復興局では〈原子爆彈による被害の特殊性、興味ある營造物を保存し、あわせて觀光客誘致の一助とする〉ことを目的に選定した。一九四七年八月一一日付『中國新聞』は「語り傳〔つた〕う〝原爆十景〟」という三段抜き見出しを立て、それを大々的に伝えた——被災当時の廣島市助役だった柴田重暉『原爆の実相』（文化社、一九五五刊）終章「原爆点描」での記述を参考に選定された「十景」を再録すると——　①爆心地から西へ一三〇メートルの元安橋欄干は、おおかた吹き飛ばされて川に落下したが、点灯装置の納められていた左右の中柱＝石灯籠は熱線で表面が剝離。いずれも同じ角度で笠石が爆風の方向にズレただけで倒壊をまぬかれた。いわく、〈爆風が橋の中央を東から西へ通りぬけたものであろう〉……ほか　②やはり爆風にも奇跡的に耐え残った爆心から約一〇〇メートル北側にあたる廣島護國神社・大鳥居の額束（『中國新聞』では携額）は、〈南面と北面二個あったが北面の分は行方不明、南面の分は殆ど額面に平行に爆風を受けたものらしく完全に留まっていた〉。③同じく〈水平動であふつた如く打ち砕けながら〉も部分的に崩壊せず残った頼山陽記念館表門の屋根瓦　④吹き飛んできたレンガが挟まった国泰寺境内の墓石　⑤懸命の消火で一部が焼け残った市役所三階の防空暗幕（布片）　⑥爆風に揺さぶられて複雑な亀裂を生じ、ヒビ割れた市庁舎南棟の外側にそびえ立つ高さ四五メートルの煙突　⑦皆實町（爆心から約二キロ東南）の廣島瓦斯會社のガスホルダー（タンク）に焼付いた鉄製・らせん階段の爆影　⑧御幸橋の歩道側に倒れた北側の欄干と親柱　⑨市北郊・新庄町（爆心の北西約三キロ、『中國新聞』紙面には三篠町とある）の熱線に焼けただれた竹藪。その瞬間、側面的に閃光をあびた孟宗〔もうそう〕竹の表皮が〈爆心に向かつた半面を焼かれ粟〔あわ〕だつていた〉のは、これらの竹藪にかぎらない。　⑩爆風で四方に傾いた住吉橋の親柱（『中國新聞』紙面では「住吉神社の玉垣」となっている。木製橋梁は被爆翌月に襲来した枕崎台風の水害で流失)。――以上一〇カ所。ただし『中國新聞』紙面に写真は併載されていない。写真は傍系紙『夕刊ひろしま』が題名を「ひろしま十景」として随時、掲載した。翌一九四八年には、あらためて産業奨励館の残骸(原爆ドーム)や財閥解体直後の大阪銀行(旧・住友銀行廣島支店)正面玄関・階段敷石に熱線で焼き付いた死の影(人影の石)などが加えられ(市庁舎関係から選出をした二景は削除され)、新選「原爆記念保存物」と名称も替え、あらたに①爆心地(島病院)②元安橋　③産業奨励館　④相生橋　⑤廣島商工會議所(遺構)　⑥護國神社跡　⑦廣島大本營跡　⑧藝備銀行(のちの廣島銀行本店)　⑨大阪銀行(住友銀行廣島支店「人影の石」)　⑩賴山陽記念館　⑪国泰寺の石塔　⑫廣島縣廳跡　⑬御幸橋ガスタンクの〝爆影〟――以上、一三カ所が指定されている。

(6)　森井忠良(一九二九―二〇一一)。呉市にうまれた。全電通労組出身の代議士。旧広島二区は対立候補に、いずれも有力政治家で自民の谷川和穂、同じく池田行彦、新自由クラブ(のち自民)の中川秀直らがいた全国有数の激戦区で当選七回。村山改造内閣で第84代厚生相。社民党を離党して民主党から立候補した一九九六年九月、史上初の小選挙区選挙で池田(当選後の組閣で外相)に惨敗し、政界引退へと追い込まれた。著書に『明日を創る――提言・新世紀の社会保障』(NTT出版、一九九六刊)。

第五章　記憶を呼び覚ます情景——旧懐の日本一うまい肉うどん

人類の受難像

「半人間」は、この作者の前作「人間襤褸」の次元を内面におしすすめた見事な作品だ。原爆のもたらした精神的影響で狂気の一歩手前まで追いつめられた主人公が、神経科の病室で送った数週間の心象風景の剋明な記録。立ちこめる闇の間隙に火花する不気味な幻聴や幻臭など、作者のくりひろげる怖るべき記憶画の画面には、幻ならぬ明日の人類の受難像が、原爆の閃光で石に焼きつけられた人影さながら、鮮明に投射され定着されている。

●隅の浜三丁目の夕照

附近の旧国道二号線（旧称・観光道路）は、広電の宮島線（通称・郊外電車）終着駅・宮島口方向へ広島湾の沿海を南西へと延びる。海辺から、すこしばかり離れた内陸には、小高い山地が海岸線とほぼ平行するようにつづいている。かつて渚の風光をあびながら海岸線をゆく絶好のドライブコースであった観光道路も、現在では車窓から対岸にそびえる嚴島の島かげをまのあたりにする地点まで、まったく海べの景観とは無縁に、埋め立て地の西部商工団地（広島市西区）や佐伯区五日市町、廿日市市（旧・廿日市町）の密集した街なみを車窓風景にしてすすむ。

かつて、宮島沿線の市内井ノ口海岸、さらには佐伯郡へと南下して海老園《かいろうえん》や樂々園《らくらくえん》、地御前《じごぜん》、阿品《あじな》の海岸といえば、海水浴場として盛夏には、葦簀《よしず》が日差しを遮る〈海の家〉の桟敷が建ちならんで賑わった。

国道二号線よりも海側にひろがる埋め立て干拓地に水田は、まったく見あたらない。山あいを切り開き、のち開通した西広島バイパス二号線の車窓に見る田園風景とはまったく異なる。

そこで干拓が始められたのは一九三〇年代（昭和初期）以前のことで、ふるくは一八世紀末の江戸末期にさかのぼる——と旧・觀音村役場［編］『觀音村史』（一九五五刊）は誌す。

一九六〇年代の初頭——かつての新開地の地面は、簡易舗装された在来国道の路肩から場所によって差はあるが、ほぼ平均すると目測で一間余り〔約一・八メートル〕ほど低い。

盛り土した造成地に建つ家屋の基礎部分よりも下を覗いて見ると、それがハッキリわかる。

やはり盛り土をした小規模な自家用の麦畑や野菜畑の畝が点在して見られるほかはレンコン畑（ハス田）がひろがる。その一角には葦原も見られる。以前に葦《よし》を栽培・収穫していたころの名残である。耕作地でない空き地は、画然とは仕切られていないが漁民の作業場や土建業者の資材置き場などになっている。

こどもたちが三角ベースの草野球に興ずるのは運送会社の営業所を兼ねたプレハブ造り大型車庫のうらてにひろがる草茫々の空き地だった。春先から秋にかけては雑草が生い茂る野っ原である。いちめんに立ち枯れた雑草を片すみに追いやって取り除くことができる晩秋になると、ようやく三角ベースの線を地面に引く広場が確保される。

野っ原は、そこかしこに建築廃材などをはじめ〈産廃ゴミ〉の不法投棄場とも化していた。さまざまな産廃ゴミが穴を掘っては次つぎに捨てられ、山と積もったり窪みができたりと地表は起伏に富む。ワンパク小僧たち誰もが夢中になった〈月光仮面ごっこ[1]〉には、うってつけのロケーションだった。

スーパーヒーロー月光仮面のオジさんは、悪を懲らしめ退治する〈正義の味方〉……だが他のヒーローと決定的に異なるのは、たとえ極悪人だとはいえども勧善懲悪の殺陣において絶対に人を殺さない。そんなごっこ遊びに興ずるさい、セルロイド製玩具のロリータサングラス（白縁の黒メガネ）を駄菓子屋で手に入れる。白マントは唐草模様の風呂敷で代用し、白タイツに白覆面の白ずくめ装束は、さらし木綿を巻いて真似る。いま、想い起こしてみると、ほのぼのと滑稽な姿で幾人もの月光仮面もどきが走りまわる――〝隅の浜三丁目の夕日〟がフェードアウトしてゆく。

どくろ仮面やマンモスコングといった敵はいない。ただし、こどもらが〈クギ地雷〉と呼ぶ廃材に刺さったままの錆クギが、鋭利な切っ先を天に向けてワナのようにひそんでいる。それを踏み抜いたばあいは早急に傷口を切開して消毒しなければ、破傷風で脚一本うしなうおそれがある。年長で小学五年のKから潜む敵への対処法を教わる。

また、うず高く雑然と積みあげられた古タイヤが、ときに自然発火してボヤを起こす。そのさいに気をつけなければならないのは、炎や立ちのぼる煙よりも、低空に漂う有毒ガスだとKは真顔で指南する。いささか短気で粗野ではあるが、物怖じせず頼もしい兄貴分と〈ボク〉には映った。

のちにKは中学のとき仲間らとつるんで凶悪なワルサを（窃盗・傷害事件を起こ）したとかのかどで（家庭裁判所送致となって）、ひと知れず姿を消す（娑婆から抹殺された）。

やがて、そのあまりにも短いKの〈転落人生〉は弱冠二二歳でピリオドを打つ。

幼いころから、

〈えった（被差別部落）の子〉

と地域社会から暗に名指しをされ、疎外されつづけて追い込まれてゆく。いちど間違いを起こせば、

〈あれ見い（ほら見たことか）……〉

〈あんにあ（あいつは）、よいよ（根っから）のワル（非行少年）じゃけえのう〉

……と、うしろ指を指される。

そしてついに、まっとうな仕事に就くこともできず、地域社会から締め出されたあげくに暴力団絡みのいざこざに巻き込まれて命を落とした――〈事件〉は新聞（広島県版）でも報じられたから、あの（野っ原で駆け回って遊んだ）ころ以来、Kとは絶えて久しく没交渉であったにもかかわらず、若い身空で絶命した氏名には、それがKだと、すぐさまピンときた。

かつて、まわりのオトナたちは声をひそめて言った。

〈なしてでも、あんにらと遊んじゃあ、いけん！〉

……

〈あんなあ、しょうもなあ不良よ、いびせー（怖い）連中じゃから、近づきんさんなよ〉


幼いころの〈ボク〉には、その理由が、なにがなんだかわからなかった。

長じて振り返れば、知らず知らずのうちに、差別する側のオトナたちの、こころないことばに自覚なく影響されて、ボクはK少年らを無意識に避けていたと、おもいあたる。

いわれなき陰口をささやかれ、〈よーない噂〉ばかりに終始した〈不運な青春の足あと〉が痛ましい。

旧態依然とした被差別部落（集落）住民への偏見が根づよくのこる地域のありさまは陰湿であった。そうした愚かしい風土に情操を育まれる。無知・無自覚に内なる差別意識をもった自分自身が情けない。こともなげにオトナたちは、あからさまな差別言語を口にした。かくも残酷なる〈線引き〉によって、村八分にひとしい〈排斥〉を常態化させていたのである。

こどもなりに我慢のならない〈はぶてる（膨れっ面をする）きりよ〉……に逃げ込んだ。

親ばかりでない周囲のオトナたちが教え諭す〈〇〇に近づいてはいけない〉〈〇〇らと遊ぶなどもってのほか〉……というたぐいのことにたいして、純真であ

るがゆえに一応はうなずく。わかったフリの内心、もとーらん〔訳のわからん！〕ありように反撥した。口答えをしようものなら、〈こどもが、かばちたれなや〈理屈を言うな〉！〉と一蹴される。

オトナたちの〈差別〉意識が理解できない。なんとも理不尽なのであった。いまとなってこそ、こうしたコトバに置き換えて当時のオトナたちのありようを〈批判・糾弾〉もできるが、それもかなわないから、ただただ不快なる気分（不機嫌に陥ったこと）を記憶している。

小高い岩戸山（一九七〇年代、高層マンション建設のための造成で切り崩されて、その頂上〈三角点〉が消滅した）麓の、わが家から国道二号線を横切るてまえまで土を踏み固めただけの凹凸道が、ひとすじに四〇〇メートル余り。もともとは畦《あぜ》の小道だった農道を拡幅し、バタンコ・オート三輪の類いばかりでない普通乗用車（ルノーやダットサンなどのタクシー）も通行可能な町道への整備途上にあって、いったん雨が降ると、この一本道は、ひどくぬかるんだ。

この道すじには、ふるくからある農家二軒のほかは昭和の戦前以降に建てられた木造二階屋が四棟余り。原爆で廣島市内を焼け出された、わが生家のばあいは、いちばん奥まった山麓の造成地――昭和初期に入植した瀟洒な二階建て洋館が日を惹く園藝農家（当初は雑木林と一部に傾斜地を含む約五〇〇坪）を敗戦の翌一九四六（昭和二一）年五月ごろ、譲り受けて移転してきた。

元家主の一家は、ご多分に漏れず戦争中、次つぎと赤紙に働き手を奪われる。トドメに家長戦死の公報がもたらされて主をうしなったあげくの戦後、止むなく売りに出された。そこのところまでは伝え聞いているが、この土地と家屋を入手した経緯と時日については詳らかでない。

たしかなのは、同地へ移転後の〈昭和二一年五月三一日〉付で支払い年月日の始まる大蔵省「個人金融通帳」の発給をうけた住所が〈佐伯郡観音村佐方一三六二番地〉とある。第一回目の預金払戻し名目は〈醫療費〉とされ、藝備銀行廿日市支店から三〇〇円を引き出している。

通帳の「世帯主、及び世帯員名簿」欄には世帯主の氏名（二六歳）。世帯員の母（五四歳）。おなじく妻（二四歳）と長女（一歳）計四人の個人情報が記入されている。長女（昭和二一年九月うまれ）の欄は、あとから書きくわえられたらしく黒インクの濃度が微妙に異なる。いずれにせよ当時の父一家が、おそくとも同年五月中には観音村で暮らし始めたことを示すものだ。

戦後まもなくの当時はまだ住民登録制度がなかった。住民登録法が定められたのは一九五二（昭和二七）年のことである。さらには一九六七（昭和四二）年、現行〈住民基本台帳法〉による登録に改められている。

国道を越えた低地を東西に延びる未舗装の農道を突っ切り三筋川の河畔土手にいたる。国道二号線の海《かい》老橋《ろうばし》西詰め畔、その名も、隅の浜バス停（現・隅の浜三丁目）を背にして三筋川を渡る。ふたたび国道から逸れて、こんどは海老塩浜（江戸期いらいの塩田を埋め立てた平坦な干拓地に一九三六年、遊園地を開設。周辺を宅地化した）住宅街をゆく。

このあたりの住宅も原爆投下時には無傷では済まなかった。廣島市内方向に面した窓ガラスはことごとく割れ吹き飛び、一部の瓦屋根が崩れ落ちたり、立付けが軋んだ家も少なくなかった。まるきりの灰燼と帰した廣島電鐵本社（廣島市千田町）は、当日の八月六日から翌一九四六年一〇月三〇日までを自社経営の樂々園遊園地内に避難営業した。

戦況の悪化にともない、敷地内の田園化計画が検討されはじめて、いよいよ一九四四年一二月には休園となる。園施設は陸軍船舶司令部（廣島市宇品町）に貸し出され〔事実上、軍に接収され〕て軍需物資〔じつは隠退蔵物資〕の集積場となっていた。廣島電鐵『第六期營業報告書』には〈昭和一九年度下期、樂々園遊園地の土地建物を陸軍へ賃貸したことについて「〇〇へ賃貸セリ」と伏字〉となっている〔広島電鉄株式会社『広島電鉄開業一〇〇年——創立七〇年史』（二〇一二刊）から〕。

のちに筆者がうまれた五日市町佐方の家（爆心の南西八キロメートル）は、洋館二階建て母屋の東向き（廣島市方向）観音開き・ガラス窓八基（四八枚）のうち大半が吹き飛んだと見られる（被災当時の記録がなく、破損枚数は不詳）。一階の東向き一角は筆者にあてがわれた部屋だった。それが猛烈な爆風のために損傷したと見られる痕跡が記憶に残っている。あきらかに北向き及び南向きとは、その傷みかたが異なる。たしかに補修を施されてはいるのだが、東向きの窓枠だけに不自然に変形した（ねじれ曲がった）跡の見うけられる、随所に緑青が湧いた棒状の蝶番は物語っていた。

こどものあしで片道およそ一・二キロメートルを二〇分ほどかけて数人の集団で通ったルンビニ園（藍毘尼園＝ランビニオン）幼稚園（一九五一年に公認当時は樂々園保育所）は樂々園電停からだと国道を渡って商店街をまっすぐ樂々園遊園地の正面ゲート方向に進み、すぐさまゆきあたる三つ角の先、木谷《きだに》鮮魚店（現在は附近に移転）を左に折れて三軒目。

一九六〇年代初頭ころ、木造平屋建ての古びた建物だとの印象が残っている。一九六四年に樂々園海水浴場を閉鎖。以来、臨海土地造成で順次、拡張された埋め立て新開地の楽々園六丁目へと移転した現在の学校法人・星月学園ルンビニ園幼稚園は後身にあたる。

園舎とは道路をはさんで三方を住宅と宅地の庭に囲まれた小さな運動場があった。遊具はシーソーとブランコ、幼児用の低い平均台。ジャングルジムはなかったような気もするが定かでない。

こうして五〇数年ぶりに記憶をたぐってみると、幼稚園といえば〈ひたすら有閑かだった〉との印象しか想い浮かばない。ゆき帰りとも通園では横断歩道のない国道を横切り、上下二車線をゆきかう大型バスやトラック、米軍車輌などと、すれすれに車道橋を渡った。国道を横断するところまでは毎日、引率の親たちが先導した。国道の交通量もまだ、とんと少なかった。

そのころ、わが家の周辺では農耕馬が鋤や荷台を引く姿がめずらしくなかった。隣の農家では〈あか〉と名付けた馬を飼っていた。もう一頭、農家うらての厩《うまや》につながれていた〈あお〉は、いつのまにか姿が見えなくなる。

●消え失せた戦後の原風景

やがて卒園した翌年の四月末から平日は広島市内に移り住んでバス通学を始めた。広電バス初乗りの小児運賃は七円（おなじく大人運賃は一五円）だが定期券なので余計な現金は持っていない。ただし、いざというときにと定期入れには旧五〇円硬貨が一枚と公衆電話用に一〇円硬貨二枚。市外電話を五日市の家にかけるとき（市外通話の一〇〇番を公衆電話から申し込むと、交換手が送話先につなぐさいに五円玉の投入をうながす）用にと、五円硬貨を一枚。合せて最低七五円を常時、懐中に所持することになった。お定まりの誘惑に負けて、ひと並みに下校時の買食いを覚えた。

すでにロバのパン屋は廃れていたが夏場には、きな粉をまぶした冷やしワラビ（餅）売りが、別宅まえの本川公園にカネ〔小鐘〕を鳴らしながら自転車でリヤカー屋台を引いてやってくるのを心待ちにした。そんな街なかでのワクワクする暮らしが始まる。

その住まいがどこだかは知るよしもなかったが、相生土手のほうから屋台を引いて平和公園内にやってくるのは、はじめ老夫婦ふたりだった。ところが、いつしかオジさんが消え、かわってその息子らしき青年が、オバさんの相方になったのは、屋台の位置が旧・中島本町通りの周辺から元安橋を越えた東づめの河畔に移動してからのことであったように記憶している。

あらたな出店場所は原爆ドーム南側の吉川土産物店〔第四章322ページ〕をはじめとする市当局が不法占拠と見なしてバラック数棟を完全撤去した跡地まえ河畔の路上が定位置となる。

台風でも来ないかぎり雨や雪が降っても日暮れどきまで通年、ほとんど休むことなくふたりは黙もくと、蛸が入っていないノリタマ（ふりかけ）入りタコ焼き売りの小商いをつづけた。

だがしかし、これもまた記憶に焼きついた原子野の公園〈聖地〉化をはかる行政による規制の対象となる。あえなくも排除されたのは、たしか一九七〇年代なかば前後ではなかったかと漠然とだが記憶している。

あるいはまた、旧平和記念資料館（現・西館）脇にライトバンを乗りつけて、公園内での駐停車中に無許可でホットドッグを売る新手の移動式屋台があらわれたりもした。

最後まで残った原爆スラム〔Slum〕＝通称〈相生土手〉を行政当局（県）が完全に排除したのは一九七八年のことであった〔第三章294〜305ページ〕。

これをもって、戦後ヒロシマの原風景は、すっかり街なみから消え失せた。

なにを指して〈原風景〉かといえば、一九五〇年代初頭の廣島で新藤兼人監督がオールロケションで撮った『原爆の子』〔349ページ〕や同じく関川秀雄監督『ひろしま』〔第六章399ページ註10〕などに見る、あらゆる建造物が木っ端みじんに吹き飛ばされ、焼き尽くされた廣島城郭の旧址（大藏省管轄の旧軍用地）一帯、及び爆心地周辺にひろがる壊滅した都市の荒涼とした情景である。

あるいは、それから数年を経て、ヒロインが第二次世界大戰中を回想する欧州でのシーンを除く全編を一九五八年の広島市にロケーションしたアラン・レネ監督の第一回長編劇映画作品『二十四時間の情事』の原題は『ヒロシマ・モナムール：HIROSHIMA MON AMOUR』。

原作と脚本はマルグリット・デュラス。(2) 主演エマニュエル・リヴァ、岡田英次。製作はフランス側パテ・オーバーシーズと日本の大映による日仏合作映画。一九五八年九月八日、広島の原爆資料館（現・平和記念資料館西館）の場面から撮影を開始（クランクイン）した。

日本での公開は、翌一九五九年の六月二〇日封切り（東京）に始まる。

この映画の群衆シーンには、ずいぶんとおおぜいの広島市民がエキストラ出演している。

日舞の名取・富士波起久代こと、筆者の母親もそのひとりだった。相生橋と平和記念公園の界隈を「原爆反對」「原水爆禁止」反核運動プラカードを手に手に練り歩く「平和まつり」大行進の群衆にまじって盆踊り（行列式）を舞う一団に参加した。

二〇〇五年のDVD版『二十四時間の情事』（モノクロ、90分）にたしかめてみると、三二歳当時の母が映っているシーンは、わずか数秒余りにすぎない。それでも、鳥追笠に浴衣すがたで踊る、長身であることからも本人確認ができるシーンを見つけた。

筆者がまだ、物ごころつくまえなので記憶にない艶やかな母親の動画をはじめて目にした。

母自身がアルバムに保存していた数枚の映画スチール写真とも合致するシーンであった。

こんにちでも記憶にあざやかなのは、むろん物ごころついてからのことである。ちょうど、小学校にあがってまもなくのころ、母に連れていってもらった土橋電停前の現・広島信用金庫土橋《どばし》支店うらてにあった三角屋といえば、戦前は西地方町《にしじかたまち》の浄國寺隣に位置した同店（正しくは屋号を「三角」と看板に掲げる）を知るオトナたちが口をそろえて言う。

〈日本一うまい肉うどんじゃったよのう！〉

反面、戦後に場所を移して復活した三角屋のことは、

〈ちーと味が落ちとりゃあ、すまぁか?!〉

と口ぐちに、ささやいた。

のちに『中國新聞』夕刊（一九七五・一〜一九七六・一〇）連載「広島あのころ」は、そのことを「本川橋」の回が取りあげた――単行本化『写真で見る広島あのころ』（中国新聞社、一九七七刊）所収。

筆者が鮮明に記憶している三角屋は、肉うどんの店というよりも、甘辛のタレをからめた串刺し焼肉（もともとは、サイドメニューだった串刺し（牛や羊の薄切りバラやモツ）焼き肉の竹皮包みにした持ち帰り用＝テイクアウト）が細ぼそと人気をつないでいた。

がしかし、ときを経ずして土橋の三角屋は店をたたむ。屋号は人手に渡る。のち、猫屋町（現・中区）に再移転して営業を始めるが往年の評判がよみがえることは、ついになかった。

〈いっそう味はガタガタ〉との風評が立つ。いつしか同店は人知れず閉店した。

戦後広島の復興にともない嗜好も多様化し、うどんは、しだいにどちらかといえば、広島でいう、むすび（＝握り飯）や寿しなど、ご飯ものとのセットメニューの脇役にまわってゆく。

いっぽうで、戦後四半世紀をすぎるころには旧軍都が国際平和都市に一八〇度転じたヒロシマ名物の一つにかぞえられるようになったのが広島風お好み（焼き）。一九五〇年代のなかばに始まる特徴として〈うどん入り〉、または〈中華麺入り〉が一躍、お好み（焼き）を全国展開する名物の座に押しあげる。昨今では市中だけで大小八〇〇店舗、県内全域で同じく一七〇〇店舗にのぼる。つゆを張った丼に麺が泳ぐばかりでない。うどん食い――麺食《めんくい》の習慣は、はるか、世紀をまたぐ時代の推移や調理法が異なっても廃れなかった。

そもそもが、牛バラ肉の細切れ煮付けと、斜に刻んだ青ネギを薄口醤油ダシで、ひと煮立ちさせる肉うど

んは、文明開化と富國強兵の明治なかばいらい、軍都廣島の町場に根づいた庶民の〈ご馳走〉であった。

いまから半世紀余りをさかのぼる一九六〇年代の当地で、うどん屋は数あるなかでも三角屋の衰亡後、よく親子同伴で通ったのが市内本通四丁目（木定＝きさだ＝楽器店ななめ向い）の〈ちから支店〉だった。ちょうどそこでアーケードが途切れる本通商店街の西端（旧・横町）から約二〇〇メートル先の元安橋を渡ると平和公園にゆきあたる。街をゆく巡礼者のながれでいえば、原爆慰霊碑をはじめ墓碑やモニュメントなどに黙禱をささげた帰路、紙屋町や八丁堀界隈の繁華街へと向かう道すじでもある。

本通四丁目の支店にたいし、当時の中國新聞本社（現・デパート〈三越伊勢丹〉広島店）まえの胡町電停を降りて北側の鉄砲町・流川教会から幟町の平和祈念聖堂（広島女学院大學）へと向かう道すじにあたる、ちから本店（現存）との関係や沿革について詳しい事情は知らないが、いずれにせよ試行錯誤をくり返して作りあげた秘伝うどんダシつゆ味を大量生産によっても落とすことなく、市内外に一九七〇年代以降、店舗数を右肩あがりに増やしつづけて、うどん店チェーン展開で成功した。とくに八丁堀・本通など市の中心部に集中して街なかのいたるところに看板が見あたる現・ちから（現在、三一店舗）は名実ともに〈広島のファストフード〉となる。

〈株式会社ちから〉の沿革は一九三五（昭和一〇）年六月、和歌山のうどん屋〈力餅食堂〉からの暖簾分けによって現在の本通一丁目で創業した。戦争末期の一九四四年には市中大半の飲食店と同様、事実上の休業状態に追い込まれたまま、店舗は原爆投下の日をむかえて焦燼と帰す。戦後七年の休眠を経て一九五二年に鉄砲町（現・本店兼チェーン本部となっている）での再開にこぎ着ける。一九五五年の有限会社化、のち一九八一年に株式会社となって現在にいたる（同社のホームページ:www.chikara.jp/contents/history.php）。

ちから支店当時、食券売場から〈白（ハク）一丁!〉と調理場へ声がかかる。これ即ち、素うどん一杯のオーダーを意味すると、小学生が符丁を聞き分け常連客をきどっていたわけだが、いまにしておもえば、なんとも、くつばいい（広島弁で、こそばゆい、照れくさいの意)。肉うどん(符丁は肉う)や天ぷらうどん(天う)をはじめ、麺を日本そばに換えることができる麺物と肉丼(牛肉と青葱を甘辛い割下で炊いた具が載っている)などの丼物にくわえ、あんころ餅、おはぎ、いなりずし、赤飯ほか腹持ちをよくするサイドメニュー(力餅食堂いらいの和菓子製造・店頭販売)もウケて、午前中から夕食どきまで木製食券札を呼びあげる符丁の声が飛びかう。相席はあたりまえで客足が引きも切らない繁盛店だった。せまい店だとの印象も、ゆくたびに混んでいたからがゆえだろう。

明治以降、のちに語り草となる〈日本一うまい肉うどん〉の三角屋(看板の屋号「三角」)のばあいがそうであるように、その栄枯盛衰には、ときの世相がにじんでいる。

そして〈軍都〉ならではをおもわせる、いかにも得心のゆく事情が名物をうむことになる。

というのも、それまでの民營と市營の畜場を統合して廣島市福島町に一九一四(大正三)年開場した市營家畜市場(現・西区福島町の広島市中央卸売市場食肉市場の前身)の屠殺場は、帝國陸軍〈兵站〉の膨大な需要に応える規模を誇った。くわえて、近接する呉鎮守府や江田島の海軍兵學校、廣島灣にひろがる天然の要塞に錨を下ろして浮かぶ軍艦船への補給をも十全に賄ったうえで、精肉加工段階で生ずる余剰のスジ肉や切り落とし肉、臓物などの類いが、日清・日露の戰役に始まる後方兵站からの、いわば〝お零れ〟として、なりゆき巷に供給されたのであった。

ふるくから宇品陸軍糧秣支廠の缶詰工場(現・南区宇品御幸の郷土資料館附近)では、廣島縣内をはじめ岡山―熊本間の畜産組合から牛を購入して牛肉大和煮缶詰の量産製造をつづけた(特別展「廣島缶詰物語」広島市郷土資料館、二〇一五年一月二四日～四月一二日開催)。

のちに中國東北部(旧滿洲)や山東半島、内モンゴル(内蒙古)産の牛も使用して生産量を飛躍的に増加させる。たとえば、一九二一(大正一〇)年に年間五八三五頭、一九二三(大正一二)年には同じく約七〇〇〇頭の牛を使用したとなっている――松岡國松『廣島罐詰業沿革誌』(一九二三刊)を原資料として引用した広島市郷土資料館企画展・展示解説パンフ『陸軍の三廠——宇品線の軍需施設』㈶広島市未来都市創造財団・同資料館、二〇一四刊）から。

さらには国産の羊毛を確保するため、軍部による食用でない目的の畜産が奨励されたこともまた食肉の増産と流通に拍車をかけた。〈日清・日露〉の戦勝に沸いたかげに、兵士たちは大陸の厳寒に凍えるおもいに耐えた。のちのシベリア出兵にさいして純国産の羊毛が、なんとしても不可欠との兵站への要望は、いきおい〈牧羊〉大増産の号令につながる。

昭和の戦前期、軍都の繁華街には甘辛のタレをからめた炭焼き〈串刺し焼き羊肉〉のけむりが濛もうと立ちのぼる。目あたらしいところではジンギスカン〔成吉思汗〕料理の看板が、きわだって増える。赤提灯を点す一〇軒余りの〈うどん屋〉がならぶ塚本町や、西地方町の三角（屋）ばかりでない、肉うどんを〈売り〉にした縄のれんが町じゅうの、あちらこちらに点在した。

●闇市に溢れ返った隠退蔵物資

やがて戦争末期、統制経済によって、まともには手に入り難くなった糧秣（穀物であったり希少な砂糖にいたるまで）がヤミで横流しされた。軍部とつるんだ地方財界の牛耳る軍都廣島に特有の台所〈舞台裏〉事情が、その町場を取り仕切った。原爆が投下されるまで、ほとんど空襲にさらされることなく〈軍・官・民〉の特権階層は国じゅうが戦時困窮に陥っていたにもかかわらず〈衣・食〉足りて、なに不自由ない銃後の暮らしを送ったというからオドロキである。

原爆の投下された日も、タテマエ上は〈本土決戦に備えて〉との名目で底をついているはずの兵站〈備蓄物資〉が早朝から、勤労動員と称して公然と出動した各職域の義勇報國隊などによって、次つぎと廣島市内から郊外は佐伯・安藝・安佐・賀茂郡ほかの周辺郡部へと運ばれた。

一九八二年の東映ヤクザ映画『制覇』劇中で小林旭が演じた主人公のモデルとなった、またの名を〈天一坊〉と呼ばれた波谷守之《はだにもりゆき》（一九二九—一九九四、のちの波谷組組長）は当時一六歳。そのあさ波谷たちは、渡邊義勇報國隊の勤労奉仕で早朝に出動する。

渡邊義勇報國隊といえば敗戦まぢかの一九四五年六

月、往年の〈廣島随一〉とうたわれたヤクザの大親分・渡辺長次郎（当時四一歳）が直系の舎弟にくわえ、そのころすでに廣島市内大半の博徒が渡邊の舎弟となっていた五〇〇人余りを束ねて組織した。

生前の波谷本人と周囲の関係者らにくり返し面接をして聞き書きした正延哲士『続・最後の博徒——波谷守之外伝』（三一書房、一九八四刊）によれば、

〈渡辺長次郎が急激に力をつけてゆく過程は、軍との関係を無視することはできない。彼は軍隊の中でも特殊な地位にあった憲兵隊の中川正男準尉〈准尉——引用者・註〉と親交をむすぶ。渡辺に資金援助をしたという「石州（石見国・島根県）浜田の宇都宮財閥」という地方の資産家や、広島の陸軍兵器廠で最大の部品下請工場だった旭《あさひ》兵器の桑原秀夫社長を紹介したのも中川正男であろうといわれている。桑原の妻は渡辺の兄弟分・津村是義の妹という縁もあったが、何といっても現役の憲兵準尉の肩入れは大きい〉。

波谷の記憶によると、

〈渡辺宅で中川を何回も見ているし、原爆のあと地御前にいるときもトラックで食糧を運んできてくれたり、渡邊の二代目（跡目）を決定するときにも来ていた〉

というし、伝聞だと断りながらも中川准尉の素姓については、

〈広島県大竹市の中川出来太郎親分（大正末、日本国粋会広島本部長、広島県議会議員や、大竹町の町長などにもなった。大阪の博徒初代直嶋の舎弟であったともいう）の甥〉

で、

〈若いが貫禄のある知的なタイプ〉

との人物評定をしている。

〈戦争末期、広島の憲兵隊司令部は、山口県の岩国市へ本部を置き、広島市内には分遣隊が残っていた。中川正男準尉は、市内残留の分遣隊にいた。そういう人物が渡辺長次郎の舎弟になっていたのだから、渡辺組への軍の庇護は格別だった〉……。

爆心（地）から約一〇キロメートルの西郊、廣島驛から四つ目の省線廿日市驛に降り立つ。

〈……いつもより少し早く起きて列車に乗り、「渡辺

義勇隊」が根拠地にしていた地御前の旭兵器〔正確には旭兵器製作所地御前工場。この工場へは、広島県立第一中学校教師十人、学徒五百二十人なども動員されていた。旭兵器には他に吉島町、南観音町〔いずれも現・西区〕にも工場があった〕へ向かっていた。〔中略〕……波谷たちがホームに降りはじめた時、ピカッ！　と強い光があり、続いて地鳴りするような爆発音を聞いた。

彼らは、

「〔廣島市東部の安藝郡〕府中（町）の彈薬庫でも爆発したんじゃろうか」

と、話しあいながら、地御前へ向かった。

旭兵器の渡辺事務所へ着くと、

「広島にえらい特殊爆弾が落ちたぞ」

と、いっている。〔中略〕

渡辺組ではすぐに船を手配し、元気な若者が乗り込んで広島へ向かったが、海上から見える広島市の上空には巨大なキノコ雲が残り、市街はいたる所が燃えていた。京橋川の河口に着船して宇品町〔現・南区〕に上陸し、平塚町の渡辺長次郎の家〔爆心（地）から東南方向へ一三〇〇メートル、現・中区西平塚町〕を目ざしたが、御幸橋〔爆心（地）南東二二六〇メートル〕あたりまでの建物が倒壊していて業火はどんどん広がっている。入って行くことも、近寄ることも出来ない。その間にも、ぼろぼろなった被爆者たちが、虚ろな目をして、よろめき逃れてくる〉……。

波谷少年はピカドン直撃の難は逃れたが、かくして六日当日中に親分の安否を捜索するために入市した。比治山に登って一夜を明かした翌七日、

〈……波谷らは親分を探して被爆地を彷徨い、二次被爆してしばらく病臥する〉

と、同じく正延哲士『波谷守之――〈最後の博徒〉への鎮魂歌』（洋泉社、二〇〇一刊）は誌している。

軍都の利権に寄り添い、それを隠然と掌握する渡邊組長が命じた〈出動〉であった。

そしてまた、原爆で廣島〈ウラ社会の頭目〉である渡辺長次郎をうしなったことは敗戦直後の廃墟に出現したヤミ市〔廣島市では駅前の荒神町界隈〕での主導権争いが高じて、やがて〈第一次広島抗争〉へとつなが

る要因の一つとなる。

広島抗争とは、広島から呉市にまたがる暴力団どうしによる延えんと二五年にわたってくりひろげられた愚かなる殺し合いのことを指す。

のちに網走刑務所服役中の美能幸三[3]（美能組の初代組長）獄中手記をもとに広島抗争の実録を飯干晃一[4]が描いたモデル小説（『週刊サンケイ』初出）が原作となっている。ひと呼んで「仁義なき戦い」は深作欣二[5]監督でのシリーズ映画化もされた[6]。

壊滅以前の〈軍都廣島〉水面下にうごめいた知られざる裏面史もまた、ことごとくが灰燼に帰した。それを知る人びともまた消え去った。

被爆当時の廣島市役所配給課長で、のち一九四七年四月に初代の公選市長となる濱井信三の著書『原爆市長』（前掲第三章318ページ註（12））によれば、濱井は被爆直後の廣島で配給食糧や衣料品などの調達にあたるさい、第二總軍司令部が壊滅した陸軍とかけあい〈隠退藏物資〉を放出させている。陸軍被服支廠から〈軍用被服一式、一万梱一〇万人分〉の提供を取り付ける。

ただし、じっさいに市民に配るため引き取ったのは五〇〇〇梱・五万人分。さらには呉鎮守府の海軍から輸出用綿布の大量払い下げをうけてもいる。

宇品線沿い比治山南麓の被服支廠（出汐町）倉庫から、縣下の各地に分散して大量ストックされていたことは敗戦直後の混乱期、夜陰に乗じてトラックを乗りつける手口でゴッソリ強奪したヤクザ者ばかりではない。生きてゆくために選択の余地なく、飢えたオオカミにひとしいヤミ屋となったひとたち（元軍人や一般人――ごくフツーの人びと）の暗躍が証明している。

なによりも運ばなければ、そこに物はない。いみじくも八月六日早朝、市中の倉庫から軍用毛布を山と積載したトラック二台が佐伯郡山中へと向かった。途中、トラック木炭燃料の補給に立ち寄った佐伯郡五日市町の製材所でピカを東の空に目撃した次の瞬間、恐るべき衝撃で気をうしなったという運転手（当時四五歳、一九七五年に七四歳で死去）に聞いた話である。

廿日市驛にいた波谷少年らばかりではない。

〈猫の手も借りよった（笑）。あんとう（あれほど）に隠匿せんにゃあいけんほど、物資がようけえ（たくさん）あったんじゃから、おかしげなことよー

ねー〉

……と、元運転手の老人は苦笑を浮かべ、ひとごとのように語った。

むろん、軍用毛布ばかりでない兵站の隠退藏物資は、おそろしいほど無尽藏にあった。

戦後ヤミ市にながれ込んだ米や麦などの穀類、砂糖、非常食の乾パンは言うに及ばず、ドラム缶入り食用油、官給服や下着、布地にいたるまでの衣料をはじめ軍の隠匿物資は、各地〈ヤミ市〉を取り仕切るヤクザにとって旨い汁を吸うボロいしのぎ〈収入や収入を得るための手段〉が約束された恰好な利権となって喰い荒らされたのであった。

血なま臭ささも厭わないヤクザ者にとっては、ぬしをうしない放置された隠退藏物資のなかでも、うかつに扱えば危険きわまりないために、〈厄介もの〉扱いで誰も手を出そうとしない膨大な量の彈薬類さえもが宝の山と映った。じっさいに一〇〇万円単位の現金をわしづかみにして高笑いした無頼漢らもいた。

そうした敗戦後の混乱期うごめいた知られざる〈暗部〉のありさまは、本堂淳一郎の描く『悪魔のキューピー――「仁義なき戦い」外伝・大西政寛の生涯』(洋泉社、一九九八刊)、あるいはまた同じく本堂淳一郎のルポルタージュ傑作選『広島ヤクザ伝――「悪魔のキューピー」大西政寛と「殺人鬼」山上光治の生涯』(幻冬舎アウトロー文庫、二〇〇三刊)にも、その一端が書き込まれている。

そのとき二七歳の大西政寛は一九五〇年一月一八日払暁、連続殺人容疑者〈殺人鬼〉として指名手配中に立ち回り先の呉市東鹿田町で四〇人の警官に包囲され、拳銃で〈警官二人を射ち殺し〉た銃撃戦のあげくに射殺された。ともに呉市にうまれ育ち、かたや〈広島ヤクザ抗争〉主役のひとりになる波谷守之とは兄弟分にあたることから、必然的に大西の〈短い生涯〉を描いたそこに波谷の足跡がつながりある人間模様として登場してくる。

それにしても〈戦争中、食糧に困ることはなかった〉とは、当時のじっさいを肌感覚で知らない戦後うまれの筆者にとっては意想外というか、にわかには信じがたい。

〈結果的に軍部の庇護のもと、あまた特権を享受しつづけた〉との一被爆者による告白が、しかし〈戦後は一転して、その日の糧にも窮した〉ということは、とりもなおさず國家總動員という名の下に兵站を掌握する〈軍・官・民〉が結託し、いかに彼らが私腹を肥やしたか――というカラクリ（図式）が見えてくる。つまりは、そういうことなのであろう。

ある軍人は自身が被爆したことを〈天罰〉だというが、いかようにも自戒は勝手である。

だがしかし、まったく罪のない無辜の当事者たる、おおぜいの被爆者にたいして天罰が下ったというのであれば聞き捨てならない。悲しみの淵に憂え悶える人びとにツバするにひとしい。そうした、あまりにも無神経な、こころなき〈世迷い言〉が口をついて出るのも戦後〈焼け跡ヤミ市〉勃興の熱に冒された衆愚を、これさいわいにと手ダマにとり、己が利得に転じて取り込んだのがヤクザ（暴力団）。そして公職追放で下野した保守政治家（保守政界）とが代表格であった。GHQ對日支配の間隙をついて恰好の草刈り場とした、つわものどもが夢の跡かた。戦後混乱期に乗じた蓄財を原資に對日占領解除後、にわかに巨悪が息を吹き返して表舞台へと踊り出た事跡は物語る。

外出がゆるされると、かならず三角屋の肉うどんをむさぼり喰うと西の遊郭（小網町）まで一目散に向かったと回想する下士官の青年は後の被爆時、船舶司令部の主計准尉になっていた。

庶民にとって食材に牛肉を使う、すこしばかり贅沢な〝ご馳走〟秘話におもいをいたす。

その肉うどんは戦前の「軍隊調理法」にも登場する。戦時下の陸軍糧秣本廠高等官集會所が発行した『野戦給養必携』（昭和一五年一二月一日「検閲済」配附）には、滋養を摂る温かい献立〈温食給養〉の一つに〈カレー南蛮うどん〉とならんで調理法が指南されている。たかが肉うどん一杯だが、されど、その丼一杯には、軍國ニッポン〈近・現代〉に渦巻いたセピア色の情景が凝縮して盛り込まれ、ときどきの世相がにじんで薫り立つゆげを立ちのぼらせた。

● 〝残酷〟を撮る幻の大作シナリオ

沿海の樂々園から北東に奥まった佐伯郡の旧八幡《やはた》村や、同じく石内村《いしうち》（のち五日市町に編入）をはじめ、さらに山奥の砂谷村《さごたに》や水内村《みのち》、上水内村《かみみのち》（一九五六年に三村が合体して湯來《ゆき》町となる）いずれも現在の佐伯区（内陸部）方面ゆきボンネットバスは一九六〇年代当時、電車・樂々園停留所まえの広場を駐車場がわりに折り返し運転をしていた。樂々園のバス停（兼、営業所）は、広島バスセンターから直行便で湯來方面との間をむすぶ以外のローカル区間にダイヤ編成をされたバス便の起点だった。

　樂々園始発の広電バスに乗って三〇分ほど山間部に分け入った石内村というのは現在の広島市佐伯区五日市町石内地区。さらなる山あいの奥深くへと大規模宅地造成や山陽自動車道ＩＣ物流センター建設をはじめとする開発の波が押しよせる石内地区は昨今では別名「西風新都」と呼ばれている。

　往時はなかった新道がトンネルを掘り抜いて開通して以降、それまでの遠まわりとなる樂々園を経由することなく、石内地区と広島市中心部との時間距離はグンと縮まった。

　旧石内村といえば、映画監督・新藤兼人（本名は兼登）の知る人ぞ知る郷里でもある。

新藤がはじめてメガホンをにぎった監督第一作で一九五一年度の大映京都作品『愛妻物語』につづいて、翌一九五二年の近代映画協会と劇団・民藝の提携作品『原爆の子』（原作は前掲の長田新・編『原爆の子』）を撮ったことによって地元廣島では一躍、その名が知れわたる。

　二〇〇八年の夏、九五歳。なおも現役のシナリオライターで映画監督。そのとし最新の原作・脚本・監督作品『石内尋常高等小學校——花は散れども』が同年九月二七日に封切られた。

　製作は近代映画協会とバンダイビジュアル、テレビ東京、それに配給元でもあるシネカノンを加えた製作委員会があたる（公式ＨＰ：www.shindo95.com）。それまでに合計二四〇本余りの映画シナリオを手がけた新藤にとっては四八本目の監督作品となる。

　また映画の封切りに先行して同年八月、その「撮影日記」とシナリオを収めた書き下ろし本が書店にならんだ（映画と同名タイトルの岩波現代文庫）。

　撮影日記を読んで気づいたのは映画のロケーションで二〇〇七年八月二六日から二カ月間、広島のシティ・

ホテルに滞在中、やたらと好んで新藤監督は肉うどんを〈食して〉いる。広島にゆく以前にも帰京してスタジオ作業に入ってからも、それは変わらない。

にっかつ撮影所の食堂で一杯三〇〇円の肉うどんが、広島リーガロイヤル・ホテルのルームサービスでは同じく一七〇〇円と、しるしている。

おおよそ映画とは、なんら関係のない話にもおもえるが、老監督にとって郷里廣島を語るうえで〈肉うどん〉は、自身の内なる記憶を呼び覚ます一つのキーワードなのかも知れない。

一九一二（明治四五）年四月、石内村和田の農家にうまれた新藤は、こう述懐する。

――いまでは、石内から広島市中心部まで、のちに開通したトンネルを利用すれば、自動車で三〇分もあればゆける。だが、〈子どものころは、お母さんと峠を二つ越えて、あさ早くから歩かないと、昼には着けなかった〉

……と（前掲・岩波現代文庫から）。

廣島の陸軍騎兵第一一聯隊に入営した兄との面会日、兼登少年は母親と峠を二つ越えて市内へと歩いて出かける。營庭での面会を終えた帰途、街なかのうどん屋ですする肉うどんが少年にとっては、なによりの楽しみだったと、そんな述懐も見あたる。

なるほど、廣島人ならではの前述〈三角（屋）の記憶〉にも通じる幼いころの想い出を監督は、さりげなく円熟の老境「撮影日記」に織り込んでいる。

新藤監督ばかりではない。たとえば、一九四六（昭和二一）年に鹿児島県大口市でうまれたミュージシャン吉田拓郎は幼いころからの広島育ちである。県立皆実高校を経て一九七〇年代の初頭、広島商科大学（現・修道大）卒業後、ＣＢＳソニー移籍と同時発売の自作楽曲シングル盤レコード「結婚しようよ／ある雨の日の情景」（オリコン・チャート三位＝四〇万枚）、「旅の宿／おやじの唄」（オリコン同一位＝六〇万枚）と立てつづけに大ヒットを飛ばした。〈フォークソング大衆化〉の火付け役にして当代ミュージックシーンの大御所がＴＶ番組中、かつて、広島フォーク村を背負って立つ〈和製ボブ・ディラン〉と呼ばれた青春の日々をふり返り、ちからの肉うどんによせる熱い想いを語る。中区鉄砲町の同本店内ロケで、肉うどんをすするシーンを見せつけられた覚えがある。

一九七〇年代といえば他にも記憶の引き出しには、広島・舟入のグランドキャバレー香港近くのジンギスカン焼肉店で仕上げにすする肉うどん。旧・赤線地帯（かつての東遊郭）弥生町で終夜営業するホルモン店の鍋焼き肉うどん……そんな変わり種にも、あれこれと出遭った。

それぞれにウマい肉うどんは数あれども、戦前・戦中・戦後をつうじて新藤監督ならずとも〝広島人〟が慣れ親しんできたのは、くだんの三角（屋）が代表格〈日本一うまい肉うどん〉の系譜につらなる〝旧懐のそれ〟なのである。

峠二つ越えた街へ出て食べた味を懐かしむかのように老監督は定番のオーダーをくり返す。

かつての石内村といえば、直線距離では広島市の近郊だが、地勢的には辺鄙な山里だった。

うまれてはじめて新藤が郷里を離れたのは石内尋常高等小學校の修学旅行だという。奈良の三笠山を訪れたさいに偶然、活動写真のロケーション現場に出くわし、映画に憧憬《あこがれ》をいだく。尋常高等小學校を卒業した少年は村を出た。一九三八年作成の自筆年譜によれば、庄屋の家にうまれた四人兄弟の末っ子は少年時代、〈家が傾き、貧乏少年となって西日本各地を流浪す〉。

一九三四（昭和九）年、新興キネマ（戦争中の昭和一七年、大映に統合された）京都撮影所に入所したのを皮切りに七八年にわたる映画人生は始まる。二〇一二年に一〇〇歳で、なおも現役のまま天寿をまっとうした。

入所時の現像場（部）から美術部へ移って水谷浩（一九〇六―一九七一）美術監督の助手をつとめ、さらに溝口健二監督（一八八九―一九五六）のもとで助手をしながら脚本をまなぶ。

一九四三（昭和一八）年三月、松竹京都興亜キネマ撮影所による企画で内田吐夢監督『陸戦の華・戦車隊』の脚本をまかされることになった新藤は、関東軍報道部指導のもとに滿洲映畫協會〃満映（甘粕正彦理事長）との共同作品の企画を携え、芦田勝・京都撮影所長と内田吐夢監督（一八九八―一九七〇）の三人で海をわたる――内田吐夢[7]『映画監督五十年』（三一書房、一九六八刊）によれば、

〈（三人は）関東軍と満映への挨拶かたがた、ロケハンに渡満した〉……。

それ以上はない強力な後ろ盾に陸軍情報局、陸軍機甲本部、習志野騎兵學校、富士少年戰車學校の後援を取り付けた〈大戰争スペクタル映画〉は、しかし結果的には実現しなかった。

〈企画当初のタイミングは戦局の不利と共に無惨にも打ち砕かれて、新藤君は徴用で召集され、脚本は宙に浮き、すでに満洲には戦車の影もなかった。〉

……

海軍では特攻兵器「回天」「震洋」の実用化がきまるなど、外地での日増しに悪化する戦局から、早くも〈本土決戰〉が取り沙汰され始める事態をむかえた一九四四（昭和一九）年春。ロケハンいらい、内田監督作品の企画が暗礁に乗りあげたまま、京都・太秦の興亜映畫（現・㈱松竹撮影所）を経て松竹大船撮影所脚本部へと移ったばかりの時期に、新藤は召集令状を受け取る。

三二歳で應召・入營した新兵（二等水兵）に与えられた任務は、寶塚音樂學校を接収して全国から数千人にのぼる少年を収容した寶塚海軍航空隊での予科練生＝海軍豫科練習生の世話である。とはいえ、それは来る日もくる日も炊事に洗濯、屎尿の汲み取りなど雑役のくり返しだった。

晩年、みずからの軍隊体験をもとに原作・脚本を書いて、自身も〈証言者〉として出演したドラマ仕立ての自伝的セミ・ドキュメンタリー映画『陸《おか》に上った軍艦』（二〇〇七年八月公開）の原作本『生きているかぎり――私の履歴書』（日本経済新聞社、二〇〇八刊）の「兵隊物語――敵は米国にあらず」章をはじめとする新藤本人の回想によれば、

〈大劇場の客席は階段教室となり、大舞台は雨天体操場、中・小劇場は予科練の居住区になった。滋賀海軍航空隊宝塚分遣隊の看板があった。（中略）

過酷な私的制裁が待っていた。隊の玄関には野球のバットをひと回り大きくした「直心棒《じきしんぼう》」（海軍で初年兵教育に用いられた精神棒の異称――引用者・註）が掲げてあって、墨痕鮮やかに「大東亜戦争完遂を祈る」と書いてある。これで兵隊のケツを殴るのだ。暗闇の営庭に整列し姓名を名乗って、軍人勅諭五箇

条の〝御誓文〟のひとつ、「軍人は忠誠を尽くすを本分とすべし」と股《また》を開いてケツを突き出すと、上水（上等水兵）の直心棒が唸《うな》りをあげてとんでくる。踏ん張りが悪いと吹っ飛ぶのである。五箇条だから五つ数えれば終わる。殴る兵も汗だくになり上半身裸となる〉……。

こうして年下（一九歳）の上官から、

〈貴さまらはクズだ！　何の役にも立たないクズだ。生きている値打ちもないクズだ！〉

と理不尽に殴られつづけた。

軍人精神を注入する（叩き込む）と称して直心棒で打ちのめされた新兵の尻は、幾すじもの紫色のミミズ脹れに腫れあがる。あまりの痛みに眠れない夜を耐えながらも内心は、

〈クズではない。国の命令を受けて親兄弟妻子と別れてやってきた人間だ。

直心棒は毎夜続いた。わたしたち雑兵のタマシイをたたき直すつもりである。だが、わたしたちは、アメリカと戦争するのではなく、帝国海軍と〔の〕戦争だと思っていた。

司令〔官〕が朝礼で「ニューヨークで観艦式をやるんだ」と叫んでいた〉……。

週一回、寶塚市内の民家に貰い風呂に出かけるのが唯一、いのちの洗濯だった。やがて二年兵になって消防隊の班長となるが、けっきょく水兵とは名ばかり。外地の戦場に送られることはおろか艦上勤務につくことさえなかった。度かさなる空襲下、寶塚ゴルフ場での本土決戦に備えての演習と塹壕掘りとに明け暮れるさなかの一九四五（昭和二〇）年八月一五日〈終戦〉をむかえる。

敗戦から二カ月後の一九四五年一〇月まで、寶塚歌劇團と同音樂學校を原状回復するための残務整理に動員されたのち、ようやく復員をゆるされた新藤は、いったん廣島縣尾道市に居を構える長兄（元警官）のもとに身を寄せる。いちめんの焼け野原となった被爆直後の廣島へと、救護隊看護婦として入市し、それを目のあたりにしていた兄の家に同居する次姉（当時、尾道の病院で婦長をつとめる）から、その逐一を語り聞かされる。

〈姉が語った。

「そりゃあもう目もあてられん状態じゃけェ、あっちにもこっちにも黒焦《くろこ》げになった人が転《ころ》がっとるんよ。だれがだれやら見分けがつかんのじゃ、むごいことじゃ。あっちこっちで〔遺骸を〕焼いとるんじゃけェ、たまらんのよその匂いがのう、赤ん坊を抱いたまま死んどってんよ、電車でも焼け死んどりんさる。腐って蛆《うじ》がわいとりんさる。薬がないんよ。ヨードチンキを塗るぐらいじゃのう、死に水をとったげるためにきたようなもんじゃったよ」

わたしは数日後、ヒロシマへ行った。焼けた駅前に茫然《ぼうぜん》と立ちつくした。焼跡をとおして海まで見えた。これが広島かと思った。別の街に思えた。コンクリートの建物は破壊されたが、ところどころ残っていた。日本家屋は一物もない。〉

（後段『新藤兼人・原爆を撮る』⑴「原爆の子」章「姉が広島で見た光景」項から）

尾道の街で敗戰直後に渦巻く、異様な活気と商人宿の看板〈待帆荘〉を見てひらめいた新藤は、まもなく意を決して松竹大船にもどる。

翌一九四六年に溝口健二監督作品『女性の勝利』で脚本家デビューした同年、自作シナリオ「待帆荘」はマキノ正博監督によって『待ちぼうけの女』と題した映画化の運びとなって注目を集め、新藤の出世作となる。のち一九五〇年に松竹を退社して吉村公三郎監督（一九一一―二〇〇〇）らと独立プロ・近代映画協会（近代映協）を設立するにいたる。

二〇〇五年の著書『新藤兼人・原爆を撮る』（新日本出版社刊）は、

⑴前掲『原爆の子』

に始まる全五本の原水爆をテーマにした作品――

⑵『第五福竜丸』（一九五九年二月一八日に封切り）、

⑶8・6（RCC中國放送とTBSテレビで一九七七年八月五日放送後、全国映画センター配給で上映）、

⑷『さくら隊散る』（一九八八年上映）、

⑸『原爆小頭児』（テレビ朝日、一九七八年八月六日放映）。

くわえて、ついに〝悲願の映画化〟を果たすことができなかった新藤兼人の未発表オリジナル・シナリオ「ヒロシマ」全篇、及び〈「あとがき」にかえて――短

編小説「蟻」〉が収録されている。同シナリオ冒頭に附した「創作ノート」に新藤は、こうしるす。

〈この映画は広島に投下された原子爆弾の実態を描くものである。

原子爆弾を投下したのは、何処の国か、原子爆弾はどんな殺戮力をもっていたか、広島市民は何十万〔人〕ころされたたか、残留放射能はその後どんな風に人間の内臓を破壊したか。

これらの問題は、よく研究され、明らかになって、世界の人たちは、研究結果の数字はよく知るところである。

しかし、大切なものが残されている。それは原爆の『残酷』の問題である。一秒二秒三秒の間に何が起きたか。白閃光に人間が焼かれ、爆風に人間が吹き飛ばされ、何万という人間が悶絶した。その実態は、だれも示していない。

原爆を発明した科学者たちが原爆投下の成功に喚声をあげているとき、広島の人間は死に向かってのたうちまわっていたのだ。

〔中略〕

原爆が投下された、人が殺された、あと広島が壊滅された。映画はその三段階の場面と取り組む。〉

……〔後略〕

全五〇〇字に満たない簡潔なプロット「創作ノート」を、こう、むすぶ。

〈映画『ヒロシマ』は、そういう一秒二秒三秒の映画である〉

と。

この引用にあたって、なぜ全文でなく七〇字余りを、とりあえず〔中略〕としたかには意図がある。シナリオ作品の骨格でなく、もとより人類初の核兵器使用と爾来の展開について、作者がいだく反核思想の前提となる洞察力を示すくだりは、囲みを分けて特筆するにあたいするとかんがえたからだ。いわく、

〈アメリカは、原爆がどれほどの威力が、あるか、試して見たかった。試しに人殺しをやったのだ。戦争をする人は、どんどん人を殺すことが、勝つことだと思っている〉……

との達見（七〇字余り）に集約された原水爆禁止をうったえる怒りの原点でもある。

●帰還して見つめた原子野

そうした見識と似た観点から原爆投下の標的となった広島のことを、いち早く「実験都市」と呼んだのは、作家デビューまえの梶山季之〔後掲359ページ〜〕であった。自身が主宰する同人誌『希望』№6（エスポワール出版部、一九五四年六月）に発表した創作短編のタイトル「実験都市〈その一〉」がそれである。

ともに旧制廣島高等師範〔現・広大〕國文科在学のころから梶山を知る同世代で文学なかまのひとりでもあった中國新聞記者（のち論説主幹、広島平和文化センター理事長）大牟田稔による論考「梶山季之と原子爆弾――2冊の「取材ノート」を読む」〔梶山美那江［編］『積乱雲・梶山季之――その軌跡と周辺』（季節社、一九九八刊）所収の一篇〕によれば、

〈ABCC（原爆傷害調査委員会）は原爆投下後、広島と長崎に設立した合衆国の調査機関だが、梶山のノートは詳細である。組織や人員、調査内容や被爆者とABCC側との交渉など取材は広範〔囲〕である。例えば一九五一年にABCC総人員は九百十六名、うち広島は日本人五百七十八名、連合国人八十三名、計六百六十一名などと組織図を添えて記録されている。梶山は「実験都市」の題で短編小説を発表しているが、新聞記者を主人公にしたこの小説は、当時〝広島租界〟の異名で市民が近寄りたがらなかった比治山《ひじやま》のABCCを舞台に、人体への原爆放射線の影響を被爆市民を通じて無遠慮に調査する原爆投下国の医師らに作者の強い憤りが向けられている。〔中略〕

外国の資料や文献がほとんど入手できなかった一九五〇年代という早い時期に地元で執筆されていること、原爆投下は合衆国の実験だったとする仮説を題名ににじませている点で、貴重な作品といえる。〔中略、「原爆取材ノート」を読みすすむと〕……原爆乙女と呼ばれた傷ついた若い女性たち、多様な放射線傷害、全身のケロイドゆえに外国人記者から〝原爆一号〟と呼ばれた被爆者の話など、ノートは細かな文字で埋まっている。例えば、こんな具合に……

「原爆直後、人々が肉親の遺骸を掘り出していたとき、軍事物資の隠匿蔵や闇売りに踊った人々もい

る」

「太宰特高課長は原子爆弾の名称を禁止した。閃光式新型バクダンという名にせよ。ピカドン〔という呼び名〕生る（三日後位）」

「八月二十七頃、（被爆症状による死者を）解剖する決意。マッカーサーが厚木にくるまえなので、万一罰せられたら磔《はりつけ》になる、と言われた。県の衛生課長が解剖を許さなかった」

〔中略〕

被爆直後、性欲はどう変化したか、被爆で家庭が崩壊し戦後は組織暴力へ流れていった男の足どり、戦中威張っていた役人の権威は戦後変わったのか……〉

映画と小説のちがいばかりか双方、その表現方法においても異なるが唯一、にんげんの尊厳を脅かす〈度し難い戦争國家〉への不信と憤りの念に根差していることには相違がない。

おなじ海軍でも、やはり廣島市出身の阿川弘之（のちに小説家）は、いってみれば新藤二等水兵とは対極ともいえる軍隊生活を同時期に送ったひとりである。

一九四二（昭和一七）年九月、東京帝國大學國文科を繰りあげ卒業して〈學徒出陣〉した。

士官候補の豫備學生として佐世保海兵團に入隊した阿川のばあいは戰後、自身の作品に込めたメッセージが、どこか覚めている。

ひとを、にんげん扱いしない――ひとの尊厳を認めない軍隊にたいする〈ひとであるがゆえの悲しみと憂悶の情〉が心底から発するメッセージにみなぎる新藤とは、ずいぶんと異なる。がしかし、それは、かたや〈赤紙一枚〉によって有無をいわさず召集された一兵卒にたいし、いっぽうが志願して海軍士官となったその〈軍歴の格差〉だけでは説明がつかない。

入隊の翌一九四三（昭和一八）年八月、阿川は軍令部特務班付きの少尉に任官を命じられて大本營に着任する。約一年後、中國・湖北省東部の長江沿岸にひらけた〈武漢三鎮の一〉水陸交通の要衝――皇軍占領下の漢口（現・武漢市）へと赴任して〈通信・諜報〉の任務に就く。

阿川特務中尉は漢口に駐箚一年余りで日本の敗戦を

むかえ、いわゆるポツダム進級で大尉となる。

七カ月後の翌一九四六（昭和二一）年三月、博多に上陸して一路、山陽本線上り復員列車で廣島に帰還した。

廃墟と化した廣島市内。白島九軒町の実家は影も形もなく原爆で消失していた。

復員後まもなく、学生のころから志賀直哉に傾倒・師事していた阿川は小説を書き始める。原爆で亡くなったものとなかば、あきらめかけた両親との再会を果たす自身の体験を描いた小説「年年歳歳」を月刊総合誌『世界』一九四六年九月号に発表して文壇デビュー。この作品を収録したのちの単行本『春の城』[8]（新潮社、一九五二刊）は出世作となる。第四回讀賣文学賞を授賞する。

――物語の主人公が復員した郷里廣島は、いちめんの廃墟と化していた。

文字どおり戰爭に明け暮れた同世代の青春を淡々と抑制した筆致で描く。

〈第二次大戦下、一人の青年を主人公に、学徒出陣、マリアナ沖大海戦、広島の原爆の惨状などを伝えながら激動期の青春を浮彫りにする〉（『新潮文庫／解説目録』から）。

阿川には創作活動の初期に原爆をテーマにした小説「八月六日」、同じく「魔の遺産」などを収録した『魔の遺産』（新潮社、一九五四刊＝絶版）がある。著作集のほか再録・再版されることのなかった同書は後年、PHP文庫に入った。二〇〇二年のことである。

この小説家の名前を筆者は好むと好まざるにかかわらず、こどものころから知っている。

一九二〇（大正九）年一二月に広島市うまれの阿川弘之と、翌一九二一（大正一〇）年二月うまれの筆者の父とは同郷・同学齢で、なおかつ旧制・廣島高等師範附属中學の同級生という間柄で、進学した高等學校は異なるが、大學では再び同窓となる。

地縁が取り持つ幼なじみは、ともに學徒出陣した〈戰中派〉世代の数すくない〈生き残り〉でもあった。

あるとき湯河原の旅館で催された参加者数名のクラス会に出席した晩年の父が、当日の主役の小説家を囲むなかまたちと笑みを浮かべて収まるモノクロ写真の一枚を月刊『文藝春秋』の「同級生交歓会」グラビアに見つけた。父が七〇歳で大学教員を定年退職して何年か後の秋のことだった。

ぜひにと誘われれば参加を断る理由が見つからないと、ぼやいてはみせるがいっぽうで、年に一回開催される旧制高等學校の全国寮歌祭に参加するのを晩年の父は、ひそかに楽しみにしているようすだった。クラス会・同窓会の類いにも同様に、まんざらでもない表情をのぞかせた。

人生二五年（歳）との覚悟をせまられた戦中派世代に特有の諦観が、その倍以上になる戦後を生き長らえた感慨を、より深くするのであろうか。

鎌倉の寓居に泊った翌日、湯河原でのクラス会に出かけるその背中を見送りながら、ちょうど不惑の四〇歳をむかえたばかりの筆者は、そんな父親の内なる感慨に想いをいたした。

ひるがえって、戦後三〇年、取材先の香港で、ひとり客死した作家の梶山季之（一九三〇―一九七五）のばあい、それを他人《ひと》は名付けて〈無頼の戦後派〉と呼んだ。

父たち戦中派とのちがいはあっても、そこに共通しているのは、焼け野原の廃墟と化した廣島をまのあたりにした。すべてをうしなった虚脱からの再生を手探りで模索する戦後は始まった。

朝鮮總督府につとめる父親の任官地・京城（現・ソウル）でうまれた梶山は中學生のとき日本の敗戦にともない、一家そろって朝鮮半島から引揚げ者として親の郷里である廣島縣佐伯郡の地御前村（現・廿日市市地御前）に身を寄せた。したがって軍隊経験はない。原爆の洗礼もまぬがれた。このひとのばあい故國日本への〈引揚げ体験〉から戦後が始まったといえる。

在學中から文學をこころざしていた梶山は、旧制・廣島高等師範を卒業後の一九五三（昭和二八）年（同年、高師は現在の広島大学教育学部となる）四月、二三歳のときに上京した。

同年五月号『廣島文學』の実質的な編集と発行に携わったのを最後にして、被爆地ヒロシマで当時、盛んにくりひろげ始められていた〈原爆文學論争〉とは距離をおくことになる。

上京した年の九月から横浜鶴見工業高校の国語教師

になったのもつかのま、翌一九五四年の三月には早くも教職を去る。その後、父親の援助で東京・杉並に美那子夫人と喫茶店〈阿佐ヶ谷茶廊〉を開く。

同人雑誌懇話会を主宰し、同人誌『希望』（旧誌名『エスポワール』）発行所を兼ねるなど文学青年らの溜り場となる。やがて、三浦朱門[9]・阪田寛夫[10]・曾野綾子[11]・有吉佐和子[12]らの第一五次『新思潮』同人に一九五五年、村上兵衛[13]の紹介で加わる。梶山は同店で新思潮同人会を頻繁に開催する。夫人が病に伏したため、茶廊を一時閉鎖してバー経営者に貸した後の一九五六年一二月、こんどは文士や若い画家・学生たちでにぎわう酒場〈ダベル〉を開店したが、自身はしだいに文筆一本の道へと踏み込んでゆく。

ちょうど世の中が折からのミッチーブーム（そのとし一一月二七日、皇太子明仁と正田美智子の婚約が宮内庁から発表された）に沸いた一九五八（昭和三三）年。同年の七月に創刊した集英社『週刊明星』トップ記事を、当時一九歳の室伏哲郎（東大文学部中退）と受け持ち、斬り口あざやかな仰天ものスクープを連発して頭角をあらわす。

顕著な例をあげれば、本文をアンカー（・マン）の梶山が書き、タイトルを室伏哲郎がつけた同誌の特集ルポ「またコワくなる警察官――デートも邪魔する警職法！」（一九五八年一一月九日号『週刊明星』掲載）は、とくに〈堅いテーマを柔らかく書く〉ことを得意とした梶山の筆力が、いかんなく発揮された見本のような一篇として名高い。それは、たとえば〈六〇年アンポ闘争〉をめぐる小和田次郎（本名・原寿雄）と大沢真一郎の共著『総括・安保報道』（現代史出版会、一九七〇刊）も象徴的に取りあげている。

ときあたかも、いち早く先行して一九五六（昭和三一）年の二月、出版社系では日本で初となる体裁B5判サイズの週刊誌『週刊新潮』（新潮社）が創刊された。

翌一九五七（昭和三二）年三月には、日本で最初の女性週刊誌『週刊女性』が河出書房から。

さらに次の年も前出『週刊明星』や光文社『週刊女性自身』など。つづく一九五九（昭和三四）年、月刊娯楽雑誌『平凡』[14]の平凡出版から『週刊平凡』が。

戦前からの月刊総合誌『中央公論』[15]の中央公論社『週

刊コウロン』であったり、出版社系の週刊誌が相次いで創刊している。

さらには、新聞社系で新規に朝日新聞出版局から週刊『朝日ジャーナル』も創刊されて戦列にくわわり、空前の〈週刊誌ブーム〉が巻き起こる。

一九五九年七月に創刊された文藝春秋新社発行『週刊文春』で梶山（当時二九歳）は、そのデスク格をつとめた恩田貢（二七歳）、岩川隆（二六歳）、中田建夫（二四歳）ら新鋭にくわえて村島健一（筆名・矢野八郎／三四歳）が参加した社外の契約記者（後年の錚そうたるノンフィクション・ライター）五〜六人からなる梶山グループ――ひと呼んで、梶山部隊を率い、アンカー（・マン）として健筆をふるう。それは〈トップ屋〉の異名で一躍、脚光をあびた。

〈生き馬の目を抜く〉と例えられた熾烈な競争の内幕については、座談会「梶山季之と週刊誌戦国時代」を収載した『「トップ屋戦士」の記録――梶山季之＝無署名ノンフィクション』解説・立花隆、推薦・扇谷正造（発売・祥伝社／季節社、一九八三刊）[16]に詳しい。

同書の帯文「ノンフィクションの原点」で元『週刊朝日』編集長の扇谷は、総じて梶山作品が〈〃調べた小説〃であること〉に着目し、梶山は〈本質的にノンフィクション・ライターではあるまいか〉と指摘したうえで、その作品群に見られる真価は〈『軍閥の清算人――東条英機』[17]、『悲劇の帝王・大正天皇』[18]など幾つかの名作が思いうかべられるが、なによりも素晴らしいのは、その構成力である〉……と絶賛した。

やがて梶山は一九六一（昭和三六）年三月、それまでのトップ屋稼業を主体にしたスケジュールの転換をはかる。ひらていにいえばルポライターを辞めて作家生活に入った。

同年六月には結核療養のためにと入院した北里研究所附属病院の病床にあって、ある芥川賞作家の降板によるピンチヒッターとして起用された『スポーツニッポン』紙の新聞連載小説「赤いダイヤ」[19]の執筆を始める。これが事実上、梶山の文壇デビュー作となる。

じつは、この入院のいきさつじたい、梶山に書き下し長編小説を執筆させるために、光文社の文芸書籍編集者が当初、梶山の結核既往症に目をつけて、ルポやエッセイその他の雑文にくわえ、連続ＴＶドラマの脚本執筆にいたるまで、山のような日々のスケジュールに忙殺される梶山を一定期間〈カン詰め〉にし囲い込む苦肉の策を画しての〝雲隠れ〟をアレンジした、名目上〈療養〉にほかならなかった。約三カ月のあいだ北里の病室は〈小説を書くため専用〉仕事部屋の様相を呈した（種村季弘「『黒の試走車』[20]が世に出るまでのこと」──前掲『別冊新評「梶山季之の世界」追悼号』所収）。

一説によれば、一カ月に四〇〇字詰め原稿用紙に換算して一七〇〇枚をコンスタントに量産しつづける。まさにその〈モーレツ作家〉の仕事ぶりは超人的だったと──東京・紀尾井町の都市センターホテル一室に構えていた梶山の仕事場へ〈原稿取り〉にかよった担当編集者たちのあいだでは伝説化した語り草となる。

ただし、文学者としてのまなざしは〈広島・原爆〉と〈朝鮮・植民地支配〉への深い洞察[21]にくわえ〈移民・海を渡って棄民となったひとびとの流転──梶山の母親はハワイうまれの日系移民二世〉を三本柱に据えた構想で自身のライフワークとして取り組んだ大河小説『積乱雲』執筆途上、折しも、この取材のために単身で香港に滞在中の一九七五（昭和五〇）年五月一一日、四五歳の働き盛りに急逝した。

このプロフィル概略については旧梶山担当編集者の会（三土会）と梶山グループ［共編］『積乱雲とともに──梶山季之追悼文集』（季節社、一九八一刊）。及び前掲一九七五年夏号『別冊新評「梶山季之の世界」追悼号』（新評社）。やはり前掲『「トップ屋戦士」の記録』に拠った。

〈原爆・朝鮮・移民〉を主題にしたライフワーク『積乱雲』は取材段階で未完に終る。

作家自身の悔しさばかりにとどまらず、たぐい稀なるドキュメンタリストの早すぎる突然の死は、たんに〝梶山ファン〟ならずとも惜しまれた。

こころざしなかばで大洋小説『積乱雲』は未完の絶筆となる。というよりも〈東京・市谷の自宅書斎に遺された四種類の書き出し部分（草稿）は合計しても、四〇〇字詰め原稿用紙四二枚〉余りにすぎなかった。[22]

梶山が急逝するまで二〇年余り、こつこつとつづけた独自取材と資料蒐集──〈構想十年。緒についた大洋小説『積乱雲』への道程〉……とうたう本文一〇五三ページからなる前掲の『積乱雲／梶山季之、その軌跡と周辺』に集約されて日の目を見た。梶山の没後二三年を経て美那江未亡人が独自に編んだ大冊である。巻頭・第一部は労作「仕事の年譜・年譜の行間」。編者による詳細にわたる梶山の「完全年譜――全仕事・原稿料の変遷」が編年体で編まれている。

同「完全年譜」によれば、

〈「備忘録より」

○実験都市は長編とすべく、エスポ（自身が主宰する同人雑誌『希望』（エスポワール）のこと）に連載を試みるつもりなり。学徒兵（少尉）として在広した、司令官づきの士官が被爆、文理大に再入学、新聞社に入り、そして死亡するまでの十年を描く。

（昭30・5／24）〉

と梶山は書きとめる。

同書後段には〈原爆・広島〉をめぐる作品「実験都市〈その一〉」（前掲）、及び未発表の同じく「実験都市〈その二〉」二篇を所収。前掲・大牟田の論考をはじめ、堀ちず子(23)「知られざる被爆者救護・救援者たち――埋もれた記録の中から」。天瀬裕康(24)が「広島という実験都市からの話――その内蔵するものとその後の展開」を寄せた。

筆者の手もとに梶山季之の「鉄道草」と題した随筆の生原稿（未発表）のコピーが残っている(25)。

被爆から一年後の翌一九四六年夏、俗説に〈七〇年は草木も生えない〉……不毛の地と化したはずだった廣島の街に青々と鉄道草が生い茂る。積乱雲が沸きあがる天空の下、それは異常なまでに、たくましく成長していたことを、生き残りし人びとは過日の記憶に刻んでいる。

（1）「月光仮面」は一九五八年二月二四日に放映開始した国産TVドラマ映画の草分け的番組で最高視聴率68パーセントを記録する。KRT＝ラジオ東京TV（現TBS）が製作にあたる。以上は米沢嘉博・式城京太郎『2B弾・銀玉戦争の日々――昭和30年代　夢の少年王国』（㈱新評社、一九八二刊）及び、講談社編『昭和二万日の全記録・第11巻――昭和31年―昭和34年』（一九九〇刊）所収のデータに拠った。広島市と周辺地域では翌一九五九年四月一日開局のRCCラジオ中國TV＝同地域4ch（現・中国放送）が放映した。

（2）　マルグリット・デュラス（一九一四―一九九六）。

第二次世界大戦下フランスのレジスタンス運動にくわわるさなかでの『あつかましき人々』（一九四三刊）で鮮烈デビューをした小説家、シナリオライター。一九六七年『冬の旅――別れの詩』以来、生涯に一六本の映画監督作品がある。一九九二年に仏英合作映画『愛人・ラマン』（原作）。最後の恋人ヤン・アンドレア作『デュラス、あなたは僕を（本当に）愛していたのですか』をジョゼ・ダヤン監督が二〇〇一年に『愛人・ラマン――最終章』として主演ジャンヌ・モローで映画化し、話題となる。

（3）美能幸三（一九二六―二〇一〇）。映画「仁義なき戦い」第一作以来、菅原文太が演じた役名・広能昌三のモデルとなった。著書に『極道ひとり旅――続・仁義なき戦い』（サンケイ新聞出版局・サンケイドラマブックス、一九七三刊）がある。

（4）飯干晃一（一九二七―一九九六）。讀賣新聞社会部デスクを経て、広域暴力団抗争の内実を描いた『山口組三代目』二部作「1野望篇編」「2怒濤篇」で作家デビューした（徳間書店、一九七〇～一九七一刊／のち徳間文庫化。現・角川文庫「日本アウトロー史」一九九〇刊に入っている）。

（5）深作欣二（一九三〇―二〇〇四）。

（6）一九七三年一月一三日に東映配給網で封切られた同名の第一作から第二作「広島死闘編」、つづく「代理作戦」「頂上作戦」までのオリジナル四部作＋完結編と新シリーズ三部作の合せて八作を主演・菅原文太（一九三〇―二〇一四）で深作欣二が監督した。脚本家の笠原和夫が同映画の第一作～四部作シナリオ執筆にさいして作成した『「仁義なき戦い」調査・取材録集成』（太田出版、二〇〇五刊）がある。

（7）二年を費した不首尾の責任をとって松竹を辞めた内田吐夢は一九四五年五月、ふたたび渡満して満映に入社した。同年八月の日本敗戦にともない抑留。一九五三年一〇月の第七次中共帰還船・高砂丸で帰国をはたす。空白の一二年間を経て、一九五五年に監督復帰第一作の東映『血槍富士』を撮る。

（8）現在、新潮文庫版（解説・猪瀬直樹）がある。

（9）三浦朱門は一九二六年、東京府豊多摩郡中野町（現・中野区東中野）うまれ。東大の文学部言語学科に在学中、阪田寛夫らと同人雑誌・第一五次『新思潮』を興し発行人。やがて戦後民主主義を批判する反動保守派の論客として著書多数。中曽根政権下の一九八五年、請われて文化庁長官（翌一九八六年まで在任）。のち、社団法人・日本文藝家協会理事長、日本芸術院院長などもつとめた。

（10）阪田寛夫（一九二五―二〇〇五）。上京して文壇デビューする以前、梶山季之との共著による二人の創作短編集『買っちゃくんねェ』（文藝思想社、一九五二刊）を自費出版した。ふたりは朝鮮・京城（原ソウル）南大門小學校一～六年の同級生で、引揚げ後に再会して（廣島高師同窓）以来の文学青年なかまだった。朝日放送に入社してラジオ放送劇の台本を数多く手がけた。のち敬虔なカトリック信者の母の死を描いた『土の器』（一九七四年一〇月号『文学界』初出／文藝春秋、一九七五刊）で第七二回芥川賞を授賞した。一九五九年にNHKラジオが放送していらい国民的に愛唱されるようになる童謡「サッちゃん」の作詞者（曲・大中恩）で、晩年に詩集『サッちゃん』（国土社、二〇〇二刊）を遺す。

（11）曾野綾子は一九三一年、東京府南葛飾郡本田＝ほんでん＝町（現在の東京都葛飾区）にうまれた。本名・三浦千壽子（旧姓・町田）。聖心女子大英文科在学中の一九五三年に小説家の三浦朱門と結婚。一九五四年四月号『三田文学』に発表した短編小説「遠来の客たち」は第三一回芥川賞候補作に選ばれる。結果は「第三の新人」との呼び声たかい吉行淳之介の短編『驟雨』（同年二月号『文学界』掲載）が授賞する。だがしかし、この事実上の文壇デビュー作は、授賞こそならなかったものの、その清新な作風にたいする好意的な選評にくわわえ、同年九月号『文藝春秋』に転載されて評判を呼ぶ。

（12）有吉佐和子（一九三一―一九八四）。一九五五年八月発行の第一五次『新思潮』12号掲載「盲目」を書きなおし、一九五六年一月号『文学界』に発表した「地唄」は文学界新人賞候補作となる。さらにはまた第三五回芥川賞の候補ともなって同年九月号『文藝春秋』に掲載されて華々しく文壇デビューをはたす。原爆被爆者とその家族に題材をとった一九五九年二月号『文學界』初出の作品『祈禱』（講談社、一九六〇刊）がある。

（13）村上兵衛（一九二三―二〇〇三）。一九五六年四月号『中央公論』に「戦中派はこう考える」、さらに同年六月号の同誌で「天皇の戦争責任」を発表し、論壇デビューした〝戦中派〟世代の論客。のちに村上は、やはり同年一二月号同誌に「ジャーナリストと戦争責任」を書いて颯爽と雑誌ジャーナリズムに登場した丸山邦男（一九二〇―一九九四）と詩人で社会評論家の藤島宇内（一九二四―一九九七）とが三人組んでの共同現地取材・共同執筆による長編『ルポルタージュ・日本を創る表情――ヒロシマから沖縄まで』（弘文堂、一九五九年八月一五日初版）を刊行している。『中央公論』誌上初出の重厚なルポ群は、第Ⅰ章が「ヒロシマ――今日の表情」、Ⅱ章「和歌山勤評闘争の背景」、Ⅲ「在日朝鮮人――六十万人の現実」、Ⅳ「「テレビ協奏曲」、Ⅴ「日本政治の象徴――大東京」、Ⅵ「砂川・新島・百里ヵ原・そして沖縄」全六章だてを一冊にまとめた往年の労作である（B６判・本文二七五ページ、定価二九〇円）。

(14) 月刊『平凡』は敗戰直後の一九四五年、初代社長の岩堀喜之助（一九一〇―一九八二）が初代編集長の清水達夫（二代目社長、のち会長。一九一三―一九九二）と設立した凡人社発行の文芸誌としてスタート。一九四八年に判型をB5判と大型化して以降は「歌と映画の娯楽雑誌」をキャッチフレーズに掲げ発行部数を飛躍的に伸ばした。公称一四〇万部の別名「国民的雑誌」。競合誌は集英社発行の月刊『明星』。当初の凡人社は一九五四年に社名変更して平凡出版となる。現・マガジンハウスは後身にあたる。

(15) 背後にインテリ層三〇万人の読者を擁するといわれた月刊総合誌『中央公論』、及び同『改造』、『日本評論』などは戰時出版統制下、治安維持法がデッチあげた言論弾圧事件（横浜事件）を引き金にして一九四四年、相次いで〈自主的〉休刊＝事実上の廃刊に追い込まれた。いずれも敗戦の翌一九四六年一月號をもって復刊・再生した。

(16) 同書を改題した改訂新版『戦後縦断――トップ屋は見た』（岩波現代文庫、二〇〇七刊）がある。

(17) 『軍閥の清算人――東条英機』（徳間書店、一九六一刊）。一九五九年四月号『文藝春秋』に初出の筆名は梶季彦。

(18) 一九五九年二月号『文藝春秋』掲載「悲劇の帝王・大正天皇」（筆名・梶季彦）。

(19) 現在、ウィザードノベルス『赤いダイヤ』上・下巻（パンローリング、二〇〇四刊）がある。

(20) 現在、新版『黒の試走車』（岩波現代文庫、二〇〇七刊）がある。

(21) 新版『族譜・李朝残影』（岩波現代文庫、二〇〇七刊）には表題のほか、一九四五年八月一五日を主題にした初期の自伝的名作「性欲のある風景」が収録されている（同人雑誌『新思潮』一九五八年二月発行に初出）。この作品は前掲『別冊新評――梶山季之の世界・追悼号』に再録された。

(22) 遺稿『積乱雲』第一部（第一巻）の第一章「佐伯郡地御前村」冒頭部分の自筆原稿、及び「遺稿その1三〇枚（中断）」～「遺稿その4二枚」ほか「『積乱雲』創作ノート――愛と憎しみと血」（第一巻～第七巻、中断）、「『積乱雲』第一巻シノプシス」は前掲『別冊新評――梶山季之の世界・追悼号』（一九七五年七月発行）所収。

(23) 堀ちず子は私家版の著書『ハワイ・小林旅館――ゆかりのあった画家小林千古や歌手灰田勝彦』（二〇〇七刊）、同じく編著書に『くにたちからひろしまへ――副題・国立第一中学三年〈修学旅行〉生、宮島沿線被爆者救護活動の証言者五〇家族を訪問して』（一九九三刊）がある。

（24）天瀬裕康《あませひろやす》＝本名・渡邊晋は一九三一年、廣島縣呉市にうまれた。医師で広島ペンクラブ副会長をつとめた。現『広島文藝派』同人。著書に『梶山季之の文学空間——ソウル、広島、ハワイ、そして人びと』（渓水社、二〇〇九刊）。『ジュノー記念祭——ヒロシマからのルポとエッセイ』（渓水社、二〇一〇刊）ほか。

（25）一九七三年、広島で発行される予定だった＝未刊行＝タウンガイド誌のために梶山が書き下した四〇〇字詰め原稿用紙四枚余りの巻頭エッセイ「鉄道草」は未公開原稿。

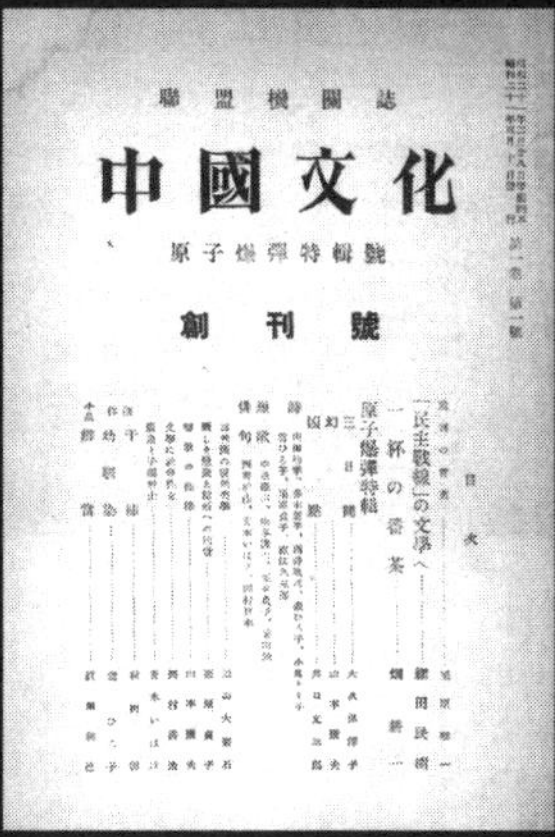
聯盟機關誌
中國文化
原子爆彈特輯號
創刊號
目次
「民主戰線」の文學へ
一杯の番茶
原子爆彈特輯

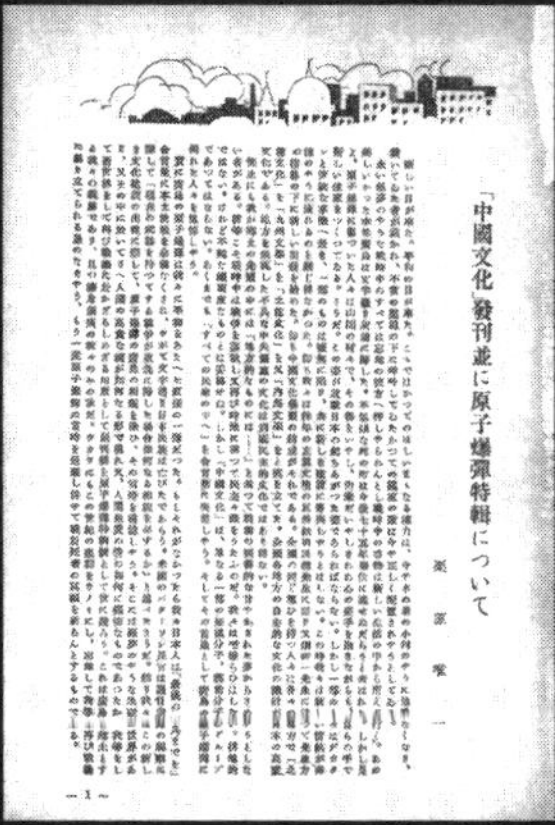
「中國文化」發刊並に原子爆彈特輯について
— 1 —

●むなしく響きわたる長崎の鐘

戦後三年——一九四八（昭和二三）年末ころまでの時点で原爆体験記（あるいは原爆を主題にした作品）の書籍化はまだ、ほんの数えるほどしか実現していない。

きわめて少部数の秘密出版による私家版がプレスコード規制の網をかいくぐって活字化したケースを除けば、原爆にかんする記録や作品を一般読者に向けて発表する手立ては閉ざされていた。不特定多数の読者を有する雑誌など定期刊行物への同様の記事掲載は、これを発行元が〈自主規制〉を強いられた。占領当局の検閲に引っかかることを見越して自粛するか、または事後検閲によって〈発禁処分〉の憂き目にあうか。それ以外の選択肢はなかった。

ときに、極東国際軍事裁判（東京裁判）で戦犯二五人の被告全員に有罪判決が確定したのは同年（一九四八年）一一月一二日のことである。〈勝者の論理〉が裁いた東京裁判の軍事法廷は幕を引く。そこに、あらたな戦争犯罪人（戰犯）訴追の可能性は消滅する。

その六週間後——年の瀬も押しつまったXマス・イブ前日の一二月二三日には、東條英機と帝國陸海軍の首脳にくわえ、唯一の文官（＝シビリアン）廣田弘毅を含む〈A級戰犯〉七人の絞首刑が執行された。

明けて一九四九（昭和二四）年。アメリカの對日占領は五年目をむかえる。

こうした戰勝國主導ですすむ〝戰後処理〟を背景に、占領当局プレスコードの規制が〈やや緩和されてきた〉との観測も一面では成り立つ。

だが、むしろそれを〈緩和〉と見せかけた当局の情報操作は狡猾といえた。

もとより謀略は手段を選ばない。

對日占領下〈メディア・コントロール〉のじっさいは、日米双方ともに、腫れ物には〈触れず、ふれさせず〉の禁忌——〈タブー〉扱いをする〈原爆もの〉への対応が象徴的に物語っている。これまでに経緯をふり返った原民喜や大田洋子の事例にも、あきらかなところである。

日本人が書いた原爆体験記、または原爆を主題にした作品のなかで、もっとも時期的に早く一九四八（昭和二三）年六月に単行本化されたのが永井隆『ロザリオの鎖』（ロマンス社）であった。しかも全国の書店に流通して幅広い読者層を獲得し、驚異的に発行部数を伸ばした。

ときをおかずして同年一〇月、やはり永井隆の『亡びぬものを』（長崎日日新聞社）が刊行された。そして一一月に永井『生命の河――原子病の話』（日比谷出版社）と、同一の作者が以降、それをシリーズ化してゆく。これはいったい、なぜなのか――。

同年一一月にはまた、ヒロシマ原爆の記録としては初めての大田洋子『屍の街』（削除版）＝前掲が刊行された。奥付は〈昭和二三年一一月一〇日初版〉。これにつづき同月三〇日付で小倉豊文『廣島原子爆彈の手記・絶後の記録――亡き妻への手紙』（中央社）が刊行される。後者二作品が世に出た時期と、そのタイミングが、まさに「聖者としての永井隆」売り出し時期とかさなっていることは、ぐうぜんではない。

小倉豊文（一八九九―一九九六）は被爆当時、歴史學専攻の廣島文理科大學助教授。家族は夫人と二男一女だったが、被爆一三日目に夫人を〈原子爆彈症〉でうしなう。愛妻〝原爆死〟によるショックで放心状態に陥る。それから三カ月余りのちの一九四五年一一月一〇日に書き起こし、翌年の八月六日にペンを擱く。手記『絶後の記録』は亡き妻へ語りかけるように切々と綴られた「一三通の手紙」である。同書の構成は、第1章「雲と光のページェント」、2「爆風と熱波」、3「原子爆弾」、4「焦熱の死都」5「母子叙情」、6「妻子を探して」、7「めぐりあい」、8「八月八日」、9「爆心地」10「〈軍都〉の最後」、11「原子爆弾症」、12「残された恐怖」、13「考える人」以上の全一三章（私信一三通）からなる。

のちそれは改版『広島原爆の手記――亡き妻への手紙』（八雲井書店、一九七〇刊）。さらには改訂増補版『絶後の記録――広島原爆の手記』（太平出版社、一九七一刊／のち中公文庫、一九八二刊）。中公文庫の改訂新版（二〇〇一刊）。英訳の“*THE ATOMIC BOMB AND HIROSHIMA*” Townhill, Clyndon 訳（リーベル出版、二〇〇六刊）などをつうじて読み継がれる。

また、文藝家としての著書『宮沢賢治――「雨ニモマケズ手帳」研究』（筑摩書房、一九九六刊）でも知られる。最晩年に『ノーモア・ヒロシマ――50年後の空洞と重さ』（風涛社、一九九四刊）をのこした。

永井隆のばあい、最初の単行本『ロザリオの鎖』に収録された作品の初出はロマンス社発行の雑誌『婦人世界』連載だった。この連載を始める以前、この作者は、すでに原題『原子時代の開幕』（のちの『長崎の鐘』）を書き上げていた。

この原稿は被爆直後、長崎醫大救護醫療班長の永井自身が醫師として書き綴った報告書（長崎醫科大學物理的療法科班「原子爆彈救護報告」昭和二十年八月―十月）をもとにまとめた〝長崎原爆の記録〟である(1)。

当初、その日本人醫師が書いた表題「原子時代の開幕」の単行本化を引き受ける出版社はなかった。

まわり回って東京タイムス社長・式場隆三郎（一八九八―一九六五）の目にとまる。

式場隆三郎といえば、大宮脳病院長をふりだしに静岡脳病院長、千葉市市川市の国立国府台《こうのだい》病院長を経て、市川市国府台に式場病院を開設した精神醫學者である。

と同時に敗戰の翌一九四六年、出版界に進出してロマンス社、日比谷出版社などの社主でもあった。

『長崎の鐘』が世に出る経緯については、自社で出した永井隆の次回作『生命の河』に式場隆三郎が書いた序文に語られる。東京裁判が審理中の出版準備段階では、ときの吉田茂首相(2)の長男である吉田健一(3)に原稿の英訳を依頼し、これを使って聯合國及び諸外國の反応をさぐるなど、きわめて周到な根まわしが、はかられたことになっている。

とはいえ、水面下に誰がかかわり、誰と誰とのあいだで、どのようなやりとりがあったかの内幕は、さすがに明かされていない。ひとつだけたしかなのは、改題の手がくわわったことである。かくして一九四九年一月、満を持して世に送り出されたとたん、たちまち日比谷出版社刊『長崎の鐘』はベストセラーとなる。

同書には附録「マニラの悲劇」が併載された。これはフィリピン・マニラでの〈日本軍残虐行為の記録〉である。もとめてGHQ聯合國總司令部諜報課からの提供をうけたことになっている。同書「自序」のなかで永井は、

〈占領軍の方からマニラの記録を頂いて合本にして出すようになったことは大変良い効果をあげるの

で、感謝にたえません〉とするす。

まったく語るに落ちるとは、このことか。つまりは、検閲当局ＣＣＤ（民間検閲部）の事前検閲をクリアするために、どちらがどう持ちかけたかは不明だが、結果的に提示された見返り〈バーター〉条件が、これを併載することだったと、作者みずからが認めているのである。

たしかにＧＨＱ参謀部第二局〈Ｇ２〉が作成した〈暴露〉文書だが〈ガセ〉ネタではない。

一九四五年一月九日、ルソン島に上陸した米軍は翌二月三日にマニラ市内へと侵攻。マニラの日本海軍守備隊は全滅〈玉砕〉するまでの約一カ月間、米軍との死闘をくりひろげた。

市街戦で日本軍は住民を人盾にして、おびただしい〈非戦闘員の犠牲〉を日米は強いたのであった。

日米両軍の将兵や民間人を含む死者約一二万人余りのうち、一〇万人以上がフィリピン人の犠牲者であった。こんにちではＴＶドキュメンタリー番組「Ｎスペ」が取りあげて茶の間での話題にのぼるまでの、すでに周知の史実となっている。その真相は、番組の放送後に活字化されたＮＨＫ取材班『戦争証言』プロジェクト著『証言・兵士たちの戦争②』（日本放送協会出版、二〇〇九刊）の第一章「マニラ海軍防衛隊――フィリピン絶望の市街戦」に委しい。

しかし、戦後混乱期のころの日本人はまだ、そうした事実を知らされていない。

では、そうした知られざるマニラの虐殺「絶望の市街戦」を当時の同書に収録することで、いったい永井のいう〈大変良い効果〉……とは、なにを指しているのか。

長崎の原爆詩人・山田かん（後述３７７ページ～）の見解によれば、

〈この因果関係（永井のいう「良い効果」）の強調は、その中に原爆投下の責任を解消する日米両国政府の意図が明確に存在していたといえる〉

だろうと、わたしもまた、かんがえるほかはない。そこには直接間接に日本政府――及び對米従属の戦後日本〈保守政界〉をリードする隠然とした政治力の影がちらつく。

占領政策の片棒をかつぐと知ってか知らずか、それは鳴り物入りで〝焼け跡〟を席巻した。

翌一九四九年五月、『長崎の鐘』は舞台化される。劇団「薔薇座」が公演。座長で俳優の千秋実[4]は後年の著書『わが青春の薔薇座』（リヨン社、一九八九刊）で往時を回想している。

当時の日本にＴＶ放送はない。もっぱら日常の娯楽といえばラジオ、そして映画であった。ＣＩＥ（聯合國總司令部民間教育局）の指令によって〈戦災孤児・浮浪児救済〉キャンペーンの一環として企画されたラジオドラマ「鐘の鳴る丘」（菊田一夫・作）[5]。主題歌♫〈緑の丘の赤い屋根　とんがり帽子の時計台　鐘が鳴りますキンコンカン〉……（古關裕而[6]・曲「とんがり帽子」）で始まる連続放送劇は一九四七（昭和二二）年七月五日土曜にスタートした。

一九五〇（昭和二五）年一二月二九日の通算七九〇回（最終回）までラジオドラマ「鐘の鳴る丘」が大好評による記録的なロングランをした渦中に、もう一つの鐘が鳴りわたる。

永井隆の本を読んだサトウ・ハチローが詞を作る[7]。これも作曲は古關裕而。コロンビア・レコードから一九四九（昭和二四）年七月に発売された藤山一郎[8]の唄う大衆歌謡『長崎の鐘』が大ヒットした。その旋律は、

♫〈こよなく晴れた青空を　悲しと思う　せつなさよ　うねりの波の　人の世に　はかなく生きる　野の花よ　（以下、二～四番ともに同じ）　なぐさめ　はげまし　長崎の　あゝ　長崎の　鐘が鳴る〉……

このうたが聞こえてこない日はない。

翌年の映画化タイトルも同名で主人公（永井博士）役は若原雅夫[9]。妻（緑）役を月丘夢路[10]が演じた。大庭秀雄[11]監督（新藤兼人ほか脚本）[12]でオールスターキャストをならべた。一九五〇年九月二二日封切りの松竹映画『長崎の鐘』もまた、おおいにあたる。

それらはそれとして、当時としては前作七万部を凌ぐ二〇万部という一九四九年の大ベストセラーとなった『この子を残して』（講談社）。同書は同年の四月に初版発行。ブームは最高潮に達してゆく。死期せまる日々をおくる〝住処《すみか》〟について作者は、こうしるす。

〈私の寝ている如己堂は二畳ひと間の家である。私の寝台の横に畳が一枚敷いてあるだけ、そこが誠一

とカヤノの住居である〉

……と。

歌謡曲では四番の詞が、その情景をうたいあげる。

♬〈こころの扉を　うちあけて　更けゆく夜の月澄みぬ　貧しき家の柱にも　気高く白き　マリア　様……〔中略〕……あゝ長崎の鐘が鳴る〉

もはや横になった病床から起き上がることもできないが〈腕と指はまだ動く〉。〈書くことしか〉できない。とはいえども〈神の御栄《みさかえ》のために私はうれしくこの家に入った。故里《ふるさと》遠く、旅に病む身にとって、この浦上の里人《さとびと》が皆己の如くに私を愛して下さるのがありがたく、この家の名を如己堂《にょこどう》〔現在の永井隆記念館〕と名づけ、絶えず感謝の祈りをささげている〉……と自身のカトリック信仰を語る。

さらに同年は六月に『花咲く丘』（日比谷出版社）。九月には『いとし子よ』（講談社）を上梓する。

その表題をもって、わが子に語りかける。本文に、〈わが子よ、如己堂に住む者よ。どうか家の名にふさわしい愛の一生を送っておくれ！　これこそ私のそなたたちに残すことばのすべてである〉——とのメッセージを遺す。

●反原爆運動を歪めた聖者たち

この分野での先駆となった書誌研究書『原爆文学史』（風媒社、一九七三刊）で知られた詩人の長岡弘芳（一九三二—一九八九）は〈永井博士〉が負うた役割について、次のように指摘した。

〈原子爆弾をも神の恩寵として受容し（科学者としては原子力の善用による新文明への期待となる）、また病床・清貧・母なき二人の幼児という感傷性に投じて時の人となったことは、生前から毀誉なかばしたが、今日では親天皇・反共的な態度とともに、長崎での被爆者・民衆による反原爆運動を歪めたとする批判が根強い。アメリカの初期占領政策に沿っての〈浦上の聖者〉であった側面は否定しがたい〉

……と（旧版の朝日新聞社編『現代人物事典』一九七七刊——長岡弘芳の署名稿「永井隆」から）。

長岡の没後、そうした見方を継承する角度から、一三年後の事典〈新版〉に、芸能評論家の桑原稲敏は永井隆の〝肩書き〟を「〈浦上の聖者〉といわれた医学者」

とした。そして本文一六行のうち五行余りを次の記述についやしている。

〈(一九四九年)昭和天皇の見舞いを受け、長崎名誉市民の称号を贈られる。葬儀は長崎市公葬で営まれた。熱心なクリスチャンで、その情緒的な著作は、原爆投下をも神の恩寵とみて受忍する一面があり、長崎の原水爆禁止運動を「戦い」から「祈り」へ歪める役割を担ったとする批判もある〉。

(朝日新聞社編『「現代日本」朝日人物事典』一九九〇刊)。

こども二人をかたわらにおいて横臥する二坪の住まい如己堂から、四年ぶりに長崎醫大病棟へと運ばれた永井は、九州行幸の途中で病室を訪れた天皇に、

〈著書は読みました。〉

……と声をかけられて感涙にむせぶ。地元紙のインタビューにこたえ、涙ながらに

〈きょうの感激を、ずっと後まで持ちつづけ、陛下のお目にとまっても、恥ずかしくないものを書き続けたい〉

……と語った。

それはまだしも、わざわざその当日に詠んだ自作の短歌を翌日の新聞紙面に寄せている。

〈天皇は　科学者[13]にませば　大学の　構内に落ちつ
　き給ふ
天皇は　神にまされば　私の本を　読みしと　じか
　に申し給ふ
原子雲の　下に生きのびし　親子三人　天皇に笑顔
　を見せ参らずも
放射能地帯に　おりし微生物も　天皇の意識にのぼ
　りけむ
ご愛用のルーペ　チョッキのポケットの　何処にあ
　らんと　親しみ見上ぐ〉

(一九四九年五月二八日付『長崎日日新聞』所載)

天皇ばかりか、来日したヘレン・ケラー女史[14]やローマ法王[15]の特使[16]など、内外の著名人たちが続々と見舞いに訪れた。さらには一九五〇年六月一日付での〈国会表彰〉をうける。

ときの吉田茂首相から授与された表彰状には、こううたわれる。

〈幾多の著書を出して社会教育上、寄与するところ少なくなかった〉。

この文言は意味深長である。

永井は前掲『ロザリオの鎖』のなかで、

〈原爆に見舞われて私達は幸せであった。〉

と書いて読者をおどろかせた。

〈浦上住民の信仰一途の姿を見よ。天主堂に存する御聖体の下、隣人互いに助けあって、快く苦難の道を歩みつづける姿は、外観は貧苦であるが、幸福に満ちているのである。

　福なるかな心の貧しき人、天国は彼らのものなればなり。

　福なるかな泣く人、彼らは慰められるべければなり。

このキリストの福音を私達住民は信じているからである〉……。

つまりは、

〈原子爆弾が浦上に落ちたのは大きな御《み》摂理である、神の恵みである、浦上は神に感謝をささげねばならぬ〉……

と説くのであった。

すくなくとも、筆者のような無神論者は唖然とする。

異教徒ならずとも、失笑まじりに首をかしげる。

〈このような、たわいもない信仰告白が、この著者に連綿としてつづいてゆく。〔中略〕

　原爆を落とされて幸せであったとする永井ら信者の信仰形態は、一般の民衆の理解の域を超えるはずのものであるが、長崎においては、これへの反応はいまだに見られることなく、他者の教義上のこととして見すごされてきたのである。一種のタブー意識であろう〉。……


　こう指摘したのは、みずからも一四歳のときに長崎の原爆に遭遇した被爆者で、カトリック教徒でもある前出の詩人・山田かん（一九三〇―二〇〇三）そのひとであった。いまから四〇有余年をさかのぼる一九七二年七月号『潮』誌が掲載した山田かん「偽善者・永井隆への告発」からの引用である。

　對日占領〈解除〉後二〇年の当時に書かれたことを考慮すれば以降、こんにちにいたるまでの原水爆〈核〉問題をめぐる情況の変化と〈長崎の現状〉については補足を要するとしても、〈聖者の仮面〉をはぎ取って見せることで、この論考が投じた一石は波紋を呼ぶ。

山田かんという詩人は、被爆者ゆえの切なる悲しみと苦悩を少年のころから紡ぎつづけた。

自身が三〇歳代までの詩と論考とを編んだ『記憶の固執――胸の痛みに立ち返る夏』（千年書房、一九六九刊）は詩文集でありながら、すぐれて実証的な原水爆問題の記録となっている。[17]

その鋭い洞察力が他を圧倒するいっぽう、自身の内なるは被爆後八年にして二一歳のときに自殺した実妹への、ことばにならない忸怩たる想いが交錯する。

永井隆という人物を肯定的にとらえた視点によれば、本人が亡くなったのち、ときをおかずして書かれた伝記の片岡弥吉『永井隆の生涯』（中央出版社、一九五二刊）は、病床にあった永井が、にわかに注目をあびて〝ときの人〟となった事情を、こう見ている。

〈……昭和二二年七月、西九州駐屯の米第八軍から、我が身を実験台に原子病の究明に励んでいる永井さんの科学者としての姿が発表され、全国の新聞がこれをとりあげたので永井さんは一躍、ジャーナリズムの寵児となってしまった〉……。

昭和二二年の七月といえば、白血病の悪化によって長崎驛頭で倒れていらい教壇に復帰することなく〈寝たきりの執筆活動に専心する〉ようになってから、ちょうど一年余りを経過したころにあたる。前掲の「原子時代の開幕」（『長崎の鐘』の原題）を書き上げたのもそうであるようだし、『東京タイムス』や雑誌『婦人世界』に随筆を忙しく連載していた当時でもある。

長崎醫科大學の永井隆助教授（物理的療法部長）は八月九日、長崎に投下された原爆で夫人を亡くす。こどもたちは疎開をしていた。自身は勤務先の大學構内で被災後、醫大の救護醫療班長として仮設の救護所に詰めた。それに先立つ二カ月ほどまえ、自身が白血病のために余命三年と診断する。さかのぼって一九三二年に長崎醫大を卒業した永井醫師は、専攻する物理的療法（放射線）科の副手となった。いらい、長年にわたる醫療現場での度重なる被曝によって（放射線に蝕まれて）自身のからだに変調を来し、ついには白血病を発症した。

しかし、レントゲン被曝線量と白血病との因果関係が、病理学的に解明されていない当時、放射能が人体に及ぼす影響と後傷害――原子爆彈病（のちに原爆症と称される）については、まったく未知の領域であった。だが当時の醫療水準では、すくなくとも火傷の外科的処置よりほかに手の施しようがないことを、放射線科の醫師永井は身をもって知っていたのである。

敗戰の翌年一月には教授に昇格していたが、被爆から一一カ月後の同年七月、ついに倒れて病床に臥す。まったく身動きの取れない寝たきりの闘病は、疎開先から呼びもどした幼い兄妹二人の実子をかたわらに、およそ五年に及ぶ。

さかのぼって永井隆は醫大卒業後、陸軍幹部候補生の軍醫として旧滿洲（中國東北部）へと派遣される。滿洲事變が勃発した翌一九三二年から三三年にかけてのことだったという。

さらには盧溝橋事件によって日中全面戰爭の戰端が開かれた一九三七年から四〇年にかけての三年間を、軍醫中尉の衛生隊醫長として中國戰線を転戰。功五級の金鵄勲章を下賜された軍歴がある。ところが終生、自身が中國でなにをしたか、なにを見たかを語ることはなかった。

日米講和を推し進める第三次吉田茂内閣から異例の国家表彰をうけた翌一九五一年五月一日、アメリカの對日占領が解除される同年九月八日のサンフランシスコ講和条約締結を目前にして〈浦上の聖者〉は逝った。はたしてその〝役割〟を終えたかのように、当時でいう初老をすぎた四三歳の生涯を閉じる。

●〈反核思想〉草創期の前史にさかのぼる

ここで、ふたたび一九四九年に話をもどす。前年の秋に刊行した前掲・中央公論社版『屍の街』（削除版）（奥付は昭和二三年一一月一〇日初版）への反響が、ことのほかおおきく、そしてまた戰前にさかのぼって東京の文壇で名の知られた女流作家としては〈唯一の被爆者〉であったことから〈八月を中心に原爆ものを要求されるようになっ〉て、大田洋子のもとには各誌の執筆依頼が押しよせる。

この女流作家は、いっさいそれらを拒むことなく、真摯に応えた。

その夏に限っても、原爆の記録「いまだ癒えぬ傷あと――放射線火傷で右手をうしなった木挽きの妻と河原にうつ伏せて死んでいた幼女に」を雑誌『婦人』八月号。おなじく「八月六日八時一五分——一九四五年の夏」を『改造』八月号。同「原子爆弾」を『働く婦人』八月号。同「原子爆弾抄——傷は新しく疼きはじめている」を『女性改造』八月号に、それぞれ発表している。うち三篇は中央公論社版の削除部分を埋めて翌一九五〇（昭和二五）年五月に刊行する完全版『屍の街』に収録された（前掲・江刺昭子「大田洋子年譜」(18)）。

そしてまた、いっぽうでは、ながらく軍國主義が跳梁跋扈した戦前から、戦中の言論抑圧をひたすら耐えるしかなく、戦後はまた戦後で、アメリカ占領下のプレスコードによって戦争や原爆を主題にした作品発表の場がなかった作家たち〝再登板〟の場面が訪れる。

一九四九年九月号の雑誌『クラブ』に小説「広島最後の日」を発表した細田民樹（当時四七歳）は同年一二月、自身にとって戦後初の小説集となる『廣島悲歌——原爆第1号・平和への祈り』（世界社）を刊行する。

細田民樹（一八九二—一九七二）は戦争中、廣島縣山縣郡壬生《みぶ》町川西＝現・山県郡北広島町川西＝に疎開して、ふたたび上京する一九四九年の秋まで滞在している。

うまれは東京・南葛飾郡の瑞穂村（現・江戸川区）だが、廣島縣出身の醫師であった父親の郷里に幼くして移り住む。そして縣立廣島一中にあがるまでの少年時代をそこで送った〝第二の故郷〟——廣島市から北へ三〇キロメートル余り離れた山間僻地であったために原爆投下の当日は被害をうけなかったが、三日後には、早くも実弟の安否を気づかい被爆地・廣島へと出かけてゆき、ひとり捜索のために廃墟と化した市中を連日、歩きまわっている。自覚症状のあるなしにかかわらず〝二次被爆〟をしたことは疑いの余地がない。

細田民樹は早大在学中、島村抱月（一八七一—一九一八）らから称賛された一五〇枚の小説「泥燗《でいえん》」（一九一一年七月号『早稲田文学』掲載）ほか数篇の作品を発表して文壇デビュー。その後、第一次世界大戦中の一九一五（大正四）年、二四歳で早稲田大學英文科卒業すると同時に、徴兵によって廣島騎兵第五聯隊に入營した。折から全国に燃え盛った「米騒動」の鎮圧に治安出動するなど一九一八（大正七）年までの三年間、不本意な軍隊経験を強いられる。除隊後に書き始めた作品モチーフは変化を来す。

まずは「初年兵江木の死」(一九二〇年二月号『雄弁』に掲載)であり、そして「或兵卒の記録」(同年四月号『雄弁』)。さらには「凱旋」(一九二一年一月号『太陽』)ほか〈軍隊批判〉を主題として軍隊内部の知られざる機構、語られざる兵隊たちの日常にかんする記録性も併せ持つ、〈反軍・反戦〉文學作品を書きかさねてゆく。これをまとめた小説集『或兵卒の記録』(改造社、一九二四刊)は、たいへんな反響を呼ぶ。それはまた、同時にプロレタリア文學の胎動期——軍部から執拗に〈厭戰的〉傾向を指弾する非難と中傷とにさらされる。

ときは折しも、治安維持法(翌一九二五年五月一二日施行)という〈窮極の言論彈圧〉法規が猛威をふるうようになる〝前夜〟のことであった。

以降、このプロレタリア作家は〈過酷な闘争〉に身を挺することになる。さらには一九二七(昭和二)年二月、青野季吉たちの文學團體・文藝戰線(勞農藝術家聯盟)に加入したこと自体も含め、〈改正〉の名のもとに〈改悪〉をされた治安維持法——一九二八年六月二九日公布、即日施行。その第一條「目的遂行の罪」は、悪名高い同法のなかでも、ひときわ〈無制限の拡大解釈を許容する条項〉として、ありとあらゆる〈デッチあげ〉の口実をあたえた。

のちの一九三二年三月初旬に始まったプロレタリア文化團體中心メンバー〈中心分子〉全國一斉檢擧では、四〇〇人以上にのぼる檢擧者を出す。これらの大半が、この「目的遂行の罪」に難なく〈引っかけ〉られて〈檢擧・拘束〉されたのであった。

プロレタリア運動組織の根底からの〈解體〉と〈作家の転向〉が〈發禁〉〈檢擧〉〈投獄〉〈取調べ〉〈拷問〉という強権と暴力をもって迫り来る受難期をむかえる。この〈彈壓〉実態は、明石博隆・松浦総三[編]「プロレタリア文化運動にたいする弾圧」(一九三〇年五月~一九三三年九月分)に詳細な記録が残る。(19)

細田民樹は一九三一年六月、早大英文科同期で小説家の細田源吉(一八九一—一九七四)や『新潮』一九二九年二月号に出世作の小説「朽ちゆく望楼」を発表した間宮茂輔(一八九九—一九七五)ら〈文戰〉=文藝戰線メンバー一一人とともに第二文戰打倒同盟の機関誌『前線』を刊行(全二冊)して、ナップ=全日本無産者藝術聯盟に合流する。

その『前線』第一号の寄稿者には、ちょうど治安維持法違反の容疑で起訴・投獄されていた豊多摩刑務所から同年の四月に保釈・出所したばかりの詩人・壺井繁治（一八九七―一九七五）。

前年一一月、長編小説『武装せる市街』[20]を出版して〈即日發禁〉となった反戰文學者の黒島伝治（一八九八―一九四三）。これまた前々年に、發禁本『蟹工船』[21]を出版したこともあって、しつこく官憲につけねらわれ、同書が〈不敬罪〉で摘發されたプロレタリア作家の小林多喜二（一九〇三―一九三三）。あるいは、そのころ〈ナップ系詩人〉と目されたプロレタリア詩人會の伊藤信吉（一九〇六―二〇〇二）たちがいる。

また、朝鮮独立運動家で皇太子（のちの昭和天皇）暗殺をはかったとされる夫のパク・ヨル〔朴烈〕とともに大逆罪で死刑判決をうけた金子文子の「獄中手記」にもとづく小説「黒の死刑女囚」を、一九二九（昭和四）年一二月号『中央公論』誌に発表した民樹は、その翌年、表題作ほかを収録した短編集『黒の死刑女囚』を刊行し、ときの話題をさらった（千倉書房、一九三〇刊）。


のちに朴烈（一九〇二―一九七四）は出獄後、一九四六年一〇月結成の旧「在日朝鮮居留民団」初代団長となる（翌々一九四八年に「民団」＝日本大韓民国居留民団と改称）。一九四九年の団長選挙に落選。やがて、一九五〇年に韓国へ帰国した直後、ソウルに侵攻してきた金日成《キムイルソン》（一九一二―一九九四）率いる朝鮮人民軍によって北朝鮮のピョンヤン＝平壌へと連行される。それ以降は終生にわたって「在北平和統一促進協議会」副会長（のち会長）をつとめ、平壌で七二歳の生涯を閉じる。

そもそもが一七歳で朝鮮「三・一」独立運動に身を投じた朴烈は、彈壓を逃れて来日した。

一九二三年四月、アナーキストで妻の金子文子らと不逞社を結成する。同年九月一日の関東大震災で混乱するさなか、

〈（不逞）朝鮮人が暴動を起こした〉

という〈官製デマ〉がながされ、不逞社メンバーは一網打尽に検擧される。

身柄を拘束された二人は取調べをつうじて、皇太子裕仁（のちの昭和天皇）暗殺を図ったとの共同謀議の

かどで起訴にいたる。大審院は一九二六年三月二五日、二人に大逆罪で死刑判決を言い渡したが翌四月五日、両人とも（大正）天皇の不例による折からの恩赦で無期懲役に減刑された。

ところが、獄中での凄まじい「転向」強要をうけた文子は同年七月二三日、〈天皇制と対決する〉自身の意志をつらぬき、収監中の宇都宮刑務所で首吊り自殺をとげる。

これら一連の参考文献に最高裁判所が所蔵する再審準備会編『朴烈・金子文子裁判記録——「刑法第七三号並びに爆発物取締罰則違反」付・参考資料』（黒色戦線社、一九七七刊＝原本の写真製版印刷／活字化版は一九八七刊）。また『続・現代史資料（3）——アナーキズム』小松隆二・解説（みすず書房、一九八八刊）には、「朴烈・文子事件主要調書」計一三七点、及び「朴烈・文子身神状態鑑定書」（検案書）二通が収録されている。

戦後、金子文子の獄中手記『何が私をこうさせたか』（一九三〇刊）は社会運動家でアナーキズム思想の啓蒙につとめた大島英三郎が主宰する出版社「黒色戦線社」から数次にわたって復刻された（一九七七刊ほか）。のちに版元が春秋社へと移る（二〇〇五刊）。さらには、没後八〇年を記念して、あらたに同書を改題した増補改訂版『金子文子・わたしはわたし自身を生きる——手記・調書・歌・年譜（自由をつくる）』鈴木裕子［編］、年譜＝亀田博［編］（梨の木舎、二〇〇六刊）となる。

評伝に山田昭次『金子文子——自己・天皇制国家・朝鮮人』（影書房、一九九六刊）。伝記小説に瀬戸内晴美(22)『余白の春』（中央公論社、一九七二刊／中公文庫、一九七五刊）。おなじく『瀬戸内寂聴伝記小説集成——遠い声（菅野すが）・余白の春（金子文子）』（文藝春秋、一九九〇刊）が〈決然と憤死した文子〉像を描いている。

ちょうど、その獄中手記『何が私をこうさせたか』が刊行されたのとほぼ、ときをおなじくして大ヒットした映画の原作で、その題名が流行語にもなった劇作家・藤森成吉の戯曲「何が彼女をこうさせたか」（一九二七年二月号『改造』に初出／改造社、一九二七刊）をもじった表題が付されているが、たんなる語呂あわせではない。

「何が彼女をこうさせたか」は、プロレタリア新劇運動の拠点〈築地小劇場〉で一九二七年に初演。その後、プロレタリア映画〈傾向映画〉の秀作を撮りつづける鈴木重吉監督（一九〇〇―一九七六）がメガホンをとり、一九三〇年二月六日封切りの帝國キネマ作品として高津慶子（当時一八歳）主演によって映画化をされた――貧農出身の少女が、資本主義社会に翻弄される苦悩と流転のすがたを描いた全編をつうじ、折からの昭和恐慌に荒んだ世相が色濃くにじむ。

　いっぽう、やはり築地小劇場で一九二六年五月に初演された五幕六場の戯曲『磔《はりつけ》茂左衞門《ざえもん》』は、そのころナップ初代委員長だった藤森成吉（一八九二―一九七七）の代表作の一つにあげられる作品である。だが、新劇運動にたいする当局の横やりによって一九二八年三月、上演禁止となっている。

　そんな時代であるから当然のことのように金子文子の獄中手記は即日、発禁処分をうける。

　やがて朴烈のほうは、投獄されていらい二二年二カ月に及んで東京・市ヶ谷から千葉、小菅の各刑務所を転々と〝たらい回し〟にされ、最後は一九四三（昭和一八）年八月に移送された秋田刑務所大館支所で収監中の一九四五（昭和二〇）年一〇月二七日に出獄した。これは近代日本の政治犯としては史上最長の〝在獄〟期間となった（『運命の勝利者・朴烈』(23)）

　さらに細田は、あえて実録小説さながらの〈通俗〉を押しとおす大胆な脚色を施した意欲作に取り組む。同時代の〈政・財〉界――政党や財閥、実在する政治家・実業家を（または企業名「東洋モスリン争議団」を「東邦モスリン――」と一字ちがいの仮名で）大胆に取り入れるなど、作者が当時の資本主義構造（資本の論理との〝死闘〟に立ち向かう労働者階級の化身となって赤裸々に描く。長編小説『眞理の春』(24)がそれである。いまに〝プロレタリア文學の最高傑作〟と語り継がれる細田民樹の代表作でもある。

　一九三〇年一月二七日～六月二一日付『東京朝日新聞』連載（前編）は同年七月に中央公論社から単行本化（装丁・玉村善之助）。ところがしかし、引きつづき翌一九三一年一月～一一月号『中央公論』誌上に後編を連載中、特高警察が介入してきて作品そのものの〈執筆禁止〉を命じた。内務省警保局『特高月報』（昭和六年一一月分）に記録が残るいっぽう、細田自身も翌一二月号『中央公論』に論文「長編小説『眞理の春』

の掲載中止について」を書いている。

だが、ときの支配権力を抱き込んだ隠然たる圧力に、それ以上は、あらがうすべなく結局、この作品は未完に終わる。このとし一九三一（昭和六）年の九月一八日が、いかなるときかを考えあわせれば、当時は、まさに〈日中一五年戰爭〉へとなだれ込んでゆく渦中にあった。

日本關東軍が仕組んだ柳條湖事件で火蓋を切る滿洲事變（九一八事變）によって日本は中國東北部への軍事侵攻を開始した。軍靴の足おとが高鳴り始める。

中國東北部（旧滿洲）に展開した陸軍將兵たちの多くが、かげとものみち（山陽道）を列車に揺られ、軍用鉄道（宇品線）に乗り継いで廣島・宇品港へ集結した。宇品の軍用桟橋をあとに大陸へと向かった。

細田民樹が應召して廣島第五騎兵聯隊での兵役に就いた当時は、たまたま海外に派兵される機会はなかったが、ふるく日清戰爭（大日本帝國政府は「明治二七、八年戰役」と称した）のときに臨時遷都で廣島城址に大本營が一時移設されていらい、たびかさなる海外派兵にさいして廣島が最大規模を誇る兵站の役割を担ったことは、いまさらいうまでもない歴史的事実だ。

●かげともの道を往く御印と皇軍

民營の山陽鐵道（現・JR山陽本線）神戸─廣島間が全通したのは、日本が清國にたいして宣戰布告をする五一日まえのことだった。東京・新橋停車場から官鐵（遞信省鐵道局）東海道線の神戸経由、廣島停車場までの総延長八九二・九キロメートルが最速二八時間余りでむすばれた。さらに、廣島停車場─宇品桟橋までの停車場まで粁程五・九キロの軍用鉄道線は、陸軍からの委託をうけた山陽鐵道が開戰の翌日から、わずか一八日間という突貫工事によって敷設している(25)。

全國各地から集結した兵士たちが宇品（現・南区宇品海岸三丁目）の軍用桟橋から陸軍輸送船で、続々と朝鮮半島に向けて運ばれていった。

清國に宣戰を布告してから一カ月半後の一八九四（明治二七）年九月一五日、大元帥（明治）天皇睦仁は帝都東京の千代田城・大円山（皇居）をあとに、政府首脳（第二次伊藤博文内閣の閣僚）や高官らを大挙したがえて鐵道で〝廣島入り〟する。

戦時体制下における天皇に直属する最高統帥機関・大本營が、旧廣島城址の第五師團司令部階上に置かれ、そこが安在所（天皇の仮住まい）となる。
臨時遷都であった。

大本營は軍事をつかさどる最高機関〈衛府《えふ》〉(26)である。衛府の標識となる旗竿の頭部につけるヤクの尾の黒毛の束を〈大纛《たいとう》〉と呼ぶことから、東京の參謀本部内から大本營を広島へと移す仕儀は、民友社発行『國民新聞』紙上で主筆の徳富蘇峰（一八六三―一九五七）が「大纛随行道中記」と題して伝えた（同紙、一八九四年＝明治二七年九月一七日付）。

『國民新聞』といえば、日清戰爭の直前には「朝鮮即時出兵論」を展開して〈開戰〉を焚きつけ、宣戰布告時点から、いち早く従軍して大纛に同行するなど、それまでの〈政論新聞〉になかった逐一の戰況報告で紙面を埋めつくし、飛躍的に発行部数を増大させた一八九〇年創刊の日刊紙であった（一九四二年、都新聞＝のちの東京新聞＝と合併して題号は消滅した）。

しかしながらトップ記事といえども、そのじっさいはまだ、日本の新聞創世期〈かわら版〉と、さしたる差もない講談の語り口にも似た〈情緒的な読み物〉のレベルを脱していない。

〈東京を出てより三日、行程二百五十三里（約九三二キロメートル――引用者・註）、天は晴空を以て、地は豊年を以て、人は萬歳《ばんざい》を以て、家は旭旗を以て、我が日本帝國の元首にして大元帥たる今上陛下の御親征を送迎し奉りたるは、眞個に天祐人助併せ臻《いた》る大吉兆とや申す可《べ》き〉

……（前掲「大纛随行道中記」より）。

筆者の祖母ミヱ(27)のばあい、さすがに日清戰爭当時はまだ、生後一年と五カ月余りの乳幼児であったから、とうぜん記憶がない。そこで旧「廣島縣廳」編纂の『廣島臨戰地日誌』(28)（日新舍、一八九九刊）にまずはあたる。

さらに『新修広島市史』（広島市役所、一九六一刊）、『図説広島市史』（広島市公文書館、一九八九刊）、『最新――廣島市街地番入地圖』（廣島地理研究會、一九三〇刊）などをつうじて見わたす〈軍都廣島〉のありさまを、前掲の拙著『滿蒙幻影傳説』（二〇〇五刊）では次のようにスケッチした――

大本營が開設されると、ただちに廣島市域と宇品地区など湾港を網羅した戒厳令が敷かれ、衆議院と貴族院の第七臨時帝国議会が召集された。西錬兵場東南の一角には憲兵隊本部と偕行社、濟美學校に隣接して両院〔衆議院・貴族院〕二棟と附属施設の御便殿（天皇の休憩所）からなる約二三〇〇平方メートル（七〇〇坪余り）の仮議事堂が造営された。〔中略〕

一八九四（明治二七）年発行『廣島市街実測地圖』によれば、廣島停車場（現在のＪＲ新幹線口側）を降りると、目のまえには尾長村と大須賀村とにまたがる（二二万六六〇〇坪を超える）東錬兵場の広大な敷地がひろがっていた。東照宮、鶴羽根神社、饒津《にぎつ》神社などが点在する二葉山の麓一帯である。あたりは二葉里＝ふたばのさと＝と呼ばれた。そこには、騎兵營（被爆時の騎兵第五聯隊、のちの第二總軍司令部）が造成されている。

陸軍の廣島師團と宇品地區（陸軍運輸通信部支所、のちの陸軍船舶司令部）および廣島灣港は、まさしく軍事樞要の地であった。さらに廣島灣内には海軍の呉鎮守府がひかえる。海軍の造船廠・造兵廠（合併して、のちの呉海軍工廠）、海兵團、海軍病院などが設置された呉軍港は東に隣接する賀茂郡廣村（現・呉市広地区）に海軍工廠廣支廠を擁して、この航空機部、造機部、機関研究部は、のちの廣海軍工廠・海軍第十一空廠へと発展的に分離独立をとげる。

対岸の江田島〔＝東能美島、現・江田島市〕本浦に開設された海軍兵學校がまた帝國の終焉まで、ながらく海軍教育のメッカとして人材＝將兵を排出しつづけ、大日本帝國海軍の心臟部をなした。瀬戸内海の入りくんだ地形と島じまが群れなす海域とを巧みに生かした〈天然の良港〉であった廣島灣は帝國陸海軍が誇る〈一大要塞〉の様相を呈していたのである。

そして筆者の脳裏には、ある寡婦の半生がオーバーラップする。

一八九三（明治二六）年四月一日うまれの森川ミヱ（旧姓は竹内、通用名・三枝子）は五二歳で日本敗戦の夏をむかえた。父方の祖母である。

生前の祖母はよく、尋常小學校最上級生のときに、日露戰爭（明治三七、八年戰役）の戰勝に沸き返る提燈行列を廣島の街頭で日の丸の小旗を打ちふりながら見送った記憶をふりかえり、うなずきながら目を閉じて、幾度となく問わず語りにつぶやいた。

〈明治は遠くなりにけり、まったくそのとおり〉……

と。

句誌『砂丘』同人でもあった自作の句に、

〈夢なれや　明治百年　柳の芽〉

四人姉妹の三女ミヱは吉川尋常高等小學校五年のときに再来年の縣立高等女學校を目指し、賀茂郡吉川村（現・東広島市吉川）の親もとを離れて廣島市内の叔父宅に身を寄せた。

およそ二里、約八キロメートルの山あいの道を鐵道の停車場まで、人力車によるか、徒歩で出て、あとは列車に揺られて小一時間ばかり五里余り（鉄道の延長は二一・一キロメートル）。廣島の停車場からは、ふたたび車夫の引く人力で千田町にあった叔父の家に着く。けだし旧家の〈お嬢さん〉であったがゆえにワケなく廣島の街に行き着いたが、山あいに住まう村びとらは、きまって幾重の峠を越え、鐵道利用のように労せず最短距離をゆけるわけではないから、箱根八里に匹敵する道のりを、たいがいが、ほぼ終日を歩きつづけて廣島の街へと出た。

いまでこそ、吉川地区から、もよりのＪＲ八本松駅までは県道三三五号線を北東へ一路、マイカーまたはバスを使いゆけばワケはない。下り普通電車に乗れば広島まで三〇分余りである。

いまから五〇数年をさかのぼる筆者が幼少のころにしても便数こそすくなかったが、すでに藝陽交通バスだか國鐵バスだかの定期路線が吉川停留所まで通じていた。ただし、なだらかな山あいの未舗装道をディーゼル・エンジン音をウォーウォーとうならせながら、息せき切るように走り去るバスが巻きあげる土ぼこりは、さすがに半端ではなかった。

西條盆地の南西に隣接するこの山あい一帯は、八本松という地名からもわかるように、ふるくから松茸（「まったけ」またはキノコの総称である方言「なば」と呼ぶ）の産地だった。

村の旧庄屋・竹内家が所有する赤松の群生する松林での〝まったけ狩り〟といえば、次つぎと周辺の山野を切り崩して造成されたゴルフ場や、それにともなうインフラ整備が一帯の植生に与えた影響なのか、いまは廃れてひさしい。けれども、そうした道路などのインフラ整備が立ち遅れていた一九六〇年代ころまでは、遠来の親戚縁者も招じて盛んだった。毎年、松茸山がころあいの時期になると、きまってハガキで知らせがとどく。参集した主客が総出で皆んなして松林に運んだ七輪コンロの鍋を囲む〈松茸のスキ焼〉は野趣に富む。採れたてまるごとを炭火で炙って手で割く〈焼き松茸〉が薫る。とはいっても、こどもは宴なかばともなると退屈した。ものごころつくか、つかないころから何回か祖母に連れてゆかれ、松茸はそっちのけで牛肉ばかりを頰張っているのを祖母に見咎められて、たしなめられた記憶がのこっている。

〈なば（松茸）へかし（煮え）たんも、あがりんさい（おたべなさい）！〉

おもえば、一八七三（明治六）年にさかのぼる肉食解禁令の発布にともない、それまでタブーとされた肉（とくに牛馬など四足のケモノ肉）料理が日本人の食卓に堂々とのぼるようになる。明治の〈文明開化〉を象徴するのが牛鍋であった。松茸を牛肉と炊いた郷里の〝ご馳走〟に祖母ミヱが目を細めて懐かしんでいた過日の情景をおもいおこすと、近代化の波に洗われつづけた軍都廣島の市井に明治なかば以降くりひろげられた激動の時代相が、かさなりあって見えてくる。

さて、二四歳で廣島市塚本町の森川家に嫁したミヱは、新婚生活を京都市左京區浄土寺西田町（某家の離れ）で送る二七歳のとき（大正一〇年）に長男有祥を授かる。[29]その長男が八歳のとき、ミヱ三六歳の誕生日（四月一日）から三週間後の一九二九（昭和四）年四月二一日、夫・有輔は赴任先の和歌山にあって三七歳で急逝する。

夫の森川有輔というのは、壬辰《みずのえたつ》の一八九二（明治二五）年五月、森川脩藏・ヱイの長男として同市塚本町（現在の中区堺町）にうまれた。[30]やはり、このとし壬辰年の三月には偶然にも、長じて作家の芥川龍之介が東京市京橋區入船町（現・中央区）にうまれている。有輔誕生の約ふた月まえのことだった。そしてまた、いかなる因縁か龍之介は一九二七（昭和二）年の七月二四日、三五歳で服毒自殺をとげている。

有輔青年は、米国留学から帰国後に京都帝大教授となった英文学者――とくに帰国してからの社会・文明批評にわたる著作で信望を集めた厨川白村《くりやがわはくそん》（一八八〇

―一九二三)門下。同大学院では英文學雑誌『ミュウズ』編輯に携わる。龍谷大學京都女子専門學校教授、第七臨時教員養成所講師などを経て、和歌山高等商業學校の英語主任教授となる。

ところが和歌山に赴任してから、わずか一年余りの一九二九年四月二一日、腸チフスによる急性腹膜炎のため有輔は死去した。龍之介の自殺から一年九カ月余りのちのことだった。

この二人の接点は、有輔が東京立教中學から東京外國語學校にすすみ、中途で京都帝大英文科へと転じたのとおなじころ、一高から東京帝大英文科にすすんだ龍之介とは、英文學翻訳をつうじての交流があった。という妻ミヱによる述懐を聞いている。

龍之介が大毎《だいまい》(『大阪毎日新聞』)に在籍した前後のころ、雑誌『ミュウズ』の編輯にあたっていた有輔とのあいだで文通がかわされた――龍之介から有輔に宛てた来簡が現存する以外の子細は不明である。

一九二九(昭和四)年五月二一日付の『藝備日日新聞』第一面に掲載された訃報〈森川教授逝去〉記事中、有輔は〈天文學の研究にも力を尽くされ、すこぶる造詣が深かった〉とある。

大正デモクラシー思潮の波頭を示したひとつの例といえる〈天文同好會〉が京都帝大教授の天文學者・山本一清(一八八九―一九五九)によって創立されたのは一九二〇(大正九)年のことである。ちょうど京都帝大文學部を卒業して、英文學専攻の大學院生となった年の同會の創立に有輔も参加した。生前の書斎には天文學の和洋専門書と同會誌『天界』バックナンバーが積まれていた(有輔の没後、長男が受け継いだ蔵書にも『天界』数号冊が見られる)。

前掲記事には、さらに〈和歌山高商の大禮記念天文観測望遠鏡設置も氏の尽力に負うところ多し〉……とのエピソードが載っている。

有輔が和歌山に赴任した年の秋、昭和三年一一月一〇日に京都御所紫宸殿において挙行された〈大禮〉――すなわち(昭和)天皇裕仁《ヒロヒト》〈即位禮〉を記念して、全国各地で「奉祝」と銘打つ行事や事業への寄付行為が花盛りだった当時。はじめ有輔が英文學専攻を選択したことにかんしては快く想っていなかった父脩藏も、和歌山で教職についた有輔が、その奉職先にそれまでなかった高価な天体望遠鏡を導入するために〈奔走している〉と聞き及んでは、政論をたたかわせる政治家であるよりも、自身が長年にわたって社会奉仕に熱心な、〈私心なき篤志家〉としての面目にかけ、もとより尊王思想を奉じてやまない脩藏にとって、〈大禮奉祝記念〉事業と聞いては、頼まれなくても無条件に最大限の助力を惜しむはずがなかった。

教職をおろそかにすることのできない良人の代理として和歌山、京都、廣島、東京などを、たびたび往き来して奔走したミヱにとって達成感もつかのま、おもいもよらない不幸が襲う。

有輔が和歌山の赤十字病院で逝った日、呆然としたミヱがひとつだけ覚えているのは、病棟の戸口を吹き飛ばすほどの激しい風が吹き荒れたことだという。

たしかにその翌日の新聞をみると、近畿地方から北海道にかけて数一〇年ぶりといわれる烈風が吹き荒れ、各地で家屋の倒壊や船舶の遭難などの被害が相次いでいる（昭和四年四月二二日付『大阪朝日新聞』ほか）。

茶毘に付した日の宵は風もおさまり、これが良人といっしょには〝最後の帰郷〟となる。

南海鐵道線で難波まで出て大阪驛前へ。同月一五日に竣工・店開きしたばかりの梅田ターミナルビルヂング・阪急百貨店七階大食堂に立ち寄り、廣島から迎えにやって来た舅・脩藏らと仮の直会《なおらい》を兼ねた夕飯を済ませたのち、喪章の一行にともなわれ、すでに白木の箱に収まった良人を胸に抱きしめて、かげとものみち（山陽路）を下る夜汽車に揺られた。

和歌山から無言の里帰りをした遺骨をミヱは同月二五日、市内西地方町（現・中区土橋町）にある代々の菩提を弔う無衰山古今院浄國寺墓所に葬る。のちにピカドンで境内にならぶ延命地蔵尊の首が吹き飛んだ寺である〔第一章86ページ〕。

舅の脩藏は嫡男の急死から二カ月後、決然と辞意を表明する。かぞえ三二歳のときいらい、連続七期、一八九二（明治二五）年の四月から一九二九（昭和四）年の六月にいたるまで三七年間余りつとめた廣島市議會議員の議席を去る。市議と兼務（旧制度）の縣議会議員を一八九四年から三期——その間、縣議會副議長、市議會の正副議長などを歴任したが、その議員勇退を機に、いっさいの公職から身を引いた。

そもそも脩藏というひとは、その幼少期から儒学者頼山陽（一七八〇－一八三二）が著わした史書『日本外史』全二二巻（一八二九刊）、同じく史論『日本政記』一六巻（一八四五刊）を〈暗誦するほど熱心にまなんだ〉といわれ、長じては尊王思想を信奉する地方政治家となる。

とくに慈善活動や社会事業に尽力して〈名望家〉。その後継たる長男が、こともあろうに……英文學の道へすすむことに脩藏は難色を示す。それでも有輔は反対を押し切り、語學に秀でた才能を開化させて最高學府の英文科を修了し、やがて教職につく。

いっぽう、脩藏次男の政輔はといえば、これまた幼くしてギターを爪弾くような根っからの藝術家肌で、勘当同然に廣島を出奔後、大手百貨店の宣伝文案＝コピーや広告図案＝デザインを手がけるなど、およそ脩藏にとっては、別世界での独創的な活路を歩んだ（一九七〇没）。

したがって後継となりうる直系男子三人で残るのは、孫息子ただ一人だけとなった。

やがて一九三五（昭和一〇）年、脩藏の他界にともない嫡孫（有輔・ミヱの長男）は、弱冠一五歳で祖父脩藏から家督を受け継ぐ。その後見人ミヱは、いっさい自身に選択の余地なく、最盛期に使用人総勢六〇人余りを擁した一家（森川家務所）を束ねる実質的な女主人となる。

跡継ぎは、第五高等學校に入学して熊本へとゆく。さらには東京帝大文學部哲学科へとすすんで、日増しに食糧難が深刻化する東京での下宿生活をおくる。ヤミで手に入れた食糧を、統制の目をかいくぐってミヱから仕送りしてもらうのが唯一の〈いのち綱〉と、甘ったれた〈お坊っちゃん〉育ちはつづくが、やがて學徒動員。大學を繰り上げ卒業して應召するも即日の疾病除隊となったのち、二五歳で結婚する――。

●〈謎の貧血性疾患〉での大往生

三六歳で寡婦となっていらい一六年余り。一九四四（昭和一九）年の秋も深まり、おそらくは詮ない幻想――〈戦局の好転・逆転〉にまだ、それでも一縷の望みをつないで、その日暮らしに耐える日々であった。ラジオからは霧島昇唄う戦時歌謡「勝利ノ日マデ」が虚ろに聞こえてくる。

明けて、いよいよ一九四五（昭和二〇）年。

雑誌『婦人倶樂部』新年號の表紙に言挙げされた合言葉「いよいよ勝利の歳を迎へたのだ」……と、それを読んだとて実感は湧かない。

同『主婦之友』新年號の表紙には「勝利の體當り生活」という標語が刷り込まれているが、すっかり束《ツカ》がうすくなった本文全五二ページの裏表紙に見る「主婦の防空覚書、その一――家庭隣組・極寒時の防空對策」であるよりも扉にカラー印刷された「征け愛機」と題する挿画の説明文をしめくくる台詞「あゝ、南海に今ぞ神風は吹く」に言い知れぬ不安を覚える。

それは特攻機を女子整備隊が見送る光景だが、

〈やはり「神風」が吹いてもらわんにゃあ、いけんのじゃろうか（ダメなのか）……」〉

同じ号の記事「敗けたらどうなる――敗戦國の惨状を見よ」では、三國同盟一角のイタリア敗戦後に見られる目下の惨状を引合いにだし、英米は、

〈〝日本人抹殺〟を懸値なしに實行しようと考へてゐるに違ひない……〉

と断じた8ポ活字／タテ三段組に詰め込まれた記事ばかりでないすべての記事、はぼ二〜三ページおきに左右どちらか最上段端の余白に、太いゴチック活字のヨコ組で、

〈米鬼を一匹も生かすな！〉

〈米兵を生かして歸すな！〉

〈アメリカ人を生かしておくな！〉

〈アメリカ兵をぶち殺せ！〉

……という、いかんせん尋常でない〈決戦スローガン〉がおどっている。

ミヱは辟易とする。ため息をついた。

これと類似のスローガンは先月も見た。前月号『主婦之友』（一九四四年一二月号）の表紙題号の次にならべて朱色の活字で刷り込まれて登場した、

〈滅敵生活――アメリカ人を、ぶち殺せ！〉

が、たしか最初ではなかったか。

それが〈敵愾心昂揚〉――〈鬼畜米英〉への憎しみをあおるために〝効果のある標語〟かといえば、はなはだあやしい。

ただただヒステリックに〈生かしておくな〉〈ぶち

殺せ〉と叫びつづけ、ほんとうに民心を〈ゆさぶり、高める〉ことができる道理はない。

あまりにも工夫なく低俗きわまりない標語にミヱは、ひとり茶の間で首をかしげ、

——〈こうようなんじゃあ、はあ、いけまあで（こんなありさまでは、もはやダメか）……〉と、つぶやく。ぼんやりとだが絵空事ではない。〈一億玉砕〉という、あまりにも信じがたい現実が、音もたてず刻々と迫り来る気配を感じる。悪夢であればよいがと願う。

そんな内なる憂いは、廣島全市壊滅という厳然たる現実となる。

——ミヱ自身が満一歳のときに始まる日清戦争を契機として勃興した軍都廣島の繁栄と事実上、ひたすら懸命に伴走しつづけた半世紀は、しかし、あっけなく〈八・六〉原子爆弾投下の一瞬にして、すべてが灰燼と帰したのであった。

そのあさ、数カ月まえから寝たきりの姑エイ（七九歳）にあてた汚物まみれの御湿《おしめ》を裏庭で手洗いしている最中、ふと光を感じる。見あげた南の天空の異変に気づく。

疎開先の安佐郡三入《みいり》村に借りた仮住まい裏庭には、はじめに洗い終えた一〇数葉の黄ばんだサラシ綿が風に揺れている。三入村というのは廣島市の中心部から北へ約二〇キロメートル、太田川支流・根之谷川流域の山間僻地。廣島になにが起きたかを詮索する間もなく、それまで晴れあがっていた三入村の上空に暗雲がながれこんで来る。

にわかに天候は一変し、予想だにしない断続的な横殴りの雨脚が襲った。のちに聞く爆心地と、その周辺地域に降りそそいだ雨量とは比較にもならないほどの驟雨に見舞われる。

慌てて取り込んだ洗濯物のサラシ綿には、異様に黒ずんだ雨つぶのシミが残った。

爆心から遠く二〇キロメートル離れた山あいの里にも〈黒い雨〉は降ったのである。

その夏、例年になく豊作だというトマトを近くの農家に分けてもらい、畔《あぜ》の菜っ葉をつみ、山の清水を汲んでは炊事をした。にわか作りの菜園を耕す土いじりが、夕暮れどきまでの日課となる。おまけに街なかで何不自由のない〈お屋敷住まい〉だった女主人も疎開

先では、姑のシモ（大小便）の世話を他人まかせというわけにはいかない。手動式ポンプで女中に汲ませた井戸水を盥に張っての〈おしめ洗い〉に明け暮れた。

　黒い雨を全身にあびて帰って来た長男は一両日間、高熱を出して寝込む。そんな爆心地から遠く離れた山里〈二〇キロ圏内〉での日々が、じつは〈二次被爆〉と無縁ではなかった。

　けれども当時、そうした〈こんにち現在の常識〉は存在しなかった。すくなくとも日本人の誰しもが、そうかんがえざる得なくなるのは、それからはるか六六年後、つまり、二〇一一年春先の以降のことだといっても過言ではないだろう。昭和の初めに夫を亡くして足かけ五四年。この寡婦に甘んじた〝明治の女丈夫〟が、齢八九の一生を終えたのは一九八二年二月一九日のことだった。四〇年来かかりつけの医師による死亡診断書によれば〈老衰〉。過去に積みかさなるカルテの臨床医学的な所見、及び一連の血液検査表から診た所見については不詳である。

　亡きあとには、生前に日々書き留めて数えきれないほどあふれ返る自作俳句がのこされた。

　無造作に大学ノートや広告チラシ裏面を用いた俳句〝用箋綴り〟の束が文机まわりに整然と山を築いていた。祖母が寝起きしていた仏間をかねた茶室〈床の間〉にあしらわれたまま、ぬしをうしなった緑青色の香炉に、部屋の煙草盆に見つけた伽羅《キャラ》を焚き、そのほとんどが鉛筆書きの一瞬《たまゆら》から、生前に詠み聞かされた憶えのある次の句を拾った。

凍蝶《いてちょう》①の　ふるれば　動くだけの命
谷に咲く　りんどう　街の灯を知らず
合掌の　一八《いちはつ》②消せし　きのこ③雲
雲の上　彩紫《いろむらさき》に　山笑ふ
浄土から　春の便りや　夢枕
秋授戒　小服《こぶく》④まとう　衆生たち

　一九七〇（昭和四五）前後の晩年、顔色が血の気なく覚めた肌色なのは、いつのころからかひさしく変わらない。だが、それまでなかった判然としない〈貧血性疾患〉に体調すぐれず、寝たり起きたり、家族と暮らす市西郊〝終の住処〟での隠棲の日常に詠んだ句の一端である。
　三入村へ疎開していなければ、万が一にも〝ピカの洗礼〟をまぬかれることはなかった——そのあさの〈居場所〉が生死を分けたことは、言外にも戦後〝焼けあと〟に生き残った廣島市民共通の重いくびき〔軛〕となって、さまざまな宗教・神仏への帰依にもつながる。先祖代々の菩提寺（宗派）との関係を超越して、ごく自然に晩年の作者が仏《ほとけ》教に帰依したことを一連の句は物語っている。作句に用いた〈ことば〉についての簡便な註釈を次に掲げる。

（①）　凍蝶は冬の季語。祖母が常用した『広辞苑』第一版（岩波書店、一九五五刊）によれば表記は通常「凍て蝶」で、「冬まで生きながらえて、ほとんど動かない蝶」とある。

（②）　一八、または鳶尾と表記する和名・イチハツ（別名・こやすぐさ）と呼ばれるアヤメ科の多年草。中国原産。仏に手を合わせるようなその花弁の形状から〈合掌の〉は、生きとし生けるものの代名詞としたらしい。（同右『広辞苑』第一版）。

（③）　きのこ雲は、原爆投下時に立ちのぼった雲を指す。またの名を原子雲。

（④）　小服綿《こぶくめ》（コブクメンの訳）を、さらに縮めた通称が「こぶく」。僧尼が平服として用いた白色の袷＝あわせの一種（同右）。作者は音韻「けさ」と詠んだとかんがえられるが、いずれにせよ語意は、僧侶が羽織る日常着〝綿入れの袈裟〟のこと。

（1）　原本一綴だけと見られる当該文書は永井没後、まったく所在が不明で〝幻の報告書〟となっていたが一九七〇年六月、原爆被災直後に永井医師の医療班とつながりのあった被爆者遺族のもとに保管されていることが偶然、NBC長崎放送の原爆関連取材で判明した。ただちに臨時増刊『週刊朝日』一九七〇年七月二五日号が、そのダイジェストを伝え、同年の九月に朝日新聞社編『長崎医大原子爆弾救護報告』として復刻された（A5判三一七ページ）。

（2）　吉田茂（一八七八—一九六七）。敗戦の翌一九四六年、組閣直前に日本自由党総裁の鳩山一郎がマッカーサー覚書による公職追放となって後継指名された五月、第一次吉田内閣を組織した。GHQに支えられ国内に高揚する大衆運動敵視の姿勢をとりつづけて一年余りで総辞職。その後、いずれも短命に終わった片山哲（史上初の日本社会党首班による三党連立内閣）と、芦田均（日本民主・日本社会・国民共同党の連立内閣＝「昭和電工疑獄事件」で倒壊）政権のあとをうけ、一九四八年一〇月に民主自由党総裁として第二次組閣（一年後に自由党と改称）。米国の対日占領政策と連携して深くかかわる。のちに自由党を割って出た鳩山派・岸派と日本自由党（三木武吉）、改進党（重光葵）が合流した「改憲・反吉田連合」の日本民主党（鳩山総裁、岸信介幹事長）結成によって一九五四年一二月七日、ついに総辞職へと追い込まれるまで「逆コース路線」を推進し、独裁色の濃い強引な第五次にわたる長期政権をになう。社会党（左右両派）統一に対抗して保守合同の自由民主党結成にいたるのは、その翌一九五五年のことであった。

（3）　吉田健一（一九一二―一九七七）。吉田茂の長男。少年期の八年間を外交官の父茂の赴任にしたがいイギリス、フランス、中国（旧満洲）などで送る。ケンブリッジ大学に約一年余りまなんで中退し、一九三一年に帰国後、英・仏文学の翻訳・批評を始める。戦争中は国際文化振興会に勤務。海軍に召集され復員した戦後四年を経て書き下ろしの英文学小史『英国の文学』を出して本格的に文壇デビューした（雄鶏社、一九四九刊／岩波文庫、一九九四刊）。戦後三〇年余りに及ぶ多彩な業績の一端がうかがえる没後の新刊に徳川夢声・近藤日出造・河上徹太郎・丸谷才一・佐多稲子・佐伯彰一・池島信平らとの対談を収めた『吉田健一対談集成』（講談社文芸文庫、二〇〇八刊）がある。

（4）　千秋実（一九一七―一九九九）。一九三六年、千田是也が正式加入した当時の新築地劇団に入る。同期の研究生に殿山泰司ら。一九三八年に劇団五月座を結成するも日増しに強まる新劇運動弾圧の渦中に応召。郷里北海道（札幌編成）の第七師団歩兵第二十五聯隊・樺太＝サハリン＝国境守備隊に配属された。除隊後、大政翼賛会の下部組織への戦争協力を強いられ、移動演劇聯盟「ほがらか隊」を率いて全国各地を慰問巡演した。戦後、薔薇座を結成したのは一九四六年五月。銀幕デビュー初出演は一九四九年の黒沢明監督作品「野良犬」（映画芸術協会と新東宝の提携作品）。一九五一年、ヴェネツィア国際映画祭サン・マルコ金獅子賞（グラン・プリ）を獲得した同監督の大映・映画芸術協会提携作品「羅生門」（原作・芥川龍之介「藪の中」より＝脚本・橋本忍、黒沢明）で旅法師役を演じて以来、黒沢作品では飄々とした風貌の中心的脇役をつとめる。それまでにない大型アクション時代劇との評判を呼んだヴェネツィア映画祭銀獅子賞を受賞の黒沢映画「七人の侍」（一九五四年封切り）での平八役は、その典型といえる。

（5）菊田一夫（一九〇八―一九七三）。詩人のサトウ・ハチロー門下から昭和戦前期に古川緑波（一九〇三―一九六一）の座付作者となる。戦後混乱期のスレ違いドラマを描いたNHK連続ラジオ劇「君の名は」（一九五二～一九五四）が毎回聴取率五〇パーセント超えの大ヒットをした。のちロングラン二〇〇〇回を超える森光子の座長芝居「放浪記」ほか数多くの名戯曲をのこす。菊田の亡き後を引き継いだ〈東宝演劇の大黒柱〉で劇作家オバキンこと小幡欣治による『評伝・菊田一夫』（岩波書店、二〇〇八刊）がある。

（6）古關裕而《こせきゆうじ》（一九〇九―一九八九）。一九三〇年代の流行歌「利根の舟歌」「船頭可愛や」で作曲家。本邦・軍国歌謡で最初に大流行した日中戦争下「露営の歌」（ポリドールレコード、一九三七）を作曲して以来、陸軍省馬政局が企画した松竹映画『征戦愛馬譜・暁に祈る』製作に先立って伊藤久男が熱唱し大ヒットした「暁に祈る」（コロンビア、一九四〇）。土浦の海軍飛行隊予科練習生を描いた東宝映画『決戦の大空へ』主題歌でもある霧島昇・波平暁男の競作「若鷲の歌」（日蓄＝日米戦争下に改名させられたコロンビア＝、一九四三）など戦時下の日本人に愛唱された曲を作る。戦後は本文中のほか菊田一夫の作詞で伊藤久男の唄う「イヨマンテの夜」（一九五〇年）。丘灯至夫《おかとしお》詞で岡本敦郎・唄「高原列車はゆく」（一九五四）ほか歌謡曲。NHK「スポーツ放送のテーマ」曲や、全国高校野球大会歌「栄冠は君に輝く」、プロ野球の阪神タイガース応援歌「六甲おろし」などの作曲も手がけた。

（7）サトウ・ハチロー（一九〇三―一九七三）は佐藤紅葉（一八七四―一九四九）の長男。詩人。戦後、児童文芸雑誌『赤とんぼ』を中心として童謡に打ち込む。古賀政男（一九〇四―一九七八）作曲で霧島昇・波平暁男が唄った戦時歌謡『勝利の日まで』（日蓄、一九四四）の詞。小国民文化協会募集の当選歌『お山の杉の子』吉田テフ子・詞の補作（佐々木すぐる作曲／日蓄、一九四五）ほか一九三〇年代以降、歌謡曲「二人は若い」同「目ン無い千鳥」をはじめ昭和の歌謡史に名作を残す。敗戦後、いち早く一九四五年一〇月一一日に封切りの松竹映画『そよかぜ』主題歌「リンゴの歌」を作詞。万城目正（一九〇五―一九六八）作曲の明るいメロディにのせ並木路子（一九二一―二〇〇一）の快濶な歌声が焼け跡の巷を席巻した。ヒット作の一つで厭戦歌謡「もずが枯木で」はサトウ・ハチローの原詩「百舌よ泣くな」（一九三五）に徳富繁という学校教諭が曲を付け、ひそかに茨城県地方などで歌い継がれた。評伝に玉川しんめい著『ぼくは浅草の不良少年――実録サトウ・ハチロー伝』（作品社、二〇〇五刊）がある。

（8）藤山一郎（一九一一―一九九三）。一九三一年に作曲家の古賀政男とコンビを組んだ歌謡曲「酒は涙か溜息か」がヒットして以来の古賀メロディばかりでなく、佐藤惣之助が詞を書いて曲は山田耕筰の軍国歌謡「燃ゆる大空」（一九四〇）をはじめとする戦争協力の意味合いがきわだつヒット歌曲も少なくない。一九四二年にインドネシア中部のセレベス島へ海軍軍属として赴任。一九四七年五月一日に始まった「ラジオ歌謡」第一回目に放送された戦後の新曲「三日月娘」は、もしゃの死亡説もささやかれた消息不明の南方から無事生還をはたした藤山のカンバック第一声となる。その戦後初ヒットからかぞえて四枚目のレコードが『長崎の鐘』である。そのB面には、被爆死をとげた夫人の切なる想いをサトウ・ハチローが詞にした「いとし吾が子」を、スウィングの女王との異名をとる池真理子（一九一七―二〇〇〇）が吹き込んだ。

（9）若原雅夫は一九一七年、東京にうまれた。戦中から戦後にかけての主演作に田中重雄監督「英国崩るるの日」（大映、一九四二）。島耕二監督「出征前十二時間」（同じく一九四三）、戦後初の大映ニューフェース女優折原啓子と共演した島監督「君かと思いて」（一九四六）、奈良光枝とのコウモリ傘の中での接吻シーンが話題を集めた千葉泰樹監督「或る夜の接吻」（同）をはじめ邦画〈黄金期〉をむかえる以前のスター俳優。

（10）月丘夢路は一九二二年、廣島市袋町（のち被爆時、爆心五〇〇メートル圏内）で薬局を営む旭爪《ひのつめ》家の長女にうまれた。本名・井上明了。夫は映画監督井上梅次（一九二三―二〇一〇）。一九四二年の大映・超大作で五所平之助監督「新雪」に映画初出演で主演した翌年、宝塚歌劇を退団して東宝へ入社。のち一九五五年東独ベルリン国際映画祭・長編映画賞を受賞した関川秀雄監督（以下全員が東宝映画スタッフ）日教組プロ・北星映画社作品「ひろしま」（原作・長田新『原爆の子』＝前掲）では、自身も郷里広島の原爆で多くの肉親や友をうしなったことから出演料を辞退しノーギャラで主人公の米原教諭役を熱演した。共演の相手（北川教諭）役は岡田英次。

（11）大庭秀雄（一九一〇―一九九七）。のち、松竹大船トップスター佐田啓二の相手役に岸恵子を抜擢し、菊田一夫原作のNHKラジオ放送劇を柳井隆雄の脚本で映画化した監督作品『君の名は』全三部作（一九五三～一九五四）。ほぼ前作と同様のキャスティングで石坂洋次郎の原作を、やはり柳井の脚本で撮った松竹映画『何処へ』（一九五四）ほか映画黄金期の話題作を撮った。

（12）三人による共同脚本。ほかに光畑硯郎と橋田壽賀子

（いずれも、松竹大船脚本部）。

(13) 昭和天皇は一九二八（昭和三）年九月、皇居内に「生物学御研究所」を設けて終生、粘菌とヒドロゾアの研究に打ち込むかたわら、皇居や那須御用邸内の細密な植物観察と分類研究をする自然科学者でもあった。戦後、生物学御研究所の編集による『相模湾内のヒドロ虫類』（発売・丸善、一九八八刊）、没後に刊行されたカラーグラビア印刷の大型本『皇居の植物』（保育社、一九八九刊）ほか二〇冊余りの著書がある。

(14) ヘレン・アダムス・ケラー Keller, Helen Adams（一八八〇―一九六八）。生後一九カ月のときに「盲・聾・唖」三重苦の障害を負いながらも世界じゅうをめぐって社会福祉事業に専心した〈奇蹟の人〉。一九三七年四月以来、それが三度目となる一九四九年の暮れに来日し、寝たきりの永井隆を見舞った。現在、日本語版の著書に小倉慶郎による邦訳『奇跡の人――ヘレン・ケラー自伝』（新潮文庫、二〇〇四刊）。同じく岩崎武夫訳『わたしの生涯』（角川文庫、一九六六刊）。参考文献に日本ライトハウス研究会［編］『わが国の障害者福祉とヘレン・ケラー』（教育出版、二〇〇二刊）などがある。

(15) 文中のローマ法王とは、第二六〇代ローマ教皇ピウス一二世のことを指す。在任期間は一九三九～一九五八年。本名＝マリア・ジュセッペ・ショバンニ・エウシェニオ・バチェッリ（一八七六―一九五八）。参考文献に大澤武男『ローマ法王とナチス』（文藝春秋・文春新書、二〇〇四刊）ほか。

(16) 長崎で開催された〈聖フランシスコ・ザビエル来日四〇〇年祭〉にさいして、ローマ教皇は特使としてギルロイ枢機卿をバチカンから日本（永井のもと）へと派遣した。

(17) 山田かんの著書は、日中戦争下の旧満洲に渡った二人の詩人を取りあげた評伝『古川賢一郎・澁江周堂と戦争』（長崎新聞社、二〇〇八刊）が遺作となる。

(18) 前掲、改訂新版『草饐――評伝・大田洋子』巻末に所収。

(19) 明石博隆・松浦総三編『昭和特高弾圧史――知識人にたいする弾圧・上／一九三〇～四一年』（太平出版社、一九七五刊）第一部「満洲事変と思想文化弾圧の開始」所収。

(20) 長編『武装せる市街』（日本評論社、一九三六刊／のち青木文庫、一九五三刊）は、一九二八年に日本軍が中国山東省済南へ軍事侵攻した第一～三次「山東出兵」のさいに起こった済南事件を題材に、みずから出かけた現地取材を踏まえて描いた反戦小説。

(21) 原本・戦旗社版に収録された小説「一九二八年三月十五日」は一九五一年、原稿復刻により題名ほかの増補改訂がおこなわれて岩波文庫に入った（改版一九六七刊)。さらに没後三五年の一九六八年、不明だった「蟹工船」前編の生原稿が発見され、削除と伏せ字部分のほぼ全貌があきらかになる。これをもとに全編が復元されて日本評論社版の定本全集に収まる。平成大不況のさなか、ときならぬ〝蟹工船ブーム〟が巻き起こって増刷に次ぐ増刷をかさねた新潮文庫版『蟹工船/党生活』、岩波文庫『蟹工船/一九二八・三・一五』。青木文庫『小林多喜二全集』第三巻(「蟹工船」「不在地主」を収録=一九五八初版)などがある。

(22) 瀬戸内晴美は一九二二年、徳島市にうまれた。初期筆名は三谷晴美。一九七三年以降は中尊寺での出家受戒のさいに授かった法名・寂聴を名乗る。

(23) 評伝『運命の勝利者・朴烈』は布施辰治弁護士(一八八〇―一九五三)と張祥重・鄭泰成による共著。一九四六年に世紀書房から刊行された。のちに黒色戦線社がその復刻版を刊行した(ウニタ書舗・発売、一九八七刊)。往年の名著に金一勉『朴烈』(合同出版、一九七三刊)。また比較的近年の山岸秀による労作『関東大震災と朝鮮人虐殺――八〇年後の徹底検証』(早稲田出版、二〇〇二刊)がある。

(24) 『日本プロレタリア文学集㉚――細田民樹・貴司山治集』(新日本出版社、一九八七刊)に収録されている。
*貴司山治《きしやまじ》(一八九九―一九七三)は代表作に『忍術武勇伝』(一九三〇年二月号『戦旗』初出/先進社、一九三〇刊)がある。

(25) 旧国鉄宇品線は一九六六年一二月二〇日、宇品―上《かみ》大河《おおこう》(広島大学医学部前)間を廃線にした。以後、上大河―広島駅間で通勤・通学(定期券)専用路線としての運行をつづけたが、やがて一九七二年四月一日に全線廃線となる。

(26) ヤク〔犛牛〕はチベット語のgyakに語源を発する。犛牛の日本語読み:ぼうぎゅう。〈犛〉とは毛の長い牛、あるいは黒毛の牛との意味がある。別称・唐牛(からうし)。

(27) 森川三枝(一八九三―一九八三)。

(28) 『廣島臨戦地日誌』原本は国立国会図書館近代デジタルライブラリー所蔵版がある。国会図書館ホームページをつうじてネット上で閲覧できる(コピーも可)。

(29) 森川有祥(一九二一―二〇〇一)。

(30) 森川脩藏は一八六〇(万延元)年、藝州浅野藩・名字帯刀御免の商家〈満足屋四世〉森川調右衛門の嫡男としてうまれた。脩藏晩年の口述をもとにした『中國新聞』連載の高木正実「広島古記帳」(一九五四・一・三一~一九五四・二・一一)がある。

第七章 原子野に立ち込める死臭と空白の記憶

Hiroshima
by John Hersey
The story of six human beings who survived the explosion of the atom bomb over Hiroshima—this is the complete text of the brilliant report to which "The New Yorker" devoted its entire issue of August 31, 1946.

●お城が消えた

いまや総人口の圧倒的過半数を占める〈昭和の戦後〉以降うまれの世代にとって郷土広島のシンボルといえば、まずは広島湾の西方、大野瀬戸の浅瀬にそびえる〈朱の大鳥居〉が目印の国立公園〈安藝の宮島〉嚴島神社。もうひとつは、人類史上そこが最初の標的となった〈原子核爆弾テロ〉の爆心（地）史跡〈広島平和記念公園〉に遺構をさらす原爆ドーム。

掲げる順序はともかくとして、この二つであることに当世、異論の余地はないであろう。

ともにユネスコの世界歴史遺産である。二〇世紀末、嚴島神社は厳格な審査基準をクリアして登録された。

そしてまた後者については、日本が唯一の被爆国であることの、うごかしがたい象徴としての〈証し〉を未来永劫、後世に伝えてゆく歴史的〈負の遺産〉にほかならない。

それは、人類の驕りが引き起こした人類滅亡の招来につながる過誤＝あやまちの象徴でもある。

しかしながら、そうした歴史認識は年々と希薄になってゆく。源平のいにしえにさかのぼる平家滅亡の歴史絵巻ロマンも、それはそれで結構だが、なんとも軽薄に甘美を追求する観光の一選択肢に貶められては如何なものか。以前だと、国際平和都市ヒロシマ観光コースの最終日オプションとして宮島を組み込むか否かの選択は近年、あからさまに逆転現象を来している。

世界遺産〈嚴島〉散策の帰途に立ち寄る冬の名産・牡蠣料理だの夏場は名物・小イワシだ、本鯛の冷チリだ、オコゼ〔鰧〕だとか、季節を問わず広島風お好み〈焼き〉名店だの、お好み村めぐりだとかのグルメ・プランとやらが幅をきかせるご時世となっている。

繁華街への道すがら、ふと見つけた世界歴史遺産・原爆ドームに路面電車の車窓から一瞥を投げるだけで、まるで無関心に通りすぎる観光客も、近ごろではめずらしくないらしい。

かたや、広島にうまれ、あるいは広島そだちの縁故ある者であるならば、なんらかピカ（ドン）とのかかわりが折にふれては話題にのぼる〈戦後ヒロシマ〉を生きた、ごくごく日常的な人間模様の記憶が〈原爆遺跡〉の背景に想い浮かぶ。

被爆地ヒロシマのヒバクシャは、誰からともなくゲンバクのことを〈ピカ〉。あるいはまた〈ピカ・ドン〉と呼んだ。がしかしピカの一瞬にして街が消えるまでの廣島に原爆にたいする恐怖（心）はもちろん、原爆という、ことばじたいが存在しなかったことは自明である。

にわかに頭上天空から降った閃光を、ひと呼んでピカ。つぎの瞬間に炸裂した猛烈なエネルギーの衝撃を、あわせて言い表す〈ピカドン〉という造語をうむ。

原爆被爆都市ヒロシマ。だがしかし、原爆テロの的にかけられる瞬間、そのときまで、ながらく廣島は、帝國陸海軍の軍都であった。

そして、軍都廣島の街の中心部に三六〇度を見わたすようにスクッとそびえ立っていたのが〈お城〉＝旧〈廣島城本丸〉であったことを、原爆から生き残った人びとは忘れていない。

この地ではあくまでも、ただ〈お城〉と、親しみを込めて呼ぶのである。

名作長編『管絃祭』[1]のなかで作者・竹西寛子は登場人物の千吉に、つぎのように語らせる。

〈私ら、広島城とも鯉城とも言いません。ただ、お城です。いつも、お城は、川が分けた六つの洲の中で、東から二つ目の大きな洲の、それも真中よりやや北寄りにありました。日清戦争の大本営もあったところです。

城には桜がつきものと言いますが、あの城の仰《ぎょう》山《さん》の桜も、それは見事でした。外堀は蓮《はす》の花がみものです〉……。

そして、軍都の街なかは〈いたるところ陸海軍の軍服ですよ〉と千吉がいう、廣島あのころ。

〈日本勝った日本勝った支那負けた。そう言っていられるうちはまだよかった。市中の小学生や国防婦人会の人達が、宇品の埠頭に並んで、紙の日の丸を振って出征兵士を見送ったもんです。町角には、白い布と赤い糸の針を持った夫人が立って、千人針〈への一針をと、こうべを垂れる光景が日常化した〉……〉

消滅するまえの廣島を、作者は千吉の語りに託して描いている。

〈徐州が落ちた。花火を打ち上げて提灯行列。武漢三鎮攻略。提灯行列。焼け崩れた黒い町も広島なら、提灯行列で目抜の電車通りが火縄みたいに揺れていたのも広島。血のついた日章旗や軍服、青竜刀に便衣隊服、手榴弾まで陳列した大東亜博覧会が開かれたのも同じ広島です〉……。

日本軍の徐州占領は一九三八（昭和一三）年五月一九日。〈武漢三鎮〉占領は、同年一〇月二七日のこと。〈便衣隊〉の便衣とは、中國語で平服・ふだん着を指していう。〈満洲事変〉に始まる日中一五年戰争下、日本軍＝皇軍が侵略占領した地域に便衣を着た中國人兵士が一般群衆のなかにまぎれ込んで〈狙撃・遊撃〉戦を頻発させ、執拗なテロを仕掛ける。あとを絶たない便衣隊の出没に手を焼いた皇軍は、便衣（隊）を探し出すことに血道をあげる。

が、けっきょくのところ〈軍服を着ていない中国人すべてが疑わしい〉ということになる。

じっさいに、その〈識別〉は不可能であった。ほんのわずかでも〈疑い〉をいだけば誰かれ構わずに〈見境なく、殺す〉ことが、あたりまえとなっていた皇軍兵士たちのあいだで、この凄惨な〈無差別殺戮〉は常態化してゆく。

一九三七（昭和一二）年一二月の〈南京虐殺〉では、おびただしい非戰闘員（もっとも少ない数字でも数万人、ないしは当時の首都南京〈城内〉、及び周辺部の人口密度から積算される約三〇万人）を皇軍は虐殺する。これを本多勝一『中国の旅』（一九七一刊）が日本へと最初に日中戰争の知られざる〈断面〉として伝えた翌年、現代史家の洞富雄（一九〇六―二〇〇〇）による『南京事件』（新人物往来社、一九七二刊）がヴェールに覆われたその実態解明に先鞭をつけた。これにたいして歴史の改ざんを目論んだ爲にする〝不毛の論争〟が仕掛けられる。

総括して洞富雄の『南京大虐殺――「まぼろし」化工作批判』（現代史出版会、一九七五刊）が〈大虐殺虚妄説の虚妄〉を実証した『南京大虐殺の証明』（朝日新聞社、一九八六刊）。

この虐殺事件については、南京城内に逃げ込んだ中國兵が便衣に着替えて〈兵士と民衆との区別がつかなくなったのも一因〉との定説を覆す余地はない。〈区別がつかなかったから見境なく殺した〉のであれば、つまりは、たとえば徐州でも武漢であっても皇軍の立ち回った侵攻地点の、どこでも起こり得たということの〝裏返し〟である。当事者である皇軍兵士らの多くは、とうぜんそれを承知のうえで否認。もしくは〈大虐殺はなかった〉との強弁を弄する。

中國戰線で皇軍が〈警備・治安〉作戰と称してくり返した無差別殺戮〈犯行理由〉と、その典型的な手口を示す動かぬ証拠が、ほかでもない陸軍〈機密〉公文書に該当する「作戰日誌」や個々の兵士が綴った陣中日記などに見うけられるのは、まさに歴史の皮肉というしかない。

そうした発掘・公刊資料の一例に、民間の〈南京事件調査研究会〉メンバー小野賢二・歴史学者の藤原彰・ジャーナリストの本多勝一らによる共編『南京大虐殺を記録した皇軍兵士たち――第十三師団山田支隊兵士の陣中日記』（大月書店、一九九六刊）は、執拗にくり返される南京虐殺〈まぼろし化〉工作＝キャンペーンの虚妄を実証的に看破した労作といえる。

千吉は一九四一（昭和一六）年の春、〈召集令状を受けるといったん福山で入隊し〉とあるから、廣島縣福山市に司令部を置く陸軍歩兵第四一聯隊（通称号・豹一二〇二三）の應召兵との設定なのだろう。いよいよ〈出征〉となる。ふたたび廣島市にもどって、宇品軍用桟橋をあとに支那〔中國〕大陸の戰線へと向かう。しかして、四年間の転戰と三年に及ぶ外地での足止めを喰らい、ようやく復員船で舞鶴に上陸したのは、一九四八（昭和二三）年のことだと語る。

千吉はいう。宇品を出港した陸軍輸送船の舷窓から兵隊たちは皆、瀬戸内海に浮かぶ島じまや海を〈もうこれが見おさめかも知れん。はっきりそう思い〉ながら黙って眺めた。

〈戦地での苦労は言い出せばきりがない。私も男だから言いません。言いとうない。それにこの頃の神経ではとても考えられんようなこともしてきた人間です〉……。

すると、大陸で戰死した兵士の血痕がついた遺品などがならべられていた大東亞博覧會というのは、千吉が出征をして廣島に不在の日米開戰後に催されたものではない。千吉が見学することができたのは一九三二（昭和七）年九月に第五師團が主催して、廣島で初開催の〈軍事一色〉に染め抜かれた〈時局博覧會〉以降に限られる。〈滿洲事變（昭和六年）の戰果を披露し、銃後の戰意を高揚させるのが狙い〉だった初回の開催以降、廣島の西練兵場を主会場に開催された出征まえ一九四〇（昭和一五）年までの博覧會であろう。

一九四〇年といえばまた『記・紀』伝承神話にもとづく皇國史観〈紀元は二千六百年〉奉祝行事の提灯行列などに沸きかえった年でもある。作者が千吉にいわせている小説であるから、とうぜん〈大東亞博覧會〉というのは現実には作者自身が見学した記憶なのかも知れない。

いずれにしても、日中一五年戰争渦中の廣島にみなぎった〈軍國一辺倒〉に塗り固められた情景を彷彿とさせる。

〈時局博〉の翌一九三八（昭和一三）年二月には、第五師團が〈賛助〉して西練兵場に七万人にのぼる市民を集めた紀元節〈建國祭・廣島國民大會〉が開催されている。

作者の竹西寛子は一九四五年二月、父親を亡くしている。作者の化身である主人公・村川有紀子の父親庄蔵は脳溢血で亡くなる。四月に進級して廣島縣立第一高等女學校四年、有紀子一六歳の夏、その朝、〈〈傷に弱い有紀子は〉毒虫に刺されたあとの傷が化膿して発熱はするし、足の淋巴腺まで腫らせてしまった。動員先の東洋工業を、昨日で三日休んでいる〉……。

〈〈有紀子の母セキは〉深夜の空襲警報が二時頃まで続いて、そのあと軀〔からだ〕は横にしたものの、ほとんど眠っていない。七時頃にまた警戒警報が出た。ラジオのアナウンスは〈敵B29四機が、広島市西北上空を旋回中〉……と知らせたが、大事もなく警報は解除になった〉。

〈有紀子は警報が解けてから、まだ布団も片づけてない蚊帳の中を、片足を引きずりながらぐるぐる廻っていた。歩ける。無理すれば行けなくもない。脈を搏つような痛みは去ったが、少々気味悪くもある。空襲警報が出てみんなと一緒に走れなかったらどうしよう〉。

そんな娘に母親のかけたことばが、はからずもピカの直撃から有紀子を救うのである。

「有紀子、悪いことは言わんから、もう一日だけ休みなさい。そうしなさい」……。

そのひとことが、有紀子の命運を決した――。

〈表の道を出勤らしい靴音が話し声と一緒に急いでいる。ズックで駆けて行く音もある。まわりの民家ばかりでなく、ガスタンクや煉瓦造りの被服支廠倉庫、それに比治山や丹那の山までが見渡せる南瓜〔カボチャ〕畑の上空を、塩辛蜻蛉〔トンボ〕の群れがゆっくりと泳いでいる。御幸橋のほうへ向ってカーヴをきる市電の音も聞こえてくる〉……。

前夜の午後九時三〇分空襲警報が発令されて〈まもなく解除〉から、翌未明午前〇時二四分に再度の空襲警報発令。同二時〇九分に警報解除、同二時一五分には警戒警報も解除となる。五時間余りを翻弄されたあげく、明けて午前七時九分、三回目の空襲警報発令にまた肩透かしを喰う。七時三一分に〈中國軍管區上空に敵機なし〉との短いアナウンスをＪＯＦＫ廣島放送局が伝えたことで、警戒警報も解除になって、ひと息つく。そして四四分余りがすぎたとき――

〈突然、宙が光った。異様に光った。……

地鳴りとも地響きともつかぬ震動と轟音、それにつむじ風のようなものに遮られて、思わず手で両眼を覆ってうずくまるうちに忽〔たちま〕ち軀の自由を奪われてしまった〉。

まもなく〈響きも、音も、風もおさまった〉が周囲は、

〈朝なのにまるで黄昏の暗さである。家並みがぐっと低くなったばかりか、輪郭までが、すっかり変ってしまっている。つい先程まであたりを彩っていた夏の色という色が脱〔ぬ〕けて、全く遠望のきかない影絵の世界が出現した。静かであった。昭和二十年八月六日の朝、八時十五分の出来事である〉。

竹西寛子は長編『管絃祭』全一四章の、〈つい今し方、警戒警報が解除になった〉との書きだしで始まる第九章を、そうむすぶ。この講談社文芸文庫版「解説」で、一九四一年うまれの文芸評論家・川西政明は、

〈この作者自身の被爆体験を語った章が全体のなかでもっとも短い。書いても書いても書ききれない思いを最少の言葉で書ききった作者の思いがわが胸を打つ〉……

と指摘した。まったく同感である。

だがしかし、だからこそ、もっと執拗に書いてほしかった。文壇の〈玄人うけ〉はするだろうが、そうで

はなく〈物言えぬ死者たちのぶん〉まで吐きだすように、情念の果つるまで連綿と書きつらねてもらいたい。けっして大田洋子のように〈文学的〝破滅〟に陥る〉こと〔第二章254ページ〕をむやみにもとめているわけではないが、〈褐色の濃い液を大量に吐いた〉……と自身も確《しか》と蝕まれた〝悪夢の青春〟を呪いつづけてほしいと願うのは、さすがに酷な注文であろうか。

記憶というものは、きわめて曖昧なものではあるが、自身のまぶたに焼きついた惨禍の情景を、まのあたりにした被爆者個々の顔貌を、それが作者の心象風景ではあっても、さらに執拗なまでに書き込んでほしいという一読者としての思い入れゆえである。とはいえ、総じてこの作品が原爆によって〈消えた「広島」の者たち〉への〈沈潜し耐える時間を生きる〉作者自身の内なる想いを切々と紡いだ〈情念あふれる鎮魂譜〉であるという解説に異論はない。

〈同級生の夏子や直子〉は爆死した。〈夏子の妹は四人の肉親〉をうしなう。主人公は外傷をまぬがれた。がしかし自身も〈夏の終りに、褐色の濃い液を大量に吐いた〉て、〈一時、下痢で見すぼらしいほどに痩せた〉……と告白する。原爆死した同級生たちと同様に目には見えない放射能に冒された深刻な被爆症状を自覚している。異なるのは九死に一生を得たことである。

猛烈な爆風が家じゅうのガラス窓を鋭利な凶器に変えて半壊した自宅は爆心（地）から東南へ二五〇〇メートル余りの皆實町（現・南区皆実町五丁目）にあった。作者は淡々と、ことばを厳選して抑制的に書いているが作者自身もまた、まがうかたなき被爆者であることは、自身が体験した実感をもってしか書き得ない描写にあきらかである。

●物言えぬ死者たちにかわって

竹西寛子とは三歳ちがいの年下にあたる〈広島県女二年西組〉一二歳の少女・富永千枝子が後年に書く〈原爆で死んだ旧友たち〉個々の実名を全網羅して取りあげた労作ルポルタージュについては後段（415ページ）でふれるが、これらを併せ読むと、そこからは〈生き残った被爆者〉がゆえに背負う苦悩が、ひしひしと伝わって来る。この小説は戦前・戦中の廣島と、そこに暮らした人びととの実感としての心象風景に及んで描かれている。すぐれた小説であるがゆえに割愛したのであろうその前史を、ここではあえて〈データ的に補完〉する註釈をこころみる。

かつて廣島といえば、廢藩置縣の二年まえに先代・長訓《ながみち》から最後の藩主・淺野長勳《あさのながこと》（一八四二―一九三七）が襲封した〔受け継いだ〕藝州淺野藩四二万石。通称を長勳公《ちょうくんこう》は維新の〈王政復古〉実現に尽力し華族に列せられて侯爵。明治新政府の元老院議官、駐イタリア大使、宮内省華族局長など当時の閑職を歴任して一八九〇（明治二三）年に貴族院議員となる。

一八七一（明治四）年七月一四日、廢藩置縣の詔書発布で藝藩は廣島縣へと移行して廣島城本丸に縣廳。轉じて第五軍管廣島鎭臺。軍の機構改編によって第五師團司令部と改称される。

日清戰爭のさいには、東京から廣島への臨時遷都にともない大本營が置かれた。

つまり、藩制の廃れた明治期以降も地元で〈お城〉――別名・鯉城《りじょう》とも呼ばれる城は廣島のシンボルであった。のち昭和になって一九三一（昭和六）年一月一九日付で廣島城は〈國寶〉に指定される。折しも關東軍の謀略によって滿洲事變が引き起こされた年のことである。当時の第五師團長は朝鮮軍參謀長・獨立守備隊司令官から転任した寺内壽一中將（のち大將）だった。在任期間は一九三〇年八月一日から一九三二年一月九日まで。寺内壽一（一八七九―一九四六）[2]といえば、一九三六年〈二・二六事件〉後の廣田弘毅内閣で陸相に就任して軍部大臣現役武官制を復活させた。また、衆議院での政友會代議士・濱田國松[3]の軍部独裁化傾向を非難する演説にたいして反論――世にいう〈腹切り問答〉をくりひろげ、政党懲罰のための議會解散を要求したことから閣内不統一に問われて内閣は總辞職した。教育總監を経て翌一九三七年七月七日の蘆溝橋事件〔七七事變〕が引きがねとなる日中戰爭の全面化にともない北支那方面軍司令官。日米開戦の南方軍總司令官などを歴任して一九四三年に元帥となる。

こうして、その末路は〈戰犯〉に指名されて抑留中、英領マラヤ（現・シンガポール）レンガムの収容先で病死した。

第五師團とは廣島鎭臺を改称して一八八八（明治二一）年五月一四日に編成されている。初代師團長には前・東京鎮臺司令官の野津道貫[4]中將が着任した。爾来、来たるべき海外派兵のときをにらんで第五師團を中核としての廣島市中とその周辺に、着々と一大兵站が築きあげられてゆく。

まさしくそれは、軍都廣島のシンボル的存在としてそびえるランドマークでもあった。

そもそもの城の来歴は、いまからさかのぼること四二六年余りの天正一七年というから西暦一五八九年。そのとし四月一五日に戰國武將・毛利輝元（一五五三―一六二五）は、この城の着工にあたって鍬初《くわはじめ》の儀式、現代でいう〈鍬入れ式〉を擧行して、この地を廣嶋《ひろしま》と名付けた[5]。

ちょうど關白秀吉（一五三六〔七〕―一五九八）が天下統一をはたす前年のことである。秀吉は翌一五九〇年、徳川家康を關八州に移封し、その江戸入城を見とどける。さらには奥州征伐へ軍勢を進めて東國を完全に制覇するに及んだ。こうして秀吉が小田原征伐から奥州平定へと長期遠征をしているあいだ、〈京の都〉警護にあたったのが毛利輝元であった。

天下統一なって京に凱旋した秀吉を迎えた輝元は一五九一（天正一九）年一月、約一年ぶりに滞在先の京から下る。起工から一年九カ月余りの突貫工事によって本丸の主要部分が落成をみた廣嶋城に入る。ただし、石垣や掘など完成図面に描かれた城郭の全貌が普請を終えていたわけではなかった。西國最大の大名にして〈五大老[6]の一〉として豊臣政権を強固に支える自負があった輝元は、天下統一に引きつづいて秀吉がいだく野望を心得ていた。朝鮮出兵である。

海外派兵にさいしては内陸に延びる西國街道〔山陽道〕の山間枢要に立地した吉田庄《よしだのしょう》[7]の居城でなく、なんとしても海辺で三方を山に囲まれた〈天然の要塞〉に根拠地を移すことが先決と、にらむ。ことさらに廣嶋への築城を急がせたのは、秀吉の意を汲んで機を見た輝元の周到な采配を物語る。

一五九二（文禄元）年三月、豊臣秀吉は朝鮮出兵――〈侵略の拠点〉とした肥前國名護屋（現・佐賀県唐津市鎮西町）へと向かう途中、本丸の竣工なった廣嶋城に立ち寄ると、みずから城の内外を検分して、〈築城の場所選定がすこぶる良い〉……と褒めている（毛利家文書）。

やがて秀吉死後の一六〇〇（慶長五）年九月一五日、天下分け目〈關ヶ原合戰〉にさいして惨敗を喫した西軍の總大將でありながらも、自身は大坂城にあって〈家康打倒の檄を飛ばす〉……にとどまり、実質的には〈不戰敗〉だが、けっきょく輝元は責めを負い、一一二万石の所領を大幅に削減・没収される〈減知〉をうけいれ、周防・長門〔現・山口県〕の〈防長二州・三七万石〉への移転を余儀なしに追いやられた。

廣嶋城をあとにした毛利にかわって、賤ヶ岳七本槍《しずがだけのしちほんやり》の武勲で名を馳せた福島正則が關ヶ原で東軍徳川方についた報奨として尾張清洲〔現・愛知県清須市〕の二四万石から藝備四九万八〇〇〇余石へと移封。以後一九年余りの間、この城のあるじだった。

一六一九（元和五）年、元和三年夏の洪水によって損害を被った鯉城の修築を一月に完了。ところが、幕府はこれを〈無断修築〉と見なし、外様大名の〈取り潰し〉を謀る恰好の口実を与えた。同年六月二日、福島正則は〈改易〉に処せられて所領を没収される。その所領から、紀伊藩主・淺野本家三七万六〇〇〇余石の長晟《ながあきら》が同八月八日、安藝國と備後國の一部にまたがる四二万六〇〇〇石を授かる加増の國替えに浴し、幕末にいたるまでの廣島城主となる。

ぬしは変われども廣島城は、瀬戸内沿海に位置して太田川河口にひらけたデルタ＝三角州と島じま〔古称「箱島・白島」の音韻が転じて廣嶋〕を睥睨《へいげい》しつづけて三五〇有余年――。

やがて一九四五（昭和二〇）年四月七日、第五師團司令部は本土防衛にあたっての〈第一、第二總軍及び航空總軍の戰闘序列〉の下命にもとづいて、あらたに再編された第二總軍中國軍管區司令部となるが、それから、わずか四カ月余りにしての終末（その最期）はあっけない。

原爆によって廣島は消えた。

地上高さ一八間＝約三二・七メートル五層にそびえる〈お城〉――廣島城天守閣は、その一瞬にしてすがたを消す。本丸正門にあたる中御門、橋御門〔表御門〕、裏御門。本丸ぐるりに天守と、ふたつの小天守。城樓の櫓《やぐら》群には、平櫓、多聞櫓、太鼓櫓をつらねる二の丸、あるいは三の丸、それぞれの旧・城郭遺構もまた、ことごとく壊滅した。

その瞬時に襲った凄まじいまでの爆発によって地面は、もんどりを打つかのように土中ふかく抉られる。もとの地形をとどめない。あたり一面に、基礎構造や階段に用いられていた石材と火災をまぬがれた廃材とが、おびただしく散乱する。

岩石の地肌が熱線による変色を来して取り残された石垣のうえに、降りそそいできた瓦礫が山をなす。旧三の丸（砲兵營）を内に見て南御門から外濠を隔てた城址南側に隣接する広大な西練兵場西方の一角、こんもり茂る護國神社――そびえる鳥居。爆心から北へ二五〇メートルと至近の杜に火柱が立つ。猛る火焰の巻き起こした火事嵐が地表を嘗めつくす。枝葉をうしない炭化して痩せ細った以前の巨木は見る影もない。

そこから電車通りを越えた向こう側の細工町上空が爆心であったことは、のちに新聞報道などをつうじて知った記憶にすぎない。

ほんらいならば意想外の赤紙が届いた〈根こそぎ召集〉によって、應召した最年長四五歳で兵庫縣神戸市の會社経営者（元警察官）は、本籍地が家族の疎開先である岡山縣美作國《みまさか》〔久米郡弓削《ゆげ》村＝現・津山市〕であったことから、第二總軍中國軍管區の新設師團（廣島）への出頭命令をうける。廣島城址の濠端、第五四軍隷下に新設の第二二四師團（長・河村參郎(8)中將）の歩兵第三四〇聯隊（通称号・赤穂二八三三〇）が、本土決戰にさいしての太平洋沿岸・駿河湾防備にあたる静岡への移駐を準備中の營庭（西練兵場）に、その朝早く駆けつけた。

この日は、新設赤穂兵團の〈編成・動員〉最終日にあたることから、午前八時三〇分に予定される点呼を待つ歩兵・野砲各聯隊に入隊する應召兵約一五〇〇人にくわえ、その家族、または付き添いで来た（すくなめに見ても六〇〇〇人以上にのぼる）総勢七五〇〇人をはるかにうわまわるであろう群衆が、濠端の營庭に溢れ返っていた。

爆心から約五〇〇メートル圏内で被爆して重体に陥りながらも、このひとは即死をまぬがれて奇跡的に、その場から救出される。

正確な時日は不詳だが、八月の中旬ころになって、姫新線の復員列車から津山驛員に父の消息を〈大火傷は負っているが廣島の陸軍病院に収容されて生きている〉という一片のメモを渡してくれたひとがいた。唯一の男手だった長男（当時一二歳）は疎開先から単身、津山じゅうで買い集めた火傷薬を背負って父を探しに廣島へゆく。

省線（現・JR）姫新線と藝備線とによって一筆書きにむすばれているとはいえ、延長二三七・五キロメートルを鈍行汽車で片道九時間近くを揺られて廃墟の被爆地入り。驛前で二泊野宿をして、収容先が陸軍病院という唯一の手掛かりを頼りに、あしを棒にして消息を尋ねまわったあげく、ようやくのことで市北郊一〇キロメートル余りの高田郡向原町（現・安芸高田市）の仮設陸軍病院（救護所）となっていた向原國民學校の講堂に尋ねあてる。

〈……父親は大火傷を負っているけれど、薬といっても赤チン〔マーキュロクロームの水溶液〕しかない。それで父親のそばに泊まり込んで担いできた火傷薬を塗りたくった、その間に人が死ぬのを山ほど見ました。若い兵隊さんで一見すると外傷はない。ぶらぶら歩いていて、俺は明日帰るよなんていっていたのに、朝起きてみたら死んでいたとか、雑巾バケツの水を飲んで死んでしまったとか、そこでは死が日常茶飯事だった。

そこに枕崎台風〔九月一七日～一八日未明にかけて〕がやってきた。これは宮本百合子の『播州平野』に描かれている西国地方を襲った台風で、父親は家に帰りたいという。でも汽車は動いていないし〔台風被害で不通〕、僕一人ではどうしようもないので、おばの旦那にきてもらい、芸備線の線路沿いに野宿しながら歩いて北上、新見に出て、姫新線で津山に戻った〉……。

かくして被爆地から父は生還した。

ヒロシマの惨状をまのあたりにした少年は、いらい七〇年余りのときがながれた傘寿をむかえて過日の特異体験――井家上隆幸『三一新書の時代――出版人に聞く⑯』第Ⅰ部3章「広島陸軍病院における無数の死」を語る（論創社、二〇一四刊）。

●丸山眞男一等兵の原爆体験

過日の少年と一歳ちがい年上の関〔旧姓・富永〕千枝子は、一九八二年に筑摩書房から著書『広島第二県女二年西組』を刊行した（現・ちくま文庫、一九八八刊）。関千恵子は元・毎日新聞記者で執筆当時は『全国婦人新聞』記者。そもそも、この日、欠席して生き残った生徒六人のうちのひとりであることが、この本を書く〈唯一にして最大〉の動機であった。同書は、原爆でほぼ全滅したクラス全員の死にいたるまでの〈足どりと最期のすがた〉をもとめ、八年間余りにわたる取材をもとに、みずからも被爆体験をした著者渾身のルポルタージュである。

関千枝子は同書の序章「八時十五分――広島市雑魚場町」末尾に次の一文を引用した。

中山士朗『天の羊――被爆死した南方特別留学生』⑨（三交社、一九八二刊）の一節である。

中山は廣島一中（のちの国泰寺高校）三年のときに爆心から東南へ一五〇〇メートル余りの鶴見橋で被爆し、自身も逃げ惑うなかで実感した〈重症者の心理〉を、こう語っている。

〈泣き叫びながら走っている者、痴呆者の表情をして走っている者、すでに発狂して笑いながら走っている者、傷の痛みを訴えながら走っている者、肉親の名前を呼び叫びながら走っている者というようにさまざまであった。誰もが、頭から灰や塵埃を浴びて薄汚れ、裸形に等しかった。負傷者は、顔や手首、背中などから焼け剝がれた皮膚を垂らし、又、顔を血で染めていた。これらの集団は、あたかも最初から目的地があり、そこへ向って走っているように見えたかも知れないが、実際は、恐怖にかられて走っているだけであった。濁流のすさまじい勢いと似ていた。ただ、大勢の中に混じっていれば安心感があった〉……。

中山士朗は廣島で最初の〈被爆体験〉文集となった、謄写版刷りでB5判・全六七ページからなる一〇〇部限定の廣島興産文化部［編］『泉――みたまの前に捧ぐる』（廣島興産㈱、一九四六年八月刊）に寄稿して以来、のちに短編集『死の影』（南北社、一九六八刊）を発表した。

その表題作は『〈八月六日〉を描く』第二集（文化評論出版、一九七一刊）、及び「核戦争の危機を訴える文学者の声明」署名者＝世話人［企画・編］『日本の原爆文学⑪――短編Ⅱ』（ほるぷ出版、一九八三刊）所収。

ほか、短編集『消霧燈』（三交社、一九七四刊）、同じく『宇品桟橋』（三交社、一九七八刊）、エッセイ集『原爆亭折ふし』（西田書店、一九九三刊）などの作品で原爆を描きつづける。

小網町（現・中区）の建物疎開に動員されて全滅した廣島一中三年五組（四〇人）の生徒を、ほんらいの動員先である観音新町の廣島航空工場（現・三菱重工広島工場）でともに働く縣女三年生たちは、御楯隊《みたてたい》と呼んでいた。その働きぶりをたたえ、うめき苦しみながら死んでいった学友らにたいし、根っから軍國調に染め抜かれた縣立一中と縣女生徒たちが捧げる「哀悼のことば」を綴った一五本の手記は、いま読むとそこに込められたまごころが痛いたしくさえもある。

ときを経て、三七年後に被爆の原体験を前掲『天の羊』作中でふり返って中山は、

〈いまなお顔に刻まれたケロイドを無念と思う自分を見つめ、被爆当時に押し寄せる蠅が傷口をひっかいたときの痛みを思い〉……

ながらも冷静に、記憶の糸をたぐる。それは〈痴呆者の表情〉ないし〈発狂して〉というのだから、余人の語ろうとしない〈精神に異常を来して逃げ惑うすがた〉こそは、あの日、ピカに焼かれた人びとの記憶から、生き残って消すことのできない目に焼きついた情景なのであった。

熱線に身体を焼かれることなく、そのときは、軽い外傷を負っただけで済んだとおもい込んだ人びとでさえも被爆直後から数日、あるいは個人差があって、長く二～三週間にわたる記憶が、いたって曖昧なケースは被爆者の話しをくり返し聞いていると、その変転に察しがつく。

おもい違いもある。もとより記憶がないばあいも現に、すくなからずあるのであって、のちに家族などから聞いた話や側聞した他人の記憶を自身の記憶と、なぜか勘違いをしている。

聞くたびに二転三転する事実関係によって、齟齬（喰いちがい）が生じて勘違いと断ぜざるケースは、筆者の肉親にもみられる。爆心（地）から南東に約四キロメートル離れた宇品町の（徴用動員先）船舶練習部の屋内でピカドンに遭遇した筆者の母親のばあい、六日当日から翌朝まで、まる一日の記憶が、じつはない。

三〇数年間に延べ二〇回余り膝づめでの聞き取りをして母が八〇歳をすぎたころ、〈その記憶がない〉との結論にゆき着く。せがれの聞き取りに、つとめて精一杯こたえようと、いつも懸命におもい出そうとするが余り、ずいぶん母には無理をさせてしまった。いまになって済まないことをしたと恥じている。

自分が〈発狂〉したとまではいわない。けれども、父が八〇歳で亡くなった直後だから母は七五歳。ふと漏らした。

〈ピカの瞬間、心身ともにやられた〔蝕まれた〕ような気がするのよ〉……。

それいらい、わたしは時日や場所などを特定したいがための質問攻めにすることをやめた。

被爆翌日、船舶練習部の舟艇に山手川〔現在は改修・大規模拡幅した太田川放水路となっている〕の河口附近まで送られて己斐町旭山神社下の家に帰り着く。爆風によって住まいの屋根はひしゃげ、大黒柱がなぎ倒される〝寸で〟に傾いていた〔第三章312ページ〕。にもまして右腕部と背中に大火傷を負った兄が横たわり、うめき苦しんでいる。醫師である父親にしたがい、重症者ひしめく救護所に寝泊まりをすることになった。前段でもふれた動員先に出かけるまえの朝方と帰ってからの夜は兄ばかりでない、おおぜいの血と膿に塗れて呻吟する重症者の世話にあたる醫師である父と母親を手伝う日々つづく。そもそも日記はおろか、メモ用紙すら手もとにはなかったのである。

そのころ「日記」をつけていたわけではない。手帳などに予定や行動記録を書き込むこともない。そもそもが日記帳はおろかメモ用紙にすらこと欠く始末だったのである。〈いつ、どこで、なにをどうした〉かは、あくまでも自身の記憶だけが頼りとなる。たとえ、〈おもい出すだけでも忌わしいピカ〉の瞬間からまる一日の記憶が、まっしろに消えたとしても、それは致し方がない。唯一といえるのが、敗戰を告げるラジオの玉音放送をどこで、どのように聞いたかは、なぜかハッキリと覚えているのである。

にもかかわらず一九四五（昭和二〇）年の八月いっぱいはおろか年内、さらに翌一九四六年が明けても母の記憶は、ぼやけて霞む。

いっぽうで周囲の誰もが舌を巻く亡父の〈良すぎる

ほどの記憶力！〉には、それはそれで、確信犯的な記憶〈思い〉違いを〈見抜く〉のに難儀をした。いずれにせよ、不肖せがれが母親に向かってその〈空白の二四時間〉を尋ねつづけたのは酷なことだったと反省している。

東京帝大法學部助教授（政治学専攻）から臨時召集によって配属された宇品の陸軍船舶司令部參謀部情報班（一九四五年四月〜八月）で英語ラジオ放送傍受による海外情報の収集を任務とした應召兵・丸山眞男一等兵（当時三一歳）は、その日、司令部前廣場での点呼朝礼中に被爆した。

〈**丸山**　〔前略、真夏のことで……〕　背中の皮が剝けているのに、上から太陽がさんさんと照りつける。うーん、うーんと唸っているのは、セミのね、セミの声といっちゃ悪いのですけれども、異様な声ですよ。

それで、薬とか、何とか言って大騒ぎをしたのはおぼえていいます。何しろ火傷の薬なんていうのは、何人分もないのですからね。呉の海軍の飛行機で薬を落としてもらったり。

——それはいつごろですか。

丸山　それはおぼえていません。〔中略〕その日一日、何をしたのか全く記憶〔が〕ないですね。面白いものです。僕は、その後、あの一週間を思い出そうとしたら、〔八月〕六日一日、何をしていたかというのは、全くおぼえていないのです。広場が〔重傷を負って逃れてきた被災者らで〕いっぱい埋まった光景を見たというのが、最後の記憶です。記憶喪失になっちゃったんですね。

——一日中、船舶司令部の中でしたか。市中へは出られませんでしたか。

丸山　もちろん、船舶司令部の連中は、一歩も外へは出られない。ただおぼえているのは、夜になって、広島市内中の火で真っ赤に。ちょうど〔同年三月一〇日に体験した〕東京の大空襲のように、あるいは〔九歳のときに被災した〕関東大震災のを思い出しましたけれどもね。その日は、そのまま過ぎたのです〉。

——丸山眞男手帖の会〔編〕『丸山眞男話文集』（みす

ず書房、二〇〇八刊）に所収のⅣ「二十四年目に語る被爆体験」（一九六九年八月）談話4「八月六日午前八時一五分後、キノコ雲の下は修羅場」から。

近代思想史に敢然と丸山政治学の金字塔を打ち立てた、このひとのばあいですらが、二四時間の記憶喪失となる。まったくなにも覚えていないというのである――このことを含めて戦後四半世紀余りを経た時点で、つき動かされたように廣島での原爆体験を公的に語り始めた。

〈これまで広島・長崎で起こったことは、すべて語り尽くされ、わかったかのように思われているが、実際に起こったことの何万分の一、何十万分の一も語られてはいないのではないか。……

広島は単なる戦争の惨禍の一ページではない。東京空襲は過去の惨禍となっているが、広島では現に長期の被爆患者がいる。新しい患者も出る。そして被爆二世さえ白血病で死ぬる。こんなところは歴史上にも現在もない。この現実をどう説明するか。あと傷というには余りになまなましい〉……。

聞き手は当時、中國新聞東京支社報道部の林立雄(10)記者。都内で丸山が病気入院中の二時間に及ぶインタビュー談話を同紙は、こう伝えた（一九六九年八月五日、及び六日付）。

〈司令部前の広場で、朝八時から点呼、朝礼が行われた。丸山一等兵らは、建て物〈そびえる〈凱旋館塔屋〉に向かって整列、参謀の講話を聞いていた。突然、目のくらむような閃光。参謀の軍帽がスッーと斜め上に浮きあがったのを記憶しているそうだ。列は算を乱して、壕にとび込んだ。丸山一等兵はマゴマゴして一番ビリになった。土まみれになって壕からはい出すと、塔状の司令部建て物の背後にキノコ雲がゆっくり上がっては、横に開いていた。……司令部前の広場は、避難してきた市民で埋まっていた。半裸体の若い女性は毛布をまとい放心状態。ペロッとむけた背中に真夏の太陽が照りつけた。広場を埋めたうめき声が、まだ耳に残っている。……丸山教授は「あとから考えると〝よく生きていた〟と感じることがある」と、声を抑えて語る。あの司令部の高い建て物が閃光の直射、猛烈な爆風をさえぎってくれた〉……。

二日後の九日、丸山は船舶司令部報道班長・酒井四郎中尉らと御幸橋から大手町すじを北上して相生橋、廣島城趾、八丁堀、泉邸（現・稲景園）をはじめ爆心地附近を写真撮影しつつ、夕刻までの終日を歩きまわる。このとき同行した写真班員の川原四儀（二四歳の軍属カメラマン）が被爆直後に撮影した一四枚は翌九月一二日、召集解除となったさいに司令部解散の記念として川原が焼増しをして復員する将兵たちに手渡したものだという。

一四葉のキャプションは、つぎのように付された。

・紙屋町西練兵場から八丁堀方面を望む（1945年8月中旬）
・上流川町の元中國新聞社より南南東の似島方面を望む（8月11日）
・紙屋町交差点付近で被爆した電車
・紙屋町から平田屋町〔現・中区本通、立町にあたる〕方面を望む（8月下旬）
・爆心より250mの相生橋
・相生橋。対岸の左は本川小学校（8月7日）
・太田川ぞい〔現・西区三篠町〕の広島第二陸軍病院大テント内の被爆者（8月9日）
・被爆直後の陸軍病院正門〔現・中区基町〕付近
・元中國新聞社より北北東の流川教会方面を望む（8月12日頃）
・瓦礫の街と化した広島
・被爆3日後の山口町（現・中区銀山町、胡町、幟町にあたる）付近
・山口町（一九六五年廃止の旧町名＝現・中区胡町、銀山町、幟町、それぞれの一部にまたがる相生通り沿いの一帯）付近（8月9日頃）
・爆心より2㎞の広島第二陸軍病院三滝分院（8月9日）
・爆心より800m北東の西練兵場・京口門付近（8月9日）

これらを丸山は復員後も終生、自宅の書斎に保存していたことから、没後刊行の復刻『丸山眞男――戦中備忘録〔昭和20年〕』（日本図書センター、一九九七刊）に収録されている。

同『備忘録』に収載の「丸山眞男　略年譜――兵役を中心に」によれば、

〈八月一六日〔日本敗戰が告げられた翌日〕より一週間、参謀谷口太郎少佐に滿州事変以来の日本の政治史を〔同参謀部で〕講義する〉……

とある。石田雄《たけし》による同書の解説「丸山眞男と軍隊体験」は、〈敗戰とともに起こった帝国陸軍の崩壊と、支配的価値の一八〇度の転換を、丸山は最下級の兵卒が参謀の少佐に「講義」することになるという劇的な形で体験することになった〉と指摘している。

〈ビールなどが出て俄然待遇がよくなった。その間しょっ中、参謀のところに将校や下士官が報告に来る。そうすると「駄目々々、今、丸山先生の講義中だ」って言うんですよ。〔丸山を〕見ると一等兵なので呆れたような顔をしている〉……。

復員時に被爆地の写真を持ち帰るといったこと一つをとっても他に例がないであろう。

この特殊な立場での軍隊経験は、原爆体験〈さらには天皇によるポツダム宣言受諾の表明〉以降、軍隊内における待遇まで唖然とするほどに見違えるものとなる。谷口参謀少佐の依頼による〈八月一六日から一週間の予定で行われた日本政治史の「講義」において、すでに敗戰を日本近代史の文脈の中に位置づける丸山の作業は始められていた〉……と、石田の解説は説く。

●傷む八月の女學生たち

関千枝子は死んだ級友の親を訪ねて、その死から三〇数年を経た聞き取り取材で彼女の安否をどうやって知ったかと訊いたさいに、親の〈電話で〉……との即答を聞いて唖然とする。

被爆後に市内の電話が復旧するのには、一般家庭のばあい、早いところでも三カ月を要した周知のことに言及して、なぜ、そんなあり得ないことが、無意識に口をついて出るのだろうか。

ひとの記憶というものが、いかに不確かなものかと嘆いている。

あの日、欠席して生き残った千枝子ら六人を合わせて二年西組は全員で四五人。建物疎開の後片づけに駆り出された雑魚場町《ざこばちょう》の動員先で被災したクラスメイト三九人のうち、じつに三八人が八月六日から二〇日のあいだに死亡した。唯一の生存者となる坂本節子〔のちに結婚して平田姓〕もまた一九六九年一月、被爆の影響と見られる胃ガンのため三八歳で死亡している。

市内の学校を通じた募集に寄せられた全一〇五篇の手記を長田新が編んだ前掲『原爆の子――広島の少年少女のうったえ』（一九五一刊）に収録された坂本節子の手記をもとにして関千枝子は、こうしるす。

〈一瞬の閃光とともに少女たちの目はくらみ何もわからなくなった。生存した坂本節子の記憶にも、〝音〟はない。吹きあげられた爆風に飛ばされ、一瞬の失神ののち気が付いたときあたりは暗闇だった。手さぐりであたりを捜しても、さっきまでいっしょにいた級友がどこにいるかさえわからない〉……。〈太陽がなくなった〉……と一瞬、そう思ったという坂本節子には、担任教師を呼ぶ級友たちの悲鳴だけが聞こえていた。本人いわく――

〈お友達の顔は焼けただれ、服はぼろぼろに破れ、がたがた慄えながら右往左往する有様は、何にたとえられましょうか〉

という惨状のなかで作業現場の最高責任者だった二九歳の担任教師・波多ヤエ子の黒髪が、〈いつの間にか白髪に変わ〉っていたと証言している。

〈うら若い女性の髪を一瞬にして白髪に変えた〉ことを関は、その〈責任感と驚愕と恐怖〉のためだという。じっさいにそれを目撃した坂本節子は、すでに波多が〈生きている人のようには見え〉なかった。〈生徒のために責任感と精神力で突っ立ってい〉たのではないかというのである（『原爆の子』から）。

坂本がいっしょに逃げた級友の北小路満知子は〈全身、焼けていないところがないといっていい〉ほど

〈全身焼けただれ、皮膚はむけ、よれて巻きつき、顔は腫れあがり唇はめくれて、とても人間とは思えなかった〉……。

ふたりは北小路満知子の父・玄瀛《けんえい》が住職をつとめる西福寺の檀家と、ぐうぜんにもめぐり遭う。西福寺は廣島市東南端の仁保町にそびえる黄金山東麓の渕崎（現・南区仁保二丁目）に建つ大伽藍であった。やがて迎えにやって来た担架に乗せられて自宅に帰ってゆくが翌七日午前一一時半に満知子は息を引き取る。夕暮れせまるころ、満知子を見送って段原町《だんばら》（現・南区段原）の自宅へと急いだ節子自身、途中で〈胸が苦しく

なり、吐いた。黄色な粘液ばかりだった〉……。たどり着いた家は爆心から二五〇〇メートルと離れていないため、〈ひどくこわれていたが、焼けてはいなかった〉。

〈それきり寝付いた坂本〔節子〕は、原爆症で生死の間をさまよった。髪の毛も一本残らず抜け落ちたが、生命だけは取りとめ、十月に学校が再開したときには登校してきた〉。

〈特徴ある大きな目がつぶれてしまって針でついたような目になっていた〉……

という山県幸子のばあいは、ほかの級友に比べると、火傷のていどは幾分か軽いように見えたというが、〈それでも顔全部、腕、足など、ひどい火傷〉……であることに変わりない。

幸子の母親は〈尾道から山電車で一時間、それから歩いて四キロ〉……という山奥の村に疎開していたために連絡がとれず、ようやく廣島壊滅の知らせが届いて第二縣女の校舎に瀕死の身を横たえる幸子のもとへと駆けつけたのは幸子が亡くなる八月一九日の三日前のことだった。

当時、御調《みつき》郡市《いち》村の市が終着驛の尾道鐵道線＝通称・山電車は尾道を起点に総延長一七・一キロメートル。所要五〇数分のダイヤ運行されていた。そこからさらに徒歩で一時間余り〈約四キロメートル〉ということは現在の尾道市御調町山中の集落かとおもわれる。まる一日あれば往復できない距離ではない。けれども、壊滅して通信手段の途絶した廣島市中の実情を山村で知る手立てはなかったのである。被爆して七日目〈一二日をすぎたころ〉から〈気丈で明るい性格〉の幸子が、ひどくうなされるようになる。

幸子は意識が混濁する病床あって、教室での積極的な面影を彷彿とさせた。

模範回答ができる自信があるのに、〈うちをあててくれん……〉と、うわごとを言う。

枕もとに見舞った同級生の千枝子は、〈慰める言葉もなかった〉……。

〈「ハイ、ハイ、ハイ」と勢いよく手をあげる。まるで上半身を持ちあげるように、渾身の力をこめる。手をふるたびに腕の傷にびっしりとついているウジが、あちこちに飛ぶ〉。

とても自分の娘とは信じられない娘の形相に、ことばもなく、ただ呆然と立ちつくす母親にたいして幸子が、開口一番に言ったのは〈気を落とさず看病してね〉……だった。

そして寝ずの看病を始めた母に、

〈はげになっても、ちんばになっても、うちは生きるんじゃ、生きたい〉

と、つぶやいた。

高熱を出して、うわごとに
〈日本は絶対に勝つ!〉

と叫んだりもした。がしかし、最期には
〈もう母ちゃん、私だめじゃ、いろいろありがとう〉

と言いのこして息を引き取る。

八〇歳をとうにすぎた高齢で、残念ながら聞き取りのチャンスを逸した母親に代わって幸子の四歳ちがいの妹・山県昌子と面会した関千枝子は、幸子の死から三〇余年ぶりに昌子が語る詳細にわたる〈母から聞いた話〉を録取した。

みずからの被爆体験にもとづく七篇の小説集『傷む八月』(風媒社、一九七六刊)著者の亀沢深雪は、千枝子たち二年西組同級生で被爆した翌七日夜半(ないし翌八日未明)に亡くなった亀沢《かめざわ》恵《え》尼《に》の四歳ちがいの姉である。亀沢深雪は千枝子に次のように語っている。

たまたま深雪は、あの日、あさ八時すぎころ、それまでの軍需工場をトラブルでやめ、次の徴用先がきまるまでの間を家で待機していた。ちょうど〈近所のおばさんに頼まれ、防火用水の水かえを手伝っていた〉……そのときであった。

〈バッシッ――脳天を直撃されたように〉感じた。

〈三、四メートル飛ばされて。気がつくと、掘りかけの防空壕に妹を抱えこむようにしてうずくまって〉いた。疎開の後片づけ作業がその日、たまたま休みだった私立のミッションスクール廣島女學院一年の末妹は、深雪のかげになって火傷はなかった。しかし深雪は、頭部にケガをして背中一面に火傷を負う。

〈爆風がおさまってみると、おばさんが防火用水の側で死んどるんです。額に木片が突き刺さって、これが致命傷のようでしたが――。ふるえが来ました〉……。

爆心（地）から西南へ一五〇〇メートルほどの家は、〈もちろんペシャンコ〉になって倒壊していたが、さいわいなことに母は、ひとまず無傷で、そのなかから這い出してきた。

深雪ら母子は戦後、戦時下に単身赴任していた官吏の父親が住む三重縣桑名市へと引越す。

のちに、名古屋のミッション系・金城学院英文科（現・名古屋市守山区の金城学院大学英米文化学科）を卒業した。

ところが被爆から二年余りを経た一九四七年六月に深雪は、とつぜん左足が膨れあがる。

原爆（後遺）症の骨髄骨膜炎を発症して足首を手術。以後一〇年間に及ぶ闘病生活を送る。

この間、

〈被爆を隠し続けたが、結婚話でわかり破談。被爆一七年目に後遺症でまた症状が悪化、医者に見放される。しかし奇跡的に回復〉……

と、その著書『傷む八月』巻末「著者紹介」にしるす。

同書は著者いわく、原爆〈後傷害〉の劇痛に耐えながら〈生き残ったものの使命として〉約一〇年間に書き紡いだ〈反核文学〉七作品を収録。さらには、被爆者の〈戦後自分史〉を描いた『広島巡礼』（新地書房、一九八四刊）。そして、愛知県図書館に勤務する司書のかたわら愛知県原水爆被災者の会理事。のちに〈原爆、忘れまじ〉を世界に広める会の世話人となって、その証言活動に亀沢深雪・責任編集『原爆、忘れまじ第三集――ヒロシマ・ナガサキ被爆体験手記集』（同・広める会、一九九三刊）などをのこした。元・愛知県平和委員会副委員長をつとめ、地元での地道な〈反核運動〉に取り組む名古屋在住の作家は生涯独身のまま二〇〇七年一一月二七日、脳血管疾患のために名古屋市千種区の病院で死去した。七九歳だった。苦しみ抜いたすえの原爆死をとげる。

〈（わたしのまだ一五歳になったばかりの妹は）全身赤むけの兎のように焼けただれていた　けれど、まだ生きていた。そして奇蹟的にめぐり逢ったことを歓び合ったが、妹の目は焼けただれて光を失い、わたしたちの姿が見えないと言って嘆いた。

虫の息には違いなかったが、まだ生きている妹に、日赤の医者は、「三分の二以上やけどしているものには、手当てはできん」と、にべもなくはねつけた。途方に暮れた母は「やけどに効く」と、誰かが言ったのをまにうけ、自分の小便を妹の躯に、無心に塗っていた。

この哀れな母と子の姿が、いまも眼底に焼きつき、思い出すたびに、わたしの両眼は、涙でくもる〉……。

実妹の末期を看取った姉は、こうもいう。妹は不思議なことに苦痛をうったえるでなくただしきりに、〈光を放った爆弾の正体をしきりに気にしてい〉たのだった。

〈雲一つない青空の中を、落下傘をつけて落ちて来るものを、原爆とも知らず〉に彼女たちは、〈はしゃぎながら、指さして仰ぎ見ていた〉と妹は姉に話す。閃光は妹たちの

〈目を焼き、全身を赤むけにした〉……。

〈それでも妹は、国体の不滅を信じ、天皇の安泰をひたすら祈念して、うわ言にまでそれを言い続けた。そして一滴の水も与えられないまま、引きちぎった人形のように無惨な姿で死んだ〉

(『傷む八月』――「あとがき」から)。

深雪が痛恨のきわみを吐露するそこには、日赤病院での治療を受けられぬまま、無為にときがすぎることに業を煮やした母が、身動きできない恵尼を手押し車に乗せて母娘四人、江波《えば》の知人宅に身を寄せる。恵尼が息を引き取るまで半日余りのあいだに深雪の見た〈悪夢の情景〉が浮かぶ。

これを関千枝子が亀沢深雪から、じかに聞いた詳らかな証言にもとづく再現では、

日赤では、〈重傷すぎる者は手当てをしてもムダ〉と、薬もつけてくれなかったのである。

ただひとつ、

〈水をやったら死ぬぞ〉……

との注意をうける。

〈水をやってはいけない――深雪は助けたい一心で、妹に水を絶対にやらなかった。そしてこれが、いま、深雪の心に深い傷となって残っている。

母が誰かに「やけどには小便が効く」と聞いてきた。わらをもつかむ思いの母は、人前もはばからず

小便をし、恵尼に塗った。

「もう日本はおしまいだ」……。そうつぶやく負傷者がいると、恵尼は起きあがるようにしていった。

「日本は絶対に負けない。天皇陛下がいらっしゃるから敗けはしない！」〉

末妹が捜しまわって見つけてきた手押し車。焼け焦げてはいたが、なんとか車輪は動いた。

やっとのことで母娘がたどり着いた江波の知人宅も、押し寄せた被災者で溢れている。

〈……焼けただれ、うみでいっぱいの恵尼は畳の上にはあげてもらえなかった。板ばりの作業場のようなところにこも〔菰〕を敷いて寝かせた。恵尼はうわ言をいいだした。波多先生や友の名をよび、目の見えないのを嘆く。そして、

「日本は神国なり」

「天皇は現人神《あらひとがみ》です」

などという。そして昏睡に陥っていった。その晩、恵尼は死んだ〉……。

恵尼の訃報を知るよしもなく、新聞とラジオが伝える廣島の被災を知って急ぎ帰省した亀沢姉妹の父親は戦後一〇年目に〈二次被爆〉が災いしたとみられる胃ガンで亡くなる。次女の惨い断末魔を看取った母親は、一五年後の一九六〇年、奇しくも八月六日に原爆症で逝った。

●アジア戦時留學生の殉難

亀沢一家の消失した家からだと、川二本を隔てた萬代橋東づめ近くにあった留學生宿舎〈興南寮〉住人で行方不明になった廣島文理科大學生ニック・ユスフは、市西郊の佐伯郡五日市町で死亡したことが、のち判明する。マラヤ〔現・マレーシア〕出身で國費留学生のユスフが亡骸は同町内にある、行基菩薩ゆかりの名刹・光禪寺〔現・佐伯区五日市二丁目〕墓地に葬られた。

東南アジア各地から大日本帝國政府が招請した國費留學生二〇五人〔一説には一九五人〕のうち、被爆当時、廣島の文理科大學と高等師範〔いずれも市内千田町〕にまなんでいたのは、あわせて九人だった。死者・行方不明三人を除く六人が八月末、列車で東京へと向う。

しかし、のちに無事帰国をした留學生は五人。つまり、大東亜省廃止〔一九四五年八月二六日〕にともな

うGHQからの帰国命令にしたがい、東京ゆき列車に乗った一人でユスフと同様にマラヤ出身のサイド・オマール（当時一九歳）は帰国を果たせなかった。

場所もまたユスフと同じ興南寮で被爆したと見られる。彼は被爆直後に仲間たちと合流し、被災者の救助に奔走したすがたが目撃されている。被爆九日後に迫った死を予感してか、そうでなかったかは不明だが、廣島を發つまえにオマールは、

〈母を遠くはなれてあれば　南にながるる　星のかなしけり〉

という和歌をのこす。みずから〈昭和二〇年八月二五日・記〉と添えしるした。

オマールは上京中の列車内で体調不良をうったえ、途中駅の京都で列車から降ろされて、京都帝大病院に緊急入院する。対処療法としてこころみられた輸血の効果もなく六日後の九月三日、放射能に臓器を冒される急性原爆症のために絶命した。

以後、ながらく京都・南禪寺の大日山《だいにちやま》に人知れず葬られていたが一九五八年、洛北・八瀬（現・左京区山端《やまばな》川岸町）の平八茶屋亭主らの発意によって京都修學院の尼寺・圓光寺に墓碑が建つ。夭折したオマールもまた異教徒の地に眠る。

墓碑銘SYED・OMARは、西マレーシア南端のジョホール州で、代々継承されてきた王族の家系に一九二六年うまれた。一九四三年、ときの東條内閣があらたに設けた大東亞省の招請による南方特別留學生の第一期生として来日した。

廣島へ移り住んで来てからまだ四カ月余りのその日、まったく想像だにしない原爆の惨禍に巻き込まれ、いのちを落としたイスラム教徒オマールの足跡を追った伝記『天の羊』（前掲416ページ）には自身も被爆者である著者・中山士朗の体験をかさね合わせ、言語に絶する被爆時の凄惨が、克明に描き込まれている。

マレーシア人被爆者で唯ひとりだけ生き残ったアブホドル・ラザクは、一九二五年ペナン島にうまれた。マラヤは一九四二年二月一五日、シンガポール陥落によって日本の軍政下におかれる。一五歳で中學教師見習いとなっていたラザクは三カ月間の日本語講習を優秀な成績で修了し、同國セランゴール州文教科日本語教育コースの傭人（日本の軍属）に抜擢される。

その後、マラッカの馬來《マライ》興亞訓練所での研修を経て一九四四年六月、一八歳で南方特別留學生となる。

来日すると東京・國際學友會で日本語教育をうけ、翌一九四五年四月から廣島文理科大學の留學生特別コースに編入學した。彼もオマールと同じで、まだ廣島へやって来て四カ月余り。爆心から南東へ一四〇〇メートル余りの校舎内[11]で授業中に被爆する。ただし、熱線による火傷はなく、ごく軽傷との自覚しかなかったため、被災直後から重傷者の救助や手助けにあたる。

そのときのなかまたちのひとりには、のちにブルネイ首相となる廣島文理科大留學生のペンギラン・ユソフ。あるいはまた戦後、文理科大から京大法學部へと移り、卒業して帰国後に弁護士を開業した留學生もいる。やはり、転入學した慶應義塾大學卒業後に帰国してインドネシア実業界で成功をおさめ、さらには国会議員になったケースなど多士済々でもある。

のち母国マレーシアの教育界と対日親善に貢献するアブドル・ラザク――の来日から被爆を経て帰国までを描いた上遠野寛子『東南アジアの弟たち――素顔の南方留学生』(暁印書院、二〇〇二刊)は往時、㈶國際學友會で留學生たちの世話をした著者の回想記。また、ラザクの被爆体験については、本人からの聞き書きによるオスマン・プティ『わが心のヒロシマ――マラヤから来た南方特別留学生』共訳・小野沢純、田中和夫、山下勝男(勁草書房、一九九一刊)が穏やかな語り口にもかかわらず、固唾をのむほどに生なましい。

ピカ――その瞬間の〈居場所〉が生死を分けた〈痛恨きわまる青春〉のひとコマである。

かつて、南方留學生たちの住まいとして提供されていた學生寮跡地――元安川に架かる現在の新明治橋東づめ北側にあたる川沿いの緑地(中区大手町四丁目八番地)には、銅版プレートに〈興南寮跡〉と刻まれた記念碑が建っている。

原爆と各地の空襲によって、東南アジアから連れて来られた留學生たちも、おおぜいが犠牲になった。巻末に二〇五人の「南方特別留学生名簿」を収録した共同通信[編]『アジア戦時留学生――「トージョー」が招いた若者たちの半世紀』(共同通信社、一九九六刊)は、その足跡を追ったドキュメントである。

●九大生体解剖事件とヒロシマで原爆死した米兵捕虜

廣島市街が原爆で消滅する九日まえの七月二八日、廣島驛から列車で東南へ二六・四キロメートルほどの呉軍港（鎮守府）一帯が空襲に見舞われる。

早朝六時一〇分ころに始った襲来は、午後四時二〇分ころまでの約一〇時間余りに及んだ。

その間、延べにしてゆうに一〇〇〇機をうわまる米軍機（大型戦略爆撃機B29とB24延べ約一一〇機、小型艦載機の延べ約九五〇機）が来襲し、呉軍港一帯に停泊する海軍〈残存〉軍艦に断続的な爆撃をくわえる。この海域での在泊艦船四五隻が撃沈された。

この一日の空襲によって事実上、帝國海軍は壊滅的な打撃をうける。呉鎮守府の海軍施設と市街地は大半が同年六月二二日の大空襲に始まった度かさなる来襲によって、すでに焼き尽くされていた。つまりはトドメを刺されて完全に息の根を止められたわけである。[12]

この空襲では呉市はずれの警護屋《けごや》地區、対岸の安藝郡江田島村〔東能美島《ひがしのうみじま》、現・江田島市〕と周辺の沿海地域が巻き添えになる。通常HE高性能爆弾一二発が沿岸の集落を襲って死者・行方不明六四人、重軽傷者一一〇人。さらには海軍の高射砲陣地が置かれていた休山（標高五〇〇メートル）南西の尾根につらなる三津峰山（同・三八〇メートル）南麓一帯を延焼した山林火災をはじめ全半焼した建物は二六戸、全半壊四二〇戸。くわえて米軍の諜報宣伝ビラ〈傳單〉六万枚が投下された（中國新聞呉支社〔編〕『呉空襲記――改訂2版』中國新聞社、一九七九刊）。

この呉軍港にたいする同日の空襲作戦でB24戦略爆撃機ローンサム・レディ号は、標的の戰艦榛名《はるな》襲撃のさいに猛烈な対空砲火をあびて機体が炎上する。廣島湾の西方沿岸まで高度を下げながら飛びつづけた機体は山口縣玖珂郡伊陸村《いかちそん》（現・柳井市伊陸地區）の山中に墜落した。同機搭乗員九人のうち、落下傘（パラシュート）降下した直後の七人が地元民で組織する警防團に投降して拘束される。

機が被弾して煙に巻かれ、最初にパラシュート脱出した後部射撃手のエイブル軍曹はただひとり、山口縣岩國市の山陽本線（現・JR岩徳線）柱野《はしらの》驛附近に降下して、山中に潜行すること八日余りの八月四日早朝、空腹に耐え兼ねて山を降りる。下り山陽本線に乗り込み、車内で投降した。徳山の海軍に逮捕されて捕虜となったエイブルは同縣徳山市内の監獄に拘留後、廣島の中國軍管區司令部へ移送される途上の六日朝、あわやの間一髪で被爆をまぬがれた後、呉の海軍刑務所へと送られた。

墜落直前にパラシュート降下して同日一五時三〇分ごろ伊陸村《いかちそん》の警防團に投降。柳井警察署に連行された機長のトーマス・C・カートライト中尉（二一歳）と副操縦士ダーデン・ルーパー少尉（二二歳）は同日深夜、柳井驛を二三時〇六分発の京都ゆき316列車で廣島へと護送される。

ただし、カートライト機長については、いったん拘置・取調べをうけた廣島の中國憲兵隊司令部（内の營倉）から、指揮官にたいする〈再尋問〉のために東京へ移送され、結果的に八月六日の難を逃れた。

もうひとり脱出後にパラシュートが開かず、墜落死した航法士を除いて、ローンサム・レディ号では搭乗員六名が廣島で拘留中に被爆（死）したと見られる。

同日の呉軍港空襲で墜撃された大型爆撃機は、もう一機、おなじB24型のタロア号。それに戰闘爆撃機のSB2Cヘルバイダー号など二〇機の艦載機を合わせて計二二機の米軍機が同海域と廣島灣周辺の山中などに墜落した。

ヘルバイダー号は高射砲によって撃墜され、廣島縣佐伯郡八幡村《やはたむら》（現・広島市佐伯区五日市町中地の鈴ヶ峰ゴルフ倶楽部17番ホール附近）に墜落するが、ひとりは墜落死。二人の米兵がパラシュート降下して警防團員に捕らえられる。

外務省が所蔵する公文書『聯合國捕虜名簿』（第五中國地區軍管區目録）によれば、墜落後に捕虜となって廣島の憲兵隊司令部で拘置中に被爆した米兵の数は〈二〇名〉とされていた。

ところが一九七七年、広島大学原爆放射能医学研究所（通称・原医研）助手の宇吹暁（のち広島女学院大学教授）による精査の結果、外務省外交史料館で宇吹が発見した捕虜名簿には、あきらかに〈ヒロシマの原爆〉以外で亡くなったケース（死因）の含まれていることが判明する。

『聯合國捕虜名簿』に記載の〈廣島で拘置中の八月六日死亡〉とされたうち、ウイリアム・フレデリックス少尉とデール・プランベック少尉、ジョン・C・コールハウア伍長ほか五名の米將兵は、いずれも、一九四五年五月一七日から六月二〇日にかけて引き起こされた九州帝國大學醫學部「生体解剖事件」の軍事裁判記録にのこる〈犠牲者〉と氏名が一致する。

西部軍管區（九州）方面で撃墜された米軍機搭乗員の生存者は、指揮官の一部將校が取調べのために東京へ護送されて戦後まもなく帰国をはたす。がしかし生体解剖実験の犠牲者を含む多くの米兵捕虜が秘密裏に〈殺処分〉された実数は、あきらかになっていない。原爆によって被爆死したのか、日本軍によって処刑（殺処分）されたのか。米軍が作戦当該地で行方不明、もしくは屍体回収が不能の〈戦死〉扱いとしたかは、米國防總省のファイル原簿にあたるしかないから藪の中である。結果的に闇から闇へと葬られた將兵については、その実態を〈故意に隠蔽した〉との疑いが、被爆米兵問題を追跡調査してゆくその過程をつうじて浮かびあがる。

〈九大・生体解剖事件〉でGHQは、主任外科部長の石山福次郎教授をはじめ九人関係者一四人と、西部軍參謀の佐藤吉直大佐ら軍人一一人を逮捕した。〈BC級戦犯〉を裁く横浜の軍事法廷が〈米軍将兵捕虜八人を、残忍な生体解剖によって死にいたらしめた〉との被疑事実を認定。一九四八年八月二七日に言い渡された判決は五人に絞首刑を宣告。〈犯行にかかわった〉とされる醫師・看護婦（師）ら一八人にたいしては有罪（有期刑）が言い渡された。

ただし、生体解剖の指揮と執刀にあたった主犯格のひとりとされた石山醫師は獄中で自殺をとげる。ほかの被告の刑執行は朝鮮戰争下、恩赦による減刑で順次、全員が釈放されている。

事件当時、九大醫學部に入学したばかりで一八歳の醫學生（解剖学教室の助手）だった東野利夫は自身の意思とは無関係であったが事件の末端に連座した。

後年、東野は福岡市内で産婦人科の開業医を営む五二歳のときに、〈過日の悪夢〉を告白した自著『汚名「九大生体解剖事件」の真相』（文藝春秋、一九七九刊）を書き下ろす。三〇余年をさかのぼる醫學徒としての青春に影を落とす〈忸怩たる想いの丈〉をさらけだして話題を呼んで一九七九年度のベストセラーとなる。

さかのぼって九大生体解剖事件は一九五七年、この〝猟奇的〟側面を持つ事件に取材した遠藤周作の長編小説『海と毒薬』に描かれてセンセーションを巻き起こす。芥川賞作家の遠藤周作が一九五七年六月号『文學界』初出（及び同年八月号、一〇月号に）連載した。事件当時の看護婦や若い醫學生らが、まったく自身に選択の余地はなく、この事件にかかわることを余儀なくされた。九大醫學部の解剖學教室を舞台に組織的犯行の共犯者たちの多くが、その犯行に荷担することを拒絶する、いっさいの〈選択権〉がなく強いられた事件であった。

對日占領下の軍事法廷に立たされ、こうべを垂れて厳しく断罪された被告たちの苦悩にみちた陳述記録をもとに、彼らの深層心理へと分け入っての描出による、この問題作は衝撃を呼んだ（文藝春秋新社、一九五八刊／新潮文庫、一九六〇刊）。

小説化からときを経て、これこそまさしく〈真実は小説よりも奇なり〉との例えがあてはまる赤裸々な告白手記に、読者は息をのむ。前掲・東野の『汚名「九大生体解剖事件」の真相』がそれである。あるいはまた上坂冬子（一九三〇—二〇〇九）のノンフィクション・デビュー作『生体解剖——九州大学医学部事件』（毎日新聞、一九七九刊／中公文庫、一九八二刊）は、軍醫が組織的にこころみた〈人肉試食という驚愕の真相〉に光をあて、〈加害者の側〉から事件を洗い直した。のちに、その新版『「生体解剖」事件——B29飛行士、医学実験の真相』（PHP研究所、二〇〇五刊）がある。

しかしこの作品は、軍事裁判後に日米双方が〈被爆死をした米兵〉として「聯合國捕虜名簿」に〈意図的に紛れ込ませた経緯〉についての、知られざる改ざんの真相を、なぜか客観的にとらえようとしていない。けれども、〈なんらかの意図〉によって事実関係をつなぎ合せたそこにさえも浮かびあがるのは、九大生体解剖事件〈犠牲者たちの死因〉をめぐる、小賢しいまでの〈軍・学〉結託した〈偽装工作〉の痕跡である。

おそるべき生体解剖によって殺戮された米兵捕虜は皆、一九四五年の五月初旬、熊本縣阿蘇郡小國町山中にパラシュート降下して逮捕されたB29の搭乗員たちであった。

被爆米兵の遺族たちに衝撃をあたえた「ウブキズ・リスト」と呼ばれる名簿（前掲）によれば、生体解剖事件の犠牲者を除く〈訂正〉を加えてヒロシマで被爆死した米兵は〈一〇名〉となっている。

いずれにしても爆心（地）附近にあたる憲兵隊司令部の營倉内などに拘置されていた全員が被爆した。

その多くが倒壊した建物の下敷きになるなど〈即死、もしくは悶死〉をとげたとみられる。

ただし、ローンサム・レディ号の射撃手ラルフ・ニール少尉（二〇歳）と、SB2Cヘルダイバー号の射撃手ノーマン・ブリセット三等兵曹（一九歳）の二名は瀕死の重傷を負いながらも、奇跡的に即死をまぬがれて宇品の憲兵分隊に収容される。放射能に全身を蝕まれて虫の息となって悶え苦しみながら被爆一一日後の八月一七日夜、こと切れた――。

被爆米兵の〈最期〉について、前段（第一章108ページ）でも別項から引用した宍戸幸輔『昭和20年8月6日広島――軍司令部壊滅』第三部「広島・原爆以後」の第三章第三項「敗戦後の捕虜」には「捕虜が捕虜を看取る」というサイドストーリーが紹介されている。

エノラ・ゲイ号が廣島へ原爆を投下する九時間まえの八月五日深夜、島根縣濱田市沖合の日本海に墜落した米機B29サッド・トマト号。その搭乗員（生存者）捕虜一〇名が廣島に護送されてきた八月一七日、宇品港から大阪へ向けて午後九時一五分出発までの数時間、憲兵分隊に収容されていた被爆米兵二名の最期と、たまたま遭遇して看取ったというエピソードである。

同書には、憲兵准尉・藤田明彦から著者が八月八日に聴取した報告として、廣島の軍司令部に拘置されていた米兵捕虜七名のうち〈二名は軍司令部の拘置所前で死亡〉と現認。そのほかの五名については、〈それぞれ野砲兵連隊、歩兵連隊で日本人将兵と同様に惨死したもの〉と推定している。憲兵隊司令部に拘置されていた〈米兵捕虜一三名〉のうち、まちがいなく一一名が被爆死したものと考えられるが〈死体の確認はできていない〉と宍戸は誌している。

藤田准尉はまた〈七日の夕方、憲兵隊司令部すぐそばの溝の中で、放心状態の二人の捕虜を発見〉。〈宇品分隊まで連れて行〉ったというのが、前出一一日後の八月一七日に亡くなったニール少尉とブリセット三等兵曹だということになる。

だがしかし、宍戸の描くサイド・ストーリーの事実関係じたいがウラの取れない伝聞を多く含んでいるだけに、軍部にとって好ましくない〈都合のわるい〉不名誉な事実や真相の公表をためらう傾向がないとはいえず、その〈行間に対処の実相が隠れているのではないか〉との疑念はぬぐえない。

憲兵隊司令部車庫の物置に拘置していた二名の将校のうちひとりは〈不思議なことに、外見上はほとんど負傷していない状態で投げ出されていた〉のを発見されるが、七日午後に死んだのを藤田准尉じしんが目撃したと、宍戸大尉は報告を受けた。

ただし、それだけでは自国の投下した原爆によって瀕死の重傷を負い、あるいはすでに死体となった米兵捕虜が日本側（憲兵隊司令部）によって、どのように取り扱われたかについては定かでない。〈いずれにせよ、これらの米軍捕虜の取り扱いについては、日本軍将兵同様か、むしろそれ以上に気を配っている〉との報告を藤田から聞いたと、同書で宍戸は言っている。藤田准尉としては〈そうでなければならなかった〉はずである。がしかし、捕虜の身柄について国際法に配慮した管理責任をになう立場にあった憲兵隊司令部付き将校がゆえの、あくまでもそれが後日談としてのタテマエにすぎないことは想像にかたくない。

ヒロシマで被爆した米兵捕虜の最期について筆者は、ずいぶんまえにＮＨＫ広島放送局製作のＮＨＫ特集「爆撃機ローンサム・レディ号――広島原爆秘話」（一九七八年八月放送）を見た。のち元ＮＨＫ広島ディレクターの小河原正己[13]が、その番組に再検証をくわえて活字化した前掲『ヒロシマはどう記録されたか』の第一〇章「アメリカ兵捕虜の被爆」に接し、過日視聴した番組の記憶がよみがえる。同書とはデータや見解に幾分かのちがいがある他の資料をつきあわせることによって、その真相に迫ろうと筆者はかんがえた。

そうした過程で浮かびあがったのは、いまから三五年まえの一九七五年に公募で集まった市民たちによる「原爆の絵」一三〇〇点余りのなかに、〝被爆米兵〟のすがたを描いた一〇点があることを、『ヒロシマはどう記録されたか』は示唆している。

わたしは忘れかけていた、そのことを再認識する。また、後年の二〇〇二年に応募のあった一三〇〇点のなかにも同様の絵が七点見られるという。これを未見だったので、あらためてＮＨＫ広島放送局［編］の『原爆の絵――ヒロシマの記憶』（ＮＨＫ出版、二〇〇三刊）にあたる。

小河原『ヒロシマはどう記録されたか』が指摘するように、被爆直後の米兵捕虜を見かけたという目撃談は多い。前段の宍戸大尉もそうであるし、そのことにこだわって踏み込んだ記録をのこしている大佐古記者（前掲『広島・昭和20年』）のばあいもしかりだが、それらにかぎらず、断片的な目撃談は被爆当日（ないしは翌日）の廣島市中心部を歩いた人びとに共通する。

予期せぬ光景に遭遇した記憶である。複雑な思いで見つめ、唾をのんだ。あるいは目を逸《そ》らした。いずれにせよ敵國捕虜（米兵）が自國の落としたピカに斃れた、そのすがたは忘れがたい。

對日占領の解除後、もっとも早い時期に〈被爆死した米兵捕虜〉について言及したのは作家の大田洋子であった。文藝雑誌『群像』一九五三年五月号に発表した前掲「山上」（第二章220ページ～）に登場する次の一節である。それは反核文學の先駆けとなる第一作『屍の街』がＧＨＱ對日占領下プレスコードの圧力によって、まだ日の目を見ないでいたころのことである。

大田洋子は一九四六年一月、縣知事に招聘された〈縣下在住の文化人〉のひとりとして廣島市西郊の佐伯郡廿日市町から同町在住の〈高名な老学者〉(14)の車に便乗して廣島市中を横断するように市の東郊、安藝郡府中町向洋《むかいなだ》の東洋工業本社まで出かけた。

そのさいに車中で〈運転手から聞いた話〉として洋子は、それまで語られざる、衝撃的でさえあるエピソードを、たんたんと書いている。

官庁街の水主町で壊滅状態となった縣廳は、その仮庁舎を東洋工業本社内に移設していた（のだが、作中では〈市外の小学校〉が仮庁舎との設定になっている）。

廃墟の街の西の端から中心部を横切り東の端へと、のろのろと走る車中で中年の瘦せた運転手が、とつぜん〈ここが爆心地ですね〉……と、問わず語りに話し始める。

運転手は廣島が被爆して三日目、死体のとり片づけのために召集されて〈田舎から来た〉……というから、縣下の郡部から駆り出されて入市をした國民義勇隊員であったにちがいない。

〈この左手二百米（メートル）くらいのところに、外国人の捕虜が手錠をはめたまま、うつ伏せに死んでいたのを見ましたよ〉……。

後部座席の洋子と同乗の老学者は、ともに運転手の話に相づちを打つでなく黙りこくって〈口をきかなかった〉。それを気にとめるようすもなく、運転手は語りつづける。

〈日本人の死体はみんなして、何千も何万もとり片づけましたがね、外国の兵隊の、しかも手錠のはまったのは、その男がたった一人でしたよ〉……。

それまでの對日占領下では語られることのなかった被爆米兵の目撃談にたいして、しかし新聞をはじめとする日本のメディアは当時、いっこうに関心を示していない。

〈原爆文學〉に傾注する〈第一人者と目された作家〉が河出書房発行の文藝雑誌『群像』に発表した注目の新作短編〈第二章220ページ〉であったにもかかわらず、なんらかの意図があってかはさておき事実上、メディアは横並びに〝黙殺〟も同然の扱いをした。すくなくとも各メディアの紙・誌面で、その信憑性をめぐっての調査報道をこころみたり、話題に取りあげた形跡すら見あたらないのである。

短編「山上」のなかで作者は念を押すように運転手に、こう語らせた。

〈遠い廣島くんだりで〈目撃した外国の兵隊、つまり米兵捕虜は〉たった一人でねえ〉……。

そこには、あきらかに一人の米兵捕虜が手錠をはめられたまま、うつ伏せに死んでいたとの証言が物語のなかに盛り込まれ、この記録文学としての〈構成要件〉をなしている。

それにもかかわらず、総じて当時の日本のメディアによる見て見ぬふりは、いったいなにを意味するのか。そのことじたいが、結果的に日米安保体制下での事実上、それぞれのメディアが、積極的でないまでも結果として〈原爆隠し〉に荷担したことは論を俟たない。

というのも、被爆米兵について新聞が最初に取りあげたのは、それから五年余りを経過した一九五九年七月一九日付『中國新聞』夕刊紙上でのことだった。
その記事には〈特ダネ〉扱いを物語る特大の見出しがおどる。

〈原爆は米兵の上にも落ちた!〉

折しも、日米安保条約改定をめぐる翌一九六〇年夏にかけての〈反安保〉闘争が空前のたかまりをみせる渦中に、この〈特ダネ〉はうまれた。

当時、全国一三四をかぞえる団体が結集した「日米安保条約改定阻止国民会議」(事務局長・水口宏三)[15]の幹事一二団体――社会党・総評・中立労連・護憲連合・平和と民主主義を守る東京共闘会議・日本平和委員会・日中国交回復国民会議・日中友好協会・人権を守る婦人協議会・全国軍事基地反対連絡協議会・全日農・青年学生共闘会議――が名をつらねた日本原水爆禁止協議会(日本原水協)にたいして、自民党政府は補助金カットなどによる妨害工作を策する――原水協を〈反安保〉団体とみなした自民党本部は地方議会への圧力をつよめる。

広島県議会では一九五九年七月九日、来たる同年八月五日に開催予定の第五回原水禁世界大会への県の補助金三〇万円の支出を県議会自民党による反対で、なんと〈全額削除〉して予算案を議決した。

これにたいして日本原水協は同年七月二一日――〈国民の悲願である原水爆禁止を実現するために、核武装、海外派兵への道を切りひらく安保改定に反対をするのは、ヒューマニズムの立場から当然である〉との「安保反対」声明で対峙した。

このスクープの背景には、六〇年アンポ闘争の時流がうねっていた。

日米安保条約改定をめぐって五五年体制〈保・革〉の政治的対立は、いっそう先鋭化してゆく。

さらにときを経て、それから一一年後の一九七〇年七月一〇日付『毎日新聞』には、相生橋附近で〈縛られたまま死んだ米兵〉にかんする〈決定的な目撃情報〉が登場する。

爆心(地)ごく附近の猿樂町一一番地で自転車卸商・川本商會を営んでいた川本福一(一八九一―一九七〇)というひとの証言にもとづく。自宅を兼ねた川本商會店舗は、三階建ビルで、現・産業奨励館(原爆ドーム)のすぐ北側にあたる猿樂町通りかどに位置した。

その日、徴用先で被爆した川本の次女と四女は、家族の消息をもとめて市中を探しまわる。外出先で被爆してガラスの破片が背中一面に突き刺さる大ケガを負った父福一とは、爆心から三三〇〇メートル余り離れた大河《おおこう》（現・南区北大河町）の救護所でめぐり遭う。

被災から四日後の一〇日に猿樂町に帰り着く。自宅の建物は跡かたなく瓦礫の山と化していた。被災時に自宅内にいた六女、それに出征した長男の〈武運長久〉を祈るために日參する附近の護國神社へと參拜に出かけた妻のふたりが犠牲になったことを、居宅跡に帰り着いた川本は知る。と同時に、焼け跡（相生橋の東づめ）の電柱に縛られた〈米兵の亡骸〉を見つける。〈被爆米兵の目撃談〉は数多くあるが、じっさいにその亡骸（遺体）とかかわりあいをもった経緯をあきらかにした証言は他に例がない。敬虔な安藝門徒（浄土眞宗の信者）であった川本は敵兵といえども〈死者に罪はない〉……と遺骸を自宅近くの元安川畔に手厚く埋葬して、木柱の墓標を建立した。

さらには翌々（一九四七）年、その白骨化した遺骨を掘り起こし、日本人はじめ身元不明の遺骨とともに、川向こう寺町の西本願寺廣島別院墓地に合葬したことの経緯について、生前の川本は次女ら家族に語り継ぐことを忘れなかった。こうして、

〈米兵の遺骨をアメリカの肉親のもとへ〉……と最後に言い残して川本は七八歳で亡くなる。

このことを遺族から聞いた毎日新聞広島支局が、故・川本福一の証言にもとづく調査報道を伝えた。被爆二五周年にあたって、それが〝遺言〟ともなった本人証言である。

折しも、一九七〇年六月二二日。ときの第三次佐藤栄作内閣は日米安保改定条約の自動延長を声明――一九六〇年の安保改定条約発効一〇年目にして全国七七万人が参加した翌六月二三日の反安保統一行動（逮捕者六七九人）を尻目に、それをなし崩しにしての自動延長が強行された。

毎日新聞広島支局が取り組んだ〈原爆死した米兵〉をめぐる調査報道が紙面に掲載されたのは、これもまた一九七〇年の日米安保条約改定〈自動延長〉に国論を二分した時期と符合する。

●日米合作〈核隠し〉の経緯をふり返る

いまにしておもえば、つわものどもが夢のあとかたか——解釈改憲をゴリ押しして集団自衛権行使の容認を閣議決定。さらには〈テロには断じて屈しない〉……と呪文のように唱えて〝無辜の人質〟を見殺しにしたいま（二〇一五年一月現在）の安倍政権は、テロとのたたかいを口実に再びの戦争國家への道をひた走る。

ただし、いちじるしい右傾化の歯止めとなる役割を期待された民主党への政権交代も、戦後七〇年にわたる政治潮流を俯瞰してみると、なんら従来からの保守勢力の焼き直しにすぎず、第三勢力を封じ込める政権維持に汲々とする〝役立たず〟に終始したとの実感は否めない。

日本の原爆体験をめぐる歴史認識について民主党政権は、いわば〝第二自民党〟という以外のなにものでもなかったことは残念でならない。民主党に政権交代して以来、はじめて臨んだ二〇一〇年八月六日〈広島平和式典〉後に設定された記者会見にさいして菅首相[16]が、〈現状において「核抑止力」は必要〉との見解に言及する必要は、果たしてあったのだろうか。広島市の秋葉忠利市長[17]が平和宣言のなかで〈核の傘〉からの離脱を政府にもとめたことへの対応を記者団から問われての答えだった。

〈唯一の被爆国〉と称しながらも、米国の〈核の傘〉に頼る安全保障政策を継続しつづける矛盾をいっそう、きわ立たせた。

あの原子核爆弾テロから、ちょうど六五年のときを経た八月六日、快晴の広島平和記念公園で午前八時からはじまった〈原爆死没者慰霊式ならびに平和式典〉には、国連を代表してパン・ギムン〔潘基文〕[18]（当時六六歳）国連事務総長が初参列した。

また、IAEA＝国際原子力機関からは二〇〇九年一二月に事務局長に就任した天野之弥[19]（六三歳）も初の参列となった〔在ウィーン国際機関日本政府代表大使や、IAEA理事会議長などを歴任したのちIAEA加盟国の選挙によって事務局長に当選した人物＝序章38ページ〕。

さらにまた人類史上初の原爆テロ〈ヒロシマ虐殺〉を引き起こした当事国アメリカからジョン・ルース駐日大使がはじめて参列するとともに、これに同調して核保有国イギリスのデービット・フィットン駐日臨時大使、フランスのクリストフ・プノー駐日臨時大使が広島入りして初参加したほか、核保有国のロシア・中国をはじめ史上最多にのぼる七四カ国の代表が広島の原爆慰霊碑まえの一堂に会した、いわば歴史的式典となった。

　式典冒頭、秋葉広島市長（当時六八歳）は平和宣言に際して広島弁で、こう語り始める。

〈ああ、やれんのう、こがあな辛い目に、なんで遭わにゃあ、いけんのかいのう〉……。

声を押しころし、心中からほとばしるような憤りを押さえて、やれんのう（やりきれない）とつぶやき、憂《うれ》え悶《もだ》える辛抱の日々にも限界があるとうったえた。

〈六五年前のこの日、ようやくにして生き永らえた被爆者、そして非業の最期を迎えられた御霊とともに、あらためて「こがいないびせえ（怖い）こたあ、ほかの誰にもあっちゃあいけん」と決意を新たにする八月六日をむかえました〉……。

　広島方言〈いびせえ〉は、おそろしい（ないしは、おぞましい）という現代日本（標準）語に置き換えることができる。二〇一〇年ヒロシマ発〈平和宣言〉が出色の名演説となった核心は八月六日に先立つ七月末に開催された〈２０２０核廃絶ヒロシマ会議〉が採択した〈ヒロシマ・アピール〉に沿って二〇二〇年までに〈核兵器廃絶〉を実現するための具体的な道すじを、ときの菅直人首相と日本政府へ向かってズバリと直言することにあった。

　一九六六年に東大理学部を卒業した数学者の秋葉は一九七〇年に渡米し、二年後にマサチューセッツ工科大大学院（専攻は位相幾何）を修了した。学生時代から原水禁大会やべ平連の国際会議などでの通訳をつとめる。

　一九七六年から一九八八年まで米国タフツ大学の准教授として在米。海外からジャーナリストたちが広島・長崎を訪れて被爆地の実態にふれ、じかに被爆者たちと接することを目的とした〈アキバ・プロジェクト〉を一九七八年に立ちあげる。以来、広島と長崎の被爆体験を世界に向けて発信する〈反核運動〉に取り組む。市長の前職は衆議院議員である（一九九〇～一九九八）。社会党公認で代議士初当選まえは、広島修道大学教授のかたわら、テレビ朝日系「ＣＮＮデイ・ウォッチ」キャスターとしても知られた秋葉は二〇一〇年の「平和宣言」文言中、（菅）内閣総理大臣に向かって次のように提言した。

〈いまこそ日本政府の出番です。「核廃絶に向けて先頭に立つ」ために、まずは非核三原則の法制化と「核の傘」からの離脱、そして「黒い雨降雨地域」の拡大、ならびに高齢化した世界すべての被爆者に肌理＝きめ細かくやさしい援護策を実現すべきです〉……。

従来の自民党を中心とした政権であれば、まるで相手にされず即座に〈門前払い〉をされることは必定だった〈核の傘からの離脱〉に言及したのであった。

二〇〇九年晩夏の総選挙で〈自・公〉から政権を奪取した民主党の安全保障にかんする基本政策が連立政権を離脱した社民党の基本理念とは、もとより相容れない。普天間ＵＳＭＣ移設問題では、政権を奪取した総選挙の争点でもあった〈海外もしくは最低でも県外〉移設の方向性を民主党は示唆。首相となった鳩山由紀夫代表（当時六二歳）は、同年内決着が越年して日米折衝が難航する渦中、みずから五月末までに決着をと言明する。だが結果は一転して〈沖縄の負担軽減に最大限努力をつづける〉との条件付きながらも、あろうことか〈辺野古移設案〉にドロップアウトした。社民党は福島瑞穂（五四歳）党首が閣僚＝内閣府特命担当大臣を辞任するとともに連立離脱して、スジを通している。

さらにドタバタはつづく。党代表の鳩山首相と小沢幹事長の〈カネと政治〉をめぐってくすぶるスキャンダルが追い討ちをかけて〝小鳩政権〟は行きづまる。政権交代から八カ月余りの短命にして鳩山民主党政権はツートップが〈刺し違え〉辞任するという、内向きな権力闘争に終止して国民の期待を裏切る〝政変劇〟を演じた。後継首班は菅直人（六四歳）が引き継ぐ。

こうしたドタバタ劇を、いまさらのようにあげつらうのが目的ではない。

〈日米安保体制の堅持〉という基本政策は現状における〈核抑止力の肯定〉につながる。

これでは、いちどは国民の信任をうしなったあげくが、タナボタで政権を奪回して以来、いっそう右傾化いちじるしい自民党政権となんら変わらない。

たしかに個別の政策では〈被爆者援護法改正を視野に入れた原爆症認定制度の見直し〉をうたい、〈具体的な核軍縮・不拡散の措置を積極的に提案して、国際社会の合意形成に貢献してゆく決意〉を織り込み、〈〝非核特使〟構想への最大限にわたる支援〉を打ち出したりの演説原稿にはなっていた。がしかし、あらなる菅政権の〝独自色〟を反映した提言は皆無であった。

さらには、くわえて秋葉市長の平和宣言に盛り込まれた提言への対応を問われた記者会見での菅首相は、内閣官房が用意したと、誰が聞いても明白な〈官僚答弁〉に終始した。政府公式見解のペーパーを棒読みしたにすぎない首相のコメントに、聴衆は肩透かしを喰う。

それもこれも来る翌九月に控えた党代表選挙をにらんで菅首相は、核抑止力〈核の傘〉下に甘んずる〈日米安保体制の堅持〉を唱えて党内外に多数派を占める保守勢力にたいし、屈伏の白旗をかかげたにひとしい配慮を見せた。二大政党に収斂しきれない流動的な政局が招来する政界再編をにらみ、現実的に日米安保と外交をめぐって一元化した〈翼賛・保守〉大勢力への異常なまでの〈低姿勢と迎合〉をあからさまに菅首相は〝裸の王様〟となる。

心底、〈核兵器廃絶の実現〉を希求する市民＝国民目線から大幅に後退した〈総理大臣の認識〉。内外に配信された会見内容は、まるっきり提言なき平和記念式典での「あいさつ」に拍車をかけた。

直後の会見場では、それをライブの同時通訳で聞いた外国人特派員たちを含む記者席から、ため息まじりの冷笑が漏れた。宰相のリーダーシップを発揮して、具体的〈核廃絶の実現〉への国際世論づくりをリードする千載一遇のチャンスを菅首相は、みすみす逸したも同然であったからである。

二〇一〇年〈8・6〉のヒロシマ平和記念式典に見られた〝歴史的意義〟すら、まるでうわのそらのようなＴＶモニター画面に映る菅首相の無機質にさめた表情を、どこか訝かしく感じたのは果たして筆者だけだったであろうか。

廣島の爆心地附近に原爆投下の日、捕われの身となっていた米兵捕虜一二人が原爆死没者として慰霊される会堂に初参列したアメリカ代表のジョン・ルース駐日大使（五五歳）が、献花もそこそこに式典が終了するやいなや、ひとことの感想も洩らすことなく終始、無表情で、ただちに山陽新幹線の車中へと消え、帰京してしまった光景＝TVニュース映像が印象にのこる。

廣島に投下された原爆で死んだ米兵については原医研助手の宇吹暁作成「ウブキズ・リスト」が公表された一九七七年以降、たとえば、一九七八年刊行の広島医療生活協同組合ほか編の被爆体験記『ピカに灼かれて・第二集――黒い雨の町の証言』に語り継がれる女性（被爆当時一八歳）の手記をはじめとして、遅まきながらも次つぎと〈伝聞〉証言があらわれ始める。

そうした証言は〈伝聞による記憶〉ばかりではない。戦後五七年目の二〇〇二年に公募されて描かれた〈絵〉にも、その記憶は鮮明に描かれる。

すでに被爆死していた米兵の遺体にたいし、凄惨な〈集団リンチ＝私刑〉をくわえる日本の兵隊や群衆を描いた絵の作者は自身もまた、廃墟と化した街で〈烏合の衆〉にくわわり遺体を殴ったり、いたぶったことを告白する。これが、どこで、どのようにくりひろげられたことであったかを〈絵〉から読み取って、それを、まごうことなき〈虐待の証拠〉だということはできないが、それは、〈虫の息〉ではあっても、まだ死んでいないという〈生死の判断〉がついた。まのあたりにした光景は〈絵〉の作者たちの目に焼きついて〈終生、忘れがたい記憶〉となっている。

電車通り路上に放置された米兵の周囲に〈瓦礫や石ころの山〉が描かれている。それがなにを意味するかは、とくに別段の想像力をめぐらせるまでもない。見たままに〈鬼畜〉米兵へ向けられた憎悪の礫《つぶて》が、その一身をめがけて〈集中・虐待〉したことの証左にほかならない。

ことほどさように異様な〈地獄の惨状〉――いちめんにひろがる被爆地に居合せた人びとの心理状態が、たとえ常軌を逸していたとしても、いったい誰がそれを咎められよう――と、別の場所（廣島城址）で米兵の遺体を目撃した新聞記者は絶句する。

すみやかに憲兵隊の宇品分隊へ収容された被爆米兵は、藤田憲兵准尉〔前段435～436ページ〕のいう通りであるならば、二人だけということになる。〈リンチ〝虐待〟をしなくても時間の問題で全員死亡するのだから問題ない〉とはいえるはずもないが、はたしてホンネはいずこにありやである。

むしろ、群衆によるリンチが直接の死因であるなしにかかわらず、結果として被爆翌日に屍が路上に放置されていた米兵捕虜の断末魔について、やがて進駐してきた〈在沖縄米空軍の将校らしいふたり〉が、〈犯人捜し〉に奔走をするありさまに接し、後掲の大佐古は取材日記に次のように書いている（458ページに後掲の大佐古一郎『広島・昭和20年』から）。

〈藤川記者〔中國新聞の同僚〕の話によると、八月七日の午後、相生橋東詰め商工会議所前の鉄柱に、裸の米兵が縛り付けられて、投石や打撲で傷だらけになって死んでいたそうだ。重富君〔毎日新聞記者〕も見たというが年齢やパンツの模様からすると、私の見た〔廣島城址〕表御門の兵隊とは違うような気がする〉……。

米兵捕虜たちは皆んな若かった。前掲「ウブキズ・リスト」によれば最年少一八歳。そして大半は二〇歳代の若い飛行機乗り――米國版〈若鷲〉たちだった。

米側の文献にトーマス・C・カートライトの回想録で日本語版『爆撃機ローンサム・レディー号――被爆死したアメリカ兵』森重昭・訳（NHK出版、二〇〇四刊）がある。

ローンサム・レディ号の乗員九人のうち被爆死した六人――副操縦士の・ダーデン・ルーパー少尉は二二歳。射撃手ラルフ・ニール軍曹二〇歳（前出）。射撃手で爆撃手でもあった通称ジミーのジェームス・ライアン少尉が二〇歳。通信士のヒュー・アトキンソン軍曹は二六歳。航法士パッファード・エリソン軍曹（年齢不詳）。射撃手のジョン・アラン・ロング伍長は最年長と見られる二七歳だった。

このほかB24爆撃機タロア号乗員一一人のうち三人が廣島で被爆死。操縦士ジョセフ・ダビンスキー少尉二七歳とジュリアス・モルナー軍曹が二〇歳、チャールズ・O・バウムガートナー軍曹三〇歳。海軍の小型艦載機SB2Cヘルバイダー号では操縦士レイモンド・ポーター中尉二四歳と、射撃手のノーマン・ブリセット三等兵曹一九歳＝前出。おなじく艦載機グラマンF6F戦闘機の操縦士でジョン・ハンシェル少尉の計一二人が廣島で被爆死したと判明する。

なお長崎に拘置中、被爆死をした聯合軍捕虜は九人。うち英軍のショー・ロナルド・フランシス伍長一人と、オランダ国籍八人の氏名があきらかになって、それらの遺影が国立長崎原爆死没者追悼平和祈念館（長崎市平野町）に納められて爾来、一般公開されている。

捕虜になったのち、ときをおかずして再尋問のために廣島から東京へと列車で護送されたローンサムレディ号の機長カーライト中尉は、からくも被爆をまぬがれて〈終戦〉直後に帰国した。

退役後はテキサス農工大学に学んで農学博士。食肉牛の改良が専門の遺伝子学教授となる。

Drカーライトは一九九九年一〇月、五四年ぶりに七五歳で広島を再訪した。各々が若くしてヒロシマで〈非業の死〉をとげた部下たちの冥福を祈る〈巡礼の旅〉には、キャロライン夫人と長男（四二歳）にくわえ、友人で退役軍人会のクロフォード会長らが同行した。

廣島では、くだんの被爆時に米兵捕虜が拘留されていた〈中國管區憲兵隊司令部〉旧址を訪れる。

憲兵隊司令部跡は、現在の中区基町一二ノ八宝ビル一階の裏入口（正面の中央信託銀行広島支店をつき抜けたビル北側の壁面）に、被爆直後に撮影された〈中國憲兵隊司令部〉跡の写真を配し、碑銘を英文で刻した〈被爆米兵慰霊の銘板〉が展示されている。

銘板は、こうしるす（邦訳）。

〈一九四五年八月六日、原子爆弾が投下され、史上例をみない破壊力で当市と、その市民を破滅させた。当日、米国空軍ならびに米国海軍の飛行士たちは爆心地近くの場所にあった中国憲兵隊司令部に捕虜として抑留されていて、この惨事の犠牲者となった。この銘板は、これら勇敢で尊敬に値する人々の冥福を祈るものとしてここに設置する。このささやかな記念碑をもって、戦争のもたらす悲劇を絶えず我々の心に銘じることを願う〉。

この銘板は、自身も八歳で被爆した〈広島の被爆実態〉研究者の森重昭＝広島市西区己斐西町在住＝が奔走して一九九八年八月に設置された（この碑の建立費用は森自身がアルバイトで貯めた資金で賄った）。
森はカーライト教授とともにミシガン州立大学の日系ポール・S・サトー教授の協力を得て銘板に刻む文案を練る。また銘板に用いられた写真は被爆時、廣島縣警察本部寫眞班員だった川本俊雄（一九〇二―一九六八）が撮ったもので、廣島が被爆当日の惨状をスチール写真で記録した唯一のカメラマンとして知られる松重義人（第一章144〜148ページ）の提供によった。

一九三七年に廣島市己斐町（現・西区己斐西町）でうまれた森重昭は、國民學校三年のとき爆心から西へ約二八〇〇メートルの己斐・旭山神社下にあたる橋のうえにいたところを、凄まじい爆風によって小川のなかへ吹き飛ばされた。閃光〈ピカ〉を感じた次の瞬間、森少年が襲われた被爆の〈原体験〉にほかならない。

うまれ育った己斐の町では被爆当時、全一三七〇戸余りのうち当日だけで死者三七人が出たこと――以上でも以下でもない〈被災状況〉把握の〈不確かさ〉に、往年の森青年は疑問をいだく。

長じて会社員となるが、職場の休日すべてをそれにふり向けて、身近な被爆実態の戸別訪問調査に打ち込む。広島市民が描いた〈原爆の絵〉との出会いも最初は、己斐町の被爆者たちにかんする調査の一環から、それと接したのだった。

そしてまた森自身にとって、集団疎開をする代わりに自宅のある地元己斐の國民學校に転入したことは、被爆時の命運を分けた。

森は國民學校二年までを濟美《せいび》國民學校にかよった。濟美小學校といえば、もとは軍人や高級官吏の子女らのために帝國陸軍の互助会・偕行社が経営する〈エリート進学校〉であった。所在地は西練兵場に隣接した東側。中國憲兵隊司令部とも隣接していた。

つまり、濟美國民學校は爆心地の東北東、約七〇〇メートルに位置した。被爆時、三年から六年までの児童約三〇〇人は、縣北の雙三《ふたみ》郡《ぐん》君田《きみた》村《そん》と同じく河内《こうち》村《むら》（いずれも現・三次市）に集団疎開していた。低学年の居残り組は、ちょうど登校日にあたっていたことから教職員・児童あせて四五人が原爆の直撃をうけて〈被爆死〉している。一瞬にして校舎は全損壊・焼失した。

〈猛火につつまれて原形をとどめないほど黒焦げに

なり、どこが頭か手足かさえもわからない児童の屍体が焼け跡に散在していた〉……

との記録がのこる――広島市〔編〕『広島原爆戦災史』第四巻（広島市、一九七一刊）第三章に、その惨状が克明に記録されている。

●米占領政策への抵抗から始まった反核思想

その被爆死をとげた濟美國民學校の児童たちに捧げる切々たる鎮魂の長編詩「墓標」を紡いだのは峠三吉（第二章242～247ページ）であった。

広島YMCA（中区八丁堀七ノ一二）の玄関ホールに一九七〇年建立された〈濟美国民学校職員生徒慰霊碑〉――男児と女児二体の〈銅像〉モニュメントが、台座にのうえに仲よく手をつなぐかたわらの壁面には、詩「墓標」を刻んだ銅版が掲げられている。濟美國民學校は再建されることなく、焼け落ちて四カ月余りを経た一九四五年の暮れに廃校となった。

〈君たちはかたまって立っている／さむい日のおしくらまんじゅうのように

だんだん小さくなって片隅におしこめられ／いまはもう／気づく人もない

一本の小さな墓標

「斉美〔濟美〕小学校　戦災児童の霊」

焼煉瓦で根本をかこみ／三尺たらずの木切れを立て

割れた竹筒が花もなくよりかかっている

AB広告社／CDスクーター商会

それにすごい看板の／広島平和都市建設株式会社

たちならんだてんぷら建築の裏が

みどりに塗った／マ杯テニスコート[20]に通じる道の角

／積み捨てられた瓦とセメント屑

学校の倒れた門柱が半ばうずもれ

雨が降れば泥沼となるそのあたり

もう使えそうもない市営バラック住宅から

赤ン坊のなきごえが絶えぬその角に

君たちは立っている／だんだん朽ちる木になって／

手もなく／足もなく／なにを甘え

なにをねだることもなく／だまってだまって／立っている〉……〔後略〕

この詩「墓標」に廣島市民がはじめて接したのは、占領〈對日占領政策〉違反に該当するビラであった。占領下の日本を最大にして唯一の〈後方兵站・発進〉基地としたアメリカによる朝鮮侵略――〈朝鮮戰爭〉反對をアピールするため、戦後五年の一九五〇（昭和二五）年八月六日に廣島で撒かれた反戰ビラが、この作品の初出となる（前掲『原爆詩集』所収）。ビラには一九五〇年三月のストックホルム・アピール（原子兵器〈核兵器〉禁止のための「平和投票」をうながす「ストックホルム平和会議」開催の呼びかけ）も併せて刷り込まれた。

のちに詩人の増岡敏和は、みずから編んだ峠三吉『詩集にんげんをかえせ』（新日本文庫、一九八二刊）の「解説」に書いている。

このビラは増岡を含む四人が広島市街のデパート階上〔福屋百貨店四～五階〕から撒いた。

それは、

〈警官をかけよらせながら、そのビラをうけとめる市民の立場を鮮明に〉……

させることがねらいだった。

峠三吉の詩「呼びかけ」は語りかける――

〈いまでもおそくない／あなたのほんとうの力をふるい起すのはおそくはない／あの日、網膜を灼く閃光につらぬかれた心の傷手から／したたりやまぬ涙をあなたがもつなら／いまもその裂け目から、どくどくと戦争を呪う血膿をしたたらせる／ひろしまの体臭をあなたがもつなら〉

ば、あるいは〈墓標〉の下のこどもたちにも、すべてのなかまにたいして、

〈更に煉られる原子爆殺のたくらみを圧殺する火塊になろうと、うったえることから始まるのだ、と。

〈銅線のもつれる黒焦の電車をころがして交叉〉する紙屋町交差点広場の一隅に〈かたづけ残されころがっ〉ていた少女の屍体を、峠三吉は散文詩「その日はいつか」に描きのこしている。

紙屋町交差点といえば、憲兵隊司令部からは小走りに二分とかからない至近距離であった。

〈音といっては一かけらの瓦にまでひび入るような暑さの気配

動くものといっては眼のくらむ八月空に
かすれてあがる煙
あとは脳裏を灼いてすべて死滅したような虚しさの
なか
君は少女らしく腰をくの字にまげ
小鳥のように両手で大地にしがみつき
半ば伏さって死んでいる、
裸になった赤むけの屍体ばかりだったのに
どうしたわけか君だけは衣服をつけ靴も片方はいて
いる、

少し煤けた片頰に髪もふさふさして
爛れたあとも血のいろも見えぬが
スカート風のもんぺのうしろだけが
すっぽり焼けぬけ／尻がまるく現れ
死のくるしみが押し出した少しの便が
ひからびていて
影一つないまひるの日ざしが照り出している〉
（前掲『詩集にんげんをかえせ』より）

熱線による〈〝赤むけ〟＝大火傷〉の外傷はないが、ガレキが散乱する路上に、ぐったりと横たわり虫の息だった米兵捕虜を見たという目撃談は、爆心地から二五〇メートル余りの紙屋町交差点附近で被爆死していた少女の悲惨な情景とダブる。

たとえば、赤と青のストライプ柄の下着＝トランクスしかつけていない半裸の若い外国人＝米兵とおぼしき大男が寝転がるように倒れているのを天守閣の消えた城址濠端の石垣附近で目撃した新聞記者によれば、そのとき大男の両腕は、ヒモで〝後ろ手〟に堅く縛られていた（前掲『広島・昭和20年』）。あの日、記者の眼底に焼きついた忘れがたい光景なのである。

がしかし、捕虜となっていた自国の兵士が〈広島・長崎に投下した原爆で死んだ〉ことを米軍は對日占領直後から、ひた隠しにする。對日占領解除後も、そのことにかわりはなかった。

いっぽうで一九四〇～五〇年代にさかのぼるアメリカの核戰略史は、前掲の高橋博子『封印されたヒロシマ・ナガサキ』（前掲序第37ページ）の第一章「占領下日本における米国の原爆情報収集と報道統制」が解き明かす對日占領下の〈水も漏らさぬ徹底した隠蔽工作〉に始まる。

前段に記述したＤｒカートライトが〈五四年ぶりに広島に来た〉というのは、正確にいえば誤りである。過去に一度、一九八三年〈遺伝子学会〉出席のため、戦後はじめて来日し、広島へもあしを延ばした。だが、そのころはまだ、ようやく前掲「ウブキズ・リスト」が日の目を見た以外には広島で被爆した米兵など聯合國側捕虜にかんする情報はまだ〝藪の中〟だった。

中國管區憲兵隊司令部での米兵捕虜にたいする取調べ調書や抑留記録など関係文書のほとんどが焼失しているためとの、かかる日本側の事情であるよりも、アメリカの退役軍人が東西冷戰下の米核戰略にかかわる國家機密として隠蔽された領域に踏み込んで、その〝藪〟をつつけば、米軍（米政府）の諜報機関が黙って見すごすはずがない。いかなるペナルティ〔制裁〕が待ち受けているか。はかり知れない。それはタブー〔禁忌〕への挑戦を意味した当時――。

広大・原医研の宇吹暁助手（当時）によって一九七七年、東京・麻布台の外務省外交史料館所蔵「聯合國捕虜名簿」が発見された。これを精査した文書「ウブキズ・リスト」が注目をあびたころから被爆米兵の遺族、この問題にかんする日米関係者・研究者らとをつなぐ森重昭の発意によって〈慰霊の銘板〉が設置されるにいたるまでには、結果的に二〇余年の歳月を要した。カートライトをはじめ米側の関係者や遺族たちとの長年にわたる交流と取材が実をむすぶのは、二〇〇二年八月号『文藝春秋』が掲載した森重昭のルポ「原爆で死んだ米兵を追って」。

さらには二〇〇四年に日本語版が刊行されたカートライトの回想録＝邦訳・森重昭（前掲）。そして、さらなる追跡調査をつづける森重昭が単行本『原爆で死んだ米兵秘史』（光人社）を書き下ろして刊行したのは、二〇〇八年夏のことであった（八月刊）。

カートライトのほか、もうひとり、その日の朝方に投降して、間一髪で被爆をまぬがれたエイブル軍曹のばあいは、いまから三三年をさかのぼる一九七八年の時点で、ＮＨＫ特集の取材班が現地にたずねあてた彼の故郷コロラド州デンバーに在住。ＮＨＫ取材班は電話でインタビュー取材を申し入れる。がしかし、

〈ヒロシマ郊外の潜伏中の出来事については、いっさいを漏らさないと政府との間で約束をし、署名もしたので取材には応じられない〉……と、かたくなに取材を拒否してエイブルは電話を切った。そのことは、番組リポーターをつとめた取材ディレクターの松尾協《まつおかのう》（当時三九歳の広島放送局記者）が証言している。

前掲『ヒロシマはどう記録されたか』の第一〇章「アメリカ兵捕虜の被爆」――「元搭乗員たちの生と死」の項に経緯は委しい。

米国政府は関係者に箝口令を敷く。米兵捕虜の被爆死にかんする情報の漏洩〈真実の発覚〉をおそれて〝口封じ〟がなされ、周到な隠蔽工作を謀っている。水面下に〈見えざる圧力〉が死者たちの存在じたいを闇から闇へと葬り去る意図が浮かびあがる。

ヒロシマ・ナガサキでの〈米兵の被爆死〉問題についてアメリカ政府は、戦後三八年目に通称「ウブキズ・リスト」を追認する。一九八三年に〈ヒロシマで被爆死したのは一〇人。その内訳は、アーミーが八人、ネイビーは二人〉と公表した以外、こんにちにいたるまで米国政府による公式見解は表明されていない。

かつて、ときのロナルド・レーガン大統領（一九一一―二〇〇四）がジョージア州アンダーソンビル〈戦争捕虜博物館〉内に掲げられた銅製〈銘板〉のまえにおいておこなわれた追悼演説で、ヒロシマで〈被爆死した九人〉の名前をフルネームで読みあげた。いまから四半世紀余りをさかのほる一九八五年六月二七日のことである。これまでに米政府が公式に米兵犠牲者について言及したのは、あとにも先にも、このとき一回きりであった。

森重昭というひとは〈米兵捕虜の被爆〉問題に取り組んで前掲『原爆で死んだ米兵秘史』を刊行し、究極的に〈広島の原爆で死んだ米兵一二人〉の、遺族すべてを洗い出すまでに、こぎ着けた。二〇〇九年の夏、それを完結させた一民間研究者である。

ふり返ってみれば、三〇年以上にわたる追跡調査を彼がなぜ、なし得たのか。

余人からすれば、少年期の強烈な原体験＝〈被爆者である〉という理由だけでは解せない。

それが執念の源泉ではあっても、そんな彼の思考をつき動かしたのは、いったいなにか。

被爆死した米兵捕虜にかんする追跡調査という空の雲をつかむにも似た難題と、このひとが事実上、これまでの半生をかけて打ち込んできたのは過日、NHK広島放送局の募集にこたえて市民の記憶が描いた前掲「原爆の絵」との出遭いが、きっかけとなって始まる。

それ以来、ヒロシマで〈被爆死したアメリカ兵一二人全員の遺影〉が国立広島原爆死没者追悼平和祈念館にそろって収蔵されたのは、ずいぶんと後年——二〇〇九年八月のことである。

翌二〇一〇年の八月五日（六日の平和式典をひかえた前日）——この一二人の米国人犠牲者は、あらたに九六冊目の名簿に書きくわえられて、平和祈念慰霊碑の石棺に納められた原爆死没者は五五〇一人。

このとしまでに広島の公式〈原爆死〉確定者は総計二六万九四四六人をかぞえた〔第一章169ページに最新の二〇一四年八月現在の死没者数〕。

●反核思想の起源

GHQ＝連合國軍總司令部は日本政府にたいして一九四五年九月一〇日付「虚偽の報道取締りに關する件」覺書を通牒した——つまり、言論及び新聞の自由にかんする覚書〔報道の範囲と進駐軍・連合国にかかわる報道の制限を盛り込んだ外交通牒〕が発表されて以降、占領軍による検閲＝名目上は指導＝の名のもと、早くも同九月一八日には〈確信犯〉的な原爆報道によって同覺書違反として朝日新聞が二日＝四八時間（一九〜二〇日付）の発行停止と本社閉鎖処分をうける。

その一因に、九月一五日付『朝日』が掲載した鳩山一郎（当時の朝日新聞社主で衆議院議員）談話のなかで、

——〈「正義は力なり」を標榜する米国である以上、原子爆弾の使用や無辜の國民殺傷が病院船攻撃や毒ガス使用以上の國際法違反、戰争犯罪であることを否むことはできないであろう〉……

と指摘するなど、米国が原爆を使用したことにたいして『朝日』紙面に展開された一連の批判的な論調がマッカーサーの逆鱗にふれる。

『朝日』の発行停止・本社封鎖を命じた翌九月一九日付でGHQは「日本に与える新聞遵則」——CCD＝民間検閲所〈米太平洋陸軍總司令部參謀次長／

民間検閲部〉名による"Code for Japanese Press"SCAPIN33――〈プレス・コードにかんする覺書〉を発令した。

GHQが日本の各新聞にたいして突きつけた編集規準〈遵守〉を指令する通牒であった。追って三日後の九月二二日、日本放送協會(NHK)のラジオ放送にかんする〈ラジオ・コード〉(おなじく、日本放送法――SCAPIN43)が発令される。

プレスコードにもとづき翌一〇月九日付から在京の五紙『朝日』『毎日』『讀賣報知』『東京』『日本産業經濟』にたいする事前検閲が始まる。すでに同盟通信〈配信〉記事にたいしての〈事前検閲〉は九月一四日("Nippon Times"が翌一五日)付から。中國新聞など地方紙〈縣紙・ブロック紙〉については、これまでどおりの〈事後検閲〉が継続して行われる旨が通告された。

これ以降、新聞・出版・放送番組などの〈言論・表現〉自由にかかわる編集規準が席巻した米國による對日占領下での〈原爆隠し〉は、ながらく占領解除時になっても撤廃されることなく、さらには、これを日米安保條約が継承・恒常化して、こんにちにいたる。

発行停止解除の二一日付『朝日』は第一面に社告を載せる。マッカーサー司令部が指示した新聞記事取締り方針、その第一項〈真実に反しては公安を害すべき事項を掲載せざること〉に違反したものありとの理由で発行停止になった――と報じる。

この事態はアメリカ本國にも打電され、日本の代表的新聞が〈原爆使用は国際法違反をまぬがれ得ない〉……との論調を曲げないことなど〈反原爆キャンペーン〉展開を理由に、四八時間の発行停止処分をうけた(米紙『ニューヨーク・タイムズ』ほか)と伝えられて、波紋を呼んだ。だがしかし、以降、對日占領下のプレスコードによる〈縛り〉は、さらにいっそうの彈壓をつよめる。いまもなお水面下の日米戰後史に不可解な闇(謎)を残す。日米合作〈謀略〉の闇――"謎"の真相究明を阻む元凶となっている。

ここで謀略とは、たとえば、米軍へ生物化学兵器の研究データを売り渡した關東軍防疫給水部――通称号・滿洲第七三一部隊の関係者が関与している疑いが濃厚な〈帝銀事件〉であり、米國の對日占領下〈諜報機関〉による國鐵總裁〈謀殺〉の疑惑が、解き明かされないまま迷宮にさまよう〈下山事件〉もまた、そうである。GHQの指令によって吹き荒れたレッド・パージ（赤狩り）＝反共イデオロギーが背後で糸を引く國鐵列車転覆の大惨事をめぐるフレームアップ〈松川事件〉。おなじく〈三鷹事件〉など一連の未解決事件が象徴的に物語る。

いずれも在日米軍機関の影がつきまとい、水面下に直接または間接の関与が疑われる。

なかで唯一、被疑者の冤罪を裁判であらそうケースではなく、生体轢断の他殺説に立っての容疑者特定にさえいたっていない下山事件のばあい、下山總裁の最期と明らかに接点があったと見られる在日韓国人を〝口封じ〟のため、米軍ヘリで韓国へ移送する玄海灘上空から突き落とした――との説は推理の域を出ないが、その消息をもとめてたどり着く大村収容所から身柄が〝神隠し〟然と連れ去られたのちの足どりは、プツリと途絶えている。

あるいは、アメリカの原爆投下にたいし痛烈な批判を浴びせた政治家のばあいもまた、特定の言質ばかりでないその傾向を情緒的〈好ましくない〉対象として粛正のターゲットとなり、ネライ撃ちをされた。翌一九四六年四月一〇日におこなわれた戰後初の第二二回總選擧で一四一議席を獲得して第一党となった日本自由党の總裁鳩山一郎は、折しもの組閣を目前にした同年五月四日、マッカーサー覚書による公職追放を通告されて、後継に吉田茂を指名する〈禪讓〉やむなしにいたる。第一次吉田内閣誕生は同月二二日である。のちに追放令の解除にともない鳩山は政界への復帰＝政治生命の回復をはたすが、じつに野へ下っていらいそれは五年後のことであった。

その言質をして〈冷や飯〉を喫わされた政治家は、しかし反面、国内的には占領下での一連の歯に衣着せぬ〈溜飲が下がる勇気ある発言〉との支持をあつめて國民的人気を博す。はからずも、結果的に世論を味方につけた〈政治的効用〉はさておき、ことほどさように對日占領下のメディア・コントロールは、あらゆる例外なく、〈逆えば排除する論理〉によって〈マッカーサーの意向への無條件服従〉を強いたのである。

朝日新聞が四八時間にわたる〈仮死〉状態に陥ったのに先立つ一九四五年九月一四日、すでに同盟通信社

（のちの共同通信社）にたいしても同様の〈覺書〉違反による配信業務停止（～翌一五日の正午まで）処分が通告される。GHQの指し示す〈意向〉がメディアの死命を制したのである。

「覺書」に明示された〈報道〉及び〈言論・表現〉自由にかかわる条項を、それが恣意的に解釈されたという以前に、必要に応じた指導〈検閲〉を〈最小限の制限にとどめる〉とのうたい文句は、あくまでも〝お題目〟にすぎなかった。

水面下での政治的な至上命題〈原爆隠し〉にさいして占領当局は、むしろ最大限の情報操作をほしいままに、たとえ、どのようであれ對日占領軍及び米国にとって不都合、もしくは、〈好ましからざる〉と見なしたばあいは、かりにネズミ一匹とて逃がさず、けっして容赦はしない。当初、寛容さはなく、〈目こぼし〉などは絶無で、いっさいの〈反論や情状〉を認めることなく闇から闇へと葬り去る。絶対的〈権能〉を背景にして暗躍する情報スペシャリストたちによって、水面下での〈言論抹殺〉がはかられる仕組みに絡み取られ、あまた〈無念の涙〉に暮れて日の目を見ることなく、ひと知れず〈排除〉されたのが実情である。

いっぽう、これは〝神の悪戯〟というか、偶然にも原爆の惨害を被っていらい、敗戰後、一九四五年八月下旬からの断続的な長雨のあげく、枕崎台風の直撃に見舞われて、ふたたび中國新聞が自力での発行不能となるのが九月一九日未明のことであった。〈八月の末から梅雨のように降り続いた雨は、〔九月〕一七日朝になってとうとう豪雨になった〉……（九月一八日付『中國新聞』朝刊）。

市北郊の安藝郡温品《ぬくしな》村（現・東区温品）での発行態勢を九月三日付から〈仮復旧〉させて輪転機を回し始めたのだが、わずか一六日余りにして襲われた大水害は同紙の操業基盤を挫《くじ》く。廣島地方氣象臺の記録によれば、終日の総雨量は一九七ミリ。

河川の増水は廣島市内に架かる橋の八〇パーセントが通行不能となる。いたるところで下水が逆流した。土砂崩れや鉄砲水のために温品村でも道路が寸断される。本社心臓部の輪転機は泥水につかった。またもや翌二〇日付紙面から、縣外他社の〈代行印刷〉に移行せざるを得ないハメに陥る。

つかのまの〝仮復旧〟だったが、自力発行再開から三日目の九月五日付『中國新聞』には、ちょうど東京湾ミズーリ號艦上で降伏文書調印がおこなわれた翌九月三日、占領軍の上陸にともなう移駐人員の輸送などでごったがえす神奈川・厚木飛行場から、米軍機で広島入りしたアメリカ人記者団一行の動静を伝える記事が載っている。

――ニューヨーク・タイムズ紙のW・H・ローレンス記者ほか撮影班員を含む二〇名のアメリカ人記者団は三日朝、呉近郊の広飛行場[21]に着陸し、ただちに海軍差し回しの自動車に分乗して広島市内へと向かう。秋雨にけむる市中の〝惨害跡地〟を思いおもい視察した後、午後三時に広島県庁を訪ね、原爆の被害とその後の状況について太宰特高課長から話を聞いて質疑応答。（われわれ）県政記者団をまじえての話し合いを終えた米記者団は午後六時、広島から次の目的地へと立ち去った。〔現代カナ遣いと当用漢字を用いて現代文に訳出した＝文責在筆者〕

米記者団との会見の場に臨んだ縣政記者クラブ幹事の一人で中國新聞記者の大佐古一郎（当時三三歳）が「覺」と題して大学ノートに縷々メモしつづけた取材日記に読む当時の記録は興味ぶかい。これを大佐古は新聞社退職後、六六歳のときに一冊の本『広島・昭和二十年』にまとめる（中公新書、一九七五刊）。翌年には前出のスイス人醫師マルセル・ジュノーが廣島でおこなった救護活動とじかに接して取材をしたジュノー本人との広島での出会いから書き起こし、国境を超えてつづける〈ヒューマニズム求道の足跡〉を描いた評伝『ドクター・ジュノー――武器なき勇者』を出版した（新潮社、一九七九刊）。

被爆地ヒロシマでの自身の〈原体験〉を記録しつづけ、それを後世へと語り伝える。こうした信念にもとづき、みずからが広島に骨を埋ずめるまでの生涯を捧げた新聞記者のひとりであった。

取材日記に大佐古は、こうしるしている。

〈ニューヨーク・タイムズのローレンス記者ほか約二〇人のアメリカ記者団が、広島にのり込んでくる。初めてのアメリカ人である。太宰特高課長が戦災状況の概略を話す。

彼らの鋭い質問や血走ったように見える目、からだをのり出して聞く態度を見ていると、獲物を探しもとめるようとする記者心理がよくわかる。われわれ県政記者団とも話し合う。特高課長が立ち会っている。

「諸君は日本が戦争に勝つと思っていたか」

「そう信じさせられた」

「特高警察が監視しているようだが、言論の自由はあるのか」

「現在は自由になった。こちらから聞くが、広島の惨状を見てどう思うか」

「われわれはヨーロッパ戦線にも従軍したが、都市の被害では広島がもっとも大きい」

「七〇年間不毛説があるが、それは事実だろうか」

「日本の治安状態がよくなり、わが国の学者がきて調べたらはっきりするだろう」

「原子爆弾を人道上、どう思うか。また平和に役立つと思うか」

「いまは答えられない。諸君の体験を語ってくれ」

私たちは各自の体験を簡単に話したが、頭に包帯を巻いた重富君には特別の関心を示して質問が集中する。彼らの立派な服装やカメフ、アイモ[22]などに比べると、われわれはよれよれの国民服に地下足袋、巻き脚絆という出でたちで、カメラは誰も持っていない〉……。

文中の〈重富君〉というのは、毎日新聞広島支局の重富芳衛記者のことである（毎日新聞社［編］『毎日の三世紀――新聞が見つめた激流一三〇年』同社、二〇〇二刊）。重富記者は、爆心から半径五〇〇メートル圏内〈全焼地域〉にあった立町の自宅で被爆し重傷を負う。

戦後一一年余りを経た一九五六年発行の毎日広告社広島支社「らくがき随筆」に寄せた回想によれば、〈立町「町内会」一二三〇戸のうち、生き残ったのは、おそらく私と妻だけだろうか。妻は翌日から、からだ一面に赤紫の斑点が出て苦しんでいる。死の前兆だとおもうが、口には出せない〉……と重富は当時をふりかえる。

しかし、そんな巷で瀕死にあえぐ被爆者たちの実情にふれることなく米國人記者團は、〈一日限り〉日暮れどきまでの〈視察〉を終えると、雨あしのつよまったヒロシマの街をあとにした。記者團が去ったあと、こんどは米國原爆災害調査團の一行（ファーレル准将ほか一二人）がやってくる。調査團が飛来した輸送機に同乗して、赤十字國際委員會ICRC〔International Committee of the Red Cross〕のジュノー醫師らが廣島入りしたのは、それから三日後のことだった。約一五トンにのぼる〈米軍提供の医薬・医療用品〉をジュノーは、トラックの手配がつきしだい廣島へ運ぶことにして、いったん岩國の旧海軍飛行場に保管を委ねる。

当時、市内各地に急ごしらえされた救護所という名の仮設収容先で横臥する重傷者たちを目のまえにして治療とは名ばかりの、まったく予測すらつかない症状経過をただ見まもるだけの〈介抱〉くらいしか、なすすべがないにひとしかったことを、その現場に直面した廣島の醫師たちは異口同音に証言している。

前掲・松本操一も、そうした無力感に陥った醫師のひとりである。醫師の長女もまた草津の救護所から動員先の宇品へとかよいながら、毎あさ晩は救護所体育館に横たわる重傷を負った兄をはじめとする原子爆彈症患者たちの世話に明け暮れた。本人いわく、

〈（横たわる息も絶えだえの人びとに）水を口に含ませてあげることくらいしかできんかった〉……

という。がしかし、それは謙遜でしかない。

そのじっさいは、

〈血と膿と嘔吐物（液）、あらゆる劣化した体液が、人体の穴という穴から吹き出して立ち込める――異臭と汚穢にまみれた地獄絵〉

のなかに寝起きしての一〇〇日余り。それを、その現場で実感しているがゆえに、たとえ自身は想い起こしたくないのだが〈脳裏に焼きついた記憶〉は消えない。まがうかたなく現実は、真夏の街じゅうに異臭がよどむ。あけても暮れても聞こえるのは、うめき声。

重火傷の血と膿にただれた患部を処置をする薬品類は底をついていた。九月なかばころまで救護所に確保できていた物資はといえば、せいぜいが附近の井戸で汲んだ飲料水くらいのものだったという始末に窮していた。

しかしそれすらもが、じつは放射線（放射性物質）に汚染されていたのであった。

〈水を飲んだら死ぬ〉

〈水分を補給すれば治る〉……

と、当初は醫師のあいだでも知見が分かれた。

母親はトマトならばよいのではないかという。

家財置き場にと間借りしていた古江町の大家宅を訪ね、庭先菜園に実ったトマト二個を分けてもらい兄に供した記憶は、あれから七〇年を経た現在でも、ありありと鮮明におもい浮かぶ。

そのとし近郊農村で豊作だったトマトも被爆した市中では、おいそれとは手に入らない希少品だった。ヨードチンキや消毒薬、止血に用いる食塩・カルシウム塩といった類いはもとより、やけどの塗布薬代わりに用いる菜タネ油でさえ、なにもかもが不足していた。

かき集めた煮沸消毒済みガーゼ綿布といえども大半が代用品で目の粗い、さらし綿布という具合であった。被災まえには陸軍恤兵《じゅっぺい》部にツテあって裏からまわし分けてもらった希少品のコンペイトー〔金平糖〕を、ほんの一晩に一、二粒ではあったが床についてから独り、うしろめたさを覚えながらも、舌のうえで転がして溶けてなくなるまでの、つかのまを悦しんだ――と、うつむきかげんに一九歳の夏をふりかえる。

●さかのぼって、原爆投下にいたる以前の実情

とことん悪化した日本じゅうのおもだった都市部における食糧事情とは、〈軍都廣島〉のばあい、たしかに、いささかズレがあったことは否めない。軍部と結託して、その特権にあやかり群がる〈官・民〉ひとにぎりの階層が大多数の國民を蚊帳の外に享受した密やかな〈営利・役得〉は想像にかたくない。しかし、ときすでに〈ありとあらゆる物資の欠乏〉が、そんな軍都の一部〈特権階層〉にさえも波及しはじめた一九四五年六月。いよいよ「本土決戦方針」が採択される。

鈴木貫太郎内閣に独裁権限を与えるなど戦時緊急措置法という名の非常立法が公布されて、役目を終えた大政翼賛會は瓦解。さらには、義勇兵役法公布によって男一五歳から六〇歳、女一七歳から四〇歳までが、國民義勇戦闘隊に編成されての結末は、〈一億玉砕〉を意味する無謀な〈本土決戰〉に色めき立つ。

本土決戰をにらんだ〈根こそぎ召集〉によって一九四五（昭和二〇）年二月以降、二月二三日に東京で編成・動員を開始した第一四〇師団（長、物部長鉾[23]

中將）は、通称号・護東＝終戰時の所在地は神奈川縣鎌倉市鎌倉山＝。おなじく五月二三日に編成を始めた廣島の第二二四師團（前掲414ページ）ほか國内だけで三九箇師にのぼる新設師團がつくられた。

その日が、ちょうど〈編成・動員〉の最終日にあたって、最年長は四五歳の〈新兵〉ら應召兵約一五〇〇人と、この見送りにつめかけた六〇〇〇ないし七〇〇〇人にのぼると見られる群衆の殆どすべてが、遮蔽物のない廣島西練兵場で被爆死した惨禍もうんでいる。

鎌倉山に司令部を置いた第一四〇師團・師團砲兵隊を例にとれば、規模は動員兵力一万六八四三人、軍馬二七七八頭。また〈野砲兵聯隊〉で編成された東京都北多摩郡國立町＝現・国立市＝の第二〇一師團は一万九九四六人、軍馬五二〇二頭と、それぞれ師團規模に差異はあるが、おおよそ概算で総員七〇万人をうわまる應召兵が、徴兵検査の優劣を問わず根こそぎ動員され、あたま数だけをムリやりそろえたにすぎないというのが実情の、あまりにも、お粗末は明々白々。しかも〈肝心かなめ〉の武器にしたところで旧式小銃・三八式歩兵銃が兵隊五〜一〇人に一挺しかゆきわたらない。なかには日露戰爭当時の〈大砲〉を兵器庫から引っ張りだして来るなどという、戰力の払底は目を覆うばかりのありさまを呈した。

そのことを軍上層部は百も承知だった。たとえば、第二総軍の高級参謀・井本熊男[24]大佐の業務日誌には、

〈銃剣ノ殆ドナイ聯隊アリ〉
〈爆薬ノ集積ハ皆無ノ状態〉
〈歩兵全員ニ行渡ル小銃モナク〉
〈多クノ老人ヤ未教育ノ兵員ヨリ成ル〉
〈下級少將將校ノ大部分ハ召集者ニテ教育程度低シ〉」

などと綴られたメモは、司令官の畑俊六元帥（一八七九―一九六二）ら首脳とともに隷下の部隊――紀伊水道沿いの和歌山縣方面を巡察したさいの記録である。高級参謀が綴った業務日誌も示すとおり軍上層部に〈現実認識〉がなかったわけではない（防衛庁防衛研究所・戦史室作成『第二総軍作戦準備概史』所収）。

井本參謀が支那派遣軍參謀に任官した一九三九（昭和一四）年いらい、對米戰爭終結にいたるまでの膨大な量にのぼる「業務メモ・日誌」には、つねに〈情報畑〉スペシャリストならではの、おびただしい〈数字や数

値〉が書き込まれている。そんななかでも目前に米軍上陸作戦が想定される九州・志布志湾の海岸線における陣地の構築について、第二總軍隷下の工兵隊による工事の〈進捗率三〇ないし四〇パーセント〉といえば、これは、誰が見ても当時の國力そのものが、もはや底をついたも同然であることを示す数字にちがいない。

だがしかし、あくまでも「聖戰貫徹」——徹底抗戰の精神論ばかりが、しきりに強調された。すでに國運は傾いて、なし崩しに無謀な決戰下にながれ込もうとする勢いに、もはや歯止めはかからなくなっていた。

米軍が沖縄本島に上陸した直後の一九四五年四月七日、大本營は、日本の本土を三重と滋賀縣境の鈴鹿山脈で東西に二分する〈總軍制〉を敷く。指揮系統を意図的に分断して東日本は東京の〈第一總軍〉司令部。これにたいして西日本を統括する〈第二總軍〉司令部が廣島市の二葉里（現・広島市東区二葉の里）に置かれた。あらかじめ、敵の本土上陸による混乱を想定した布陣である。必勝を期す〈背水の陣〉といえば聞こえはよい。だが、いたずらに戰闘の期間を引き延ばし、より多大な犠牲を強いる〈愚策〉であったことは、そのてんまつを記録した井本熊男參謀の「業務日誌」やメモにもとづく前掲の『第二總軍作戰準備概史』が、はからずも裏付けている。

軍人の書いた業務日誌・メモの類いは、まぎれもなく軍の機密として綴じられた公文書である。そうした軍の極秘文書が物語る末期的に陥った「戰争指導体制」の右往左往ぶりは、つまるところ日本及び日本人に、いったいなにをもたらしたか。なにを強いたか——。

万策つき、なにを血迷ってか文字どおりの〈國民皆兵〉を非常立法した〈國民義勇戰闘隊〉にいたっては、〈日の丸・必勝はち巻きに襷《たすき》がけ〉で竹槍・長刀《なぎなた》を執れと命じた。竹槍は〈竹根元ヲ刈先トシ、尖部ニ食用油ヲ塗リ、火ニアブリ、堅クスルコトヲ要ス〉と説示し、隊員徽章は白い布〈横七センチ約二寸二分、縦六センチ約二寸、中央上部ニ「戰」ノ字記入〉と微に入り細をうがつ通達がまわって来る。政府からの通達＝〈軍令〉によって〈廣島縣佐伯郡聯合國民義勇隊長〉が郡内各町村〈隣組〉町内會長に宛て布告した〈昭和二〇年七月三一日付〉文書なのだから國民は、したがうしかない。

はては一般國民向けに〈出刃包丁、鎌《かま》、なた〉などに二メートルの柄をつけ〈個人装備トナシ、自衛戰闘及ビ、肉攻斬リ込ミ、遊撃等ニ用フ〉として敵上陸に立ち向かう〈決死ノ本土決戰〉に備えよ――と、うながす。これは、廣島縣下の隣組各戸に、くまなく回覧板でまわってきた「個人兵器の製作と用途」と題する指導用パンフレットである。

このパンフについては、広島・長崎の証言の会〔編〕『広島・長崎30年の証言』（未來社、一九七五刊）所収の広島市史編纂室長（当時）の小堺吉光「ヒロシマ・救われない犠牲者」のなかにも市井に不安とわだかまりがつのる戰爭末期の國民感情を弄んだ〈原罪の正体〉とはなんであったかを物語る証左として、静かなる怒りを込め、紹介している。

そもそも、このパンフのもとをなすテキストというのが大本營陸軍部作成の〈昭和二〇年四月二五日発行〉と刷り込まれた「本土決戰時の白兵戰闘」のための国民指導要領ともいうべき冊子『國民抗戰必携』。全國に配布されたそこには、小銃や刀剣・槍など武器の不足を補う代用品として竹槍はいうに及ばず、農具の鎌や鉈《なた》、石を砕くために用いる大型の金ヅチ＝玄翁《げんのう》だとか鳶口《とびぐち》だの出刃包丁までをも、なりふり構わず〈玉砕〉覚悟の白兵戰闘に用いると説示して〈刺殺〉方法を細ごまと教唆する。いうに事欠いて〈一人一殺でよい〉。〈鎌の柄は三尺くらいが手頃である〉……などなど。

これをまた、新聞各紙が紙面で大本營・陸海軍部発表のまま、逐一を連綿と伝える。一九四五（昭和二〇）年六月一〇日から同月一三日付『朝日新聞』ほか各紙とも横ならびに、これを伝えない新聞はない。いちじるしい統制下での独立した各紙の編集権は存在し得なかった。そのありさまを象徴する〝仮死状態〟の紙面をさらしている。

というのも、在京の『朝日』『毎日』『東京』『讀賣報知』『日本産業經濟』五紙は同年五月二七日に題号『共同新聞』と（その下に五社の題号を列記）して共同発行する。新聞統制による「一県一紙」体制がさらに推しすすめられたもので、以降、朝日新聞東京本社は五月二九日から戰後の九月三〇日まで『讀賣報知』を代行印刷。さらにはまた『東京新聞』を六月二日～九月三〇日の間、朝日東京本社は毎日新聞東京本社と分担し代行印刷している。

そうしたことも含め、〈本土決戰〉一色に塗り固められた、お上の上意下達は、漏れなく全國各市町村の〈隣組〉各戸に同様のパンフレットが回覧されるなどして、来たる本土決戰へ向けての〈一億玉砕の悲壮なる覺悟〉の教化徹底がはかられた。

一方、陸軍航空本部第八研究所＝八研の傘下で陸軍委嘱の「原子核」兵器開発「ニ号研究」にあたっていた理研「希元素工業所」第八〇六工場は、一九四五年三月の大空襲で東京を焼け出され、当時は日本で唯一といわれるウラニウム鑛山があった福島県石川郡石川町へと移転した。翌四月から石川町の山中「塩ノ平」で同町の勤労學徒たちを動員してウラン鑛の採掘を始める。

八研の山本洋一・陸軍技術少佐（のちの日大工学部教授）が〝日本の原爆開発〟にまつわる経緯をまとめた『日本製原爆の真相』（創造陽樹社、一九七六刊）によれば、度かさなる東京への空襲によって理研のサイクロトロン実験装置が破損するなどして、陸軍の「ニ号研究」じたいも同年五月末には完全に中止に追い込まれた。八研と理研の原爆開発については読売新聞社［編］『昭和史の天皇』第四巻（同社、一九六八刊）の「福島県に工場移転」項が川島虎之助（陸軍航空本部総務課長、陸軍大佐）や中根良平（理研＝仁科研派遣陸軍技術将校）ら八研と理研に関係した一〇人余りの当事者証言をもとに叙述している。

年端もゆかない私立石川義塾中學（現・学校法人石川高校）の生徒や引率教師らが塩ノ平で、八研の技術將校や理研の技官らによる〈監視と指導〉のもとに、ツルハシをふり下ろし、金ヅチや農具を用いて、ただひたすら〈お國のため〉採掘に汗した。しかし、ときをおなじくして福島縣下への空襲が本格化する。磐《はん》州《しゅう》塩ノ平の山中までもが空襲にさらされるにいたる事態となってウラン鑛採掘のこころみは、まぼろしの寳探し然と徒労に終わる。

講談社［編］『昭和二万日の全記録・第七巻／昭和20年—21年』七一ページの「幻の原爆製造——福島県石川町でのウラン鉱採掘」と題するコラムに併載された一行のキャプションも添えられていない一枚の写真は象徴的といえる。写真提供は福島民報社とある。

画面は鑛山の斜面に点々と不規則にならぶ二〇人余りが写るタテ位置の、いっぷう変った集合記念写真だ。将校または下士官が三人。長靴を履いた二人の将校が帯剣を地面につき、ひとりは仁王立ち。生徒は皆、ゲートル〔脚半〕を巻いて地下足袋《じかたび》履きに詰襟の學生服、あるいは冬の野良着、綿入れの類いを羽織っている。最前列には綿入れを着て足もとは脚半の女子二人が、學帽に厚手の上着ジャケットを羽織った長身の男子生徒とならんで写っている。

少年向け雑誌や新聞各紙が、國民學校の學童たち及び〈銃後の婦人層〉にたいして、〈手榴彈を投げる訓練には、石ころを代用〉と呼びかける。

上陸した敵との白兵戰に竹槍で挑むという〈無茶苦茶な訓練〉を日々、有無をいわさず銃後の國民に強要した。〈一億玉砕の覺悟〉が声高に喧伝される市井の実情は日本全國の津々浦々で、もはや、そこまで追いつめられていた。

めぐり来る八月六日（月曜）は第六次建物疎開作業の遅れを取りもどすため、總指揮官である廣島地區の聯隊司令官・小谷一雄少將(25)（五二歳）による各方面への非常呼集がかけられて、突貫作業が始まる初日にあたった。この日、縣下の賀茂郡、豊田郡、世羅郡ほか七つの郡から在郷軍人〈兵役〉経験者）を駆り集めた非正規の召集兵たち廣島地區特設警備隊約三五五〇名が出動命令をうけて廣島市に入る。作業の進捗状況をにらんだ連日の出動命令によって、次つぎと大量に駆り出された要員は國民義勇隊の延べ約三万名、動員學徒隊が延べ一万五〇〇〇名余りにのぼる（広島県編『広島県戦災史』一九八八刊）。

この日は廣島市の聯合町内會（単位）で構成されていた全三三にのぼる義勇大隊のうち二九大隊が出動した。廣島市に隣接する安藝・安佐・佐伯の各郡からは〈地域〉義勇隊が入市してくわわる。それに三八の會社・民間団体の職域義勇報國隊。學徒隊は市内外の三九校から動員された八三八七名が、あさから大つぶの汗をにじませた（前掲『戦後三十年の歩み』）。

●知られざる原子爆彈症

たとえば、この日あさ、中國新聞社義勇報國隊（長・

山本實一社長＝以下、総勢三六四人）のばあい、同社の社員四〇人と廣島駐在の各新聞・通信社の支局員六人の計四六人で編成された職域の義勇報國隊（長・北山業務局次長）に出動命令が下る。

そして、原爆に被災したのは水主町の縣廳北側にあたるあたり——爆心から西南五〇〇メートルの天神町南組＝現・中区中島町の東南部から加古町の北東部にあたる地区＝で、強制建物疎開の家屋解体作業に動員され、午前八時すぎに現地集合して、ときまさに作業に取りかかろうとする矢先のことだった。家屋の蔭になって卽死をまぬがれた北山局次長によると、

〈ほとんどの隊員は火傷で皮膚がただれて、誰がだれだかわからなくなった。煙と炎に追われて生きている者は、元安川や本川に飛び込んだ〉。

倒壊した家や散乱した瓦礫の下敷きになって、〈断末魔の叫びをあげている者もあったが、火が足元まで迫ってきたのでどうしようもなかった〉……。

廣島灣の潮位で変化する太田川と支流あわせて七本の川の水深は、午前八時といえば、最深に近い状態（当日の廣島灣岸は午前八時に満潮）であったことから、火勢に追われて入水した老若男女が川面を埋めるほどに溢れていた。

……〈竜巻や川面を襲う火柱に巻き込まれて離ればなれになり、泳げない者から水中に消えていった。万代橋下の浅瀬に泳ぎ着いて火勢のおさまるのを待った〉

（大佐古一郎『広島・昭和二十年』＝前掲458ページ）

被爆して外傷も負った北山局次長は翌七日、前日の夕刻にたどり着いた本社（上流川町）廃屋で、同僚の大佐古記者にそう語る。のちに北山が夫人に語った被爆時の実相は隊員のほとんどが見るも無惨な〈即死〉状態の〈熱線、爆圧、放射線による物理的な「圧殺」で〉あったという。家人と避難先にきめていた縣北三次市の親戚宅へと逃れて床に伏していた北山自身もまた被爆七日後の八月一三日、容体が急変して息を引き取る（前掲『ヒロシマはどう記録されたか』第二章「広島壊滅のとき」の「中国新聞社国民義勇隊全滅」項から）。

軍需物資の増産と食糧の確保とが声高に唱えられたが、急坂を転げ落ちる國力の拂底に打つ手がないまま、

ついには二発の原子爆弾がトドメを刺す。軍都廣島は全市壊滅した。

　とくに爆心（地）から半径二〇〇〇メートル内外圏内〈全焼〉ないし〈建物倒壊〉地域にあたる市中心部には廣島陸軍病院、東白島町の逓信病院、水主町の縣病院、千田町の日本赤十字病院をはじめとし、ほかにも中・小の開業醫などが集中していたことから醫療施設は、ほぼ〈全滅〉状態を来たしたのであった。

　ことごとく壊滅した病院が被災者の受入れを始める以前にそこには、おおぜいの醫師や看護婦（師）など醫療従事者と入院患者たちが被災して犠牲者の屍は山を築く。かろうじて生き残った重傷者らは一様に着衣なく半裸で、ぼう然と抜け殻のように、あてどもなく逃れ惑う。足どりもおぼつかない。身動きのかなわぬ者たちはただ瓦礫のなかの、うす暗がりに横たわり、うめき咳き込み、血と膿と汚穢にまみれ、ある者は坐りこんで、うつろなまなざしを投げる――〈無慾顔貌〉に陥った〝ひとの群れ〟。

　街は消え、ひとは〝生気《せいき》〟をうしなう。魂の抜け殻となる――忽然と街が消えてから一〇日目の炎天下、正午を期して玉音放送「終戰の詔勅」が雑音まじりに聞こえて来る。天皇自身が肉声を吹き込んだ録音盤のラジオ放送に絶句、または悲観・絶望、あるいは安堵を覚えたかは、ひと、それぞれに内なるおもいが去来した。しかし、ときすでに街は消えていた。

　それからまた、さらに二週間が〝無為〟にすぎて、なおも絶対的供給不足の醫薬や醫療用品、最低限の食糧を賄うに足るだけの救いの手は、いっこうに差し延べられて来ない。

　梅雨どきに逆もどりしたような断続的な長雨に閉ざされて逃げ場なく、暗澹とした厭世観が支配する。くわえて原爆投下時まで市中に蔓延していた赤痢（一部がコレラと見られる）疫病は、廃墟と化した街から消滅するどころか罹患を爆発的に増加させた。がしかし従来の罹患症状とは異なる。このころはまだ被爆に起因した原子爆弾病（原爆症）と確信をもって診立てる能力を備えた醫療水準にはない。醫師らは煩悶とする日々をおくる。

　爆心から北東へ一三〇〇メートル余りの東白島《はくしま》町（現・中区）にあった廣島逓信病院長で、病院と隣接する自宅のなかにいて被爆した蜂谷道彦醫師(26)（一九〇三―一九八〇）は、のちに八月六日当日から翌九月三〇日まで五六日間にわたる異常な体験記録のメモ綴りをもとに『ヒロシマ日記』をまとめた。朝日新聞社から一九五五年九月刊行の日本語版に先駆けて被爆一〇周年の同年八月六日を奥付に刻む醫師・月藤春雄の訳による英語版“*Hiroshima Diary*”（ノースカロライナ大学出版会）が全米で発売された。さらにそれがフランス・ドイツ・イタリアなど一〇の言語に翻訳されて〈ヒロシマのＤｒハチヤ〉は世界じゅうにその名を知られて〈ときのひと〉となる〔第一章・註79〕。

初出は對日占領下の一九五〇年から占領解除後の一九五二年まで季刊『逓信醫學』に全一二回連載。この逓信醫學協會機関誌に連載した蜂谷の体験記に米國ＡＢＣＣ（原爆傷害調査委員會）外科顧問ワーナー・ウェルズが着目。その英訳を蜂谷に要望したことが英語版の出版されるきっかけになった。

蜂谷は被爆直後、いち早く原子爆弾症（のち「原爆症」と総称される急性放射能傷害、及び被爆後遺症）にかんする臨床研究を一九四五年九月一一日付『日本産業經濟新聞』に発表した。これは世界で最初の原爆症にかんする〈臨床研究報告〉となる。その時日――九月一一日といえば、ＧＨＱが日本政府にたいして九月一〇日付の外交通牒「虚偽の報道取締りに關する件」覺書を発表した翌日にあたる。

報道の範囲と進駐軍・聯合國にかかわる報道の制限を盛り込んだ外交通牒が発表されて以降、同月一九日にはＧＨＱの担当部局ＣＣＤ＝民間検閲部〈アメリカ太平洋陸軍總司令部參謀次長・民間検閲部長〉名による「日本に與える新聞遵則」“Code for Japanese Press”ＳＣＡＰＩＮ33――プレス・コードにかんする覺書が発令される（455ページ）。

つまりまだ、『日本産業經濟新聞』にたいしては事前検閲が始まるまえのことだった。

被爆当日に始まる破壊状態となった逓信病院の仮設救護所〈臨床現場〉での実情をなまなましく克明に伝える蜂谷醫師の連載が医学界の機関誌に載るようになるのは、いらい四年半の歳月を経たあとのことである。

急性原爆症による下痢を〈赤痢〉と診立てちがいしたり、大量にあびた放射能が原因の発症を毒ガス・化學兵器が撒布されたものとおもい込んだり、自身の〈誤診〉についても蜂谷醫師は包み隠さず告白している。

そこに大量の醫藥品を携えてやってきたのが、赤十字國際委員会ＩＣＰＣ駐日首席代表のジュノー醫師であった（前述、第三章315ページ）。かたや、ファーレル米陸軍准將ら原爆災害調査團は一面の燒け野原を一瞥して、ただ破壊の威力についてのみ〈現認〉すると、ただちに東京へとトンボ返りする。そして、人的被害状況についてはふれず、ただひとこと、

〈七十五年生物不毛説は誤り〉……

との見解を発表した。

重傷（患）者が溢れ、被爆地に苦しむ幾多の人びとが、捨ておかれたも同然の惨澹たる光景と現地でじかに接し、手を差し延べたボランティアのＩＣＰＣジュノー醫師らが運び込んだ一五トンにのぼる醫藥・醫療用品といえば、市中と近郊に設営された合計五三カ所の救護所へ均等配分したとして一カ所あたり約二九〇キログラム余りだが、八月六日から一カ月以上のあいだ、なんらあてもなく、ただ待つしかすべのなかった廣島市民への初の救援醫療物資であった。ジュノーが〈ヒロシマの恩人〉と呼ばれるゆえんはそこにある。

外科醫として仮設病院一〇数カ所で医療ボランティアに挺身したジュノーは翌一九四六年二月、スイスに帰國。前述（458ページ）のように、〈原爆の非人道性〉を世界に向けてアピールしたことで知られる。

よりヒロシマの人びとが〈恩人〉との実感をもって忘れ得ないのは、前掲の大佐古『ドクター・ジュノー――武器なき勇者』としての記憶なのだ。

原爆を主題にした阿川弘之の長編小説『魔の遺産』（新潮社、一九五四刊）には、この「〔蜂谷醫師本人の〕同意を得て『ヒロシマ日記』から援用した原爆場面（シーン）数カ所ある」というほどに読み込んだ〈解説〉は、前掲の水田九八二郎『原爆を読む』所収。

阿川と水田とは、ぐうぜんにも同い歳である。前年に中国大陸へと出征をした阿川海軍ポツダム大尉の復員は敗戰翌年のことになる。かたや山口縣出身の水田は、あのあさ、廣島市江波町（現・中区江波本町）にある第一陸軍病院江波分院――一九四五年の四月、仏領インドシナ（現・ヴェトナム）の野戰病院から傷病のため廣島へと送還されて入院中――の病床で被爆し

た。

――〈（二五歳の誕生日をその病床でむかえた）四日後の午前八時一五分、わたしは世紀の閃光を浴びた。八月六日は快晴で、朝から真夏の太陽が照りつける暑い日であった。巨大なキノコ雲が天高く立ち昇って、およそ三十分後、全身真っ赤に火傷した市民が、悲痛な叫び声をあげながら江波分院になだれこんできた。

ボロ切れのような皮膚の垂れた両手を胸の前に上げ、頭髪は根こそぎ消失し、目と鼻と口を一つにまるめたように顔が大きく膨らみ、全裸に近い姿は誰が誰とも見分けがつきかねた。焼けただれた体は異臭を放ち、幽霊のような被災者の群れ〉……と、後年の水田は著書『ヒロシマ・ナガサキへの旅――原爆の碑と遺跡が語る』（中公文庫オリジナル版、一九九三刊）の「あとがき」で自身の被爆体験を語る。現実に異臭を嗅いだ者にしか、それは書けない実感にほかならないのである。

広島の原爆モニュメント〈遺跡〉について水田は、その「あとがき」に、私家版で西尾隆昌〈編著〉の『広島のいしぶみはみつめる』第一・二集（広島県相互扶助会、一九八二刊）に〈負うところがおおきい〉と誌している。同書はヒロシマ〈原爆の碑〉を網羅した先駆的な労作なのである。

また、ひしひしと編著者の熱意が伝わってくる一冊といえば、文を書いた関千枝子と、その実姉で黒川万千代が撮影した写文集『原爆の碑――広島のこころ』（新日本出版社、一九八二刊）。あるいはまた、江口保『碑に誓う――中学生のヒロシマ修学旅行』（東研出版、一九八三刊）。のちに「生協ひろしま碑めぐりガイド」編『ヒロシマを歩いてみよう――原爆と戦争のあしあとをたずねて』全一二冊（生協ひろしま、一九九九刊）。佐藤広基のビジュアル版『平和博物館――戦跡ガイド1・広島平和記念資料館と戦跡めぐり』（汐文社、二〇〇四刊）。ほかにも、修学旅行で来広する中・高校生向けを念頭においたものを含め、平易な記述で数かずの〝ガイド本〟がこころみられている。

比較的さいきんでは水田九八二郎の新版『原爆文献を読む――原爆関係書二一七六冊』（中公文庫、一九九七刊）が特筆にあたいしよう。だがしかし、平和記念資料館売店や広島の書店で頒布される地元の出版物を除き、東京などの大手出版社が刊行した、もとより昨今では希有な〈原爆モノ〉にかんしては、ことごとく大半が絶版となっている。

たとえば、一七年前に刊行された水田の新版『原爆文献を読む』（中公文庫）が二〇一四年八月現在、インターネット上の古本市場で、その希少価値がゆえ一冊〈四五〇〇円〉以上の高値をつけていたりする。反面で類書が多い前掲『ヒロシマ・ナガサキへの旅』のほうは値崩れを起こしたネット上「一円から」と、バナナのたたき売りにさえもとる出品価格が、出版流通の一角を無法地帯と化した、仁義なきモラルハザードを引き起こしている。

なお、日本語版『ヒロシマ日記』（法政大学出版局）は著者没後の一九七五年、新装版が刊行された。現在も二〇〇三年刊の新版が新刊書籍として入手が可能である（定価二六一五円）。

原爆で消滅した阿川弘之の実家（白島九軒町）は、東白島町にある廣島逓信病院（蜂谷醫師の住まい）とは距離にして五〇〇メートル余りの近所だった。自身が〈被爆体験のない〉小説家は、蜂谷醫師『ヒロシマ日記』から〈地上最悪の日〉の情景描写を援用して秀作をのこした。しかし、それ以降、旧帝國海軍将官の伝記をはじめとした復古調〈海軍モノ〉に筆を染めてゆき、軍都廣島や江田島との接点を除いて、まったく〈原爆〉と〈廣島〉にかかわる新しい作品を書いていないのは、なぜだろう。作家自身の米国フルブライト留学が影響しているとの見方もあるが、いったい誰のために、いや、なんのために、この亡父の學友（現在九四歳）は文學者としての沈黙をまもるのか。

前掲の阿川弘之『春の城』（358ページ）の作中、〈広川〉という名で、のちに國文學者となる安川定男（一九一九―二〇〇七）が登場する。後年の安川は『近代名作モデル事典』を編む（至文堂、一九六〇刊）。『春の城』登場人物のモデルを特定したのが嚆矢の一節である。阿川とは帝大國文科同期の安川による編著作で、よりリアルに〈戰時下の青春群像〉が浮かびあがる。

安川財閥の創始者・安川敬一郎の孫として福岡縣遠賀郡芦屋にうまれた定男には、三歳上の兄・壯（一九一四―二〇〇〇）がいる。長男の壯は一九三九年に帝大を卒業後、外務省に入省して外交官となった。のち沖縄返還〈密約〉協定がむすばれた当時の〈政治担当外務審議官〉、前・外務省北米局長。一九七三年には第二次田中角栄内閣のもとで、米空母ミッドウェーが横須賀を海外初となる米軍〈母港〉化した当時の安川壮・駐米大使そのひとである。

往時の青春群像は、そのまま戦後史を作った〈人脈〉につらなる。小説家の創作活動が、そうした旧知の人脈に左右されるなどとは、あり得ないことだと言下に否定されそうである。おそらくは、山本五十六が殺害されるまで馴染みにした海軍〈横鎮《よこちん》〉〔横須賀鎮守府〕御用達の料亭小松を、その胸中に秘められた〝謎〟を解くために、たずねてみても詮ないことか。

長崎県選出の元・衆議院議員（六期連続当選で初代防衛大臣と同様に、ヒロシマ・ナガサキへの原爆投下は〈しょうがない〉……ことだったと片づけられるのだろうか。作家自身にフルブライト留学経験のあることを特段にあげつらうつもりはないが、初期の作品『魔の遺産』（358ページ）以降も作家でありつづけたはずの九四歳（二〇一五年一月現在）になるこの高名な小説家に、その後、戦争の残虐性を描いた作品が見あたらないのは、なぜであろう。はっきりいえば、事実上の〝転向〟を意味するのではないか。

（1） 長編小説『管絃祭』（新潮社、一九七八刊）は新潮社の雑誌『波』一九七七年四月号から翌一九七八年四月号まで一三回連載が初出。一九七八年一〇月、第一七回女流文学賞を受賞した。現在、講談社文芸文庫に入っている（第一刷・一九九七刊）。

（2） 廣田弘毅（一八七八―一九四八）。A級戦犯として起訴された極東国際軍事裁判では、とくに第一次近衛内閣外相当時の一九三七年一二月「南京事件」にかんする外交責任を問われ、文官としてはただひとり絞首刑を宣告されて刑死した。評伝に服部龍二『広田弘毅〈悲劇の宰相〉の実像』（中公新書、二〇〇八刊）。同じく城山三郎『落日燃ゆ』解説・赤松大麓（新潮文庫、一九八六刊）などがある。

（3） 濱田國松（一八六八―一九三九）。一九〇四年三月、日露戦争下の第九回総選挙以降、衆議院議員に連続一二回当選した。二・二六事件で崩壊した岡田啓介内閣当時の衆議院議長（一九三四～三六年）。衆院本会議で軍部の政治介入を痛烈に批判して寺内陸相と「腹切り問答」をくりひろげたのは議長を辞めた翌一九三七年一月のことだった。

（4）野《の》津《づ》道貫《みちつら》（一八四一―一九〇八）。日清戰争に五師団長として出征中、第二軍司令官に転じた。日露戰争では第四軍司令官。一九〇六年に元帥となった。

（5）以下、廣島城の歴史・沿革については、中國新聞社編『広島城四百年』（第一法規、一九九〇刊）及び同書巻末「広島城関連年表」、『新修広島市史・第四巻―文化風俗史編』（広島市役所、一九五八刊）第二編「近世」第一章「広島城の築造」。また戦前一九三三（昭和八）年に発行された林保登『藝藩輯要――附・藩士家系名鑑』の復刻版（芸備風土研究会、一九七〇刊＝非売品）第一編「廣島城」を併せて参考にした。

（6）五大老とは關白秀吉が任命した豊臣政権の最高機関。毛利輝元のほか徳川家康、前田利家、小早川隆景（後任は上杉景勝）、宇喜多秀家の五人からなる。

（7）吉田庄は現・広島県安芸高田市（旧、高田郡）吉田町吉田にあたる。

（8）河村參郎（一八九六―一九四七）。一九四六年九月、インドシナ駐屯軍參謀長当時のシンガポール華僑虐殺事件にかかわったとの戰犯容疑で逮捕。身柄を英領シンガポールへ送致されて翌一九四七年四月、同地で開廷された軍事裁判で死刑判決をうけ、同年六月二六日に刑死した。没後に著書『十三階段を上る』（亜東書房、一九五二刊）がある。

（9）現在、中山士朗「天の羊」は後年の『日本の原爆記録⑬』解説・黒古一夫（日本図書センター、一九九一刊）所収。同書に田島治太・井上俊治との共著『煉瓦の壁――長崎捕虜収容所と原爆のドキュメント』（現代史出版会、一九八〇刊）全篇が併録されている。

（10）広島大学平和科学研究センターIPSHU研究報告シリーズに林立雄「丸山眞男と広島――政治思想史家の原爆体験」［編著］（一九九八）がある。著書に『寡占・日本の新聞――形成・構造・行動』（渓水社、二〇〇二刊）、『広島保守王国史』（同上、一九八三刊）ほか。

（11）広島市中区東千田町一丁目の広島大学〈東千田キャンパス〉旧館が史蹟「被爆建物」として現存する。

（12）米國の公文書「太平洋戦争総合報告書」と「日本の終戦努力」、それに「広島と長崎における原爆の効果」の三報告からなる「米国戦略爆撃調査団報告」（一九四六～四七年）抄録は『現代史資料（39）――太平洋戦争5』富永謙吾ほか［訳編］（みすず書房、一九七五刊）所収。

（13）元NHKディレクターの小河原正己は一九四〇年、甲府市にうまれた。一九七九年～八二年、NHK広島放送局で原爆がテーマの番組を制作した。NHKスペシャル番組部、NHKエンタープライズなどを経て一九九七年から日本放送出版協会の図書出版統括部長、参与などをつとめた。元・広島平和資料館長の高橋昭博との共著『君はヒロシマを見たか――広島原爆資料館』ほか。

(14) 東洋宗教史学者として知られた佐伯好郎（一八七一―一九六五）のことを指す。著書に、ネストリウス派キリスト教（景教）史を集大成した『景教の研究』（東方文化學院東京研究所、一九三五刊）、『支那基督教の研究』第1―3（春秋社松柏館、一九四三刊）などがある。一九四七年から九年間、請われて地元の廿日市町長、広島ＹＭＣＡ会長をつとめた。

(15) 水口宏三（一九一四―一九七三）。日本官公庁労働組合協議会（略称・官公労＝一九五八年に解散）初代委員長。現在の官公労は、官公庁にある労働組合の総称。著書に『安保闘争史――ひとつの運動論的総括』（社会新報、一九六八刊）がある。一九七一年参議院議員に初当選するが一期在任中に死去した。

(16) 菅直人は一九四六年、宇部曹達＝現・セントラル硝子＝技術者（のち常務）の父・菅寿雄の勤務地・山口縣宇部市にうまれた。本籍地は岡山縣久米郡福渡＝ふくわたり＝町（現岡山市北区建部町）。東京工業大学を卒業後、弁理士（特許事務所）を開業。一九七四年、市川房枝（一八九三―一九八一）元参議院議員の復活当選に際して、その理想選挙に共鳴する市民運動のリーダーをつとめた。以降、無党派層のボランティア運動員による「参加民主主義をめざす市民の会」の支援をうけ、自身が国政選挙に挑戦するも三度の惨敗を繰り返す。一九八〇年総選挙で東京七区から出馬して最高得票で初当選。一九七七年、社会党左派の社会主義協会派との抗争に破れて離党した江田三郎（一九〇七―一九七七）に請われ、江田の長男・五月らと社会市民連合を結成した。翌一九七八年三月、やはり前年七月の参議院選挙後に社会党を離党していた田英夫・楢崎弥之助・秦豊ら〈新しい流れの会〉と合流して社会民主連合＝通称・社民連を結成して副代表となる。自民・社会・さきがけ三党連立の第一次橋本内閣で初入閣して厚生相――以下、省略。著書に増補版『大臣』（岩波新書、二〇〇九刊）。五百旗頭真《いおきべまこと》ほか編著『菅直人・市民運動から政治闘争へ――90年代の証言』（朝日新聞出版、二〇〇八刊）がある。

(17) 秋葉忠利は一九四二年、東京市（現東京都）荒川区にうまれた。一九九九年二月二三日に市長就任いらい、二〇一〇年、三期（一二年目）で任期満了となった。

(18) 潘基文《パンギムン》は一九四四年、朝鮮（現在の韓国）忠清北道《チュンチョンブクト》陰城《ウムソン》郡杏峙村にうまれた。ソウル大学、ハーバード大学を卒業。前・盧武鉉（ノ・ムヒョン）政権下の外交通商部長官。二〇〇七年一月一日、第八代国際連合事務総長に就任した。

(19) 天野《あまの》之弥《ゆきや》は一九四七年、神奈川県足柄下郡湯河原町

にうまれた。一九七二年に入省した日本の外務官僚・外交官。元・外務省総合外交政策局軍縮不拡散・科学部長。一九七三年入省した外務官僚で実弟の天野万利は現在、経済協力開発機構＝OECD事務次長。

(20)　〈マ杯テニスコート〉とは對日占領下、マッカーサー杯（カップ）スポーツ競技会の開催を機に造成された庭球場。現在の中区基町に一〇面が整備された市営中央庭球場。その地下は四〇八台を収容する市営・中央駐車場となっている。

(21)　廣島縣賀茂郡廣村（現在の呉市広）の広西大川（現・黒瀬川）河口にひらけた多賀谷地区にあった旧海軍飛行場。

(22)　アイモ〔Eyemo〕は米国ベル&ハウエル社製の16ミリ携帯用ムービーカメラ。非電動・手巻き発条式フィルム送り機能を内蔵。小型で機動性に優れ、おもにニュース・記録映画、小型VTRが普及する以前は専らTVニュース用の撮影に用いられた。

(23)　物部《もののべ》長鉾《ちょうほう》（一八九二―一九六七）。一九四二年に出征先から帰還して廣島の船舶輸送司令部（通称・曉部隊）參謀長。翌一九四三年、船舶練習部長。船舶兵団長を経て輜重《しちょう》兵監に就任し、東京の留守近衛第二師団へ移動した。一九四五年四月一日、新設第一四〇師団長となって對上陸作戰準備中に敗戰をむかえた（福川秀樹『日本陸軍将官辞典』芙蓉書房出版、二〇〇一刊）。

(24)　井本熊男（一九〇三―二〇〇〇）は戰後、一九五二年に発足時の保安隊（のちの自衛隊）に入隊。一九五四年には統幕事務局長。幹部学校長などを歴任して一九六一年退官した。防衛庁防衛研修所戦史部〔編〕『戦史叢書』（全一〇〇巻）執筆者のひとり。著書に新版『作戦日誌で綴る支那事変』（芙蓉書房出版、一九九八刊）ほか。

(25)　小谷一雄（一八九三―一九四五）。原爆死して中將。陸士第二五期。一九三七年、中佐のときに騎兵第八聯隊長。満洲派遣軍として支那事變〔日中戦争〕に出征した。松原慶治〔編〕『終戦時帝国陸軍――全現役将校職務名鑑』（戦誌刊行会、一九八六刊）を参照した。

(26)　蜂谷道彦（一九〇三―一九八〇）被爆後五六日間の記録『ヒロシマ日記』は世界一八カ国で出版された。この米国版の印税を基金にして一九五七年、被爆孤児に奨学金を贈る広島有隣奨学会を設立した。

〔追記〕広島と長崎ふたつの国立原爆死没者追悼平和祈念館が共同で運営する平和情報ネットワークHP「グローバルネット」の検索によって「被爆体験記を読む」「証言映像を見る」「朗読音声を聞く」などが可能である。

第八章　ファーレル声明に始まる血球破壊の闇

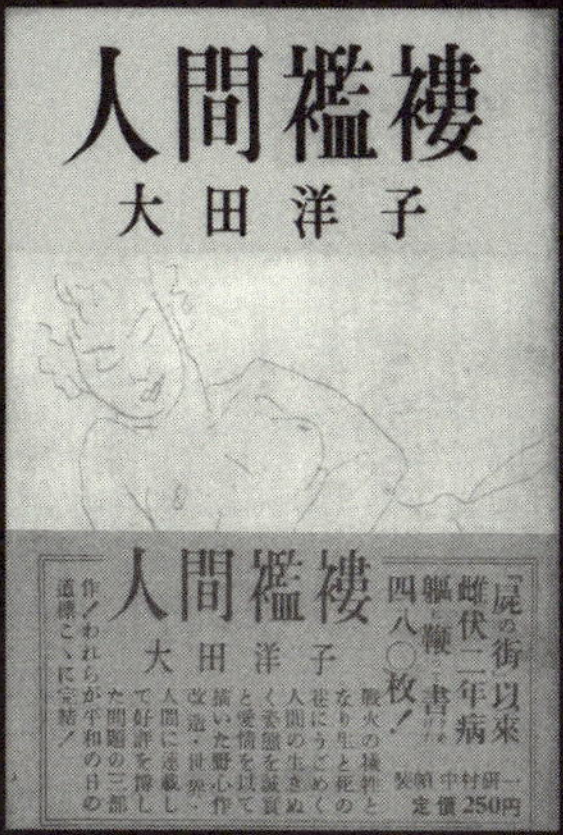

●記者が伝えた原子野の実相

爆心地から東八七〇メートルに位置した上流川町＝現在の中区胡町＝の中國新聞本社は地上七階建て社屋（一部一〇階建て——屋上に塔屋）が壊滅状態に陥る。

発行不能となって翌七日と八日の両日は休刊せざるを得なかった。

翌々日の九日付から朝日新聞と毎日新聞の大阪本社、おなじく九州＝西部本社、隣縣松江市に本社のあった島根新聞（第一章・註85）などの協力を得て代行印刷で発行を再開したが、さらに翌月の枕崎台風（第三章315ページに記述）被害が追討ちをかけ、本社内に輪転機をすえつけて独自の印刷発行態勢を復旧にこぎ着けたのは同年一一月のことであった。

復刊初日を記念して一一月五日付朝刊の紙面には、被爆三カ月後の復旧状態と復興の見通しを伝える記事を集中掲載。特集「郷土の復旧いつの日」という大見出しがおどる（翌日紙面によれば同日、政府＝幣原喜重郎(1)内閣は、あらたに戰災復興院の設置を発表した）。

同日付にはまた、「あれから三カ月」という見出しのもと、原爆から戰爭集結へとつづく混乱のさなかを廣島に生き延びた人びとの気持ちを汲みあげて記事を書く記者自身もまた、かわりはてた荒廃の極みを見せつける原子野に取り残されし一介の市民であることに違いはなかった。

あれから、すでに三カ月、

〈雑草の緑芽に生存の可能性を信じた人は、自分の力で整地を行ない、柱建てをし、少しずつ帰ってきた。懐かしい父母、恋しい妻子が最後まで執着した土地が離れられるものか。たとえ焼けトタンで四面を覆い、地面に寝る仮住居とても。秋風冷たく吹きつづき、野風寒々と吹きすさぶも〉……

と記者は本文を綴った。

そして、

〈住宅＝五千戸年内に、電燈＝市内配電はほぼ終了、電車バス＝全市でわずか二三台、……ガス＝年内復旧は困難、消費生活＝ヤミ値横行で財産を使い果たす、魚＝月末から食膳に、ビール＝近く自由販売に〉

……

などなど、暮らしに密着した経済復興の短期〝見通し〟を伝える。

一〇月末、廣島縣（楠瀬常猪[2]知事）が設置した戰災復興協議會は、戰災者向け住宅五〇〇〇戸の建設であり、錬兵場や兵舎跡ほか公有地四〇町歩（約一二万坪＝四〇ヘクタール）を〈市民農園〉に転用するなどといった〝官製〟の復興計画を次つぎと打ち出す。

しかし、そうした役人による机上の構想であったり線引きをした青写真とは裏腹に、巷では〈遅々として復旧は進まず、町内単位の自治活動が住民生活を支え〉ているというのが、いつわらざる実情だと記者自身の実感を反映して記事中、スバリ的を射た指摘をおこなっている。

自紙のバックナンバー一九四五（昭和二〇）年～一九八五（昭和六〇）年分から、そのダイジェスト版を編年体で収めた中國新聞社［編］『年表ヒロシマ40年の記録』（未來社、一九八六刊）からは戰後まもなく、いちめんの原子野に脈打ったヒロシマの鼓動が聞こえる。

その経緯は不詳だが、原爆の現地調査のため廣島に滞在中の占領米陸軍の軍醫團（オーターソン軍醫大佐）から、臨床醫として廣島での原爆影響調査に取り組む東京帝大醫学部の都築正男教授をつうじて中國新聞社にたいし、被爆者の「体験談」募集を要請されたという記録も残る。

廣島へ原爆が投下されてから一七日後、市中混乱のさなか八月二三日付『毎日新聞』は米國のラジオ放送がながした〈ヒロシマ・ナガサキでは向こう七〇年、草木も生えない〉生物不毛説を伝える。『朝日新聞』もまた翌二四日付の紙面に〈七五年〉不毛説で追った。まことしやかに不毛説が囁かれたころ、しかし原子野の瓦礫のすきまには、ひと知れず雑草が芽吹く。

東京にいてはわからない。ましてや、はるか大海を隔てた遠隔地の欧米などからでは、まったく想像だにできない〈原子野ヒロシマ〉の生態は刻一刻、不気味な変化を来たして予断をゆるさない。

被爆四カ月後の一九四五年一二月、アメリカ人記者團とともに広島と長崎を訪ねたフランスの通信社ＡＦＰ（旧アヴァス通信）東京特派員ロベール・ギラン（当時三七歳）は、まさにそこで〈恐ろしい無の世界〉をまのあたりにした。

ＧＨＱ總司令部の肝入りで組まれた取材ツアー記者

團二〇人のうち、フランス人はギランと『フィガロ』特派員のジェームス・ド・コケ（四七歳）という二人のベテラン記者だった。

そもそも原爆をめぐる現地報告は、聯合國占領軍の日本本土への上陸と進駐が始まってまもなく、オーストラリア人で聯合國側の従軍記者ウィルフレッド・バーチェット（三四歳）が英『ロンドン・デイリー・エクスプレス』紙に打電したのが最初だと、ながらく定説化して語り継がれた。だが、記事化された内容はさておき、そもそもが第一報の打電は別人によった。(3)

ハワイ・カウアイ島うまれの日系二世で、米國UP通信のレスリー・ナカシマ記者（三三歳）は日本の無條件降伏受諾が玉音放送によって表明されてから一週間後の八月二二日午前五時、いち早く列車でヒロシマ入り。翌二三日午後の東京ゆき列車に乗るまで一泊二日の短い滞在の間、原子野に変りはてた父母の郷里を歩きまわった。帰京して三日後の八月二七日、UP移動通信部（東京灣停泊中の米軍艦船内）をつうじ米國内向け現地リポートの第一報を打電している。

L・ナカシマ（日本名・中島覺《なかしまあきら》）は父・與之助、母タケノの長男。両親はともにハワイ・カウアイ島に入植した日系移民一世。廣島縣安藝郡仁保村（現・広島市南区仁保町）出身で、米國から帰國後、母親たちは郷里の実家に身を寄せた。その実家は、爆心から南東へ三マイル（約四八〇〇メートル）余り。

原爆被災後に救護所となった仁保國民學校（現・南区仁保新町の仁保小学校）にほど近く、廣島灣港東部にそびえるランドマーク・黄金山《おうごんざん》（標高二二一・七メートル）の東麓にあたる。

八月六日の朝、母は爆心（地）から南東に二マイル（約三二〇〇メートル）離れた〈親類の畑で草むしりをしていた最中に閃光を見た〉……。

〈とっさに体を地面に投げ出した〉、〈次の瞬間、耳にしたのは恐ろしいまでの爆発音だった〉と、無事再会をはたしたナカシマは母親から聞く。

日米開戰によって閉鎖されたUP通信東京支局が、占領軍の進駐に先駆けて取材活動を再開した戰爭終結の直後、とるものも取りあえずナカシマは母親の安否をたしかめるべく単身、東京から廣島を目指す。

爆心から一八〇〇メートルの地点に位置して天井は

崩落し、コンクリート製プラットホームを止どめるのみの廣島驛頭に早朝、ひとり降り立ったときの印象から書き起こされるナカシマの報告記は八月三一日付の米紙『ニューヨーク・タイムズ』が、

〈消えたヒロシマ――記者は目撃した〉

との見出しを立て、第一面トップで伝えた（ただし、打電内容は編集截量によって大幅に削除された）。

このUP電は米紙『ホノルル・スター・ブレティン』などにも一部が掲載されたほか、米誌『タイム』同年九月一〇日号も、レスリー・ナカシマのクレジット入り第一報として大々的に取りあげた。いずれにせよ、これが全米に向けて〈被爆地ヒロシマの惨状〉を曲がりなりにも知らしめる最初の外電となったことだけは、たしかであった。

そのことは、やはり米國カリフォルニア州出身の日系二世で一九三六年に来日したUP東京支局の同僚記者として、その経緯を知り尽くしていた井下博が、日本外国特派員協会「創設五〇周年」を記念しての英語版『五〇年史――1945~1995』（一九九五刊）のなかで指摘した。おなじく同協会『二〇年史――1945~1965』にはナカシマの打電した全文を読むことができる（「極東における重大事件を目撃、伝えた代表的な記事」一七篇のうちの一篇として収録されている）。

近年では『中國新聞』二〇〇八年一二月三〇日付のプロローグに始まる調査報道「ヒロシマ打電第一号／レスリー・ナカシマの軌跡」連載が記憶にあたらしい（~〇九年一月六日⑤）。

ところが、ヒロシマ現地への〈いちばん乗り〉をねらい、たいそう在京の外国特派員たちが凌ぎを削ったのかといえば実情は、かなり違っていた。前出のロベール・ギランは、

〈しかし東京では、われわれは何も知らなかった〉

……と告白している。

さらにはまた、自分たちが一九四五年一二月に現地ヒロシマを訪れたときでさえも、

〈遠からぬところで、われわれのぐるり、呪われた円形の土地のかなたにある山のなかで、何百、何千という負傷者たち、炎に焼かれ、放射線を浴びた人びとが原爆投下からずっとあとになっても、苦しみと死のさなかにあった。われわれは知らなかったが、

実際には、原爆は多くの歳月にわたり、数知れぬ犠牲者のいのちを遅ればせに奪うのである。東京の空襲を知っていたのだから、たしかにわたしは、重度の火傷を負った人びとに思いを致すべきだっただろう。放射能の破壊的な効果についても、知識を持っているべきだったろう〉

〈マッカーサーの司令部SCAP〔聯合國軍總司令部――引用者・註〕が九月以来、原爆の効果に関する報道は、一切まかりならぬとする報道管制をしいたからである。わたしはその裏をかくべきだったかもしれない。その時、わたしはしなかった〉。

〈原爆? 日本語と英語を問わず、言論界には、それについて語る権利は、もはやなかった〉〔後略〕

と後年、ギランは自身が往時に積み残した忸怩たる想いを著書『アジア特電 1937－1985――過激なる極東』矢島翠・訳〔平凡社、一九八八刊〕の第五章「マッカーサー時代の日本〔1945－1946〕」で吐露している。

ロベール・ギラン Guillain,Robert〔一九〇八－一九九八〕は日中戰爭取材のために一九三七年、中國へ渡航してフランスの旧アヴァス通信〔AFPの前身〕上海特派員。さらに東京へと移って駐在し、第二次大戰中を終始日本ですごした。ナチスドイツの降伏〔フランス解放〕にともない〈敵性外國人〉と見なされた在日フランス人は皆、ひとりの例外もなく日本敗戦までの約五カ月半余りを信州・軽井澤に軟禁された。戰後、『ル・モンド』誌に転じた一九四七年から引退する一九七七年まで中國や日本をはじめとするアジア報道の第一線で活躍した。邦訳された著書に『六億の蟻――私の中国旅行記』〔文藝春秋新社、一九五六刊〕、『日本人と戦争』根本長兵衛・天野恒夫〔共訳〕〔朝日新聞社、一九七九刊／朝日文庫、一九九〇刊〕ほか。

先遣隊到着二日後の八月三〇日、聯合國最高司令官マッカーサー〔当時六五歳〕とともに空路、厚木飛行場に降り立った欧米人〔聯合國側〕従軍記者団のなかにW・バーチェット〔三四歳〕のすがたがあった。

それからわずか四日後、バーチェット記者は、ひとりヒロシマに飛ぶ。

ちょうど戰爭終結の節目となる東久邇宮内閣の重光《しげみつ》葵《まもる》外相〔五八歳〕が東京灣に停泊するミズリー艦上で降伏文書に調印した〔九月二日、連合國側の戰勝記念日〕

翌日のことである。

人類初の原爆投下から三〇日を経過していた。

バーチェット記者は東京から単身、七食分の配給食糧と黒い傘一本、それにタイプライターを携え、四〇〇マイル（空路、約六四四キロメートル）を小型の米軍偵察機で移動して、一九四五年九月三日火曜のヒロシマに降り立つ。

バーチェットの単独リポートは英國ロンドン時間の翌々日、九月五日付の英紙『デイリー・エクスプレス』紙の一面トップを〈原子野の廃墟〉を撮った写真入りで飾る。

〈原爆禍（THE ATOMIC PLAGUE）――私はこれを、世界への警告として書く〉

との見出しがおどる。これは、欧米人の手によって世界へ向けて、被爆地ヒロシマの惨澹たる実相を暴いた海外メディア（英字紙）最初の〈告発と提言〉に踏込んだ報道となる。

レスリー・ナカシマが打電した第一報が米國の報道管制下、各紙・誌への掲載にさいしては一部削除や不当な改ざんなどの手がくわえられたのにたいして、バーチェットの報告は真っ向から〈世界への警告〉を発した。

〈最初の原爆が街を破壊し、また世界を震駭して、三〇日後の広島では、人がなおも死んでゆく。それは恐ろしい死であった。その人たちは、あの大激変の時に無傷であったというのに、何ものかわからない、私には原爆の疫病としか描写するほかない何ものかによって死んでゆく。

広島は〝爆撃を受けた都市の様相〟を呈していない。怪物大の蒸気ローラーが通り過ぎ、木っ端みじんに、抹殺壊滅したようだ。私は、これらの事実をできるだけ感情にとらわれずに記述し、それが世界への警告となるべく心から希求する。

この原爆の最初の実験場で、私は四年の戦争期間中、最も恐ろしい戦慄すべき荒廃の姿をこの眼で見た。〔これに比べると〕電撃戦に見舞われた太平洋諸島は、まるでエデンの園みたいなものである。損害の度あいは、写真で見るものよりはるかに大きい。〔中略〕

過去三週間のあいだ、ほとんどの日本の科学者は広島を訪れ、人々の苦しみを治す方法を見出そうと努力した。今やその人たちもまた被害者となった。原爆が落ちて最初の二週間、この科学者たちは、この陥落した市内に長く留まることができないことがわかった。時おり目まいを起こしたり、頭痛がしたりする。ちょっとした虫にさされると、そこが大きく腫れあがり治らない。

そして健康状態がゆっくり悪化していった。

そして今一つ、この空から落下してきた新しい恐怖がもたらした異常な影響を発見した。

多くの人は、飛んできた煉瓦や鉄片の端切れで小さな傷だけを負ったものである。

当然、すぐ治る性質のものであった。が治らなかった。急激に病状が悪化した。歯茎から出血が始まった。そして吐血した。そして、ついには死亡した。

すべてこれらの現象は、彼らが私に語るには、ウラニウム原子の核爆発により放出された放射能に起因しているとのことである〉……〔後略〕。

（前掲『広島県史――原爆資料編』所収の一九四五年九月五日付『デイリー・エクスプレス』第一面／小倉馨・邦訳「ヒロシマからの現地報道――ノー・モア・ヒロシマ」より）

バーチェット自身は原文に「ノー・モア・ヒロシマ」ということばを使っていない。

しかしながら、のちに今堀誠二[4]が著書『原水爆の時代――現代史の証言』上巻（三一新書、一九五四刊）のなかで、バーチェットによる〈戦慄すべき原爆の疫病〉への警鐘を鳴らし、確固とした反原爆（反核）の意思が込められたリポート（前掲）を、とくに〝ノー・モア・ヒロシマズ〟の提言と〝意訳〟をして紹介したことに由来する（初出は『世界』一九五四年八月号）。

ところが、おそるべき放射能による被害と、その後障害に言及したバーチェットの報告は、翌週の九月一三日付『ニューヨーク・タイムズ』ヘッドラインが伝える米陸軍「原爆災害調査団」が発表した「ヒロシマの廃墟から放射能は検出されず」との公式見解にもとづき、

〈爆発の結果、人々が死んだ。それだけだ〉……

と打ち消され、完全に否定された。

米軍の元帥（親玉）でもあるマッカーサーSCAP（聯合國軍最高司令官）の逆鱗にふれたバーチェット記者は占領軍支配下でのいっさいの取材活動を禁じられる。

と同時に、日本からの強制退去処分を通告された。

●外国人記者の見たヒロシマ

いっぽう、原爆投下一六日後のレスリー・ナカシマ記者によるUP電をうけて伝えられたのは、あくまでも

〈人口三〇万人だった街には、完全な建物は一つとしてない〉……

という街を破壊したその凄まじい威力に終始した。こんごとも、放射能が被爆者にもたらすであろう深刻な影響にふれた部分については各紙・誌とも、それが米國の國策に配慮したといえる割愛をして伝えた。

削除ばかりでなく『ニューヨーク・タイムズ』掲載の記事中には、たとえば、

〈原爆の紫外線による火傷でいまも毎日、死者が出ている〉……

としながらも、

〈米国の科学者たちによれば、原爆は破壊した地域に長期に影響を与えない〉

と、ナカシマが現地に見聞きして書いた原文とは、およそ異なる、改ざんした見解が差し込まれる。

当時の米國政府や原爆開発・マンハッタン計画に携わった科学者たちは、そのころはまだ被爆した放射線量や残留放射能による後傷害の影響を、ことごとく否定する立場に拠った。

そうした公的な見解に相反すると見なされた以下の引用は、すべて『ニューヨーク・タイムズ』掲載の記事からは削除されて読者に届くことのない〝幻のリポート〟となった。

〈原爆投下から二週間後も、廃墟の街はそのまま見捨てられた状態にある。〔中略〕

とにかく街を回復しようとする動きがなかった。地面に染み込んだウラニウムの影響で人々が病気になるとの警告があり、破壊された地域への復帰を遠ざけている。救護に当たった多くの兵隊たちが患ったと報告された。このため活動は停止している〉……。

〈このような情勢から〝七十五年間は人は住めないだろう〟という米国の情報〔生物不毛説〕は、ほんとうかもしれないとの不安が日本の当局から起きている〉

……。〈私は八月二二日、知人の家の跡を捜して二時間ほど破壊地帯を歩いた。東京行きの列車に乗るため、翌二三日、広島駅で三時間ほどすごした。その間、〔私もまた〕ウラニウムを吸ったにちがいない。食欲が減退し、けっして激しい活動でなくても疲れてしまう〉。〈死者は相当数になると、私は聞いた。というのも原爆の当日、広島県知事は空襲に備えて防火道路をつくるために、一般市民を木造家屋の取り壊し作業に従事するよう呼び掛けていた。何千という中学生の男女も犠牲となり、行方不明者の数は驚くばかりである。

日本の当局は、最初は原爆の影響を過小評価していたが、無条件降伏以後は詳細を発表している〉……。

これらは、ことさらに原爆の残虐性をうったえるでなく、むしろ淡々とレスリー・ナカシマが、その〈死に絶えた街〉での一泊二日のあいだに見聞きした現地報告を綴ったにすぎない。そこに記者がいだいた〈消えたヒロシマ〉というUP電の実感は、それじたいが核爆弾テロに踏み切った米國政府にとってのタブーに抵触した。いちじるしく米國にとっては都合のわるい被爆地の想像を絶する惨状は、米國内メディアの自主的検閲〔自粛〕をもって封印された。

つづく、バーチェットによる〈ノー・モア・ヒロシマズ〉と収斂される意思表示にたいしては、これを強権をもって排除する〈見せしめ〉がはかられた。

ナカシマの〈ヒロシマ打電第一号〉をうけてのアメリカ國内での報道は、これこそが國策に沿った典型的なメディア・コントロール〈原爆隠し〉第一号だったといえる。

結果的にいえば、たしかにバーチェットの報告ほど注目をあびるでなく世論を喚起することもなかった。だが反面で、現地に赴いた米軍原爆調査團が九月一二日、トンボ返りした東京で記者会見を開いて、かたくなに否定する放射能被害の深刻な実態をナカシマのUP電が、いち早く指摘していたことは、まぎれもない事実であった。

一九三四〔昭和九〕年に来日したレスリー・ナカシマ〔一九〇二―一九九〇〕は日米開戦にともない閉鎖さ

れたUP通信〔のちのUPI〕の東京支局記者。敗戦直後、いち早く被爆地ヒロシマ入りして歴史的な第一報を打電し、再開した同支局へ復帰していらい、その後、一九七五年に七三歳で引退するまで現役記者をつづけた。

いっぽうのウィルフレッド・バーチェット Burchett, Wilfred（一九一一—一九八三）。来日時には英紙『タイムス』特派員だったが、その後はフリーランサーとなって、中國革命や朝鮮戰争に始まり、やがてベトナム戰争においても、つねに〈共産勢力側の最前線〉から見た異色のルポを発信しつづけた。その真骨頂を集大成して見せつけた著書に日本語版『広島・板門店・ハノイ——バーチェット自伝』新庄哲夫・訳〔河出書房新社、一九七二刊〕がある。

さらに一九四五年九月八日には、トーマス・F・ファーレル准将を団長とする米陸軍マンハッタン工兵管區の公式「原爆災害」調査團一行〔一三人〕が廣島入りしている。

ファーレル准将は、ルーズベルト大統領の下で始められ、トルーマン政権に受継がれて極秘にすすめられた原爆開発・マンハッタン計画の副責任者であった。總指揮官・グローブス少将の代理として調査委員會の全権を附託されて来日したファーレルにとっての調査目的が唯一、原爆の〈威力・効果〉を現地にたしかめること——〈現認〉にあったのはいうまでもない。

聯合國軍は八月末から本格的に日本への進駐を始めた。九月三日午前、いち早く単独で廣島入りした英連邦軍の従軍記者バーチェットに二時間の遅れをとって、米紙『ニューヨーク・タイムズ』の高名な科学記者ウィリアム・H・ローレンス〔五七歳〕をはじめ米國人記者団二〇人余りも廣島入りする。

ただし、廃墟と化した市中を一瞥した〈視察〉後、仮縣廳舎で地元の中國新聞記者たち縣政記者団との一問一答形式での会見を開いた〔第七章458ページ〕だけで、夕刻には廣島市西郊の嚴島に用意された宿舎の宮島ホテルに引きあげる。わずか一〇時間にもみたない滞在を終えて、翌日にひかえた次の視察先である長崎への出発に備えた。

そして、彼らが打電したヒロシマの惨状は、もっぱら原爆の〈威力〉に視点がそそがれた。

かたや、バーチェット記者が注視した想像を絶するその〈残虐性〉を、彼らがまのあたりにすることはことはなかった。市内外五〇数カ所に点在する救護所に息も絶えだえの、おびただしい数にのぼる被爆者たちが呻吟している現場への取材は米軍当局が近づくことさえゆるさず厳重にシャット・アウトした。

むろん、在京の占領軍当局はヒロシマ・ナガサキにおける人的被害と後傷害の恐るべき現実をうすうす把握していたが、ICRC赤十字國際委員會駐日首席代表でスイス人醫師ジュノー博士〔第三章315ページ〕からの緊急要請をうけ、じっさいにそこで起きている事態への対応をせまられて、やむなく在京米軍は緊急醫療用の救護物資一五トン余りを廣島へと運んだという経緯が、ことほどさように惨澹たる被爆地の実情を物語る。

ジュノー自身の廣島入りに先立って、現地へと派遣された部下のフリッツ・ビルフィンガー（ICRC駐日代表部職員）から、とくに壊滅状態の醫療環境は〈想像を絶する〉という深刻な報告が電報によって一九四五年八月三〇日、もたらされる。

〈一〇万人以上と見られる負傷者がまだ市周辺の仮設病院〔救護所〕にあって、医療器材、包帯、医薬品などの完全なる欠乏状態に陥っている。ついては連合国軍の上層部にたいし、ただちに街の中心地区上空から緊急医療用品を落下傘によって投下するように要請されることを望む〉

との差し迫った事態をビルフィンガーは打電する。

そして、緊急を要する醫療品とは、大量の包帯や脱脂綿、火傷用軟膏、スルホンアミド＝スルファミン〔化学療法剤〕、血漿、輸血用器材だ——と付けくわえた。

帰京して同年一〇月二〇日付でジュネーブ本部に宛てた一三ページからなる報告書にまとめる。だがこれは〈機密文書〉扱いとされた。爾来、五七年のときがながれる。関係者の大半はこの世を去ったのち、機密解除の文書公開によって、日本の新聞各紙が二〇〇二年六月一五日ジュネーブ発〔藤井靖〕の共同通信が配信した「まぼろしの報告書」発見を伝えるまで、ながらくICRC本部内に封印死蔵され、故ビルフィンガーの報告書は存在じたいが忘れ去られていた。

ヒロシマとの邂逅、さらにその後の経緯は、マルセル・

ジュノー（一九〇四―一九六一）自身が書いている。後年の著書『ドクター・ジュノーの戦い――エチオピアの毒ガスからヒロシマの原爆まで』（勁草書房、一九八一刊／新版一九九一刊）の第Ⅳ部「日本」その「死の街――ヒロシマ」の章（邦訳は広島平和研究所員の丸山幹正）がそれである。

「死の街」の章はまた、一九四七年にジュノーが母国で刊行したフランス語版の自伝的著書『第三の兵士』から抄訳（邦訳は同じく丸山幹正）した本邦初のジュノー著『広島の惨虐』（広島県医師会、一九七八刊）となっている。

この邦訳は翌一九七九年六月一八日～同七月四日付『中國新聞』が九回にわたって連載した。

同年九月には広島平和記念公園の平和大橋西づめにブロンズ製のジュノー自身の肖像に添えて、

〈国境を越えた貢献と業績〉

を刻んだDr.Marcel Junod　顕彰記念碑が県医師会によって建立されている。

原爆投下から、ほぼ一カ月後の九月八日に廣島入りして廃墟に点在する仮設病院での救護にあたった醫師ジュノーは、被爆者から〈ヒロシマの恩人〉と呼ばれた（第七章470ページ）。

帰国後、原爆の惨禍に苦しむヒロシマを目のあたりにした國際赤十字人＝〈第三の兵士〉は自伝的著書の刊行などをつうじ、実感したその非人道性をアピールしないではいられなかった。

さかのぼってバーチェットの第一報が警告した〈原爆禍〉――放射能がもたらした被害、及び後傷害の恐怖（非人道性）にかんして米國の立場からファーレル准將は真っ向から、これを否定する。

バーチェットによる衝撃の記事が『デイリー・エクスプレス』紙に掲載された翌日の九月六日（日本時間）午後、ファーレル准將は自身の宿舎にしていた東京・日比谷の帝國ホテルで、聯合國の在京特派員らに向けて、つぎのような見解をレクチュアするに及んでいる。

〈死ぬべき被害者は死んでしまい、現在、後遺症で苦しんでいる者はいない〉

〈ナガサキ・ヒロシマでは、原爆の放射能で苦しんでいる者は皆無である〉……

と、大見得を切って断じながらも、その全貌は詳らかにしていない。

ひととおり廣島・長崎での調査という名目の訪問を終えて帰京した〈原爆災害〉調査團は声明を出す。

米國の公式見解を示した、大うその權化にほかならない「ファーレル声明」である。

〈これらの地域（ヒロシマ・ナガサキ）に――原爆投下後の影響である危険な放射性燃焼（Burning）はないという点で完全に合意している。少数の人々が爆発の間につくられた放射線によって、いまだに亡くなっている一方で、爆発後に、その地域に行くことによって被害を受けた人についての確かな事例は一切ない〉……。

こうした、きわめて政治的な意図がありありとうかがえるアメリカの對日占領下に示された原爆をめぐる公式見解が隠蔽した真相を後年、機密指定解除された米国公文書で解き明かした高橋博子『封印されたヒロシマ・ナガサキ――米核実験と民間防衛計画』の第一節「ファーレル声明とプレスコード」によって筆者は再認識した（凱風社、二〇〇八年二月刊）。

あらかじめ〈合意〉は仕組まれ、いかなる実態調査による事実が判明しようと打ち出される声明の論旨に変更はない。事前に調査結果は準備されているから、あらためてデータを改ざん偽装する必要もない。かならずしも形式的な実地調査に積極的でなかったという准將の対応は、科学者としての一抹の良心ゆえか。

すでに誰の目にもあきらかな証明済みのその〈威力〉からシフトして、いままさに醫學には未知の領域に放置されて、死線をさまよう被爆（患）者たちにあらわれたる〈影響〉こそが、こんごの命題となることを、米國斯界の権威と目される原子核物理学者が気づいていないわけはなかった。

ヒロシマの原子野に起きている慘禍には、たしかに〈不測の影響〉があらわれ始めていた。

〈原爆災害〉調査の結論と称して、あくまでも一過性の被害に限定する目論みからファーレル声明は出された。被爆実態の改ざんと封印は、その第一段階だった。だが、原爆を使用した側にとって事前の想定をはるかに超えた深刻な〈原爆影響〉実態は、その後、いっそう嚴重なる〈原爆隠し〉を顕在化してゆくことになる。

ファーレル准將といえば一九四五年七月一六日、アメリカ合衆国ニューメキシコ州オテロ郡アラモゴード郊外五〇マイル（約八〇キロメートル）に荒涼とひろがる砂漠地帯のトリニティ実験場での「原爆実験報告」をまとめた責任者であるとともに、斯界屈指の原子核物理学者として記憶される。

ヒロシマに人類初の原爆（ウラニウム核爆弾）を投下した、わずか三週間まえ、ナガサキに投下されたのと同型のプルトニウム核爆弾を起爆させた。それは世界最初の核実験であった。

ファーレルの報告をたたき台にしてマーティン・J・シャーウィンが描いた『破滅への道程——原爆と第二次世界大戦』加藤幹雄・訳（ＴＢＳブリタニカ、一九七八刊）は、米國における原爆開発の〈背景と経緯〉を詳らかにするとともに、人類初となる核実験を主導した科学者の責任と、その苦悩の軌跡に踏み込んだ記録となっている。

のちに〈最初の核兵器がいかに開発され使われたかについて、出版された最も完全な歴史〉をものにしたとの評価をうけたのは一九八六年に米国で刊行されたリチャード・ローズの原題〝*THE MAKING OF THE ATOMIC BOMB*〟だった。前掲・邦訳版『原子爆弾の誕生』上・下巻（一九九五刊）がそれである。著者は一九三七年に合衆国中部カンザス・シティうまれの米国人ジャーナリストで、この作品によって一九八八年のピュリッツァー賞を受賞した〔第一章・註9〕。

いっぽう、さかのぼって一八八八年にバルト海沿岸リトアニアうまれの、やはりアメリカ人で米紙『ニューヨーク・タイムズ』科学記者として高名を馳せたW・L・ローレンス〔前掲・第七章４５８ページ〕は、アラモゴードでの核実験に立ち会うことをゆるされた唯一人のジャーナリストだった。さらには長崎に原爆を投下した爆撃機に同乗し、上空から恐怖の瞬間をまのあたりにする。また、一九四六年七月に相次いで米國がおこなったビキニ環礁での二回にわたる水爆＝核実験も、この記者は目撃している。文字どおり究極の〝独占取材〟をかさねた。

その年——一九四六年のピュリッツァー賞を受賞して邦訳された著書『0《ゼロ》の暁——原子爆弾の發明・製造・決戰の記録』増補第二版を崎川範行が邦訳（創元社、一九五〇刊）副題にある「決戰」とは、まさしくローレンス自身が実地に目撃した長崎への原爆投下を指している。

　同書「譯者あとがき」で崎川範行（一九〇九―二〇〇六）は、

〈著者ローレンス氏は［マンハッタン計画をはじめとする一連の］アメリカにおける原子爆彈計畫に參加を許されたたゞ一人のジャーナリストである。從ってこの種の記録書を作りあげることのできる人物は、彼をおいては世界に一人もいないのである。彼はこの計畫に參加してすべての指導的科學者と接觸し、すべての工場及び研究所を見學し、原子爆彈その物を目擊し、そしてその爆發の光景を自ら觀察すること四回に及び、さらに長崎爆擊作戰に同乘してその觀察記録をとっている〉……

と邦訳書刊行の意義を強調している。

●外国人が伝えたヒロシマ

　原爆投下の約六〇分まえにヒロシマへ先乗りした気象観測機〈ストレート・フラッシュ〉機長のクロード・ロバート・イーザリー空軍少佐は、その後の一九四七年一月に二七歳で退役した。

　原爆を投下した側の当事者として最初のうちは文字どおりの〈国民的英雄〉と持て囃される。

　ところがしかし、彼は原爆投下作戰の一翼を担ったとの良心の呵責から、苦悩とストレスを募らせた〈英雄イーザリー〉は精神を病む。世間が啞然とする犯罪に走った。精神病院と刑務所への出入りをくり返すようになる。

　かくも数奇な運命をたどる〝ヒロシマのパイロット〟イーザリーをモデルに堀田善衛[5]が描いた小説『審判』（岩波書店、一九六三刊）。同じく、いいだ・もも[6]『アメリカの英雄』（河出書房新社、一九六五刊）。また田口憲一『ヒロシマ・パイロット――クロード・イーザリーの悲劇』（講談社、一九六八刊）などによって日本でもひろく知られるところとなり、あるいは劇作家の宮本研[7]が戯曲化した「ザ・パイロット」が一九六四年五月、俳優座で初演されて話題を呼ぶ。のちに単行本『ザ・パイロット――宮本研作品集』（晶文社、一九七〇刊）がある。

　さらにまた、それらイーザリーを描いた一連の作品にくわえて、ユダヤ系ドイツ人哲学者のギュンター・

アンデルスとイーザリーの往復書簡七一通をロベルト・ユンクが編んだ日本語版『ヒロシマわが罪と罰――原爆パイロットの苦悩の手紙』篠原正瑛・訳（筑摩書房、一九六二刊／ちくま文庫、一九八七刊）をつうじて人びとは気づく。

まぎれもなく当初は〈加害者の片割れ〉だったわけだが立場は一転する。

彼は原爆投下作戦における〝もうひとりの被害者〟でもあった側面が浮かびあがる。

ギュンター・アンデルス（アンデルスは筆名、本名・シュルテン）は一九〇二年、旧ドイツ帝國のブレスラウ＝現在のポーランド・シュレージェン地方の中心都市ブロツワフ＝にうまれた。ナチス政権下のドイツからパリへ亡命した。戦後、オーストリア国籍を取得してウィーン在住のギュンターは、欧州における反核運動のリーダー的活動家でもあった。

一九五八年八月一二日、東京で開催された第四回・原水爆禁止世界大会にヨーロッパ代表のひとりとして来日する。このとし六月二二日の来日から八月二三日まで二カ月に及ぶ滞在中、まずは静岡県の焼津へ。西に下って京都、そして広島・長崎の両市を訪れる。

焼津というのは、ギュンター来日直前の同年三月、戦中のヒロシマ・ナガサキに次ぐ戦後に降ってわいた〝第三の犠牲〟を生じる惨事に巻き込まれた地であった。

静岡県焼津港に所属のマグロ漁船・第五福龍丸（九九トン）は一九五四年三月一日、南太平洋ミクロネシア諸島ビキニ環礁附近で操業中、米国がくり返す核実験による〈死の灰〉を浴びて被爆した。[8] 久保山愛吉（当時三九歳）同船無線長ら乗組員二三人全員が死傷（のち久保山は帰港いらい入院中の同年九月二三日、被爆が原因の黄疸が悪化し死亡）した。帰港し水揚げをしたマグロや船体からも高濃度の放射能が検出された。ビキニ水爆実験被害事件が発覚後、船体は焼津港の埠頭から隔離された。この世界を震撼・騒然とさせた事件によって、〈原水爆禁止運動〉への関心と、賛同する世論が急速に高まる渦中にギュンターは焼津を訪れた。

翌一九五九年秋、ギュンターが旧・西ドイツで出版した原書＝邦訳版タイトル『橋の上の男――広島と長崎の日記』篠原正瑛・訳（朝日新聞社、一九六〇刊）＝ドイツ語版はベストセラーとなる。前年の旅によって被爆地を訪れ、じっさいに被爆者たちと接して人類を破滅にみちびく〈核兵器の恐怖〉を考察した日記形式のルポルタージュである。

一九一三年にベルリンでうまれたユダヤ系ドイツ人のロベルト・ユンクは初来日の当時四五歳。広島には二週間滞在して取材した。まずは帰国して直後に書いた『千の太陽よりも明るく――原子科学者の運命』菊盛英夫・訳（文藝春秋新社、一九五八刊）の表題もあらわしているように、原子力問題へのするどい切り口で読ませた。のちに新版『千の太陽よりも明るく――原爆を造った科学者たち』（平凡社ライブラリー、二〇〇〇刊）となって読み継がれている。このほかユンク後年の話題作『原子力帝国』山口祐弘・訳（アンヴィエル、一九七九刊／現代教養文庫、一九八九刊）は、いずれも絶版だが、文庫版は比較的容易に古本市場で入手できる。

広島での二週間は作家ユンクの魂をゆさぶる。ユンクにとって二週間余りの取材は、かならずしも満足のゆくものではなかったようだが、ユンクが帰国したあとも継続して広島市役所広報課員の小倉馨は、被爆者たちへのインタビュー取材の翻訳から資料収集にいたるまで全面的に協力をつづけた。この想いがつうじた助けをかり、ユンクは、〝アウシュビッツの大虐殺〟から生き残った自身の体験にかさね合せて描いた代表作『灰墟の光――甦えるヒロシマ』を結実させるにいたる。

――被爆者といっても、それは追いつめられて殺人を犯した被爆青年であり、闇ブローカーであったり、ヤクザもいれば、愛娘を奪われた善良な平和運動家の夫妻、都市復興の先頭に立つ首長もそうであるし原爆孤児もいる。二週間の広島滞在中に収録したインタビュー記録の英訳をはじめ、たびかさなる帰国後の問合せにも逐一こたえて小倉馨が補足取材につとめ、ユンクのもとへ書き送った〈一三〇通にのぼる書簡と七〇〇ページに及ぶ英文報告書〉データ原稿に拠ってユンクは、この物語を書きあげた（前掲・水田九八郎『原爆を読む』）。日本語版の訳者はカフカ『審判』の翻訳でも知られたドイツ文学者の原田義人（一九一八―一九六〇）。文藝春秋新社が刊行した奥付は一九六一年二月一〇日とある。いまでは稀覯の書に類する。

ともすれば、原水爆の残虐性や脅威に肉迫して紡がれた記録文学が大手出版社の図書目録から、いつのまにか消えている。かくも〈反核・反戦〉思想をめぐる談論風発はかげをひそめ、いわんや〈原爆文学〉は影がうすい。

むしろ、どちらかといえば意図的に排除される傾向が現実として、そこには見うけられる。

本文中と各章末尾の註釈に揚げた作品（文献）の発行元は、あえて通俗的にいえば、概して左翼的傾向、ないしはズバリ日本共産党系、あるいは新左翼系と見なされる出版社がめだつ。出版ジャーナリズムのこころざしを思想・信条・党派色別で分類する現代日本の警備公安警察ふう見方によると、そうともいえるが、かりそめにも出版用紙に色はついていない。つまりはそのとき、その時代の〈反体制〉的であるということが、これらの版元を限定的にしている。

反原水爆・反核の思想という、こころざしある出版にたいして戦後日本のマスコミは、いかなる取りあげかたをしてきたか。戦後の日本人は、どう向き合ってきたであろうか。

かりに積極的には向き合うことをして来なかったとすれば、それは、なぜだろうか。

残念なことに、おなじ広島の被爆者どうしでも、

〈原爆の悲惨を言い立てよるのはアカじゃ〉……

と後ろゆびを指され、

〈反原爆を言いつのるのは独善的〉〈原爆を見せ物にしよる〉との非難・中傷にさらされるという現実〔第四章３２４ページ〕。にもまして、じつは被爆体験記や原爆を描いた作品、原爆詩の一篇にふれたり、まったく読んだことのない日本人（あるいは、広島縁故者にしたところが）は年を追って、ふえるいっぽうだというのが実情である。

おもい出すのも忌わしいと、かたくなに読むことを拒む被爆者の心情は別としてもである。

ただし被爆者のなかでも、むしろ多数派を占める政治的保守層に根づよい、

〈アカのいうこたあ、信用ならん〉……

という保守王国の反共アレルギーが、原水爆禁止運動との距離をおかせた。

反原爆（原爆許すまじ）との平和へのつよい願いを暗に希薄にさせる役割をになったのは、はたして誰か。

被爆者たちの憂悶と悲しみを紙礫に紡ぎつづける営為

にたいし、これを自重すべき反米的な〈好ましからざること〉とうそぶき、反共イデオロギーで協調する米国への政治的配慮から〈官・民〉あげてからめての口封じを構造的にはかったのは誰だったか。いったい、どのツラ下げた政党か。白足袋を履いた茶坊主のごとき以来の歴代首相名を、あげつらうまでもない。

しかして、軍事超大国アメリカ核戦略の傘のもと、半世紀まえにかわした事実上の軍事同盟関係――日米安保〈改定条約〉体制を、いまだかつて米国との共同謀議によって護持しつづける、まさしく歴史の教訓に背を向けた〝亡国日本〈翼賛〉体質〟が透けて見える。

戦後日本ジャーナリズムの良心とは、いずこにありや。俗に左翼もしくは左翼的傾向の言論・表現を排除する、こころなき経済最優先社会の論理が歯止めなくのさばる。

こんにちそれは、堪えがたい喪失感をもたらしている。しかと混沌とした世情に目を見ひらけば、七〇年になんなんとする歳月を積みかさねてもなお、いまだに戦後は終わっていない、との現状認識である。

對日占領下にマッカーサーから、米國にとって都合のわるい〈過去を忘れる〉ように飼い慣らされることから、戦後日本社会は始まった。

忘れることのできない人間は、しだいに、この社会での居場所をうしなってゆく。

本書第二章〔218ページ〜〕で取りあげた大田洋子は飼い慣らされることをいさぎよしとせず、あらがいつづけて戦後一六年余り。しかし文壇からは疎外され、作家としての発表の場もかぎられた。心身とも原爆症に蝕まれて入退院をくり返し、しだいに創作意欲も衰えて不遇のうちに六〇歳で、この世を去っている。

對日占領解除後も間接支配の日米安保が日本〈人〉の主権を露骨に侵害しつづける在日米軍基地問題は、その象徴である。たとえば、沖縄住民たちは日本で唯一、地上戦あげくに土地を奪われて戦後二六年間、日本から分断された米施政権〔間接統治〕下に事実上、駐留米軍要塞の内側で飼い慣らされることを強いられた。

●伝説化したヒロシマ

日本の敗戦から九カ月余り。一九四六年五月に来日したピューリッツァー賞作家のジョン・ハーシー〔当時三三歳）が、廃墟のヒロシマにあしを踏み入れ、被爆者の取材を始めたのは翌六月三日のことであった。

ヒロシマの惨禍を世界に伝えた作家・ジャーナリストたちのなかでも、

〈ノー・モア・ヒロシマズ〉

というひとことに収斂されて平和運動の気運を高めた影響力が伝説化し、いまに語り継がれるジョン・ハーシーのばあい、その生い立ちにさかのぼれば東アジアの旧影が浮かびあがる。

ジョン・リチャード・ハーシー〔John Richard Hersey〕は一九四四年、三〇歳のときに書いた自身のヨーロッパ戦線での従軍記録にもとづく小説「アダノの鐘」がベストセラーとなる。翌一九四五年のピューリッツァー文學賞を獲得している（同年、ヘンリー・キング監督が同タイトルで映画化した）。

この作品の舞台は戦時下の地中海シチリア島。ナチスドイツと同盟をむすんだファシスト党支配下――マーヴィン将軍の専横によってアダノから追放された主人公は、やがてイタリア系ジョボロー少佐となって戦線で対峙する――から、米軍上陸作戦によるシチリアの解放までを描く（一九四九年に邦訳版を刊行したのは東西出版社。杉本喬[9]・訳。装丁は藤田嗣治[10]だった）。

ジョンは生粋のアメリカ人だが、プロテスタントの宣教師であった父が赴任した中國天津の美國（米國）租界で一九一三年にうまれた。少年期までを中國で育つ。

帰国して母国で高等教育をうけ、ケンブリッジ大學を卒業したのちジャーナリスト（特約記者）となったジョンは、ふたたび一九三七年に海外へ出る。一九四二年に米『タイム』『ライフ』『ニューヨーカー』誌と特約をむすんで第二次大戦下のヨーロッパ戦線に従軍。やがてアジア・太平洋地域で大戦の最終局面をまのあたりにするまで、タイプライター一台をかついで戦禍にまみれた現場をめぐり歩き、おびただしい犠牲を強いる戦争実態と人心の荒廃に〝憂いのまなざし〟をそそぐ取材をかさねた。

ジョンは廣島での取材メモ携えて帰国すると、いっきに長編ルポルタージュを書きあげる。連載を想定して書いたが、週刊『ニューヨーカー』誌では一九四六年八月三一日号の全誌面を使って特集ルポ「ヒロシマ」＝

〈The Reporter at Large Hiroshima 〉一挙掲載に踏み切る。ニューヨークの街頭スタンドにならんだ三〇万部は即日完売となった。

以来、このルポは全米ネットワークのラジオ放送、ニューヨークなど六都市のTV放送が連日、くり返し取りあげ、全米各地の新聞から配信依頼が相次ぐ。國内一〇〇紙余りが摘録ではない全篇を紙面に掲載した（その単行本化はノッフ出版社が引きうけて同年の一二月刊行。たちまちベストセラーとなる）。

さらには隣國カナダ、南米やヨーロッパをはじめ、英語圏でない地域の一〇言語に翻訳されたハーシーの秀作「ヒロシマ」は海外へも波紋をひろげ、全世界的なセンセーションを巻き起こす。

しかし日本での事情はちがった。けっして表面化しない一般読者には知られざる〈検閲・彈圧〉による、はなはだしい制限をうけて新聞・出版ジャーナリズムが〈死んだ〉も同然に陥った日本ではハーシーの「ヒロシマ」もまた、当初は邦訳の許可が下りなかった。

それでも米國ノッフ社が英語版の単行本を刊行した一九四六年暮れ、それとほぼ、ときを同じくして月刊総合誌『世界』翌一九四七年二月号（岩波書店）に都留重人[11]「ハースィーの〝廣島〟」が掲載されて注目をあびる。都留の論考は、ハーシーの〈全編をつらぬく崇高なヒューマニズム〉が与えた示唆によって今次、全米に〈ノー・モア・ヒロシマズ〉という平和運動の気運が日増しに高まる現状に言及し、ハーシーの「ヒロシマ」が投じた一石の当時における〈今日的意義〉を説いた。

日本語版『ヒロシマ』が刊行にこぎ着けるのは前掲『ニューヨーカー』誌に載ってから二年半以上を経過した一九四九年四月のことである。

邦訳・谷本清、共訳が翻訳家の石川欣一[12]で法政大学出版局から刊行された。

谷本清は翻訳にあたった当時三六歳の日本キリスト教團廣島流川教會＝メソジスト教會の牧師。あの日、爆心地から約三キロメートル離れた市西部の己斐町で隣組の疎開作業中に被災し、直撃こそ受けなかったものの直後に市中へともどって以降、連日の重症患者と接する救護活動に挺身して極度の〈二次被爆〉にさらされた典型といえる。にわかに自身の容態が悪化して死線をさまよう。九死に一生を得た被爆者にほかならなかった。

この谷本を含む六人の被爆者＝生存者へのインタビューを軸にハーシーの「ヒロシマ」は成り立っている。戰爭未亡人の中村初代、東洋製罐工場事務員の佐々木とし子、醫師の藤井正和、日本赤十字廣島病院外科醫師の佐々木輝文、廣島カトリック教會神父のウィルヘルム・クライン・ゾルゲ、それにメソジスト教會牧師の谷本（通訳も兼ねた）を合わせて六人とのインタビューで聞き取った話を、ジョンは克明なメモにして米國に持ち帰る。

翌一九四七年七月一八日には米國ＡＢＣラジオ取材班が廣島入り。ジョンが前年にインタビューした六人などに面会をもとめて史上初となる〝被爆者の肉声〟を収録した。

ワシントン時間の同年八月六日夕刻、ＡＢＣラジオの録音構成「ヒロシマ」が全米に向けてオンエアされた。ちょうどその一カ月余りのち、ヒロシマの被爆者フーゴー・ラサール神父（広島市幟町カトリック教會主任司祭）が渡米する。そして旅は、うまれ育ったヨーロッパへとつづくが、ゆく先々で神父は欧米人をまえにして自身の被爆体験を語る。聴衆はカトリック信者たちである。この渡航の目的は、ローマ法王にヒロシマの救済を懇請することにあった。

しかし、それは對日占領政策の一環としてバチカン教皇を巻き込んだ、いかにもＧＨＱ＝キリスト教国アメリカ占領軍の狡猾な水面下での〝お膳立て〟によって〈仕向けられたバチカン詣で〉ではなかったのか。勘ぐれないことはないが、いきさつは藪の中である。

だがしかし、いずれにせよヒロシマの一被爆者であることに変わりのない神父が欧米へと出かけてゆき、公然と欧米人の聴衆をまえに、みずからの被爆体験を語るような行動をなし得たのは、これが戰後、もっとも早い時期のことであったのだけはまちがいない。

そして、ジョン・ハーシー「ヒロシマ」の話題が席巻する全米を遊説して歩き、廣島・幟町カトリック教會の世界平和記念聖堂（現・エリザベト音大構内）建設資金を、その間に各地での募金によって獲得することにもなったのである。

のちにラサール神父のほかジーメス、チースリク、アルペという四人の神父たちによる手記を収めた小冊子『破壊の日——外人神父たちの被爆体験』がある（一九八三刊）。これは「カトリック正義と平和広島協議会・平和を願う会」編の非売品。Ａ５判・全五二ページのそこにのこされた手記四篇は、とくに被爆後の占領下で神父らの置かれていた当時の立場を遠回しにうったえているようなニュアンス——アメリカの國家戦略的〈正義〉の主張とは相容れない反核思想（その本旨は、世界平和を希求する自分たちの意思）を、かくも巧妙に封じられたとの憾み——を読み取ることができる。

ラサール神父が渡米したころはといえばまだ、占領下日本の民間人には海外渡航がゆるされていなかった。ようやく民間人の米國渡航に許可が下りるようになったのは敗戰から三年余りを経た一九四八年夏以降のことである。むろん、さまざまな条件付きで、占領当局の許可が下りるのには手間がかかった。

そのころは新聞などによって報じられるでなく、ほとんど日本國内では、世間の話題にのぼることもなかったが一九四八年の秋、米國メソジスト教会ミッション・ボード〔外国伝道局〕の招請によって渡米したひとりの被爆者がいた。前掲・ハーシーの日本語版『ヒロシマ』訳者で牧師の谷本清（一九〇九—一九八六）であった。

このひとのばあい、一五カ月間に全米三一州・二五六都市・四七二の教会その他の団体での講演五八二回（聴衆およそ一六万人）総行程六万五八〇〇マイルというから約一〇万六〇〇〇キロメートルをめぐる、長大な〝巡礼旅〟をつづけた。全米をまわる伝道ツアーで移動についやす時間も含めて、ほぼ〈一日に一都市〉の割合は、超過密スケジュールであったにちがいない。のちに谷本牧師は著書『広島原爆とアメリカ人——ある牧師の平和行脚』（日本放送出版協会、一九七六刊）第二章「和解の旅」に、その意義を綴った。

谷本の渡米については『ニューヨーカー』誌の特集「ヒロシマ」英語版に登場する被爆者六人について、その後の軌跡を日本の新聞記者が追ったルポ『ヒロシマの緑の芽』（世界文学社）も取りあげた。大森実[13]と今村得之が共著で一九四九年三月に出版した。

今村はハワイうまれの日系二世として原爆被爆者にかんする初めての英文記事を『リーダース・ダイジェスト』誌に書いた毎日新聞記者（邦題「ヒロシマの緑の芽」

の初出）。かたや大森は敗戦の年、二三歳で毎日新聞の大阪本社採用された社会部記者であった。以降の大森の経歴——一九五四年にニューヨーク支局長となっていらいの外信畑ひとすじ——はともかく、当時は社会部ネタとしての「被爆者のその後」に取材をかけた。若手記者ふたりが追った〈調査報道〉の結実といえる「ヒロシマの緑の芽」の全貌は、新聞紙面でなく単行本化によって日の目を見ることになる。

　占領下プレスコードに抵触するおそれのある調査報道を日本の新聞紙面に載せることは困難との〈自粛〉を選択する傾向が支配的であった当時、たとえば谷本牧師が渡米して、いったい向こうで、どのような扱いをうけているのか。全米で谷本が〈ときのひと〉となっていることを伝える外電はない。したがって、そのことを大半の日本人は知るよしもなかった。

　ときに聴衆からパールハーバー＝眞珠灣への日本の奇襲をなじられ、反面で慈悲深かく〈同情と支援〉の後押しをする声もあがるなど〈賛否、相なかばした〉アメリカ國内世論に揉まれながら、全米各地でヒロシマの惨状と世界平和をうったえた。

　その講演旅行から帰国した谷本牧師は一九五〇年、ヒロシマ・ピース・センターを設立する（のちに同センターは谷本没後、谷本清平和賞を創設した）。発足いらい谷本が持ちつづけた被爆者援護と核兵器廃絶のための事業に取組むピースセンター〈構想〉は、のち広島市によって一九六七年設立された財団法人・広島平和文化センター（平和記念資料館の運営団体）が部分的に構想を具現・事業化——継承して、こんにちにいたる。

　ジョン・ハーシー没後一〇年にあたる二〇〇三年の夏、いずれも故人となった谷本清と石川欣一にくわえ、あらたに明《あけ》田《た》川《がわ》融《とおる》が共訳者として名をつらねる増補版『ヒロシマ』（改版）が法政大学出版局から刊行された。この増補新版の目次をひらく。

1「音なき閃光」
2「火災」
3「詳細は目下調査中」
4「黍《きび》と夏白菊」

と、ここまでは一九四六年六月の取材による初版本の章立てだが、

5「ヒロシマ、その後」

は、一九八五年四月二三日から五月一九日まで広島を再訪して、あらたに書き下ろしたルポ作品である。エール大学教授を退いたのち来日の機会をつかまえ、三九年ぶりとなる被爆四〇周年のヒロシマを訪れた。ときにジョン・ハーシー七一歳。

過日、被爆一年後の広島で取材に応じた被爆者六人のうち、すでに二人は鬼籍に入り、広島平和文化センター理事長をつとめる谷本牧師は七六歳になっていた（が、翌一九八六年に谷本も逝く）。もっぱら彼ら六人にかんする三九年間の軌跡――その〈消息・足どり・暮らし向き〉を追う取材のために、けっきょくハーシーの広島滞在は三週間に及んだ。

このルポは米誌『ニューヨーカー』一九八五年七月一五日号に初出。その英語版全文を広島の地元紙『中國新聞』が翻訳して同年八月一日から連載した。

同年四月に来日したさいの新聞紙面には、

〈ハーシー記者再訪〉

という大見出しがおどる（『中國新聞』同年四月二四日付）。

この紙面に一枚の写真が載っている。

広島市内各所を案内する谷本とハーシー二人がたたずむ写真である。原民喜詩碑が建つ側から原爆ドームを背景にして撮った横位置ツーショットに見る両人は、背丈の大差こそあれ、ともに、うすくなった髪の毛ばかりでない眉までも、すっかり白い。互いに積年の憂いと悲しみが風体にあらわれたる、これぞまさしく〝白髪三千丈〟であった。

（1）幣原《しではら》喜《き》重郎《じゅうろう》（一八七二―一九五一）。一九三一年九月一八日、關東軍による中國東北部への侵攻「滿洲事變」を追認して〈軍部の政治的進出〉に道を開いた第二次若槻禮次郎内閣の外相。著書に『外交五〇年』（中央公論社、一九五〇刊／現・中公文庫）。評伝に岡崎久彦『幣原喜重郎とその時代』（PHP文庫、二〇〇三刊）がある。

（2）楠瀬常猪《くすのせつねい》（一八九九―一九八八）。戦中の商工省燃料局長官から中國地方行政事務局長官を経て、〈官選〉最後の第三九代廣島縣知事（在任一九四五―一九四七年）をつとめたのち、公選の初代知事となる（同一九四七―一九五〇）。

（3）W・バーチェット著『広島TODAY』（連合出版、一九八三刊）所収。

（4）今堀誠二（一九一二―一九九二）。著書に『中国近代史序説』（勁草書房、二〇〇三刊）。原爆関連で『原水爆禁止運動』（潮出版社、一九七四刊）、『中国と私、そしてヒロシマ』（渓水社、一九八八刊）ほか著書多数。

（5）堀田善衛（一九一八―一九九八）。のちに小説『審判』は文庫化（集英社文庫、一九七九刊）。また筑摩書房版の全集（一九九三刊）第一巻などに収録されている。

（6）いいだ・もも＝本名・飯田桃（一九二六―二〇一一）。東京市麻布区（現、港区）にうまれた。反核文学者「核戦争の危機を訴える文学者の声明署名者」としての著作集『日本の原爆文学〈7〉いいだ・もも』（ほるぷ出版、一九八三刊）がある。

（7）宮本研（一九二六―一九八八）。一九五八年上演の戯曲「反応工程」。次いで「日本人民共和国」（一九六〇）、さらに「メカニズム作戦」（一九六二）とつづいて「ザ・パイロット」で宮本研は〝戦後史四部作〟を完結させた。

（8）それは一九五九年公開の映画『第五福竜丸』によっても知られる。主演に前掲『原爆の子』でも共演した乙羽信子と宇野重吉。新藤兼人の脚本・監督。製作は近代映協と新世紀映画（配給・大映／のち二〇〇一年にパイオニアLDCからDVD化）。また後年のベン・シャーン絵／アーサー・ビナード構成・文『ここが家だ――ベン・シャーンの第五福竜丸』邦訳版（集英社、二〇〇六刊）は中原中也賞を受章した。現在、その歴史遺産としての船体実物は東京都江東区夢の島公園内の都立「第五福竜丸展示館」（一九七六年六月開設）に永久保存・展示されている。

（9）杉木喬（一八九九―一九六八）。米文学者。E・ゴールドウェルの代表作『タバコ・ロード』（岩波文庫、一九五八刊）や米国詩人W・ホイットマンの『ホイットマン自選日記』全二冊（岩波文庫、一九五七〜五八刊）などの名訳で知られる。

（10）藤田嗣治（一八八六―一九六八）。別名レオナール・フジタは戦争中、軍部の要請によって戦争記録畫を手がけた。評伝に近藤史人『藤田嗣治「異邦人」の生涯』（講談社文庫、二〇〇六刊）がある。

（11）都留重人（一九一二―二〇〇六）。

（12）石川欣一（一八九五―一九五九）。一九四八年、毎日新聞東京本社出版局長から同社傍系『サン写真新聞』社長に転じた。翻訳家として戦前の駐日大使ジョセフ・C・グルー『滞日十年――日記・公文書・私文書に基づく記録』（毎日新聞社、一九四八刊）やノーベル文学賞を受賞した元イギリス首相チャーチル『第二次世界大戦回顧録』全四巻（毎日新聞社、一九五八刊）。同じくダイジェスト版『第二次大戦回顧録・抄』（中公文庫、二〇〇一刊）など多数の訳書をのこした。著書に『比島投降記――ある新聞記者が見た敗戦』（中公文庫、一九九五刊）ほか。

(13) 大森実は一九二二年、神戸市にうまれた。共著『ヒロシマの緑の芽』は『大森実選集1』(講談社、一九七五刊)所収。新聞連載の単行本化『泥と炎のインドシナ――毎日新聞特派員団の現地報告』(毎日新聞社、一九六五刊)を監修した翌一九六六年、東西冷戦下における西側記者として北ヴェトナムのハノイに一番乗りするなど外信部長として展開した一連のヴェトナム戦争報道をめぐり、当時のライシャワー米駐日大使による干渉をうけて辞職に追い込まれた。著書に『激動の現代史五十年――国際事件記者が抉る世界の内幕』(小学館、二〇〇一刊)、講談社文庫版『天皇と原子爆弾――戦後秘史2』(一九八一刊)などがある。

終章　原爆（後傷害）隠しに始まる戰後史

ちちをかえせ ははをかえせ
としよりをかえせ
こどもをかえせ
わたしをかえせ わたしにつながる
にんげんをかえせ
にんげんの にんげんのよのあるかぎり
くずれぬへいわを
へいわをかえせ
峠 三吉

●〈鐵道草ダンゴ〉のストロンチウム90

被爆から二カ月余りをすぎるころには早くも瓦礫のすき間から雑草の若葉が芽吹き、やがて被爆後一〇カ月が経過しようとする一九四六（昭和二一）年初夏、見わたせば廃墟ヒロシマの空き地という空き地を鐵道草が埋め尽くす。モノトーンに沈む原子野に燦々たる緑の輝きが、まぶしい。たとえば、作家の梶山季之が一九七三年に郷里広島の戦後再生を綴った未発表エッセイ「鉄道草」がある（第五章・註25）。

鐵道草といえば、この命名は、一九世紀後半の明治初期、北米大陸からの輸入産品の木箱に付着してきた外来種が鐵道輸送のさい、日本全國の軌道にふり蒔かれてひろまったことに由来する。キク科に属する学名・ヒメムカシヨモギ（別名・荒れ地ヨモギ）のことである。

その来歴から異称を明治草、御維新草とも呼ばれる。朝採りの若葉にかぎって食用にした。

急ピッチで遺骸を葬り（その実態は、次つぎと土中に埋める夥しい屍体処理を進めて）瓦礫が取り片づけられた焼野が原のデルタ地帯には、わずか一年たらずの間に鐵道草が生い茂る。

あの日に堆積した死の灰（放射性物質）を実質上の肥《こ》やしにして、目を見張るほどの背丈に伸び育った鐵道草の群生は、いかにも異様であった。だがしかし、このころはまだ、そのことに素朴な疑問をいだく余裕のある市民はいなかった。原子野を耕した菜園で、たわわに実った茄子やトマトと同様に、それが雑草とはいえども貴重な食材の一つとしか映らない。[1]

むしろ、いちめんの廃墟と化した焦土に〈向こう七五年は草木も生えない〉……などとささやかれた〈生物不毛説〉が払拭され、ひとしきりの安堵を覚えさえしたのであった。

ヒメムカシヨモギの茎と葉とをアク抜きして刻んだダンゴのつなぎには、米ヌカ（糠）や穀類を精製した絞りカス（糟）、あるいは大豆の搾り糟から作る岩塩状の澱粉などを集めて代用した。

戦時いらいの慢性的な食糧難——さらには原爆で、すべてを喪失した焼野が原の暮らしに、よもや五穀（米・麦・アワ・ヒエ・豆）類いの確保は望むべくもない。

あまりにも粗末で、しかも不味いダンゴは、すこしでも食べすぎると、かならず下痢をしたにもかかわらず、人びとは困窮する食糧事情がゆえに、それを意に介する余裕はなかった。

雑草を澱粉質などでつないだ代用食・鐵道草ダンゴの製造・発売にあたったのは宇品・御幸通り沿いの廣島糧工（旧陸軍糧秣支廠の罐詰生産基地）工場を借り受け、松尾糧食所ほか市内の二社が合併した大和糧食工業（一九四九年に松尾糧食工業㈱設立）であった。同社は後年、一九六四年発売〈かっぱえびせん〉の大ヒット以来、のち東京進出をしてポテトチップスほかの主力商品・スナック菓子を製造・販売する現・カルビー㈱の前身にあたる（この商標は日常の食生活で不足しがちなカルシウムの「カル」とビタミンB1の「ビー」を掛け合せた造語）。

明治期以来、牛肉の大和煮罐詰をはじめとする軍都兵站の一翼をになったその糧秣支廠（罐詰工場）遺構は、装いもあらたに広島郷土資料館（南区宇品御幸二丁目）となって現存する。

このほか戦中・戦後にかけての食糧難を反映して江波（漁港）界隈では、ホンダワラ（馬尾藻）やオゴノリ（海髪）などの海藻を雑草の代りに原材料とした代用食の江波ダンゴであったり、市西郊の草津地区には、やはり同類の代用食・草津ダンゴが名乗りをあげている。

敗戰の翌一九四六年七月六日付『朝日新聞』大阪本社版が、

〈團子に原子沙漠の草――廣島市民のカロリー補給〉と見出しを掲げ、つぎのように伝えた――前掲・アンソロジー『同顧五年　原爆ヒロシマの記録』（瀬戸内文庫、一九五〇刊）所収。

いつも飢えと隣合せの空腹を抱える当時、廣島市内の學童たちは体操の授業を返上して鐵道草の採集に駆り出され、生草一貫目（三七五〇グラム）をダンゴ三個と交換して補食にあてた。

〈【廣島發】（前略）……廣島糧工工場は百グラム八一カロリーを含むこの雑草で團子を作り、市内四十校國民學校長會議は兒童の校外作業で、ひめむかしよもぎの採集を決定した、その生草一貫目を工場へ持つて行けば主食一日分三個の加工團子と引換へるといふ、蕗に似たほろ苦い味ではあるが、代用食としては上々といふので近ごろ市民も盛んに採集を始め

た、市の促進課長は、

「戰災當時は一旦死滅したでせうが昨秋に随分吹いたので周邊の野原から種子がとんで來て繁殖したのでせう、一名〔を〕鐵道草ともいはれるのは、はじめアメリカから輸入された荷にくつついて來た種が日本の鐵道で運ばれた際、列車の上から鐵道沿線に……〔中略〕……雑草の中ではカロリーが高い方、十月末ころまで食へる、あえものにすると殊にうまいから市でも雑草料理にして市民の食卓に奨めてゐる」

といつてゐる〉

だが、しかしである。なにもかも原爆でうしなった市民生活の実感は〈スラム街以下の最低線を低迷し、食糧の遅欠配などによって児童の成長率は、まる一年以上遅れ〉る……というありさまで、行政当局や役人が打ち出す復興のビジョンや机上の提案であったりは、市井の暮らし向きを小バカにしたような〈雑草として はカロリーが高い〉だとか〈和え物にすれば、ことに美味〉だのと代用食の推奨にこれつとめるなど、かたや市民感覚とは、あまりにもの隔たりがある。

じっさいに当時、鐵道草ダンゴを〈食した〉体験がある市民の実感でいえば、

〈……〔鉄道草は〕栗石の下からでも芽をふく強さをもっていたが、ダンゴとしては砂をかむような感じで、すこし食べすぎると必ず下痢を起した。広島の人々は、このアメリカの贈り物のおかげで、少なくとも、空腹の苦しみから解放されたのであるが、同時に原爆の死の灰を肥料にして育ったこの草は、ストロンチウム九〇などを豊富に含んでいたはずだから、原爆症を悪化さす上に、なにがしかの貢献をしたものと思われる〉……

と、内なる怒りを裏返しての痛烈な皮肉を込めて前掲・今堀誠二『原水爆時代——現代史の証言』上巻〔第二章266ページ〕は戰後一四年目にして指摘した。

飢えと紙一重の焦土を生き抜くために、そんな〝危険すぎる代用食〟であることにも当時は誰ひとりとして気づかなかったし、そもそもが放射性物質の有害性にたいする認識はおろか、残留放射能の存在じたいを米國は公式に否定〔ファーレル声明による隠蔽〕していたのだから誰もが到底、知るよしもなかったのである。

やがて、米・ソを始めとする各国の核実験がくり返

されるようになり、なかでも一九五四年三月のビキニ環礁における米國の水爆実験にマグロ漁船・第五福龍丸が巻き込まれて〝第三の核爆発による人的被害〟をこうむったことを機に、原水爆禁止運動が世界的に高まりを見せる過程で、その爆発じたいの威力にも増して、とてつもなく未来永劫にまでも尾を引く深刻な事態のじっさい——放射線の恐怖が現実味を帯びてゆく。

その経緯は同編集委員会［編］の資料集『第五福龍丸事件』（焼津市、一九七六刊）第一章「事件の概要」～第四章「乗組員の病状」～第九章「〝死の灰〟について」が総括している。

東西冷戰下の旧ソ連・南ウラル地方マヤーク原発で核爆発事故が発生したのは一九五七年のことだったが、放射線災害の恐るべき実態についてはクレムリン（旧ソ連当局）によって嚴重に隠蔽された。

ことの子細が西側へ科学者の内部告発によって漏洩するのは事故から一〇数年を経た一九七〇年代になってからのことだった（序章46ページ）。

放射線がもたらす恐怖については西側アメリカでも同様、水面下にスキャンダラスな隠蔽がくり返された。

たとえば、一九六〇年代。米国政府の原子力委員会は、トマス・マンターゾという第一線の専門家にたいして、ハンフォード兵器工場など原子力施設で働く者の健康調査を依頼するが、その後、一〇年以上にもわたる調査によってマンターゾ博士が、ハンフォードなどにおけるガン発生率が高くなっているのを見いだしたとたん、政府は博士を解任して、その調査データを押収しようとした。あるいはまた、ほかの第一線科学者たちも人間や動物に害が及んでいることを示す研究調査結果を固守したために、ことごとく不当な検閲や妨害をうける。解任・解雇されたあげくに研究援助金を打ち切られたりもした。

米國政府はまた、日本側専門家の都筑正男醫師（前・軍醫少將、東京帝大教授）らの協力を得てヒロシマとナガサキの被爆者について被災直後の両現地での大がかりな調査をおこなうが、この調査データを本國に持ち帰って秘匿したばかりか、放射線の危険を過少に印象づける操作のために利用する。

やがて、三八年余りの空白を経てあきらかにされたのが、原爆投下時に放出された放射線は、そのとき被爆死した犠牲者にかぎらず、被爆「生存」者たちのばあいも、誰が考えるよりも一〇倍は危険であるとの見解が示されていたことだった（前掲・序章46ページ『被曝国アメリカ――放射線災害の恐るべき実態』序文から）。

放射線がもたらす恐怖（低放射線量による内部被曝の脅威）を、あらためて日本人全体が共有するにいたるのは、あの原爆テロの惨害から六六年を経過した二〇一一年三月、念を押すまでもなく周知のようにフクシマの原発震災が水素爆発を惹起して以降のことである。

さかのぼれば、日本が無條件降伏をした直後のファーレル声明（一九四五年九月九日発表）に始まる〈原爆の凄惨（人的恒久被害）隠し〉――血球破壊の闇（本書の第八章）は、アメリカによる間接統治下の對日占領期にとどまらず、その占領解除後も、こんにちにいたるまで日米安保体制がそれを継承している。

戦後七〇年になんなんとして〈血球破壊の闇〉からの解放は、いまだ果たされていない。

被爆五〇年、六〇年、それ以上もの潜伏期間を経て原爆症（ひろく放射能禍）に起因すると見られる血液や臓器などのガン発症や、それら後傷害の症例は、いまもあとを絶たない。

いまもなお、ヒバクシャ――被爆（被曝）者の戦後は、ゆめゆめ終わっていないのである。

●原水爆禁止運動の発芽

原爆被災当時一七歳（旧制廣島高等學校一年）だった後年の「安藝文學」同人・文沢隆一（第三章298ページ）は著書『ヒロシマの歩んだ道』（風媒社、一九九六刊）「被爆後の広島」の章で、こう証言している。

〈死の町といわれた広島に、市民がかえってきたのは、意外に早く、翌年一九四六年の七月には一八五、八〇五人と発表されている（一九四六年七月二〇日現在）。身近な友人や知人が、病気で退学したり、亡くなったりしていたが、それが原爆の後遺症だとわたしが知ったのは、さらに十数年も後のことである。信じられないかもしれないが、当時の世情で、病気や死亡はごく普通の出来事であった。わたし自身、それから三年後、腎臓結核[2]で死の瀬戸際までいくのだが、それまで一度もお医者にかかったことがなかった。経済的な余裕がないということもあったが、それよりもまず、食べること（お金があるなしにかかわりなく）によって、餓死もしくは栄養失調をまぬがれることが先決だった。〉……

こんにち現代からすれば、およそ理解を超えた感覚である。ひとの死や病苦に取り惹かれるといった事態を、ごく普通の出来事だという暗澹たる世情が横たわる。被爆者には、いちだんと厳しい生きかたが強いられた。

戰争中にも増して、人びとは生き延びることに必死だった。

だが、〈被爆者以外にも、たとえば、外地からの引揚者や戰災者、そして戰争未亡人の家族など、戰争の後遺症はいたるところに転がっていた。その点では誰しも平和論者であったし、社会的な平等をもとめるこころざしも強かった〉といえる。

がしかし、そうした風潮が、こんにちのような〈核兵器（当時は原爆）反対という声にも、また被爆者援護という発想にも、決してならなかったのである。それは進駐軍（このころようやく、敵対意識〔占領軍と呼んでいた〕から脱却して、そう呼ぶようになっていた）によるきびしい原爆報道の禁止ということがあった〉し、そしてまた〈当時の原爆にかかわる数すくないわたし〔文沢自身〕の記憶からみて、およそ的はずれな原爆理解をしていたからではないか〉……と、ありのままをふり返る。反核文学者として慚愧に堪えない胸の内を告白している。

一九五三年三月三一日付で原水爆禁止運動の発芽を宣言した「神よ恥じよ、鬼も泣け、この悲惨」……と帯文にうたう原爆被害者の手記編纂委員会［編］『原爆に生きて――原爆被害者の手記』（三一書房、一九五三刊）で同編纂委員会メンバーのひとりでもある川手健（刊行時、二二歳）の「半年の足跡」は、原爆被害者の組織化が遅れた責任の一端をこう指摘した（この文集には被爆者二七人が手記を寄せている）。

〈原爆を平和の立場から取り上げようとした人々の側にもあるということである。これらの人々は〔、〕たしかに原爆を人類最大の罪悪として非難し、原爆の禁止を全世界に訴えはした。だが彼等はその運動を当の原爆被害者の中から引き出そうとはしなかった。疑いもなく戦争を望む勢力にとっては最も打撃になるに違いない筈《はず》の、原爆被害者の団結と被害者の組織的な平和運動に対しては余り関心が払われはしなかった。被害者が苦しい中をどのように生き抜いていこうとしているかについての関心さえ極めて薄かったと云える。そして、いわゆる社会的同情は一人の特殊な個人〔原爆一號と呼ばれた吉川清のことを指す――第四章320～321ページ〕、或いは一群の原爆乙女に注がれて、全被害者の救済と、これらの人々を汚濁にみちた社会を変革していく新しい力に結集するという、真の平和の立場からは考えられなかったのである。〉……

文中の原爆乙女とは、一般的に廣島で被爆して顔やからだに火傷を負った若い女性の総称として用いられた。たとえば、体験文集に小島順〔編〕『花の命は短くて――原爆乙女の手記』（共同出版社、一九五三刊）がある。また、サンフランシスコ講和条約が発効した一九五二年四月二八日（對日占領解除）後の同年六月、廣島で被爆した女性九人が、ケロイド治療のために上京したさい、新聞各紙の見出しに踊って注目を集めた。

同年六月九日付『中國新聞』には、

――作家の眞杉静江[3]〔当時五一歳――引用者・註〕、同じく芹沢光治良[4]〔五八歳〕らのはからいで、川崎景子〔一九歳〕をはじめ原爆乙女九名が「原爆一號」こと吉川清にともなわれて東京に着く。あす一〇日、東大附属病院小石川分院外科で治療をうける。この原爆乙女たちは、広島流川教会・谷本清牧師〔第八章498ページ〕の指導で広島女子商學園の同級生が中心となって、原爆障害者更生会をつくって励まし合ってきた。……

などと紹介されている（川崎景子というひとは前掲の文集『花の命は短くて』に手記を寄せた一五人のひとりで、題して「灼熱の光の中に立つ」の著者）。彼女たちの上京は、翌七月に市内の外科醫が自主的に原爆症診療と治療にあたる権利が全面的に回復されて、それまでの米占領下にいちじるしく制約をうけていた廣島での〈被爆者醫療〉本格化のきっかけとなる。

翌一九五三年一月には、市醫師會を中心に原爆障害者治療対策協議会の発足にこぎ着ける。やがて一九五五年五月、被爆した二五人の女性がケロイド治療のために渡米して以降は、その彼女たちを指す語となった。当時の一九五五年五月六日付『中國新聞』は、〈原爆乙女[5]25人が岩国空港から米空軍機で米へ出発。原田東岷医師、大内五良医師、谷本清牧師、聖路加病院の高橋万里子医師、マウント・サイナイ病院のヒッチグ博士らが付き添う〉……と伝えた。

同月一一日付の同紙（共同特派員電）は、米国での反響を〈原爆乙女の傷に衝撃を受けながら、原爆反対に踏み切れない複雑な米国民の心理〉……と続報して、ニューヨーク・タイムズ紙の社説――〈米国民は今度の親切を自慢することはできない。この招待に時間と経費を使った個人に感謝の意を表することはできる〉（同月一四日夕刊）。ＮＢＣがハリウッドから全米にＴＶ中継した特別番組「人生物語」の主役に谷本清牧師、原爆投下機の乗組員ロバート・ルイス氏も出演、ルイス氏「自分はあのとき軍人としてなすべきことをしただけだが、一個の人間としてはなんと罪深いことをしたことか」……〉（同月一五夕刊）。

〝戦後初の試み〟として原爆被害者の手記編纂委員会が発足した一九五二（昭和二七）年といえば、前年に締結したサンフランシスコ講和条約の発効にともない對日占領解除――ＧＨＱ廃止となって占領下の抑圧から解禁され、原爆にたいする関心が急激に高まった時期である。

当時、廣島高等師範（翌年、現・広島大学となる）仏文科三年の学生だった川手健は、同会の立ちあげにいたる経緯を次のように語っている。

〔一九五二年は、〕八月六日が近づくに従って映画「原爆の子」（第五章３４９ページ）の製作、「原爆の図」（第二章２４８ページ）、「原爆詩集」（第二章２４９ページ）、「原子雲の下より」（第二章２４６ページ）等の出版、或いは広島の被爆写真集（第一章１４１ページ）が出たり、アサヒグラフの原爆特集号（第一章１４１ページ）がもの凄い勢いで売れていったり、いろいろなことがあった。このようなことが被爆者を自覚させてゆき、原爆にかんするさまざまの批判も活潑になって来た。被害者の会の発足の機は熟したわけである……。

同年年六月下旬に川手は、

〈……私はたまたま原爆一号という名前をジャーナリズムから頂戴している吉川氏〔第四章320ページ〕と会い、そこではじめて会をつくってはどうかという話をした。意見一致し、まず準備の第一歩として七月七日、朝日ホールに於て当時〔〕広島ロケ中だった新藤兼人、乙羽信子さんはじめ映画「原爆の子」〔第五章336ページ〕のスタッフの人たちを招いて懇談会を持った。会合には被害者というより平和団体、その他一般の人が多かったが、討論の結果〔〕どうしても被害者の組織をつくる必要があるということになり、連絡のとれる数人の被害者が、その準備をすることとなった。

会員を集めることが最初の仕事となったが、被害者がどこにいるかわからないので会員募集は主に〔同年〕八月六日の慰霊祭の時、街頭で行った……〔中略〕。

長崎にも呼びかけようと協力者のひとりが現地へ赴き、それに先立って東京へも呼びかけに出かけた。ひとまず一〇〇名余りの入会申込みをうけつけるが、けっして順調とは言いがたく、なかなか思うように被害者は集まらない。街頭での署名には限界が見えた。〉……

がしかし、いま、会を発足させなければ〈一つの時期をうしなってまう〉との判断から同年八月一〇日、廣島市猫屋町〔現・中区〕の知恩會館で結成式をおこなう。参加者三〇人余り。〈発会より第二回幹事会まで〉の役員として幹事に内山正一〔当時四九歳〕、峠三吉〔同じく三四歳〕、吉川清〔三〇歳、のち脱会して一九五六年に原爆傷害者更生会を設立〕、上松時恵〔二〇歳、のち同会事務局員〕ら五人を選出し、〈原爆被害者の会〉会則と当面の事業計画を決定するが事務所を開設する見込みはたたないまま、当面の仮事務局は原爆ドーム近くの吉川みやげもの店〔第四章322ページ〕に置くとした。

こうして準備もなかばに暗中模索、それまで米國の對日占領下に組織化のはかられることがなかった被災地・ヒロシマで初となる原爆被害者〔被爆者〕の会は始動する。

●終わっていない原爆テロの惨害

そもそもが、一九四五年八月六日に廣島市内の病院及び醫療機関はほぼ全滅したことから、ただちに多数の救護班〈縣下三三地区〉や大阪府ほか六縣から救護隊が送り込まれた。こうした救援措置に端を発して日本人醫師たちによる原爆被害の救護と醫學的調査研究は始まった。

被災した廣島市民らのあいだでささやかれた、〈爆発直後、何ともいえない臭いガスが出た〉……との証言に着目した都築正男〈第一章107ページ〉は、いち早く〝灰の雨〟〈のちに死の灰と呼ばれる〉によって人間生活に大きな影響を与える原水爆の放射性同位元素の恐ろしさを予見して、〈原爆には未知の毒物による障害作用がある〉……と公表しようとするが、米國統合參謀本部は再三にわたって、これを阻止しようとした。

のちに、原子爆弾による傷害威力とその作用について都築は『毎日新聞』のインタビューにこたえて当時の事情を、こうあかしている〈一九五四年七月三〇日付〉。〈①光および熱の威力　②機械力の威力〈爆風によるもの〉　③放射能の威力　の三つのほかに④として、未知の威力による障害作用を考えていた〉……。

という都築は、一九四五年一〇月一日発行の『綜合醫學』第二巻一四号に「いわゆる〝原子爆弾傷〟について」と題する論文を発表しようとした。がしかし、CCD〈民間検閲局〉の嚴格な事前検閲によって問題とされた一二行は異例の伏せ字にさせられた。さらにまた同年一一月刊行『日本醫事新報』が同様の論文を掲載したところ、これは発売禁止と未発送分は没収されてしまう。一九四六年八月、職業軍人〈終章519ページ〉であった経歴がG項に抵触して公職追放をうけたが、文部省學術研究會議・原爆災害調査研究特別委醫學科會長であった都築が不在では米國側調査研究の妨げになるとの理由から、翌一九四七年三月、これもまた異例の追放解除令をうけて同職に復帰する。

前年の一九四六年三月、同委員會が報告書をまとめて部内配付したさい、当時の都築〈東京帝大醫學部教授〉は、第三部附属文書9「原爆の効果の医学的研究に関する報告〈文部省學術研究會議〉」を執筆した。ところが、その第一章第四節「各種毒物の威力とその障害」については米國統合参謀本部が、この節の削除を嚴命。これを拒否する都築とのあいだで押し問答がくり返されたすえ、そっくり同四節を削除した英訳が公表されるにいたる。

これは、世界で最初の原爆論文集となった通称『ブルース・ヘショー報告』とよばれる。

米英共同で完結した原爆開発・マンハッタン計画〔第八章485ページ〕保健部門・医科学部門と深いかかわりをもつオースティン・ブルース医学博士がポール・ヘンショー博士〔遺伝学との〕共編著による公式名『原爆傷害調査委員会（ABCC）全体報告・1947年』〔*Atomic Bomb Casualty Commission General Report* 1947〕である。人類最初の核兵器を使用した米國側によって、原爆災害をめぐる醫學的見地からまとめられた世界初の論文集〔英文〕でもある。

戦後二一年を経過した時点で原水爆禁止広島市協議会が編んだ小冊子『加害者への怒り――ABCCはなにをしたか』第一集〔同協議会、一九六六刊〕冒頭「はじめに」は、こう書き起こされた。

〈占領権力という〝後光〟が消えて〔對日占領解除〕からすでに久しいいまも、ABCCは依然多くの謎につつまれたまま、比治山の一角から広島市民を見下ろしている。いかにもアメリカ的なカマボコ形の豪華な施設のなかで今日もまたなん人かの被爆者が「いんぎん〔慇懃〕無礼に」血をぬかれ、レントゲン照射を浴びている〉……。

被爆当時の廣島市には醫師二九八人、齒科醫師一五二人、薬剤師一四〇人と、看護婦〔師〕一七八〇人が登録されていたうち、醫師二七〇人と齒科醫師一三二人、薬剤師一一二人、看護婦一六五四人が罹災して、醫療関係者の九一パーセントが被爆した。原子爆彈によって即死、もしくは原爆による傷害〔原爆症〕で続々と悶死をとげた犠牲者の数は一九四五年内いっぱいでも一四万人プラスマイナス一万人との廣島市の推計〔第一章163ページ〕にたいし、被爆当日の市内に備蓄されていた醫薬品一万人分の大半が被災して、絶無にひとしいありさまだった。

そうした条件下、被爆〔患〕者たちを被爆直後に手探り状態で処置を施した救護所〔病院〕の日本人醫師がのこしたカルテや、都築ら日本側研究者たちが積みあげた臨床・病理各データなど、ことごとくを合同研究の名のもとに米軍は押収して、廣島・長崎のABCC〔Atomic Bomb Casualty Commission〕管理下におく。

市中がまだ、いちめん焦土と化して五週間余りの一九四五年九月二一日、陸軍醫務局と陸軍軍醫學校の醫師・看護婦〔師〕ら一四四人で編成した特別救護班が入市して旧・陸軍船舶練習部遺構に廣島陸軍病院宇品分院を開設した。ところが、それから一カ月余りのちの同年一〇月一四日に米軍調査團のメイスン大佐ら一二三人が来廣して同分院（入院患者一九二人、外来六〇〇人余り）を接収して以降、それまでの病理解剖をはじめとする貴重な資料は事実上、治療と臨床研究はいっさいを日本側が受け持ち、病理的研究は米側が主導権をにぎる調査研究チームが動き始めた。

やがて原爆投下の翌一九四六年一一月二五日、米陸軍長官と全米科學アカデミー・國家研究評議會の五人委員会（ＡＢＣＣ）が日本へ派遣される。ＡＢＣＣは原子傷害調査委員会（ＣＡＣ）による日本での現地調査機関として同年一二月三〇日まで長期追跡調査にあたっての準備調査をおこなう。広島市〔編〕『広島新史――都築資料編』資料編Ⅰ（広島市、一九八一刊）には、米國ＡＢＣＣが廣島に独自施設を建設する以前の一九四六（昭和二一）年一一月、宇品線〔現・廃線〕操車場に研究設備を完備した車輛〈トロイ號〉を乗り入れて、合同研究をおこなう内部の模様を写した二枚の写真が巻頭を飾っている。キャプションは〈上下〔二枚〕とも手前の白いシャツ姿が都築正男。昭和21年12月21日撮影〉と附されている。

廣島市内の比治山にカマボコ兵舎を新設してＡＢＣ専用の施設が運用を始めるのは、一九五一年一月一〇日のことであった。

さらに五年後の第二回原水爆禁止世界大会において、広島・長崎で原爆をうけた被爆者有志による唯一の全國組織が一九五六年八月一〇日に結成される。日本被爆者団体協議会〔通称・日本被団協〕である。組織化に先立って前年には世界平和集会広島世話人会が冊子『8時15分――原爆廣島10年の記録』（同会、一九五五刊）を発行している。

文學作品として描かれたのではなく、いち早く市井の名もない廣島の被爆者が紡いだ体験記に吉川清『平和のともしび――原爆第一號患者の手記』[6] 一九四九刊〔前掲・第四章321ページ〕。廣島女子高等師範學校教授の星野春雄『原爆記――千代紙の小箱』[7]（原爆五周年刊行會、一九五〇刊）などがある。長崎では、石田雅子『長崎原子爆弾記――雅子斃れず』(8)（婦人タイムズ社、一九四九刊）。手記集としては、日本基督教青年會同盟〔編〕『天よりの大いなる声――ヒロシマ原爆體験者の手記（十六人の市民の手になる！）』(9)（東京トリビューン社、一九四九刊）。廣島市民生局社会教育課〔編〕『原爆体験記』一九五〇刊〔第一章76ページ〕。おなじく長崎では、三菱重工業株式會社・長崎精機製作所〔編〕『長崎精機原子爆弾記』(10)（同製作所、一九四九刊）。あるいは長崎文化連盟〔編〕『長崎――二十二人の原爆体験記録』(11)（時事通信社、一九四九刊）ほか悲痛な記録が編まれている。

〈被爆者調査〉に特化した業務をしてきたそれまでのＡＢＣＣ（米軍＝アメリカ原子力委員会の主導）にかわって日米対等での管理・運営することになった財団法人としての放射線影響研究所（放影研）への改組は、なんと戦後三〇年余りも経た一九七五年四月一日のこと（設立）なのであった。

従来のＡＢＣＣでは、後傷害発症のメカニズムと因果関係をさぐって予防・治療することには消極的な立場から、たんに大量破壊兵器を使用した効果としての原爆傷害調査が営々とつづけられたわけである。

その間、ＡＢＣＣが診察した被爆者は三〇万人以上といわれる。

のちに、原爆被爆二五年を期して編まれた自身も被爆者のひとりである深川宗俊『１９５０年８月６日――朝鮮戦争下の広島』（原水爆禁止広島市協議会、一九七〇刊）によれば、

〈都築博士ら日本人医師が被爆者を救援する立場をつらぬこうとしていたのに〔たいして――引用者・註〕、アメリカ側は原子爆弾の効果〔威力の証明〕を重視していたことが、はっきりわかります〉……。

と、被爆者の誰もがいだいた実感といえる。

文部省學術研究會議に設けられた原子爆弾災害調査研究特別委員會〈醫學部門〉の責任者として八月六日に廣島が被災した同月の三〇日、東京帝大醫學部教授の都筑は廣島入り。

それに先立つ同月の二四日には、廣島市の爆心附近で被爆後に単身帰京した移動劇團さくら隊の女優・仲みどりが、入院先の東大病院で死亡している〔第二章註23〕。担当醫の都築は仲の死因を〈急性放射能症〉と診

断。カルテに世界で最初に〈原子爆彈症〉（のちに原爆症とよばれる）と記載した醫師となる。これをきっかけに原爆症患者の治療と研究を米側による妨害と、いちじるしい制約をうけながらも現地で継続して原爆症の実態解明に携わる。そしてその深刻さをうったえることをやめなかった。

原爆投下の翌九月（一九日付で）、プレスコード（日本に与える新聞遵則）が発令（第七章454ページ）されて以降、同年一一月三〇日に東京帝大で開催された日米合同の原子爆彈災害調査特別委員會・第一回總會報告會席上、GHQ經濟科學局（ESS）の幕僚アレンらは、〈原爆関係は聯合軍のトップ・シークレットであるから、日本人が原爆災害研究の成果を発表することは、これを許可しない方針である〉……

と勧告してクギをさす。

これにたいして、被爆地での〈臨床・病理〉両面にわたる醫療現場の第一線に立つ都築は、

〈ことが人命にかんすることなので、研究を禁止することは人道上においても許しがたい〉……と激しく詰めよる。

しかしそれが、いったんは拒絶されたばかりか、前述のように翌一九四六年の八月三日付をもって旧海軍の軍醫少將（文部教官との兼務）であった自身の軍歴を理由に戰犯・公職追放処分をうけ、東京帝大を退官に追い込まれる（前掲・中國新聞社［編］『ヒロシマの記録』）。

その後は廣島日赤病院などでの実質的な研究責任者となって、のちに広島原爆病院長となる重藤文夫（一九〇三—一九八二）らと未知の領域をはらんだ原爆症〈臨床・病理〉研究に打ち込む。占領解除後の一九五二年、東大に復して名誉教授。一九五四年からは日赤中央病院長。一九五九年に設立された日本放射線影響学会の初代会長となる——同編集委員会［編］『広島原爆医療史』（財団法人　広島原爆障害対策協議会、一九六一刊）から。

戰後、こんにちにいたる日米両国の國策を映じた〈核隠しの闇〉は、こうして始まる。

戰後初期の数年間に被爆体験の記録は、有名無名を問わずツメに火を灯すようにして紡がれた（第二章の一節「禁じられた原爆体験」）。のち、復興から成長へ。やがて、右肩あがりに急成長をとげてゆく経済大国の片すみで、

なおも被爆者《ヒバクシャ》たちは憂悶に明け暮れる。人類が冒した過ちは、いまなおつづく過ちの連鎖となって、被爆者自身の子や孫、さらにはその末代にいたるまでをも血球破壊の闇が覆う。

いったい、その闇を生じた史上初の〈原子核爆彈〉投下によって何人が原爆死したか。

はたして、どれほどの数にのぼる人びとが原爆の的にかけられて被爆したのか。

原爆投下時の廣島市と隣接町村の一部にいた〈直接被爆者〉は、広島市が一九九九年に始めた第七期の被爆者動態調査（〜二〇一二年）で、その一四年まえにまとめた前回・六期（一九九五〜一九九八年）に比べて約一万二〇〇〇人多い三八万四七四三人にのぼる。

原爆投下後、爆心附近へと入市した人や被爆状況が不明の人を合せると計五五万七四七八人をかぞえる。この恐るべき調査報告のなかみを二〇一三年三月二四日付『中國新聞』は伝えた。

第一期（一九七九〜一九八一年）から六期（前掲）までの調査期間は各三、四年だった。

しかし七期には、じつに一四年が費やされた。市は、広島大学原爆放射線医学研究所（原医研）に委託費を出して連携してきたが、おそらくは、これが最終報告となるであろう七期では原爆死没者名簿〔第一章169ページ〕や被爆者健康手帳交付申請書などの資料分析にあたって、従来は見逃されていたデータの細密にわたって時間をかけ、なんらかの資料が残っている被爆者については徹底的に調べあげた結実としての報告である。

戦後六八年、精査をくり返して到達したヒロシマの被害実態であった。どれほどの殺傷能力があるかも不確かなまま、その標的となった約三八万五〇〇〇人にのぼるヒロシマの被爆者。うち、犠牲者については二〇一四年八月六日現在、二九万二三二五柱が〈原爆死没者名簿〉に記載されて平和公園の慰霊碑石棺に眠っている〔第一章169ページ〕。

すると差引き二六万五一五三人が、現在も生存して（ただし、自覚がないなどの個人差こそあるにせよ）まぎれもなく〈放射線の恐怖〉にさらされつづけている（あるいは、すでに原爆症の後傷害を発症して苦しむ）おそるべき脅威の実態が広島大学・原医研（原爆放射線医学研究所）放射線システム医学研究部門の大瀧慈教授（統計学）らによって割り出された。

　これにたいして、被爆者健康手帳の交付は原爆投下から一二年後の一九五七年から始まる。

　初年度の所有者数は二〇万九八四人。もっとも多かったのが一九八〇年度の三七万二二六四人。以降、一九八二年度を除いて年々減少をつづけ、二〇一三年度末で二〇万人を割り込む。

　自治体別でもっとも被爆者数が多い広島市では、二〇一三年三月末までの過去一年間に被爆者健康手帳の所持者が二六三六人ほど減る。平均年齢は七八・九歳で前年比〇・九歳あがっている。次づぎと高齢の被爆者が亡くなるいっぽう、あらたな被爆者健康手帳の取得者は年ごと一〇〇〜三〇〇人で推移している（二〇一四年五月二八日付『中國新聞』朝刊）。

　言いかたを換えれば、原爆の〝被爆体験〟とは過去に終息した出来事ではないのである。

　いまから四六年をさかのぼる前掲・丸山眞男「二十四年目に語る被爆体験」の〔いまもなお〕、〈あらたな原爆症患者が、うまれつつあるという現実を、一体、どう説明するのか〉

　……との指摘〔第七章４１９～４２１ページ〕こそは、こんにち七〇年余りを経過しようとも、人知の及ばない未来永劫にわたって、はてしなく放射線の恐怖が消え去らない、ことの真相を物語っている。

（1）　そもそもが町なかで食用にする習慣はない草である。折からの食糧難に際し、食用に適するとして一四〇〇種余りの野草を陸軍獣醫學校研究部が選んだ『食べられる野草』同校圖書編集委員・中村芳雄〔編〕（毎日新聞社、一九四三刊——戦争中のベストセラー）にも、このヒメムカシヨモギ（鐵道草）に該当する項目は見あたらない。

（2）　近年では年に一、二例ていどの症例が発見される別名・結核性腎炎のこと（厚生労働省「結核登録者情報調査【平成18年まで結核発生動向調査】」から）。

（3）　眞杉静江（一九〇一—一九五五）。没後、吉屋信子『自伝的女流文壇史』（中央公論社、一九六二刊／中公文庫、二〇〇五刊）所収「小魚の心——眞杉静江と私」が、戦後は社会的名士として活躍しながらも作家個人としては不遇のうちに病死したその横顔を描いているほか、一九六五年に新潮社から刊行された石川達三の長編小説『花の浮草』（現・文春文庫）のモデルともなった。伝記に十津川光子『悪評の女』モニュメンタリ叢書（虎見書房、一九六八刊）がある。

（4）芹沢光治良（一八九六―一九九三）。雑誌『改造』の第二回懸賞小説に一等当選した『ブルジョワ』（改造社、一九三〇刊）で文壇デビューして以来、代表作『巴里に死す』（中央公論社、一九四三刊／勉誠出版、二〇一二刊）、『一つの世界』（角川小説新書、一九五五刊）、自伝的長編『人間の運命』（新潮社、一九六二～六八刊）全七冊、最期まで書きつづけた同じく〝神シリーズ〟を没後に編んだ全一八巻セットの完全版（勉誠出版、二〇一三刊）、『神の微笑』（新潮社、一九八六刊／新潮文庫、二〇〇四刊）のほか、最晩年に長編小説『天の調べ』（同上、一九九三刊）がある。

（5）原田東岷（一九一二―一九九九）。中國各地を軍醫として轉戰し、復員後の一九四六年、出身地の廣島市に外科醫を開業。原爆被害者の治療・救濟に尽力した。いっぽうで終生を平和運動にささげた。一九六七年、ベトナム戦傷児委員会委員長などもつとめた。著書『ヒロシマの外科医の回想――ヒロシマからベトナムへ』（未來社、一九七七刊）、『ヒロシマ歴程――外科医の回想』（同上、一九八二刊）、双書・人間の航跡『平和の夢を追いつづけて』（影書房、一九八四刊）、『ヒロシマのばら』（未來社、一九八九刊）、『平和の瞬間――二人のひろしまびと』（勁草書房、一九九四刊）、『命見つめて六十年』（渓水社、一九九七刊）。遺作となった『ヒロシマに生きて――ある外科医の回想（母と子で見るA6）』（草の根出版会、一九九九刊）がある。

（6）『平和のともしび――原爆第一號患者の手記』は経年から現下、古本市場でも滅多にでまわることがない稀覯本となっている。

（7）星野春雄『原爆記――千代紙の小箱』は後年、著者が七五歳のときに改題新装版『と！　そのとき　千代紙の小箱――広島原爆体験記』（土屋書店、一九七五刊）となって再刊された。同書表紙には〈そのとき、広島女高師教授／いま、日本体育大学教授〉とある。なお、初版の同書と同年八月に同じ著書による『逝きし人たちの霊前に捧く――わたくしたちの原爆記』（原爆五周年刊行界會、一九五〇刊）が同時刊行されている。ほかにも星野の編著書に『原爆と母たち』（泰文堂、一九五五刊）がある。日体大での専攻をうかがわせる著書に『実験体育物理学序説』三版（不昧堂、一九六一刊）ほか。

（8）『長崎原爆記――雅子斃れず』は現在、改題新版『雅子斃れず――長崎原子爆弾記』として日本ブックエースの〈平和文庫〉に入っている（二〇一四刊）。

（9）『天よりの大いなる声』は、家永三郎［編］『日本の原爆記録1』家永「序にかえて――原爆投下の責任」（日本図書センター、一九九一刊）に所収。

(10)『長崎精機原子爆弾記』の復刻版に「原爆前後L」（思い出集世話人、一九八一刊）、同じく体裁・装丁ともに初版に復した復刻版（復刊：長崎県原爆二世教職員の会、一九八八刊）がある。

(11)『長崎――二十二人の原爆体験記』は、前記の註8と同様に『日本の原爆記録1』所収。

あとがき

ヒロシマの被爆者といえば、筆者の父母をはじめとする日本人ばかりではない。それまでにも多くの朝鮮人やアジア各地からの特別留学生、米将兵捕虜らの被爆実態は語り継がれてきたが、中國人がヒロシマで被爆したことを知って愕然とする。いったい、なにゆえなのか。

国内の労働力不足に困窮した日本政府（東條政権）が強制連行した中國人が國防保安法違反などの、あらぬ嫌疑で廣島刑務所に収監中、獄内で原爆被爆したことの実相は広島の市民グループ「強制連行された中国人被爆者との交流を進める会」有志らによる広島と中国を往復しての調査研究の積み重ねが明らかにした。いまから、ちょうど二〇年をさかのぼる戦後五〇年を期して同会が編んだ『中国人被爆者・癒えない痛苦《トンクー》――獄中被爆の真相を追う』（明石書店、一九九五刊）によって筆者は詳らかな被爆実態の経緯を知る。その知られざる実相は日中一五年戰爭（及びアジア太平洋戰爭）の核心をなした同地域（大東亞＝大アジア）侵略戰爭の主たる舞台となった東アジア各地への現在まで二〇数年にわたる現地取材に筆者をいざなうきっかけともなる。侵略戰爭の「加害」者としての皇軍による収奪は、なま身の人的資源にも及んで中國人を日本に強制連行して苦役を強いる。

中国人被爆者をうんだ禍根は強制連行に起因している。

廣島縣北西部山中、太田川水系上流部に西松組（現在の西松建設）が請け負って安野発電所ダム建設がはじまった一九四四年九月以来、三六〇名余りの中國人が本人の意思とは無関係に中國山東省の農村部などから廣島へと強制連行され、「華工」という名の苦役を強いられた（収容所は山縣郡加計町坪野）。役職や便宜を与えられて日本側の手先となった華工同胞の裏切り者らとの収容先での言い争いが高じて死にいたらしめた嫌疑で華工・徐立《シウリー》伝《チュアン》ら六名が逮捕・拘束された後、廣島市吉島町の廣島刑務所に身柄を収監された。華工・徐立伝による「暴動・殺人事件と警察当局が見なした」ことの経緯を日本側の公文書としては唯一『新編・廣島県警察史』（編纂委員会、一九五四刊）が、こうしるす。

〈食事給与〔実態上、そうでなくても薄給から大隊長が横領着服するピンハネで無給にひとしい〕上の不平から端を発し、炊事班長（役付きの華工）と口論を始めた華工隊員一〇数名は、これを抑止した大隊長（役付きの華工）、及びほか一名を殴り殺した〉との嫌疑で逮捕・投獄されたが、その徐らとは別に、やはり中國から日本へと強制連行されて新潟での港湾荷役に従事させられていた元銀行員の張文彬《チャンチンヂェイ》ら三名が國防保安法違反のスパイ容疑で拘引され、廣島刑務所に収監中、いずれも獄中で同様に被爆した。廣島刑務所に収監されるにいたる経緯は異なるが、まぎれもなく皇軍による日本への強制連行が、その発端となったことで共通しているのは自明である。

日中友好団体などで組織する「中国人殉難者名簿共同作成実行委員会」が一九五九年に作成した「強制連行中国人名簿によれば、その総数は四万名余り。うち、連行後の「行方不明者」リストが『資料・中国人強制連行』〔解説〕田中宏・内海愛子・石飛仁（明石書店、一九八七刊）に収録されている。同じく『中国人被爆者・癒えない痛通——獄中被爆の真相を追う』によれば、

〈中国人「高清珍《ガオチンツェン》」もまた、「国防保安法」なる罪名の受刑者だった〔一九〕四五年八月六日に広島刑務所に収容されていて被爆。つまり、広島刑務所では「坪野収容所殺人事件」関係で被爆した徐立伝ら一三人以外のまったく別の中国人も被爆していた事実を示す。しかも被爆後生き延びたからこそ、山口刑務所に移送された。日本の敗戦そのわずか一週間後であり、ただちに釈放され、生きて帰国していても不思議はない〉……。

と断じている。同会メンバーによる日中での精査から判明したことは同書第三章〈「生きていた「高清珍」〉で

次のように報告している。

〈その同前『資料・中国人強制連行』〉中で「日本港運業会新潟華工管理事務所　高清珍」について、「昭和二十年三月十六日、広島検事局（ママ）に拘引され、その後、事業所が警察、外務省に問い合わせたが、行方不明である」とわずか数行記述されている。広島拘置所の六二年の〈所長名で照会に答えた〉文書と照合すると、一九四五年三月に広島地方裁判所検事局に拘引された「高清珍」は同年五月に広島刑務所に収容されたことになる。

張自身の手記によると〈張は四四年四月に河北省を掃討する旧日本軍に捕らえられ、当時、山東省済南《ジーナン》市の新華院[1]に送られ、その名は「高清真」。この時の尋問で「高清真」が「高清珍」と記録に誤記されたという。「真」と「珍」は中国語では同じ音〔zhen＝ヅェン〕。日本側の記録には、そのまま残った。〉

――かくして〈張は一九四四年九月、三〇〇人余りのグループで新潟港へ連行される。港では見張り付きで埠頭へ引き立てられ、貨物を貨物船から貨車に積み替える重労働の荷役作業に従事〉させられたのであった。

――〈明けて四五年の元旦が過ぎて間もない日、日本の警察にいきなり連行されて「鄭光遠《ヂェングアンユアン》という人物を知っているか」……と尋問を受ける。「知らない」と答えると写真を見せられ、「この人物なら中国で見かけたことがある」と答えると二日目にはそのまま〔廣島縣の〕加計署に送られ、一カ月拘留された。〉

こうして囚われの身となった。

当時の張の嫌疑は「對日破壊工作」だった。張は強く抗弁したものの、「事業場のわくを超えた中国人労働者の抗日運動のもくろみ」をでっちあげられた。

〈ある日、日本警察は行く先も告げずに私を自動車に押し込みました。この時に初めて私は鄭光遠、買登春《マイデンチュン》、左保貴《ズオバオグイ》の人々に会ったのです。（中略）この直後に私たちは、広島地方裁判所において訴追され、日本に不満があり破壊しようとしたなどの無実の罪により五年の刑に処せられ刑務所に送られることになった。私たちはその後広島市内の「中国監獄」という名称の監獄にすぐさま収監されました。刑務所においても、毎日が苦役の連続でありました。……やがて、八月六日の被爆。倒壊した房を出て防空壕に入る。けが〔目立つ外傷〕はなく山口刑務所へと移送される。「しかし、何日もしないうちに私たち三人の中国人は広島に送り返されました私たちの私物を各自に返却しつつも、『戰争は終わった。お前たちは帰れ』。これがこれまでの決着でありました〉。

と強制連行のてんまつは不実に終始したと張は語る。

これではいけない。

「張文彬さんの渡日治療を実現しよう」との市民運動が一九九二年一〇月下旬に広島で始動する。

同章の第三節「招請へ」によれば、

〈強制連行の果てに被爆した中国人の存在を知ってから半年。徐立伝は無念の思いでこの世を去ったが、あらたな被爆生存者・張文彬の〔広島への〕招請へ〔同会は〕動きだした〉のである。集会での「張さんは苦役と拷問によって全身不調となり、日本での治療を望んでいる」という報告をもとに〈参加者らは張を来年にも広島市に招き被爆者健康手帳を取得したうえで治療を受けてもらうことを申し合わせた。「すすめる会」は、これに先だって佐藤杏子〔九月に訪中し、日本人として張と初めて面会したばかりの新潟在住のフリーライター〕に頼んで、中国で記述してもらった張の被爆者健康健康手帳の交付申請書の写しを広島市原爆被害者対策部に提出していた。同市原対部は「刑務所の在監証明を得たうえで、本人が来日すればできるだけ早く交付する」と回答した。事前に資料を受け取り来日してすぐに手帳を交付する便宜もはかるという。張の直筆書面には、被爆時の住所や被爆地が「广（広）島市、广島監獄」と太い字でくっきりと書かれていた。〉

同会は侵略戰争の知られざる暗部をあきらかにする調査・研究から、被害者にたいする医療支援にあたる救援活動へと市民運動の舵を切る。さらには、大手ゼネコンの西松建設〔旧西松組〕を相手取り、中國人強制連行という國策の推進に呼応した企業責任を問う損害賠償訴訟を起こして被爆地ヒロシマの良心を示す「戦後補償裁判」の法廷闘争に持ち込む。(2) 筆者はこれらのたたかいに心底、共感を覚える。おなじことは、日本海軍による無差別戦略爆撃「重慶大爆撃」の告発「對日民間賠償訴訟」への支援運動についてもいえるのである。原爆テロに灼かれて憂い悶えながら紙礫に託した「反核文學者宣言」から七〇年が経過しようとする二〇一五年八月六日早暁の暗闇にたたずみ、一九六七年に点灯されて以来、地球上での核廃絶のときまで燃えつづける広島平和記念公園内「平和の灯」が、なおもめらめらと燃えるさまを、わたしは恨めしく見つめた。

本書の表題「概言」は現代書館代表の菊地泰博さんの発案によった。概言とは、『広辞苑』第六版（二〇〇八刊）によれば、〈大要をのべること。また、その言葉。〉とある。『新明解国語辞典』第七版（二〇一二刊）には〈細かい点は切り捨てて、一番大事なところだけをいうこと。〉だとある。ただし、筆者としては、こまかいに点にいたるまでも切り捨てずに、いまいちばん語り継がなければならないと信ずる大要を述べることをこころがけた。

本書初校ゲラ刷りが出てまもなく脳出血のために緊急入院した筆者の体調を気づかい、猛暑のさなか、繁雑な編集作業を一手にお引き受けいただいた、来年が創業五〇周年にあたる現代書館（創業社長）の菊地さんなくして本書が日の目を見ることはなかった。いま、こうして、出版ジャーナリストの良心に支えられて上梓へとこぎ着けたこの異色作がひとりでも多くの読者の皆さまがたの魂を揺さぶることを、筆者は切に願っている。

そしてまた、お名前はあげきれないけれども四〇数年来の取材過程でお世話になった幾多の諸先輩、本書登場人物の諸氏、旧知の広島の皆さまがたをはじめ、ヒロシマをめぐる文献資料の収集になみなみならぬご尽力をいただいた広島市南区皆実町の古書店「あき書房」店主の石踊一則さん、中区金座街のアカデミイ書店のスタッフ各氏、「日本の古本屋」サイト登録各店のご協力に感謝を申しあげたい。なんといっても、同行取材に歩いた着手段階から終始一貫、総仕上げの著者校正・索引づくりにいたるまでの助力を惜しまず併走してくれた森川方達事務所の共同運営者で畏友の中島宏幸兄に、こころから感謝を申しあげる。

なお、表題・英文タイトル〈USA Terrorism: Atomic Bomb in HIROSHIMA & NAGASAKI〉については、ふたりで熟慮・合議のすえに選んだ中島宏幸の作である。現下、現政権が策する日米安保法制のいっそう拡大強化につながる「戰爭法案」の成立に筆者らは絶対反対を表明する。「過ちは繰り返さない」……と刻したヒロシマの誓いを反芻しつつ、戰爭國家の再来阻止を断固、うったえる。

（1）新華院　日本軍が戰爭捕虜や農民らを連行・収容して思想訓練をおこない中國東北部（滿洲）や日本本土などへと「労工」として送り出した軍事収容施設のこと。河北省石門（現・同省石家庄市）の収容所「石門労工訓練所」（南兵営）は別名を「人間地獄」と呼ばれる強制連行の第一ステージとして恐れられたことで名高い。

（2）かねてより筆者が同世代の同志のひとりとして畏敬の念をいだく広島市呉市在住の油木栄司さん（六〇）が一瀬敬一郎弁護士たちと立ちあげた「重慶大爆撃の被害者と連帯する会」（東京代表・前田哲男／対日民間賠償訴訟弁護団長・田代博之）についてはWｅｂ「重慶大爆撃――被害者への謝罪と賠償を求める闘い」サイトに委しい。

二〇一五年八月六日早暁、

郷里ヒロシマの爆心地附近を見わたす高層階宿舎（広島市中区基町）にて

森川方達

人 名 索 引

―か―

―き―

—ね—

—の—

—は—

—ひ—

―ふ―

―へ―

―ほ―

表題・標題・題号(映画・DVD・TVラジオ番組名を含む)索引

—き—

—く—

—そ—

—た—

—ち—

—つ—

—て—

―ぬ―

―ね―

―の―

―は―

—よ—

—ら—

—り—

—る—

—れ—

—ろ—

—わ—

森川　方達（もりかわ　ほうたつ）

「敗戦一〇年」の一九五五年、広島市（疎開先の旧・広島県佐伯郡五日市町佐方）に生まれる。一九七二年から月刊総合誌データマン、取材記者。以来、フリー・ジャーナリスト。「娘よ！　ケガレなき大国ニッポンの象徴」（『証言と記録』巻頭言）。「〈客観報道〉とは〈傍観報道〉ではない」（『放送批評』）。連載「抵抗の弁護士・正木ひろし」「なんとしても真実を！　免田事件再審開始決定」「無名の当事者が決断するとき――〝3FET〟写真週刊誌を撃つ！」（月刊『創』）。「更生日本に賭けた天皇批判」（『現代の眼』）。「天皇戒厳令下のマスコミ」「血塗られた言論の逆襲・横浜事件再審」（『マスコミ市民』）。「天皇Xデイ、〝涙の組織化〟と庶民のホンネ」（『軍事民論』）。「癌で逝った反骨のジャーナリスト柳田邦夫」（『噂の真相』）。鼎談「冤罪とジャーナリズム」「鎌田慧氏におけるルポルタージュの発見」（『図書新聞』）ほか。

著書に『満蒙幻影傳説――「聖戦」灰滅史を旅する』（現代書館、二〇〇五刊）、共著『人とわざわい』上巻（エス・ビー・ビー、二〇〇六刊）、編著書に『帝國ニッポン標語集――戦時国策スローガン全記録』〔増補普及版〕（現代書館、一九九五刊）などがある。

原子《げんし》爆弾《ばくだん》テロ概言《がいげん》

――憂悶の反核文学者宣言から七〇年

二〇一五年十一月十五日　第一版第一刷発行

著　者　森川方達

発行者　菊地泰博

発行所　株式会社　現代書館

東京都千代田区飯田橋三―二―五

郵便番号　102-0072

電　話　03（3221）1321

FAX　03（3262）5906

振　替　00120-3-83725

組　版　プロ・アート

印刷所　平河工業社（本文）

東光印刷所（カバー）

製本所　積信堂

装　幀　箕浦　卓

校正協力・高梨恵一

 ISBN978-4-7684-5773-3